(DOEACC 'O' लेवल वर्ष 2010 के M2–R4 के लिए संशोधित पाठ्यक्रम पर आधारित)

'O' लेवल सरलीकृत मॉड्यूल–2

इंटरनेट तकनीक एवं वेब डिज़ाइन

[Internet Technology and Web Design]

(DOEACC 'A' लेवल परीक्षा A2–R4 पेपर के लिए भी संशोधित पाठ्यक्रम पर आधारित)

द्वारा

प्रोफेसर सतीश जैन

B.Sc., B.E. (IISc), M.E. (IISc), M. Tech. (IIT Kanpur)
Wing Commander (Retd.)
Professor of Information Technology,
Institute of Information Technology & Management
GGS Indraprastha University, Delhi.

शशांक जैन

B.E., Delhi College of Engineering

शशि सिंह

MCA, M. Phil.

एम. गीता अय्यर

B. Com., Dip. Computer Science

BPB PUBLICATIONS
20 Ansari Road, Darya Ganj, New Delhi-110002

REPRINTED 2018
FIRST EDITION 2010

ISBN : 978-81-7656-420-4

Distributors:

COMPUTER BOOK CENTRE
12, Shrungar Shopping Centre, M.G.Road,
BENGALURU–560001
Ph: 25587923/25584641

DECCAN AGENCIES
4-3-329, Bank Street, HYDERABAD-500195 Ph: 24756967/24756400

MICRO MEDIA
Shop No. 5, Mahendra Chambers,
150 DN Rd. Next to Capital Cinema, V.T.
(C.S.T.) Station, MUMBAI-400 001 Ph:
22078296/22078297

BPB BOOK CENTRE
376 Old Lajpat Rai Mkt, Delhi -110006 Ph:
23861747

BPB PUBLICATIONS
20, Ansari Road, Darya Ganj New Delhi-
110002 Ph: 23254990/91

Published by Manish Jain for BPB Publications, 20, Ansari Road, Darya Ganj, New Delhi-110002 and Printed by RevaOffset, New Delhi.

Based on NIELIT (DOEACC) Revised Syllabus

INCLUDING LATEST QUESTION PAPERS — Based on NIELIT (DOEACC) Syllabus

'O'/'A' Level Books for You

By : Prof. Satish Jain

India's Largest Selling Books on O/A Level

'O' Level

ISBN	TITLE	PRICE (₹)
English		
9788176567138	IT Tools and Business Systems (M1-R4)	297/-
9788176567251	Internet Technology and Web Design (M2-R4)	297/-
9788176567305	Programming & Problem Solving Through 'C' Language (M3-R4)	330/-
9788183333450	Application of .NET Technology (M4.2-R4)	240/-
9788183333467	Introduction to Multimedia (M4.2-R4)	297/-
9788183333474	Introduction to ICT Resources (M4.-R4)	297/-
Hindi		
9788183334181	आई टी टूल्स एवं बिजनेस सिस्टमस् (M1-R4)	397/-
9788183334204	इंटरनेट टैक्नौलोजी एण्ड वैब डिज़ाइन (M2-R4)	330/-
9788183334211	प्रोग्रामिंग एण्ड प्रॉबलम सॉलविंग थ्रु C लेंगुएज (M3-R4) (WCD)	390/-
9788183335140	इन्ट्रोड्क्शन टू मल्टीमीडिया	297/-
978938655******	इन्ट्रोड्क्शन टू ICT रीसॉर्स	360/-

'A' Level

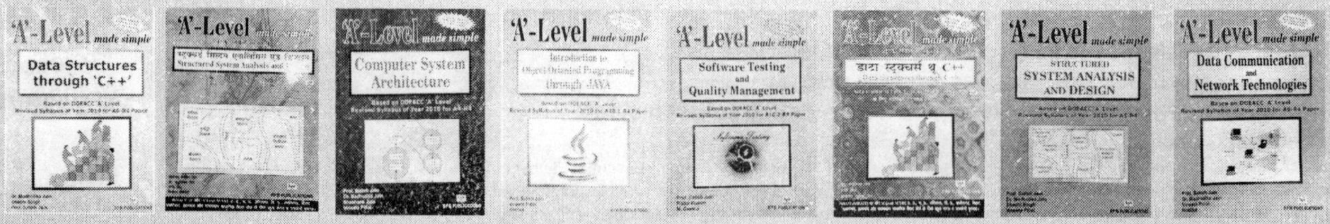

ISBN	TITLE	PRICE (₹)
English		
9788176567138	Computer System Architecture (A4-R4)	297/-
9788176567329	Structured System Analysis and Design (A5-R4)	390/-
9788183333511	Data Structures Through C++ (A6-R4)	390/-
9788183333528	Introduction to Database Management System (A7-R4)	390/-
9788183334969	Basics of OS Unix & Shell Programming (A8-R4)	165/-
9788183333504	Data Communication and Network Technologies (A9-R4)	360/-
9788183333542	Introduction to Object Oriented Programming Through Java (A10.1-R4)	390/-
Hindi		
9788183334655	डाटा स्ट्रक्चर्स Through C++ (M6-R4)	297/-
9788183334648	स्ट्रक्चर्ड सिस्टम एनालिसिस एंड डिज़ाइन (A5-R4)	225/-

Available at www.bpbonline.com | Amazon.in

BPB Publications- Asia's Largest Publishers of Computer Books

18092017R

आमुख (Preface)

यह पुस्तक एक अद्यतन संशोधित संस्करण है। यह इंटरनेट तकनीक एवं वेब डिज़ाइन हेतु जुलाई, 2010 परीक्षा से लागू DOEACC के 'O' लेवल पाठ्यक्रम पर आधारित है। इस पुस्तक को इस रूप में लाने के लिए हमारा उद्देश्य विद्यार्थियों को आसान एवं साधारण तरीके में तकनीकी अवधारणाओं को समझाना है। यह महसूस किया गया है कि बाज़ार में उपलब्ध अधिकांश पुस्तकें सम्पूर्ण पाठ्यक्रम हेतु विद्यार्थियों की आवश्यकताओं को पूरा नहीं कर पाती हैं। इस प्रश्नपत्र हेतु पाठ्यक्रम के कम्प्यूटर साइंस एवं तकनीक के गहन अध्ययन की आवश्यकता होती है। इस लक्ष्य को प्राप्त करने के लिए हमने कम्प्यूटर साइंस एवं अपने शैक्षिक क्षेत्र के व्यावहारिक एवं प्रायोगिक अनुभव को लगाया है। यह पुस्तक कॉमर्स, साइंस अथवा आर्ट्स (वाणिज्य, विज्ञान एवं कला) नामक किसी भी क्षेत्र के विद्यार्थियों की जरूरतों को पूरा करेगी।

वेब डिज़ाइनिंग सहित कम्प्यूटर साइंस के क्षेत्र में तेजी से परिवर्तन हो रहे हैं, और प्रतिदिन नई शब्दावली और अनेक अवधारणाएं जुड़ती जा रही हैं। अत: परीक्षा में प्रश्नों का दायरा अत्यधिक बढ़ जाएगा। इसी ने हमें नवीनतम विषयों एवं अवधारणाओं को इसमें जोड़ने के लिए प्रेरित किया। इन नये विषयों में TCP/IP, IPv6, VSAT के साथ-साथ विभिन्न ई-मेल प्रोटोकॉल्स सम्मिलित हैं। कुछ अग्रणी विषय जैसे क्रिप्टोग्राफी, VRML, Telnet, और FTP आदि भी इसमें जोड़े गए हैं। इस पुस्तक में इंटरनेट पर वर्तमान प्रवृत्तियाँ जैसे इंटरनेट फोन, इंटरनेट वीडियो, सहयोगात्मक कम्प्यूटिंग, ई-कामर्स को भी सम्मिलित किया गया है। व्यापार को चलाने हेतु इंटरनेट सुरक्षा एवं वेब प्रकाशन दिन-प्रतिदिन व्यापक होते जा रहे हैं। यह आशा की जाती है कि ये विषय इंटरनेट तकनीक एवं वेब डिज़ाइन से संबद्ध अन्य व्यावसायिक परीक्षाओं की तैयारी कर रहे विद्यार्थियों के लिए भी उपयोगी सिद्ध होगी।

हमनें इस पुस्तक को यूजर-फ्रेन्डली बनाया है जिसमें पुस्तक के अंत में तकनीकी शब्दों की शब्दावली को जोड़ा गया है जो इस पुस्तक में चर्चा किये गए मुख्य विषयों के पेज नम्बर्स के साथ-साथ मुख्य अवधारणाओं हेतु संदर्भो के बारे में अत्यधिक सराहनीय होगी। तकनीकी शब्दों की शब्दावली DOEACC की 'O' लेवल परीक्षा के M2-R4 प्रश्नपत्र के भाग 1 में पूछे गए वैकल्पिक प्रश्नों के उत्तर देने में मदद करेगी।

इस पुस्तक की शुरू से अंत तक की एक विशेषता यह भी है कि पाठकों का ध्यान आकर्षित करने के लिए महत्वपूर्ण एवं जटिल सूचना को समानान्तर एवं क्षैतिज रेखाओं के बीच (☞) चिन्ह के साथ रखा गया है।

हम पाठकों के आभारी रहेंगे यदि वे हमें अपने आलोचनात्मक विचार, इस पुस्तक की प्रस्तुति, पठनीयता, और विषय वस्तु के बारे में भेजेंगे। हम उनसे अनुरोध करते हैं कि यदि उनके पास विषय वस्तु के सुधार से संबंधित कोई सुझाव हों तो हमें भेजें।

(तारीख: 1 जनवरी, 2012) *लेखकगण*

समर्पित

श्री राजा राजेश्वरी

देवी जो अनंत ज्ञान की शक्ति का आशीर्वाद देती हैं।

M2-R4 : Internet Technology and Web Design

Outline of Course

S. No.	TOPIC	Minimum hours
1.	Introduction to Internet	02
2.	TCP/IP Internet Technology and Protocol	03
3.	Internet Connectivity	03
4.	Internet Network	04
5.	Services on Internet (Definition and Functions)	04
6.	Electronic Mail	07
7.	Current Trends on Internet	03
8.	Web Publishing and Browsing	10
9.	HTML Programming Basics	12
10.	Interactivity Tools	08
11.	Internet Security Management Concepts, Information Privacy and Copyright Issues	04

Theory	=	**60**
Practicals/tutorials	=	**60**
Total	=	**120**

Detailed Syllabus

1. Introduction to Internet — 2 hrs

Internet, Growth of Internet, Owners of the Internet, Anatomy of Internet, ARPANET and Internet, history of the World Wide Web, Basic Internet Terminology, Netiquette. Internet Applications – Commerce on the Internet, Governance on the Internet, Impact of Internet on Society – Crime on/through the Internet.

2. TCP/IP–Internet Technology and Protocol — 3 hrs

Packet switching technology, Internet Protocols: TCP/IP, Router, Internet Addressing Scheme: Machine Addressing (IP address), E-mail Addresses, Resource Addresses

3. Internet Connectivity — 3 hrs

Connectivity types: level one, level two and level three connectivity, Setting up a connection: hardware requirement, selection of a modem, software requirement, modem configuration, Internet accounts by ISP: Telephone line options, Protocol options, Service options, Telephone line options – Dialup connections through the telephone system, dedicated connections through the telephone system, ISDN, Protocol options – Shell, SLIP, PPP, Service options – E-mail, WWW, News, Firewall, etc.

4. Internet Network — 6 hrs

Network definition, Common terminologies: LAN, WAN, Node, Host, Workstation, bandwidth, Interoperability, Network administrator, network security, Network Components: Severs, Clients, Communication Media, Types of network: Peer to Peer, Clients Server, Addressing in Internet: DNS, Domain Name and their organization, understanding the Internet Protocol Address. Network, topologies: Bus, star and ring, Ethernet, FDDI, ATM and Intranet.

5. Services on Internet (Definition and Functions) — 4 hrs

E-mail, WWW, Telnet, FTP, IRC and Search Engine

6. Electronic Mail — 3 hrs

Email Networks and Servers, Email protocols–SMTP, POP3, IMAp4, MIME6, Structure of an Email – Email Address, Email Header, Body and Attachments, Email Clients: Netscape mail Clients, Outlook Express, Web based E-mail. Email encryption–Address Book, Signature File.

7. Current Trends on Internet — 3 hrs

Languages, Internet Phone, Internet Video, collaborative computing, e-commerce.

8. Web Publishing and Browsing — 10 hrs

Overview, SGML, Web hosting, HTML. CGL, Documents Interchange Standards, Components of Web Publishing, Document management, Web Page Design Consideration and Principles, Search and Meta Search Engines, WWW, Browser, HTTP, Publishing Tools

9. HTML Programming Basics — 12 hrs

HTML page structure, HTML Text, HTML links, HTML document tables, HTML Frames, HTML Images, multimedia

10. Interactivity Tools — 8 hrs

ASP, VB Script, JAVA Script, JAVA and Front Page, Flash

11. Internet Security Management Concepts, Information Privacy and Copyright Issues — 4 hrs

Overview of Internet Security; Firewalls, Internet Security Management Concepts and Information Privacy and Copyright Issues, basics of asymmetric cryptosystems.

परीक्षार्थी के लिए उपयोगी सुझाव

(Useful Tips for the Examinee)

प्रिय पाठक,

प्रत्येक परीक्षा की अपनी खासियत होती है और श्रेष्ठ परिणाम प्राप्त करने के लिए इन्हीं खास बातों को पहचानना चाहिए एवं सही रणनीति की मदद से कार्य करना चाहिए। सही रणनीति के लिए यह ज़रूरी है कि आप प्रश्नपत्र का सही ढंग से विश्लेषण करें।

'O' लेवल परीक्षा भी इस नियम से परे नहीं है। लेखकों ने आपको प्रश्नपत्र का विश्लेषण करने एवं कार्य के लिए प्रभावी योजना तैयार करने में मदद के लिए प्रभावी दिशा निर्देश प्रस्तुत किए हैं।

प्रश्नपत्र के पहले दिए गए निर्देशों को बहुत ध्यान से पढ़ना चाहिए। क्योंकि भाग - एक (Part - One) की उत्तर पुस्तिकाएँ (answer sheets) कम्प्यूटर से जाँची जाएँगी अत: आपको अतिरिक्त सावधानी बरतनी होगी।

इस भाग में प्रत्येक प्रश्न का उत्तर लिखने के लिए उत्तर पुस्तिका में अलग बॉक्सेज (Boxes) बने होते हैं। आप किसी प्रकार की गलतियाँ न करें और प्रथम भाग को बिना किसी कठिनाई के पूरा कर लें, इसके लिए निम्न पैराग्राफ़ों (Paragraphs) को अवश्य पढ़ें। (इस पुस्तक के अंत में सैंपल प्रश्नपत्रों के भाग-एक के उत्तरों को भरने के लिए उत्तर पुस्तिका की एक स्पेसीमेन (specimen) कॉपी भी शामिल की गई है।)

गलतियाँ करने से कैसे बचें? (How to Avoid Mistakes?)

यदि आप किसी विशेष उत्तर के बारे में पूरी तरह से आश्वस्त नहीं हैं तो पहली बार में ही बॉक्स को फिल ना करें, लेकिन बाद में कोशिश अवश्य करें। सभी प्रश्नों को शुरू में पढ़ने के बाद, सबसे पहले उन्हीं प्रश्नों का उत्तर लिखें जिनके उत्तर के बारे में आप पूरी तरह से आश्वस्त हों। दूसरी बार में जब आप प्रश्नों को देखें तब बचे हुए प्रश्नों का उत्तर लिखें, लेकिन हमेशा इस बात का ध्यान रखें कि प्रत्येक प्रश्न के लिए सीमित समय ही व्यतीत करें। अंत में जो उत्तर आपने निश्चित कर लिए हैं, उन्हें एकबार देखें और इसके बाद प्रश्नपत्र में दिए गए निर्देशों के अनुसार बॉक्सेज को काली इंक (Black Ink) से फिल (fill) करें।

भाग दो के प्रश्नों का उत्तर किस प्रकार दें? (How to Answer the Questions of Part-Two?)

एक बार जब आपने भाग-एक अच्छी तरह से कर दिया तो आप यह विश्वास रखें कि भाग - दो को करने में आपको ज्यादा दिक्कतें नहीं आएँगी, यदि आप नीचे दिए गए निर्देशों का अच्छी तरह से पालन करेंगे। जब आप भाग-दो का उत्तर लिखते हैं तो समय सीमा को अवश्य ध्यान में रखें और उत्तरों को संक्षिप्त एवं पॉइंट्स (points) के अनुसार लिखते हुए, सभी प्रश्नों को पूरा करने का प्रयास करें। जहाँ भी संभव हो, वहाँ आप शब्दों में वर्णन करने के बजाए अपने उत्तर को स्कैच/चित्र बनाकर भी अच्छी तरह से दिखा सकते हैं कारण ''हजार शब्दों के वर्णन को भी एक छोटे से चित्र द्वारा अच्छे से समझाया जा सकता है।'' चूँकि प्रश्नों की संख्या आमतौर पर एक औसत छात्र के लिए अधिक होती है, इसलिए इस तरह से अमूल्य समय की बचत करके, आप पेपर को अधिक विस्तृत रूप से पूरा करने में सक्षम हो सकेंगे।

विवरणात्मक प्रश्नों (descriptive type questions) का उत्तर लिखते समय अपने उत्तर की लंबाई पर नियंत्रण रखें और बाकी के उत्तर देने के लिए उपलब्ध समय सीमा को ध्यान में रखें।

अंतिम स्टेज होती है रिवीज़न स्टेज, जिसके लिए आपको 5 से 10 मिनट का समय बचाकर रखना चाहिए। बड़ी गलतियाँ जैसे मेजरमेंट की यूनिट्स या किसी प्रश्न का नंबर गलत लिखना आदि को आप ढूँढने की कोशिश करें। परीक्षा के तनाव की वजह से कभी कभी ऐसी गलतियाँ हो जाती हैं।

''इंटरनेट तकनीक एवं वेब डिज़ाइन'' की परीक्षा की तैयारी कैसे करें? (How to Prepare for the "Internet Technology and Web Design" Examination?)

परीक्षा के पेपर के साथ परिचित होने के बाद, आइए अब हम ये जानें कि इस परीक्षा की तैयारी के लिए किस तरह की रणनीति बनाई जाए।

इस पुस्तक में पूरा पाठ्यक्रम कवर किया गया है और इसे आसानी से समझा जा सकता है। यह सलाह दी जाती है कि, इस पुस्तक के साथ साथ, आपको कम्प्यूटर साइंस और आई टी कॉन्सेप्ट्स पर कुछ अन्य पुस्तकों को भी रेफर करना चाहिए। इससे आपके ज्ञान को विस्तृत करने में मदद मिलेगी।

इस पुस्तक के प्रत्येक विषय एवं अन्य स्टैंडर्ड पुस्तकों को पढ़कर अपने स्वयं के नोट्स बनाएँ। एक बार जब आप विषय के हर पहलू से पूरी तरह वाकिफ़ हो जाएँ, तो इस पुस्तक के प्रत्येक अध्याय के अंत में दिए गए विवरणात्मक प्रश्नों का उत्तर देने की कोशिश करें।

दूसरी बार पढ़ते समय, पुस्तक के अंत में दिए सैंपल पेपर्स भी पढ़ें। बिना किसी पुस्तक का सहारा लिए हुए इन पेपर्स को सॉल्व करें। जब आप इनका

उत्तर दे चुकें तब आप अपने उत्तर की इस पुस्तक में उपलब्ध संबंधित पाठ्य से तुलना करें। जहाँ आप अपना उत्तर, पाठ्य से अलग पाएँ, वहाँ उस भाग की पढ़ाई फिर से कर लें।

अंत में, आप पुस्तक के अंत में दिए गए सैंपल पेपर्स में से किसी एक को लेकर, उसके उत्तरों को दिए गए समय के अंदर पूरा करके एक डेमो परीक्षा की तरह की स्थिति में स्वयं को ढालने की कोशिश करें। एक या दो दिन के बाद, अपने उत्तरों की जाँच करें और यदि कोई भी संदेह अभी भी है तो, उन्हें एक अच्छी टेक्स्ट बुक या एक कम्प्यूटर स्पेशलिस्ट से तुरंत पूछ कर हल करें। इस तरह से आप विषय के बारे में पूरी तरह से आश्वस्त हो जाएँगे और वास्तविक प्रश्नपत्र करते समय आप के अंदर आत्मविश्वास भरा रहेगा।

आपको 'O' लेवल की परीक्षा में भारी सफलता के लिए और कम्प्यूटर साइंस के क्षेत्र में उज्जवल भविष्य के लिए बहुत-बहुत शुभकामनाएँ।

समस्त लेखकगण

ACKNOWLEDGEMENTS

We gratefully acknowledge the contribution made by the following persons in bringing out the book in this form:

- Mrs. Kratika
  B.Com., Advance Diploma (IT)
- Mrs. Mukta Wadhwa
  B.Com., Advance Diploma (IT) M.Sc. (IT)
- Mrs. Vineeta Pillai
  B.Sc. (Hons), Advance Diploma (IT), M.Sc. (IT)
- Ms. Priyanka Dey

विषय सूची

इंटरनेट तकनीक एवं वेब डिज़ाइन

अध्याय-1

इंटरनेट: एक परिचय

1.1 इंटरनेट क्या है? (What is Internet?)

संपूर्ण विश्व के विभिन्न नेटवर्क्स (Networks) से संबद्ध भिन्न प्रकार के अनेक कम्प्यूटर्स की परस्पर संबद्धता ही इंटरनेट है। यह नेटवर्क्स का एक नेटवर्क (Network) है। विश्वभर के लाखों लोग किसी विषय पर जानकारी खोजने और सूचनाओं एवं विचारों का आदान-प्रदान करने के लिए इंटरनेट (Internet) का प्रयोग करते हैं। यह व्यापक (widespread) एवं बहु-अनुशासनिक (Multi-disciplinary) समूह को पुष्ट करने वाली महत्वपूर्ण अवसंरचना (infra-structure) के रूप में विकसित हुआ है। अब इस समूह में विद्यार्थी, वैज्ञानिक एवं शोधकर्ता, बड़े उपक्रम, गैर-लाभप्राप्त संगठन, सरकारी ऐजेन्सियाँ और व्यक्तिगत उपभोक्ता आदि शामिल हैं।

इंटरनेट दर्जनों सेवाओं और हजारों तकनीकियों (technologies) का वह अत्यधिक जटिल सम्मिश्रण है जिसका प्रयोग प्रतिदिन विश्वभर के करोड़ों लोगों द्वारा किया जाता है। अत: हम कह सकते हैं कि इंटरनेट नेटवर्क्स का एक नेटवर्क है। चित्र 1.1 में ग्लोब के चारों ओर फैले कम्प्यूटर्स का नेटवर्क दर्शाया गया है। वस्तुत: इंटरनेट हजारों कम्प्यूटर नेटवर्क्स का एक नेटवर्क है। इन नेटवर्क्स में प्रत्येक नेटवर्क एवं कम्प्यूटर प्रोटोकॉल (Protocols) नामक कुछ निश्चित नियमों के अनुसार सूचनाओं का आदान-प्रदान करता है। ये विभिन्न कम्प्यूटर्स एवं विभिन्न नेटवर्क्स इंटरनेट प्रोटोकॉल (IP) और ट्रांसमिशन कंट्रोल प्रोटोकॉल (TCP) नामक दो प्रोटोकॉल्स से जुड़े होते हैं।

☞ इंटरनेट कम्प्यूटर पर आधारित विश्वव्यापी सूचना तंत्र है।

1.2 इंटरनेट का स्वामित्व एवं विकास (Growth and Ownership of the Internet)

सन् 1969 में इंटरनेट अमेरिकी सरकारी परियोजना अरपानेट (ARPANET: Advanced Research Projects Administration Network) के नाम से प्रारंभ किया गया, जिसकी शुरुआती देखभाल अरपानेट के द्वारा ही की गयी। इस प्रकार अरपानेट (ARPANET) विश्वविद्यालयों, शोधशालाओं और कुछ सैन्य प्रयोगशालाओं तक पहुँच गया।

सन् 1980 के उत्तरार्द्ध में संयुक्त राज्य की नेशनल साइंस फाउन्डेशन (NSF) ने संयुक्त राज्य में सुपरकम्प्यूटर केन्द्रों को जोड़ने के लिए एन एस एफ नेट (NSFNET) नामक नेटवर्क के विकास को (इंटरनेट प्रोटोकॉल्स का प्रयोग करते हुए) पोषित किया और साथ ही अनेक विद्यालयों एवं विश्वविद्यालयों को इस नेटवर्क से जुड़ने के लिए प्रोत्साहित किया। अत: सूचनास्थलों (Sites) की संख्या में तीव्रगति से वृद्धि हुई। जहाँ 1987 में इन Sites की संख्या 10,000 से अधिक थी वहीं 1989 में यह संख्या बढ़कर 100,000 से

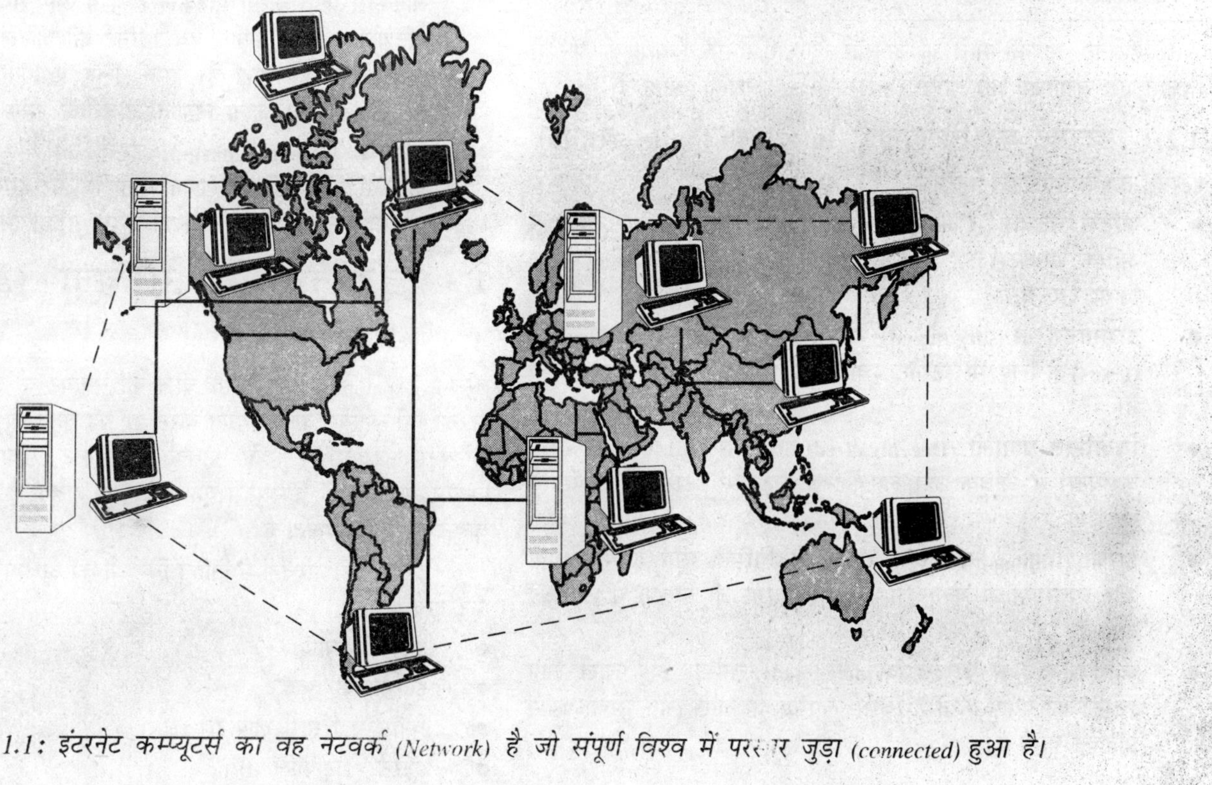

चित्र 1.1: इंटरनेट कम्प्यूटर्स का वह नेटवर्क (Network) है जो संपूर्ण विश्व में परस्पर जुड़ा (connected) हुआ है।

अधिक हो गयी। इसी प्रकार की गतिविधियाँ व्यापक स्तर पर तो नहीं, किंतु कुछ अन्य दूसरे देशों में भी हो रहीं थी। ठीक उसी प्रकार के प्रोटोकॉल्स की तर्ज पर कार्य करने वाली कम्प्यूटर प्रणालियों एवं नेटवर्क का यह विश्वव्यापी संकलन (Collection) अस्तित्व में आया जिसे इंटरनेट की संज्ञा प्रदान की गयी।

सन् 1990 में संयुक्त राज्य में अरपानेट (ARPANET) को समाप्त करके सार्वजनिक नेटवर्क को एनएसएफनेट (NSFNET) की ओर मोड़ दिया गया। सन् 1990 के प्रारंभ में वाणिज्यिक नेटवर्क्स (Commercial Networks) को उनके निजी इंटरनेट केन्द्रों (Internet Exchanges) अथवा गेटवेज़ (Gateways) को इंटरनेट के माध्यम से व्यापार करने की अनुमति प्रदान कर दी गयी और सन् 1993 में एनएसएफ (NSF) ने इंटरनेट सेवाएँ प्रदान करने के लिए इंटरनिक (InterNIC) की रचना की।

इंटरनेट की विस्फोटक वृद्धि और वाणिज्यिक नेटवर्क्स (Commercial Networks) एवं सेवाओं के सम्मिलन ने इंटरनेट प्रयोक्ताओं (Users) की संख्या में आश्चर्यजनक वृद्धि की। आज इंटरनेट किसी भी अवसंरचना (Infrastructure) के आकार और महत्व में निरन्तर वृद्धि कर रहा है। एक महत्वपूर्ण शोध परियोजना से यह स्पष्ट हुआ है कि इंटरनेट का विकास किसी भी चीज़ में इतनी तेजी से हुआ है कि विश्वभर में लाखों लोग इससे जुड़ गए हैं।

भारत में AT&T, स्प्रिंट (Sprint) या VSNL जैसी संस्थाओं द्वारा अतिद्रुत गति वाले संचार सूत्रों (Links) से इंटरनेट को सशक्त आधार प्रदान किया गया है। उस आधार पर इंटरनेट सेवा प्रदाताओं (ISP) द्वारा संपर्कों को जोड़ा गया है जो निजी अथवा वाणिज्यिक (Commercial) संगठनों को Bandwidth मुहैया कराते हैं।

☞ इंटरनेट आपके कार्यालय अथवा घर के desktop पर बाह्य जगत को उपलब्ध कराता है। इंटरनेट वह सार्वभौमिक नेटवर्क (Global Network) है जो परस्पर एक दूसरे से जुड़े हजारों नेटवर्क्स से बना है।

इंटरनेट आपकी सोच के अनुसार लगभग समस्त विषयों के बारे में विचारों एवं सूचनाओं की विविध श्रंखला (range) प्रस्तुत करता है।

1.2.1 इंटरनेट की विशेषताएँ (Internet Characteristics)

इंटरनेट की विशेषताएँ निम्नलिखित हैं:

- **जटिल नेटवर्क (Complex Network):** इंटरनेट को 150 लाख से अधिक कम्प्यूटर्स के "नेटवर्क्स के एक नेटवर्क" के रूप में परिभाषित किया गया है।
- **असंगठित (Disorganized):** यहाँ तक कि अनुभवी प्रयोक्ताओं (Users) के लिए भी इंटरनेट पेचीदा और भ्रमित करने वाला हो सकता है।
- **विकेन्द्रित प्रणाली (Decentralized):** विश्वभर में 140 लाख निजी कम्प्यूटर्स से अधिक और लाखों निजी नेटवर्क्स इंटरनेट से आपस में जुड़े हुए हैं।
- **अरबों (Billions) दस्तावेजों (Files) से निर्मित:** इसमें हजारों विषयों और व्यवसायों से युक्त Files विभिन्न दस्तावेजी प्रारूपों में उपलब्ध होती हैं।
- **व्यापक रूप से प्रयुक्त (Widely Used):** लगभग 147 लाख लोग इंटरनेट का प्रयोग करते हैं जिसमें लगभग 40 लाख लोग इसका प्रयोग प्रतिदिन करते हैं।
- **अंतर्राष्ट्रीय व्याप्ति (International Scope):** इस भूमण्डलीय (Global) इंटरनेट का प्रयोग लगभग 140 देशों के लोगों द्वारा किया जाता है और लगभग 155 देशों में लोग इसका प्रयोग ई-मेल (E-mail) के लिए करते हैं।
- **गतिशील (Dynamic):** यह प्रतिदिन एवं प्रत्येक मिनट पर परिवर्तित होता रहता है। औसतन् प्रत्येक 30 मिनट पर एक नया नेटवर्क इससे जुड़ जाता है।
- **निपुणता विस्तार (Expanding Exponentially):** इंटरनेट में प्रतिमाह लगभग 12% की दर से वृद्धि हो रही है।

1.2.2 इंटरनेट क्या नहीं है...? (What the Internet is not ...?)

- **संगठित (Organized):** इंटरनेट के लिए कोई भी सेंट्रल इंडेक्सिंग स्कीम (Central Indexing Scheme) या विस्तृत Database नहीं होता है।
- **केन्द्रीयकृत नियंत्रण (Centrally Controlled):** यद्यपि इंटरनेट की अध्यक्षता करने वाला कोई भी प्राधिकरण (authority) नहीं है फिर भी सरकारें, उपक्रम एवं मानक निकाय (जैसे- इंटरनेट सोसाइटी (ISOC) और वर्ल्ड वाइड वेब कंसोर्टियम (W3C)) केवल नीतियों, दिशा निर्देशों तथा मानकों हेतु अपनी सेवाएँ प्रदान करते हैं।
- **पूर्ण प्रामाणिक (Authentic) अथवा यथार्थ सूचना:** इंटरनेट पर उपलब्ध सूचनाओं के अंकेक्षण (Audit) अथवा प्रकाशन का अनुमोदन करने के लिए कोई भी व्यक्ति या संगठन नहीं होता है। सूचनाएँ झूठी, मनगढ़ंत, भ्रमित करने वाली, अरुचिकर या स्वभावतः पक्षपात पूर्ण हो सकती हैं।
- **स्थिर अथवा पूर्वानुमेय (Static or Predictable):** इसमें संसाधन अचानक ही विलुप्त हो जाते हैं या उनके पतों में परिवर्तन हो जाता है, यहाँ तक कि नये क्षेत्र तथा आँकड़े तेजी से दिखाई देने लगते हैं।
- **पथप्रदर्शन में आसान (Easy to Navigate):** इसमें प्रायः विशिष्ट जानकारी प्राप्त करना मुश्किल होता है और सूचनाओं की प्रकृति की गतिशीलता, बड़े आकार एवं इंटरनेट की जटिलता के कारण लगभग असंभव-सा हो जाता है। इसके लिए प्रयोगकर्ताओं में शोधकौशल (Research Skill) होना नितान्त आवश्यक होता है।
- **निशुल्क (Free of Charge):** इंटरनेट की पूर्ण सेवाओं का उपभोग करने में कुछ निश्चित लागत आती है और इसके लिए प्रयोगकर्ताओं को मासिक शुल्क का भुगतान करना पड़ता है।

1.3 इंटरनेट की संरचना (Anatomy of Internet)

संरचना (Anatomy) शब्द किसी चीज़ की बनावट के अध्ययन से संबद्ध है। इंटरनेट की बनावट का अध्ययन करने पर यह कहा जा सकता है कि इंटरनेट कम्प्यूटर्स नेटवर्क्स का एक नेटवर्क है। इंटरनेट, संचार एवं प्रोटोकॉल्स के माध्यम से इन सभी कम्प्यूटर्स को आपस में जोड़ता है तथा यह उन्हें परस्पर जोड़ने के योग्य बनाता है।

इंटरनेट की संरचना में निहित बिन्दुओं का अध्ययन करने हेतु निम्नांकित मूल तत्व हैं:

- इंटरनेट सेवाएँ
- इंटरनेट के तत्व
- यूनीफॉर्म रिसोर्स लोकेटर्स (URLs)
- इंटरनेट प्रोटोकॉल (IP)

इन सभी तत्वों की व्याख्या नीचे की गई है।

1.3.1 इंटरनेट सेवाएँ (Internet Services)

इंटरनेट अनेकों नेटवर्क्स और बड़ी संख्या में डाटाबेसों (Databases) और अन्य सेवाओं का संयुक्त मिश्रण है। इंटरनेट द्वारा प्रदत्त सेवाएँ तालिका 1.1 में वर्णित हैं।

इनमें से अधिकांश सेवाएँ नेटस्केप नेविगेटर (Netscape Navigator) अथवा माइक्रोसॉफ्ट इंटरनेट एक्सप्लोरर (Microsoft Internet Explorer) जैसे वेब प्रोग्राम के माध्यम से उपयोग की जा सकती हैं। वेब प्रोग्राम ई-मेल के साथ-साथ संवाद सूचियाँ (Mailing Lists) भी प्रदान करते हैं। (देखें चित्र 1.2)

1.3.2 इंटरनेट के तत्व (Elements of Internet)

इंटरनेट के सरलीकृत पदानुक्रमिक मॉडल में क्लाइंट पी सी (PC), सर्वर कम्प्यूटर्स एवं नेटवर्क्स (क्लाइंट एवं सर्वर दोनों में बना हुआ) आदि होते हैं।

क्लाइंट, सर्वर एवं नेटवर्क्स (Clients, Servers and Networks)

क्लाइंट पीसी (Client PCs)

ये वे कम्प्यूटर्स होते हैं जो सर्वर से सूचना प्राप्त करने का अनुरोध करते हैं। क्लाइंट कम्प्यूटर्स में अल्पकालिक कनेक्शंस होते हैं। यदि आपका निजी कम्प्यूटर (PC) इंटरनेट से जुड़ा है तो इसे क्लाइंट कम्प्यूटर के रूप में वर्गीकृत किया जाता है।

☞ वेब क्लाइंट प्रयोगकर्त्ताओं से सम्बद्ध एक अनुरोधक प्रोग्राम होता है। और आपके कम्प्यूटर में वेब ब्राउज़र (Web browser) वह क्लाइंट होता है जो वेब सर्वर (Web Servers) से एचटीएमएल फाइल्स (HTML Files) के लिए अनुरोध करता है।

सर्वर कम्प्यूटर्स

सर्वर एक कम्प्यूटर होता है जो एक या अधिक वेब साइट्स के लिए फाइल्स संजोकर रखता है। ये कम्प्यूटर्स अपेक्षाकृत अधिक शक्तिशाली और पूर्णकालिक इंटरनेट कनेक्शन युक्त होते हैं और एक ही समय में कई क्लाइंट कम्प्यूटर्स को आँकड़े उपलब्ध करा सकते हैं।

तालिका 1.1: बृहद इंटरनेट सेवाएँ

इंटरनेट सेवा	प्रारंभ वर्ष	विवरण
ई-मेल (इलेक्ट्रॉनिक संवाद)	1970	ई-मेल (E-mail) इंटरनेट की अत्यधिक सामान्य सेवा है।
संवाद सूचियाँ (मेलिंग लिस्ट)	1981	मेलिंग लिस्ट (mailing list) इंटरनेट की समूह आधारित संदेश सेवा है। एक बार ग्राहक बनने के पश्चात आपको (मेलिंग लिस्ट संदेश) ये एक मानक ई-मेल खाते के माध्यम से प्राप्त होंगे। वर्तमान समय में लगभग 90,000 इंटरनेट संवाद सूचियाँ उपलब्ध हैं।
एफ टी पी (फाइल ट्रांसफर प्रोटोकॉल)	1973	कम्प्यूटर्स में फाइल्स (Files) के स्थानान्तरण हेतु एक इंटरनेट सेवा तैयार की गई। जिससे एक टीपी का प्रयोग करते हुए डाउनलोडिंग (down loading) हेतु फाइलें उपलब्ध रहती हैं।
न्यूज़ग्रुप (यूज़नेट)	1979	यूज़नेट एक जन संदेश एवं सूचनापट प्रणाली है। इस प्रणाली में लगभग 34000 निजी मंचों से अधिक मंच शामिल होते हैं जिसमें प्रत्येक किसी विषय विशेष से सम्बद्ध होता है।
वर्ल्ड वाइड वेब (Web WWW, W3) (वेब, डब्ल्यू डब्ल्यूडब्ल्यू, W3)	1992	इस सेवा में उपभोक्ता मैत्री प्रकाशन, मल्टीमीडिया दस्तावेज और फाइलें समाहित होती हैं। वेब पेज की रचना एचटीएमएल (HTML), जावा स्क्रिप्ट और जावा आदि से की जाती है।

नेटवर्क्स (Networks)

ये एक या इससे सर्वर कम्प्यूटर्स और विविध क्लाइंट पीसी (निजी कम्प्यूटर्स) से बने होते हैं।

नोड (Node)

नोड क्लाइंट, सर्वर या नेटवर्क (क्लाइंट एवं सर्वर से निर्मित) की व्याख्या करने वाला एक अतिविशिष्ट शब्द है। चित्र 1.3 में क्लाइंट्स, सर्वर और नोड को दर्शाया गया है।

1.3.3 यूनीफॉर्म रिसोर्स लोकेटर्स

यूनीफॉर्म रिसोर्स लोकेटर्स (Locaters) अथवा यूआरएल (URLs) इंटरनेट संसाधनों के पते (addresses) होते हैं।

एक यूआरएल को चार भागों में विभाजित किया जाता है, जैसा कि चित्र 1.4 में दर्शाया गया है।

- ट्रांसफर प्रोटोकॉल
- सर्वर का नाम
- डायरेक्टरी पाथ
- फाइल का नाम

☞ किसी वेब ब्राउज़र में यूआरएल (URL) अंकित करते समय सावधानी बरतें अन्यथा केवल एक अक्षर (Character) मात्र ही गलत अंकित हो जाने पर आपको या तो त्रुटि संदेश प्राप्त होगा अथवा गलत वेब पृष्ठ (Web Page) डाउनलोड (Download) हो जाएगा।

1.3.4 इंटरनेट प्रोटोकॉल (IP)

इंटरनेट प्रोटोकॉल वह विधि है जिसके द्वारा नेटवर्क में एक कम्प्यूटर से दूसरे कम्प्यूटर पर आँकड़े भेजे जाते हैं। इंटरनेट से संबद्ध प्रत्येक कम्प्यूटर का एक इंटरनेट प्रोटोकॉल का पता (IP Address) होता है जो उसकी अन्य कम्प्यूटर्स से अलग पहचान कराता है। इंटरनेट पर आँकड़े प्रेषित करने के लिए प्रयोग किए जाने वाले विभिन्न प्रकार के प्रोटोकॉल्स का वर्णन अध्याय 2 में किया गया है।

1.4 वर्ल्ड वाइड वेब (WWW) का इतिहास

विश्व व्यापी तंत्र यानी वर्ल्ड वाइड वेब (WWW) अथवा सामान्यत: वेब वह सार्वभौमिक (Global) सूचना प्रणाली है जो इंटरनेट के क्षेत्र में तेजी से बढ़ रही है। दूसरे शब्दों में, वर्ल्ड वाइड वेब सर्वरों (Servers) की वह श्रृंखला है जो

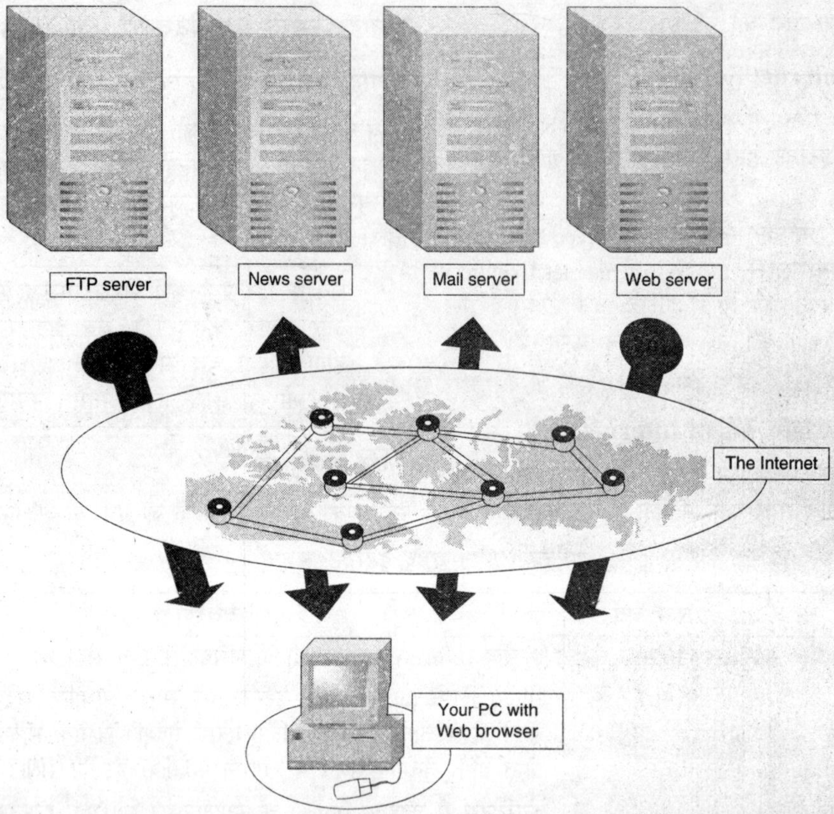

चित्र 1.2: इंटरनेट एक्सप्लोरर जैसी वेब ब्राउज़र युक्त इंटरनेट सेवाएँ।

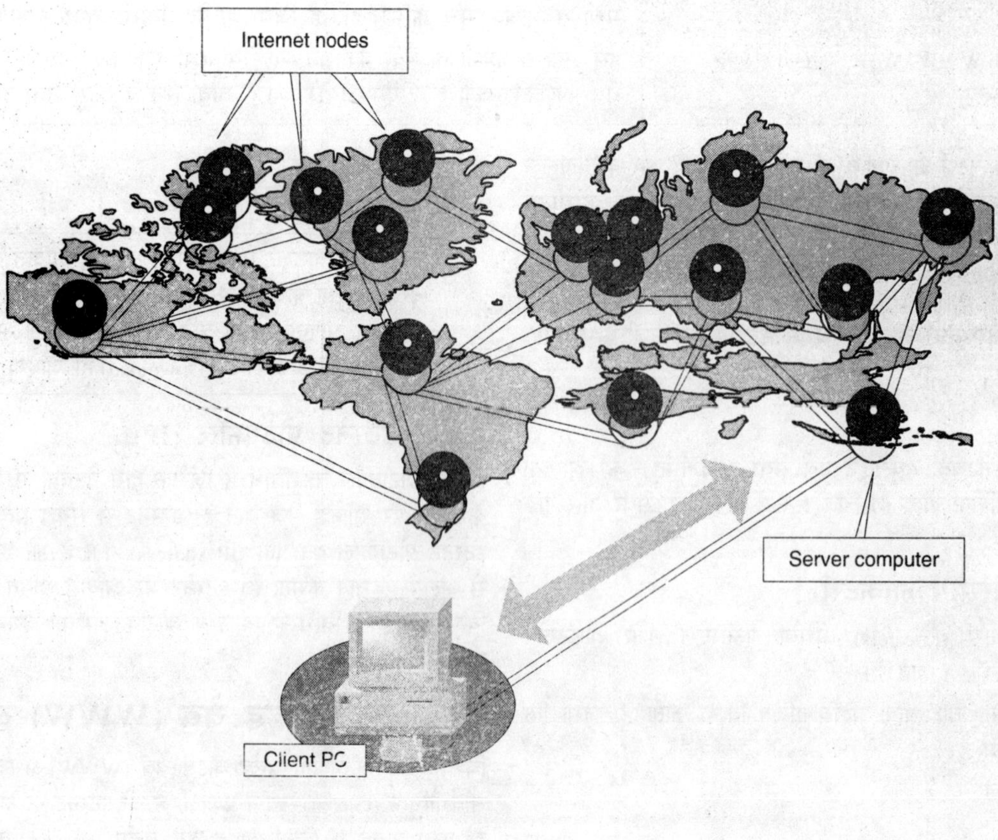

चित्र 1.3: इंटरनेट के मुख्य तत्व: क्लाइंट, सर्वर एवं नोड।

हाइपरटेक्स्ट (Hypertext) के माध्यम से परस्पर जुड़ी हुई है और हाइपरटेक्स्ट सूचना प्रस्तुतीकरण की वह विधि है जिसमें कुछ निश्चित टेक्स्ट (Text) को चिन्हित किया जाता है ताकि उस चिन्हित टेक्स्ट का चयन (Select) करने पर किसी विषय विशेष पर अधिकाधिक जानकारी प्राप्त हो सके।

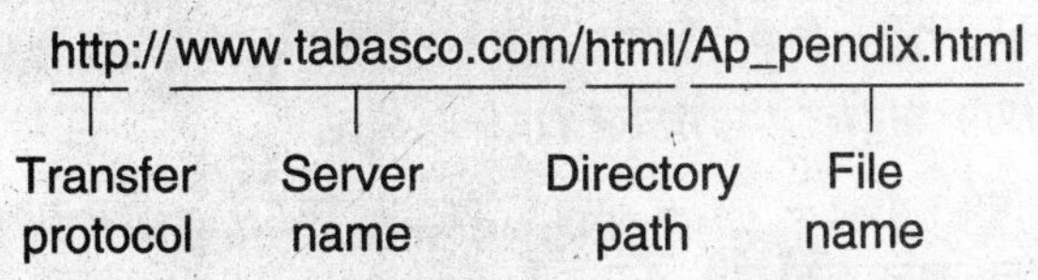

चित्र 1.4: यूनीफॉर्म रिसोर्स लोकेटर (URL) की रचना में निहित व्यवस्था।

अन्य इंटरनेट सेवाओं की भाँति वेब (Web) भी विशिष्ट सर्वर, कम्प्यूटर्स (Web Servers) और आपके PC (माइक्रोसॉफ्ट का इंटरनेट एक्सप्लोरर जैसे वेब ब्राउज़र साफ्टवेयर प्रयोग करते हुए) के मध्य आँकड़ों का हस्तांतरण करने और आपसी अंत:क्रिया करने पर आधारित होता है।

1.4.1 हाइपरटेक्स्ट (Hypertext) (असंकुचित सूचना)

पाठ्यपुस्तकों की भाँति परंपरागत सूचना प्रणालियाँ प्रचलित शैली में मुद्रित पृष्ठों पर जानकारी प्रस्तुत करती हैं। यथा एक उपन्यास को पढ़ने के लिए आप उसे पहले पृष्ठ से पढ़ना प्रारंभ करते हैं और एक के बाद एक पृष्ठों को तब तक पढ़ते रहते हैं जब तक कि आप पुस्तक का अंतिम पृष्ठ नहीं पढ़ लेते।

दूसरी तरफ हाइपरटेक्स्ट (Hypertext) सूचना प्रणालियाँ आपके पसंद के किसी Path का अनुसरण करते हुए सूचना प्रवाह के जरिए इसे संचालित करने की अनुमति प्रदान करती हैं। हाइपरटेक्स्ट, जैसा कि वेब पर क्रियान्वित किया गया है, वेब पर किसी अन्य पृष्ठ से जोड़ते हुए वेब पृष्ठ की रचना करने की अनुमति प्रदान करता है। यह प्रणाली विश्व में भौगोलिक रूप से किसी भी जगह स्थित विभिन्न Web Sites के उन अन्य वेब पृष्ठों का नेतृत्व करती हैं जो किसी एक वेब पृष्ठ पर अनेक स्रोतों से चयन की अनुमति देती हैं।

मल्टीमीडिया (Multimedia)

मल्टीमीडिया वह तकनीक है जो कम्प्यूटर में टेक्स्ट, डाटा, इमेज, ग्राफिक्स, ऑडियो एवं वीडियो एवं एनीमेशन को डिज़िटल रूप में मुहैया कराती है। वेब में इमेज, ऑडियो, वीडियो, एनीमेशन और मल्टीमीडिया के अन्य प्रकारों जैसी कुछ मल्टीमीडिया सूचना प्रदर्शित करने की योग्यता होती है।

हाइपरलिंक्स (Hyperlinks)

हाइपरलिंक्स या लिंक (Link) वे वेब संचालन तत्व होते हैं जो आपको अन्य वेब पृष्ठों के बीच में संचरण करने की अनुमति प्रदान करते हैं अर्थात् आप हाइपरलिंक्स के माध्यम से अन्य वेब पृष्ठों का अवलोकन कर सकते हैं।

ये हाइपरलिंक्स दृश्य एवं श्रव्य और अन्य प्रकार की मल्टीमीडिया फाइल्स को डाउनलोड करने की अनुमति भी प्रदान करते हैं। लिंक के माध्यम से जोड़े गए वेब पेजों को आप उसी वेबासाइट पर अथवा वेब पर किसी अन्य साइट पर कहीं भी रख सकते हैं।

वस्तुत: हाइपरलिंक्स तीन प्रकार के होते हैं।

- टेक्स्ट (Text) हाइपरलिंक्स
- इमेज (Image) हाइपरलिंक्स
- इमेज मैप (Image Map) (विविध हाइपरलिंक्स युक्त)

कार्यरूप में देखा जाए तो हाइपरलिंक्स के ये तीनों वर्ग एक जैसे ही हैं। टेक्स्ट हाइपरलिंक्स सामान्यत: नीले रंग या रेखांकित (Underlined) होते हैं जबकि इमेज हाइपरलिंक्स तथा मानचित्र नीले रंग के बॉर्डर (border) वाले होते हैं। इन सभी मामलों में माउस (Mouse) चिन्ह जब हाइपरलिंक्स के ऊपर से गुजरता है तो हाथ के चिन्ह में परिवर्तित हो जाता है।

1.4.2 वेब के तत्व (Elements of the Web)

वेब ब्राउज़र (Web Browser)

आपके PC पर वेब ब्राउज़र एक साफ्टवेयर एप्लीकेशन प्रोग्राम होता है जो विभिन्न वेब पृष्ठों पर प्राप्त आँकड़ों और इमेज तथा टेक्स्ट को प्रदर्शित कर सकता है। यह वेब पेज के विशिष्ट बनाने, लिंक्स का प्रयोग करते हुए इसे

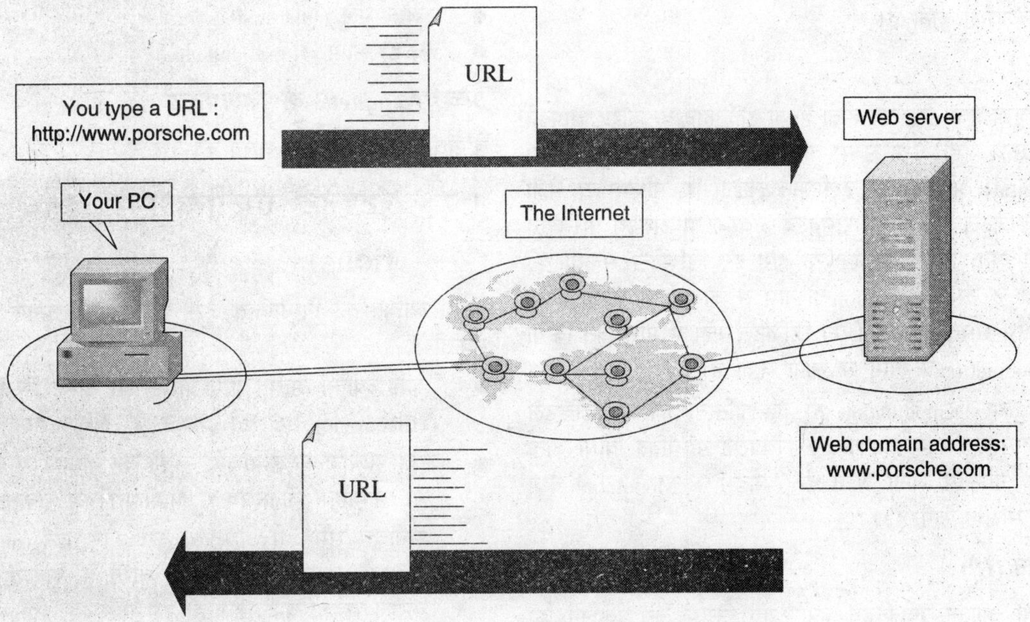

चित्र 1.5: वेब ब्राउज़र तथा वेब सर्वर के बीच संबंध।

नेविगेट करने तथा वेब पृष्ठों पर अपने पसंदीदा Bookmark की अनुमति प्रदान करता है। आमतौर पर प्रयोग किए जाने वाले वेब ब्राउज़र हैं– इंटरनेट एक्सप्लोरर, नेटस्केप नेवीगेटर, तथा मोजिला फायरफॉक्स (Mozilla firefox) आदि। वेब सर्वर तथा वेब ब्राउज़र के बीच संबंध को चित्र 1.5 में दर्शाया गया है।

☞ वेब ब्राउज़र वह प्रोग्राम होता है जो वर्ल्डवाइड वेब को संचालित करने में किसी User की सहायता करता है।

वेब साइट्स बनाम वेब पृष्ठ (Web Sites vs. Web Pages)

इंटरनेट पर वेब साइट वह स्थान होता है जहाँ किसी संगठन की सूचनाएँ एकत्रित रहती हैं। ये पृष्ठ एक-दूसरे से इस प्रकार जुड़े होते हैं कि केवल क्लिक करने मात्र से ही आप एक पृष्ठ से दूसरे पृष्ठ पर जा सकते हैं।

एक वेब पृष्ठ किसी पूर्ण वेबसाइट का एक अंश मात्र होता है। अंग्रेजी साहित्य में एक उपन्यास में एक पृष्ठ तथा सम्पूर्ण उपन्यास के मध्य अन्तर की सोच में तुलनात्मक दृष्टि से समानता दिखाई देती है और इसके साथ ही आप एक वेब पृष्ठ तथा सम्पूर्ण वेब साइट (Websites) को समझना प्रारंभ कर सकते हैं।

- कोई उपन्यास अपनी संपूर्णता में वेब साइट के तुल्य होता है।
- और कोई एक पृष्ठ किसी वेब पेज के समतुल्य होता है।

किसी वेब साइट में केवल कुछ पृष्ठ या हजारों पृष्ठ भी हो सकते हैं। उदाहरणार्थ, माइक्रोसॉफ्ट की वेब साइट में वर्तमान समय में लगभग 250,000 वेब पृष्ठ समाहित हैं।

☞ वेब साइट वेब पेज के रूप में सूचनाओं का संकलन होती है जो किसी एक अथवा अनेक कम्प्यूटर्स पर एक साथ उपलब्ध हो सकती है। वस्तुत: एक वेब पृष्ठ एचटीएमएल (HTML: Hypertext Markup Language) नामक कम्प्यूटर की भाषा में लिखा गया एक इलेक्ट्रानिक (Electronic) दस्तावेज होता है।

1.5 इंटरनेट की मूल पारिभाषिक शब्दावली

इंटरनेट के किसी सरलीकृत पदानुक्रमिक मॉडल (Model) में निम्नलिखित मूल पारिभाषिक शब्दावली होती है।

मोडम (Modem)

मोडम कम्प्यूटर से जुड़ा हुआ वह यंत्र होता है जो टेलीफोन के जरिए आपको अन्य कम्प्यूटर्स के साथ जुड़ने तथा संचार करने की अनुमति प्रदान करता है। जब डिज़िटल (Digital) आँकड़ों को टेलीफोन लाइनों के माध्यम से भेजा जाना होता है तब डिजिटल संकेतों को समतुल्य अवस्था में अवश्य परिवर्तित किया जाना चाहिए। अत: जिस तकनीक के द्वारा इन डिज़िटल संकेतों को परिवर्तित किया जाता है उसे Modulation के नाम से जाना जाता है तथा वह विपरीत प्रक्रिया जिसमें समतुल्य संकेतों को डिज़िटल रूप में परिवर्तित किया जाता है, उसे Demodulation के नाम से जाना जाता है।

Modulation तथा Demodulation की वह प्रक्रिया जिसमें डिज़िटल आँकड़ों को इसके समतुल्य रूप में तथा इसके विपरीत परिवर्तित किया जाता है, उसे Modem के नाम से जाना जाता है। (मोडम – Modulation तथा Demodulation का संक्षिप्त रूप है)।

इंटरनेट प्रोटोकॉल (IP)

नेट पर सूचनाओं के आदान-प्रदान हेतु बनाए गए नियमों के संकलन को प्रोटोकॉल कहते हैं। इंटरनेट प्रोटोकॉल (IP) एक कम्प्यूटर से दूसरे कम्प्यूटर पर एड्रेसिंग (addressing) एवं आँकड़ों को प्रेषित करने के लिए उत्तरदायी होता है।

इंटरनेट इनफॉर्मेशन सर्वर (IIS)

आईआईएस (Internet Information Server) Windows NT तथा Windows 2000 की अतिरिक्त क्षमता वाले (HTTP Server तथा FTP Server) इंटरनेट सर्वरों का समूह होता है।

ट्रांसमीशन कंट्रोल प्रोटोकॉल (TCP)

यह इंफॉर्मेशन पैकेट लेवल पर अन्य इंटरनेट पॉइंट्स (points) के साथ संदेशों के आदान-प्रदान करने हेतु नियमों के सेट (set) का प्रयोग करता है।

इंटरनेट सेवा प्रदाता (ISP)

इंटरनेट सेवा प्रदाता (Internet Service Provider) वह संस्था होती है जो इंटरनेट को चलाने की सुविधा मुहैया कराती है। इंटरनेट सेवा प्रदाता वास्तव में इंटरनेट के संचालन हेतु एक gateway का कार्य करता है। अधिकांश मामलों में आप PC modem का प्रयोग करते हुए मानक टेलीफोन लाइनों के माध्यम से अपने ISP के मोडम से जुड़ जाते हैं। आपका मोडम आपके इंटरनेट सेवा प्रदाता के मोडम बैंक में से एक मोडम से जुड़ जाता है। इसे डायल-अप कनेक्शन (Dial-up connection) कहा जाता है। किसी निगम या बड़े संस्थान में कार्यरत प्रयोक्ता direct connection नामक हाई स्पीड लिंक के जरिये एक आईएसपी (ISP) से जुड़ जाते हैं।

1.6 नेटीक्वेट (Netiquette)

Netiquette इंटरनेट पर सही आचरण के लिए बने परंपरागत नियम होते हैं। Netiquette कागज़ी पत्रों, आमने-सामने की मुलाकातों, दूरभाषीय वार्तालापों जैसी परंपरागत संचार अवस्थाओं से इंटरनेट को अलग करता है। यह किन्हीं इंटरनेट सेवाओं जैसे E-mail, Chat तथा Mailing lists में संचार के दौरान पैदा हुई गलतफहमियों के दूर करने में हमारी सहायता करता है।

खराब नेटीक्वेट (Netiquette) की प्रकृति

खराब Netiquette के निम्नलिखित अंग होते हैं–

- कमजोर व्याकरण एवं वर्तनी त्रुटियाँ
- जंक मेल (Junk mails)
- कड़ी भाषा (Harse language)

अच्छे Netiquette के विशेषताएँ

वे संवाद जो प्रयोक्ता के समय को नष्ट न करें, अच्छे Netiquette माने जाते हैं।

1.7 इंटरनेट एप्लीकेशन्स (Internet Applications)

किसी व्यक्ति को निम्नांकित जैसी इंटरनेट की अनेक applications प्राप्त हो सकती हैं–

- कोई व्यक्ति अत्यंत कम कीमत पर अपने मित्रों के साथ इलेक्ट्रॉनिक (Electronic) मेल का आदान-प्रदान कर सकता है।
- वह सार्वजिनक समाचार समूहों के माध्यम से किसी रूचिपूर्ण विषय पर सामूहिक वार्तालाप में भागीदारी कर सकता है।

  समाचार समूह से अभिप्राय उस ऑनलाइन (online) सूचना पटल से है जहाँ प्रयोक्ता संदेश प्रेषित करते हैं, संदेशों का जवाब देते हैं या केवल संदेशों को पढ़ते हैं। इसे फोरम (forum) के नाम से भी जाना जाता है।

- शैक्षणिक साधनों, विश्वभर के विश्वविद्यालयों, पुस्तक भण्डारों तथा पुस्तकालयों के बारे में ऑनलाइन जानकारी प्राप्त करने हेतु।
- अमेरिका तथा यूरोप में इलेक्ट्रॉनिक स्टोर्स की संख्या में निरन्तर वृद्धि हो रही है। कोई भी व्यक्ति इंटरनेट पर ही विभिन्न वस्तुओं को प्राप्त करने हेतु आदेश दे सकता है।
- व्यापार के मामले में कोई व्यक्ति अपने उत्पादों के बारे में तकनीकी सहायता प्राप्त कर सकता है। कोई भी व्यक्ति वेब साइट पर तकनीकी या मार्केटिंग जैसी सूचनाएं प्रकाशित करवा सकता है।
- विद्यार्थी अन्यत्र बैठकर दूसरी जगह संचालित हो रही कक्षाओं में उपस्थित हो सकते हैं, नियत विषयों का अध्ययन कर सकते हैं। यह दूरस्थ शिक्षा प्रणाली सामान्यत: अंत:क्रियाशील (interactive) है। विद्यार्थी वीडियो क्राफ्रेंसिंग के जरिए अपने शिक्षक से बातचीत कर सकते हैं तथा उनसे अनुदेश प्राप्त कर सकते हैं।
- इंटरनेट के इलेक्ट्रॉनिक होने की वजह से कोई भी व्यक्ति पिछली खबरों में परिवर्तन कर सकता है जबकि यह मुद्रित प्रकाशन में असंभव होता है। इसमें परिवर्तन आसान होता है, संशोधन सरल होता है तथा सूचना त्वरित होती है।
- सूचना के प्रकाशन हेतु इंटरनेट पहला ग्लोबल स्थान (venue) बन गया है। अब इस नेटवर्क के पर्याप्त संख्या में प्रयोक्ता हैं तथा इसे सराहनीय लाभ प्राप्त हो रहा है। क्योंकि अधिकाधिक प्रयोक्ता, क्लाइंट्स, अधिकाधिक विषयवस्तु इससे प्राप्त करते हैं।

1.8 इंटरनेट पर वाणिज्य

इंटरनेट पर वाणिज्य (commerce) का अर्थ है नेट पर वस्तुओं का खरीदना और बेचना। किन्तु ई-कॉमर्स अथवा इलेक्ट्रॉनिक कामर्स का अर्थ है वस्तुओं का ऑनलाइन क्रय व विक्रय। यह नेट पर व्यापार को सुगम बनाने का एक तरीका भी हो सकता है। बहुत-सी कंपनियाँ अपने उत्पादों और सेवाओं के विवरण प्रदान करने हेतु अपनी वेबसाइट बनाती हैं और प्रयोक्ता क्रेडिट कार्ड से वस्तुएँ खरीद सकते हैं। वेब सर्फ करने वाले वेब साइट्स से जानकारी प्राप्त कर सकते हैं तथा एक फॉर्म पर अपना प्रश्न भी भर सकते हैं। ये फॉर्म वेबसाइट के मालिक द्वारा प्राप्त किये जाते हैं। इस प्रकार से जानकारी प्रकाशित करने का खर्च बहुत कम आता है तथा उपभोक्ताओं द्वारा दिये गए ऑर्डर का निष्पादन भी अतिशीघ्र होगा। उदाहरणार्थ, आप इंटरनेट से ही क्रेडिट कार्ड के माध्यम से हवाई टिकट की बुकिंग, या रेवले आरक्षण तथा खरीद फरोख्त कर सकते हैं।

क्या आपने इंटरनेट पर खरीदारी हेतु विज्ञापन दूरदर्शन पर देखें हैं? इंटरनेट पर वस्तुओं का क्रय विक्रय होने से कम्पनियों का कर्मचारियों की भर्ती पर होने वाला खर्च बच जाता है। कम से कम हम घर पर बैठकर खरीदारी कर सकते हैं। दुकानें अपना सामान कम कीमतों पर बेचती हैं तथा खरीददार बिना व्यस्त दुकानों पर गए ही अपनी मनपसंद वस्तुएं खरीदने लायक हो जाते हैं।

ई-कामर्स के निम्नलिखित प्रकार मौजूद हैं-

1. बिजनेस-टू-बिजनेस या B to B
2. बिजनेस-टू-कस्टमर या B to C
3. डिजिटल मिडिलमैन (डिजिटल बिचौलिया)

बिजनेस-टू-बिजनेस

इसका अर्थ है कि कोई कम्पनी दूसरी कंपनियों से उत्पादों का क्रय या विक्रय करती हैं।

बिजनेस-टू-कस्टमर

इसका आशय है कि कोई कम्पनी इंटरनेट पर अपनी वेब साइट बनाती है। जो साइट पर सेवाओं एवं उत्पादों की जानकारी प्रदान कराती है। कोई भी ग्राहक साइट से उत्पादों के बारे में जानकारी प्राप्त कर सकता है तथा इच्छित उत्पादों के लिए आदेश प्रेषित कर सकता है।

डिज़िटल मिडिलमैन (बिचौलिया)

इसका आशय है कि कोई कम्पनी अपनी वेबसाइट पर कई अन्य दूसरी कंपनियों के बारे में जानकारी उपलब्ध कराती हैं। यह कंपनी उन कम्पनियों से आँकड़े एकत्र करती है जो कार या कम्प्यूटर हार्डवेयर जैसे या यात्रा पर्यटन जैसे समकक्ष उत्पाद उपलब्ध कराती हैं। और इस प्रकार के प्रत्येक लेन-देन के लिए कमीशन प्राप्त किया जाता है।

1.9 इंटरनेट पर नियंत्रण

भारत के कुछ राज्यों में जिला न्यायाधीश तथा प्राधिकरण के अन्य लोगों के साथ मीटिंग करने के लिए इंटरनेट का प्रयोग किया जा रहा है। कई जगह तो जमीन-जायदाद के कागजातों को कम्प्यूटरीकृत किया जा रहा है ताकि लोग केवल एक बटन दबाकर ही तुरंत समस्त विवरण प्राप्त कर सकें। शिक्षा के क्षेत्र में भी एजुकेशन बोर्ड और विश्वविद्यालयों की वेब साइटों पर विभिन्न परीक्षाओं के परिणाम प्रदर्शित किये जाते हैं। साथ ही इंटरनेट का प्रयोग करते हुए सरकारी नियमों को लागू करने में किये जाने वाले प्रयासों को घटाने की दृष्टि से प्रतिदिन नयी एप्लीकेशंस का उदय हो रहा है।

1.9.1 सभाएं (Meetings)

आजकल किसी भी संस्थान के मुख्य कार्यकारी अधिकारी (सीईओ) इंटरनेट के जरिए ही अपने अधीनस्थ अधिकारियों के साथ वीडियो कांफ्रेंस आयोजित करते हैं। यह वह विधि है जिससे वे इंटरनेट सुविधा और वेब कैमरों की मदद से आमने-सामने बात करते हैं।

1.9.2 रिपोर्ट्स (Reports)

निजी संस्थानों की अनेक वित्तीय एवं अन्य रिपोर्ट्स एक विभाग से दूसरे विभाग को इंटरनेट के माध्यम से भेजी जाती हैं (ताकि वह विभाग अथवा संबद्ध व्यक्ति इंटरनेट का प्रयोग करते हुए अमुक रिपोर्ट आसानी से देख सकें)। डाटाबेसों पर कोई जानकारी उपलब्ध रहने की वजह से ही उसे प्रेषित किया जा सकता है और इंटरनेट का प्रयोग कर उस जानकारी तक आसानी से पहुंचा जा सकता है। विभिन्न प्रकार के दस्तावेज़ जो पहले कागज़ों पर तैयार किए जाते थे तथा डाक द्वारा प्रेषित किये जाते थे, अब सुव्यवस्थित तरीके से जमा तथा हस्तांतरित करने में इंटरनेट महत्वपूर्ण व सर्वोत्तम भूमिका निभाता है।

1.9.3 ऑनलाइन रजिस्ट्रेशन (Online Registration)

बहुत से विश्वविद्यालय एवं संस्थान ऑनलाइन नामांकन प्रपत्र का प्रयोग करके प्रशिक्षण प्रदान करते हैं। अत: अब विद्यार्थी साधारण डाक सेवा से अपने फॉर्म भेजने में समय बर्बाद नहीं करते हैं।

1.10 समाज पर इंटरनेट का प्रभाव

विश्वभर के लोगों के विचारों और भावनाओं को आदान-प्रदान करने की अनुमति प्रदान कर इंटरनेट ने समाज में बड़ी क्रांति ला दी है। इंटरनेट ने समाज को लोगों के प्रति नज़रिए में भी परिवर्तन किया है। इसने अल्पसंख्यक समूहों को उनके वास्तविक जीवन की अपेक्षा कहीं अधिक अधिकार प्रदान

किये हैं। इंटरनेट की वजह से समाज में अनेक परिवर्तन हुए हैं, चाहे ये परिवर्तन हमारे जीवन को उत्थान या पतन की ओर ही क्यों न ले जाएं किन्तु हम तक पहुंच चुके हैं। कुछ सामाजिक परिवर्तनों को नीचे दिया जा रहा है:

1.10.1 घर बैठे कार्य करना (Working from Home)

कार्य के अधिक घंटे, बड़े शहरों में प्रदूषित हवा तथा परिवहन की समस्या के चलते अनेक लोगों के लिए कार्य स्थल बहुत तनावपूर्ण होता जा रहा है, लिहाज़ा इंटरनेट ने घर बैठे काम करने की सहूलियत प्रदान कर दी है।

व्यापारी अपने कार्य को आउटसोर्स करता है और अपने स्टाफ को घर पर बैठकर कार्य करने के योग्य बनाता है। हालांकि यह प्रणाली कुछ सीमित प्रोजेक्ट्स पर तथा कम्प्यूटर आधारित कार्यों पर ही लागू हो पायी है।

1.10.2 अभिव्यक्ति की स्वतंत्रता (Freedom of Speech)

इंटरनेट ऐसे लोगों को जो अन्य लोगों तक अपनी बात पहुंचाने का साहस नहीं रखते हैं, अभिव्यक्ति की स्वतंत्रता प्रदान करता है। इसका अभिप्राय यह है कि वह व्यक्ति अन्य लोगों द्वारा हास्य का पात्र बनने की चिन्ता किए बिना ही अपने विचार व्यक्त करने का सपोर्ट प्राप्त कर सकता है।

1.11 इंटरनेट पर/के माध्यम से अपराध

इंटरनेट सम्पूर्ण विश्व के साथ हमें अपने विचारों तथा सामग्रियों का आदान-प्रदान करने हेतु जोड़ने में मदद करता है। इंटरनेट की सहायता से हम ई-मेल संदेश प्रेषित कर सकते हैं, तथा कोई वस्तु खरीदने के साथ-साथ बेच सकते हैं और वीडियो कांफ्रेंसिंग कर सकते हैं। हालाँकि ये कुछ ऐसी चीज़े हैं जो हमारी मदद करती हैं किन्तु इसके साथ ही इंटरनेट पर अनेक अपराध भी हो रहे हैं।

1.11.1 साइबर क्राइम (Cyber Crime)

ऐसी गतिविधि जिसमें कम्प्यूटर का प्रयोग एक उपकरण के रूप में, लक्ष्य के रूप में अथवा अपराधों को निरंतर आगे बढ़ाने में होता है, आदि साइबर क्राइम की परिधि में आते हैं।

साइबर क्राइम की सामान्य परिभाषा- एक गैर कानूनी कार्य जिसमें कम्प्यूटर का प्रयोग या तो साधन के रूप में अथवा लक्ष्य के रूप में या दोनों रूपों में होता है- के रूप में दी जा सकती है। कम्प्यूटर का प्रयोग एक साधन के रूप में निम्नलिखित आपराधिक गतिविधियों में हो सकता है जैसे- वित्तीय अपराध, गैर-कानूनी वस्तुओं का विक्रय, अश्लील साहित्य, ऑनलाइन जुआ, बौद्धिक संपदा अपराध, ईमेल स्पूफिंग (Spoofing), धोखाधड़ी, साइबर बदनामी, साइबर स्टैकिंग (Stalking) आदि। कम्प्यूटर का प्रयोग लक्ष्य के रूप निम्नलिखित जैसी कुछ आपराधिक गतिविधियों में भी किया जा सकता है यथा- कम्प्यूटर/कम्प्यूटर प्रणाली/ कम्प्यूटर नेटवर्क्स का अनधिकृत प्रयोग, इलेक्ट्रॉनिक रूप में समाहित जानकारी को चुराना, ई-मेल बमबारी, आँकड़ों में फेरबदल, सलामी अटैक, लॉजिक बम, ट्रोजन अटैक (Trojan attack), इंटरनेट समय की चोरी, वेब जैकिंग, कम्प्यूटर प्रणाली की चोरी, कम्प्यूटर प्रणाली को भौतिक रूप से क्षति पहुँचाना आदि।

1.11.2 साइबर क्राइम के कारण

1. **कम जगह में आँकड़ों की भण्डारण क्षमता:** अत्यंत कम जगह में आँकड़ों का भण्डारण कम्प्यूटर की महत्वपूर्ण विशेषता होती है। इसमें भौतिक या आभाषी माध्यम से सूचनाओं हटाने या निकालने की वहनीयता ही इसे और अधिक सुगम बनाती है।
2. **संचालन में आसान (Easy to Access):** अनधिकृत एक्सेस (access) से कम्प्यूटर प्रणाली की सुरक्षा में सबसे अहम् समस्या यह आती है कि जहाँ एक तरफ मानवीय भूलों की वजह से अनुशासन भंग की प्रत्येक संभावना बनी रहती है वहीं दूसरी तरफ जटिल तकनीकियों की वजह से भी। गुप्त रूप से लगाए गए logic bomb, key loggers आदि एक्सेस कोड्स को चुरा सकते हैं, अत्याधुनिक Voice recorders तथा रेटिना इमेजर्स आदि बायोमीट्रिक प्रणालियों को आसानी से मूर्ख बना सकते हैं तथा फायरवाल्स (Firewalls) का उल्लंघन कर सकते हैं (फायरवाल्स जो बहुत सी सुरक्षा प्रणालियों में प्रयोग किए जाते हैं) आदि।
3. **जटिल (Complex):** कम्प्यूटर्स संचालन प्रणालियों पर कार्य करते हैं और ये संचालन प्रणालियों लाखों कोड्स से बनी होती हैं। मानव मस्तिष्क द्वारा गलतियों की गुंजाइश बनी रहती है और उन्हें हर स्तर पर खत्म करना एक दुष्कर कार्य होता है। अत: साइबर अपराधी इन्हीं कमजोरियों का फायदा उठाते हैं और कम्प्यूटर प्रणाली में सेंध लगाते हैं।
4. **असावधानी (Negligence):** असावधानी मानव आचरण से घनिष्ठता से संबद्ध होती है। अत: कम्प्यूटर प्रणाली की सुरक्षा में किसी भी प्रकार की असावधानी की संभावना बनी रहती है जिसका लाभ साबइर अपराधी कम्प्यूटर प्रणाली पर नियंत्रण स्थापित करने और उसे एक्सेस करने में उठाते हैं।
5. **साक्ष्यों की हानि (Loss of evidence):** जैसाकि आँकड़े नियमित रूप से नष्ट किये जाते हैं, साक्ष्यों अथवा प्रभावों की हानि एक आम तथा स्पष्ट समस्या है। अत: राज्य क्षेत्र विस्तार से बाहर आँकड़ों का संग्रहण भी अपराध विवेचना की इस प्रणाली को पंगु बनाता है।

1.11.3 साइबर क्राइम करने के तौर-तरीके

1. **कम्प्यूटर प्रणालियों अथवा नेटवर्क्स/हैकिंग (Hacking) से अनाधिकृत एक्सेस:** सामान्य अर्थ में इस प्रकार के अपराध को हैकिंग ही माना जाता है। हालांकि सूचना एवं तकनीकी अधिनियम 2000 के निर्माताओं ने इस शब्द का प्रयोग कहीं भी नहीं किया है, अत: हम भी किसी भ्रांति को मिटाने के लिए 'अनाधिकृत एक्सेस' शब्द के लिए हैकिंग शब्द का प्रयोग नहीं करेंगे।
2. **इलेक्ट्रॉनिक रूप में समाहित सूचना की चोरी:** इसमें कम्प्यूटर हार्डडिस्क में स्टोर्ड सूचना और हटाये जाने योग्य जानकारी सामग्री शामिल होती है। इससे आँकड़ों की चोरी मौलिक रूप से या ऐसे ही किसी अन्य माध्यम से की जा सकती है।
3. **ईमेल बमबारी (E-mail Bombing):** इस प्रकार की गतिविधि में शिकार को बड़ी संख्या में ई-मेल प्रेषित किए जाते हैं जो किसी एक व्यक्ति या कंपनी अथवा ई-मेल सर्वरों को प्रेषित किए जा सकते हैं जिसके परिणामस्वरूप वे इन्हें नष्ट कर देते हैं।
4. **आँकड़ों की धोखेबाजी (Data Diddling):** इस तरह के अटैक में कम्प्यूटर द्वारा प्रोसेस किए जाने से पहले ही अपरिपक्व आँकड़े इसके मूल आँकड़ों को बदल देते हैं तथा प्रोसेसिंग के बाद वे इसे पुन: बदल देते हैं।
5. **सलामी आक्रमण (Salami Attacks):** इस तरह का अपराध सामान्यत: या तो वित्तीय संस्थाओं में प्रचलित है अथवा केवल वित्तीय अपराध करने के उद्देश्य से किया जाता है। इस प्रकार के अपराध की विशेषता यह है कि इसमें आँकड़ों से छेड़छाड़ अति सूक्ष्म रूप में की जाती है जो कि साधारणतया पकड़ में नहीं आ पाती है। उदाहरण के

तौर पर हम जेगलर (Zeigler) के मामले को ले सकते हैं जिसमें बैंक की प्रणाली में Logic Bomb लगाए गए थे जिसने किसी खाता विशेष में जमा से तथा प्रत्येक खाते से 10 सेंट (cents) घटा दिये थे।

6. **सेवा अटैक की अस्वीकारोक्ति (Denial of Service Attack):** इसमें पीड़ित व्यक्ति के कम्प्यूटर पर इतने अधिक अनुरोध किए जाते हैं कि वह इसे संभाल नहीं पाता और अन्तत: यह नष्ट (crash) हो जाता है। वितरित सेवा अस्वीकारोक्ति (DDOS) भी सेवा आक्रमण अस्वीकारोक्ति का ही एक रूप है जिसमें अपराधी बड़ी संख्या में तथा बड़े पैमाने पर फैले होते हैं जैसे अमेजन (Amezan) तथा याहू (Yahoo) आदि पर।
7. **वायरस/वॉर्म आक्रमण (Virus/Worm Attack):** वायरस यानि विषैले तत्व वे प्रोग्राम हैं जो स्वत: ही किसी नेटवर्क के कम्प्यूटर या फाइल पर आक्रमण करते हुए अन्य कम्प्यूटरों तथा फाइल्स में फैल जाते हैं। प्राय: ये किसी कम्प्यूटर के आँकड़ों को या तो परिवर्तित करके या उन्हें नष्ट करके प्रभावित करते हैं, वार्म्स भी एक तरह के वायरस ही हैं जो स्वत: आक्रमण नहीं करते हैं। ये प्राय: स्वयं की इतनी अधिक प्रतियाँ तब तक बनाते जाते हैं जब तक कि किसी कम्प्यूटर का संपूर्ण स्थान समाप्त न हो जाए।
8. **लॉजिक बम (Logic Bombs):** ये प्रोग्राम प्राय: दूसरे प्रोग्राम्स पर आधारित (निर्भर) होते हैं। ये किसी कार्य विशेष (जैसे Trigger Event) पर ही लगाये जाते हैं। उदाहरणार्थ प्राय: कुछ वायरसों को ही लॉजिक बमों की संज्ञा दी जाती है क्योंकि प्राय: ये विद्यमान तो पूरे वर्षभर रहते हैं किन्तु सक्रिय केवल एक निश्चित तिथि को ही होते हैं।
9. **ट्रोजन आक्रमण (Trojan Attack):** इस शब्द की उत्पत्ति इसके मूल शब्द 'Trojan Horse' से हुई है। सॉफ्टवेयर के क्षेत्र में इसका अभिप्राय: वह अनाधिकृत प्रोग्राम है जो किसी अन्य प्रणाली पर इस प्रकार अपना नियंत्रण स्थापित करता है मानों वही इसका अधिकृत प्रोग्राम हो। इसको प्राय: ई-मेल के माध्यम से ही स्थापित किया जाता है।
10. **इंटरनेट समय की चोरियाँ (Internet Time Thefts):** सामान्यत: इस प्रकार की चोरी में पीड़ित व्यक्ति के इंटरनेट प्रयोग के समय का उपयोग किसी अन्य व्यक्ति द्वारा किया जाता है। इस प्रकार का एक्सेस किसी का LoginID तथा Password प्राप्त करके ही किया जाता है।
11. **वेब जैकिंग (Web Jacking):** यह शब्द hijacking शब्द से लिया गया है। इस प्रकार के अपराध में कोई हैकर किसी दूसरे की वेबसाइट पर अपना अधिकार व नियंत्रण स्थापित कर लेता है। इस प्रकार वह उस साइट पर छेड़छाड़ या परिवर्तन कर सकता है। इस प्रकार का कार्य केवल राजनीतिक लक्ष्यों को हासिल करने या धन हेतु किया जा सकता है।

1.11.4 साइबर क्राइम से बचाव (Prevention of Cyber Crime)

उपचार की अपेक्षा सुरक्षा सदैव बेहतर विकल्प होता है। नेट चलाने के समय कुछ नियत सावधानियाँ बरतना सदैव बेहतर होता है। आपको भी इंटरनेट का प्रयोग करने से पूर्व निम्नलिखित बातों का ध्यान रखना चाहिए।

1. साइबर अपराध से बचने की दृष्टि से अपनी गोपनीय जानकारी को उजागर न करें। यह सार्वजनिक स्थानों पर किसी अजनबी के लिए आपकी पहचान को उजागर करने में बहुत अच्छा होता है।
2. किसी अजनबी व्यक्ति को तथा अपने चैट मित्रों (Chat Friends) को अपना छाया चित्र (Photograph) भेजने से बचें क्योंकि इसका गलत इस्तेमाल किया जा सकता है।
3. वायरस आक्रमणों से बचने के लिए सदैव नवीनतम एंटीवायरस साफ्टवेयर का प्रयोग करें।
4. बैकअप को कई जगह रखें ताकि वायरस अटैक से होने वाले आँकड़ों के नुकसान से बचा जा सके।
5. किसी भी फ्राड से बचने के लिए किसी भी असुरक्षित साइट पर अपना क्रेडिट कार्ड नम्बर न दें।
6. बच्चों द्वारा वेबसाइट को चलाते समय अपने बच्चों पर पैनी निगाह रखें ताकि उन्हें मानसिक उत्पीड़न से बचाया जा सके।
7. ऐसे सिक्योरिटी प्रोग्राम का प्रयोग करना हितकर होगा जो कुकीज़ (cookies) पर नियंत्रण करते हों तथा उस साइट को ऐसे कुकीज़ को साइट छोड़ने के लिए सूचना प्रेषित करें।
8. वेबसाइट मालिकों को साइट पर होने वाली अनियमितताओं को जाँचना चाहिए तथा ट्रैफिक पर अपनी पैनी नजर रखनी चाहिए।
9. फायरवाल का प्रयोग लाभकारी हो सकता है।
10. सार्वजनिक साइटों को चलाने वाले वेब सर्वर्स को इंटर्नल कारपोरेट नेटवर्क्स से बचाकर अलग रखना चाहिए।

उत्तर सहित पुनरावलोकन प्रश्न
(REVIEW QUESTIONS WITH ANSWERS)

*नोट: * से इंगित प्रश्न पहले DOEACC "O" तथा "A" स्तरीय परीक्षाओं में पूछे जा चुके हैं।*

1. बहुविकल्पीय प्रश्न

1. वेबसाइट संग्रह है:
   (a) HTML डॉक्यूमेंट्स का
   (b) ग्राफिक फाइल्स का
   (c) ऑडियो तथा वीडियो फाइल्स का
   (d) उपर्युक्त सभी
2. इंटरनेट नियंत्रित किया जाता है:
   (a) आई एण्ड बी द्वारा (b) आई ई टी एफ द्वारा
   (c) इंटरनिक (InterNIC) द्वारा (d) इनमें से कोई नहीं
3. WWW के लिए निम्न में से किस प्रोटोकॉल का प्रयोग किया जाता है?
   (a) एफ टी पी (FTP) (b) एचटीटीपी (http)
   (c) डब्ल्यू 3 सी (W3C) (d) इनमें से कोई नहीं
4. इंटरनेट के बीज बोने वाला प्रथम नेटवर्क था:
   (a) अरपानेट (ARPANET) (b) एनएसएफनेट (NSFNET)
   (c) वीनेट (VNET) (d) आईनेट (INET)
5. इंटरनेट द्वारा कम्यूनीकेशन प्रोटोकॉल का प्रयोग किया जाता है:
   (a) एचटीटीपी (HTTP) के लिए
   (b) डब्ल्यू डब्ल्यू डब्ल्यू (WWW) के लिए
   (c) टीसीपी/आईपी (TCP/IP) के लिए
   (d) उपर्युक्त सभी के लिए
6. पहला पेज जो किसी वेबसाइट को खोलने पर सबसे पहले आपको दिखाई देता है ____________ होता है।
   (a) होम पेज (Home Page) (b) मास्टर पेज (Master Page)
   (c) फर्स्ट पेज (First Page) (d) बैनर पेज (Banner Page)

7. इंटरनेट क्या है:
   (a) जटिल प्रणाली (b) विकेन्द्रित प्रणाली
   (c) डायनामिक प्रणाली (d) उपर्युक्त सभी
8. वर्ल्ड वाइड वेब निम्न में से किसे एकीकृत करती है:
   (a) ई-मेल, टेलनेट, यूज़नेट को
   (b) ध्वनि एवं चलचित्र फाइल्स को
   (c) समस्त इंटरनेट संचार उपकरणों को
   (d) (a) तथा (b) दोनों को।
*9. किसी वेब पेज पर रेखांकित किया गया शब्द होता है:
   (a) महत्वपूर्ण शब्द
   (b) वेब एड्रेस
   (c) दूसरे वेब पेज के लिए लिंक
   (d) कोई गलती
*10. इंटरनेट से अधिकांश घरेलू कम्प्यूटर्स को जोड़ने वाले उपकरण का नाम है:
   (a) पेरीफ़ेरल (b) मॉनीटर
   (c) डिवाइस (d) मोडेम
*11. वॉइस मेल, ई-मेल, ऑनलाइन सेवाएँ, इंटरनेट तथा डब्ल्यू डब्ल्यू डब्ल्यू (WWW) सभी ____________ के उदाहरण हैं।
   (a) कम्प्यूटर वर्गो (b) टेलीकम्प्यूटिंग
   (c) कनेक्टिविटी (d) टेलीशॉपिंग

2. निम्नलिखित कथनों में सही तथा गलत बताएँ:

1. इंटरनेट एक वाणिज्यिक सूचना सेवा नहीं है।
2. इंटरनेट पर किसी कम्प्यूटर को अन्य कम्प्यूटर्स से टेलीफोन लाइनों के जरिए जोड़ा जाता है।
3. इंटरनेट एकल, किन्तु कम्प्यूटर नेटवर्क्स का एक विशाल नेटवर्क है।
4. ई-मेल पते Case Sensitive होते हैं।
5. नियमों के एक सेट को प्रोटोकॉल के नाम से जाना जाता है।
6. एन एस एफ नेट का परिवर्तित नाम ही इंटरनेट है।
*7. यू आर एल (URL) इंटरनेट से जुड़े होस्ट कम्प्यूटर पर रखी गई फाइल के इंटरनेट के पते को निर्दिष्ट करता है।
*8. WWW क्लाइंट सर्वर स्ट्रक्चर के व्यापक क्रियान्वयनों को कहते हैं।
*9. सबनेटिंग (Subnetting) बाह्य जगत के लिए पूर्णत: अदृश्य होती है।
*10. इंटरनेट पर किन्हीं वस्तुओं को प्रेषित करने व उनका जवाब देने के दिशानिर्देशों की व्याख्या करने वाले आचरण को नेटीक्वेट (Netiquette) कहते हैं।
*11. जब कर्सर हाइपरलिंक के ऊपर होते हैं तो कर्सर प्वाइंटर हाथ के चिन्ह में परिवर्तित हो जाता है।
*12. टिम बर्नर-ली (Tim Berner-Lee) डब्ल्यू डब्ल्यू डब्ल्यू (WWW) के जनक हैं।
*13. अपना तथा व्यापारी दोनों का समय बचाते हुए उपभोक्ता सीधे तौर पर व्यापारी से किसी वस्तु की खरीद-फरोख्त कर सकता है, यह ई-कॉमर्स का विशिष्ट लक्षण होता है।
*14. इंटरनेट पर वेबसाइट के संदर्भ में प्रयोग किया जाने वाला शब्द ''थम्बनेल'' (Thumbnail) उस बड़ी इमेज का लघु रूप होता है जिस पर क्लिक करके आप पूर्ण आकार की छवि (इमेज) देख सकते हैं।
*15. डाउनलोड का अर्थ है अपने कम्प्यूटर से किसी अन्य कम्प्यूटर पर किसी फाइल को कॉपी करना।

3. सुमेलित करें

3.1	इंटरनेट	(a)	डिमॉड्यूलेटर
3.2	आई एस पी	(b)	आरची
3.3	नेटीक्वेट (Netiquette)	(c)	नेटवर्क्स का नेटवर्क
3.4	वेब नेवीगेशन एलीमेन्ट	(d)	वायरस
3.5	ई-मेल	(e)	जीयूआई (GUI)
3.6	इंटरनेट के जरिए अपराध	(f)	हाइपरलिंक
*3.7	मोडेम में इलेक्ट्रॉनिक उपकरण जो इनपुट संकेतों को कूट करता है तथा आँकड़ों को extract करता है।	(g)	कटु भाषा
*3.8	वह अन्त:रूप जो उपभोक्ता को शब्दों की अपेक्षा चित्रों में प्रस्तुत करता है	(h)	इंटरनेट सेवा प्रदाता
*3.9	डाउनलोडिंग हेतु फाइल्स को निर्धारित करने वाली नेट आधारित सेवा	(i)	इंटरनेट सेवा
*3.10	किसी सजीव नेटवर्क की संबद्धता की जाँच करने में प्रयुक्त की जाने वाली कमांड (Command) है	(j)	नेटवर्क
*3.11	ट्रायल अवधि के लिए उपलब्ध सॉफ्टवेयर जिसके बाद इसे पंजीकृत करवाना अनिवार्य होता है	(k)	मोडेम
*3.12	कम्प्यूटर्स के इलेक्ट्रॉनिक रूप से जुड़े होने की प्रणाली	(l)	कम्प्रेस (Compress)
*3.13	कम्प्यूटर स्क्रीन पर सचल सूचक	(m)	शेयरवेयर (Shareware)
*3.14	कम जगह में आँकड़ों को समायोजित करना	(n)	पिक्सेल (Pixel)
*3.15	फोन लाइन से कम्प्यूटर्स को जोड़ने वाला उपकरण	(o)	कर्सर (Cursor)
*3.16	स्क्रीन इमेज की मूल इकाई (Basic Unit)	(p)	पिंग (Ping)

4. रिक्त स्थानों की पूर्ति करें:

(a) मैसेज (संदेश) (b) वेब सर्वर (c) आईएसपी (ISP)
(d) हाइपरटेक्स्ट (e) वेब पेज (f) इंटरनेट
(g) पैकेट स्विचिंग (h) बैकबोन (i) इंटरनेट गेटवे
(j) डायलअप (k) इंटरनेट नेटवर्क इंफारमेशन सेंटर (l) टेलीफोन लाइन
(m) स्नीफर (n) हाइपरटेक्स्ट (o) इंटरनेट
(p) वेब ब्राउज़र (q) जिप (ZIP) (r) यूआरएल (URL)
(s) एचटीटीपी (HTTP)

4.1 इंटरनेट का प्राय: __________ और सूचना के आदान-प्रदान के लिए किया जाता है।

4.2 किसी नेटवर्क के तत्वों को जोड़ने वाली मूल सरंचना को __________ के नाम से जाना जाता है।

4.3 __________ कनेक्शन में आप अपने कम्प्यूटर को मोडेम की सहायता से आईएसपी (ISP) सर्वर से जोड़ते हैं।

4.4 __________ डाक्यूमेंट्स वे दस्तावेज हैं जो एचटीटीपी का प्रयोग करते हैं।

4.5 __________ एक शक्तिशाली कम्प्यूटर होता है जो इंटरनेट पर शेयर्ड स्टोरेज रिसोर्स के रूप में कार्य करता है।

4.6 इंटरनेट की एड्रेसिंग स्कीम को __________ द्वारा व्यवस्थित किया जाता है।

4.7 इंटरनेट से जुड़ने के लिए चार चीज़ों की आवश्यकता होती है, पीसी, मोडेम, __________, इंटरनेट सॉफ्टवेयर।

4.8 __________ के माध्यम से कोई ऑनलाइन सेवा इंटरनेट का एक्सेस प्रदान करती है।

*4.9 एक __________ प्रणाली है जो बिना विलम्ब के भागीदार नेटवर्क से अनेकों कम्प्यूटर्स के साथ संचार की अनुमति प्रदान करती है।

*4.10 वह कंपनी जो इंटरनेट सेवाएं प्रदान करती है, को __________ के नाम से जाना जाता है।

*4.11 टेक्स्ट में एमबेडेड मीनस को __________ कहा जाता है।

*4.12 __________ लाखों कम्प्यूटर्स को जोड़ने वाला ग्लोबल नेटवर्क है जो आँकड़ों, समाचारों तथा विचारों का आदान-प्रदान करता है।

*4.13 इंटरनेट पर प्रयोग किया जाने वाला प्रमुख ट्रांसफर प्रोटोकॉल है __________।

*4.14 __________ एक एप्लीकेशन है जो वेब पेज को प्रदर्शित करती है।

*4.15 वेब पेज प्राप्त करने के लिए __________ सही टाइप करना अनिवार्य होता है।

*4.16 पैकेट __________ वह प्रोग्राम है जो सूचना पैकेटों से आँकड़े कैप्चर करता है क्योंकि ये नेटवर्क पर विचरण करते रहते हैं।

*4.17 __________ कम्प्यूटर नेटवर्क्स का विश्वव्यापी संग्रह है जो लोगों को सूचना प्राप्त करने तथा उनका प्रयोग करने और अन्य लोगों के साथ आदान-प्रदान करने की अनुमति प्रदान करता है।

*4.18 __________ एक प्रोग्राम है जो फाइल्स को आर्चीव तथा कम्प्रेस करने में प्रयोग किया जाता है।

*4.19 __________ लिंक्स का प्रयोग करता है जिसे हाइपरलिंक भी कहा जाता है।

उत्तर

1.	1.1	d	1.2	d	1.3	b	1.4	a	1.5	c
	1.6	a	1.7	d	1.8	c	1.9	c	1.10	d
	1.11	b								
2.	2.1	T	2.2	T	2.3	T	2.4	F	2.5	T
	2.6	T	2.7	T	2.8	T	2.9	F	2.10	T
	2.11	T	2.12	T	2.13	T	2.14	T	2.15	F
3.	3.1	c	3.2	h	3.3	g	3.4	f	3.5	i
	3.6	d	3.7	a	3.8	e	3.9	b	3.10	p
	3.11	m	3.12	j	3.13	o	3.14	l	3.15	k
	3.16	n								
4.	4.1	a	4.2	h	4.3	j	4.4	e	4.5	b
	4.6	k	4.7	l	4.8	i	4.9	g	4.10	c
	4.11	d	4.12	f	4.13	s	4.14	p	4.15	r
	4.16	m	4.17	o	4.18	v	4.19	n		

विवरणात्मक प्रश्न
(DESCRIPTIVE TYPE QUESTIONS)

1. इंटरनेट को नेटवर्क्स का नेटवर्क क्यों कहा जाता है? संक्षिप्त व्याख्या करें।
2. डब्ल्यू डब्ल्यू डब्ल्यू (WWW) क्या है? यह किस प्रकार कार्य करता है? डब्ल्यू डब्ल्यू डब्ल्यू (WWW) की विभिन्न विशेषताएँ क्या हैं?
3. वेब ब्राउज़र तथा वेब सर्वर की कार्य प्रणाली की चर्चा करें। वेब ब्राउज़र एवं वेब सर्वर के दो उदाहरण भी दें।
4. इंटरनेट के अनेक एप्लीकेशन क्षेत्र हैं। उनमें से चार को पहचानें तथा किन्हीं दो की व्याख्या करें।
5. समाज पर इंटरनेट के कुछ दुष्प्रभावों का वर्णन करें। उन्हें कैसे समाप्त किया जा सकता है?
6. इंटरनेट के माध्यम से घटित हो रहे कुछ अपराधों की उदाहरण देते हुए व्याख्या करें।

*7. निम्नलिखित पर संक्षिप्त टिप्पणी लिखें
   (a) वृहद इंटरनेट सेवाएं
   (b) नेट एटीकेट्स (Net Etiquette)
   (c) इंटरनेट का दुरुपयोग
   (d) साइबर क्राइम
   (e) इंटरनेट के एप्लीकेशंस

अध्याय-2

TCP/IP इंटरनेट तकनीक और प्रोटोकॉल

2.1 इंटरनेट प्रोटोकॉल्स (Internet Protocols)

'प्रोटोकॉल' शब्द से हमारा आशय नियमों के उस समूह या मानक प्रारूप से है जो कम्प्यूटरों को परस्पर जोड़ता है तथा अल्पतम त्रुटियों के साथ सूचना का आदान-प्रदान करता है। प्रोटोकॉल मशीन-से-मशीन की अंत:क्रिया के निम्नस्तरीय विवरणों (उदाहरणार्थ वह क्रम जिसमें बाइट्स तारों के जरिए प्रेषित की जाती है) अथवा एलोकेशन प्रोग्राम (उदाहरणार्थ: वह तरीका जिसमें दो प्रोग्राम किसी फाइल को इंटरनेट पर हस्तांतरित करते हैं) के बीच उच्चस्तरीय आदान-प्रदान का वर्णन कर सकता है।

2.2 पैकेट स्विचिंग तकनीक (Packet Switching Technology)

TCP प्रोटोकॉल का प्रयोग करते हुए जब आँकड़े एक कम्प्यूटर से दूसरे कम्प्यूटर पर प्रेषित किए जाते हैं तो यह तकनीक इसे टुकड़ों में विभक्त कर देती है जिसे पैकेट के नाम से जाना जाता है। प्रत्येक पैकेट पर प्रेषक का नाम तथा गन्तव्य स्थल का विवरण दिया होता है जिसे IP address के नाम से जाना जाता है।

इन पैकेटों को एक नेटवर्क से दूसरे पर तब तक प्रेषित किया जाता है जब तक कि सभी पैकेट अपने गन्तव्य स्थल पर न पहुँच जाएँ। गन्तव्य स्थल पर TCP पुन: इन टुकड़ों को एक पूर्ण संदेश के रूप में जोड़ता है। प्राय: एक संदेश के सभी पैकेट इंटरनेट पर एक ही रूट से नहीं भेजे जा सकते हैं अथवा उसी संदेश का एक ही रूट नहीं हो सकता है जिनसे इसे पहले भेजा गया था। इंटरनेट इसी तकनीक का प्रयोग करता है।

2.3 टीसीपी/आईपी (TCP/IP)

टीसीपी/आईपी अमेरिकी रक्षा विभाग (DOD) द्वारा 1970 तथा 1980 में वाइड एरिया नेटवर्क्स हेतु विकसित किया गया औद्यौगिक मानक प्रोटोकॉल है। टीसीपी/आईपी वह मार्गीय प्रोटोकॉल है जो भिन्न नेटवर्क्स में (जैसे Windows और UNIX) असामान्य प्रणालियों को जोड़ने के लिए उपयुक्त है। यह इंटरनेट के नाम से विख्यात वर्ल्डवाइड नेटवर्क का प्रोटोकॉल है। इंटरनेट को 1970 में संयुक्त राज्य रक्षा विभाग द्वारा पोषित एक परियोजना के रूप में शिक्षा संस्थानों एवं सरकारी संस्थाओं को परस्पर जोड़ने के उद्देश्य से प्रारंभ किया गया। उस समय इसे अरपानेट (ARPANET) के नाम से जाना जाता था। कालान्तर में इसमें वृहद एवं विश्वव्यापी नेटवर्क समाहित हो गया जिसे इंटरनेट की संज्ञा दी गई। वे प्रोटोकॉल्स जिन्होंने इंटरनेट प्रोटोकॉल बनाए, टीसीपी (Transmission Control Protocols) तथा (Internet Protocol) के नाम से विख्यात हुए और इंटरनेट की सफलता के कारण यथार्थ मानक सिद्ध हुए। इस संपूर्ण प्रोटोकॉल को TCP/IP के नाम से संबोधित किया जाता है।

☞ इंटरनेट प्रोटोकॉल वह उत्तम सूट है जिसमें गैर-मालिकाना प्रोटोकॉल्स बनाये जाते हैं। इसका अर्थ यह है कि वे किसी कम्पनी और किसी व्यक्ति विशेष, जो इसे प्रयोग करना चाहता है, के लिए उपलब्ध तकनीक से संबद्ध नहीं होते हैं। परिणामस्वरूप इंटरनेट प्रोटोकॉल सूट को नेटवर्क सेवकों की वृहद किस्म द्वारा समर्थित किया जाता है।

इंटरनेट सूट को OSI मॉडल को परिभाषित किए जाने से दस वर्ष पहले विकसित किया गया था, अत: इससे केवल अनौपचारिक रूप से ही मापा जा सकता था। इंटरनेट प्रोटोकॉल सूट को इंटरनेट अथवा डीओडी (DOD) मॉडल के नाम से विख्यात अपने निजी मॉडल के अनुरूप ही परिभाषित किया गया था।

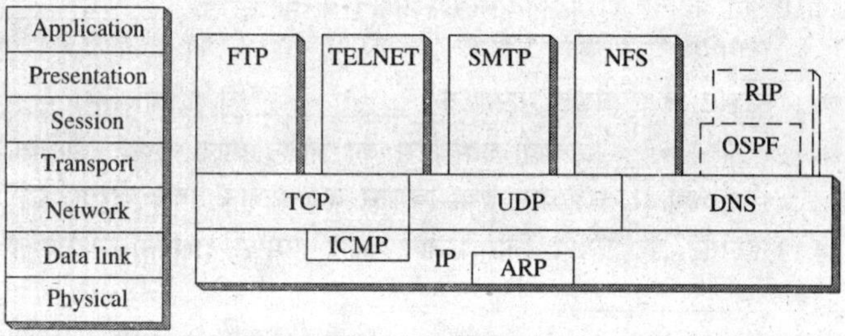

चित्र 2.1: इंटरनेट प्रोटोकॉल सूट तथा OSI मॉडल के बीच संबंध।

चित्र 2.2 में डीओडी (DOD) मॉडल की चार Layers दिखाई दे रही हैं तथा तदनुसार ओएसआई (OSI) मॉडल की Layers निम्नलिखित हैं-

(a) नेटवर्क एक्सेस लेयर ओएसआई (OSI) मॉडल की भौतिक एवं डाटा लिंक लेयर्स के समरूप होती हैं।

(b) इंटरनेट लेयर ओएसआई लेयर के सदृश होती है। इस लेयर में प्रोटोकॉल इंटरनेटवर्क के माध्यम से पैकेटों के परिवहन से संबद्ध होते हैं। मुख्य इंटरनेट लेयर प्रोटोकॉल IP (इंटरनेट प्रोटोकॉल) होता है।

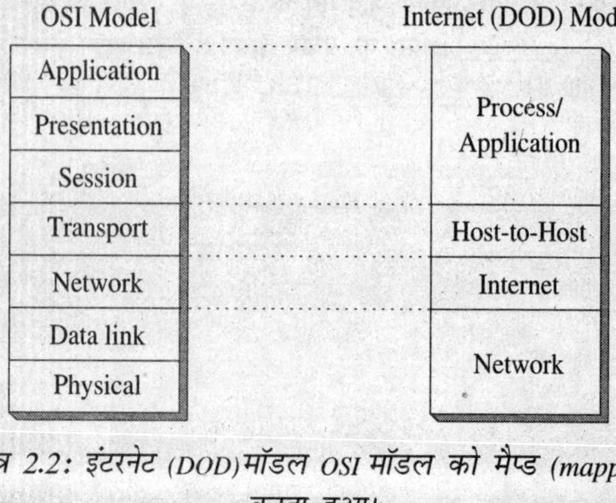

चित्र 2.2: इंटरनेट (DOD) मॉडल OSI मॉडल को मैप्ड (mapped) करता हुआ।

(c) होस्ट-टू-होस्ट लेयर OSI ट्रांसपोर्ट लेयर के समान होती है। इस लेयर में प्रोटोकॉल दूसरे होस्ट अथवा नेटवर्क से जुड़े उपकरणों के कार्यान्वयन से संचार करते हैं। होस्ट-टू-होस्ट प्रोटोकॉल का एक उदाहरण TCP है।

(d) प्रोसेस/एप्लीकेशन लेयर ओएसआई सेक्शन, प्रिजेंटेशन तथा एप्लीकेशन लेयर के ही समान होती है। इस लेयर में प्रोटोकॉल नेटवर्क पर एप्लीकेशन सेवाएं प्रदान करते हैं। उदाहरणार्थ इस लेयर के प्रोटोकॉल्स हैं: Telnet (टर्मिनल इम्यूलेटर) और FTP (फाइल ट्रांसफर प्रोटोकॉल)।

जैसा कि चित्र 2.2 में दिखाया गया है कि इंटरनेट प्रोटोकॉल ओएसआई मॉडल के नीचे की दो लेयर्स को कवर नहीं करते हैं। इसका मुख्य कारण यह है कि स्वतंत्र TCP/IP हार्डवेयर बनाने के लिए Ethernet तथा Token Ring जैसे भौतिक तथा डाटा लिंक मानक प्रयुक्त किए जाते हैं जो TCP/IP प्रारूप के अनुरूप होते हैं। परिणाम स्वरूप इंटरनेट सूट के प्रोटोकॉल्स भिन्न प्रणालियों को जोड़ने के लिए बहुधा प्रयुक्त किए जाते हैं।

जैसा कि इंटरनेट प्रोटोकॉल सूट में निम्न लेयर प्रोटोकॉल्स शामिल नहीं होते हैं अत: हम मिडिल लेयर पर स्वतंत्र प्रोटोकॉल्स की भी चर्चा करेंगे। ओएसआई मॉडल के नेटवर्क तथा ट्रांसपोर्ट लेयर्स संपूर्ण इंटरनेटवर्क पर परिवहनीय पैकेटों से संबद्ध होते हैं। TCP/IP तथा अन्य इंटरनेट प्रोटोकॉल्स नेटवर्क एड्रेसिंग के लिए addresses के तीन तरीकों का प्रयोग करते हैं। ये तरीके निम्नलिखित हैं-

(a) हार्डवेयर या भौतिक पते (Physical addresses) का प्रयोग डाटालिंक तथा फिज़िकल लेयर्स द्वारा किया जाता है। भौतिक पते प्रत्येक उपकरण के साथ नेटवर्क कार्डस में प्राय: हार्डकोडेड होते हैं।

(b) आईपी एड्रेसेस तार्किक नोट आईडी प्रदान करते हैं। आईपी पते कुछ निश्चित दिशा निर्देशों के अनुसार administrator द्वारा निर्धारित किये जाते हैं। ये डॉट-डेसिमल नोटेशन के रूप में चार भागों में होते हैं।

उदाहरण 123.144.131.12

(c) तार्किक नोट नाम, आईपी पतों की अपेक्षा याद रखना आसान होते हैं।

उदाहरण: BANIYA.COM

TCP/IP प्रोटोकॉल सूट की प्रत्येक लेयर के अपने संबद्ध कंपोनेन्ट प्रोटोकॉल भी होते हैं जिनमें से कुछ निम्नलिखित हैं-

(a) **ऐप्लीकेशन लेयर प्रोटोकॉल्स:** TCP/IP नेटवर्किंग सेवाओं को एप्लीकेशन स्तर पर एक्सेस करने के लिए ये प्रोटोकॉल्स उत्तरदायी होते हैं। इनमें डायनामिक होस्ट कंफीगुरेशन प्रोटोकॉल (DHCP), Domain Name System (DNS), Hypertext Transfer Protocols (HTTP), File Transfer Protocols (FTP), Telnet, Simple Mail Transfer Protocol (STMP) तथा Simple Network Management Protocols (SNTP) आदि शामिल हैं। TCP/IP के माइक्रोसॉफ्ट कार्यान्वयन में TCP/IP (NetBT) पर NetBIOS अथवा Windows Sockets के प्रयोग के द्वारा एप्लीकेशन लेयर प्रोटोकॉल्स ट्रांसपोर्ट लेयर प्रोटोकॉल के साथ अंतक्रिया करते हैं।

(b) **ट्रांसपोर्ट लेयर प्रोटोकॉल्स:** कनेक्शन ओरिएंटेड सेशंस और कनेक्शन रहित ब्राडकास्ट के माध्यम से यह संचार स्थापित करता है। इस लेयर के प्रोटोकॉल्स में ट्रांसमिशन कंट्रोल प्रोटोकॉल (TCP) और यूज़र डाटाग्राम प्रोटोकॉल (UDP) शामिल होते हैं।

(c) **इंटरनेट लेयर प्रोटोकॉल्स:** ये आईपी पैकेटों में रूटिंग तथा संपुटीकरण के लिए उत्तरदायी होते हैं। इस लेयर के प्रोटोकॉल्स में Internet Protocol (IP), Address Resolution Protocols (ARP), Internet Control Message Protocol (ICMP), तथा Internet Group Management Protocol (IGMP) आदि शामिल होते हैं।

(d) **नेटवर्क लेयर प्रोटोकॉल्स:** ये नेटवर्क पर चौहद्दी का निर्माण करते हैं। इसमें अनेको Local Area Network (LAN) architectures (जैसे Ethernet और Token Ring) तथा Plain Old Telephone Service (POTS), Integrated Services Digital Networks (ISDN) तथा Asynchronous Transfer Mode (ATM) जैसी WAN दूरसंचार सेवा तकनीकें आदि शामिल होती हैं।

☞ TCP/IP एक सतत् विकासशील प्रोटोकॉल सूट है जिसका विकास इंटरनेट सोसाइटी (ISOC), द इंटरनेट आर्केटेक्चर बोर्ड (IAB) तथा द इंटरनेट इंजीनियरिंग टास्क फोर्स जैसे निकायों द्वारा किया गया है। TCP/IP के वर्तमान संस्करण का नाम IPV4 (इंटरनेट वर्जन 4) है। एक नया संस्करण IPV6 अपने परीक्षण दौर से गुजर रहा है।

2.4 रूटर्स (Routers)

रूटर्स सॉफ्टवेयरयुक्त वे उपकरण (कम्प्यूटर्स) हैं जो किसी विशेष प्रसारण हेतु (देखें चित्र 2.3) उपलब्ध पाथों में से सर्वोत्तम पाथ निर्धारित करने में हमारी सहायता करते हैं। ये हार्डवेयर तथा सॉफ्टवेयर का संयोग होते हैं। हार्डवेयर में अंत: नेटवर्क में अनेक नेटवर्क्स का भौतिक इंटरफेस शामिल होता है। रूटर में सॉफ्टवेयर के दो मुख्य खण्ड आपरेटिंग सिस्टम और रूटिंग प्रोटोकॉल होते हैं।

रूटर्स दो या इससे अधिक नेटवर्क्स को जोड़ने के लिए लॉजिकल तथा फिजिकल एड्रेसिंग का प्रयोग करते हैं। ये लॉजिकल नेटवर्क या उपनेटवर्क में बड़े नेटवर्क को व्यवस्थित करते हुए इस कनेक्शन को पूरा करते हैं। प्रत्येक उपनेटवर्क को लॉजिकल एड्रेस (पता) दिया जाता है। यह उसे अन्य नेटवर्क्स से अलग ही नहीं करता बल्कि जरूरत पड़ने पर आँकड़ों का आदान-प्रदान भी करता है। आँकड़े पैकेटों अथवा आँकड़ों के एक खण्ड के रूप में एकत्रित होते हैं। फिजिकल डिवाइस एड्रेस के अलावा प्रत्येक पैकेट का एक लॉजिकल नेटवर्क एड्रेस भी होता है।

रूटर्स का प्रयोग प्राय: उसके अनुरूप नेटवर्क्स को जोड़ने के साथ-साथ भिन्न प्रकार के हार्डवेयर के साथ नेटवर्क्स की परस्पर संबद्धता के लिए किया जाता है। एक बड़े LAN की तुलना करने पर हम पाते हैं कि छोटे LANs की श्रंखला जो रूटर्स के माध्यम से जुड़ी होती है, ज्यादा वांछित लाभ प्रदान करती है। ये लाभ निम्नलिखित हैं:

(a) इसका प्रमुख लाभ **सुरक्षा** है। LANs एक ब्राडकास्ट (प्रसारण) मोड में संचालित होते हैं। पुर्नप्राप्त अथवा प्रसारित सूचना नेटवर्क पर जाती है और संपूर्ण केबल प्रणाली में फैल जाती है। केवल वह केन्द्र जो विशिष्ट रूप से इंगित किया जाता है, वास्तव में वही उन आँकड़ों को पढ़ता है फिर भी आँकड़े भौतिक रूप में प्रत्येक केन्द्र पर प्रस्तुत होते हैं।

(b) रूटर्स का एक अन्य लाभ **विश्वसनीयता** होती है। सर्वर के कार्य बंद कर देने की वजह से अथवा केबल में कोई त्रुटि होने की वजह से यदि कोई नेटवर्क कार्य करना बंद कर देता है तो रूटर्स द्वारा संचालित अन्य विभाग इससे प्रभावित नहीं होते हैं। इंटरनेट के रूटर्स प्रभावित नेटवर्क को अलग कर देते हैं अत: अन्य अप्रभावित रूटर्स परस्पर जुड़े रहते हैं और उनके आँकड़ों की हानि या कार्य बन्द नहीं होता है।

(c) रूटर्स का एक अन्य लाभ व्यक्तिगत नेटवर्क की **कार्यकुशलता में वृद्धि** करना है। मान लीजिए कि किसी नेटवर्क में 12 स्टेशन हैं और

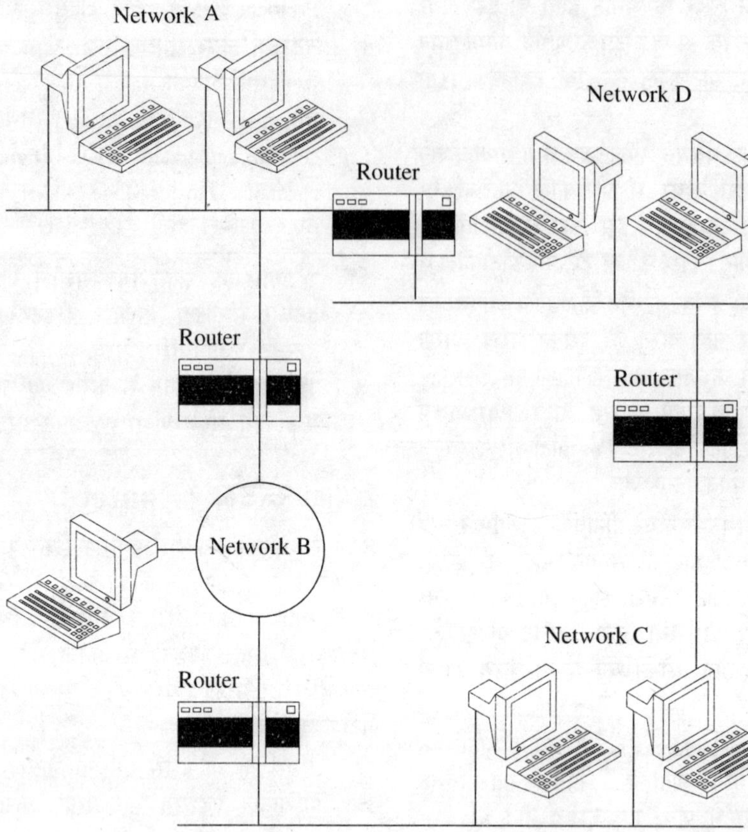

चित्र 2.3: रूटर्स से जुड़े हुए नेटवर्क्स

प्रत्येक स्टेशन बराबर आवागमन करता है। किसी एकल-नेटवर्क प्रणाली में उन सभी 12 स्टेशन का ट्रैफिक एक ही केबल के द्वारा संचालित होता है और यदि उन 12 स्टेशनों को 6 स्टेशन प्रति के दो नेटवर्क्स में बांट दिया जाय तो ट्रैफिक भार घट कर आधा हो जाएगा। प्रत्येक नेटवर्क का अपना सर्वर, हार्डडिस्क होती है इसलिए कुछ पीसी नेटवर्क केबलिंग प्रणाली की मांग करते हैं।

(d) रूटर्स का अंतिम लाभ **नेटवर्किंग रेंज** है। उदाहरण के लिए कुछ नेटवर्क्स में केबल की लम्बाई 18 मीटर से अधिक नहीं बढ़ाई जा सकती है। रूटर्स की कार्यप्रणाली और सिग्नल के पुनर्निर्माण द्वारा इसकी सीमाओं को मानने से इंकार कर देते हैं। फिजिकल रेंज किसी भी स्थापन द्वारा कुछ भी मांगी गयी हो, केबल रेंज अधिकतम बढ़ाये जाने से पूर्व यह सुनिश्चित करता है कि रूटर को लगा दिया गया है।

☞ दो LANs के बीच लगा रूटर दोनों नेटवर्क्स से संदेश प्राप्त करता है, उनके गंतव्य की जांच करता है तथा अपेक्षित LAN को संदेश प्रसारित करता है। पुनर्प्रसारण से पूर्व रूटर्स में संदेश इकट्ठे हो जाने की वजह से रूटर्स को स्टोर-एंड-फारवर्ड करने वाला कहा जाता है।

2.5 इंटरनेट एड्रेसिंग स्कीम (Internet Addressing Scheme)

इंटरनेट से एक करोड़ से भी अधिक कम्प्यूटर संबद्ध होते हैं। और संचार करने हेतु इंटरनेट से जुड़े प्रत्येक कम्प्यूटर का एक पता (Address) होता है जिसके प्रारूप का निर्धारण इंटरनेट प्रोटोकॉल (IP) ऐड्रेसिंग प्रणाली द्वारा होता है। आई पी एड्रेस (इंटरनेट प्रोटोकॉल एड्रेस) वह नम्बर होता है जो इंटरनेट पर किसी कम्प्यूटर का प्रतिनिधित्व करता है। आई पी एड्रेस टेलीफोन नम्बरों के समान होते हैं जिसमें प्रत्येक कम्प्यूटर (अथवा टेलीफोन नम्बर) का अपना एक आई पी एड्रेस (टेलीफोन नम्बर) होता है। टेलीफोन की भाँति ही डोमेन नेम सिस्टम या DNS नामक डायरेक्ट्री होती है जो www.microsoft.com जैसे नाम को एक संख्यात्मक आई पी एड्रेस में परिवर्तित कर सकती है।

2.5.1 मशीन एड्रेसिंग (Machine Addressing)

इंटरनेट से जुड़े प्रत्येक कम्प्यूटर को होस्ट (Host) कहा जाता है और इसका एक नाम तथा नम्बर होता है जो कम्प्यूटर की पहचान कराता है। आई पी एड्रेस में निम्नलिखित का प्रयोग किया जाता है।

(a) लेटर (Letter) एड्रेसिंग सिस्टम

(b) नम्बर (Number) एड्रेसिंग सिस्टम

लेटर (Letter) एड्रेसिंग सिस्टम

लेटर एड्रेसिंग सिस्टम के उदाहरण निम्नलिखित हैं:

1. cbseindia.org
2. hotmail.com

पते के अन्तिम अक्षर अति महत्त्वपूर्ण होते हैं क्योंकि ये उस संस्थान के बारे में जानकारी प्रदान करते हैं जिससे वह पता संबद्ध होता है। बहुधा प्रयुक्त होने वाले कुछ संक्षिप्त रूप निम्नलिखित हैं-

.edu शिक्षा संस्थान

.com वाणिज्यिक संगठन

.org गैर-लाभकारी संस्थान

.gov सरकारी विभाग

.net नेटवर्किंग संस्थान

.mil सेना

.co कम्पनी

लेटर (Letter) एड्रेसिंग प्रणाली में देश को कूट करने वाले दो अक्षरों का भी प्रयोग किया जाता है। कुछ देश कूटों के उदाहरण निम्नलिखित हैं:

ca कनाडा के लिए

jp जापान के लिए

in भारत के लिए

UK यूनाइटेड किंगडम के लिए

http://www.microsoft.co.in में अन्त में लिखा गया in यह दर्शाता है कि यह भारत में स्थित है।

लेटर (Letter) एड्रेसिंग सिस्टम को डोमन नेमिंग सिस्टम (Domain Naming System [DNS]) कहा जाता है।

नम्बर (Number) एड्रेसिंग सिस्टम

किसी संख्यात्मक पते को आई पी एड्रेस कहते हैं जो चार अंकों से बना होता है तथा 256 अंक से कम होता है और डॉट से एक दूसरे से जुड़ा होता है।

जैसे: 192.12.248.73 अथवा 131.58.99.254

☞ किसी विशिष्ट नेटवर्क पर किसी मशीन (कम्प्यूटर) की पहचान कराने वाला आईपी (Internet Protocol) एड्रेस ही होता है।

2.6 ई-मेल एड्रेसेस (E-mail Addresses)

ई-मेल प्रोग्राम हमें अपने संदेश प्रेषित करने, प्राप्त करने तथा उन्हें व्यवस्थित करने हेतु सक्षम बनाता है। हालांकि संदेश प्राप्त करने व प्रेषित करने से पहले हमें कुछ मानदंडों के बारे में अवश्य जान लेना चाहिए। सामान्यतया एक ई-मेल एड्रेस निम्नलिखित रूप में होता है:

username@hostname

उदाहरणार्थ:

vivek@rediffmail.com

यहाँ ठीक दाहिनी तरफ के भाग को **जोन** के नाम से जाना जाता है। इस मामले में जोन (zone) को rediffmail.com कहा गया है। जोन इसको प्रतिनिधित्व करने वाले सर्वर का नाम है। vivek प्रयोगकर्ता का नाम है।

इस प्रकार किसी ई-मेल एड्रेस के दो भाग होते हैं जो @ (at) के चिन्ह से अलग किए जाते हैं।

(i) **यूज़रनेम (user name):** चिन्ह @ की बायीं तरफ यूज़रनेम होता है। यूज़रनेम को खाली नहीं छोड़ा जा सकता है।

(ii) **होस्ट सर्वर हेतु डोमेन नेम:** @ चिन्ह के दायीं तरफ उस सर्वर, होस्ट या नेटवर्क का नाम होता है जो आपको ई-मेल सेवा प्रदान करता है।

2.7 रिसोर्स एड्रेसेस (Resources Addresses)

URL या यूनीफॉर्म रिसोर्स एलोकेटर इंटरनेट पर पतों (Addresses) से संबद्ध होता है। अरबों (Billions) दस्तावेज़ तथा मल्टीमीडिया फाइल्स को इंटरनेट पर उनके यूआरएल (URL) के माध्यम से एक्सेस किया जा सकता है। किसी URL में निम्नलिखित जानकारी समाहित होती है:

- रिसोर्स (दस्तावेज़, आँकड़े) वाली साइट का इंटरनेट का नाम।
- सेवा का प्रकार जिससे रिसोर्स सेवित है (यथा HTTP, FTP आदि)
- सेवा का इंटरनेट पोर्ट नम्बर (यदि इसे खत्म कर दिया गया हो तो ब्राउज़र आमतौर पर प्रचलित स्वत: वेल्यू को मान लेता है)
- सर्वर की डायरेक्टरी संरचना में रिसोर्स की अवस्थिति।

2.7.1 URL की संरचना (Structure of a URL)

नीचे URL की सर्वाधिक प्रचलित संरचना को दर्शाया गया है।

http://www.address.edu:1234/path/subdir/file.htm

service -host- port file and resource details

सेवा

URL का प्रथम भाग सेवा की विशिष्टता बताने वाला होता है (यहाँ http सेवा) जो सर्वर तथा प्रोटोकॉल दोनों की पहचान कराता है।

एड्रेस एवं पोर्ट (Port) नम्बर

इसका द्वितीय भाग प्राय: सर्वर का इंटरनेट एड्रेस होता है जो डबल फारवर्ड स्लैश (//) से इंगित किया जाता है। इस एड्रेस में सेवा सूची पर पोर्ट नम्बर (वैकल्पिक) सम्मिलित किया जा सकता है। पूरे नाम को //www.address.edu:1234/, जैसी पंक्ति द्वारा दिया जाता है, जहाँ: 1234 का मतलब पोर्ट नम्बर 1234 होता है। यदि आप स्वनियोजित पोर्ट नम्बर का प्रयोग करना चाहते हैं तो आप तथा पोर्ट नम्बर दोनों को छोड़ सकते हैं जैसे: //www.address.edu/. वर्ल्ड वाइड वेब के लिए आमतौर पर किसी वेब सर्वर का नाम www से प्रारम्भ होगा। .edu जो कि एक उपसर्ग (डोमेन सूचक) है, किसी विद्यालय या विश्वविद्यालय को इंगित करता है।

रिसोर्स लोकेशन (रिसोर्स अवस्थिति)

होस्ट तथा पोर्ट विशिष्टताओं के बाद दिया जाने वाला फारवर्ड स्लैश किसी एड्रेस की अन्तिम स्थिति को दर्शाता है और फिर एक्सेस की जाने वाली फाइल रिसोर्स हेतु विशिष्टताएं प्रारंभ होती हैं। रिसोर्स किसी सर्वर की रूट डायरेक्ट्री से संबद्ध पाथ द्वारा निर्देशित होता है।

2.7.2 पूर्ण यूआरएल (Absolute URL)

इंटरनेट पर स्थित किसी रिसोर्स की अवस्थिति जो किसी पूर्ण URL से निर्दिष्ट की जाती है, को एब्सोल्यूट यूआरएल कहा जाता है। यह डोमेन- फाइल नाम युक्त एक पूर्ण पाथ होता है। उदाहरणार्थ: http://www.ibdhost.com/image/logo.gif डोमेन www.ibdhost.com हेतु इमेज डायरेक्ट्री में स्थित (logo.gif) इमेज फाइल को निर्देशित करता है। इस प्रकार के यूआरएल का प्रयोग जब आप किसी अन्य सर्वर पर किसी फाइल को लिंक करते हैं, तब अवश्य करना चाहिए।

इस पेज का एब्सोल्यूट यूआरएल का एक अन्य उदाहरण (जो कि फाइल की अवस्थिति/ एड्रेस भी होती है) हैं-

http://www.ibdhost.com/help/path/index.php

2.7.3 संबद्ध यूआरएल (Relative URL)

एक आंशिक यूआरएल वह होता है जो इंटरनेट पर किसी रिसोर्स को निर्दिष्ट करता है जिसकी लोकेशन एब्सोल्यूट यूआरएल द्वारा निर्देशित प्रारंभिक बिंदु से संबद्ध होती है। वस्तुत: क्रमबद्ध एब्सोल्यूट तथा रिलेटिव यूआरएल एक पूर्ण यूआरएल का निर्माण करते हैं।

जब आप इंटरनेट पर किसी जगह स्थित कोई दस्तावेज देख चुके हैं (यथा दस्तावेज http://www.domain.com/default.html) तो आप उसी सर्वर साफ्टवेयर द्वारा सेवित उसी मशीन पर तथा उसी डायरेक्ट्री में किसी अन्य फाइल हेतु आंशिक (Partial) या रिलेटिव (Relative) का प्रयोग कर सकते हैं। उदाहरणार्थ: यदि उसी डायरेक्ट्री में second.html नाम से दूसरी फाइल मौजूद है तो उस बिन्दु पर second.html एक वैध रिलेटिव यूआरएल होता है।

यह प्रक्रिया हाइपर टेक्स्ट डॉक्यूमेंट बनाने का आसान तरीका प्रदान करती है। यदि हाइपर टेक्स्ट डॉक्यूमेंट का सेट एक सार्वजनिक डायरेक्ट्री में है तो उसे केवल उनके फाइल नेम से ही संबोधित किया जा सकता है। हालांकि यदि एक reader एक डॉक्यूमेंट को खोले हुए है तो भी वह उस जगह पर दूसरे डॉक्यूमेंट का नाम जैसाकि रिलेटिव यूआरएल में है, का प्रयोग करके उसी डायरेक्ट्री में किसी दूसरी फाइल को सीधे ही खोल सकता है और अतिरिक्त जानकारी (एक्सेस विधि, होस्टनेम, पोर्ट नम्बर, डायरेक्ट्री नेम आदि) प्रथम फाइल पर पहुँचने के लिए प्रयुक्त यूआरएल पर आधारित माना जाएगी।

☞ रिलेटिव यूआरएल किसी फाइल अथवा डायरेक्ट्री (फोल्डर) को प्रस्तुत करने के बारे में फाइल या डायरेक्ट्री को इंगित करता है। रिलेटिव यूआरएल वेबसाइट की मरम्मत करने में सहायता करता है। इसमें एक डायरेक्ट्री से किसी फाइल को दूसरी डायरेक्ट्री में भेजना अथवा एक डोमेन नेम से किसी वेबसाइट से दूसरी पर पहुँचना आसान होता है। हमें किसी भी लिंक अथवा src(ing) path(s) को नवीकृत करने की चिंता नहीं होती है।

उत्तर सहित पुनरावलोकन प्रश्न
(REVIEW QUESTIONS WITH ANSWERS)

*नोट: * से इंगित प्रश्न पहले DOEACC "O" तथा "A" स्तरीय परीक्षाओं में पूछे जा चुके हैं।*

1. बहुविकल्पीय प्रश्न

1. इंटरनेट के कनेक्शन के लिए आपको आवश्यकता होगी:
   (a) एक आईपी एड्रेस की (b) TCP/IP कनेक्शन की
   (c) आईएसपी की (d) उपर्युक्त सभी की
2. इंटरनेट पर किसी सर्वर को ___________ के नाम से भी जाता है।
   (a) रिपीटर (b) गेटवे
   (c) होस्ट (d) इनमें से कोई नहीं
3. कोई यूज़र इंटरनेट पर किसी दूसरे कम्प्यूटर से कोई फाइल्स प्राप्त कर सकता है:
   (a) एफटीपी का प्रयोग करके (b) एचटीटीपी का प्रयोग करके
   (c) यूटीपी का प्रयोग करके (d) उपर्युक्त (a) तथा (b) दोनों
4. मोडेम में:
   (a) अनेक डिजिटल सिग्नल अनेक तत्वों से बने होते हैं।
   (b) डिजिटल सिग्नल कैरियर वेब की कुछ विशिष्टताओं को बदल देते हैं
   (c) डिजिटल सिग्नल विस्तृत होता है।
   (d) उपर्युक्त में से कोई नहीं।
5. वास्तव में इंटरनेट प्रोटोकॉल मान्यता देता है:
   (a) पोस्टल मेल एड्रेस को (b) होस्ट की अवस्थिति को
   (c) आईपी एड्रेस को (d) इनमें से कोई नहीं
6. VSAT संचार में मूल स्टेशन को कहते हैं:
   (a) एचटीटीपी (b) हब (Hub)
   (c) मल्टीप्लेक्सर (d) इनमें से कोई नहीं
7. इंटरनेट बनाने वाला छोटा नेटवर्क तथा कुछ कम्प्यूटर रखने वाला कहलाता है:
   (a) होस्ट (b) एड्रेस
   (c) सबडोमेन (d) इनमें से कोई नहीं
8. शिक्षा संस्थानों द्वारा संचालित व स्वामित्व वाले इंटरनेट के कम्प्यूटर्स भाग होते हैं:
   (a) Com डोमेन का (b) edu डोमेन का
   (c) mil डोमेन का (d) इनमें से कोई नहीं
9. छोटी वेबसाइट हेतु किसी व्यक्ति को स्थान क्रय करने की आवश्यकता होती है:
   (a) नेटवर्क एडमिनिस्ट्रेटर से (b) टेलीफोन एक्सचेंज से
   (c) आई एस पी से (d) इनमें से कोई नहीं
10. इंटरनेट पर एक होस्ट दूसरे होस्ट को प्राप्त करता है:
   (a) पोस्टल एड्रेस के द्वारा (b) इलेक्ट्रॉनिक एड्रेस के द्वारा
   (c) आईपी एड्रेस के द्वारा (d) इनमें से कोई नहीं
11. www पर वेब पेज रखने के लिए आपको किस चीज़ की आवश्यकता होती है?
   (a) इंटरनेट के कनेक्शन की (b) वेब ब्राउज़र की
   (c) वेब सर्वर की (d) उपर्युक्त सभी की
12. रूटर है:
   (a) कम्प्यूटर नेटवर्क पर एक हार्डवेयर अथवा सॉफ्टवेयर जो उस एड्रेस की जांच करता है जहाँ आँकड़े भेजे जाने हैं तथा यह सुनिश्चित करता है कि गंतव्य स्थान पर किस पाथ से इसे भेजा जाना चाहिए।
   (b) इंटरनेट पर किसी स्थान पर स्थित विशिष्ट जानकारी के निर्धारण या स्थानांतरित करने हेतु एक साधन।
   (c) किसी बाहरी स्रोत से अवांछित एक्सेस अथवा चोरी से बचाने के लिए तैयार की गयी एक प्रणाली।
   (d) उपर्युक्त में से कोई नहीं।

*13. वर्ल्ड वाइड वेब पेजों को मल्टीमीडिया पेज के रूप में भी वर्णित किया जा सकता है। इसका मतलब यह है कि पेजों में शामिल हो सकते हैं:
   (a) केवल टेक्स्ट एवं चित्र
   (b) टेक्स्ट, चित्र एवं ध्वनि
   (c) विडियो क्लिप्स, ध्वनि, टेक्स्ट तथा चित्र
   (d) इनमें से कोई नहीं

*14. इंटरनेट मेल द्वारा निम्न में से किस प्रोटोकॉल का प्रयोग किया जाता है?
   (a) टीसीपी/आईपी (b) एचटीटीपी
   (c) एफटीपी (d) पीपीपी

*15. इंटरनेट प्रोटोकॉल (आईपी):
   (a) कम्प्यूटरों के बीच कनेक्शंस को सुनिश्चित करता है।

(b) सॉफ्टवेयर कम्प्यूटर एड्रेसेस को संचालित करता है।
(c) दो कम्प्यूटर्स के मध्य तीव्रतम रूट को खोजता है।
(d) उपर्युक्त में से कोई नहीं

2. निम्नलिखित कथनों में सही तथा गलत बताएँ:

1. एफटीपी सर्वर उन फाइल्स का भण्डारण करता है जिन्हें आप अपने कम्प्यूटर से यदि आपके पास एफटीपी क्लाइंट हो तो स्थानांतरित कर सकते हैं।
2. इंटरनेट पर डायल-अप कनेक्शन की अपेक्षा लीज़ लाइन्स लेना अधिक सस्ता होता है।
3. किसी कार्य समूह में रिसोर्स रखने वाली मशीन पर स्थानीय रूप से यूज़र एकाउन्ट्स निर्दिष्ट होते हैं।
4. आईपी एड्रेस अद्वितीय होते हैं।
5. वर्ग B नेटवर्क के प्रथम तीन बाइट्स, नोड एड्रेस हेतु केवल एक बाइट बची रहती है सहित एड्रेस के नेटवर्क भाग को समर्पित होती है।
6. टीसीपी/आईपी समूह में आईपी तथा टीसीपी शामिल होते हैं।
7. व्यापारिक संगठनों के स्वामित्व वाले तथा उनके द्वारा संचालित इंटरनेट के कम्प्यूटर्स का .com डोमेन होता है।
8. इंटरनेट पर प्रत्येक कम्प्यूटर प्रणाली के डोमेन नेम तथा डोमेन एड्रेस दोनों होते हैं।
9. .com से विस्तारित डोमेन नेम किसी कम्पनी अथवा वाणिज्यिक संस्थान की व्याख्या करता है।
10. टीसीपी/आईपी तारों का एक लेयरयुक्त सेट होता है।

3. सुमेलित करें

3.1	सैन्य संस्थानों हेतु डोमेन नेम	(a)	यूआरएल
3.2	रूटर	(b)	सर्वर
3.3	यूआरएल में डोमेन नेम _____ को इंगित करता है	(c)	सॉफ्टवेयर कम्प्यूटर एड्रेसेस को संचालित करता है।
3.4	टीसीपी सामान्यतया प्रचलित प्रोटोकॉल है	(d)	.mil
3.5	एफटीपी	(e)	वह कम्प्यूटर नेटवर्किंग उपकरण जो इंटरनेटवर्क पर डाटा पैकेट को उनके गंतव्य स्थल की ओर आगे बढ़ाता है।
3.6	इंटरनेट प्रोटोकॉल	(f)	टीसीपी/आईपी आधारित कम्प्यूटर नेटवर्क पैकेट स्विचिंग के माध्यम से आँकड़ों को स्थानांतरित करता है।
3.7	वेबपेज _____ का प्रयोग करते हुए अद्वितीय रूप से परिभाषित होते हैं	(g)	एक कम्प्यूटर से दूसरे कम्प्यूटर पर फाइल्स को कॉपी करने हेतु प्रोग्राम
3.8	नेटवर्क सेवा प्रदाता	(h)	.net
3.9	पैकेट स्विचिंग	(i)	डोमेन नेमिंग सिस्टम
3.10	डीएनएस	(j)	नेटवर्क लेयर

4. रिक्त स्थानों की पूर्ति करें:

(a) डोमेन (b) .com (c) आईपी (d) टीसीपी/आईपी (e) रूटर्स (f) @ (g) .org (h) डॉट्स (i) होमपेज (j) सर्विस

*4.1 ___________ प्रथम दस्तावेज़ होता है जिसे कोई यूज़र वर्ल्ड वाइड वेब पर किसी साइट में प्रवेश करते समय देखता है।

*4.2 इंटरनेट से जुड़े किसी कम्प्यूटर को ___________ दोनों सॉफ्टवेयर की आवश्यकता होती है।

4.3 ___________ मुख्यत: गैर-लाभप्राप्त या गैर-वाणिज्यिक संगठन हैं।

4.4 ___________ एड्रेसिंग स्कीम इंटरनेट पर कम्प्यूटर की पहचान कराती है।

4.5 ___________ एक कम्पनी अथवा वाणिज्यिक संगठन है।

4.6 ___________ लोगों को याद रखने में आसान होते हैं।

4.7 ___________ सॉफ्टवेयर युक्त उपकरण होते हैं जो किसी विशेष प्रसारण हेतु उपलब्ध पाथों में से सर्वोत्तम पाथ निर्धारित करने में मदद करता है।

4.8 ई-मेल एड्रेस के दो भाग होते हैं जिन्हें ___________ चिन्ह द्वारा अलग किया जाता है।

4.9 यूआरएल का प्रथम भाग ___________ स्पेसीफायर होता है।

4.10 किसी आईपी एड्रेस में नम्बरों के चार सेट होते हैं जिन्हें ___________ द्वारा विभाजित किया जाता है।

उत्तर

1.	1.1	c	1.2	c	1.3	a	1.4	b	1.5	c
	1.6	b	1.7	c	1.8	b	1.9	c	1.10	c
	1.11	d	1.12	a	1.13	c	1.14	a	1.15	b
2.	2.1	T	2.2	F	2.3	T	2.4	T	2.5	F
	2.6	T	2.7	T	2.8	F	2.9	T	2.10	F
3.	3.1	d	3.2	e	3.3	b	3.4	j	3.5	g
	3.6	c	3.7	a	3.8	h	3.9	f	3.10	i
4.	4.1	i	4.2	d	4.3	g	4.4	c	4.5	b
	4.6	a	4.7	e	4.8	f	4.9	j	4.10	h

विवरणात्मक प्रश्न
(DESCRIPTIVE TYPE QUESTIONS)

1. इंटरनेट और वर्ल्ड वाइड वेब क्या कोई अन्तर है? व्याख्या करें।
2. किसी वेबसाइट, होमपेज और वेब पेज में क्या अन्तर है?
3. टीसीपी/आईपी प्रोटोकॉल पर संक्षिप्त टिप्पणी लिखें।
4. किसी मशीन के आईपी एड्रेसेस तथा डोमेन नेम क्या होते हैं? इंटरनेट में इन दोनों को किसी प्रकार संबद्ध किया जाता है?
5. डीएनएस से आपका क्या अभिप्राय है? सभी डीएनएस तथा उनके फ्लेवर को सूचीबद्ध करें।

*6. डोमेन नेम सिस्टम (DNS) इंटरनेट की कार्यप्रणाली में महत्वपूर्ण भूमिका अदा करती है। डीएनएस तथा इसके भागों की कार्यप्रणाली की व्याख्या करें।

*7. रूटर्स क्या हैं तथा इनके क्या लाभ हैं?

8. निम्नलिखित पर संक्षिप्त टिप्पणी लिखें
   (a) इंटरनेट एड्रेसिंग स्कीम (b) पैकेट स्विचिंग तकनीक
9. रिसोर्स एड्रेस क्या होता है? यह ई-मेल एड्रेस से किस प्रकार भिन्न होता है?

अध्याय-3

इंटरनेट संयोजकता (कनेक्टिविटी) (Internet Connectivity)

3.1 संयोजकता (Connectivity) के प्रकार (Types)

इंटरनेट से जुड़ने के अनेक तरीके होते हैं। अधिक खर्चीली (Expensive) सेवाएं अधिक विशिष्टताएं, लचीलापान और बड़ी संख्या में आँकड़ों के स्थानांतरण की क्षमता प्रदान करती हैं।

बड़ी कम्पनियाँ समर्पित इंटरनेट एक्सेस या LAN डायल-अप (Dial-up) का चयन करती है। छोटे संगठन पीसी (PC) डायल-अप एक्सेस और सावधि प्रतिस्पर्द्धा में ही संतुष्ट हो जाते हैं जो सेवा प्रदाता कम्प्यूटर के माध्यम से ई-मेल (E-mail) तथा अन्य सेवाएँ प्रदान (provide) करते हैं।

आपके कम्प्यूटर को इंटरनेट से जोड़ने (connection) के कई अन्य भिन्न तरीके हो सकते हैं। इनमें से कुछ विकल्प नीचे दिए गए हैं-

(a) **डम्ब टर्मिनल (Dumb Terminal):** यह वह टर्मिनल होता है जो मेनफ्रेम (mainframe), मिनि कम्प्यूटर या अन्य प्रकार के बड़े कम्प्यूटर से जुड़ा होता है। इस प्रकार के कनेक्शन (connection) प्राय: पुस्तकालयों अथवा विश्वविद्यालयों में पाये जाते हैं।

(b) **सावधि प्रतिस्पर्द्धा (Terminal Emulation):** किसी निजी कम्प्यूटर को मोडेम (modem) के माध्यम से किसी बड़े कम्प्यूटर से जोड़ा जाता है और टर्मिनल इम्यूलेशन () प्रोग्राम चलाया जाता है। सर्वाधिक प्रचलित टर्मिनल इम्यूलेशन VT-100 है। इसमें कम्प्यूटर डायरेक्ट (Direct) कनेक्शन की अपेक्षा फोन लाइन से जुड़ा होता है इसके अतिरिक्त यह डम्ब टर्मिनल की भाँति ही कार्य करता है। इस प्रकार के एक्सेस (access) से आप इंटरनेट के रेखीय (Graphical) भाग को (जैसे: वर्ल्ड वाइड वेब (World Wide Web) यद्यपि आप वेब के टेक्स्ट भाग को तो ब्राउज़ कर सकते हैं) उपयोग कर सकते हैं। इस प्रकार के इंटरनेट एकाण्ट (account) को शेल एकाउण्ट (Shell account) भी कहा जाता है।

(c) **डायरेक्ट कनेक्शन (Direct Connection):** मेनफ्रेम जैसे बड़े कम्प्यूटर या LANs को सीधे ही इंटरनेट से जोड़ा जा सकता है। जब किसी LAN को इंटरनेट से जोड़ा जाता है तो नेटवर्क से जुड़े सभी कम्प्यूटर नेट से पूर्णरूप से एक्सेस किए जा सकते हैं। इस प्रकार का एक्सेस उपक्रमों के अन्दर आमतौर पर होता है।

(d) **स्लिप (SLIP) (Serial Line Internet Protocol):** टेलीफोन लाइनों का एक पूर्ण इंटरनेट कनेक्शन जो 9600 bps के मोडेम (Modem) या इससे उत्तम किस्म के मोडेम के द्वारा इंटरनेट पैकेटों को भेजते हैं।

(f) **पी पी पी (Point-to-Point Protocol):** स्लिप की भाँति ही यह मोडेम के जरिए टेलीफोन लाइनों पर आधारित पूर्ण इंटरनेट कनेक्शन है। यह स्लिप (SLIP) की अपेक्षा अधिक विश्वसनीय होता है क्योंकि यह दो बार जाँच करके यह सुनिश्चित करता है कि इंटरनेट पैकेट्स (Packets) सही सलामत पहुँचे हैं या नहीं। यह किसी क्षतिग्रस्त पैकेट को पुन: प्रेषित करता है।

(g) **आईएसडीएन (ISDN) लाइन:** स्पेशल डिजिटल टेलीफोन लाइनों को आईएसडीएन लाइन्स (lines) कहा जाता है जो इंटरनेट में प्राय: 64 Kbps से 128 Kbps की तीव्रतम गति से प्रयोग करते हुए डायल की जा सकती हैं। विशिष्ट आईएसडीएन मोडेम का ही आईएसडीएन लाइनों के साथ प्रयोग किया जाना चाहिए।

आईएसडीएन लाइनों की कीमत सामान्य फोन लाइनों की अपेक्षा अधिक होती है, अत: आपकी टेलीफोन की दरें भी उच्चतम हो जाती हैं। एसीमेट्रिक डिज़िटल सबस्क्राइबर लाइन (ADSL) नामक नवीन तकनीक लगी हुई टेलीफोन लाइनें अत्यन्त द्रुतगति वाले कनेक्शनों की अनुमति प्रदान करती है।

(h) **केबल मोडेम (Cable Modem):** टेलीविज़न सिग्नलों (signals) को ले जाने वाली कोएक्सियल (coaxial) केबल का प्रयोग करते हुए कुछ केबल टीवी (T.V.) प्रणालियों पर इंटरनेट को एक्सेल किया जा सकता है। इसमें विशेष केबल मोडेम का प्रयोग किया जाता है। परम्परागत मोडेम (conventional modems) की अपेक्षा केबल मोडेम 20 से 100 गुना अधिक गति से आँकड़ों को प्रेषित व प्राप्त कर सकता है।

(i) **नेटवर्क कम्प्यूटर (Network Computer):** कुछ लोगों का मानना है कि कम कीमत वाला नेटवर्क कम्प्यूटर ही इंटरनेट ऐक्सेल के लिए प्रयोग किया जाएगा। यह एक कम्प्यूटर, मोडेम तथा मॉनीटर होगा जिसमें हार्ड डिस्क, सीडी रोम (CD-Rom) ड्राइव या बहुत अधिक प्रोसेसिंग शक्ति नहीं होगी। प्रोग्राम नेटवर्क कम्प्यूटर की अपेक्षा इंटरनेट से ही चलेंगे तथा आँकड़े नेटवर्क कम्प्यूटर (NC) पर रखने की अपेक्षा इंटरनेट पर ही रखे जाएंगे।

(j) **वेब टीवी (Web TV):** आप इंटरनेट को सेट टॉप बॉक्स जो इंटरनेट में डायल होता है तथा आपके टेलीविज़न सेट पर वेब पेज (Web Page) प्रदर्शित करता है, के माध्यम से अपने टेलीविजन सेट पर एक्सेस कर सकते हैं। वेब टीवी Web T.V. सेट टॉप बॉक्स तथा नेटवर्क को भली भाँति जाना जाता है।

(k) **ऑनलाइन सेवाएं (Online Services):** समस्त वृहद ऑनलाइन सेवाएं आपको इंटरनेट की पूर्ण शक्ति से जुड़ने की अनुमति देती है। इसके लिए कोई विशेष उपक्रम की आवश्यकता नहीं होती है। जब आप ऑनलाइन सेवाएं (Online Services) डायल करते हैं तो आप वर्ल्ड वाइड वेब (World Wide Web) की ब्राउज़िंग सहित इंटरनेट के संसाधनों का प्रयोग करने में सक्षम हो जाते हैं।

3.1.1 लेवल 1 संयोजकता (Level 1 Connectivity)

लेवल 1 को गेटवे (gateway) के माध्यम से एक्सेस किया जाता है। लेवल 1 की सेवाएं वहीं तक सीमित होती हैं जहाँ तक आपका गेटवे सपोर्ट करता है। उदाहरणार्थ- विभागों के अथवा विश्वविद्यालयों के नेटवर्क्स।

3.1.2 लेवल 2 संयोजकता (Level 2 Connectivity)

लेवल 2 एक्सेस मोडेम से होस्ट को नेटवर्क से जोड़ता है।

- सेवाएं सीमित होती है जहाँ तक होस्ट (H_2) प्रदान करता है।
- प्रत्येक चीज H_2 के माध्यम से पूर्ण होती है।
- इंटरनेट से H_1 को फाइल भेजने के लिए दो डाउनलोड की आवश्यकता होती है:
  - (a) इंटरनेट से H_2
  - (b) H_2 से H_1
- इंटरनेट एक्सेस में लेवल 2 कनेक्टीविटी सर्वाधिक प्रचलित है।

3.1.3 लेवल 3 संयोजकता (Level 3 Connectivity)

कुछ स्थानीय कम्पनियाँ सीरियल लाइन इंटरफेस प्रोटोकॉल (SLIP) या Point-to-Point Protocol (PPP) इंटरनेट एक्सेस उपलब्ध कराती हैं।

सीरियल लाइन इंटरनेट प्रोटोकॉल (Serial Line Internet Protocol) (SLIP)

SLIP एक उद्योग आधारित प्रोटोकॉल है जो UNIX वातावरण जो सीरियल ट्रांसमिशन लाइनों पर TCP/IP नेटवर्किंग को सपोर्ट करने हेतु 1984 में विकसित किया गया। ये सीरियल लाइनें किसी मोडेम का प्रयोग करते हुए डायल-अप कनेक्शंस होती है। सीरियल लाइन इंटरनेट प्रोटोकॉल (SLIP) इंटरनेट सेवा प्रदाता (ISPs) के पास स्थापित स्लिप सर्वर्स (Servers) का प्रयोग कर इंटरनेट के डायल-अप एक्सेस के साथ TCP/IP होस्ट प्रदान कर सकता है।

प्वाइंट-टू-प्वाइंट प्रोटोकॉल (Point-to-Point Protocol)

पीपीपी (PPP), 1990 के प्रारम्भ में विकसित वाइड एरिया नेटवर्क (WAN) हेतु इंडस्ट्री स्टैण्डर्ड डाटा लिंक लेयर प्रोटोकॉल है। प्वाइंट-टू-प्वाइंट प्रोटोकॉल WAN संचार हेतु विभिन्न वेंडर्स से रिमोट एक्सेस सर्विस (RAS) उत्पादों तथा उपकरणों को अन्तर संचालित करने की अनुमति प्रदान करता है।

पीपीपी प्रयोग करने वाला एक समरूपी डायल-अप सेशन पूर्णत: स्वचालित होता है तथा इसे किसी भी रियल-टाइम यूजर इनपुट की जरूरत नहीं होती है। इसके चार सोपान होते हैं:

- **लिंक स्थापन (Link Establishment):** पीपीपी यूज़र लिंक कंट्रोल प्रोटोकॉल (LCP) सीरियल ट्रांसमिशन लाइन पर पीपीपी लिंक बनाता तथा उन्हें स्थापित करता है। एलसीपी फ्रेम इसकी integrity परखने के लिए व लिंक स्थापित करने हेतु डाटालिंक पर प्रेषित किये जाते हैं।
- **यूज़र प्रमाणिकता (User Authentication):** पीपीपी अनेक प्रमाणिक प्रोटोकॉल्स में से किसी एक का प्रयोग करता है।
- **कॉल बैक (Call Back):** पीपीपी कॉल बैक कंट्रोल, कॉल बैक कन्ट्रोल प्रोटोकॉल (CBPC) का प्रयोग करता है यदि यह बनाया (Configure) गया है तो।
- **कन्फीगरेशन (Configuration):** नेटवर्क कनेक्शन प्रोटोकॉल (NCP) नेटवर्क कनेक्शन स्थापित करने, संपीडन पैदा करने और सूचना कूटांकन करने, डायनामिक होस्ट कन्फीगरेशन प्रोटोकॉल (DHCP) का प्रयोग करते हुए आई पी एड्रेसेस को लीज़ करने तथा अन्य कार्य के लिए प्रयोग किया जाता है। एनसीपी (NCP) फ्रेमों को दूरस्थ पीपीपी क्लाइंट और पीपीपी सर्वर के बीच नेटवर्क कनेक्शन स्थापित करने के लिए लिंक पर प्रेषित किया जाता है।

3.2 कनेक्शन स्थापित करना (Setting up a Connection)

3.2.1 हार्डवेयर और सॉफ्टवेयर आवश्यकताएं (Hardware and Software Requirement)

हार्डवेयर आवश्यकताएं (Hardware Requirements)

टर्मिनल एकाउण्ट को एक्सेस करने के लिए न्यूनतम आवश्यकता 9.x मशीन या P4 पर चलने वाले उच्चतम संस्करणों की होती है।

भारत में अच्छे कनेक्शन हेतु एक उपयुक्त हार्डडिस्क तथा 28.8 Kbps के त्रुटि सुधारने वाले मोडेम सर्वर सहित P2 प्रोसेसर मशीन ही पर्याप्त होती है।

टीसीपी/आईपी एकाउण्ट जिसमें ग्राफिक्स क्षमता की जरूरत होती है, को एक्सेस करने के लिए न्यूनतम आवश्यकता 128 MB (खासतौर पर 256 MB) RAM सहित P2 प्रोसेसर मशीन या एपल मैक (Apple MAC) जैसे प्रोसेसर शक्ति वाली मशीन की होती है। इसके लिए कम से कम 28.8 Kbps के मोडेम की जरूरत होती है। एक आईबीएम सक्षम मशीन हेतु टीसीपी/आईपी एकाउण्ट के लिए या तो Window 98, XP या Windows 2000 सर्वर संचालन प्रणाली की आवश्यकता होती है।

सॉफ्टवेयर आवश्यकताएं (Software Requirements)

यदि आप Windows 2000 या XP सिस्टम सॉफ्टवेयर का प्रयोग कर रहे हैं तो समुचित 16 बाइट टीसीपी/आईपी स्टैक सॉफ्टवेयर की आवश्यकता पड़ती है। इनमें से अधिकांश में ऑटो-इन्स्टाल प्रोग्राम होता है जिसमें स्थापना के दौरान एक प्राइमरी तथा दूसरा सेकेंडरी आईपी एड्रेस की मांग डीएनएस (DNS) सेवाओं के लिए करेगा। यदि आप Eudora जैसे ई-मेल सॉफ्टवेयर को भी इंस्टाल कर रहे हैं तो SMTP सर्वर के लिए एक और आई पी एड्रेस की आवश्यकता होती है।

टीसीपी/आईपी एकाउण्ट के लिए ब्राउज़र एवं ई-मेल एप्लीकेशन के अतिरिक्त आपको Telnet और FTP जैसे अन्य एप्लीकेशंस हेतु सॉफ्टवेयर की जरूरत पड़ सकती है। 'Chameleon' तथा 'इंटरनेट इन ए बॉक्स' जैसे इंटरनेट सॉफ्टवेयरों में ये एप्लीकेशंस पहले ही मौजूद होती हैं। नेटवर्किंग के लिए एप्लीकेशन सॉफ्टवेयर पैकेजों में क्लाइंट/सर्वर आर्कीटेक्चर नामक प्रारूप के होते हैं जहाँ पीसी पर सॉफ्टवेयर की सेटिंग की आशा की जाती है जिन्हें क्लाइंट के नाम से भी संबोधित किया जा सकता है। Windows 9.x तथा XP हेतु टीसीपी/आईपी स्टेक सॉफ्टवेयर जिसमें ये पहले ही मौजूद होते हैं, को इंस्टाल करने की जरूरत पड़ती है।

3.2.2 मोडेम का चयन

मोडेम वह कम्प्यूटर उपकरण होता है जो टेलीफोन लाइनों के जरिए आपको अन्य कम्प्यूटरों से जुड़ने तथा संवाद करने की अनुमति प्रदान करता है। मुख्यत: दो प्रकार के मोडेम होते हैं।

आंतरिक मोडेम (Internal Modem): आंतरिक मोडेम कम्प्यूटर में दी गई एक्सपेंशन स्लाट में लगा होता है। फोन की तार जैक में लगी होती है जो कम्प्यूटर के पिछले भाग के माध्यम से एक्सेस की जाती है। आंतरिक

मोडेम बाह्य मोडेम की अपेक्षा कम खर्चीला होता है।

बाह्य मोडेम (External Modem): बाह्य मोडेम को कम्प्यूटर के बाहर लगाया जाता है। मोडेम टेलीफोन के पास लगा होता है जो आपको बाह्य जगत से जोड़ता है। मोडेम हमें अपने कम्प्यूटर से किसी फैक्स मशीन पर फैक्स भेजने के योग्य भी बनाता है। हम इसकी सहायता से अपने कम्प्यूटर से दूसरे कम्प्यूटर पर फैक्स भी भेज सकते हैं।

मोडेम की कार्यप्रणाली

साधारण टेलीफोन लाइन कनेक्शन इसी प्रकार की जानकारी वहन करती है। मोडेम आपके कम्प्यूटर के डिजिटल आँकड़ों को समतुल्य आँकड़ों में परिवर्तित करता है, यह वह प्रारूप है जो टेलीफोन लाइनों द्वारा वहनीय हो सकता है। ठीक इसी प्रकार आँकड़े प्राप्त करने वाला कम्प्यूटर मोडेम के माध्यम से एनालॉग डाटा को डिजिटल डाटा में परिवर्तित करता है। डिजिटल सिग्नल को एनालॉग सिग्नल में परिवर्तित करने की प्रक्रिया को मॉड्यूलेशन (Modulation) कहा जाता है और एनालॉग सिग्नल को डिजिटल सिग्नल में परिवर्तित करने को डिमॉड्यूलेशन (Demodulation) कहा जाता है।

आपके कम्प्यूटर को इंटरनेट का एक अंग बनाने के लिए आवश्यकताएं

1. इंटरनेट कनेक्शन
2. मोडेम
3. टेलीफोन लाइन
4. वह प्रोग्राम जो हार्डवेयर कंपोनेन्ट पर आँकड़ों के संचार पर नियंत्रण करता है।

3.2.3 मोडेम कन्फीगरेशन (Modem Configuration)

मोडेम जोड़ने के पश्चात जब आप अपने कम्प्यूटर सिस्टम का स्विच ऑन करते हैं तो Windows को मोडेम स्वत: ही खोज लेना चाहिए और मॉडर्न ड्राइवर सॉफ्टवेयर हेतु पूछना चाहिए। यदि स्वत: खोज (Auto detection) कार्य नहीं करता है तो:

1. Start/Settings/Control Panel पर क्लिक करें।
2. कंट्रोल पैनल विंडो में Add New Hardware Icon पर डबल क्लिक करें।
3. तत्पश्चात एड न्यू हार्डवेयर विज़ार्ड स्क्रीन पर नये हार्डवेयर की स्वत: खोज के लिए Next > Option पर क्लिक करें।
4. अगली स्क्रीन में "क्या आप अपने नये हार्डवेयर के लिए विंडोज़ की खोज करना चाहते हैं?" के प्रश्न पर Yes पर क्लिक करें और
5. Next > option पर क्लिक करें।
6. मोडेम को चुनने के लिए इस पर क्लिक करें।
7. Next > option पर क्लिक करने पर आपका आटो-डिटेक्शन प्रोसेस चालू हो जाएगा जो आपको कुछ समय अवश्य लेगा।
8. अंतत: क्लिक ऑन डिटेल्स (Click on Details....) के विकल्प वाली अगली स्क्रीन उभरेगी जिसमें खोजे गए हार्डवेयर की सूची पर बटन दबाएं।
9. खोजे गए हार्डवेयर हेतु ड्राइवर इंस्टाल करने के लिए **Finish** विकल्प पर क्लिक करें।

मोडेम की परख (Testing the Modem)

1. Start पर क्लिक करें, Settings को इंगित करें, Control Panel पर क्लिक करें।
2. कंट्रोल पैनल विंडो में मोडेम के Icon पर डबल क्लिक करें।
3. मोडेम प्रॉपर्टीज़ विंडो में Diagnostic टैब का चयन करें।
4. उस पोर्ट पर क्लिक करें जिससे मोडेम जुड़ा हुआ है।
5. More Info...... बटन पर क्लिक करें।
6. यदि मोडेम सुचारु रूप से कार्य करता है तो कुछ समय बाद अगली विंडो पर प्रत्युत्तरों सहित मोडेम कमाण्ड की सूची दिखाई देगी।
7. यदि मोडेम ठीक से नहीं लगा हुआ है तो स्क्रीन पर मोडेम फेल होने का त्रुटि संदेश दिखाई देगा।

यदि यह त्रुटि संदेश दिखाई देता है तो मोडेम सेटिंग, केबल्स, कनेक्शंस, ड्राइवर सेटअप की जाँच करें।

यदि मोडेम डायग्नोस्टिक टेस्ट पास कर लेता है तो निम्नलिखित के लिए इसे कन्फीगर करें:

1. मोडेम प्रॉपर्टीज़ विंडो के **General** टैब पर क्लिक करें।
2. General टैब में वह मोडेम जो आप कन्फीगर करना चाहते हैं, उसे चुनकर क्लिक करें।
3. Properties..... बटन पर डबल क्लिक करें।
4. प्रोपर्टीज विंडो में दो टैब General और Connection होते हैं। कुछ मोडेम में Distinctive Ring तथा Forwarding आदि जैसे अतिरिक्त टैब भी दिखाई दे सकते हैं।

3.3 आईएसपी (ISP) द्वारा इंटरनेट एकाउण्ट

किसी इंटरनेट सेवा प्रदाता (आईएसपी) के साथ खाता खोलना ही आपको इंटरनेट के साथ अपने कम्प्यूटर को जोड़ने की अनुमति प्रदान करता है।

इंटरनेट कनेक्शन इंटरनेट सेवा प्रदाता जो मुख्य सर्वर स्थापित करता है, के द्वारा प्रदान किए जाते हैं और उसी सर्वर के माध्यम से वे यूज़र्स को कनेक्शन देते हैं। सर्वर उच्च भण्डारण क्षमता तथा मेमोरी वाला कम्प्यूटर होता है। इसी क्रम में यह सेटेलाइट के माध्यम से विश्व के विभिन्न स्थानों पर स्थापित अन्य सर्वरों से जुड़ जाता है। सर्वर के माध्यम से जुड़े कनेक्शंस को संबद्ध प्रयोगकर्त्ता के लिए ईमेल को स्टोर करने के लिए निजी स्थान निर्धारित किया जाता है। कुछ प्रमुख इंटरनेट सेवा प्रदाता हैं:

1. वीएसएनएल (विदेश संचार निगम लिमिटेड) (VSNL)
2. एमटीएनएल (महानगर टेलीफोन निगम लिमिटेड) (MTNL)
3. मंत्रा ऑन लाइन (Mantra Online)
4. नेटक्रेकर (Net Cracker)
5. सत्यम (Satyam)
6. टाटा इंडीकॉम (Tata Indicom)
7. एयरटेल (Airtel)

3.3.1 टेलीफोन लाइन विकल्प (Telephone Line Options)

यदि आप इंटरनेट प्राप्त करने के लिए टेलीफोन प्रणाली का प्रयोग कर रहे हैं तो आपका दूरसंचार कनेक्शन या तो सामान्य फोन प्रणाली (POTs) या ISDN अथवा ADSL लाइनों पर आधारित होता है जो टेलीफोन कम्पनी के मुख्य कार्यालय तक पहुंचती हैं। सेंट्रल आफिस रूटर या तो अपने ताँबे, फाइबर ऑप्टिक्स या सेटेलाइन लिंक्स या पॉप (POP) के जरिए अपने नेटवर्क्स को चलाता है। पॉप वह बिन्दु होता है जिस पर स्थानीय कॉल दूरस्थ कम्पनी के लिए बंद हो जाती है तथा काल आपके इंटरनेट सेवा प्रदाता के समीप स्थित मुख्य कार्यालय की ओर चली जाती है।

3.3.2 टेलीफोन प्रणाली के माध्यम से डायल-अप कनेक्शन

डायल अप कनेक्शन आपके कम्प्यूटर और सेवा प्रदाता सर्वर के बीच एक अस्थाई कनेक्शन होता है। डायल अप कनेक्शन मोडेम के जरिए स्थापित किए जाते हैं जो आईएसपी सर्वर का नम्बर डायल करने के लिए टेलीफोन लाइन का प्रयोग करते हैं। मोडेम इलेक्ट्रॉनिक सिग्नल को एनालॉग सिग्नलों में परिवर्तित करता है।

लाभ (Advantages)

1. यह इंटरनेट के लिए साधारण एक्सेस होता है।
2. यह लीज़्ड लाइनों की तुलना में कम खर्चीला होता है।
3. आप जितनी देर तक चाहें डायल आप कनेक्शन आपको इंटरनेट उपलब्ध कराता है।

3.3.3 समर्पित कनेक्शन (Dedicated Connections)

समर्पित कनेक्शनों को लीज़्ड लाइन कनेक्शन भी कहा जाता है। लीज़्ड लाइनें आपके कम्प्यूटर से लेकर इंटरनेट सेवा प्रदाता के सर्वर तक बिछी हुई सीधी तारें होती हैं। समर्पित लिंक्स यूज़र को द्रुत गति वाला केक्शन प्रदान करते हैं। प्रत्यक्ष (Direct) लाइनों के लिए मोडेम की आवश्यकता नहीं होती है।

लाभ (Advantages)

1. डायरेक्ट लाइनों की गति अत्यन्त तीव्र होती है।
2. इसमें कनेक्शन के लिए मोडेम की आवश्यकता नहीं होती है।
3. यह अत्यधिक तेज किन्तु खर्चीला होता है।
4. डायरेक्ट कनेक्शन की भाँति ही लीज़्ड लाइन होती है जो चौबीस घंटे उपलब्ध रहती है।

3.3.4 आईएसडीएन (ISDN)

इंटीग्रेटेड सर्विसेज डिजिटल नेटवर्क (ISDN) वह लाइन होती है जिसके द्वारा डिजिटल टेलीफोन लाइनों पर आँकड़े प्रसारित किए जाते हैं। आईएसडीएन अतिद्रुत गति वाले मोडेम की अपेक्षा तीन से चार गुना अधिक तेज गति वाले होते हैं। इंटरनेट की वर्ल्ड वाइड वेब पर आईएसडीएन लाइनों का प्रयोग टेक्सट, ग्राफिक्स, साउन्ड तथा वीडियो प्राप्त करने तथा प्रसारित करने में सहायता प्रदान करता है।

3.4 प्रोटोकॉल विकल्प (Protocol Options)

3.4.1 शेल (Shell)

निजी कम्प्यूटर किसी बड़े कम्प्यूटर से मोडम के माध्यम से जोड़ा जा सकता है तथा इस पर टर्मिनल इम्यूलेशन प्रोग्राम चल सकता है। सर्वाधिक प्रचलित टर्मिनल इम्यूलेशन VT-100 है। डायरेक्ट कनेक्शन की अपेक्षा फोन लाइन के माध्यम से जुड़े हुए कम्प्यूटर के अतिरिक्त कम्प्यूटर डम्ब (Dumb) टर्मिनल की भाँति कार्य करता है। इस प्रकार के एक्सेस से आप वर्ल्ड वाइड वेब जैसे इंटरनेट के ग्राफिकल भाग का प्रयोग नहीं कर सकते हैं, हालांकि आप वेब के टेक्स्ट भाग को ब्राउज़ कर सकते हैं। इस प्रकार का इंटरनेट एकाउण्ट शेल (Shell) एकाउण्ट कहलाता है।

3.4.2 स्लिप (SLIP: Serial Line Internet Protocol)

यह Unix वातावरण के लिए विकसित किया गया मानक प्रोटोकॉल है जो मोडेम के माध्यम से जुड़े हुए सीरियल ट्रांसमिशन लाइनों पर TCP/IP नेटवर्किंग का समर्थन करता है। यह एक पुराना सीरियल लाइन प्रोटोकॉल है जो नेटवर्क कन्फीगरेशन के स्वचालित वार्तालापों को सपोर्ट नहीं देता है। इसे निम्नलिखित कारणों की वजह से पीपीपी (Point-to-Point Protocol) से बदल दिया गया है:

- SLIP केवल टीसीपी/आईपी को ही सपोर्ट करता है।
- SLIP में स्वचालित लॉगऑन प्रक्रिया के लिए यूज़र को स्क्रिप्ट लिखने की जरूरत पड़ती है।
- इसे मानवीय रूप से कन्फीगर किए गए होस्ट के टीसीपी/आईपी मानकों की जरूरत होती है।
- विंडो 2000 SLIP क्लाइंट से कनेक्शन स्वीकार नहीं कर सकती हैं।

3.4.3 पीपीपी (PPP: Point to Point Protocol)

पाइंट-टू-पाइंट प्रोटोकॉल इकट्ठे या अलग-अलग सर्किटों पर रूटर से रूटर ओर होस्ट से नेटवर्क कनेक्शन प्रदान करता है। इसे IP, IPv6, IPx और Appletalk जैसे अनेकों नेटवर्क लेयर वाले प्रोटोकॉल्स के साथ कार्य करने के लिए तैयार किया गया था। पीपीपी फ्रेम्स (Frames) को पुरानी टेलीफोन सेवाओं, ISDN (Integrated Services Digital Network) जैसी सीरियल ट्रांसमिशन लाइनों पर प्रसारित किया जा सकता है। इसमें WAN कनेक्शनों को स्थापित करने तथा उनकी जाँच करने तथा प्रत्येक नेटवर्क प्रोटोकॉल का प्रयोग करते हुए सुधार करने हेतु LCP (Link Control Protocol) तथा NCP (Network Control Protocol) सम्मिलित होते हैं। यह SLIP (Serial Line Internet Protocol) का एक तरह से पर्यवेक्षक होता है, क्योंकि:

(a) यह इंटरनेटवर्क पैकेट एक्सचेंज (IPX) का समर्थन करता है।
(b) टीसीपी/आईपी मानकों की बात करता है।
(c) यह पीपीपी सर्वरों को आपकी अर्हताएं प्रेषित करने हेतु पासवर्ड अथान्टिकेशन प्रोटोकॉल (PAP) और चैलेंज हैण्डशेक अथान्टिकेशन प्रोटोकॉल (CHAP) का समर्थन करता है।
(d) यह Windows 98, NT.2000 और XP का समर्थन करता है।

3.5 सेवा विकल्प (Service Options)

3.5.1 ई-मेल (E-mail)

ईमेल शब्द का अर्थ है, इलेक्ट्रानिक मेल। ई-मेल सबसे कम कीमतों पर दुनियाभर में इंटरनेट जैसे डिज़िटल संचार लिंक्स पर संदेश, आवाज, विडियो तथा ग्राफिक्स भेजने की विधि है। तकनीकी तौर पर ईमेल क्लाइंट/सर्वर एप्लीकेशन का वह प्रकार है जो किन्हीं दो ईमेल एकाउण्ट्स के बीच रूटेड तथा स्टोर्ड मैसेज सर्विस प्रदान करती है। क्योंकि इससे समस्त आधुनिक कम्प्यूटर्स को इंटरनेट से जोड़ा जा सकता है तथा यह यूज़र इंटरनेट के जरिए टेलीफोन अथवा वायरलेस डिजिटल सेवा वाले किसी भी स्थान पर ईमेल भेज सकता है।

☞ इलेक्ट्रॉनिक मेल प्रणाली की रीढ़ की हड्डी वह संचार नेटवर्क होता है जो सेंट्रल सिस्टम के दूरस्थ टर्मिनलों अथवा उस लोकल एरिया नेटवर्क को जो निजी कम्प्यूटरों को परस्पर जोड़ता है। यूज़र किसी एकल प्राप्तकर्ता को मेल भेज सकता है अथवा वह किसी प्रणाली पर चुने गये अनेकों यूज़र्स को इसे भेज सकता है।

3.5.2 WWW (वर्ल्ड वाइड वेब)

वर्ल्ड वाइड वेब या संक्षेप में 'वेब' इंटरनेट आधारित सार्वभौमिक सूचना प्रणाली है।

यह विश्वभर में 4 करोड़ से अधिक कम्प्यूटर्स से मल्टीमीडिया सूचना उपलब्ध कराती है। वेब वीडियो, अंतःक्रिय मल्टीमीडिया तथा सजीव

ऑडियो के अतिरिक्त टेक्स्ट डॉक्यूमेंट तथा फोटोग्राफ जैसे मूल प्रकार के आँकड़े उपलब्ध कराती है।

3.5.3 न्यूज़ सर्वर (News Server)

कोई प्रोग्राम या कम्प्यूटर जो न्यूजफीड प्रदान करता है उसे न्यूज़ सर्वर कहा जाता है। न्यूज़ सर्वर न्यूज़ समूहों के अध्ययन हेतु लेख का भंडारण करता है अथवा यदि आपके पास न्यूज़ क्लाइंट या न्यूज़ रीडर है तो इन्हें आपको प्रेषित करता है।

(a) www.usatoday.com

(b) news.vsnl.net.in

(c) msnews.microsoft.com

(d) espnet.sportzone.com

3.5.4 फायरवाल (Firewall)

कोई भी कारपोरेशन हर समय अपने आंतरिक कम्प्यूटर नेटवर्क या लोकल एरिया नेटवर्क (LAN) को इंटरनेट से जोड़े रखती है जिससे उसे सुरक्षा के लिहाज़ से अनेक खतरों का सामना करना पड़ता है। इंटरनेट की उन्मुक्तता की वजह से ही प्रत्येक कारपोरेट नेटवर्क को वायरस अटैक का खतरा बना रहता है। इंटरनेट पर क्रेकर्स कारपोरेट नेटवर्क को ध्वस्त कर सकते हैं और अनेक तरीकों से नुकसान पहुँचाते हैं। जिसके कुछ तरीके नीचे दिए गए हैं:

(a) वे महत्वपूर्ण आँकड़ों की नकल करेंगे या उसे खराब कर देंगे।

(b) वे किसी निजी कम्प्यूटर डाटा को या संपूर्ण नेटवर्किंग को खराब कर देंगे।

(c) वे कारपोरेट कर्मचारी की भाँति कारपोरेट नेटवर्क तथा संसाधनों का या कारपोरेट कम्प्यूटर के नेटवर्क का प्रयोग करते हैं।

इन समस्त समस्याओं के समाधान तथा ऐसी ही अनेक समस्याओं से अपने नेटवर्क को बचाने के लिए फायरवाल का निर्माण किया जाता है। ये फायरवाल किसी भी व्यक्ति को इंटरनेट एक्सेस करने की अनुमति तो देते ही हैं साथ ही वे क्रेकर्स, हैकर्स तथा अन्य शैतानों द्वारा इंटरनेट के दुरूपयोग को भी रोकते हैं।

☞ फायरवाल हार्डवेयर तथा सॉफ्टवेयर का वह संमिश्रण होते है जो रूटर्स, सर्वर तथा अनेक प्रकार के सॉफ्टवेयर का प्रयोग करते हुए बनाए जाते हैं। ये इंटरनेट तथा कारपोरेट नेटवर्क के अति सुमेघ जगहों पर लगाए जाते हैं तथा वे सिस्टम एडमिनिस्ट्रेटर के अनुकूल बनाए जाते हैं। फायरवाल नेटवर्क्स के एक्सेस गति को घटाता है।

फायरवाल प्रयोग करने के लाभ

फायरवाल प्रयोग करने के प्रमुख लाभ निम्नलिखित हैं:

(a) ऐसी सेवाएं जो आक्रमण संभावित हैं, से बचाता है।

(b) नेटवर्क में होस्ट के एक्सेस को पूर्णत: नियंत्रित किया जा सकता है।

(c) एकल फायरवाल प्रणाली पर सुरक्षा केन्द्रित रहती है। यह बेहतर अथॉन्टिकेशन पद्धति का नेतृत्व करता है।

(d) नेटवर्क के उपयोग तथा दुरूपयोग का लेखाजोखा रखता है।

(e) यह नीति क्रियान्वयन करता है।

उत्तर सहित पुनरावलोकन प्रश्न
(REVIEW QUESTIONS WITH ANSWERS)

*नोट: * से इंगित प्रश्न पहले DOEACC "O" तथा "A" स्तरीय परीक्षाओं में पूछे जा चुके हैं।*

1. बहुविकल्पीय प्रश्न

*1. आईएसडीएन का विस्तृत रूप है:
   (a) इनक्रीज्ड सब्सक्राइबर्स डायल-अप नेटवर्क
   (b) इंटरनेशनल सब्सक्राइबर्स डोमेन नेम
   (c) इंटीग्रेटेड सब्सक्राइबर डेवलपर नेटवर्क
   (d) इंटीग्रेटेड सर्विसेज़ डिजिटल नेटवर्क

2. डायल अप एक्सेस:
   (a) यह लीज्ड लाइनों के अपेक्षा कम खर्चीला है।
   (b) यह इंटरनेट एक्सेस करने में आसान है।
   (c) इसमें इंटरनेट के साथ अनेकों कनेक्शन होते हैं।
   (d) उपर्युक्त सभी।

3. वेब ब्राउज़र के मुख्य लक्षण हैं:
   (a) विभिन्न वेब साइटों को खोजना तथा प्रदर्शित करना।
   (b) ई-मेल संदेश भेजना तथा प्राप्त करना।
   (c) विभिन्न वेब साइटों पर पहुंचना।
   (d) उपर्युक्त सभी

*4. निम्नलिखित में भिन्न शब्द को पहचानिए:
   (a) सत्यम   (b) याहू
   (c) रेडिफ   (d) इंडिया टाइम्स

5. एफटीपी (FTP) का प्रयोग किया जाता है:
   (a) एक सिस्टम से दूसरे सिस्टम पर फाइल स्थानांतरित करने के लिए।
   (b) इंटरनेट एक्सेस करने के लिए।
   (c) वेब ब्राउज़र डाउनलोड करने के लिए।
   (d) उपर्युक्त में कोई नहीं।

*6. मोडेम संबद्ध है:
   (a) माड्यूलेशन
   (b) माड्यूलेटर से
   (c) माड्यूलेटर तथा डिमाड्यूलेटर से
   (d) संचार के मोडेम तरीकों से

*7. भिन्न शब्द को पहचानिए:
   (a) नेटस्केप नेवीगेटर   (b) इंटरनेट सर्विस प्रोवाइडर
   (c) इंटरनेट एक्सप्लोरर   (d) एनसीएसए मोजैक

*8. किसी पैकेट के आईपी एड्रेस का विश्लेषण सामान्यत: किया जाता है:
   (a) स्विच द्वारा   (b) हब द्वारा
   (c) रूटर द्वारा   (d) मोडेम द्वारा

*9. निम्नलिखित में से कौन-सा इंटरनेट की सुरक्षा से संबंधित है?
(a) एमआईटी (b) फायरवाल
(c) डीएसएल (d) W3C

10. इंटरनेट कनेक्टिविटी के स्तर होते हैं:
(a) लेवल 1: गेटवे के माध्यम से एक्सेस
(b) लेवल 2: नेटवर्क से जुड़े हुए होस्ट के साथ मोडेम के माध्यम से एक्सेस
(c) लेवल 3: सीधे तौर पर इंटरनेट एक्सेस
(d) उपर्युक्त सभी

2. निम्नलिखित कथनों में सही या गलत कथन बताएँ:

1. मोडेम वह उपकरण है जो कम्प्यूटर को फोनलाइन से जोड़ता है।
2. फायरवाल हार्डवेयर तथा सॉफ्टवेयर का वह संमिश्रण है जो सुरक्षा की दृष्टि से किसी नेटवर्क को दो या अधिक भागों में विभक्त करता है।
*3. फायरवाल वायरस से सुरक्षा नहीं कर सकता है।
*4. शोध संस्थानों द्वारा इंटरनेट से जुड़े कम्प्यूटर्स का संचालन edu domain के रूप में किया जाता है।
*5. फायरवाल सॉफ्टवेयर सिस्टम को बाहरी एक्सेस से बचाता है।
6. इंटरनेट पैकेट स्विचिंग का कार्य करता है।
*7. 30 bps पर संचालित हो रहा मोडेम लगभग 30 अक्षर प्रति सेकेन्ड प्रसारित कर सकता है।
*8. मोडेम डिजिटल सिग्नल को एनालॉग सिग्नलों में परिवर्तित करता है।
*9. आईएसडीएन बेसिक एक्सेस B-चैनल की डाटा पर 64 kbps होती है।
*10. फायरवाल बाह्य जगत के अवांछित तत्वों से सुरक्षा के लिए बनाए जाते हैं।

3. निम्नांकित को सुमेलित करें:

3.1	सभी वेब एड्रेस ______ से प्रारंभ होते हैं।	(a)	वेब सर्वर
3.2	यहाँ वेब पेज आर्चीव होते हैं	(b)	आईएसपी
3.3	ब्राउज़र के जरिए एक्सेस किया गया इंटरनेट रिसोर्स	(c)	सर्च इंजन
3.4	हॉटस्पॉट्स	(d)	http://
3.5	वीएसएनएल	(e)	पेज
3.6	WWW पर डॉक्यूमेंट	(f)	यूआरएल
3.7	सर्च टूल	(g)	यूनीफॉर्म रिसोर्स लोकेटर
3.8	वेब ब्राउज़र	(h)	हाइपर लिंक्स
3.9	मैगेलॉन	(i)	इंटरनेट एक्सप्लोरर
3.10	यूआरएल	(j)	एक्ज़ाइट

4. रिक्त स्थानों की पूर्ति करें:

(a) आईएसपी (b) हाइबर टेक्स्ट (c) पैकेट स्विचिंग
(d) हाइपर लिंक्स (e) एचटीटीपी (f) डब्ल्यू डब्ल्यू डब्ल्यू (WWW)
(g) 1970 (h) नेटस्केप नेवीगेटर (i) यूआरएल
(j) इंटरनेट सर्वर (k) ब्राउज़र

1. सन ______ के प्रारंभ में सूचना प्राप्त करने का सर्वाधिक प्रचलित तरीका दूसरे कम्प्यूटर नेटवर्क पर लॉग ऑन करके वहीं पर फाइल्स एक्सेस करना था।
2. कम्प्यूटर नेटवर्क में संदेश स्थानांतरित करने के लिए हम ______ नामक तकनीक का प्रयोग करते हैं।
3. छोटी वेब साइट के लिए किसी को भी ______ से स्थान खरीदना पड़ता है।
4. ______ एक नॉनलीनियर टेक्स्ट होता है।
5. ______ एक गैर महत्वपूर्ण तथा विनम्र प्रोटोकॉल होता है।
6. एक ______ वर्ल्ड वाइड वेब का भाग नहीं हो सकता है।
7. ______ वह होस्ट होता है जो दो या दो से अधिक फिजिकल नेटवर्क्स से जुड़ा होता है और स्विच पैकेट के लिए उन दोनों के बीच कन्फीगर किया हुआ होता है।
8. संचरण के लिए ब्राउजर का प्रयोग करने वाली वेब ______ कहलाती है।
*9. बिना अन्य डॉक्यूमेन्ट्स पर गए हुए सीधे ही ______ द्वारा पेज पर जाया जा सकता है।
*10. अनेक भिन्न-भिन्न विषयों की जानकारी युक्त पेजों के विशाल संग्रह को ______ कहते हैं।
*11. ______ वह प्रोग्राम होता है जो इंटरनेट पर किसी यूज़र को डाटा खोजने तथा उसे प्रयोग करने की अनुमति प्रदान करता है।

उत्तर

1.	1.1	d	1.2	d	1.3	d	1.4	a	1.5	a
	1.6	c	1.7	b	1.8	c	1.9	b	1.10	d
2.	2.1	T	2.2	T	2.3	T	2.4	T	2.5	T
	2.6	T	2.7	F	2.8	T	2.9	T	2.10	T
3.	3.1	d	3.2	a	3.3	f	3.4	h	3.5	b
	3.6	e	3.7	j	3.8	i	3.9	c	3.10	g
4.	4.1	g	4.2	c	4.3	a	4.4	b	4.5	e
	4.6	j	4.7	d	4.8	h	4.9	i	4.10	f
	4.11	j								

विवरणात्मक प्रश्न
(DESCRIPTIVE TYPE QUESTIONS)

*1. फायरवाल के लाभों की चर्चा करें।
2. इंटरनेट से आपके कम्प्यूटर को जोड़ने के विभिन्न तरीके क्या होते हैं?
*3. स्लिप (SLIP) क्या है? इसकी क्या समस्याएँ होती हैं?
*4. इंटरनेट कनेक्टिविटी के लेवल्स पर टिप्पणी लिखो।
*5. डायल अप तथा लीज्ड लाइन से आपका क्या आशय है? इसके लाभ तथा हॉनियाँ क्या हैं?
6. निम्नलिखित पर संक्षिप्त टिप्पणी लिखें:
(a) मोडेम की कार्य प्रणाली
(b) स्लिप (SLIP)
(c) पीपीपी (PPP)
(d) न्यूज़ सर्वर
(e) डब्ल्यू डब्ल्यू डब्ल्यू (WWW)

अध्याय-4

इंटरनेट नेटवर्क (Internet Network)

4.1 नेटवर्क की परिभाषा (Network Definition)

कम्प्यूटर नेटवर्क साधारणतया अनेक कम्प्यूटरों का वह समूह होता है जो इस तरह जोड़ा जाता है ताकि संसाधन बांटे जा सकें तथा जानकारी का आदान-प्रदान किया जा सके। नेटवर्क बिना तारों के भी बनाया जा सकता है जिसे **वायरलैस नेटवर्किंग** कहा जाता है। किसी विशिष्ट कम्प्यूटर नेटवर्क में प्रत्येक चीज़ को जोड़ने वाले तारों सहित प्रिंटर्स तथा प्लॉटर्स जैसे कुछ संबद्ध उपकरणों युक्त एक या एक से अधिक कम्प्यूटर शामिल होते हैं।

☞ नेटवर्क अत:सम्बद्ध स्वायत कम्प्यूटर्स का वह संग्रह होता है जो सूचना की सहभागिता तथा उसका आदान-प्रदान कर सकता है।

कम्प्यूटर आँकड़ों या सूचनाओं के आदान-प्रदान में आने वाली लागत को घटा सकते हैं यदि वे नेटवर्क से जुड़े हैं। किसी नेटवर्क में भिन्न-भिन्न तरीकों से बने कम्प्यूटर्स भी एक साथ जोड़े जा सकते हैं तथा यूज़र सामूहिक रूप से किसी कार्य को कर सकता है। डाटाबेस मैनेजमेंट सिस्टम (DBMS) के साथ साथ ग्राफिकल आर्टवर्क में सामूहिक कार्य करने हेतु सॉफ्टवेयर पैकेज विकसित किये गये हैं और दूरस्थ स्थानों पर स्थित विभागों से आँकड़ों को केन्द्रीय (मूल) कम्प्यूटर पर भेजा जा सकता है तथा उन्हें स्टोर किया जा सकता है। तत्पश्चात उन आँकड़ों को विभिन्न विभागों द्वारा प्रयोग किया जा सकता है। केन्द्रीय कम्प्यूटर पर स्टोर किए गए आँकड़ों को समस्त यूज़र यदि वे आपस में नेटवर्किंग के जरिए जुड़े हों, द्वारा एक्सेस तथा नवीनीकरण किया जा सकता है।

यह विधि किसी संस्थान की सुचारु कार्य प्रणाली में उत्पन्न होने वाली बाधाओं से बचाती है क्योंकि सभी यूज़र्स नवीनतम सूचनाएं केन्द्रीय कम्प्यूटर से ही प्राप्त करेंगे (उदाहरणार्थ इवेंट्री) क्योंकि सभी यूज़र्स इस कम्प्यूटर से जुड़े होते हैं।

4.1.1 नेटवर्किंग की आवश्यकता

नेटवर्किंग के प्रमुख कारण निम्नलिखित हैं:

1. **संसाधनों (Resources) की भागीदारी:** इसका मुख्य उद्देश्य यह है कि संसाधनों की भौतिक लोकेशन से प्रभावित हुए बिना नेटवर्क पर सभी अधिकृत यूज़र्स को सभी प्रोग्राम, आँकड़े तथा अन्य उपस्कर उपलब्ध हों।
2. **विश्वसनीयता (Reliability):** यह प्रयोग हेतु आँकड़ों के वैकल्पिक स्रोत प्रदान करता है। उदाहरणार्थ, फाइल्स दो या तीन पीसी पर दुहराई जा सकती हैं, ऐसा इसलिए कि यदि उनमें से एक (हार्डवेयर के फेल होने पर) यदि उपलब्ध न हो तो दूसरे पीसी का प्रयोग किया जा सकता है। इसके अतिरिक्त विविध सीपीयू (CPU) की उपस्थिति का आशय यह है कि यदि एक बन्द हो तो दूसरा इस कार्य को पूरा करता है। यह बैंकिंग, हवाई यातायात नियंत्रण आदि के लिए अति महत्वपूर्ण है क्योंकि हार्डवेयर की समस्याओं के चलते संचालन बाधित न हो।
3. **वित्तीय लाभ (Financial Benefits):** छोटे कम्प्यूटर्स बड़े कम्प्यूटर्स की अपेक्षा अधिक किफायती होते हैं। एक मेनफ्रेम कम्प्यूटर किसी पीसी से दस गुना अधिक तेज हो सकता है किन्तु इसकी कीमत पीसी से 100 गुना अधिक होती है। परिणाम स्वरूप अधिकांश संस्थान बड़े केन्द्रीयकृत कम्प्यूटर्स की अपेक्षा पीसी युक्त कम्प्यूटर नेटवर्क को अधिक वरीयता देते हैं।
4. **बेहतर संचार माध्यम (Better Communication Medium):** अनेक शाखाओं वाले संस्थान के लिए कम्प्यूटर नेटवर्किंग एक सस्ता और आसान संचार माध्यम होता है। इसमें किसी भी जानकारी को तुरंत किसी अन्य स्थान पर भेजना संभव होता है। जब कोई यूज़र किसी फाइल को अपडेट करता है तो नेटवर्क से जुड़े अन्य यूज़र के लिए उसे देख पाना सम्भव हो जाता है।
5. **दूरस्थ डाटाबेस को एक्सेस करना (Access to Remote Database):** दूरस्थ डाटाबेस को एक्सेस करने पर हवाई जहाज और रेलवे आरक्षण तथा होटल बुकिंग पर होने वाली समय की बरबादी तथा परेशानियों से बचना संभव होता है। विश्व के किसी भी भाग से एक शहर से दूसरे शहर का हवाई टिकट या होटल में स्थान की बुकिंग तथा त्वरित जानकारी कोई भी यूज़र प्राप्त कर सकता है।

4.1.2 नेटवर्क्स के प्रकार

पीसी (PC) के नेटवर्किंग को समाज के विविध क्षेत्रों में स्थानीय से अंतर्राष्ट्रीय सभी स्तरों पर विकसित किया गया है। मूल स्थानों पर डाटाबेस से तुरन्त जानकारी प्राप्त करने हेतु सरकारी संगठनों द्वारा नेटवर्क्स का प्रयोग किया जाना एक उदाहरण ही है। बैंकों तथा खुदरा व्यापारियों द्वारा वित्त के हस्तांतरण तथा क्रेडिट जाँच हेतु नेटवर्क्स का प्रयोग किया जाता है। कारपोरेट ऑफिस में प्रयुक्त पीसी से इसके शाखा कार्यालयों की गतिविधियों की जानकारी प्राप्त की जाती है। कम्प्यूटर नेटवर्क्स अनेक प्रकार के होते हैं जिनका वर्णन नीचे किया जा रहा है:

- **लोकल एरिया नेटवर्क (LAN):** यह नेटवर्क से जुड़े कम्प्यूटर्स तथा प्रिंटर जैसे अन्य हार्डवेयर जो एक दूसरे से परस्पर जुड़े होते हैं, की एक प्रणाली होती है। लॉन (LAN) वह कम्प्यूटर नेटवर्क होता है जो छोटे क्षेत्रों तक सीमित होता है। अधिकांश LAN एक इमारत या अनेक इमारतों के समूह तक फैला होता है। तथापि एक लॉन (LAN) को टेलीफोन लाइन या वायरलैस सर्किट के माध्यम से किसी भी दूरी पर स्थित दूसरे लॉन (LAN) से जोड़ा जा सकता है। लॉन टेलीफोन लाइनों के द्वारा आँकड़े भेजने की अपेक्षा अधिक द्रुतगति से आँकड़े प्रेषित करते हैं। लेकिन उनकी दूरियां सीमित होती हैं। यहाँ तक कि कम्प्यूटर्स की संख्या भी सीमित होती है जो एक लॉन (LAN) से जोड़े जाते हैं। इसमें अनेक भिन्न-भिन्न प्रोटोकॉल्स (जैसे ईथरनेट, टोकन रिंग आदि) होते हैं जिनके अपने लाभ तथा हानियाँ होती हैं। किसी लॉन हेतु इसका मालिक ही प्रसारण मीडिया का रखरखाव तथा

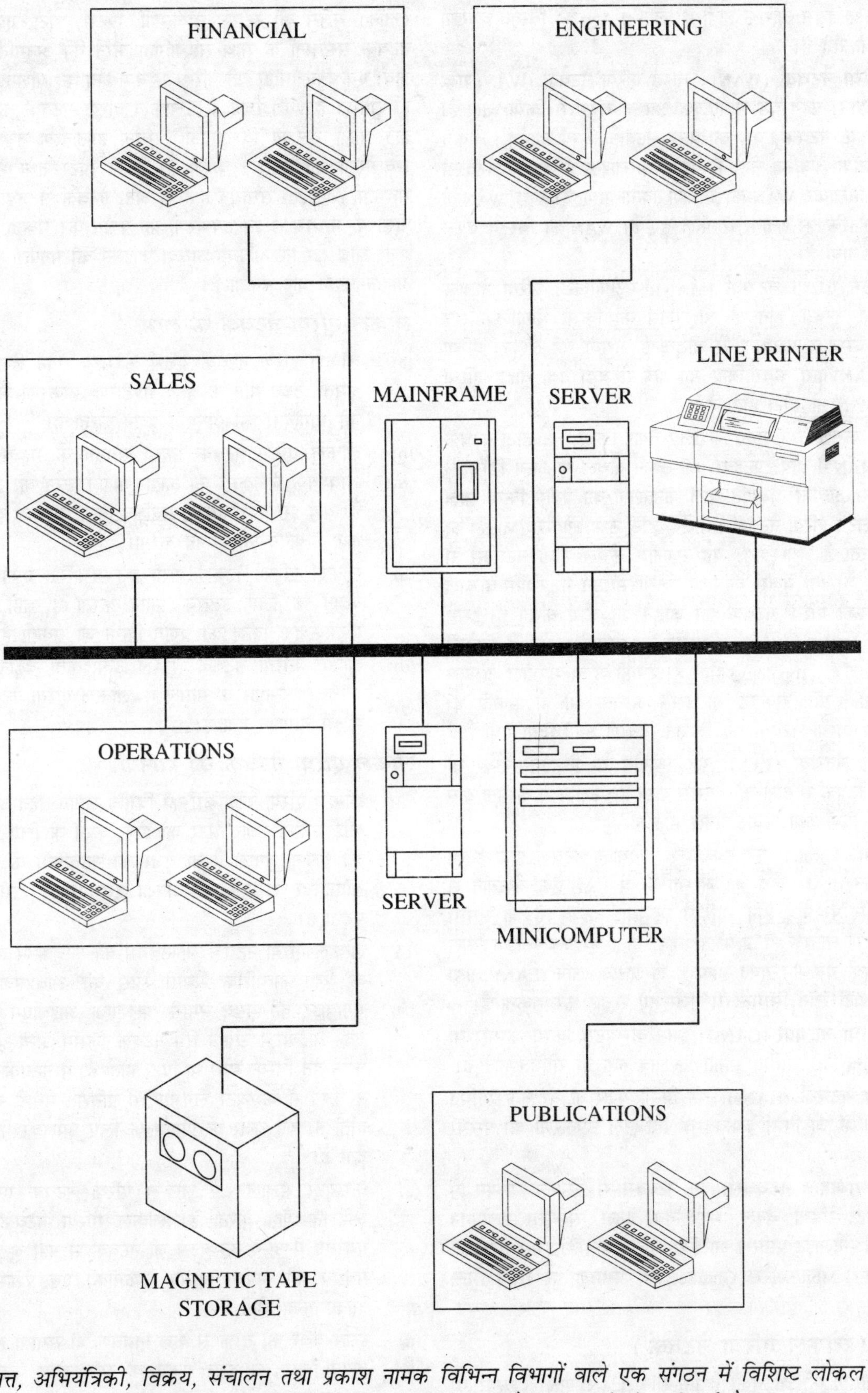

चित्र 4.1: वित्त, अभियंत्रिकी, विक्रय, संचालन तथा प्रकाश नामक विभिन्न विभागों वाले एक संगठन में विशिष्ट लोकल एरिया नेटवर्क प्रणाली, जो शेयर्ड स्टोरेज डिवाइस तथा प्रिंटर जैसे उपकरणों से जुड़ी हुई है।

उपलब्धता की व्यवस्था करता है। इसकी आँकड़ों की प्रेषण दर 100 mbits/sec. या इससे अधिक होती है। लॉन (LAN) की विस्तृत व्याख्या आगे दी जा रही है।

- **वाइड एरिया नेटवर्क (WAN) :** वाइड एरिया नेटवर्क (WAN) शब्द का प्रयोग प्राय: बहुत बड़े भौगोलिक क्षेत्र के संदर्भ में किया जाता है। पब्लिक पैकेट नेटवर्क, बड़े कारपोरेट नेटवर्क, सैन्य नेटवर्क, बैंकिंग नेटवर्क, स्टॉक ब्रोकरेज़ नेटवर्क तथा एअरलाइन्स रिजर्वेशन नेटवर्क्स आदि को मिलाकर WAN का निर्माण किया गया है। कुछ WAN तो इतने बड़े हैं कि पूरे ग्लोब पर फैले हुए हैं। WAN का विस्तृत वर्णन आगे किया गया है।
- **मेट्रोपॉलिटन एरिया नेटवर्क (MAN):** मेट्रोपॉलिटन एरिया नेटवर्क (MAN) वह नेटवर्क होता है जो यूज़र्स को किसी भौगोलिक क्षेत्र विशेष में कम्प्यूटर संसाधनों से जोड़ता है, अथवा यह लोकल एरिया नेटवर्क (LAN) द्वारा कवर किए गए क्षेत्र से बड़ा तथा वाइड एरिया नेटवर्क (WAN) से छोटा होता है।

  यह मूलत: कस्बों तथा शहरों के लिए तैयार किया गया डाटा नेटवर्क होता है। MAN में प्राय: फाइबर ऑप्टिकल केबल या अन्य डिजिटल मीडिया जैसे अत्यन्त तीव्रगति वाले कनेक्शनों का प्रयोग किया जाता है। मेट्रोपॉलिटन एरिया नेटवर्क (MAN) डाटा तथा आवाज़ (Voice) का समर्थन करता है तथा प्राय: यह स्थानीय केबल टीवी नेटवर्क्स से संबद्ध होता है। यह यूज़र्स के लिए किसी संगठन के स्वामित्व वाले अनेकों लोकल एरिया नेटवर्क को जोड़ने का कार्य करता है। इसमें FDDI तथा DQBD जैसे अनेक प्रोटोकॉल्स समाहित होते हैं जिनकी अपनी टोपोलॉजी (Topology) होती है। उनकी उच्चतम डाटा ट्रांसफर दर 100 Mbits प्रति सेकेण्ड या इससे अधिक भी हो सकती है। मेट्रोपॉलिटन एरिया नेटवर्क का विस्तृत विवरण आगे दिया गया है।
- **वेल्यू एडेड नेटवक (VAN):** यह स्थानीय या निशुल्क नम्बर के माध्यम से नेटवर्क सेवाओं को एक्सेस करने हेतु टेलीफोन कम्पनी द्वारा ग्राहकों को दिया गया संचार चैनल होता है।
- **बैकबोन (Backbone):** यह एक उच्च गतिवाला नेटवर्क होता है ज़ो विभिन्न लॉन (LAN) खंड को जोड़ता है। ये LAN एक बैकबोन से आंतरिक तौर पर जुड़े होने चाहिए। यह वह नेटवर्क है जो समस्त लोकल एरिया नेटवर्क से प्रत्यक्षत: जुड़ा होता है। जब कोई लोकल एरिया नेटवर्क बैकबोन युक्त होता है तो प्रत्येक लॉन (LAN) जोड़ा बिना थर्ड पार्टी लॉन सिग्मेन्ट से गुजरे हुए संचार कर सकता है।
- **कैम्पस एरिया नेटवर्क (CANs):** इसमें कम्प्यूटर्स किसी कैम्पस या सैनिक छावनी जैसे सीमित भौगोलिक क्षेत्र तक ही सीमित होते हैं।
- **होम एरिया नेटवर्क (HANs):** यह किसी यूज़र के घर तक सीमित नेटवर्क होता है जो किसी व्यक्ति के डिजिटल उपकरणों को परस्पर जोड़ता है।
- **वायरलैस/मोबाइल नेटवर्क्स:** इन नेटवर्क्स में प्रसारण माध्यम में इन्फ्रारेडलाइट, रेडियो चैनल, माइक्रोवेब चैनल, सेल्यूलर टेलीफोन प्रणाली तथा सेटेलाइट प्रसारण आदि सम्मिलित होते हैं। इसमें सेटेलाइट प्रसारण हेतु 1 Mbit/Sec से Gbit/Sec तक प्रसारण दरें भिन्न-भिन्न होती हैं।

4.1.3 LAN (लोकल एरिया नेटवर्क)

जैसा कि पहले व्याख्या की जा चुकी है कि लॉन (LAN) एक ही कमरे में, एक ही मंजिल पर या एक ही इमारत में स्थित कम्प्यूटर्स का एक समूह होता है जो एकल कम्प्यूटर नेटवर्क से जुड़ा होता है। लोकल एरिया नेटवर्क (लॉन) यूजर्स को स्टोरेज उपकरणों, प्रिंटर्स, डाटा, एप्लीकेशन तथा अन्य नेटवर्क संसाधनों के साथ सहभागिता करने की अनुमति प्रदान करता है। ये प्राय: एक किलोमीटर की परिधि से कम क्षेत्र के विशिष्ट भौगोलिक क्षेत्र तक ही सीमित होते हैं। चित्र 4.1 लोकल एरिया नेटवर्क के संचालन में प्रयुक्त होने वाली मूलभूत विशेषताओं, सूचना हस्तांतरण तथा सहभागी उपकरण अवधारणा को प्रदर्शित करता है। लाइन प्रिंटर तथा मैग्नेटिक टेप स्टोरेज सहभागी (shared) संसाधन होते हैं। अत: नेटवर्क से जुड़ा हुआ कोई भी यूज़र पीसी के माध्यम से इन उपकरणों का प्रयोग कर सकता है। कुछ नेटवर्क्स में यूज़र सीधे तौर पर आँकड़ों अथवा फाइल्स का मेनफ्रेम या मिनी कम्प्यूटर से आदान-प्रदान कर सकता है।

लोकल एरिया नेटवर्क के लाभ

(a) लोकल एरिया नेटवर्क यूज़र्स के मध्य रंगीन लेज़र प्रिंटर्स तथा उच्च क्षमता, उच्च गति के वृहद भण्डारण उपकरणों जैसे खर्चीले संसाधनों की भागीदारी की अनुमति प्रदान करता है।

(b) लोकल एरिया नेटवर्क किसी संगठन के महत्वपूर्ण लोगों के बीच आवश्यक जानकारी का आदान-प्रदान करने की अनुमति प्रदान करता है। यदि इस को विधिवत प्रबंधित किया जाये तो यह अत्यधिक क्षमता तथा उत्पादन को प्रोन्नत करेगा।

(c) लोकल एरिया नेटवर्क पीसी हेतु संभावित एप्लीकेशंस की श्रृंखला बढ़ाने के लिए उत्प्रेरक प्रदान करता है जहाँ यूजर्स द्वारा किसी एप्लीकेशन पैकेज का प्रयोग किया जा सकता है।

(d) लोकल एरिया नेटवर्क (LAN) उत्पादकता बढ़ाने में सहयोग प्रदान करता है। व्यापार के मामले में, लोकल एरिया नेटवर्क बढ़े हुए मुनाफे में भी योगदान देता है।

लोकल एरिया नेटवर्क की हानियाँ

(a) लोकल एरिया नेटवर्किंग की वित्तीय लागत बहुत अधिक होती है। यदि कोई व्यक्ति लेजर प्रिंटर को शेयर करने के लिए नेटवर्क प्रयोग करने की योजना बनाता है तो यूजर को नेटवर्किंग के लिए हार्डवेयर तथा सॉफ्टवेयर खरीदने की अपेक्षा दूसरा प्रिंटर खरीदना अधिक सस्ता पड़ता है।

(b) लोकल एरिया नेटवर्क सॉफ्टवेयर्स को नेटवर्क में लगे प्रत्येक कम्प्यूटर के लिए अत्यधिक मेमोरी स्पेस की आवश्यकता होती है। 256 मेगाबाइट की मुख्य मेमोरी वाले एक आईबीएम पीसी कम्प्यूटर हेतु एक आईबीएम टोकन रिंग नेटवर्क जिसमें अन्य यूजर्स के लिए शेयर करने हेतु डिस्क स्पेस या प्रिंटर होता है, में नेटवर्क इंटरफेस का प्रबन्ध न करने में कम्प्यूटर लगभग 10 प्रतिशत मेमोरी की ही आवश्यकता होती है। यह यूजर के प्रोग्राम के लिए उपलब्ध मेमोरी स्पेस को घटा देता है।

(c) कम्प्यूटर संचालन में लोकल एरिया नेटवर्क एक अन्य स्तर की जटिलता पैदा करता है। लोकल एरिया नेटवर्क के स्थापन तथा प्रबन्धन में अन्य कम्प्यूटर्स जो नेटवर्क से नहीं जुड़े हैं के स्थापन एवं प्रबंधन की अपेक्षा अधिक तकनीकी एवं प्रशासनिक कौशल की आवश्यकता होती है।

(d) इसमें यूजर की तरफ से कुछ नियंत्रण भी समाप्त हो जाता है। आपको अपने प्रिंटर को दूसरे यूजर्स के साथ शेयर करना पड़ सकता है। आपको कुछ ऐसी स्थिति का सामना भी करना पड़ सकता है,

उदाहरणार्थ किसी एक यूजर की गलती की वजह से पूरा नेटवर्क ठप्प हो जाता है।

(e) यदि किन्हीं गोपनीय आँकड़ों की सुरक्षा करना अति महत्वपूर्ण हो तो कुछ सुरक्षा प्रणाली अवश्य लगायी जानी चाहिए।

(f) RDBMS तथा Expert Systems जैसे ज्यादा मेमोरी प्रयोग करने वाले प्रोग्राम मेमोरी की जरूरत की वजह से नेटवर्किंग के लिए असुरक्षित होते हैं।

लोकल एरिया नेटवर्क (LANs) की विशेषताएं

लोकल एरिया नेटवर्क संचार प्रणालियों का विशिष्टीकृत रूप होता है। LAN की तीन प्राथमिक विशेषताएं होती हैं जो टेलनेट, टाइमनेट (Tymnet), कम्प्यूसर्व तथा पब्लिक-स्विच्ड टेलीफोन नेटवर्क (PSTN) जैसे वाइड एरिया नेटवर्क (WAN) से इसे अलग करती हैं। ये विशेषताएं निम्नलिखित हैं:

(a) लोकल एरिया नेटवर्क एक निषिद्ध भौगोलिक क्षेत्र में कार्य करता है।

(b) वर्तमान समय में जो वाइड एरिया नेटवर्क (WAN) प्रचलन में है उससे तुलना करने पर हम पाते हैं कि लोकल एरिया नेटवर्क अपेक्षाकृत अधिक तीव्रगति से संचालित होता है। LAN की डाटा ट्रांसफर दर 80 लाख बाइट (80 Mbps) प्रति सेकेण्ड तक हो सकती है।

(c) लोकल एरिया नेटवर्क पूर्णत: निजी स्वामित्व वाले होते हैं जिनमें कोई भी टैरिफ या अन्य नियामक नियंत्रण नहीं होता है।

4.1.4 मेट्रोपॉलिटन एरिया नेटवर्क (MAN)

मेट्रोपॉलिटन एरिया नेटवर्क (MAN) वह नेटवर्क होता है जो किसी भौगोलिक क्षेत्र में यूजर्स को कम्प्यूटर संसाधनों से जोड़ता है अथवा लोकल एरिया नेटवर्क द्वारा कवर किए गए विशाल क्षेत्र से अधिक तथा वाइड एरिया नेटवर्क द्वारा कवर किए गए क्षेत्र से कम क्षेत्र को कवर करता है। यह शब्द प्राय: किसी शहर के एकल नेटवर्क से जुड़े नेटवर्क्स के संदर्भ में लागू होता है तथा यह बैकबोन लाइनों से सेतु बनाते हुए अनेक लोकल एरिया नेटवर्क के आंतरिक कनेक्शनों के लिए भी प्रयुक्त होता है।

☞ मान (MAN) नेटवर्क्स पूरे शहर में फैले होते हैं। उदाहरणार्थ- केवल टीवी नेटवर्क पूरे शहर में फैला होता है।

इसकी तीन महत्वपूर्ण विशेषताएं होती हैं जो इसको LAN तथा WAN से अलग करती हैं।

1. नेटवर्क का आकार LAN तथा WAN के आकार के बीच का होता है। MAN लगभग 5 से 50 किमी. परिधि के क्षेत्र को ही कवर करता है। MAN लगभग पूरे शहर को कवर करता है किन्तु कुछ मामलों में कुछ इमारतों के समूह जितना छोटा या नई दिल्ली जितना बड़ा हो सकता है।

2. MAN (WAN की भाँति) पर सामान्यत: किसी एक संगठन का अधिकार नहीं होता है, MAN के संचार स्रोत तथा उपकरणों का स्वामित्व या तो यूजर्स के संगठन के पास होता है या फिर एक नेटवर्क प्रदाता जो यूजर्स को सेवाएं प्रदान करता है, के पास होता है। इस स्तर की सेवा प्रत्येक यूजर को प्रदान की जाती है जिसे MAN संचालक के साथ बातचीत से अवश्य तय कर लेनी चाहिए।

3. प्रान्तीय संसाधनों (एक बड़े LAN के समतुल्य) की सहभागिता की अनुमति प्रदान करने हेतु MAN प्राय: उच्चगति वाले नेटवर्क के रूप में कार्य करता है। यह WAN के स्रोत का प्रयोग करने वाले अन्य नेटवर्क्स को सहभागिता प्रदान करने के लिए बहुधा प्रयोग किया जाता है। किसी MAN का विशिष्ट प्रयोग वाइड एरिया नेटवर्क को ऐक्सेस करने के लिए सहभागिता प्रदान करता है, जैसा कि चित्र 4.2 में दिखाया गया है।

MAN वह नेटवर्क होता है जो विविध इमारतों में प्रयोग किया जाता है। MAN लोकल एरिया नेटवर्क (LAN) जितना बड़ा नहीं होता। यह आमतौर पर स्कूल कैम्पस, बड़े विश्वविद्यालयों तथा अनेक इमारतों वाली बड़ी कम्पनियों में प्रयोग किया जाता है।

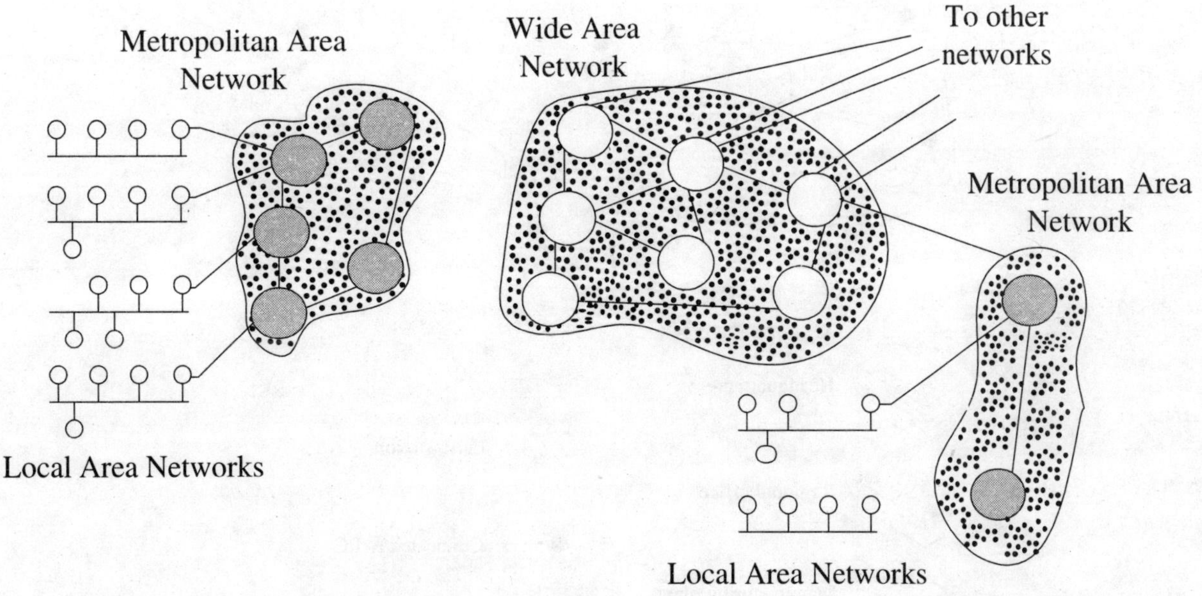

चित्र 4.2: MAN का प्रयोग रीजनल नेटवर्क्स प्रदान करने के लिए होता है जो WAN को ऐक्सेस करने का खर्च वहन करता है।

4.1.5 वाइड एरिया नेटवर्क (WAN)

WAN (वाइड एरिया नेटवर्क) वह डिज़िटल संचार प्रणाली होती है जो विभिन्न साइटों (Sites), कम्प्यूटर स्थापनाओं तथा यूजर टर्मिनलों को आंतरिक रूप से जोड़ती है। यह LAN को परस्पर संचार के योग्य बना सकता है। इस प्रकार का नेटवर्क देश स्तर पर विश्व स्तर पर संचालन के लिए विकसित किया जा सकता है। WAN में प्रयोग किए जाने वाले संचार माध्यम सामान्यत: पब्लिक सिस्टम होते हैं यथा टेलीफोन लाइनें, माइक्रोवेव लिंक तथा सेटेलाइट लिंक आदि।

☞ WAN का प्रयोग LAN को आंतरिक रूप से जोड़ने के लिए किया जाता है जो एक देश के विपरीत दिशा में भी हो सकता है अथवा पृथ्वी के ग्लोब के चारों ओर भी स्थित हो सकता है।

वाइड एरिया नेटवर्क (WAN) end users के लिए विश्वसनीय तथा उच्च गुणवत्ता वाली सेवाएं सुनिश्चित करने के लिए बैकबोन का निर्माण डाटा रूटिंग तथा समस्या निर्धारण वाली सतत त्रुटि खोज तथा त्रुटि सुधार तकनीकों को एकजुट करता है। वाइडएरिया नेटवर्क साधारण वाइस ग्रेड टेलीफोन लाइनों की 19.200bps से अधिक उच्च गति पर संचालित होता है।

चित्र 4.3 उस वाइड एरिया नेटवर्क को प्रदर्शित करता है जिसे एक बड़ी कम्पनी अपने क्षेत्रीय कम्प्यूटरों को जोड़ने के लिए प्रयोग कर सकती है। इस उदाहरण में निर्माण, वितरण और लेखा जैसे विभिन्न केन्द्र राष्ट्रीय मुख्यालयों से जुड़े हुए हैं जो संचार के उद्देश्य से हैं। अधिकांश WAN काफी जटिल होते हैं तथा LAN की तुलना में अनेक यूजर्स तथा अनेक सेवाएं प्रदान करते हैं।

वाइड एरिया नेटवर्क्स (WANs) विशेष रूप से बनाई गई टेलीफोन लाइनों, माइक्रोवेव संचारों अथवा सेटेलाइट डाटा प्रसारण आदि का प्रयोग करते हुए विशेष रूप से तैयार किए जाते हैं।

वाइड एरिया नेटवर्क्स पर निष्पादित किए जा सकने वाले कार्य निम्न लिखित हैं:

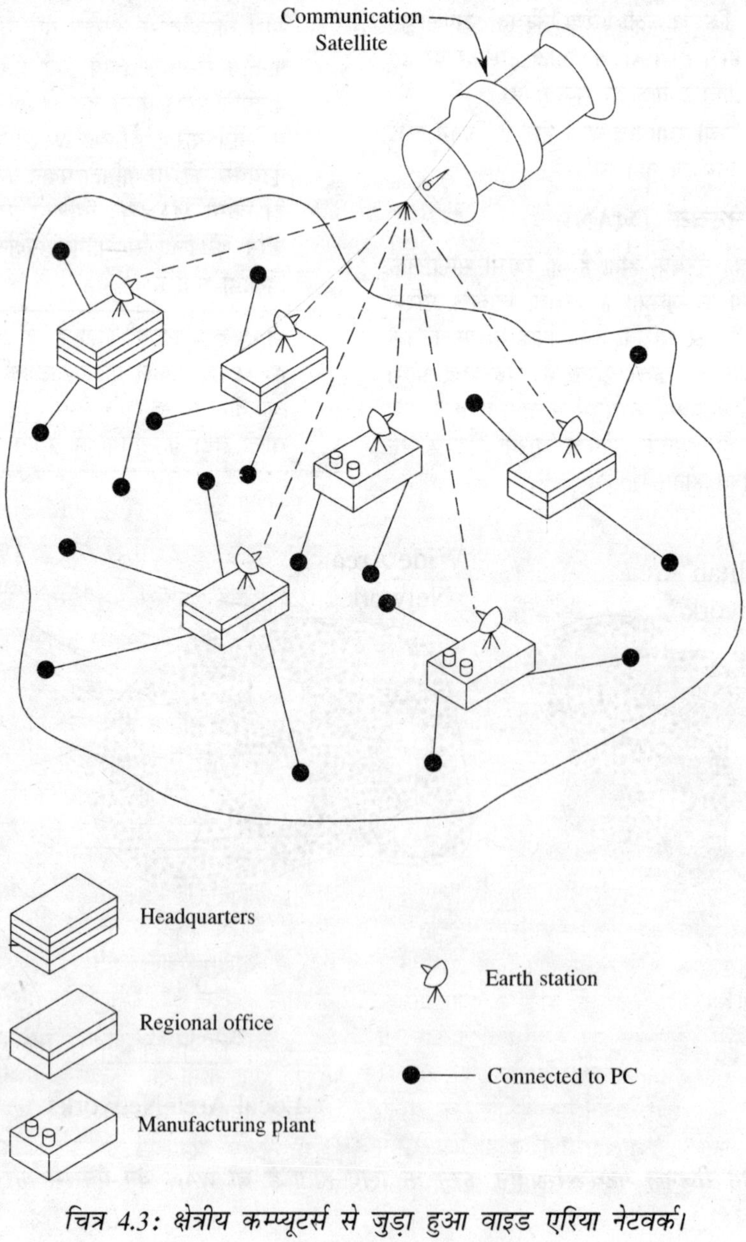

चित्र 4.3: क्षेत्रीय कम्प्यूटर्स से जुड़ा हुआ वाइड एरिया नेटवर्क।

रिमोट डाटा एंट्री (Remote Data Entry)

इसमें WAN का प्रयोग करके विक्रय केन्द्रों पर ही विक्रय तथा हस्तांतरणों के आँकड़ों की प्रविष्ट सम्भव होती है। इसमें इन आँकड़ों को रिपोर्टिंग तथा प्रोसेसिंग के उद्देश्य से केन्द्रीकृत करना भी सम्भव होता है। उदाहरणार्थ, अग्रणी देशों में WAN से जुड़े सुपरबाजार सभी आँकड़ों को अपने दूरस्थ बिक्री केन्द्रों से भेज सकते हैं और केन्द्रीय क्रय तथा वितरण केन्द्र दिन-प्रतिदिन के आधार पर इन आँकड़ों की निगरानी कर सकते हैं। केन्दीय वितरण केन्द्र उसके बाद तदनुसार इन शाखाओं से प्राप्त आँकड़ों के आधार पर विभिन्न सुपरबाजार केन्द्रों को जरूरी वस्तुओं की आपूर्ति करते हैं। यह सभी शाखाओं पर नियंत्रण स्थापित करने तथा विभिन्न शाखाओं को सभी वस्तुओं की समयानुसार आपूर्ति करने में मदद करता है।

इसी प्रकार कॉलेजों तथा विश्वविद्यालयों में दूरस्थ जॉब प्रविष्टि शिक्षकों तथा विद्यार्थियों को केन्द्रीय कम्प्यूटर पर अपने कार्यक्रम लिखने तथा उन्हें क्रियान्वित करने के योग्य बनाता है। उदाहरणार्थ सभी IIT वाइड एरिया नेटवर्क के जरिए ही जुड़े हैं ताकि शोध कार्यों को लागू किया जा सके क्योंकि एक आईआईटी में विकसित किया गया प्रोग्राम दूसरी आईआईटी के विद्यार्थियों द्वारा ऑनलाइन प्रयोग किया जा सकता है तथा इन प्रयासों की नकल होने से इन्हें बचाया जा सकता है। ये न केवल कार्यकुशलता लाती है बल्कि प्रयासों को भी कम खर्चीला बनाती है।

केन्द्रीयकृत सूचना (Centralizing Information)

इसमें प्रादेशिक तथा राष्ट्रीय सूचना को किसी व्यापार हेतु केन्द्रीकृत करना प्राय: सुविधाजनक होता है। उदाहरणार्थ आटोपार्ट्स डीलर्स को वस्तुमद सूची की केन्द्रीयकृत फाइल का प्रयोग करके मदद की जा सकती है। वाइड एरिया नेटवर्क ऐसे डीलर्स को केन्द्रीयकृत डाटाबेस से जानाकारी प्राप्त करने के योग्य बनाता है।

संचारों को सुविधाएं मुहैया कराना (Facilitating Communications)

अग्रणी देशों में कारपोरेशंस लिखित दस्तावेजों की कीमत बचाने हेतु पत्र लेखन तथा लम्बी दूरभाष वार्तालाप से बचने तथा कर्मचारियों के संचारों को सुविधाएं मुहैया कराने की दृष्टि से WAN का प्रयोग करते हैं। इसी प्रकार कम्प्यूटर कांफ्रेंसिंग जिसमें यूजर्स कम्प्यूटर की मदद से एक दूसरे से बातचीत कर सकते हैं, यह वाइड एरिया नेटवर्क का अन्य कार्य है।

4.1.6 वाइड एरिया नेटवर्क (WAN) के प्रकार

मुख्य रूप से WAN दो प्रकार के होते हैं:

(a) पदानुक्रमिक नेटवर्क्स

(b) डिस्ट्रीब्यूटेड-डाटाप्रोसेसिंग नेटवर्क्स

पदानुक्रमिक नेटवर्क्स (Hierarchical Networks)

अनेक WAN कम्प्यूटर्स एक पदानुक्रम में कन्फीगर होते हैं और इसीलिए इसे पदानुक्रमिक (Hierarchical) नेटवर्क्स कहा जाता है। इसका मूल विचार यह है कि स्थानीय छोटे कम्प्यूटर्स क्षेत्रीय तथा मेनफ्रेम कम्प्यूटर्स के चारों ओर एक समूह बना लें और यही क्रिया किसी संस्थान के चार्ट के पदानुक्रमिक संबंध के समरूप बनती है। पदानुक्रमिक नेटवर्क का सर्वाधिक शक्तिशाली कम्प्यूटर एक बड़ा मेनफ्रेम कम्प्यूटर होता है और इसमें प्राय: फ्रंट एंड प्रोसेसर का प्रयोग इनपुट/आउटपुट, आँकड़ों का आदान-प्रदान तथा प्रणाली के सुरक्षा कार्य को पूरा करने के लिए किया जाता है तथा यह अपेक्षित डाटा प्रोसेसिंग कार्य को करने के लिए बैक एंड प्रोसेसर को पुष्ट करता है।

डिस्ट्रीब्यूटेड डाटा-प्रोसेसिंग नेटवर्क्स

डिस्ट्रीब्यूटेड डाटा-प्रोसेसिंग नेटवर्क्स कम्प्यूटर्स या टर्मिनलों को स्थानीय अथवा क्षेत्रीय साइटों पर रखे जाते हैं जिसके द्वारा वे इन जगहों को कम्प्यूटर शक्ति (उदाहरणार्थ- मेनफ्रेम कम्प्यूटर संसाधनों को ऐक्सेस करने हेतु) प्रदान करता हैं। डिस्ट्रीब्यूटेड डाटा-प्रोसेसिंग प्रणाली बहुत दूर-दूर बैठे अनेक यूजर्स को अनेक हार्डवेयर तथा महत्वपूर्ण सॉफ्टवेयर संसाधनों की भागीदारी के योग्य बनाता है। चित्र 4.4 विशिष्ट डिस्ट्रीब्यूटेड स्टार टोपोलॉजी नेटवर्क को प्रदर्शित करता है।

डिस्ट्रीब्यूटेड डाटा प्रोसेसिंग प्रणाली के लाभ

डिस्ट्रीब्यूटेड डाटा प्रोसेसिंग प्रणाली केन्द्रीयकृत तथा विखंडित दोनों ही प्रणालियों के लाभ प्राप्त करने का प्रयत्न करती है। विखंडित प्रणाली की भांति ही प्रत्येक कम्प्यूटर को डाटा प्रोसेस के लिए प्रयोग किया जा सकता है। इसके अतिरिक्त एक स्थान पर लगा हुआ कम्प्यूटर दूसरी जगहों पर लगे हुए कम्प्यूटर्स को डाटा भेज सकता है तथा जॉब प्रोसेस कर सकता है।

लचीलापन (Flexibility): यह जहाँ पर जरूरत हो वहाँ वास्तविक तथा पूर्ण कम्प्यूटर शक्ति को लगाने में लचीलेपन के अनुमति प्रदान करता है।

संसाधनों का बेहतर उपयोग: एंड यूजर्स को कम्प्यूटर संसाधन आसानो से उपलब्ध हो जाते हैं। उदाहरणार्थ, यूजर्स छोटे जॉब के लिए छोटे अथवा माइक्रोकम्प्यूटर्स का प्रयोग कर सकते हैं। हालांकि जटिल जॉब कार्यो के लिए वे आसानी से बड़े नाजुक कम्प्यूटर प्रणालियों को ऐक्सेस कर सकते हैं। यह बात भास स्टोरेज डिवाइस, प्लॉटर्स, कलर प्रिंटर्स, डाटाबेस एप्लीकेशन्स प्रोग्रामों की भाँति अन्य संसाधनों के लिए भी सत्य है।

बेहतर एक्सेसिबिलिटी: जहाँ पर दूरी एक बड़ा कारक होती है वहाँ आँकड़ों तथा सूचना के लिए यह द्रुत एवं त्वरित एक्सेस की सुविधा प्रदान करता है।

संचार हेतु न्यूनतम कीमत: दूरस्थ केन्द्रीय मेनफ्रेम कम्प्यूटर्स की अपेक्षा ऑनसाइट मिनी एवं माइक्रो-कम्प्यूटर्स द्वारा जब अत्यधिक स्थानीय प्रोसेसिंग की जाती है तो दूरसंचार की कीमतें कम हो सकती हैं।

डिस्ट्रीब्यूटेड डाटा प्रोसेसिंग की हानियाँ

इसमें यूजर्स के प्रोग्राम की गोपनीयता बनाए रखने की दृष्टि से सुरक्षा नियंत्रणों की कमी है। साथ ही आंकड़े जो ऑनलाइन स्टोर होते हैं तथा सम्पूर्ण नेटवर्क चैनलों पर प्रसारित होते हैं, की सुरक्षा की भी कमी होती है।

☞ डाटा कम्यूनिकेशन लाइन को टैप (Tap) करना आसान होता है। इसमें डाटा कम्यूनिकेशन लाइनों की गोपनीयता तथा सुरक्षा सुनिश्चित करने में प्रयोग की जाने वाली तकनीक एक सूचना कूटांकन होती है।

मूलत: सूचना कूटांकन एक कोडिंग उपकरण होता है जो डाटा कम्यूनिकेशन लाइनों के किसी भी सिरे में लगाया जाता है यह डाटा का अत्यन्त जटिल कोड रखता है। कोड को तोड़ना वास्तव में अत्यन्त कठिन होता है। डाटा कम्यूनिकेशन लाइन के प्राप्ति छोर पर सिग्नल को अर्थपूर्ण संदेश में बदलने के लिए एक सूचना कूटांकन उपकरण लगाया जाता है।

विभिन्न प्रणालियों की संबद्धता: उपयुक्त कम्प्यूटिंग/कम्यूनिकेशन्स मानकों की कमी की वजह से सुचारु नेटवर्किंग में विभिन्न वेण्डर्स द्वारा उत्पादित विभिन्न उपकरणों को जोड़ना संभव नहीं हो पाता है। अत: किसी नेटवर्क के यूजर्स के लिए अनेक अच्छे संसाधन उपलब्ध नहीं हो पाते हैं।

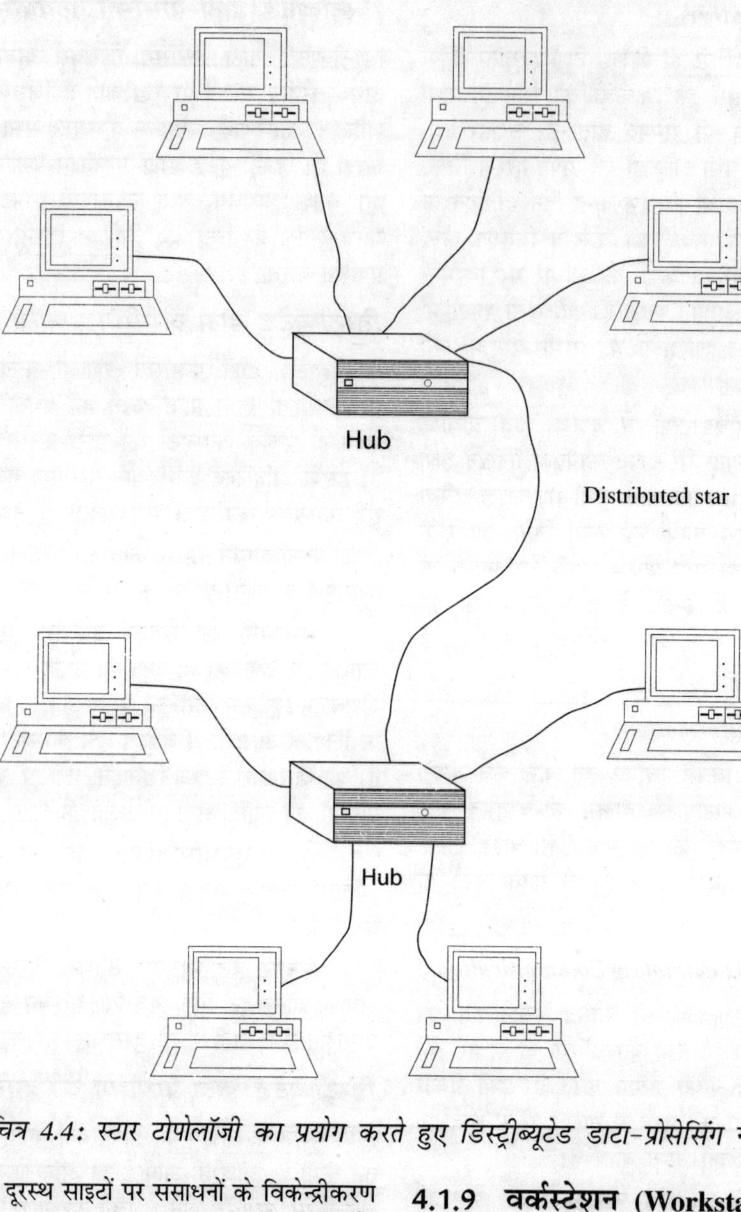

चित्र 4.4: स्टार टोपोलॉजी का प्रयोग करते हुए डिस्ट्रीब्यूटेड डाटा-प्रोसेसिंग नेटवर्क।

रख-रखाव की कठिनाई: दूरस्थ साइटों पर संसाधनों के विकेन्द्रीकरण के कारण मुख्य नियंत्रण बिन्दु से इसका प्रबन्धन करना मुश्किल होता है। जिसके परिणाम स्वरूप प्रणाली के विधिवत रखरखाव हेतु विभिन्न साइटों के विशेषज्ञों कुशल कम्प्यूटर्स की अनुपलब्धता, खराब डाक्यूमेंटेशन तथा जटिलता बढ़ जाती है।

4.1.7 नोड (Nodes)

पीसी और सर्वर को नेटवर्क डिवाइस या नेटवर्क नोड के नाम से जाना जाता है। सामान्यत: एक डिवाइस या नोड सीधे तौर पर नेटवर्क केबल या डाटा पाथ से जुड़ा होता है।

4.1.8 होस्ट (Host)

होस्ट शब्द प्राय: किसी नेटवर्क डिवाइस से जुड़े माइक्रोकम्प्यूटर के संदर्भ में प्रयुक्त होता है। यह किसी वर्कस्टेशन पर आदर्श संचालन प्रणाली के बारे में भी प्रयोग किया जाता है। आईबीएम में नेटवर्क से जुड़े पीसी को सर्वर का होस्ट भी कहा जा सकता है।

4.1.9 वर्कस्टेशन (Workstation)

किसी नेटवर्क पर नोड के रूप में एक शक्तिशाली पीसी वर्कस्टेशन होता है जो प्राथमिक तौर पर एप्लीकेशन प्रोग्राम को चलाने के लिए प्रयोग किया जाता है। आईबीएम टोकन-रिंग नेटवर्क में कोई भी पीसी वर्कस्टेशन के रूप में प्रयोग किया जा सकता है।

4.1.10 बैण्डविड्थ (Bandwidth)

बैण्डविड्थ शब्द का प्रयोग प्रसारण चैनल की उच्चतम व न्यूनतम फ्रीक्वेंसी के बीच के अन्तर के संदर्भ में किया जाता है। इस शब्द का प्रयोग किसी एक समय में किसी एक चैनल के माध्यम से प्रसारित हो रही सूचना के बारे में भी किया जाता है।

☞ एक चैनल वह माध्यम होता है जो किसी सूचना या डाटा को एक स्थान से दूसरे स्थान पर ले जाने के लिए प्रयुक्त होता है।

उच्च बैण्डविड्थ चैनलों को ब्राडबैण्ड कहा जाता है तथा निम्न बैण्डविड्थ चैनलों को नैरोबैण्ड चैनल या बेसबैण्ड चैनल कहा जाता है।

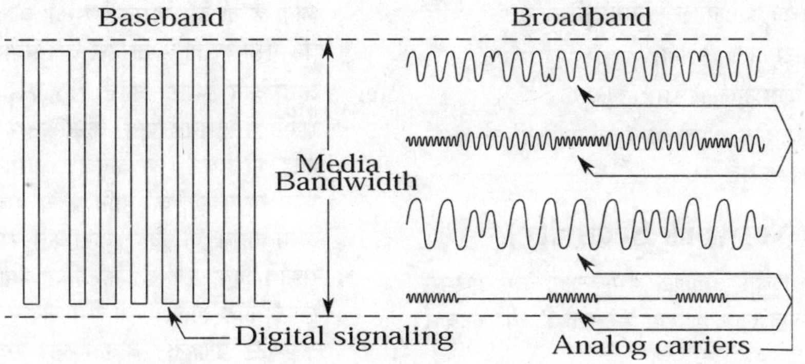

चित्र 4.5: प्रतिबंधित मीडिया में बेसबैण्ड में एकल डिजिटल चैनल तथा ब्राडबैण्ड संचार प्रणाली में अनेक चैनलों का प्रयोग करते हुए बेसबैण्ड तथा ब्राडबैण्ड प्रसारण।

बेसबैण्ड (Baseband)

ये प्रसारण किसी एक चैनल हेतु सम्पूर्ण मीडिया बैण्डविड्थ का प्रयोग करते हैं। अधिकांश लोकल एरिया नेटवर्क बेसबैण्ड सिग्नलों का प्रयोग करते हैं। (देखें चित्र 4.5)

ब्राडबैण्ड (Broadbank)

ये प्रसारण सम्पूर्ण मीडिया बैण्डविड्थ को विविध चैनलों में विभाजित करने की योग्यता प्रदान करते हैं। प्रत्येक चैनल द्वारा विभिन्न एनॉलॉग सिग्नल या डिजिटल सिग्नल वहन कर सकने की वजह से, ब्राडबैण्ड नेटवर्क्स एकल प्रसारण माध्यम पर विविध क्रमागत वार्तालाप को मजबूती प्रदान करते हैं।

4.1.11 अन्तरसंचालनीयता (Interoperability)

इसमें विभिन्न क्रियाशील इकाइयों में संचार, प्रोग्राम का निष्पादन या आँकड़ों के स्थानान्तरण की क्षमता होती है, जिसमें यूजर्स को उन इकाइयों के विशिष्ट लक्षणों की जानकारी थोड़ी-बहुत होने की जरूरत पड़ती है।

4.2 नेटवर्क एडमिनिस्ट्रेटर

नेटवर्क एडमिनिस्ट्रेटर वह व्यक्ति होता है जो नेटवर्क के प्रयोग और रख-रखाव का प्रबन्ध करता है।

नेटवर्क प्रबन्धन व्यापक स्तर पर कम्प्यूटर नेटवर्क्स तथा उच्च स्तरीय दूरसंचार नेटवर्क्स के प्रशासन तथा रखरखाव के संदर्भ में प्रयुक्त होता है।

नेटवर्क प्रबंधन, किसी नेटवर्क के संसाधनों की देखरेख तथा नियंत्रण, प्लानिंग, ऐलोकेटिंग, डिप्लॉइंग, कोआर्डिनेटिंग हेतु जरूरत पड़ने वाले कार्यों का क्रियान्वयन होता है। इसके अन्तर्गत निम्नलिखित कार्य किये जाते हैं:

(a) शुरुआती नेटवर्क प्लानिंग
(b) फ्रीक्वेंसी निर्धारण, लोड संतुलित करने हेतु पूर्वनिर्धारित ट्रैफिक रूटिंग
(c) क्रिप्टोग्राफिक मुख्य वितरण प्राधिकरण
(d) कन्फिग्रेशन प्रबंधन
(e) त्रुटि प्रबन्धन
(f) सुरक्षा प्रबंधन
(g) कार्यकुशलता प्रबंधन
(h) बैण्डविड्थ प्रबंधन
(i) लेखा प्रबंधन

नेटवर्क तथा नेटवर्क उपकरण प्रबंधन हेतु बड़ी संख्या में प्रोटोकॉल्स मौजूद होते हैं जिसमें कुछ प्रमुख प्रोटोकॉल निम्नलिखित हैं:

(a) SNMP
(b) CMIP
(c) WBEM
(d) कॉमन इन्फॉर्मेशन मॉडल
(e) ट्राँजेक्शन लैंग्वेज 1
(f) जावा प्रबंधन विस्तार - JMX तथा नेटकॉन (Netcon)

नेटवर्क प्रबंधन के लिए आँकड़े (Data) इंफ्रास्ट्रक्चर पर लगे एजेन्टों, हस्तांतरण करने वाली कृत्रिम देखरेख (मॉनीटरिंग), क्रिया के लॉग तथा वास्तविक प्रयोक्ता (User) देखरेख सहित विभिन्न तंत्रों द्वारा संग्रहित किए जाते हैं।

☞ नेटवर्क प्रबन्धन में यूजर टर्मिनल उपकरणों को शामिल नहीं किया जाता है।

इसमें सॉफ्टवेयर तथा हार्डवेयर उत्पादों की अनेक किस्में मौजूद होती है जो नेटवर्क प्रबन्धन में सिस्टम एडमिनिस्ट्रेटर्स की सहायता करती हैं।

अधिकांश नेटवर्क प्रबन्धन आर्कीटेक्ट इसी प्रकार की आधारित संरचना तथा संबद्धताओं का प्रयोग करते हैं। कम्प्यूटर सिस्टम तथा अन्य नेटवर्क उपकरण जैसे अंतिम केंद्र (प्रबंधित उपकरण) वह सॉफ्टवेयर चलाते हैं जो समस्याओं को जानकर उन्हें भेजते हैं। उदाहरणार्थ, जब एक या कई निर्धारित यूजर्स की संख्या में अत्यधिक बढ़ोत्तरी हो जाती है, तो इन एलर्ट्स के प्राप्त होने पर प्रबंध तंत्र ऑपरेटर नोटीफिकेशन, ईवेंट लॉगिंग, सिस्टम शटडाउन, और सिस्टम रिपेयर सहित एक या अनेक प्रतिक्रियाओं का निष्पादन करता है।

☞ नेटवर्क प्रबंधन वह सेवा है जो नेटवर्क्स को संचालित रखने तथा मानवीय नेटवर्क प्रबंधकों के सहायतार्थ उपकरण, एप्लीकेशंस तथा विभिन्न प्रकार के उपकरण प्रदान करती है।

प्रबंध तंत्र निश्चित चीज़ों की कीमत (value) परखने के लिए अंतिम केन्द्रों (End Stations) के सर्वेक्षणों को भी स्थापित कर सकता है। ये सर्वेक्षण स्वचालित या यूजर्स द्वारा संचालित भी हो सकते हैं किन्तु इन प्रबंधित सेवाओं में एजेन्ट्स ही सभी पोल्स के लिए जवाबदेह होते हैं। ये एजेन्ट्स वो सॉफ्टवेयर होते हैं जो प्रबंधित उपकरणों के बारे में सर्वप्रथम जानकारी एकत्रित करते हैं और फिर इस जानकारी को डाटाबेस में संग्रहित करते हुए नेटवर्क प्रबंधन प्रोटोकॉल के माध्यम से इन जानकारियों को प्रबंधकीय इकाइयों को उपलब्ध कराते हैं।

कुछ सुविख्यात नेटवर्क प्रबंधन प्रोटोकाल्स निम्नलिखित हैं:

(a) सिम्पल नेटवर्क मैनेजमेंट प्रोटोकाल (SNMP)

(b) कॉमन मैनेजमेंट इंफार्मेशन प्रोटोकाल (CMIP)

(c) प्रबंधन प्रतिनिधि वे प्रतिनिधि होते हैं जो अन्य प्रतिनिधियों के वास्ते प्रबंधकीय जानकारी उपलब्ध कराते हैं।

4.3 नेटवर्क सुरक्षा (Network Security)

नेटवर्किंग प्रत्येक प्रयोक्ता को सुविधापूर्वक अगणित संभावनाओं तथा अवसरों को प्रदान करती है। लेकिन ये अगणित लाभ जोखिम भरे होते हैं और नेटवर्क सुरक्षा में अनेक जोखिम होते हैं।

नेटवर्क सुरक्षा सुनिश्चित करते समय यह अवश्य ध्यान रखना चाहिए कि डाटाबेस जैसे सूचना स्रोतों का प्रयोग केवल वैधानिक तथा प्राधिकृत प्रयोगकर्त्ता (Users) ही करें तथा नियत नियंत्रण तंत्र की भी स्थापना की जानी चाहिए जो यह सुनिश्चित करें कि उन स्रोतों का प्रयोग केवल वही प्रयोगकर्त्ता कर रहे हैं जो उसके लिए अधिकृत हैं। इस प्रकार की सुरक्षा के तहत प्राधिकृतीकरण, वैधानिकीकरण तथा स्मार्ड कार्ड तथा फायरवॉल जैसे तंत्रों को लागू किया जाना चाहिए।

नेटवर्क सुरक्षा के तहत आने वाली समस्याओं का संक्षिप्त रूप निम्नांकित है:

(a) **भौतिक सुरक्षा सेंध (Physical Security Holes):** जब कोई व्यक्ति कम्प्यूटर का अनधिकृत प्रयोग करते हुए फाइल्स से छेड़छाड़ करता है तो हैकर्स विभिन्न यूजर्स के पासवर्ड (Password) का अनुमान लगाकर नेटवर्क सिस्टम ऐक्सेस कर लेते हैं।

(b) **सॉफ्टवेयर सुरक्षा सेंध (Software Security Holes):**जब प्रयोक्ता कुलिखित प्रोग्राम या प्रचालित सॉफ्टवेयर ऐसी चीजें करते हैं जो उन्हें नहीं करनी चाहिए तब इस प्रकार की सुरक्षा सेंध देखने को मिलती है।

(c) **असंयमित प्रयोग सेंध (Inconsistent Usage Holes):** जब सिस्टम एडमिनिस्ट्रेटर सुरक्षा की दृष्टि से हानिकारक सॉफ्टवेयर तथा हार्डवेयर का संकलन करता है।

4.3.1 बचाव की विधियाँ (Protection Methods)

इस वर्ग के तहत प्राप्त होने वाली सुरक्षा खामियों को कम करने तथा उन्हें समाप्त करने हेतु अनेक सुरक्षा विधियाँ प्रयोग की जाती हैं। इन सुरक्षा विधियों की संक्षिप्त चर्चा नीचे की जा रही है:

(a) **अथराइजेशन (Authorization):** अथराइजेशन यह सुनिश्चित करता है कि सेवा प्रदाता (Service Provider) ने वेब सर्विस के लिए आवेदन करने वाले को सेवाप्रदान की है या नहीं। मूलत: प्रमाणीकरण आवेदक की पात्रता को सुनिश्चित करता है। वह यह भी निर्धारित करता है कि सेवा आवेदक संचालन निष्पादित करने के लिए अधिकृत हो। प्रमाणीकरण वैधानिक लॉगइन आईडी पूछते हुए निष्पादित किया जाता है। यदि यूजर वैधानिक लॉगइन आईडी उपलब्ध कराता है तो उसे अधिकृत यूजर माना जाता है।

(b) **अथॉन्टिकेशन (Authentication):** अथॉन्टिकेशन यह सुनिश्चित करता है कि वेब सेवा प्रयोग करने में प्रत्येक चीज मौजूद है या नहीं और आवेदक, प्रदाता तथा मध्यस्थ (यदि एक ही है) है तो क्या वह वास्तविक है। प्रमाणिकता में एन्टिटी (entity) से प्राप्त हो रही चीजें समाहित होती हैं तथा वे उन्हें किसी प्राधिकरण के विरुद्ध मान्यता प्रदान करते हैं। जब यूजर को वैध पासवर्ड प्रदान करने के लिए कहा जाता है तो इसे पासवर्ड सुरक्षा के रूप में भी माना जाता है और यदि वह ऐसा करता है तो उसे वैध प्रयोगकर्त्ता (यूजर) मान लिया जाता है।

(c) **कूटांकित स्मार्ट कार्ड (Encrypted Smart Card):** दूरस्थ लॉगइन सेशन में पासवर्ड प्राय: कूटांकित रूप में नेटवर्क पर से गुजरता है जिसे कोई भी हैकर (या क्रेकर) आसानी से रिकार्ड करके बाद में किसी डाटा या फाइल को हानि पहुँचा सकता है। इस प्रकार की गड़बड़ी को खत्म करने के लिए कूटांकित स्मार्ट कार्ड जैसी नई तकनीकों का सुझाव दिया गया है। कूटांकित स्मार्ट कार्ड हाथ में पकड़ने वाला वह स्मार्ट कार्ड होता है जो ऐसे टोकन को उत्पन्न करता है जिसे कोई भी कम्प्यूटर प्रणाली स्वीकार कर सकती है। हर बार नया तथा भिन्न टोकन उत्पन्न किया जाता है जो एक बार हैक अथवा क्रेक होने पर बाद में प्रयोग नहीं किया जा सकता है।

(d) **बायोमीट्रिक सिस्टम (Biometric System):** बायोमीट्रिक प्रणाली प्रमाणीकरण की सर्वाधिक सुरक्षित प्रणाली है। इस प्रणाली में व्यक्ति के शरीर के विशिष्ट पहलू जैसे फिंगर प्रिंट आदि सम्मिलित होते हैं। जिससे व्यक्ति की पहचान सुनिश्चित हो जाती है।

(e) **फायरवाल (Firewall):** किसी निजी नेटवर्क में अनधिकृत यूजर्स के प्रवेश को रोकने की दृष्टि से तैयार की गयी प्रणाली को फायरवाल के नाम से जाना जाता है। फायरवाल सॉफ्टवेयर तथा हार्डवेयर दोनों में लागू किए जा सकते हैं। इंटरनेट विशेपत: इन्ट्रानेट से जुड़े निजी नेटवर्क से जुड़ने वाले किसी अनधिकृत यूजर्स से बचाने के लिए प्राय: फायरवाल ही प्रयोग किए जाते हैं। इंट्रानेट में आने वाले या प्रेषित किए जाने वाले सभी संदेश फायरवाल से होकर गुजरते हैं जिनका फायरवाल परीक्षण करता है तथा विशिष्ट सुरक्षा मानकों को पूरा न कर पाने वाले संदेशों को रोक देता है।

फायरवाल तकनीकों के विभिन्न प्रकार निम्नलिखित हैं:

(a) **पैकेट फिल्टर (Packet Filter):** यह प्रणाली नेटवर्क पर आने वाले या इससे जाने वाले प्रत्येक पैकेट पर नजर रखती है तथा यूजर निर्धारित नियमों के अनुसार उन्हें स्वीकार या अस्वीकार करता है। पैकेट फिल्टरिंग यूजर्स के लिए पूर्णत पारदर्शी तथा प्रभावी होती है किन्तु इसे कन्फीगर करना उतना ही कठिन होता है।

(b) **एप्लीकेशन गेटवे (Application Gateway):** यह तकनीक एफटीपी (FTP) तथा टेलनेट सर्वर (Telnet) जैसे विशेष एप्लीकेशन को सुरक्षा प्रदान करता है।

(c) **सर्किट लेवल गेटवे (Circuit-level Gateway):** यह तकनीक किसी कनेक्शन को स्थापित करने के वक्त सुरक्षा मुहैया कराती हैं और एक कनेक्शन स्थापित हो जाने के पश्चात होस्ट्स बिना किसी जाँच के पैकेट्स का संचारण करते हैं।

(d) **प्रॉक्सी सर्वर (Proxy Server):** यह तकनीक नेटवर्क में आने वाले या नेटवर्क से जाने वाले सभी संदेशों को पकड़ती है। प्रॉक्सी सर्वर वास्तविक नेटवर्क एड्रेस को प्रभावी रूप से छिपा लेते हैं।

वस्तुत: अनेक फायरवाल दो या दो से अधिक तकनीकों को एक साथ प्रयोग में लाते हैं।

☞ किसी व्यक्तिगत सूचना को सुरक्षा प्रदान करने हेतु फायरवाल को प्रथम पंक्ति माना जाता है और बड़ी सुरक्षा हेतु आँकड़ों को कूटांकित किया जा सकता है।

4.4 नेटवर्क के अवयव (Network Components)

नेटवर्क तत्व (Element) किसी इन्टरनेटवर्क के वे अवयव होते हैं जो डाटा पैकेट्स का प्रत्यक्ष संचालन करते हैं और इस प्रकार इसके जरिए संचारित डाटा पर गुणवत्ता नियंत्रण स्थापित करने में सक्षम होते हैं। नेटवर्क अवयवों में रूटर्स (routers), सबनेटवर्क (subnetworks) तथा एंड-नोड आपरेटिंग सिस्टम आदि सम्मिलित होते हैं।

☞ अन्त:संबद्ध नेटवर्क अवयवों का समूह ही एक नेटवर्क बनाता है।

विभिन्न नेटवर्क अवयव निम्नलिखित हैं:

4.4.1 कंटनेर्स (Containers)

कंटेनर वह भौतिक पैकेज होता है जिसमें अन्य अवयव सम्मिलित होते हैं जैसे:

- **कार्ड (Card):** कार्ड किसी नेटवर्किंग उपकरण का ब्लेड अथवा भौतिक मॉड्यूल होता है।
- **चेसिस (Chasis):** चेसिस में अन्य तत्व भी जुड़े होते हैं और वे डेस्कटॉप, प्रोसेसिंग नोड, यूपीएस, डिस्क या टेप स्टोरेज जैसे कुछ परिभाषित कार्यों का संचालन करते हैं।

4.4.2 सिस्टम (Systems)

एक सिस्टम तत्वों का वह पूर्ण समूह होता है जो यूजर्स या अन्य सिस्टम्स को सेवाएं प्रदान करता है।

- **ब्रिज (Bridge):** ब्रिज प्रोटोकाल स्वतंत्र नेटवर्क अवयव होता है जो दो लेन (LAN) घटकों को जोड़ता है।
- **होस्ट (Host):** होस्ट वर्कस्टेशन या सर्वर जैसा सामान्य उद्देशीय कम्प्यूटर होता है।
- **हब (Hub):** हब एक प्रसारण घटक होता है जो विविध मौलिक घटकों को जोड़ता है। सक्रिय हब मल्टीपोर्ट रिपीटर्स होते हैं जो किसी पोर्ट या अन्य दूसरे पोर्टस पर प्राप्त संकेतों को दोहराते हैं।
- **प्रोब (Probe):** प्रोब वह प्रणाली होती है जो किसी नेटवर्क या अन्य सिस्टमों की निगरानी करती है। रिमोट मॉनीटरिंग (RMON) इसका एक उदाहरण है।
- **रूटर्स (Routers):** रूटर एक उपकरण होता है अथवा कुछ मामलों में एक सॉफ्टवेयर है जो किसी कम्प्यूटर में गंतव्य की ओर प्रेषित किए गए पैकेट के अगले नेटवर्क बिन्दु को निर्धारित करता है जिसे वास्तव में पैकेट प्रेषित किया जाना चाहिए। रूटर दो या अधिक नेटवर्क्स से जुड़ा होता है और यह तय करता है कि प्रत्येक सूचना पैकेट को किस तरीके से प्रेषित किया जाना है।
- **रूटर स्विच मॉडयूल (RSM):** यह वह रूटर होता है जो वर्चुअल लोकल एरिया नेटवर्क के बीच रूटिंग करने हेतु स्विच में एक कार्ड के रूप में लगा होता है।
- **स्विच (Switch):** स्विच वह नेटवर्क अवयव होता है जो पैकेट्स को स्विच करता है।
- **टर्मिनल सर्वर (Terminal Server):** यह एक विशिष्ट प्रणाली है जो टर्मिनलों को किसी नेटवर्क से जोड़ती है।

4.4.3 लॉजिकल डिवाइस (Logical Devices)

लॉजिकल डिवाइस किसी कम्प्यूटर प्रणाली का वह अवयव होता है जो किसी गलती के लिए जिम्मेदार हो सकता है। डीएफएम (DFM) डिजिटल फील्ड मीटर पावर सप्लाई, संसाधन तथा तापमान विकल्पों की खोज करने में लॉजिकल डिवाइस की देखरेख करते हैं।

- **फैन (Fan):** पंखा एक शीतक उपकरण है जो सिस्टम के सर्किट को ठंडा रखने के लिए चेसिस के माध्यम से चलता है। किसी भी सिस्टम में एक या इससे अधिक पंखे (Fans) लगे हो सकते हैं। डीएफएम पंखों के कार्य की देखरेख भी करते हैं कि पंखा ठीक ढंग से अपना कार्य कर रहा है अथवा नहीं।
- **टेम्परेचर सेंसर (Temperature Sensor):** टम्प्रेचर सेंसर पंखे के साथ जुड़ा होता है जो चेसिस के अन्दर के तापमान को मापता है। डीएफएम टेम्प्रेचर सेंसर के स्तर की देखरेख भी करता है कि चेसिस का तापमान सामान्य है या नहीं।
- **प्रोसेसर (Processor):** प्रोसेसर अथवा सेन्ट्रल प्रोसेसिंग यूनिट (CPU) सिस्टम के संचालन को नियंत्रित करता है। किसी सिस्टम में एक या इससे अधिक सीपीयू (CPU) लगे हो सकते हैं। डीएफएम किसी सिस्टम के प्रयोग में यदि कभी समस्या आती है तो इसके प्रयोग की निगरानी भी करता है। सीपीयू का प्रयोग उस वक्त कोई समस्या उत्पन्न नहीं करता है जब सिस्टम केवल हार्डवेयर संबंधित कार्य निष्पादित करता है।
- **मेमोरी (Memory):** मेमोरी एक वर्किंग स्पेस होता है जो किसी प्रोग्राम को रन (Run) करने तथा डाटा प्रोसेस करने (उदाहरणार्थ- रेण्डम ऐक्सेस मेमोरी (RAM)) में प्रयुक्त सिस्टम के प्रोसेसर के साथ जुड़ा होता है। डीएफएम एक प्रोसेसर की मेमोरी के साथ-साथ अन्य मेमोरी बिन्दुओं की निगरानी भी करता है जो सिस्टम को सपोर्ट करते हैं। (उदाहरणार्थ इनपुट/आउटपुट मेमोरी)।
- **विद्युत आपूर्ति (Power Supply):** विद्युत आपूर्ति किसी सिस्टम को बिजली की आपूर्ति करता है। किसी सिस्टम में एक या इससे अधिक पावर सप्लाई हो सकती हैं। डीएफएम यह भी निगरानी करता है कि सिस्टम की विद्युत आपूर्ति सुचारु रूप से चल रही है अथवा नहीं।
- **वोल्टेज सेंसर (Voltage Sensor):** वोल्टेज सेंसर विद्युत आपूर्ति में आने वाली वोल्टेज वेल्यू को मापने वाला एक उपकरण होता है।

4.4.4 नेटवर्क एडाप्टर्स (Network Adaptors)

नेटवर्क एडाप्टर किसी नेटवर्क उपकरण का भौतिक या लॉजिकल अवयव होता है जो डिवाइस को नेटवर्क से जोड़ता है। पोर्ट्स तथा इंटरफेस एडाप्टर्स के उदाहरण हैं:

- **पोर्ट (Port):** पोर्ट एक विशिष्ट स्थान होता है जहाँ पर नेटवर्क घटक का कनेक्शन जोड़ा जा सकता है। नेटवर्क एडाप्टर नेटवर्क घटक से ऐक्सेस प्राप्त करने के लिए एक पोर्ट से जुड़ा होता है। उदाहरणार्थ ईथरनेट घटक स्विच पोर्ट के एक ईथरनेट स्विच से जुड़ा होता है। किसी भी पोर्ट का MAC address तो होता है किन्तु इससे संबद्ध इसका IP address नहीं होता है।
- **इंटरफेस (Interface):** इंटरफेस किसी कनेक्टर या अन्य उपकरण से किसी डिवाइस को जोड़ने की स्थिति होती है। इंटरफेस किसी नेटवर्क का वह कनेक्शन होता है जिसमें मैक (MAC) address तथा IP

address या फिर दोनों address हो सकते हैं। उदाहरणार्थ कोई होस्ट ईथरनेट इंटरफेस का प्रयोग ईथरनेट घटक से जुड़ने के लिए करता है।

4.4.5 लॉजिकल लिंक्स (Logical Links)

लॉजिकल लिंक नोड्स के बीच कनेक्शंस का प्रतिनिधित्व करता है। नोड्स के बीच संचार का नियंत्रण नेटवर्क लेयर, जिसमें वह लिंक स्थित है, के प्रोटोकॉल नियमों द्वारा किया जाता है। उदाहरणार्थ लिंक लेयर में ईथरनेट घटक या ओएसआई (OSI) एप्लीकेशन लेयर में टेलनेट सेशन। वर्चुअल लोकल एरिया नेटवर्क (VLAN) वह लाजिकल लिंक्स होते हैं जिसका प्रबंधन डीएफएम द्वारा किया जाता है। VLAN लोकल एरिया नेटवर्क के अन्दर वह लॉजिकल लिंक्स होते हैं जिसका प्रबंधन डीएफएम द्वारा किया जाता है। VLAN लोकल एरिया नेटवर्क के अन्दर वह लॉजिकल उपसमूह होता है जिसे वायरिंग क्लोसेट में सचल केबल की अपेक्षा सॉफ्टवेयर द्वारा तैयार किया जाता है। इसमें फिजिकल लान सेगमेंट की अपेक्षा एकल इकाई में नेटवर्क घटक तथा यूजर स्टेशन सम्मिलित होते हैं।

निम्नलिखित जाँच सूची नेटवर्क के विभिन्न प्रकारों हेतु अवयवों की एक सामान्य रूपरेखा प्रस्तुत करती है:

छोटे लोकल एरिया नेटवर्क बनाने हेतु

- एनआईसी (नेटवर्क इंटरफेस कार्ड) युक्त क्लाइंट कम्प्यूटर
- सर्वर
- हब

कार्यालयों तथा विभागों को जोड़ने हेतु

- एनआईसी युक्त क्लाइंट
- सर्वर
- हब
- स्विच
- केबलिंग
- नेटवर्क OS सॉफ्टवेयर
- सहभागी इंटरनेट एक्सेस (वैकल्पिक) हेतु रूटर

बिखरी हुई ऑफिस साइट्स के जोड़ने हेतु

- एनआईसी युक्त क्लाइंट
- सर्वर
- हब
- स्विच
- सहभागी इंटरनेट एक्सेस/वॉन (WAN) कनेक्शन हेतु प्रत्येक लोकेशन पर रूटर्स
- दूरस्थ यूजर्स हेतु डायलअप एक्सेस के लिए एक्सेस सर्वर
- केबलिंग
- वाइड एरिया नेटवर्क सर्विस (ISDN/leased line)
- नेटवर्क OS सॉफ्टवेयर

4.5 क्लाइंट/सर्वर मॉडल (Client/Server Model)

क्लाइंट/सर्वर मॉडल में हस्तांतरण जिम्मेदारियों को दो भागों में बाँटा जाता है: क्लाइंट तथा सर्वर। क्लाइंट एकल यूजर वर्कस्टेशन होता है जो व्यापारिक जरूरतों के अनुरूप उपयुक्त इंटरफेस और डाटाबेस सेवाएं, उपयुक्त कम्प्यूटिंग कनेक्टिविटी तथा प्रस्तुतीकरण सेवाएं प्रदान करता है। सर्वर व्यापारिक जरूरतों के अनुरूप इंटरफेसों तथा डाटाबेस सेवाओं, और कम्प्यूटिंग तथा कनेक्टिविटी प्रदान करने वाली, सहभागी मेमोरी युक्त एकल या विविध यूजर्स प्रोसेसर होता है। क्लाइंट, फाइल स्टोरेज, प्रिंटिंग तथा प्रोसेसिंग पावर जैसी सेवाओं के लिए सर्वरों पर निर्भर होता है। मूलत: क्लाइंट एक पीसी पर चलने वाला प्रमुख सॉफ्टवेयर होता है जो यह भलीभाँति समझता है कि सर्वर के साथ किस प्रकार संचार किया जाना है। क्लाइंट/सर्वर मॉडल कार्यकुशलता भी बढ़ाता है क्योंकि क्लाइंट तथा सर्वर प्रोसेसिंग लोड को शेयर करते हैं।

☞ यूजर्स का क्लाइंट इंटरफेस जब एक या अधिक कम्प्यूटर्स पर विशिष्ट कार्य करता है तो उसे सर्वर के नाम से जाना जाता है। स्ट्रक्चर्ड क्वेरी लैंग्वेज (Structured Query Language, SQL) का प्रयोग सर्वर पर स्टोर्ड डाटा के संचालन के लिए क्लाइंट्स द्वारा किया जाता है।

4.5.1 क्लाइंट सर्वर आर्कीटेक्चर (Client Server Architecture)

लोकल एरिया नेटवर्क (LAN) में पायी जाने वाली उच्च स्तरीय सहभागी डिवाइस प्रोसेसिंग के रूप में क्लाइंट/सर्वर प्रोसेसिंग की संकल्पना का उदय

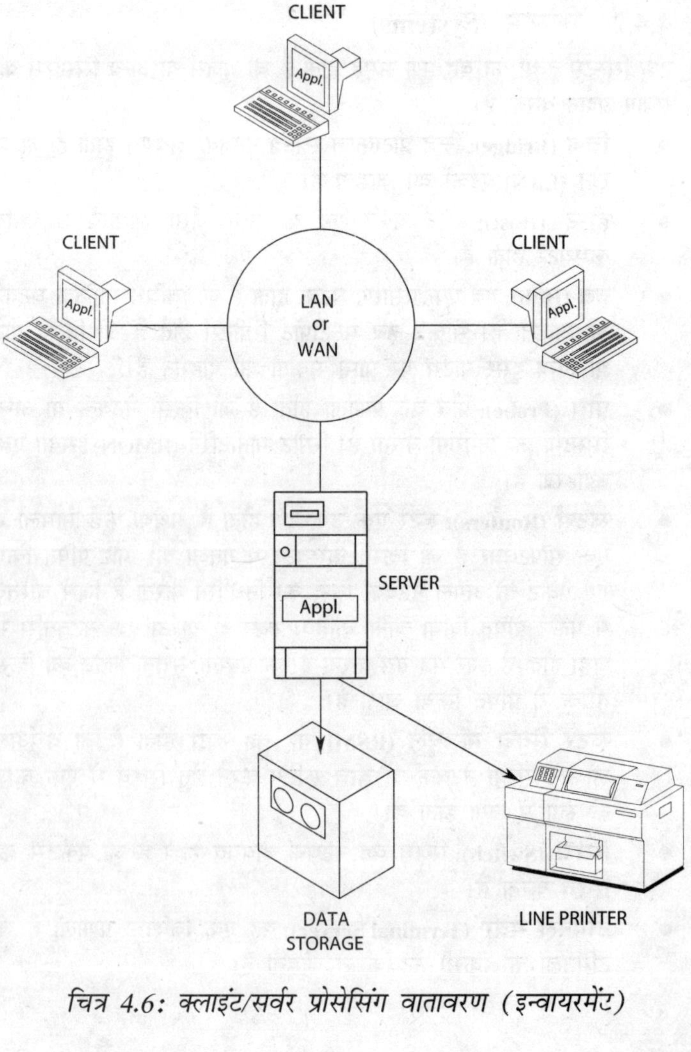

चित्र 4.6: क्लाइंट/सर्वर प्रोसेसिंग वातावरण (इन्वायरमेंट)

हुआ। शेयर्ड-डिवाइस लान (LAN) प्रोसेसिंग वातावरण में पीसी (PCs) किसी सिस्टम डिवाइस से जुड़े होते हैं जो एक सामान्य स्रोत से भागीदारी करने की उन्हें अनुमति प्रदान करते हैं यथा- हार्डडिस्क पर पड़ी कोई फाइल तथा प्रिंटर इसके उदाहरण हैं (चित्र 4.6 देखें)।

लान की शब्दावली में इस प्रकार के शेयर्ड डिवाइसों को सर्वर के नाम से जाना जाता है। इसी प्रकार लान आधारित शेयर्ड डिवाइस प्रोसेसिंग इन पीसी की शेयर्ड फाइल्स अथवा प्रिंट प्रोसेसिंग से संबद्ध सेवाओं तक ही सीमित होती हैं। उदाहरणार्थ- एक सामान्य फाइल का पठन (Read) अनेक पीसी (PCs) द्वारा किया जा सकता है और कुछ रिपोर्ट पेजों को उसी एक प्रिंटर पर अनेक कम्प्यूटरों द्वारा भेजा जा सकता है। स्पष्टत: ऐसी अवधारणा की कमी यह है कि सभी एप्लीकेशन प्रोसेसिंग कार्य निजी कम्प्यूटर पर ही सम्पन्न किए जाते हैं और केवल कुछ निश्चित कार्य (प्रिंट फाइल इनपुट/आउटपुट) ही वितरित किए जाते हैं। अत: सम्पूर्ण फाइल को एक पीसी पर भेजा जाना होता है जो इस फाइल की रीड (पठन) प्रार्थना (Request) को जारी करता है। यदि फाइल में कोई सुधार किया जाना होता है तो सम्पूर्ण फाइल को पीसी द्वारा लॉक कर दिया जाता है जो सुधार प्रार्थना (Request) को जारी करता है। शेयर्ड डिवाइस प्रोसेसिंग जो किसी सिस्टम को खासतौर पर फाइल या प्रिंट सेवाओं को समर्पित होता है, के उदाहरण नोवेल नेटवेयर (Novels Netware) तथा माइक्रोसॉफ्ट लान मैनेजर हैं।

क्लाइंट/सर्वर प्रोसेसिंग की अवधारणा शेयर्ड डिवाइस प्रोसेसिंग का ही विस्तार है। लोकल एरिया नेटवर्क फाइल सर्वर तथा प्रिंट सर्वर सहित आकार तथा संख्या में बड़े होते गए। धीरे-धीरे रो सर्वर बड़ी संख्या में वर्कस्टेशनों को सेवाएं प्रदान करने में सक्षम हो गए थे। ठीक उसी समय वर्कस्टेशन की भूमिका भी बदल गई थी यानी कि वर्कस्टेशन सर्वरों के क्लाइंट बन गए थे। इन परिवर्तनों का प्रमुख कारण यह था कि एक लान समूह में वर्कस्टेशनों के मध्य फाइल्स की शेयरिंग तथा प्रिंट सेवाओं का प्रतिनिधित्व किसी विशिष्ट एप्लीकेशन के विभाजन (fraction) द्वारा किया गया था। एप्लीकेशन कार्य का महत्वपूर्ण भाग लान यूजर्स के मध्य शेयरिंग हेतु एक अच्छा कण्डीडेट था।

अत: कुछ एप्लीकेशंस को नए सर्वरों को वितरित कर दिया गया जो वर्कस्टेशन (क्लाइंट) पर चल रही एप्लीकेशंस से प्रार्थना (Request) प्राप्त करता था और इन्हें वह अपने प्रत्येक क्लाइंट को प्रोसेस करता था। इस संकल्पना में एप्लीकेशन प्रोसेसिंग को क्लाइंट और सर्वर के बीच विभाजित कर दिया गया है। वास्तव में प्रोसेसिंग सेवा को आवेदक- क्लाइंट द्वारा शुरू तथा नियंत्रित किया जाता है। एप्लीकेशन को सफलतापूर्वक निष्पादित करने में सर्वर और क्लाइंट दोनों सहयोग करते हैं। साईबेस (Sybase) अथवा माइक्रोसॉफ्ट एसक्यूएल (SQL) सर्वर जैसे डाटाबेस इस प्रकार के क्लाइंट/सर्वर प्रोसेसिंग वातावरण के उदाहरण हैं।

4.5.2 क्लाइंट/सर्वर आर्कीटेक्चर के लाभ

क्लाइंट/सर्वर आर्कीटेक्चर को अपनाने के निम्नलिखित लाभ होते हैं:

- यह उपक्रमों को विद्यमान डेस्कटॉप कम्प्यूटिंग तकनीक को बेहतर बनाने की अनुमति प्रदान करता है। आज वर्कस्टेशन विचारणीय कम्प्यूटिंग पावर प्रदान करते हैं जो मेन फ्रेम की कीमत के बटवारे पर पूर्व में मेनफ्रेमों से उपलब्ध होती थी।
- यह प्रोसेस किए गए डाटा के स्रोत के समीप रहने के लिए प्रोसेसिंग को अनुमति प्रदान करता है। जिससे नेटवर्क ट्रैफिक बड़ी संख्या में कम किया जा सकता है और इससे अत्यधिक भार वाले नेटवर्क की वहन क्षमता बढ़ जाती है।
- यह शक्तिशाली वर्कस्टेशनों पर उपलब्ध ग्राफिकल यूज़र इंटरफेस (GUI) के प्रयोग की सुविधा प्रदान करता है। ये नये इंटरफेस विज़ुअल प्रस्तुतिकरण तकनीकों के किस्मों में उपभोक्ताओं को प्रदान किए जा सकते हैं।
- यह मुक्तप्रणाली की स्वीकारोक्ति की अनुमति प्रदान करता है। इसकी वास्तविक वजह यह है कि क्लाइंट और सर्वर दोनों हार्डवेयर तथा साफ्टवेयर प्लेटफार्मों पर चल सकते हैं। यह मूल मालिकाना आर्कीटेक्चर से यूजर को मुक्त होने की अनुमति प्रदान करता है, इस प्रकार यह उपलब्ध उत्पादों के खुले बाजार के आर्थिक, विपणनीय तथा प्रतिस्पर्द्धात्मक लाभ प्राप्त करता है।

4.5.3 क्लाइंट/सर्वर आर्कीटेक्चर की हानियाँ

यदि एप्लीकेशन लॉजिक का कोई महत्वपूर्ण भाग सर्वर की तरफ घुमाया जाता है तो सर्वर क्लाइंट्स के डाटा वितरण तथा प्रोसेसिंग में अवरोध उत्पन्न कर सकता है।

- संसाधन उपभोक्ताओं की बढ़ती हुई संख्या के कारण बढ़ती हुई मांग में सर्वर के संसाधन सीमित हो जाएंगे।

4.5.4 क्लाइंट सर्वर की एप्लीकेशंस

नेटवेयर टीसीपी/आईपी (Netware TCP/IP)

टासीपी/आईपी अनेक नेटवर्क संचालन प्रणालियों द्वारा समर्थित होता है। नेटवेयर एक नेटवर्क संचालन प्रणाली होती है जो टीसीपी/आईपी प्रोटोकॉल को सपोर्ट करती है। नेटवेयर टीसीपी/आईपी नेटवेयर लोड करने योग्य मॉड्यूल (NLMs) का संग्रह करता है, जो नेटवेयर सर्वर को टीसीपी/आईपी के लिए सपोर्ट प्रदान करता है। रूटिंग समाप्त करने योग्य होती है जैसाकि उस रूटिंग के लिए समर्थन के लिए RIP (रूटिंग इंर्फोमेशन प्रोटोकॉल) कर सकता है। नेटवेयर सर्वर में टीसीपी/आईपी समर्थन का एक लाभ यह भी है कि आईपी (इंटरनेट प्रोटोकॉल) टनल का प्रयोग करते हुए केवल टीसीपी/आईपी नेटवर्क पर आईपीएक्स (Internetwork Packet exchange) पैकेटों के जाने की योग्यता प्रदान करता है। प्रोटोकॉल्स का नेटवेयर टीसीपी/आईपी सूट नोवेल (Novel) हेतु सभी एनएफएस (नेटवर्क फाइल सिस्टम) के लिए आवश्यक आधार होता है। नेटवेयर टीसीपी/आईपीसूट 4.3 बीडीएस यूनिक्स सॉकेट इंटरफेस और एटी एंड टी स्ट्रीम टीएलआई (ट्रांसपोर्ट लेयर इंटरफेस) दोनों उपलब्ध कराता है।

इंटरनेटवेयर के छूटने के साथ ही नेटवेयर सर्वर में टीसीपी/आईपी सपोर्ट अति महत्वपूर्ण हो जाता है। वेब सर्वर इंटरनेट तथा इंटरानेट क्लाइंट के साथ संचार करने हेतु टीसीपी/आईपी पर निर्भर हो जाता है। आईपीएस/आईपी गेटवे प्रयोग कर रहे नेटवेयर आईपीएक्स (MPX) क्लाइंट्स को टीसीपी/आईपी होस्ट, चाहे वे स्थानीय हो या इंटरनेट पर हों, को कनेक्शन के लिए आवश्यक टीसीपी/आईपी प्रोटोकॉल स्टेक की जरूरत होती है।

नॉवेल नेटवेयर हेतु क्लाइंट सर्वर आर्कीटेक्चर

क्लाइंट सर्वर आर्कीटेक्चर नेटवर्क पर क्लाइंट तथा सर्वर के बीच प्रोसेसिंग बाँटता है। क्लाइंट सर्वर से जानकारी माँगता है। सर्वर प्रोग्राम तथा डाटा स्टोर करता है और क्लाइंट्स को नेटवर्क पर उपलब्ध कराता है। यह व्यवस्था दो विशिष्ट अवयवों- फ्रंट एंड क्लाइंट और बैक एंड सर्वर, में एक एप्लीकेशन को विभाजित करते हुए उपलब्ध कम्प्यूटिंग पावर का शोषण करती है। चित्र 4.7 में नेटवेयर नेटवर्क संचालन प्रणाली हेतु क्लाइंट सर्वर मॉडल को दर्शाया गया है। नेटवेयर OS फाइल-सर्वर मॉडल नामक एक मॉडल का प्रयोग करता

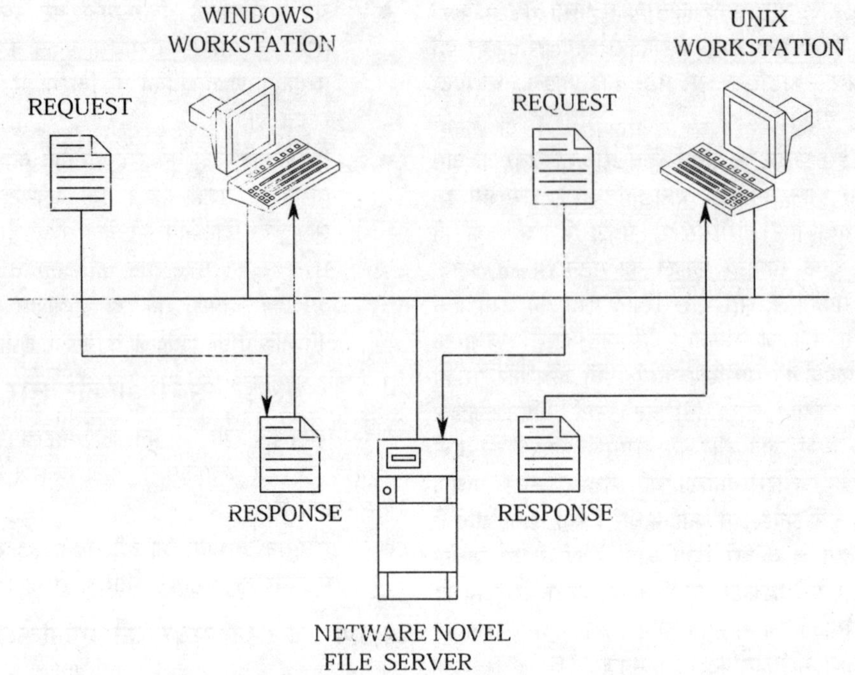

चित्र 4.7: नेटवेयर नॉवेल (Novel) में लगने वाला क्लाइंट/सर्वर मॉडल।

है। इस मॉडल में फाइल सर्वर पर एप्लीकेशन तथा डाटा उपलब्ध रहता है। जब किसी नेटवर्क यूजर को एप्लीकेशन तथा डाटा की जरूरत होती है तो ये दोनों उस यूजर के नेटवर्क स्टेशन के नेटवर्क पर लोड होते हैं।

क्लाइंट सर्वर मॉडल में लोड अधिक दूर-दूर पर फैला हुआ होता है और वह विशेषत: वर्कस्टेशन पर चल रहे क्लाइंट प्रोग्राम या पीसी यूजर्स की समस्त अंत:क्रियाओं हेतु जिम्मेदार होता है। यह अंत:क्रिया कमाण्ड लाइन, मेनू विंडोज़ जैसे ग्राफिकल यूजर इंटरफेस के माध्यम से हो सकती है।

☞ यद्यपि इन मॉडल के साथ जानकारी की बड़ी डील शेयर की जा सकती है फिर भी प्रत्येक वर्कस्टेशन को एप्लीकेशन चलाने के लिए शक्तिशाली होना चाहिए। वर्कस्टेशन को सर्वर से एप्लीकेशन तथा डाटा भेजने में नेटवर्क पर भार पड़ता है।

नेटवर्क में किसी अन्य कम्प्यूटर पर सर्वर प्रोग्राम चलता है। ये मशीन नेटवेयर सर्वर हो सकती है। सर्वर प्रोग्राम क्लाइंट से आई request को सुनता है और जब इसे कोई request प्राप्त होती है तो सर्वर मैसेज को डिकोड करता है, मांगे गए कार्य को सम्पन्न करता है और किसी त्रुटि संकेत के साथ-साथ परिणाम को वापस लौटाता है। क्लाइंट प्रोग्राम इस परिणाम को प्राप्त करके यूजर इंटरफेस के माध्यम से इसे यूजर के सामने प्रदर्शित करता है।

☞ क्लाइंट के यूजर इंटरफेस को प्राय: फ्रंट एण्ड के नाम से जाना जाता है जबकि सर्वर प्रोग्राम को बैक एण्ड कहा जाता है।

क्लाइंट सर्वर एप्लीकेशन का एक सामान्य उदाहरण नेटवेयर सर्वर पर चल रहा मल्टीयूजर SQL डाटाबेस सर्वर होता है। किसी क्लाइंट का विंडोज़ प्रोग्राम यूजर से query प्राप्त करता है और इसे SQL सर्वर को भेजता है फिर सर्वर विंडोज एप्लीकेशन वापस भेजने के लिए परिणाम को डाटाबेस (जो सर्वर पर रहता है) तथा पैकेजों से मांगता है।

नेटवेयर (नेटवर्क संचालन प्रणाली)

नेटवेयर पिछले संस्करण की सभी विशेषताओं का पालन करता है तथा उत्पादन बढ़ाने, कीमत को कम करने तथा सरलीकृत स्थापन तथा रखरखाव हेतु तैयार की गई नयी क्षमताओं को बढ़ाता है। नेटवेयर में निम्नलिखित को समाहित किया जाता है।

- ट्रांसपेरेन्ट डायरेक्ट्री सर्विस विकल्प
- तीव्रतम तथा प्रयोग करने में आसान प्रशासन उपयोगिताएं
- बढ़ी हुई विश्वसनीयता तथा स्थायित्व हेतु नवीन सज्जा
- डॉस (DOS), एसएस विंडोज, तथा OS/2 क्लाइंट सॉफ्टवेयर के नवीन स्तर आदि।

विंडोज एनटी 4.0 (Windows NT 4.0)

विंडोज एनटी 4.0 विंडोज 9.X इंटरफेस युक्त विंडोज एनटी का नया संस्करण (version) है। बढ़ी हुई विशेषताओं जैसे- अंतरनिहित रिमोट एक्सेस, एडमिनिस्ट्रेटिव विजार्ड, नेटवर्क मैनेजमेंट, एनडीएस (नेटवेयर डायरेक्ट्री सर्विस) हेतु समर्थन और एक इंटरनेट सर्वर के साथ-साथ टीसीपी/आईपी, आईपीएक्स तथा NetBUI सहित सभी बड़े नेटवर्क प्रोटोकाल्स के साथ कार्य करने की योग्यता रखने वाला विंडोज एनटी 4.0 किसी नेटवर्क एडमिनिस्ट्रेटर के लिए बड़ा साधन है।

विंडोज एनटी सर्वर 4.0 की सबसे बड़ी उपलब्धि इंटरनेट इंफार्मेशन सर्वर (IIS) है। IIS में वेब सर्वर और FTP सर्वर दोनों होते हैं और इंस्टाल करने तथा प्रयोग करने में अधिक आसान होता है। इसमें अधिकांश इंटरनेट सर्वरों के लिए आवश्यक रिमोट मैनेजमेंट भी होता है। विंडोज एनटी वर्कस्टेशन 4.0 में उत्कृष्ट वेब सेवाएं शामिल हैं। यह IIS पर आधारित स्केल्ड डाउन इंटरनेट/इंट्रानेट सेवा है।

विंडोज एनटी 4.0 में एनडीएस (नेटवेयर डायरेक्ट्री सर्विसेज) ड्राइवर होते हैं जो आपको नेटवेयर 4X डायरेक्ट्री ट्री से जोड़ते हैं ताकि आप विंडोज

एनटी वाले पीसी से अपने सभी नेटवेयर सर्वर और क्लाइंट का प्रबंधन कर सकें। विंडोज एनटी 4.0 आपके नेटवेयर लॉगइन स्क्रिप्ट जो पहले के संस्करणों (Versions) में मौजूद नहीं थी, को भी चलाता है।

एडमिनिस्ट्रेटिव विज़ार्ड्स संभवत: विंडोज एनटी 4.0 के लिए अत्यधिक लाभदायक उपलब्धि है। ये सामान्य नेटवर्क कार्यों, जैसे- किसी यूजर या प्रिंटर को जोड़ना या आपके पीसी संसाधनों को शेयर करने के माध्यम से आपको उन तक पहुँचता है।

विंडोज 2000 और एक्सपी (XP) संचालन प्रणाली

औसत यूजर की दृष्टिकोण से विंडोज 2000/XP और विंडोज के पहले के संस्करणों में अन्तर बहुत कम है। XP की स्वनिर्मित विशेषता यह थी कि इसे बच्चों के लिए ही बनाया गया था किन्तु इन दोनों और पुराने विंडोज 9X, ME तथा NT संचालन प्रणाली में भिन्नता ध्यान देने योग्य है। ये भिन्नताएं हैं:

1. विंडोज़ 2000/XP FAT16, FAT32 अथवा NTFS फाइल प्रणाली को पहचान सकती है और इसे प्रयोग कर सकती है।
2. दोनों ही प्लग और प्ले में सजग हैं।
3. स्थापना के वक्त आपके पास अधिक विकल्प नहीं होते हैं।
4. NT की तरह ही (किंतु 9X और ME की तरह नहीं) आपके पास यूजरनेम तथा पासवर्ड होना आवश्यक होता है अन्यथा आप किसी भी हालत में मशीन को नहीं चला सकते हैं।
5. NT की तरह (किन्तु 9X या ME की तरह नहीं) ही इसमें जरूरी एडमिनिस्ट्रेटिव अकाउंट होता है।
6. इसमें कई सुरक्षा उपकरण होते हैं लेकिन इसमें अनेक स्वत: ही disabled होते हैं।
7. अनेक चीज़ें उसमें नहीं होतीं जो होनी चाहिए, जैसे-
   - इसमें डिवाइस मैनेजर छिपा हुआ होता है जिस तक पहुंचने के लिए एक और माउस क्लिक की जरूरत होती है।
   - नेटवर्किंग प्रॉपर्टीज़ बँटी हुई होती हैं- आईपी एड्रेस/गेटवे से बिल्कुल भिन्न विंडो में नाम और वर्कग्रुप होते हैं।
   - नेटवर्क नेबरहुड "माई नेटवर्क प्लेसेज" से बदल चुका है- यह मूल टीसीपी/आईपी प्रॉपर्टी तक पहुँचने में कई बार माउस क्लिक लेता है।
   - कंट्रोल पैनल XP होता है जो बिल्कुल अलग दिखाई देती है। यद्यपि आप इसे वापस क्लासिक व्यू में बदल सकते हैं।

विंडोज़ 2000 सर्वर

विंडोज़ 2000 सर्वर का प्रयोग प्रारंभिक तौर पर वेब एप्लीकेशन और/अथवा प्रिंट और फाइल सर्वर के लिए किया जाता है।

हार्डवेयर सपोर्ट

विंडोज 2000 सपोर्ट करता है:

- 4 जीबी तक की रैम को
- 4 माइक्रोप्रोसेसर्स तक को

समर्थित प्रोटोकॉल (Supported Protocols)

विंडोज 2000 सपोर्ट करता है:

- नेटवक प्रोटोकॉल को
  - IP
  - XP
  - एपल टाक
- रूटिंग प्रोटोकाल्स को
  - RIP संस्करण 2 (रूटिंग इंफार्मेशन प्रोटोकॉल) को
  - OSPF (ओपन सॉर्टेस्ट पाथ फर्स्ट)
- एटीएम (एसिंक्रोनस ट्रांसफर मोड)

ओएस/2 वार्प (OS/2 Warp)

OS/2 वार्प के नए संस्करण में पॉप-अप मेनू और एक टास्कबार युक्तपूर्ण इंटरफेस शामिल होता है। हालाँकि आईबीएम में पारंपरिक शैली को नहीं रोका गया। नई प्रस्तुति में शक्तिशाली फीचर्स होते हैं जो आपको किसी भी नेटवर्क, दूर-दराज से डायल इन, ईमेल को भेजने और प्राप्त करने और आपके नेटवर्क सर्वर के सभी प्रबंध करने की अनुमति देता है। OS/2 वार्प को प्रारंभ से ही सार्वभौमिक नेटवर्क क्लाइंट बनाने के लिए तैयार किया गया था और परिणामस्वरूप यह आईबीएम पर्सनल कम्युनिकेशन/3270 जो आप को टीसीपी/आईपी का प्रयोग करने वाले मेनफ्रेम से जुड़ने की आपको अनुमति प्रदान करता है, के सहित बड़े नेटवर्क प्रोटोकाल्स के साथ कार्य करता है। OS/2 वार्प NDS और बायनरी डाटाबेस-दोनों के साथ कार्य करता है। किसी वर्कग्रुप वातावरण में अनेकों डेस्कटॉपों से जुड़ने की यदि आपको जरूरत हो तो इसकी अंतनिर्हित समकक्ष नेटवर्किंग बहुत अच्छी होती है। नई OS/2 वार्प में इंटरनेट सर्वर शामिल नहीं होता है लेकिन इसमें एक वेब ब्राउज़र तथा FTP क्लाइंट अंतनिर्हित होता है। वेब ब्राउज़र आपको इंटरनेट सर्फ करने की अनुमति देता है अथवा आपको आपकी कम्पनी के इंट्रानेट से जोड़ता है और FTP क्लाइंट दूरस्थ FTP सर्वर और स्थानीय हार्डडिस्क के बीच फाइल्स का आदान-प्रदान करने की अनुमति प्रदान करता है। लोटस नोट्स ई-मेल क्लाइंट वाली इन उपयोगिताओं को इंटरनेट या इंट्रानेट की अधिकांश जरूरतों को पूरा करना चाहिए।

4.6 संचार मीडिया (Communication Media)

भौतिक चैनलों (संचार मीडिया) के अनेक प्रकार होते हैं जिसके माध्यम से किसी लोकल एरिया नेटवर्क में आँकड़ों को एक स्थान से दूसरे स्थान पर भेजा जा सकता है।

मीडिया, डाटा पाथ को वर्णित करने के लिए सामान्य शब्द है जो प्रेषक और पावती के बीच फिजीकल चैनल बनाता है। मीडिया मुड़ा हुआ ट्विस्टर हो सकता है जो टेलीफोन स्थापना में प्रयोग किया जाता है। यह विद्युतीय विशेषताओं तथा अनेक आकारों के द्विध्रुवीय केबल हो सकती हैं। ये या तो लाइट वेब अथवा रेडियो वेब को सपोर्ट करने वाली बेतार और फाइबर ऑप्टिक केबलें भी हो सकती हैं।

☞ तार या फाइबर-ऑप्टिक मीडिया को बाउण्डेड मीडिया की तरह परिभाषित किया गया है। बेतार मीडिया को कभी-कभी अनबाउंडेड मीडिया के रूप में भी परिभाषित किया जाता है।

मीडिया लंबी दूरी के प्रसारण तथा उच्च डाटा दर को सपोर्ट करने में भिन्न होते हैं। इसके कारण निम्नलिखित हैं:

(a) ध्वनि अवशोषण
(b) रेडिएशन
(c) शक्ति कम करना (Attenuation)
(d) बैण्डविड्थ

4.6.1 ध्वनि अवशोषण (Noise Absorption)

बाहरी विद्युतीय ध्वनि जो डाटा सिग्नलों में अवरोध उत्पन्न करती है, और इस प्रकार डाटा में त्रुटियाँ उत्पन्न होती हैं, के लिए ध्वनि अवशोषण, मीडिया की ग्रहणशीलता होती है।

4.6.2 रेडिएशन

मीडिया को अवांछित विद्युतीय विशेषताओं के कारण मीडिया से सिग्नलों के रिसाव को रेडिएशन कहते हैं।

4.6.3 शक्तिक्षीण करना (Attenuation)

मीडिया द्वारा ऊर्जा के अवशोषण की वजह से उत्पन्न दूरी के साथ सिग्नल की मात्रा में ह्रास को अटेन्युएशन (Attenuation) कहते हैं। रेडिएशन तथा मीडिया की विशेषताएं शक्ति ह्रास में योगदान करती हैं।

☞ अटेन्युएशन प्रयोग करने योग्य दूरी को सीमित करता है जिससे डाटा मीडिया पर चल सके।

4.6.4 बैण्डविड्थ

स्टीरियो एम्प्लीफायर में बैण्डविड्थ फ्रीक्वेन्सी रिस्पाँस के समतुल्य होती है। इंफार्मेशन थ्योरी के मौलिक सिद्धान्त के अनुसार उच्च बैण्डविड्थ संचार चैनल उच्च डाटा ट्रांसफर दर को सपोर्ट करता है। भौतिक चैनल अनेक प्रकार के होते हैं जिसके माध्यम से आँकड़ों को एक स्थान से दूसरे स्थान पर प्रसारित किया जाता है। अधिकांश सामान्य डाटा ट्रांसमिशन मीडिया में से कुछ का वर्णन अगले अनुच्छेद में किया जा रहा है। ऊर्जा प्रसार के माध्यम निर्देशित अथवा अनिदर्शित हो सकते हैं।

4.6.5 निर्देशित मीडिया (Guided Media)

निर्देशित मीडिया आँकड़ों के प्रसारण की विधि के संबंध में प्रयोग किया जाता है जिस पर से किसी नेटवर्क में सिग्नल जाते हैं। निर्देशित मीडिया के उदाहरण निम्नलिखित हैं:

(a) घुमावदार-जोड़ा वायर (Twisted-pair wire)

(b) कोएक्सियल केबल (Coaxial cable)

(c) फाइबर-ऑप्टिक केबलिंग (Fibre-optic cabling)

4.6.6. घुमावदार जोड़ा-वायर (Twisted-pair wire)

तारों के एक घुमावदार जोड़े में दो परतदार ताँबे के तार होते हैं जो 1 मिमी. मोटे होते हैं। तार सर्पिल आकार में मुड़े हुए होते हैं। तारों को पास से गुजर रहे इसी प्रकार के तारों के विद्युतीय अवरोध को कम करने की दृष्टि से मोडा जाता है।

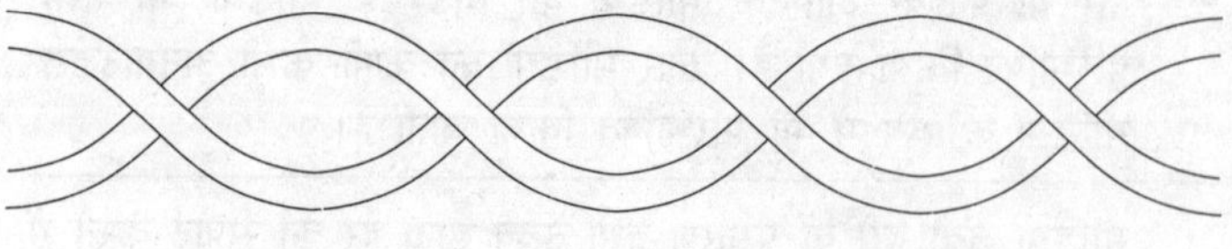

चित्र 4.8: तारों का घुमावदार जोड़ा।

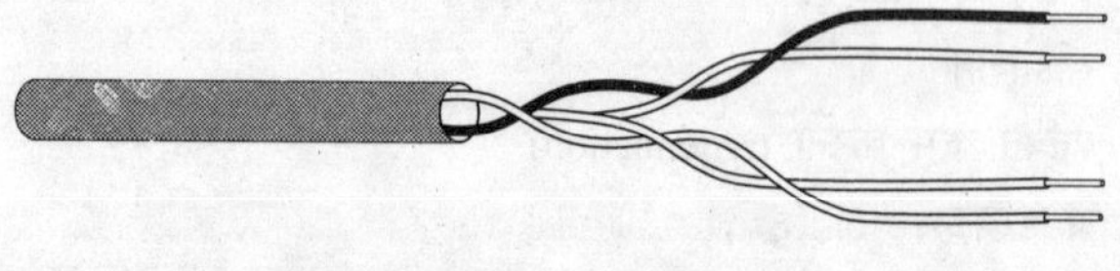

चित्र 4.9: बिना शील्ड की हुई घुमावदार-जोड़ा (UTP) केबल।

घुमावदार जोड़ा तारों (चित्र 4.8) को प्रायः 1 किमी. की दूरी में डिजिटल डाटा प्रसारण और स्थानीय दूरसंचार के लिए प्रयोग में लाया जाता है। उसी दूरी के लिए अनेक जोड़ा तार (चित्र 4.9) यदि समानान्तर चलते हैं, यानि किसी बहुमंजिला इमारत से दूरभाषा केन्द्र तक, तो उन्हें बण्डल बनाकर किसी सुरक्षित स्थान पर रखा जाता है।

☞ इन बंडलों में जोड़े एक दूसरे के लिए अवरोध उत्पन्न करते हैं यदि इन्हें घुमावदार नहीं बनाया जाता।

तार के जोड़े मुख्य कम्प्यूटर से कम दूरी के कम्प्यूटरों तक टर्मिनलों को जोड़ने के लिए प्रयोग में लाए जाते हैं। यदि यह दूरी 100 मीटर से अधिक नहीं है तो आँकड़ों के प्रसारण की दर 9600 बाइट्स (bits) प्रति सेकण्ड तक प्राप्त की जा सकती है।

लाभ

(a) डाटा प्रसारण की सर्वाधिक पुरानी पद्धति होने की वजह से संचार के इस माध्यम की मरम्मत और सर्विस के लिए प्रशिक्षित आदमी आसानी से मिल जाते हैं।

(b) किसी दूरभाष प्रणाली में, यदि घुमावदार जोड़ा तारों का प्रयोग किया जाता है तो बिना किसी विस्तार के सिग्नलों को कई किलोमीटर तक प्रेषित किया जा सकता है।

(c) यह माध्यम एनालॉग डिजिटल डाटा प्रसारण दोनों में प्रयोग किया जा सकता है। बैण्डविड्थ, प्रसारण की दूरी तथा तारों की मोटाई पर निर्भर करती है किन्तु बहुत से मामलों में कुछ किलोमीटर के लिए कई मेगाबाइट्स तक इसे प्राप्त किया जा सकता है।

(d) कम दूरी के लिए यह कम खर्चीला माध्यम है।

(e) यदि घुमावदार जोड़ा तारों का कुछ भाग क्षतिग्रस्त होता है तो पूरा नेटवर्क सिस्टम बन्द नहीं होता है, जैसा कि द्विधुरीय (coaxial) केबल में होने की संभावना रहती है।

हानियाँ

(a) यह ध्वनि संकेतों को आसानी से पकड़ लेता है जिससे 100 मी. से अधिक दूरी बढ़ने पर त्रुटि दर (Error rate) बढ़ जाती है।

(b) आकार में अत्यधिक पतला होने की वजह से इसके आसानी से टूटने का खतरा बना रहता है।

(c) यह R5-232 पोर्ट पर 50 फीट तक 19200 वीपीएस तक सपोर्ट कर सकता है। एक 10 BsseT जो 10 मेगाबाइट प्रति सेकण्ड तक को सपोर्ट करता है, में घुमावदार जोड़ा तारों को 100 मीटर तक ही प्रयोग किया जा सकता है।

☞ गैरपरतदार जोड़ा तार प्राय: यूटीपी के लिए प्रयोग किए जाते हैं जो दो कंफीगरेशनों में प्राय: प्रयुक्त होते हैं।

परतदार तार (चित्र 4.10) का प्रयोग किसी ध्वनिपूर्ण वातावरण में ध्वनि अवशोषण के प्रभाव को कम करने के लिए प्रयोग किया जाता है। घुमावदार जोड़ा तारों का प्रयोग अधिकतर लोकल एरिया नेटवर्क में किया जाता है। ईथरनेट का घुमावदार जोड़ा संस्करण 10 BASE-T के लिए निर्धारित होता है जिसमें 10 को 10 मेगाबाइट प्रति सेकण्ड की दर के ईथरनेट के बारे में प्रयोग किया जाता है।

घुमावदार जोड़ा तार की कई किस्में आती हैं। कम्प्यूटर नेटवर्क में इनमें से दो प्रमुख हैं। तीसरे प्रकार के घुमावदार जोड़ा तारों में दो परतदार तार एक

साथ लगे होते हैं। जिसमें इस प्रकार के चार जोड़े सुरक्षा की दृष्टि से एक साथ समूह में एक प्लास्टिक से ढके होते हैं जो एक साथ 8 तारों को अपने में समाहित रखते हैं। वे तृतीय श्रेणी जोड़ों के समतुल्य होते हैं किन्तु उनमें प्रति सेन्टीमीटर क्षेत्र में अधिक घुमाव होते हैं और टेफ्लॉन की परत की वजह से इनमें कम अवरोध तथा लम्बी दूरी के लिए अच्छी गुणवत्ता वाले सिग्नल इसे उच्च दर वाले कम्प्यूटर संचार के लिए अधिक उपयुक्त बनाते हैं।

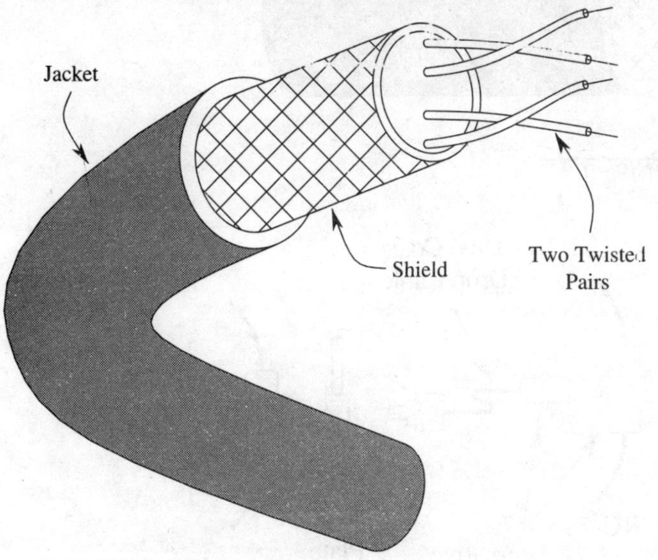

चित्र 4.10: परतदार दो जोड़ा केबल।

4.6.7 सहधुरीय केबलिंग (Coaxial Cabling)

सहधुरीय केबल में मुख्य ताँबे की तार पर परत चढ़ी होती है। इंस्यूलेटर एक बेलनाकार सुचालक से ढका होता है जो प्राय बहुत सघन बुना हुआ होता है। बाहरी सुचालक को सुरक्षित प्लास्टिक की परत से ढका जाता है। सहधुरीय केबल को काटने का ढंग चित्र 4.11 में दर्शाया गया है। सिग्नलों को अन्दर की ताँबे की तार द्वारा प्रवाहित किया जाता है और इसे बाहरी धातु स्लीव से बंद किया जाता है। तालिका 4.1 में विभिन्न प्रकार के सहधुरीय केबलों के शब्द और उनके प्रयोग के सारांश को दिया गया है।

बहुधा दो प्रकार के सहधुरीय केबल प्रयोग में लाए जाते हैं। जिसमें एक 50 ओहम का केबल है जो प्राय: डिजिटल प्रसारण के लिए प्रयोग किया जाता है। दूसरे प्रकार में 75 ओहम का केबल आता है जो प्राय: केबल टीवी प्रसारण में एनालॉग प्रसारण के लिए प्रयोग किया जाता है।

IEEE मोटे ईथरनेट कोएक्सिल केबल के लिए 10Base5 का प्रयोग करता है और पतले कोएक्सिल केबल के लिए 10Base2 का प्रयोग करता है। कोएक्सिल केबल हजारों फीट तक की दूरी में दसों मेगाबाइट प्रति सेकंड तक की डाटा दर को सपोर्ट करता है। निश्चित प्रकार की सिग्नलिंग कई मील की दूरी पर उच्च डाटा दर प्रदान करती है।

बेडबैण्ड नेटवर्क वे नेटवर्क होते हैं जहाँ सिग्नल चैनल हेतु सम्पूर्ण बैण्डविड्थ का प्रयोग किया जाता है। ब्राडबैण्ड मुख्य रूप से फ्रीक्वेन्सी विभाजन की वह विविध गुणीय स्थिति है जहाँ पर कोएक्सिल केबलों की बैण्डविड्थ को उप-चैनलों में बाँटा जाता है। ये बराबर या भिन्न फ्रीक्वेंसी रेंज होती है जिसे प्रथक संचार माध्यम के रूप में प्रयोग में लाया जाता है।

कोएक्सिल केबल को नेटवर्क उपकरणों से जोड़ना कठिन होता है और प्राय: घुमावदार जोड़ा प्रणाली की अपेक्षा अधिक योजनाकरण की आवश्यकता होती है। अनेक कोएक्सिल सिस्टमों को पीसी में लगे एडाप्टर से सीधे जोड़ने के लिए मुख्य केबल पर कनेक्टरों की जरूरत पड़ती है। यह वर्कस्टेशनों और सर्वरों को जोड़ने में सुगमता को कम कर देता है।

स्थापना (Installation)

कोएक्सिल केबल की स्थापना दो कंफीगुरेशनों: डेजीचैन (डिवाइस-टू-डिवाइस ईथरनेट से) और स्टार (ARCnet) में की जाती है। डीजी चेन कंफीगुरेशन को चित्र 4.12 में दर्शाया गया है।

ईथरनेट केबलिंग थिननेट (Thinnet) का एक उदाहरण है जो RG-58 केबल का प्रयोग करता है। उपकरण केबल से T कनेक्टरों के माध्यम से जुड़े होते हैं। केबलें T कनेक्टरों के बीच कनेक्शन प्रदान करने के लिए प्रयोग की जाती हैं। इस प्रकार के केबलिंग की विशेषता यह है कि केबल के सिरों की समाप्ति टर्मिनेटर नाम के विशेष प्रकार के कनेक्टर से अवश्य की जानी चाहिए। टर्मिनेटर में एक रजिस्टर होता है जो केबल की विशिष्टताओं से मेल खाता है। रजिस्टर सिग्नलों को अन्तिम छोर से वापस आने और अवरोधित होने से बचाता है।

तालिका 4.1: कोएक्सिल केबल प्रयोग के भिन्न शब्द

शब्द	प्रयोग
10Base2	यह पतली ईथरनेट (RG-58) कोएक्सिल केबल पर 802.3 ईथरनेट मानक का प्रयोग है! इसकी डाटा प्रसारण दर 10mpbs होती है और अधिकतम केबल की लम्बाई 185 मीटर होती है।
10Base5	यह मोटे ईथरनेट कोएक्सिल केबल पर 802.3 ईथरनेट मानक का प्रयोग है। इसकी डाटा प्रसारण दर 10 Mbps होती है और बस टोपोलॉजी पर अधिकतम केबल की लम्बाई 500 मीटर होती है।
10Base F	मानक 802.3 फाइबर-ऑप्टिक केबल पर ईथरनेट के प्रयोग को परिभाषित करता है।
10Base T	यह खुली घुमावदार जोड़ा वायरिंग पर 802.3 ईथरनेट मानक का प्रयोग है। यह RJ-45 कनेक्टरों का प्रयोग करने वाली आधुनिक दूरभाष प्रणाली के साथ वायरिंग में प्रयोग किया जाता है। इसका मानक स्टार टोपोलॉजी पर आधारित होता है तथा इसका प्रत्येक नोड मूल वायरिंग केन्द्र से जुड़ा होता है और इस केबल की लम्बाई अधिकतम 100 मीटर होती है।
मोटा (Thick) ईथरनेट	यह ईथरनेट नेटवर्क को कोएक्सिल केबल से जोड़ने में प्रयोग किया जाता है।
पतला (Thin) ईथरनेट	यह ईथरनेट नेटवर्क को कोएक्सिल केबल से जोड़ने में प्रयोग किया जाता है। इसकी केबल 5 मिमी. (0.2 इंच) मोटी होती है और लगभग 165 मीटर की दूरी तक के नेटवर्क जोड़ों को जोड़ने में इसे प्रयोग किया जा सकता है। सामान्यत: इसका प्रयोग कार्यालयी स्थापना में किया जाता है।

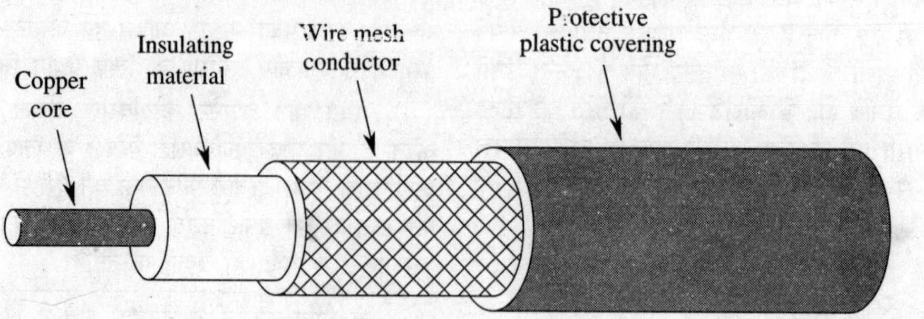

चित्र 4.11: कोएक्सिल केबल

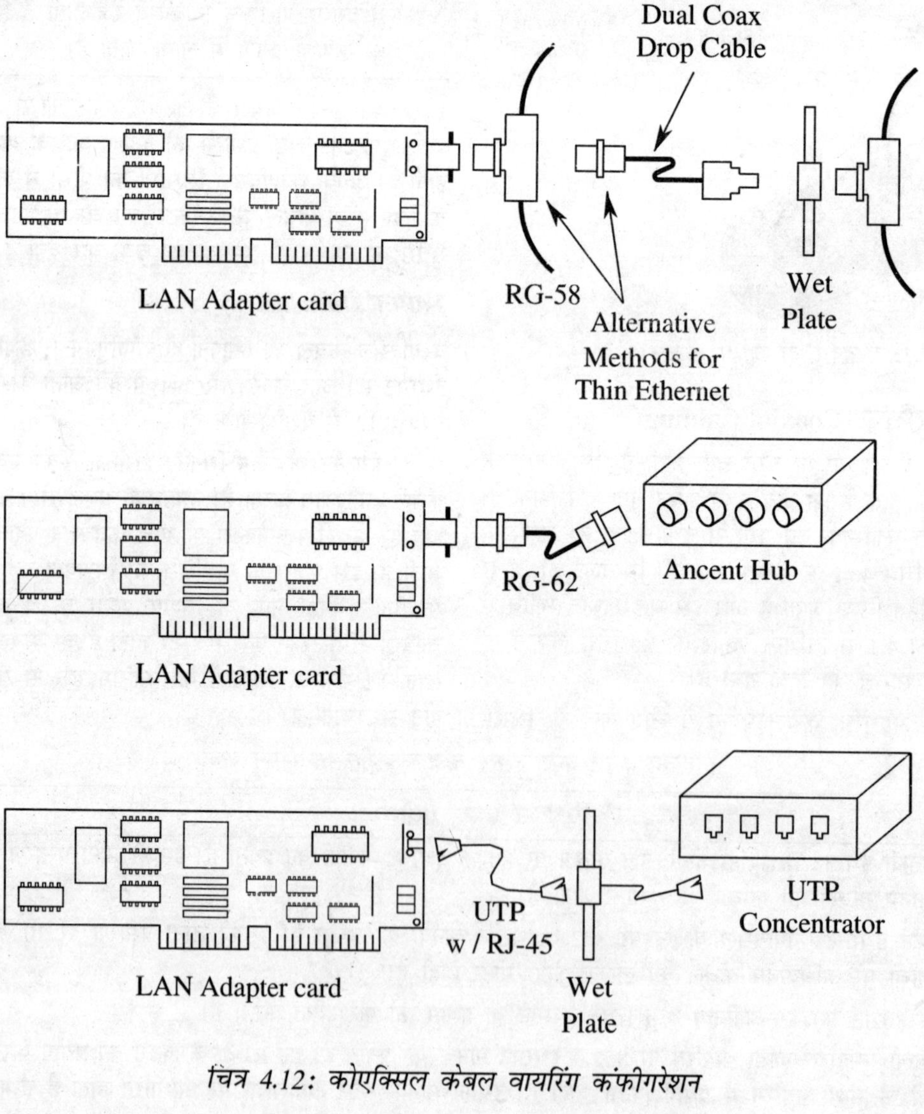

चित्र 4.12: कोएक्सिल केबल वायरिंग कंफीगरेशन

कोएक्सिल केबल के लाभ

(a) यह घुमावदार जोड़ा केबल की अपेक्षा इलेक्ट्रोमैग्नेटिक अवरोधों से अधिक बेहतर सुरक्षा वाला होता है। अत: यह उच्च डाटा दर प्रति सेकण्ड में लम्बी दूरी तक फैल सकता है।

(b) इसका प्रयोग एनालॉग और डिजिटल डाटा प्रसारण दोनों में किया जा सकता है। एनॉलॉग डाटा प्रसारण के लिए 75 ओहम ब्राडबैण्ड कोएक्सिल केबल का प्रयोग किया जाता है और डिजिटल डाटा प्रसारण के लिए 50 ओहम की बैडबैण्ड केबल प्रयोग की जाती है।

(c) कोएक्सिल केबल में उच्च बैण्डविड्थ होती है और यह विद्युतीय शोर से अत्यधिक सुरक्षा प्रदान करती है। RG-58 केबल (10Base2) 50

तालिका 4.2: विभिन्न प्रकार के केबल माध्यमों (बाउण्डेड मीडिया) की विशेषताएं

घटक	कवल रहित घुमावदार जोड़ा केबल (UTP)	कवचयुक्त घुमावदार जोड़ा केबल (STP)	कोएक्सियल केबल	फाइबर आप्टिक
कीमत	कम	संतुलित	संतुलित	उच्च
स्थापना	आसान	बिल्कुल आसान	बिल्कुल आसान	कठिन
बैण्डविड्थ क्षमता	1 से 155 Mbps (बमुश्किल 10 Mbps)	100 Mbps (बमुश्किल 100 Mbps)	2 जीबी	
दुर्बलता	उच्च (कुछ सौ मी. की रेंज)	उच्च (कुछ सौ मी. की रेंज)	न्यून (कुछ किलोमीटर की रेंज)	न्यूनतम (10 किमी की रेंज)
इलेक्ट्रोमैग्नेटिक अवरोध (ईएमआई)	छिन्नभिन्न	कवच रहित किन्तु ईएमआई तक बिखरी हुई	कवर रहित किन्तु EMI तक बिखरी हुई	ईएमआई ईएमआई

ओहम की पतली कोएक्सिल केबल होती है जो लोकल एरिया नेटवर्क (LAN) के कनेक्शनों में प्रयोग की जाती है। RG-11 (10Base5) कोएक्सिल केबल अत्यधिक मोटी होती है जो लम्बी दूरी के लिए प्रयोग की जा सकती है। RG 59, 75 ओह्म कोएक्सिल केबल और RG-62 (93 ओह्म) केबल का प्रयोग ARCnet लोकल एरिया नेटवर्क अथवा IBM 3270 एप्लीकेशनों में किया जाता है।

(d) यह घुमावदार जोड़ावायर और UTP केबलों की तुलना में कम खर्चीली होती है किन्तु प्रयोग में आसान होती है।

(e) कोएक्सिल केबल में 300-400 MHz की रेन्ज में बैण्डविड्थ होती है। यह 50 मानक 6 MHz रंगीन टीवी चैनलों की वहन क्षमता वाली होती है अथवा एक केबल पर कम गति के डाटा या हजारों चैनलों की क्षमता वाली होती है। सीडी-गुणवत्ता के आडियो (1.4 Mbps) अथवा 3Mbps पर डिजिटल बाइट स्ट्रीम, प्रसारित हो रहे वीडियो संकेत हेतु कोएक्सिल केबल पर मिश्रित की जा सकती है। डिजिटल डाटा प्रेषित करने हेतु ब्राडबैण्ड केबल बेसबैण्ड केबल से नीची होती है। लेकिन इसका एक लाभ यह भी है कि बड़ी संख्या में ब्राडबैण्ड केबल केवल टीवी प्रणाली में पहले से उपलब्ध रहती है।

☞ केबल टीवी प्रणाली मेट्रोपोलिटन एरिया-नेटवर्क के रूप में संचालित की जा सकती है और कम कीमत पर टेलीफोन और इंटरनेट सेवाएं प्रदान करती है।

सहधुरीय (Coaxial) केबल और घुमावदार जोड़ा तारों के बीच तुलना

प्रसारण माध्यम के रूप में कोएक्सिल केबल और घुमावदार जोड़ा तारों के बीच निम्नलिखित घटकों से तुलना की जाती है। इसकी संक्षिप्त तुलना तालिका 4.2 में की गई।

कीमतः प्रायः कोएक्सिल केबलें घुमावदार जोड़ा तारों की अपेक्षा दो या तीन कारणों से अधिक खर्चीली होती है। और शील्ड घुमावदार जोड़ा तारों की अपेक्षा एक छोटी सी वजह से अत्यधिक खर्चीली हो जाती है।

डाटादरः इसे सपोर्ट करने वाली डाटादर के मामले में घुमावदार जोड़ों और कोएक्सिल केबलों के बीच भिन्नता अधिक स्पष्ट है। निश्चित समयावधि के लिए तुलनात्मक दूरी हेतु घुमावदार जोड़े कम महत्व के होंगे। यदि चयन की गई डाटा दर 1 Mbps है तो तारों को कई सौ मीटर तक बढ़ाया जाएगा।

सुरक्षाः ताँबा सुचालकों की केबलें श्रवण उपकरण द्वारा आसानी से भेदी जा सकती हैं। यदि सुरक्षा पर विचार किया जाए तो इन अवरोधों से बचने के लिए फाइबर केबल ही एक मात्र विकल्प होता है। हालांकि यह याद रखा जाना चाहिए कि कोई भी प्रणाली पूर्णतः सुरक्षित नहीं है। यहाँ तक कि फाइबर आप्टिक लाइनें भी बिना किसी खोज के बंद की जा सकती हैं।

इलेक्ट्रोमैग्नेटिक सक्षमताः कोएक्सिल केबले कम रेडिएशन उत्सर्जन करती हैं जो घुमावदार जोड़ा तारों की अपेक्षा संचार उपकरणों में कम अवरोध पैदा करती है।

4.6.8 ऑप्टिकल फाइबर (Optical Fibre)

आप्टिक फाइबर बाउंडेड मीडिया की नवीनतम अवस्था है। यह माध्यम डाटा संचालन में और सुरक्षा मानदण्डों में अधिक श्रेष्ठ है। फाइबर ऑप्टिक केबल विद्युतीय सिग्नलों की अपेक्षा हल्के सिग्नलों का प्रसारण करती हैं। यह अन्य नेटवर्क प्रसारण माध्यमों की अपेक्षा अधिक कारगर है। प्रत्येक फाइबर में शीशे की या प्लास्टिक की आन्तरिक सतह होती है जो प्रकाश को संचालित करती है। मुख्यतः दो प्रकार के प्रकाश स्रोत होते हैं जिनके लिए फाइबर केबलें उपलब्ध हैं। प्रकाश के ये स्रोत हैं:

(a) लाइट एमिटिंग डायोड्स (LEDs)

(b) लाइट एम्प्लीफिकेशन बाई स्टीमुलेटिड एमीशन रेडिएशन (Laser)

चित्र 4.13 फाइबर आप्टिक प्रणाली के संचालन सिद्धान्तों को प्रदर्शित करता है। इस प्रणाली में मुख्य रूप से फाइबर आप्टिक केबलें समाहित होती हैं जो शीशे या प्लास्टिक के महीन (सूक्ष्म) धागों से बनी होती हैं। सिंगल-मोड फाइबर में, कोर 8 से 10 माइक्रॉन (लगभग बाल के बराबर) की होती है। बहुविधिक फाइबर में कोर का व्यास लगभग 50 माइक्रॉन होता है।

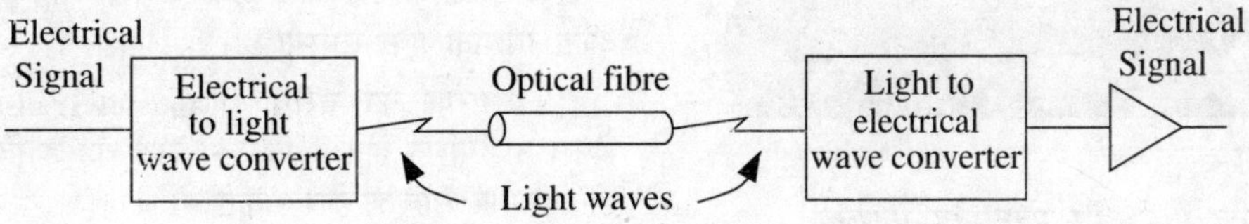

चित्र 4.13: आप्टिकल फाइबर के माध्यम से प्रसारण।

इसके स्रोत की तरफ एक कनवर्टर लगा होता है जो विद्युत सिग्नलों को प्रकाश तरंगों में परिवर्तित करता है। ये प्रकाश तरंगें फाइबर पर प्रसारित होती हैं। एक अन्य कनवर्टर सिंक के नजदीक लगा होता है जो फोटो इलैक्ट्रिक डायोड के जरिए प्रकाश तरंगों को वापस विद्युतीय सिग्नलों में परिवर्तित करता है। इन विद्युतीय सिग्नलों को बढ़ाकर पावती को प्रेषित किया जाता है। प्रत्येक फाइबर में कांच या प्लास्टिक की आन्तरिक सतह होती है जो प्रकाश का संचालन करती है। आन्तरिक सतह एक विशेष प्रकार के वस्त्र (cladding) से घिरी रहती है। क्लैडिंग कांच की वह परत होती है जो कोर में प्रकाश को पुन: भेजती है। प्रत्येक फाइबर प्लास्टिक की चादर से लिपटी हुई होती है।

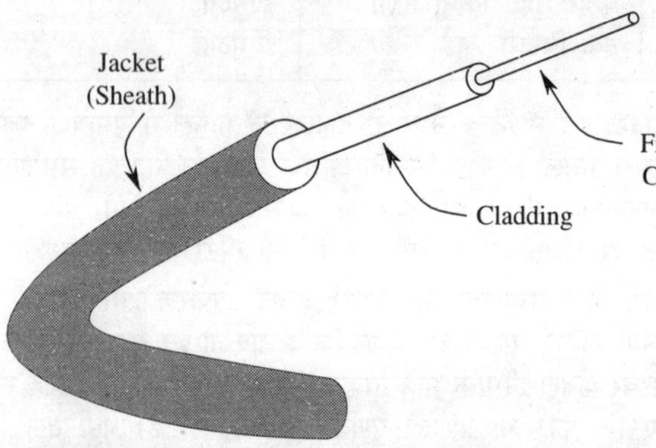

चित्र 4.14: क्लैडिंग सहित फाइबर ऑप्टिक केबल और जैकेट

☞ ऑप्टिकल फाइबर मल्टीमोड अथवा सिंगल मोड प्रकार के हो सकते हैं।

सिंगल मोड फाइबर एकल प्रकाश पथ की अनुमति प्रदान करते हैं और लेज़र सिग्नलिंग के साथ प्रयोग किए जाते हैं। मल्टीमोड की अपेक्षा सिंगल मोड फाइबर अधिकाधिक बैण्डविड्थ वाले होते हैं और अधिक खर्चीले भी होते हैं। मल्टीमोड फाइबर की विशेषता यह है कि सिगनल के सभी भाग एक ही समय में विभिन्न भागों से आते हैं। चित्र 4.15 सिंगल मोड और मल्टीमोड ऑप्टिकल फाइबर और उनके माध्यम से प्रकाश का प्रसारण दर्शाता है।

☞ ऑप्टिकल फाइबर में अन्तर, कोर/क्लेडिंग के आकार और उनके संचलन से स्पष्ट किया जाता है।

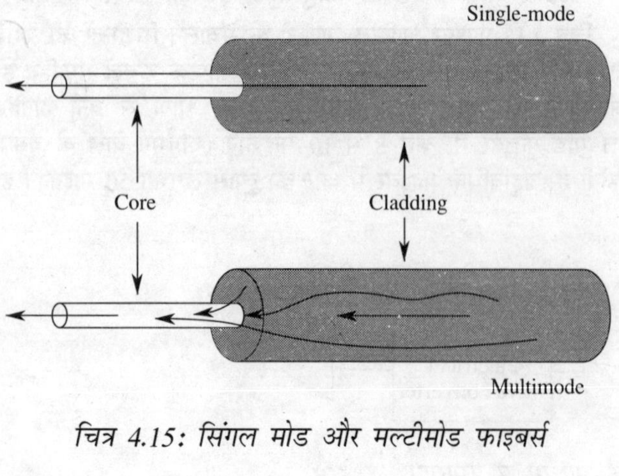

चित्र 4.15: सिंगल मोड और मल्टीमोड फाइबर्स

सामान्यत: निम्न प्रकार के फाइबर ऑप्टिक केबल्स होते हैं:

(a) 8.3 माइक्रोन कोर/1.25 माइक्रॉन क्लेडिंग, सिंगल मोड फाइबर
(b) 6.25 फाइबर माइक्रॉन कोर/1.25-माइक्रॉन क्लेडिंग, मल्टीमोड
(c) 50 माइक्रॉन कोर/1.25-माइक्रॉन क्लेडिंग, मल्टीमोड और 100-माइक्रॉन कोर/140-माइक्रॉन क्लैडिंग, मल्टीमोड। माइक्रॉन एक मीटर एक अरबवां भाग होता है यानी कि 1/25000 इंच (लगभग)।

फाइबर ऑप्टिक केबलों की विशेषताएँ

फाइबर ऑप्टिक केबलों की निम्नलिखित विशेषताएँ होती हैं:

कीमत (Cost): ताँबे की केबल की अपेक्षा फाइबर आप्टिक केबलें अधिक खर्चीली होती हैं किन्तु आजकल फाइबर ऑप्टिक केबलों की कीमत घट रही हैं। ताँबे की केबल की अपेक्षा सम्बद्ध उपकरणों की कीमत अधिक हो सकती है जिसके कारण फाइबर ऑप्टिक नेटवर्क अधिक मँहगे हो जाते हैं। सिंगल मोड फाइबर उपकरण अधिक मँहगे होते हैं और मल्टीमोड उपकरणों की अपेक्षा इन्हें स्थापित करना कठिन होता है।

स्थापना (Installation): कॉपर केबलों की अपेक्षा फाइबर आप्टिक केबलों को लगाना अधिक कठिन होता है। प्रकाश पथ के अवरोधों को बचाने के लिए प्रत्येक फाइबर कनेक्शन और जोड़ों को तैयार करने में अधिक सावधानी बरतनी चाहिए। साथ ही केबलें अत्यधिक मोड़दार (घुमाव) होने की वजह से केबलिंग अधिक कठिन हो जाती है।

बैण्डविड्थ क्षमता (Bandwidth Capacity): चूँकि यह प्रकाश का प्रयोग करती हैं जोकि विद्युतीय संकेतों की अपेक्षा उच्च फ्रीक्वेंसी वाले होते हैं, फाइबर आप्टिक केबलिंग 100 Mbps से 2 गीगाबाइट प्रति सेकण्ड तक की डाटा दर प्रदान करती हैं। डाटादर फाइबर की बनावट, मोड और ट्रांसमीटर प्रकाश की वेबलेन्थ (wavelength) पर निर्भर करती है। एक सामान्य मल्टीमोड स्थापना कई किलोमीटर तक होती है। एक सामान्य मल्टीमोड स्थापना कई किलोमीटर तक 100 Mbps को सपोर्ट कर सकती है।

नोड क्षमता (Node Capacity): ईथरनेट नेटवर्क के मामले में फाइबर ऑप्टिक केबलों की एकल कोलीशन (collision) डोमेन में लगभग 75 नोड से ऊपर की क्षमता होती है।

शक्तिक्षीणता (Attenuation): ताँबे की तारों की अपेक्षा फाइबर आप्टिकल केबल न्यूनतम क्षीणता वाली होती हैं क्योंकि प्रकाश कॉपर केबलों से उत्सर्जित विद्युत के मार्ग से बाहर उत्सर्जित नहीं होता है। इसमें चमकीली छटा बिखेरने की समस्या आती है। प्रकाश की भिन्न वेबलेन्थ भिन्न प्रकार से कांच से गुजरती हैं और प्रकाश की एकल गति के रंग धीरे-धीरे चारों तरफ फैलने लगते हैं। कई मीलों की दूरी में एक बिट (bit) दूसरे में पहुँच सकती है जिससे डाटा या तो खराब हो जाता है या फिर गुम हो जाता है।

विद्युतचुंबकीय अवरोध (Electromagnetic Interference): फाइबर आप्टिक केबलें विद्युतीय अवरोधों से अछूती होती हैं। इसके अतिरिक्त ये संकेतों को लीक (leak) नहीं करती हैं इसलिए इन्हें आधार की आवश्यकता नहीं होती है, और फाइबर केबल विद्युतीय आधार में आने वाले परिवर्तनों से प्रभावित नहीं होती है और न ही ये चिन्गारी उत्पन्न करती हैं। इस प्रकार की केबल्स उच्च वोल्टेज वाले क्षेत्रों के लिए उपयुक्त होती हैं जहाँ विद्युत की आँख मिचौनी एक समस्या हो।

प्रसारण का तरीका (Mode of Transmission): फाइबर आप्टिक चैनल अर्द्धगुणित होते हैं जिसका अर्थ यह है कि संकेत एक समय में एक ही दिशा में विचरण कर सकते हैं।

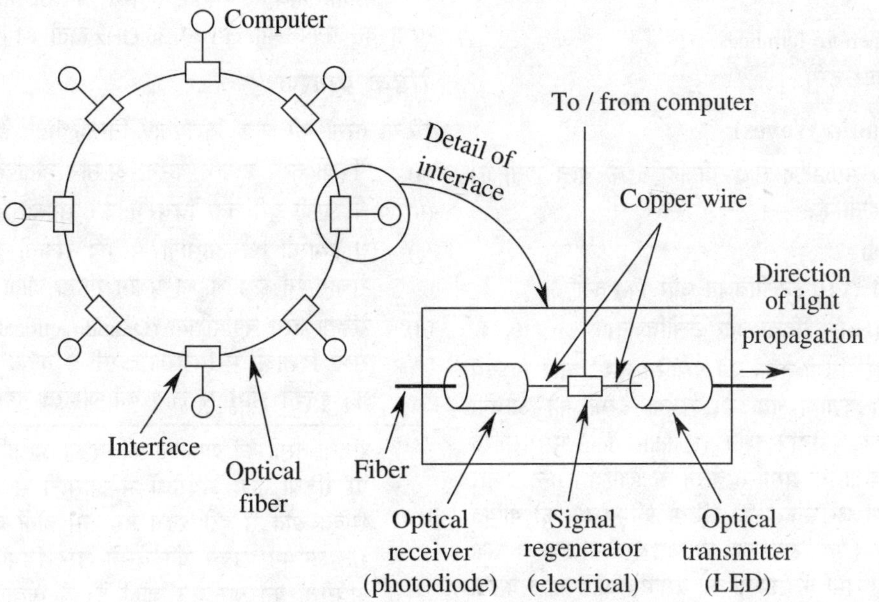

चित्र 4.16: सक्रिय रिपीटर्स के साथ फाइबर-आप्टिक रिंग

फाइबर ऑप्टिक केबल्स विशेषत: कैम्प, बहुइमारतीय और वित्तीय संचालन, सैनय संचालन तथा जन सुरक्षा जैसे उच्च सुरक्षा वाले क्षेत्रों के लिए उपयुक्त होती हैं।

ऑप्टिकल फाइबर माध्यम के प्रयोग

फाइबर ऑप्टिक माध्यम विडियो कान्फ्रेंस, डिजिटल आवाज/चित्र/लोकल एरिया नेटवर्क में ग्राफिक नेटवर्किंग जैसी उच्च बैण्डविड्थ वाली एप्लीकेशंस को सपोर्ट कर सकता है। फाइबर ऑप्टिक माध्यम फाइबर डिस्ट्रीब्यूटिड डाटा इंटरफेस (FDDI) और सिन्क्रोन्स ऑप्टिकल नेटवर्क (SONET) जैसे उच्च बैण्डविड्थ नेटवर्किंग मानकों के लिए मुख्य आधार होते हैं।

फाइबर ऑप्टिक्स का प्रयोग लोकल एरिया नेटवर्क के साथ-साथ लम्बे प्रसारणों के लिए किया जा सकता है। (देखें चित्र 4.16) प्रत्येक कम्प्यूटर की अंत:क्रिया अगले लिंक के जरिए प्रकाश पुंजों को गुजारती है और कम्प्यूटर को संदेश प्रेषित करने व प्राप्त करने में T जंक्शन का कार्य करती है। चित्र सक्रिय रिपीटर्स को दर्शाता है। आगम प्रकाश को यदि यह कमजोर है तो इसे पुन: उत्पादित करके विद्युतीय संकेतों में परिवर्तित किया जाता है और इसे प्रकाश के रूप में पुन: उत्पन्न किया जाता है। कम्प्यूटर के साथ इंटरफेस एक साधारण ताँबे का तार होता है जो सिग्नल पुनर्उत्पादक की श्रेणी में आता है।

फाइबर ऑप्टिक और ताँबे की तार की तुलना

लाभ: प्रसारण माध्यम के रूप में ताँबे की तार की अपेक्षा फाइबर ऑप्टिक्स में अनेक खूबियाँ होती हैं। ये खूबियाँ निम्नलिखित हैं:

(a) यह कॉपर वायर की अपेक्षा अधिक उच्च बैण्डविड्थ का संचालन कर सकती है। निम्न शक्ति क्षीणता के कारण फाइबर लाइनों पर प्रत्येक 30 किमी. की दूरी पर रिपीटर्स की आवश्यकता होती है जबकि कॉपर वायर में ये प्रत्येक किमी. दूरी पर लगाए जाते हैं।

(b) फाइबर ऑप्टिक्स पर अचानक विद्युत आवेग बढ़ने, विद्युत चुंबकीय अवरोधों या विद्युत आपूर्ति में आने वाली बाधा का कोई प्रभाव नहीं पड़ता है और न ही हवा में घुले रसायनों का इन पर प्रभाव पड़ता है जो इसे कारखाने में प्रयुक्त करने के लिए उत्तम बनाता है जहाँ विद्युतीय अवरोध अत्यधिक होते हैं।

(c) फाइबर केबल्स ताँबे की तारों की अपेक्षा हल्की होती है। 1 किमी लम्बी घुमावदार ताँबे की जोड़ा तारों का भार 8000 किलो होता है जबकि इतनी ही दूरी के लिए फाइबर का भार 100 किलो होता है और इसकी क्षमता भी अधिक होती है साथ ही इसके रखरखाव हेतु बनाए जाने वाले खर्चीले मैकेनिक सपोर्ट को भी यह कम करती है।

(d) फाइबर से प्रकाश का रिसाव नहीं होता है और इसे टैप करना अधिक कठिन होता है। यह पोटेंशियल वायर टैपर्स को उत्तम सुरक्षा प्रदान करती है।

हानियाँ: फाइबर में ताँबे की तारों की अपेक्षा निम्नलिखित कमियाँ होती हैं:

(a) फाइबर एक अपरिचित तकनीक है जिसमें कुशलता की जरूरत होती है जो आसानी से नहीं मिल पाती है।

(b) फाइबर प्रसारण यूनीडायरेक्शनल होता है जिसमें द्विमार्गीय संचार के लिए या तो दो फाइबर केबलों की जरूरत पड़ती है या फिर एक फाइबर दो फ्रीक्वेंसी बैण्ड्स की जरूरत होती है।

(c) विद्युतीय इंटरफेसों की अपेक्षा फाइबर इंटरफेस की लागत अधिक होती है।

4.6.9 गैर-निर्देशित मीडिया (Unguided Media)

वह माध्यम जिसमें किसी ठोस माध्यम के जरिए संकेत निर्देशित नहीं होते हैं, को गैर-निर्देशित माध्यम के नाम से जाना जाता है। हवा ही वह माध्यम है जिसके जरिए विद्युत-चुंबकीय ऊर्जा को आसानी से प्रवाहित किया जा सकता है। अत: अनेक ऐसी विधियाँ मौजूद हैं जिनको हवा के जरिए विद्युतचुंबकीय ऊर्जा को प्रेषित करने के लिए प्रयोग में लाया जाता है। ये विधियाँ निम्नलिखित हैं:

(a) VHF और माइक्रोवेव लिंक सहित रेडियो वेब कम्यूनिकेशन

(b) सैटेलाइट लिंक

(c) VSATs (Very Smart Aperture Terminals)

(c) इन्फ्रा-रेड और मिलीमीटर तरंगें

4.6.10 रेडियो तरंगें (Radio Waves)

रेडियो तरंगों की फ्रीक्वेन्सी 10 मेगाहर्ट्ज़ से 1 गीगाहर्ट्ज़ के बीच होती है। रेडियो तरंगें निम्न प्रकार की होती हैं:

(a) लघु तरंगें (Short waves)

(b) अत्यन्त उच्च फ्रीक्वेन्सी (VHF) टेलीविजन और FM तरंगें

(c) अल्ट्रा-हाई-फ्रीक्वेन्सी (UHF) रेडियो और टेलीविजन।

फ्रीक्वेन्सी की श्रेणी और रेडियो तरंगों को प्रसारित करने वाले माध्यम के प्रकारों को चित्र 4.17 में दर्शाया गया है। रेडियो तरंगों को ओमनी डायरेक्शन (Omnidirection) या यूनीडायरेक्शन (Unidirection) में प्रसारित किया जा सकता है। रेडियो संकेतों को प्रसारित करने के लिए विभिन्न प्रकार के एन्टीना का प्रयोग भी किया जा सकता है। रेडियो फ्रीक्वेन्सी की शक्ति को एन्टीना और ट्रान्स-रिसीवर (एक उपकरण जो फाइबर आप्टिक केबलों या ताँबे या रेडियो तरंगों जैसे माध्यमों के संकेतों को प्रसारित और ग्रहण करता है) द्वारा निर्धारित किया जाता है।

निर्वात (Vacuum) में सभी विद्युत चुंबकीय तरंगें समान गति से विचरण करती हैं, और उनकी फ्रीक्वेन्सी कोई मायने नहीं रखती है। इस गति को प्रायः प्रकाश गति कहा जाता है और जो लगभग $3x10^8$ मीटर/सेकण्ड या लगभग 1 फुट प्रति नैनोसेकण्ड होती है। फ्रीक्वेन्सी (f), वेबलेन्थ (λ) और c (निर्वात में) के बीच मौलिक सम्बन्ध:

$$\lambda f = c \quad (4.1)$$

उदाहरणार्थ 1 मेगाहर्ट्ज़ तरंगें लगभग 300 मी. लम्बी और 1 सेमी. तरंगों की फ्रीक्वेन्सी लगभग 30 GHz होती है।

रेडियो प्रसारण

रेडियो तरंगों की कुछ विशेषताएं निम्नलिखित हैं:

(a) रेडियो तरंगें उत्पन्न करना आसान होता है।

(b) ये लम्बी दूरी तक विचरण कर सकती हैं।

(c) ये इमारतों को आसानी से भेद सकती हैं इसीलिए घरेलू या बाहरी संचार हेतु इन्हें बहुधा प्रयोग किया जाता है।

(d) रेडियो तरंगें बहुदिशिक (Omnidirectional) होती हैं अर्थात ये स्रोत से सभी दिशाओं में विचरण करती हैं ताकि ट्रांसमीटर और रिसीवर दोनों को इनकी सीध में लाने की जरूरत नहीं होती है।

☞ रेडियो तरंगों की प्रापर्टीज़ फ्रीक्वेन्सी आधारित होती हैं। निम्न फ्रीक्वेन्सी पर रेडियो तरंगें अवरोधों से आसानी से गुजर जाती हैं किन्तु इनकी शक्ति स्रोत से दूरी बढ़ने पर कम होती जाती है। सामान्यतः वायु में $1/r^3$ लगभग। उच्च फ्रीक्वेन्सी पर रेडियो तरंगें सीधे बहती हैं और अवरोधों को पार कर जाती हैं। ये केवल वर्षा द्वारा अवशोषित की जाती हैं। सभी प्रकार की फ्रीक्वेन्सी पर रेडियो तरंगें विद्युत मोटरों से प्रभावित होती हैं।

अत्यन्त निम्न फ्रीक्वेन्सी (VLF), निम्न फ्रीक्वेन्सी (LF) और मध्यम फ्रीक्वेन्सी (MF) बैण्ड में रेडियो तरंगे पृथ्वी की सतह से छूकर प्रवाहित होती हैं। एम्प्लीट्यूड निदर्शित रेडियो प्रसारण MF बैण्ड का प्रयोग करता है। इस फ्रीक्वेन्सी बैण्ड का प्रयोग आँकड़ों को स्थानान्तरित नहीं कर सकता है क्योंकि वे निम्न बैण्डविड्थ वाले होते हैं।

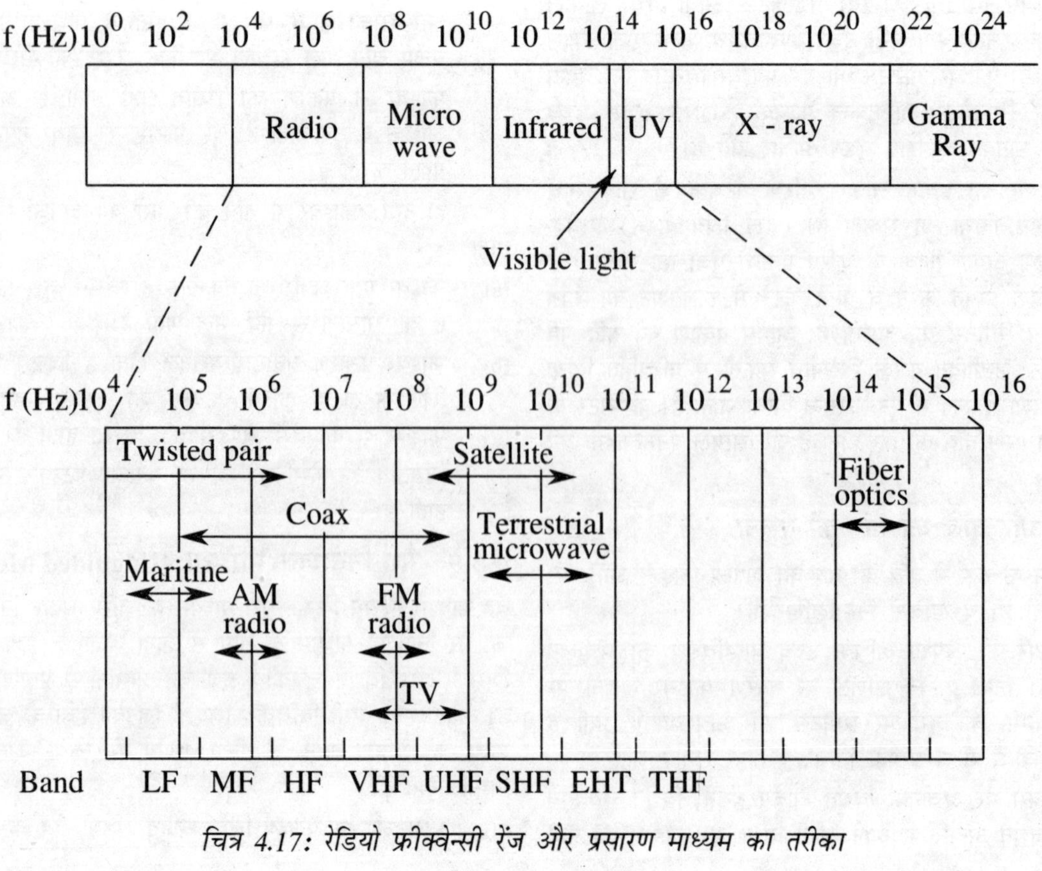

चित्र 4.17: रेडियो फ्रीक्वेन्सी रेंज और प्रसारण माध्यम का तरीका

सूचना की मात्रा जो विद्युत चुंबकीय तरंगें वहन कर सकती हैं, इसकी बैण्डविड्थ से संबद्ध होती है। इसमें वर्तमान तकनीक के साथ निम्न फ्रीक्वेन्सी पर कुछ बाइट्स प्रति हर्ट्ज कूट करना संभव होता है लेकिन प्राय: उच्च फ्रीक्वेन्सी पर निश्चित अवस्था में ज्यादा से ज्यादा 40 बाइट्स को कूट किया जा सकता है। अत: 500 MHz की बैण्डविड्थ वाली केबल कई गीगाबाइट्स प्रति सेकण्ड वहन कर सकती है।

☞ उच्च फ्रीक्वेन्सी और अत्यधिक उच्च फ्रीक्वेन्सी में सतही तरंगें पृथ्वी की सतह द्वारा अवशोषित कर ली जाती हैं। हालांकि वे तरंगें जो आयान मण्डल में पहुंचती हैं उन्हें इसके द्वारा अपरिवर्तित करके वापस पृथ्वी को भेज दिया जाता है। आयन मण्डल पृथ्वी से 100 से 500 किमी. की ऊँचाई पर स्थित कणों की परत होती है।

4.6.11 माइक्रोवेब प्रसारण (Microwave Transmission)

सौ मेगाहर्ट्ज़ से ऊपर तरंगें एक सीधी रेखा में चलती हैं। एक पैराबोलिक एन्टीना का प्रयोग करते हुए एक छोटी सी बीम में समस्त ऊर्जा को केन्द्रित करने पर ध्वनि अनुपात के उच्च संकेत प्राप्त होते हैं किन्तु प्रसारण और प्राप्त करने वाले एन्टीना को एक दूसरे की सीध में रखना आवश्यक होता है। फाइबर आप्टिक्स का आविष्कार होने से लम्बी दूरी के दूरभाष प्रसारण प्रणाली के लिए ये माइक्रोवेब हृदय बन गए हैं। क्षीण संकेतों में बढ़ोतरी होने की वजह से प्रसारण और प्राप्ति केन्द्रों के बीच लगभग 25 से 30 किमी. दूरी पर रिपीटर्स का प्रयोग किया जाता है। (चित्र 4.18)

☞ निम्न फ्रीक्वेन्सी की रेडियो तरंगों के लिए माइक्रोवेब इमारतों से नहीं गुजरते हैं। इसके अतिरिक्त बीम को ट्रांसमीटरों पर ध्यानपूर्वक भलीभांति रखा जाता है। इसके लिए खाली जगह पर थोड़ा विभाजन अवश्य किया जाता है। कुछ तरंगें वायुमण्डल की नीचली परत द्वारा परावर्तित की जा सकती हैं और प्रत्यक्ष तरंगों की अपेक्षा थोड़ा अधिक समय लगाती हैं। ये विलंबित तरंगें प्रत्यक्ष तरंगों से बाहर पहुंच सकती हैं और इस प्रकार सिग्नलों को रद्द कर देती हैं। इस प्रभाव को मल्टीपथ फेडिंग कहा जाता है। माइक्रोवेब संचार प्रणाली में यह एक गंभीर समस्या होती है।

प्रथम रिपीटर को प्रसारण केन्द्र के लाइन स्थान पर लगाया जाता है और अन्तिम रिपीटर को प्राप्ति केन्द्र के लाइन स्थान पर स्थापित किया जाता है। दो रिपीटर्स को एक दूसरे के सम्मुख लगाया जाता है। इनमें से प्रत्येक केन्द्र द्वारा संकेतों को प्राप्त, परिवर्तित और पुन: प्रसारित किया जाता है। माइक्रोवेब्स का सीधी रेखा में चलने की वजह से यदि टावर बहुत दूर भी हो तो भी पृथ्वी वक्रता इसे ग्रहण कर लेती है। इसलिए रिपीटर्स की जरूरत आवधिक होती है। रिपीटर्स के मध्य दूरी बहुत ऊँची यानी टावर की ऊँचाई के वर्गमूल के बराबर होती है। सौ मी. की ऊँचाई वाले टावर के लिए रिपीटर्स को 80 मीटर दूर लगाया जा सकता है।

माइक्रोवेब संचार की विशेषताएं

माइक्रोवेब प्रसारण मौसम तथा फ्रीक्वेन्सी पर निर्भर करता है। 10 GHz के फ्रीक्वेन्सी बैण्ड का प्रयोग नियमित रूप से किया जाता है। लम्बी दूरी की दूरभाष लाइनों, सेल्यूलर फोन, दूरदर्शन और अन्य उपयोगों के लिए माइक्रोवेब संचार का प्रयोग व्यापक स्तर पर किया जाता है ताकि स्पेट्रम की अल्पता की कमी विकसित न हो। माइक्रोवेब संचार की निम्नलिखित विशेषताएं होती हैं:

(a) माइक्रोवेब प्रणाली फाइबर आप्टिक की अपेक्षा सस्ती होती है। उदाहरण के लिए: दो साधारण टावर और उन पर एन्टीना लगाना 50 किमी. की केबल बिछाने से अधिक सस्ता होता है।

(b) माइक्रोवेब प्रणाली लगभग 16 गीगा बाइट प्रति सेकण्ड (1 गीगा = 10^9) के डाटा प्रसारण दर की अनुशंसा करती है। इस प्रकार की फ्रीक्वेन्सी में माइक्रोवेब प्रणालियाँ एक ही समय में लगभग 25000 चैनलों को वहन कर सकती है। ये अधिकांशत: बड़े मेट्रोपोलिटन शहरों को जोड़ने में प्रयोग की जाती है जिनमें अत्यधिक दूरभाष ट्रैफिक होता है।

माइक्रोवेब संचार प्रणालियों के प्रकार

मुख्यत: दो प्रकार की माइक्रोवेब डाटा संचार प्रणालियां होती हैं:

1. भौमिक (Terrestrial)
2. सैटैलाइट

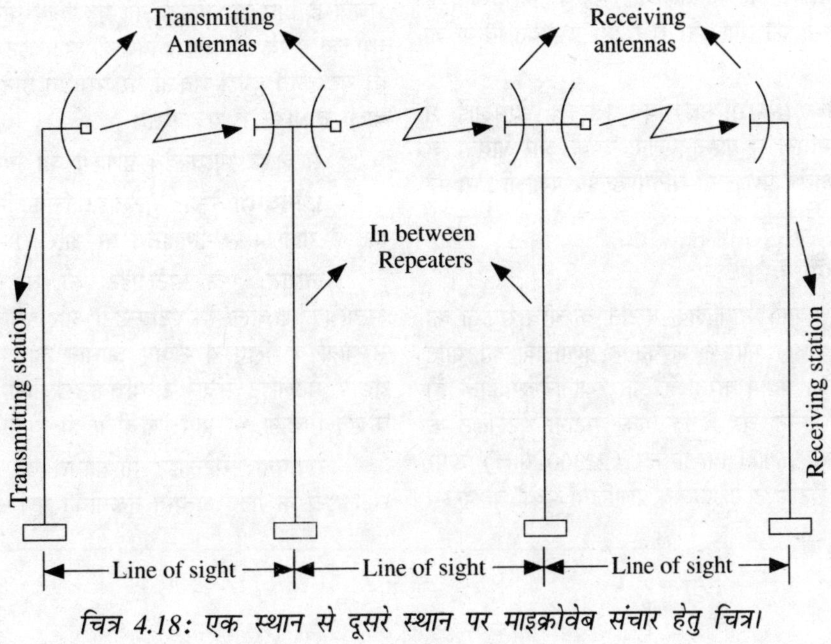

चित्र 4.18: एक स्थान से दूसरे स्थान पर माइक्रोवेब संचार हेतु चित्र।

भौमिक माइक्रोवेब प्रणालियाँ

भौमिक माइक्रोवेब प्रणालियाँ विशेषत: न्यूनतम गीगा हर्ट्ज रेंज में संकेतों को प्रेषित करने और प्राप्त करने के लिए डायरेक्शनल पैराबोलिक एन्टीना का प्रयोग करती हैं। चूंकि संकेत उच्च केन्द्रित होते हैं इसलिए उनका भौतिक पथ लाइन आफ साइट अवश्य होना चाहिए। प्रसारण टावरों और रिपीटर्स का प्रयोग संकेतों को बढ़ाने के लिए किया जाता है। भौमिक माइक्रोवेव प्रणाली का प्रयोग तब किया जाता है जब केबलिंग लागत-निषेधात्मक होती है यथा पहाड़ी क्षेत्रों में अथवा नदियों के पार इत्यादि।

क्योंकि भौमिक माइक्रोवेब प्रणाली में केबल का प्रयोग नहीं किया जाता है, माइक्रोवेब लिंक प्राय: अलग-अलग भवनों को जोड़ती हैं जहाँ केबलिंग अत्यधिक खर्चीली, लगाने में अधिक कठिन और निषिद्ध होती हैं। उदाहरण के लिए यदि दो इमारतों को एक सड़क द्वारा अलग किया जाता है तो आप केबल को सड़क के ऊपर या नीचे से केबल लगाने की अनुमति नहीं प्राप्त कर पाएंगे। इस स्थिति में माइक्रोवेब लिंक एक उत्तम विकल्प होंगे।

भौमिक माइक्रोवेब प्रणालियों की निम्नलिखित विशेषताएं होती हैं:

फ्रीक्वेन्सी रेंज: अधिकांश भौमिक माइक्रोवेब प्रणालियाँ निम्न गीगा हर्ट्ज रेंज के सिग्नल उत्पन्न करती हैं जो प्राय: 4-6 गीगाहर्ट्ज और 21 से 23 गीगाहर्ट्ज रेंज के होते हैं।

लागत: कम दूरी की प्रणालियाँ कम खर्चीली होती हैं और वे सैंकड़ों मीटर रेंज में प्रभावी हो सकती हैं। लम्बी दूरी की प्रणालियाँ अधिक खर्चीली हो सकती हैं।

स्थापना: माइक्रोवेब प्रणालियों के लिए जगह की जरूरत इसकी स्थापना को कठिन बना सकती है। एन्टीना को सावधानीपूर्वक सीधी रेखा में लगाना चाहिए और प्रसारण भी जगह के अनुसार अवश्य होना चाहिए अन्यथा ट्रान्स-रिसीवर भी एक समस्या हो सकती है।

बैण्डविड्थ क्षमता: क्षमता की भिन्नता फ्रीक्वेन्सी पर निर्भर करती है परन्तु डाटा दर 1 से 10 Mbps तक होती है।

शक्तिक्षीणता (Attenuation): शक्तिक्षीणता को फ्रीक्वेन्सी, सिग्नल की शक्ति, एन्टीना का आकार और वायुमण्डलीय परिस्थितियों द्वारा प्रभावित किया जाता है। सामान्यत: कम दूरी पर शक्तिक्षीणता महत्व नहीं रखती है लेकिन उच्च माइक्रोवेब फ्रीक्वेन्सी को वर्षा और धुंध द्वारा प्रभावित किया जा सकता है।

विद्युतचुंबकीय अवरोध (EMI): माइक्रोवेब सिग्नल ईएमआई में बिखरे हुए होते हैं। भेदन के मामले में बाहरी एजेन्ट प्रेषक और पावती के संदेशों को सुन सकते हैं। माइक्रोवेब प्रणालियाँ वायुमण्डलीय दशाओं द्वारा भी प्रभावित की जा सकती हैं।

सैटेलाइन माइक्रोवेब प्रणालियाँ

सैटेलाइन माइक्रोवेब प्रणाली दिशायुक्त पैराबोलिक एन्टीना के बीच संकेतों का प्रसारण करती है। (देखें चित्र 4.19) भौमिक माइक्रोवेब प्रणालियों की भाँति वे निम्न गीगाहर्ट्ज फ्रीक्वेन्सी का प्रयोग करती हैं और स्थानानुरूप होती हैं। सैटेलाइट प्रणालियों में प्रमुख भिन्नता यह है कि एक एन्टीना सैटेलाइट के केन्द्र में भूमध्य रेखा से लगभग 36000 किलोमीटर (22300 मील) ऊपर लगा होता है जिसकी वजह से सैटेलाइट माइक्रोवेब प्रणालियाँ पृथ्वी के दूरस्थ स्थानों पर पहुँच सकती हैं और मोबाइल उपकरणों के साथ संचार कर सकती हैं।

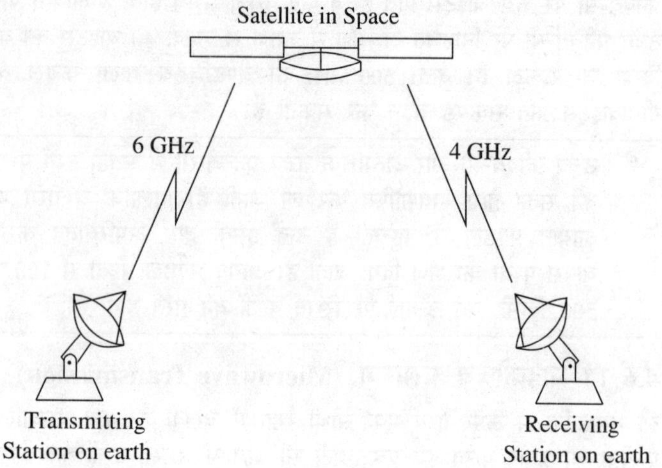

चित्र 4.19: एक स्थान से दूसरे स्थान पर सैटेलाइट संचार।

☞ एक संचार सैटेलाइट मुख्यत: माइक्रोवेव प्रसारण केन्द्र होता है जो भूमध्य रेखा से लगभग 36000 किमी. ऊपर स्थापित होता है जहाँ से इसकी कक्षा की गति पृथ्वी की परिभ्रमण गति से मेल खाती है। सैटेलाइट समरेखीय कक्षा में स्थापित होने से (जहाँ कक्षा की गति पृथ्वी के परिभ्रमण की गति से मेल खाती है) यह पृथ्वी से संपर्क बनाती है और पृथ्वी के समकक्षीय स्थान पर स्थित रहती है। यह जमीनी केन्द्र को अपना एन्टीना आसमान में निश्चित जगह पर स्थापित करने की अनुमति प्रदान करता है।

सैटेलाइट संचार में 6 गीगाहर्ट्ज पर माइक्रोवेब संकेतों को अंतरिक्ष में स्थापित सैटेलाइट को पृथ्वी पर स्थापित ट्रांसमीटर से प्रसारित किया जाता है। लम्बे समय की वजह से यह संकेत 36000 किमी. की ऊँचाई तक पहुंचने में काफी क्षीण हो जाते हैं। सैटेलाइट में लगा ट्रॉंसपोण्डर इन संकेतों को सशक्त बनाता है और 4 गीगाहर्ट्ज की फ्रीक्वेन्सी के साथ पृथ्वी को वापस भेजता है फिर इन संकेतों को पृथ्वी के केन्द्र द्वारा प्राप्त किया जाता है। यह ध्यातव्य है कि प्रसारण फ्रीक्वेन्सी सैटेलाइट से प्राप्त फ्रीक्वेन्सी से भिन्न होती है। यह कार्य दुर्बल संकेतों पर प्रसारित होने वाले शक्तिशाली संकेतों में आने वाली बाधाओं से बचाता है।

सैटेलाइट माइक्रोवेब प्रणाली की निम्नलिखित विशेषताएं होती हैं:

फ्रीक्वेन्सी रेन्ज: सैटेलाइट लिंक निम्न गीगाहर्ट्ज रेन्ज पर संचालित होते हैं यानी 4-6 गीगाहर्ट्ज पर और 11-14 गीगाहर्ट्ज पर।

लागत: एक सैटेलाइट को बनाना और उसकी लांचिंग करना अत्यधिक खर्चीला है। एटीएन्डटी और ह्यूजेस जैसी कम्पनियाँ बड़े संख्या में संस्थानों के लिए ये सेवाएं आसान लागत पर लीज पर मुहैया कराती हैं। यद्यपि सैटेलाइट संचार अत्यधिक खर्चीला होता है और उसी दूरी के लिए केबल बिछाना भी प्राय: खर्चीला ही होता है।

स्थापना: सैटेलाइट माइक्रोवेब की स्थापना करना कक्षा में स्थापित सैटेलाइटों के लिए अत्यन्त तकनीकी पूर्ण और कठिन होता है और साथ ही

पृथ्वी पर आधारित प्रणालियों को उपयुक्त समायोजन की आवश्यकता भी होती है।

बैण्डविड्थ क्षमता: इसकी क्षमता प्रयोग की गई फ्रीक्वेन्सी पर निर्भर करती है जिसकी डाटा दर 1 से 10 Mbps तक होती है।

शक्तिक्षीणता (Attenuation): शक्तिक्षीणता फ्रीक्वेन्सी, शक्ति, एन्टीना का आकार और वायुमण्डलीय दशाओं पर निर्भर करती है। उच्च माइक्रोवेब प्रणालियाँ वर्षा और धुंध से अत्यधिक प्रभावति होती हैं।

माइक्रोवेब प्रणालियों के लाभ और सीमाएं

सैटेलाइट माइक्रोवेब प्रणालियों का प्रमुख लाभ यह है कि इस सैटेलाइट माइक्रोवेब प्रसारण को पृथ्वी के किसी भी हिस्से से देखा जा सकता है। उदाहरणार्थ, राष्ट्रीय प्रसारण के लिए प्रयुक्त सैटेलाइटों को देश के सभी भागों में देखा जा सकता है। अत: प्रसारण और प्राप्ति उस क्षेत्र में चुने गए किन्हीं दो स्थानों पर हो सकता है और प्रसारण और प्राप्ति की लागतें स्थानों के बीच स्वतंत्र हो सकती हैं। इसके अतिरिक्त प्रसारण केन्द्र अपने ही प्रसारण को वापस प्राप्त कर सकता है और यह सुनिश्चित कर सकता है कि किया गया प्रसारण सही है या नहीं और यदि कोई त्रुटि पाई जाती है तो डाटा को पुन: प्रसारित किया जाता है।

तालिका 4.3 में बड़े वाणिज्यिक बैण्ड्स को दर्शाया गया है। C बैण्ड वह पहला बैण्ड था जिसे वाणिज्यिक आवागमन के लिए निर्धारित किया गया था। ये बैण्ड्स पहले ही अत्यधिक व्यस्त होते हैं, क्योंकि इन्हें भौमिक माइक्रोवेव लिंक्स के सामान्य वाहकों द्वारा प्रयोग किया जाता है। वाणिज्यिक दूरसंचार के लिए उपलब्ध दूसरा उच्च बैण्ड Ku बैण्ड है। ये बैण्ड इन फ्रीक्वेंसियों पर अधिक भीड़भाड़ भरा है। हालांकि वर्षा जल इन लघु माइक्रोवेब का अवशोषक है। पूर्व के सैटेलाइटों में चैनलों में ट्रांसपोंडर का विभाजन फ्रीक्वेन्सी विभाजन मल्टीप्लेक्सिंग (FDM) के रूप में नियत फ्रीक्वेन्सी बैंडों में बैण्डविड्थ द्वारा स्थिर होता था। आजकल टाइम डिवीजन मल्टीप्लेक्सिंग (TDS) को इसकी अत्यधिक लोच की वजह से प्रयोग किया जाता है।

☞ सैटेलाइट संचार की सबसे बड़ी कमी कक्षा में सैटेलाइट को लगाने पर आने वाला अत्यधिक खर्च है फिर भी सैटेलाइट रेंज में सभी प्राप्ति केन्द्रों को सैटेलाइट से संकेत प्रसारित किए जाते हैं। अत: सूचना की गोपनीयता बनाये रखने की दृष्टि से सुरक्षा मापदण्डों का अपनाया जाना भी आवश्यक होता है।

VSATs (Very Small Aperture Terminals)

इन छोटे टर्मिनलों में 1 मी. चौड़ा एन्टीना होता है और ये वाट की शक्ति वाले हो सकते हैं। अपलिंक सामान्यत: 19.2 Kbps के लिए उत्तम होता है किन्तु डाउनलिंक प्राय: 512 Kbps का होता है। अनेक VSAT प्रणालियों में दूसरे केन्द्रों से प्रत्यक्ष संचार करने के लिए पर्याप्त शक्ति नहीं होती है जबकि विशेष जमीनी केन्द्रों में जो हब होता है, में उच्च एन्टीना की आवश्यकता होती है जो VSATs के बीच आवागमन करता है। (चित्र 4.20)

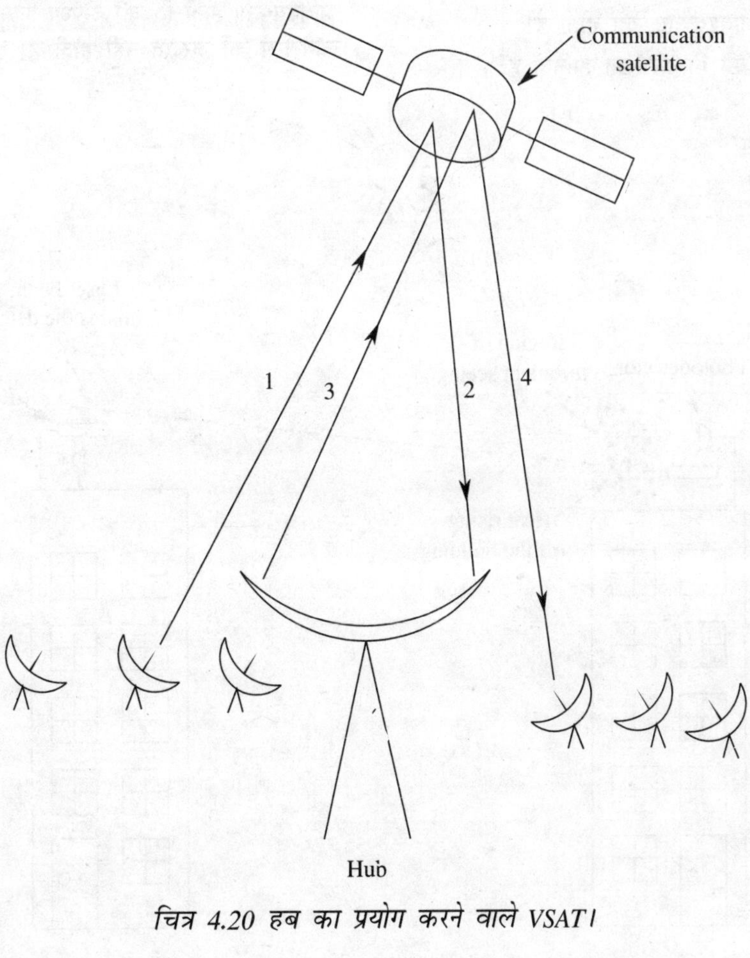

चित्र 4.20 हब का प्रयोग करने वाले VSAT।

तालिका 4.3: मुख्य सैटेलाइट बैण्ड्स

बैण्ड	फ्रीक्वेन्सी (GHz)	डाउनलिंक (GHz)	अपलिंक (GHz)	समस्याएँ
C	4/6	3.7-4.2	5.925-6.425	भौमिक बाधाएं
Ku	11/14	11.7-12.2	14.0-14.5	वर्षा
Ka	20/30	17.7-21.7	27.5-30.5	वर्षा, उपकरण लागत

संचालन की इस विधि में या तो प्रेषक के पास अथवा प्राप्तकर्ता के पास एक बड़ा एन्टीना होता है और साथ में शक्तिशाली एम्प्लीफायर होता है। एंड यूजर स्टेशन के पास सस्ता एन्टीना होने की वजह से वापसी में समय अधिक लगता है। यह विलंबित समय अथवा एंड-टू-एंड प्रसारण समय 250 से 300 msec (हब युक्त VSAT प्रणाली के लिए 540 msec) तक होता है।

4.6.12 लाइट वेब प्रसारण (Light Wave Transmission)

काफी समय से गैर निर्देशित ऑप्टिक सिग्नलिंग प्रचलन में है। आधुनिक एप्लीकेशन छतों के ऊपर चढ़ी लेजर्स के द्वारा दों इमारतों में लोकल एरिया नेटवर्क जोड़ने के लिए प्रयुक्त की जाती है। लेजर प्रयुक्त करने वाली संबद्ध ऑप्टिकल सिग्नलिंग स्वभावत: यूनीडायरेक्शनल होती है। इसलिए प्रत्येक इमारत को अपने निजी लेजर और फोटो डायोड की जरूरत पड़ती है।

लेजर बीम प्रसारण पद्धति के निम्नलिखित लाभ हैं:

(a) बैण्डविड्थ न्यूनतम लागत पर उच्चतम प्राप्त होती है।
(b) यह स्थापित करने में आसान होती है।
(c) इसे किसी लायसेन्स की आवश्यकता नहीं होती है।

लेजर बीम प्रसारण पद्धति की निम्नलिखित हानियाँ हैं:

(a) लेजर किरणें वर्षा और घनी धुंध को नहीं भेद सकती हैं लेकिन शुष्क दिनों में ये भलीभाँति कार्य करती हैं।
(b) दिन के समय में सूर्य की ऊष्मा की वजह से चित्र 4.21 में दर्शाए के अनुसार इमारत की छतों से कन्वेक्शन करंट को बढ़ाती है। यह वायु किरणों को विभाजित कर देती है और डिटेक्टर से दूर कर देती है।

4.6.13 इन्फ्रारेड और मिलीमीटर वेब्स

लघु-श्रेणी के संचार में अनिर्देशित इन्फ्रारेड और मिलीमीटर वैब्स बहुधा प्रयोग की जाती हैं। टेलीविजन, VCR और स्टीरियो में प्रयोग किए जाने वाले रिमोट कन्ट्रोल में इन्फ्रारेड संचार का प्रयोग किया जाता है। ये दिशायुक्त सस्ती और बनाने में आसान होती हैं किन्तु ये किसी ठोस वस्तु को नहीं भेद सकती हैं। एक इमारत के एक कमरे में लगी इन्फ्रारेड प्रणाली दूसरे कमरे में लगी इसी प्रकार की प्रणाली को बाधित नहीं करती है। फिर भी विशेषत: इसी वजह से बनी रेडियो प्रणाली की अपेक्षा कुभेद्धों से बचाने के इन्फ्रारेड प्रणालियाँ अधिक सुरक्षित होती हैं। रेडियो प्रणालियाँ जिनके लिए लायसेन्स की आवश्यकता होती है, की अपेक्षा इन्फ्रारेड प्रणालियों के लिए किसी सरकारी लायसेन्स की जरूरत नहीं होती है।

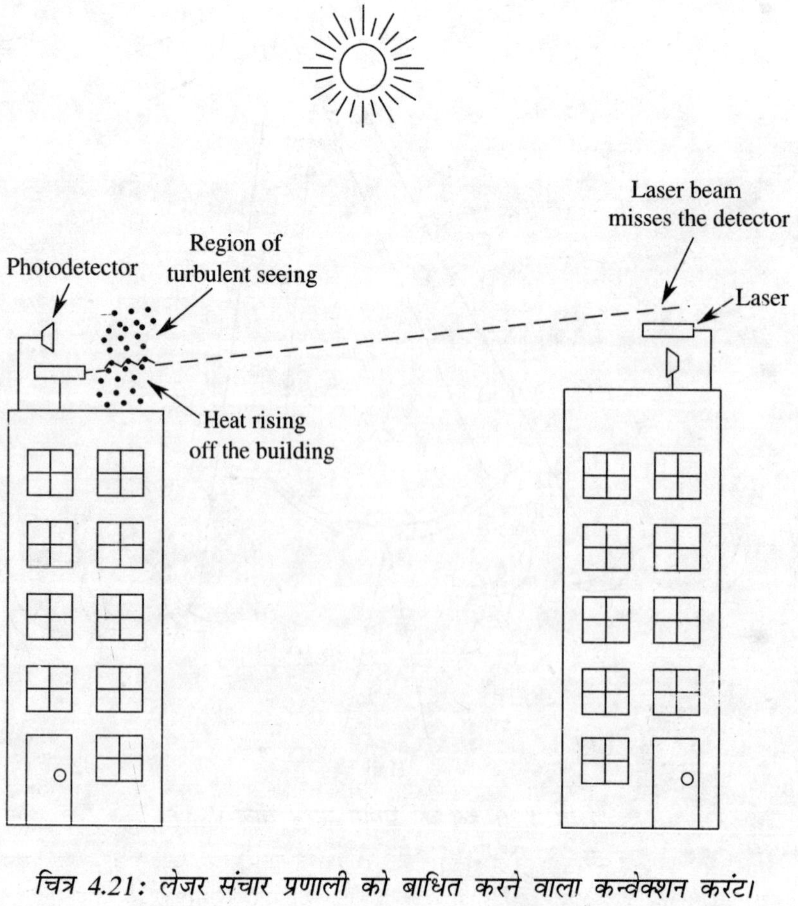

चित्र 4.21: लेजर संचार प्रणाली को बाधित करने वाला कन्वेक्शन करंट।

तालिका 4.4: प्रकाश स्रोत के रूप में सेमीकण्डक्टर और LED के बीच तुलना

मद	लाइट एमिटिंग डायोड	सेमीकंडक्टर लेजर
डाटा दर	निम्न	उच्च
मोड	मल्टीमोड	मल्टीमोड या सिंगल मोड
संचालन दूरी	3 किमी.	30 किमी.
लाइफ टाइम	दीर्घावधिक	अल्पावधि
तापमान संवेदनशीलता	अल्प	बड़ा
लागत	निम्नतम	बड़ी

इन्फ्रारेड संचार का प्रयोग घर के अन्दर बेतार लोकल एरिया नेटवर्क के लिए किया जाता है। उदाहरणार्थ एक भवन के अन्दर के कार्यालयों और कम्प्यूटर्स को इन्फ्रारेड ट्रांसमीटरों और रिसीवरों से सुसज्जित किया जा सकता है। इस प्रकार इन्फ्रारेड युक्त कम्प्यूटर्स को बिना किसी भौतिक जुड़ाव के लोकल एरिया नेटवर्क से जोड़ा जा सकता है। जब अनेक लोग अपने लैपटॉप के माध्यम से मीटिंग करते हैं तो वे केवल कान्फ्रेन्स रूम में बैठ कर बिना किसी प्लग-इन के एक दूसरे से जुड़ सकते हैं।

4.7 फाइबर ऑप्टिक संचार (Fibre Optic Communication)

डिजिटल डाटा के स्थानान्तरण हेतु आप्टिकल माध्यम का आविष्कार होने से डाटा संचार में विस्तार के युग का आरंभ हुआ है। माइक्रॉन रेन्ज में छोटी वेब लेन्थ वाली उच्च फ्रीक्वेन्सी की विद्युत चुंबकीय वेब्स ही प्रकाश किरणें होती हैं। आप्टिकल फाइबर संचार हेतु प्रकाश को कांच के माध्यम से गुजारा जाता है। वेबलेन्थ में दृश्य श्रेणी में प्रकाश मौजूद होता है जो 0.4 और 0.7 माइक्रोमीटर (0.4×10^{-6} और 0.7×10^{-6} मीटर) होता है या कांच द्वारा इसकी शक्ति क्षीणकर दी जाती है। दूसरी ओर, वेबलेन्थ वाली प्रकाश किरणों को जो 0.85 और 1.6 माइक्रोमीटर की होती हैं, कांच से कुशलता पूर्वक गुजारा जाता है। फाइबर ऑप्टिक केबल्स बढ़ी हुई बैंडविड्थ के कारण 1000 Mbps तक बढ़ी हुई डाटा दर को प्रबंधित कर सकती हैं।

आप्टिकल फाइबरों की विशाल क्षमता और डिजिटल कुशलता ने उन्हें कम्प्यूटर संचार हेतु अधिक उपयुक्त बनाया है। इन्हें सह उपकरणों के साथ सेन्ट्रल प्रोसेसर को जोड़ने में लोकल एरिया नेटवर्क में इसका प्रयोग किया जा रहा है। विकासकर्ता स्काई स्क्रैपर को बनाने में आप्टिक फाइबर का प्रयोग कर रहे हैं जैसा कि कहा जाता है ये आप्टिकल फाइबर का नर्वस सिस्टम होते हैं जो कार्य और नियंत्रण हेतु तापमान, प्रकाश, सुरक्षा में सेंध अथवा अग्निसूचक के बारे में जानकारी प्रदान करते हैं।

4.7.1 अवयव (Component)

फाइबर आप्टिक प्रणाली के तीन अवयव होते हैं:

(a) प्रकाश स्रोत

(b) प्रसारण माध्यम (चैनल)

(c) डिटेक्टर

4.7.2 स्रोत

सामान्यत: दो प्रकार के आप्टिकल स्रोत- (1) लाइट एमिटिंग डायोड (LEDs) और (2) इंजेक्शन लेजर डायोड, प्रयुक्त किये जाते हैं। LED निम्न स्तरीय प्रकाश उत्सर्जित करती हैं (-15 dBm) लेकिन यह सघन कोन पद्धति पर केन्द्रित होता है। लेजर डायोड -6dBm प्रकाश उत्सर्जित करते हैं। प्रकाश की पद्धति को चित्र 4.22 में दर्शाया गया है।

चित्र 4.22 से यह स्पष्ट होता है कि प्रकाश उत्सर्जन डायोड पद्धति विस्तृत है क्योंकि डायोड की सतह से प्रकाश का उत्सर्जन होता है। लेजर अपने किनारों से प्रकाश को प्रक्षेपित करते हैं। जिससे अधिक संकरा कोन बनाता है। सेमीकण्डक्टर लेजर डायोड और LED के बीच तुलना तालिका 4.4 दर्शायी गई है।

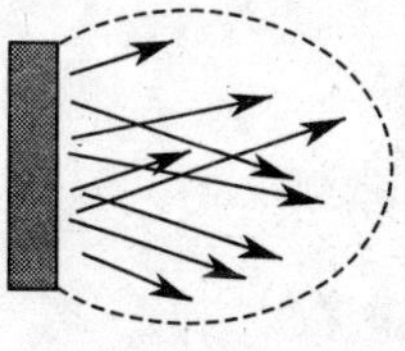

(a) LED (Microwatts)

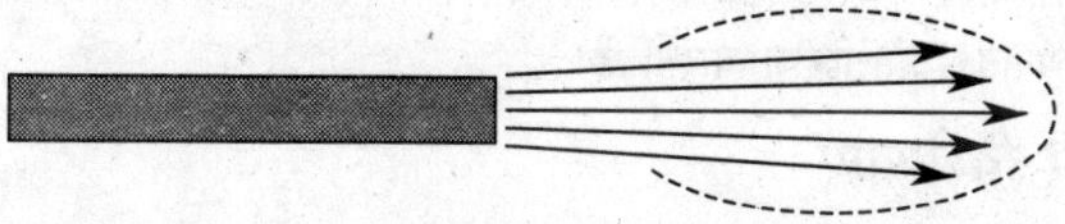

(b) Injection Laser (Milliwatts)

चित्र 4.22: (a) LED, (b) इंजेक्शन लेजर से प्रकाश पद्धति

4.7.3 चैनल डिटेक्टर

यह परंपरागत रूप में प्रकाश की गति 1 बाइट दर्शाता है और प्रकाश की अनुपस्थिति को 0 बाइट इंगित करता है। प्रसारण का माध्यम अल्ट्रा-थिन फाइबर कांच होता है। जब प्रकाश इस पर पड़ता है तो डिटेक्टर एक इलेक्ट्रिक पल्स उत्पन्न करता है। प्रकाश स्रोत को आप्टिकल फाइबर के एक सिरे से तथा दूसरे को डायोड से जोड़ा जाता है। हमारे पास यूनीडायरेक्शनल डाटा प्रसारण प्रणाली है जो विद्युतीय संकेतों को प्राप्त करती है, उन्हें परिवर्तित करती है और फिर प्रकाश पल्स के रूप में प्रसारित करती है और फिर प्राप्ति छोर पर विद्युत संकेतों को पुन: परिवर्तित करती है।

4.8 नेटवर्क के प्रकार (Types of Network)

4.8.1 कम्प्यूटरों को जोड़ने की क्लाइंट/सर्वर विधि

किसी नेटवर्क आर्कीटेक्चर जिसमें नेटवर्क पर प्रत्येक कम्प्यूटर या प्रोसेसर या तो एक क्लाइंट होता है या फिर एक सर्वर। नेटवर्क से जुड़े प्रत्येक क्लाइंट या सर्वर को नोड के रूप में परिभाषित किया जाता है। क्लाइंट-सर्वर आर्कीटेक्चर के मूल आधारिक प्रकार में केवल दो प्रकार- क्लाइंट और सर्वर होते हैं। कभी कभी इस प्रकार के आर्कीटेक्चर को टू-टायर (two-tire) भी कहा जाता है। यह उपकरणों को फाइल्स और स्रोतों से भागीदारी करने की

अनुमति प्रदान करता है।

☞ क्लाइंट/सर्वर एप्लीकेशन में एक सर्वर खंड (बैक एंड) जहाँ अधिकांशत: प्रोसेसिंग और स्टोरेज होता है और एक क्लाइंट खण्ड (फ्रन्ट एन्ड) जो यूजर इंटरफेस प्रदान करता है, होता है।

क्लाइंट साफ्टवेयर का प्रत्येक चरण एक या अनेक संबद्ध सर्वरों को डाटा आवेदन (Data request) भेज सकता है। बदले में सर्वर इन आवेदनों को स्वीकार करते हैं, उन्हें प्रोसेस करते हैं और क्लाइंट को मांगी गई जानकारी वापस करते हैं। हालांकि यह अवधारणा एप्लीकेशंस के अनेक भिन्न प्रकारों के लिए विभिन्न कारणों से लागू की जा सकती है फिर भी आर्कीटेक्चर मौलिक रूप से अपरिवर्तित रहती है।

क्लाइंट/सर्वर एप्लीकेशन का एक उदाहरण वेब एप्लीकेशन है जो सर्वर छोर, एक्टिव सर्वर पेज (ASP) प्रोग्रामिंग और क्लाइंट साइड स्क्रिप्टिंग के समरूपों का प्रयोग करने वाले इंटरनेट इन्फारमेशन सर्विस (IIS) के लिए खासतौर पर तैयार की गई है। एएसपी (ASP) स्क्रिप्ट वेब सर्वर पर चलती है जबकि क्लाइट साइड स्क्रिप्ट क्लाइट वेब ब्राउज़र पर चलती है।

क्लाइंट की विशेषताएं

क्लाइंट कम्प्यूटर की विशेषताएं निम्नलिखित हैं:

1. मास्टर कम्प्यूटर को क्रियाशील करती हैं।
2. आवेदनों की पहल करती है।
3. इंतजार करती है और प्रत्युत्तर प्राप्त करती है।
4. एक ही समय में एक या एक से अधिक सर्वरों को जोड़ती है।
5. ग्राफिकल यूजर इंटरफेस (GUI) प्रयोग करने वाले प्रयोक्ताओं के साथ प्रत्यक्षत: अंत:क्रिया करती है।

सर्वर की विशेषताएं

सर्वर कम्प्यूटरों की विशेषताएं निम्नलिखित हैं:

1. ये क्लाइंट के आवेदनों का इंतजार करते हैं।
2. आवेदन प्राप्त होने पर उन्हें प्रोसेस करते हैं और फिर जवाब प्रेषित करते हैं।
3. प्राय: बड़ी संख्या में क्लाइंट्स से कनेक्शनों को स्वीकार करते हैं।
4. ये एण्ड यूजर के साथ प्रत्यक्ष इंटरएक्शन नहीं करते हैं।

4.9 पीयर-टू-पीयर (Peer-to-Peer) कम्प्यूटर नेटवर्क

पीयर-टू-पीयर नेटवर्क वह नेटवर्क होता है जिसमें एक नेटवर्क के कम्प्यूटर्स को स्वतंत्र रूप से व्यवस्थित किया जाता है और उनके पास एक दूसरे से संचार प्रारंभ करने, स्रोतों की भागीदारी करने और प्रयोक्ताओं को वैद्यता प्रदान करने का अधिकार होता है।

पीयर-टू-पीयर नेटवर्क का प्रयोग नोडों को जोड़ने के लिए किया जाता है। इस प्रकार के नेटवर्क्स का प्रयोग कई उद्देश्यों के लिए किया ज़ाता है। इसमें आडियो, वीडियो, डाटा वाली फाइल्स को शेयर करने या डिजिटल फारमेट में कोई चीज़ एक सामान्य बात है। दूरभाषीय आवागमन जैसे रियल टाइम डाटा को भी पीयर-टू-पीयर नेटवर्क का प्रयोग कर गुजारा जाता है।

☞ पीयर-टू-पीयर वास्तुशिल्प नेटवर्क का वह प्रकार है जिसमें प्रत्येक वर्कस्टेशन के पास समकक्ष क्षमताएं और उत्तरदायित्व होते हैं।

यह नेटवर्क क्लाइंट/सर्वर आर्कीटेक्चर से भिन्न होता है जिसमें कुछ कम्प्यूटर अन्य कम्प्यूटर्स की सेवा में तत्पर रहते हैं। पीयर-टू-पीयर नेटवर्क सामान्यत: अधिक साधारण होते हैं, किन्तु अत्यधिक लोड में ये उसी आसानी से कार्य नहीं कर सकते हैं।

4.9.1 पीयर-टू-पीयर नेटवर्क के प्रकार

नेटवर्क और एप्लीकेशंस के आधार पर पीयर-टू-पीयर नेटवर्क को तीन वर्गों में वर्गीकृत किया जाता है:

(a) वैज्ञानिक कम्प्यूटिंग (Collaborative Computing)
(b) त्वरित मैसेजिंग (Instant Messaging)
(c) समानता समुदाय (Affinity Communities)

वैज्ञानिक कम्प्यूटिंग (Collaborative Computing)

कम्प्यूटिंग को विभाजित कम्प्यूटिंग भी कहा जाता है। यह खाली पड़े या अप्रयुक्त सीपीयू (CPU) प्रोसेसिंग पावर को या नेटवर्क में कई कम्प्यूटर्स के खाली डिस्क स्पेस को जोड़ती है! वैज्ञानिक कम्प्यूटिंग वैज्ञानिक या जैव विज्ञानी संस्थानों में अधिक लोकप्रिय है जहाँ उच्चतम दर्जे की कम्प्यूटर प्रोसेसिंग की आवश्यकता होती है।

त्वरित मैसेजिंग (Instant Messaging)

पीयर-टू-पीयर नेटवर्क की अत्यधिक सामान्य अवस्था त्वरित मैसेजिंग है जहाँ एमएसएन मैसेन्जर या AOL इन्स्टैंट मैसेन्जर जैसी साफ्टवेयर एप्लीकेशंस होती हैं जो प्रयोक्ता को रियल-टाइम में टेक्स्ट मैसेज के जरिए बातचीत करने की अनुमति प्रदान करती हैं।

समानता समुदाय (Affinity Communities)

पीयर-टू-पीयर नेटवर्क समानता समुदाय का वह समूह है जो फाइल-शेयरिंग के चारों ओर आधारित होता है और नैपस्टर (Napster) की प्रत्यक्ष फाइल शेयरिंग समूह से घिरे हुए जन वैधानिक मुद्दों की वजह से जाना गया है।

☞ समानता समुदाय प्रयोक्ता सहयोग और फाइल और सूचना हेतु अन्य कम्प्यूटर प्रयोक्ताओं की खोज पर आधारित होता है।

पीयर-टू-पीयर नेटवर्क किस प्रकार कार्य करता है?

पीयर-टू-पीयर नेटवर्क के पास अधिकृत प्रयोक्ताओं के लिए कोई विशेष सर्वर नहीं होता है। प्रत्येक कम्प्यूटर अपनी सुरक्षा की व्यवस्था स्वयं करता है इसलिए प्रत्येक कम्प्यूट जिसकी प्रयोक्ता को जरूरत होती है, के लिए एक अलग एकाउंट बनाना पड़ता है। प्रयोक्ता प्राय: फाइल्स को अपने कम्प्यूटर पर स्टोर करता है और यह सुनिश्चित करने के लिए कि उसकी फाइल्स का उपयुक्त बैकअप है, स्वयं उत्तरदायी होता है। पीयर-टू-पीयर नेटवर्क में, प्रत्येक कम्प्यूटर क्लाइंट और सर्वर दोनों साफ्टवेयर चलाता है और अन्य प्रयोक्ताओं को संसाधन उपलब्ध कराने में प्रयोग किया जाता है।

एक बार जब आप पीयर-टू-पीयर क्लाइंट को डाउनलोड और स्थापित कर चुके हों और यदि आप इंटरनेट से जुड़े हुए हैं तब आप यूटीलिटी को लांच कर सकते हो और तब आप सेन्ट्रल इंडेक्सिंग सर्वर में लॉगइन कर लेते हैं। यह सेन्ट्रल सर्वर सभी प्रयोक्ताओं जो सर्वर से ऑनलाइन जुड़े हैं, को सूचीबद्ध करता है। यह सर्वर किसी फाइल को डाउनलोड करने के लिए होस्ट नहीं करता है। पीयर-टू-पीयर क्लाइंट में वह क्षेत्र समाहित होता है जहाँ आप किसी विशेष फाइल को खोज सकते हैं और जिस फाइल को आप खोज रहे हैं, अन्य संबद्ध प्रयोक्ताओं से प्राप्त करने के लिए उन प्रश्नों को सर्वर पर

सूचीबद्ध करता है। जब यह मिलान हो जाता है तब सेन्ट्रल सर्वर आपको यह बताएगा कि आप द्वारा खोजी गई फाइल कहाँ से प्राप्त करनी है। तब आप खोज प्रश्न से परिणाम का चयन कर सकते हैं। तब यह आपकी यूटीलिटी आपकी फाइल को होस्ट करने वाले कम्प्यूटर से जोड़ती है। यदि यह कनेक्शन सफलतापूर्वक स्थापित हो जाता है तब आप इच्छित फाइल की डाउनलोडिंग प्रारम्भ कर पाएंगे। एक बार फाइल डाउनलोड हो जाने के पश्चात कनेक्शन स्वत: ही भंग हो जाएगा।

पीयर-टू-पीयर क्लाइंट का एक अन्य प्रकार भी ठीक इसी प्रकार कार्य करता है लेकिन बिना किसी सेन्ट्रल इंडेक्सिंग सर्वर के। इस परिदृष्य में पीयर-टू-पीयर साफ्टवेयर को वही प्रोग्राम प्रयोग कर रहे अन्य इंटरनेट प्रयोक्ताओं की आवश्यकता होती है और अन्य प्रयोक्ताओं को यह जानकारी प्रेषित करता है कि आप इस समय ऑनलाइन हैं। इस प्रकार और साफ्टवेयर प्रयोग करने वाले तथा स्थापित करने वाले प्रयोक्ताओं का एक बड़ा नेटवर्क बनता है।

☞ पीयर-टू-पीयर नेटवर्क स्थापित करने में आसान होते हैं और दस कम्प्यूटरों से कम कम्प्यूटरों का प्रयोग करने वाले छोटे व्यवसायों के लिए उत्तम होता है जो सर्वर वहन कर सकते हैं। ऐसे लघु उद्यमों को अपने क्लाइंट तथा सहकर्मियों के साथ फाइल्स की भागीदारी करने हेतु कम लागत के समाधानों की आवश्यकता होती है।

यदि आप एक ही कार्यालय में कार्यरत नहीं होते हैं तो पीयर-टू-पीयर नेटवर्क्स पर एक साथ काम करना आसान होता है। दूसरी ओर, पीयर के साथ फाइल्स और डाटा शेयर किया जा सकता है तथा गोपनीय फाइल्स को सुरक्षा की दृष्टि से रोका जा सकता है। इसके अतिरिक्त, कार्याभिमुख पीयर-टू-पीयर नेटवर्क को बनाए रखने में सहायता करने हेतु कम्पनियाँ इंटरनेट संगीत और अवांछित वीडियो को रोक सकती हैं। यह न केवल कम्पनियों को अवांछित संगीत व वीडियो की डाउनलोडिंग की वैधानिक कार्यवाहियों से बचाता है अपितु कारपोरेट बैण्डविड्थ को भी कम रखता है।

☞ पीयर-टू-पीयर नेटवर्क की हानियाँ कमजोर सुरक्षा, केन्द्रीयकृत फाइल्स के भंडारण की कमी और बैकअप सुविधा होती हैं।

क्लाइंट/सर्वर आर्कीटेक्चर और पीयर-टू-पीयर आर्कीटेक्चर के बीच तुलना

1. क्लाइंट/सर्वर आर्कीटेक्चर नेटवर्क के माध्यम से एक दूसरे परिचित अनेक स्वतंत्र कम्प्यूटरों को वितरित की जाने वाली कम्प्यूटरीकरण प्रणाली के उत्तरदायित्वों और भूमिका को सुनिश्चित करता है। यह इस आर्कीटेक्चर के लिए एक लाभ यह प्रदान करता है कि इसके रखरखाव में अत्यधिक आसानी होती है। उदाहरणार्थ इसमें एक सर्वर को बदलने, मरम्मत करने और उन्हें अपग्रेड करने की सम्भावना रहती है जबकि इसके क्लाइंट इन परिवर्तनों से अप्रभावी रहते हैं।
2. समस्त डाटा सर्वर पर स्टोर रहता है जो अधिकांश क्लाइंट्स की अपेक्षा सुरक्षा नियंत्रणों से अलग होता है। सर्वर उन क्लाइंट्स जिनके पास डाटा एक्सेस करने और परिवर्तन करने की अनुमति होती है, के लिए एक्सेस और स्रोतों पर बेहतर नियंत्रण प्रदान करता है।
3. डाटा स्टोरेज केन्द्रीयकृत होने की वजह से यह उस डाटा को अपडेट करता है जो पीयर-टू-पीयर प्रणाली के तहत संभावनाओं की अपेक्षा एडमिनिस्टर करना आसान होते हों। पीयर-टू-पीयर आर्कीटेक्चर के अंतर्गत डाटा अपडेट को नेटवर्क में प्रत्येक पीयर को लागू करने तथा वितरित करने के लिए जरूरत पड़ सकती है जोकि समय की खपतपूर्ण और त्रुटि संभावित जैसा अनेक पीयर्स होते हैं, दोनों ही होता है।
4. क्लाइंट-सर्वर प्रणाली के लगे होने से नेटवर्क पर ट्रैफिक जाम की एक समस्या बन गयी है। जैसे ही एक समय में कई क्लाइंट आवेदन आ जाते हैं तो सर्वर ओवरलोड हो सकता है। इस परिप्रेक्ष्य में, पीयर-टू-पीयर नेटवर्क में जहाँ बैण्डविड्थ वास्तव में बढ़ती जाती है, उसमें और नोड (जोड़) जुड़ते चले जाते हैं। और उस नेटवर्क में प्रत्येक नोड की बैण्डविड्थ के योग को सम्पूर्ण बैण्डविड्थ के साथ जोड़कर कम्प्यूटरीकृत किया जा सकता है।
5. क्लाइंट सर्वर नेटवर्क एक अच्छे पीयर-टू-पीयर नेटवर्क की मजबूती को कम करता है। क्लाइंट सर्वर में जटिल सर्वर फेल होने की दशा में क्लाइंट के आवेदनों को पूरा नहीं किया जा सकता है। पीयर-टू-पीयर नेटवर्क में स्रोतों को प्राय: अनेक नोडों में बाँट दिया जाता है और यहाँ तक कि यदि एक या एक से अधिक नोड चले जाते हैं और फाइल की डाउनलोडिंग बीच में ही रुक जाती है तो बाकी नोड के पास डाटा बचा रहता है और फाइल की पूरी डाउनलोडिंग आसानी से हो जाती है।
6. पीयर-टू-पीयर नेटवर्क का एक महत्वपूर्ण उद्देश्य यह है कि सभी क्लाइंट्स को बैण्डविड्थ, स्टोरेज स्पेस और कम्प्यूटिंग पावर सहित समस्त संसाधन प्रदान करते हैं। अत:, जैसे ही नोड बढ़ते हैं और सिस्टम पर मांग बढ़ती है वैसे ही सिस्टम की कुल क्षमता भी बढ़ जाती है। स्थिर सर्वरों के सेट वाले क्लाइंट-सर्वर आर्कीटेक्चर के बारे में यह सत्य नहीं है जिसमें अधिक क्लाइंट जोड़ने का मतलब सभी प्रयोक्ताओं के लिए डाटा ट्रांसफर दर अत्यधिक धीमी होना होता है।

4.10 इंटरनेट में एड्रेसिंग (Addressing in Internet)

जैसा कि इंटरनेट नेटकवर्क्स का नेटवर्क है। इसमें कम्प्यूटर्स जैसे अनेक नेटवर्क नोड समाहित होते हैं। ये सभी उपकरण (device) एक दूसरे से संचार करने के लिए अन्त:सबद्ध होते हैं और प्रत्येक डिवाइस की पहचान के लिए इसका अपना एक एड्रेस (Address) होता है। यह एड्रेस उस डिवाइस को विशिष्टता प्रदान करता है जिससे अन्य कम्प्यूटर या उपकरण इस विशिष्ट एड्रेस के माध्यम से उससे संचार कर सकते हैं। इन्टरनेट वातावरण में प्रमुखत: दो प्रकार की एड्रेसिंग योजना होती है:

1. आईपी एड्रेसिंग (IP Addressing)
2. डीएनएस एड्रेसिंग (DNS Addressing)

आई पी एड्रेसिंग योजना में आईपी शब्द इंटरनेट प्रोटोकॉल के लिए प्रयुक्त होता है। आईपी एक विशेष नंबर या वेल्यू होती है जो इंटरनेट पर किसी कम्प्यूटर की विशिष्ट पहचान के लिए प्रयोग किया जाता है। यह 32-बाइट वेल्यू का होता है और इस नम्बर/वेल्यू को चार विभिन्न भागों में बाँटा जा सकता है। ये सभी भाग एक बिन्दु द्वारा अलग किये जाते हैं। जैसा कि प्रत्येक खण्ड 8 बाइट्स का होता है, अत: यह 0 से 255 की रेन्ज में एक वेल्यू का प्रतिनिधित्व करता है। प्रत्येक खण्ड को अष्टांक के नाम से जाना जाता है। प्रत्येक बार जब एक कम्प्यूटर इंटरनेट से जुड़ता है तो इसे आईएसपी (ISP) द्वारा एक विशेष आईपी एड्रेस दिया जाता है। DNS शब्द का प्रयोग डोमेन नेम सिस्टम के लिए किया जाता है। इस एड्रेसिंग योजना में आईपी एड्रेस की भाँति ही DNS में अंकों के स्थान पर Text का प्रयोग किया जाता है। यह आईपी एड्रेस की अपेक्षा याद रखना आसान होता है।

☞ आईपी एड्रेसिंग स्कीम में इंटरनेट सेवा प्रदाता (ISP) द्वारा प्रत्येक कम्प्यूटर को एक विशिष्ट आईडी (ID) निर्धारित की जाती है। यह आईपी एड्रेस स्थिर नहीं होने से हर बार आप इंटरनेट सेवा प्रदाता से एक नया ID प्राप्त करेंगे।

4.10.1 डीएनएस (Domain Name Server)

DNS को डोमेन नेम सर्वर के रूप में एक सेवा या प्रणाली के नाम से जाना जाता है। इसका उद्देश्य डोमेन को आईपी एड्रेस में परिवर्तित करने का होता है। जब कभी हम डोमेन नेम का प्रयोग करते हैं, तब यह सेवा डोमेन नेम को आईपी एड्रेस में परिवर्तित करने के लिए प्रयोग की जाती है और इसे डीएनएस के नाम से जाना जाता है। उदाहरणार्थ: www.computer-games.com को 192.111.221.2 में परिवर्तित किया जाएगा। इसलिए ऊपर के उदाहरण में 'computer-game' डोमेन-नेम को आईपी एड्रेस में परिवर्तित किया गया है।

यदि एक डीएनएस सर्वर को यह नहीं मालूम होता है कि डोमेन नेम को किस तरह आईपी एड्रेस में बदलना है तो वह दूसरे डीएनएस सर्वर से पूछता है और जब तक सही आईपी एड्रेस प्राप्त नहीं हो जाता, यह प्रक्रिया निरन्तर चलती रहती है। जैसा कि ऊपर के उदाहरण में दृष्टव्य है यदि एक डीएनएस सर्वर www.computerr-game.com को बदलना नहीं जानता है तो यह दूसरे डीएनएस सर्वर को चला जाएगा जब तक कि 192.111.221.2 आईपी एड्रेस प्राप्त न हो जाए। डीएनएस स्कीम अक्षरों का प्रयोग करती है और इसे याद रखना आसान होता है किन्तु प्रत्येक डोमेन नेम का एक आईपी एड्रेस होता है और डीएनएस स्कीम का प्रयोग डोमेन नेम को इसके समतुल्य आईपी एड्रेस में परिवर्तन के लिए किया जाता है। इंटरनेट में, डोमेन नेम स्पेस (tree) को तीन विभिन्न खण्डों में विभाजित किया जाता है:

(a) जेनेरिक डोमेन (Generic Domain)
(b) कंट्री डोमेन (Country Domain)
(c) इनवर्स डोमेन (Inverse Domain)

4.10.2 जेनेरिक (प्रतिनिधिक) डोमेन

जेनेरिक डोमेन अपने प्रतिनिधिक व्यवहार के अनुरूप पंजीकृत होस्ट को परिभाषित करता है। वृक्ष (tree) में प्रत्येक नोड एक डोमेन को परिभाषित करता है जो कि डोमेन नेम स्पेस डाटाबेस के लिए अनुक्रमणिका (index) होती है। जेनेरिक डोमेन खण्ड में प्रथम चरण सात संभावित तीन अक्षरीय लेबल्स (labels) की अनुमति प्रदान करता है। ये लेबल तालिका 4.5 में वर्णित संगठनों के प्रकार को दर्शाते हैं:

तालिका 4.5: जेनेरिक डोमेन नेम

लेबल	विवरण
com	वाणिज्यिक संगठन
edu	शैक्षणिक संस्थान
gov	सरकारी संस्थाएं (संस्थान)
int	अंतर्राष्ट्रीय संस्थान
net	नेटवर्क सपोर्ट सेन्टर
org	गैरलाभकारी संगठन

हाल ही में कुछ नए प्रथम स्तरीय लेबल्स को भी प्रस्तावित किया गया है, ये तालिका 4.6 में वर्णित किए गए हैं।

तालिका 4.6: अतिरिक्त प्रथम लेबल प्रस्ताव

लेबल	विवरण
art	सांस्कृतिक संगठन
firm	व्यापार या कम्पनियाँ
info	सूचना सेवा प्रदाता
nom	निजी नाम पद्धति
rec	मनोरंजन संस्थान
store	वस्तुओं को क्रय करने वाले व्यापार
web	वेब संबंधित संस्थान

4.10.3 कन्ट्री डोमेन (Country Domain)

कन्ट्री डोमेन खंड ठीक जेनेरिक डोमेन जैसे ही प्रारूप का अनुपालन करता है किन्तु प्रथम स्तरीय संक्षिप्तियों के तीन अक्षर वाली संक्षिप्तियों के स्थान पर देश के नाम (यथा यूनाइटेड स्टेट्स के लिए 'US') के दो अक्षरों का प्रयोग करता है। इसका दूसरा स्तर संगठनात्मक हो सकता है या वे अधिक विशिष्ट राष्ट्रीय गंतव्य हो सकते हैं। उदाहरणार्थ यूनाइटेड स्टेट्स, US (यथा, ca.us) संक्षिप्त का प्रयोग करता है।

4.10.4 इनवर्स (उल्टा) डोमेन (Inverse Domain)

इनवर्स डोमेन का प्रयोग किसी नाम के एक एड्रेस का खाका खींचने के लिए किया जाता है। उदाहरणार्थ, यह तब हो सकता है जब कोई सर्वर किसी कार्य को सम्पन्न करने के लिए किसी क्लाइंट से निवेदन प्राप्त करता है। जबकि सर्वर के पास अधिकृत क्लाइंट के नामों की एक फाइल होती है, सर्वर केवल क्लाइंट के आईपी एड्रेस (आईपी पैकेट से लिए गए) को सूचीबद्ध करता है। यह सुनिश्चित करने के लिए कि क्लाइंट अधिकृत सूची में है या नहीं, यह डीएनएस सर्वर को एक प्रश्न प्रेषित कर सकता है और नाम से एड्रेस का खाका तैयार करने को कह सकता है।

4.10.5 कार्य समूह (वर्कग्रुप) और डोमेन में अन्तर

कार्य समूह और डोमेन के बीच प्रमुख अन्तर यह है कि इसमें प्रयोक्ता उन संसाधनों, जिनको वे एक्सेस करना चाहते हैं, के लिए वैध हों। एक कार्यसमूह में, यूजर एकाउण्ट, वह मशीन जहाँ संसाधन उपलब्ध हैं, पर स्थानीय रूप से परिभाषित होते हैं। ये किसी डोमेन में यूजर एकाउण्ट्स परिभाषित होते हैं और केन्द्रीयकृत डाटाबेस में व्यवस्थित होते हैं। इस डाटाबेस को सिक्युरिटी एकाउण्ट मैनेजर (SAM) कहा जाता है। इस डाटाबेस को विंडोज एनटी (Windows NT) या 2000 डायरेक्टरी सर्विस द्वारा व्यवस्थित किया जाता है।

विंडोज एनटी में, डोमेन नियंत्रक एक एनटी सर्वर होता है। जिसमें डोमेन SAM या एकाउण्ट्स डाटाबेस शामिल होता है। डोमेन नियंत्रण प्रयोक्ता की वैधता के लिए उत्तरदायी होता है अथवा दूसरे शब्दों में इसे लॉगऑन प्रोसेस कहा जा सकता है।

☞ विंडोज एनटी या 2000 डोमेन को प्रयोक्ताओं के प्रशासनिक समूह के रूप में परिभाषित किया जाएगा और एकल डाटाबेस के जरिए कम्प्यूटर्स को परिभाषित और व्यवस्थित किया जाएगा। समस्त विंडोज़ 2000 आधारित कम्प्यूटर्स (सर्वर और वर्कस्टेशन दोनों) का सिक्युरिटी एकाउण्ट मैनेजर (SAM) होता है जो स्थानीय संसाधनों को अनुमतियाँ प्रदान करता है। डोमेन में सभी सदस्य एक सार्वजनिक SAM के साथ भागीदारी करते हैं। यह SAM प्रबंधतंत्र के मूल बिन्दु को उपलब्ध कराता है।

हालांकि एकाउण्ट्स डाटाबेस नेटवर्क से जुड़ी मशीनों के 40,000 एड्रेसेज को सपोर्ट कर सकता है फिर भी निम्नलिखित कारणों से अनेक डोमेन वाली एक प्रणाली बनाई जाएगी।

- 40,000 से अधिक प्रयोक्ता, कम्प्यूटर्स और समूहों के लिए।
- प्रबंधकीय उद्देश्य के लिए समूह प्रयोक्ता अथवा संसाधनों की जरूरत को पूरा करने के लिए।

प्रयोक्ताओं और संसाधनों को अनेक डोमेन्स में बाँटने के कार्य को डाटाबेस के विभाजन के नाम से जाना जाता है। इस प्रकार के प्रारूप के दो लाभ हैं:

(a) कोई भी व्यक्ति प्रशासन का प्रतिनिधित्व किसी भी डोमेन के लिए कर सकता है ताकि प्रत्येक विभाग या जगह अपने संसाधनों की व्यवस्था कर सके।

(b) आप उस सूची को कम कर सकते हैं जिसमें विंडोज 2000 को किसी वस्तु को खोजने के लिए स्क्रॉल करना पड़ता है।

☞ प्रत्येक डोमेन का स्वयं ही अलग अस्तित्व होता है। डोमेन एक डोमेन से प्रयोक्ता निर्धारित दूसरे डोमेन के साथ जानकारी और संसाधनों की भागीदारी नहीं करते हैं।

प्रयोक्ताओं को अन्य डोमेन में संसाधनों को एक्सेस करने के लिए आपको दो डोमेन के बीच विश्वास स्थापित करने की आवश्यकता होती है। इस विश्वास को दो डोमेनों के बीच एक तरफा संचार लिंक के रूप में परिभाषित किया जा सकता है। एक ट्रस्ट (Trust) में दो डोमेन समाहित होते हैं: एक जो यूजर एकाउण्ट, जिसे संसाधनों को एक्सेस करना चाहिए और दूसरा जो उन संसाधनों को रखता है। यूजर एकाउण्ट वाले डोमेन को ट्रस्टेड डोमेन और संसाधन रखने वाले डोमेन को ट्रस्टिंग डोमेन कहा जाता है।

4010.6 नामों से एड्रेस विश्लेषण

आरपानेट (ARPAnet) के प्रारंभिक दिनों में, एक प्रणाली ने होस्ट फाइल का प्रयोग करके नामों से एड्रेसेस में विश्लेषित किया। स्टेनफोर्ड रिसर्च इन्टरनेशनल (SRI) ने इस होस्ट फाइल को बनाए रखा और प्रत्येक साइट ने इस फाइल की अपडेटिड फाइल कॉपी को डाउनलोड किया। जैसे-जैसे आरपानेट (ARPAnet) से जुड़ी साइटों की संख्या बढ़ती गयी, इस पद्धति को बनाए रखना कठिन होता गया और इस प्रक्रिया ने नेटवर्क पर बोझ बढ़ा दिया। 1984 में साउदर्न कैलीफोर्निया इन्फार्मेशन साइंस इंस्टीट्यूट विश्वद्यिालय के पॉल मॉकपेट्रिस ने RFC (882 और 883) जारी किये जिसमें उन्होंने डोमेन नेम प्रणाली का वर्णन किया।

आज डोमेन नेम सिस्टम नामों से एड्रेस में विश्लेषण करने के लिए एक मानक बन गया है। हालांकि सिस्टम की सुविधाओं के दौरान नाम विश्लेषण में होस्ट फाइल एक महत्वपूर्ण भूमिका निभा रही है और डीएनएस के डाउन होने पर लोकल एरिया नेटवर्क के साधन के रूप में प्रयोग की जा रही है। nutshell में डीएनएस एक विभाजित डाटाबेस होता है जिसकी संरचना यूनिक्स (Unix) फाइल प्रणाली के समान दिखाई देती है। डीएनएस एक क्लाइंट/सर्वर प्रणाली है जिसमें विश्लेषक डोमेन नाम के लिए कोई एड्रेस प्राप्त करने हेतु डोमेन नेम सर्वर से प्रश्न पूछता है। प्रश्न प्रक्रिया रूट नेम सर्वर से प्रारम्भ होती है। यदि रूटनेम सर्वर को उत्तर ज्ञात नहीं होता है तो यह नेम सर्वर के एड्रेस को वापस भेजता है जो डोमेन नेम के बारे में अधिक जानकारी रखते हैं फिर विश्लेषक अपने प्रश्न को एक नए नेम सर्वर को प्रेषित करता है और यह प्रक्रिया तब तक निरन्तर चलती रहती है जब तक कि डोमेन नेम हेतु वांछित एड्रेस प्राप्त न हो जाए।

☞ डोमेन नेम संगठनात्मक अथवा भौगोलिक अस्तित्व की व्याख्या करते हैं। ये या तो देश के नाम को इंगित करते हैं या फिर कभी-कभी अन्य विवरणों को एक डोमेन www.vsnl.net.in की तरह हो सकता है।

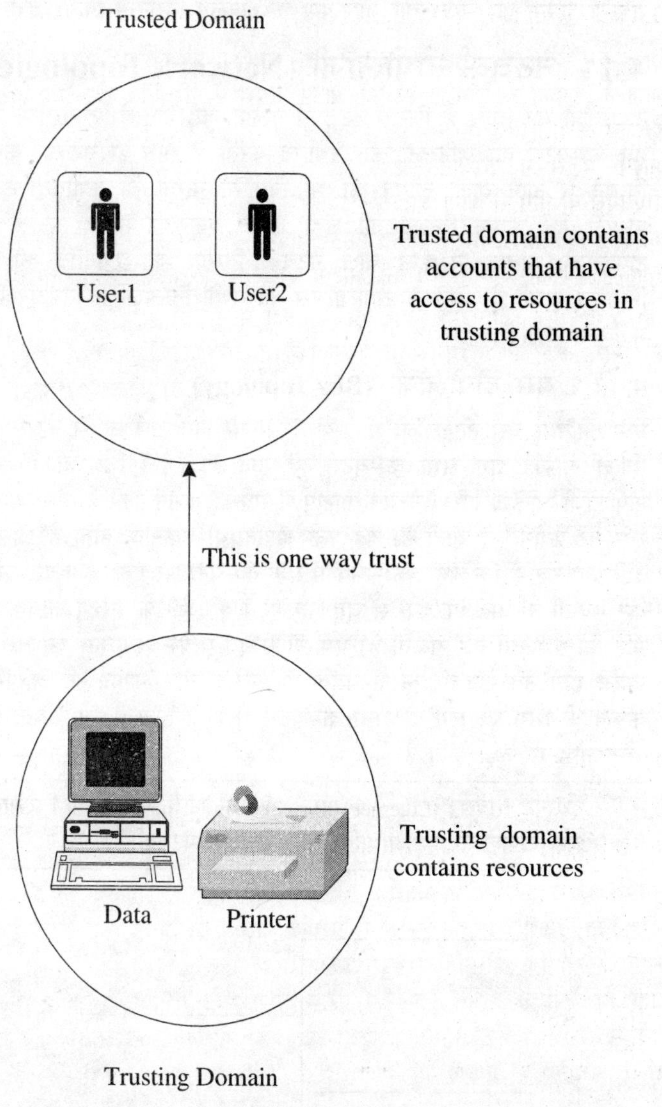

चित्र 4.23: दो डोमेन्स के बीच एक तरफा ट्रस्ट (संचार)

4.10.7 डीएनएस सर्वर और इंटरनेट

इंटरनेट प्रोटोकॉल एक कम्प्यूटर से दूसरे कम्प्यूटर को ईमेल या अन्य डाटा प्रेषित करने के लिए इंटरनेट एड्रेस इन्फार्मेशन का प्रयोग करता है। इंटरनेट पर प्रत्येक एड्रेस वस्तुत: एक चार अंकीय श्रंखला होती है जिसे डॉट नामक बिन्दुओं से अलग किया जाता है। यथा 163.52.128.72। लेकिन ईमेल का प्रयोग करने वाले किसी अन्य के साथ संचार करने में इस अंकीय एड्रेस को याद रख पाना कठिन होता है। 1980 के प्रारंभ में सन माइक्रोसिस्टम ने डोमेन सिस्टम की शुरुआत इन एड्रेस को सुचारु और आसान बनाने के तरीके के रूप में की थी। तब से यह इंटरनेट पर एड्रेसिंग सिस्टम बन गयी। डीएनएस डोमेनों का पदानुक्रम स्थापित किया जो इंटरनेट पर कम्प्यूटरों के समूह होते हैं। डीएनएस नेट पर प्रत्येक कम्प्यूटर को एक एड्रेस या डोमेन नेम प्रदान

करता है जिसमें आसानी से पहचाने जाने वाले अक्षर या शब्द अंकों के स्थान पर प्रयोग किए जाते हैं।

इंटरनेट पर डीएनएस डाटाबेस के रूट को इंटरनेट नेटवर्क इन्फार्मेशन सेन्टर (http://www.intenic.com) द्वारा प्रबंधित किया जाता है और उच्च स्तरीय डोमेनों को संगठनवार और देश के अनुरूप निर्धारित किया जाता है।

4.11 नेटवर्क टोपोलॉजी (Network Topologies)

टोपोलॉजी वह विधि है जिसमें नेटवर्क्स परस्पर जुड़े होते हैं। टोपोलॉजी जुड़े हुए कम्प्यूटर्स की जटिलता को निर्धारित करती है साथ ही नेटवर्क केबल बिछाने में आने वाली लागत को भी निर्धारित करती है। क्योंकि नेटवर्क प्रणाली हेतु केबल बिछाने की बड़ी लागत एक कारक हो सकती है। टोपोलॉजी भविष्य में होने वाले नेटवर्क विस्तार की रणनीति को भी निर्धारित करती है। विभिन्न टोपोलॉजिस का वर्णन निम्नलिखित उपअनुच्छेदों में किया गया है।

4.11.1 बस टोपोलॉजी (Bus Topology)

एक लीनियर बस टोपोलॉजी में प्रत्येक सिरे पर लगे टर्मिनेटर से केबल की एकल लम्बाई द्वारा सभी कम्प्यूटर जुड़े होते हैं। (देखें चित्र 4.24) बस टोपोलॉजी लोकल एरिया नेटवर्क प्रारूप में सबसे आसान होती है और व्यापक स्तर पर प्रयोग की जाती है। यह एक अप्रतिरोधी तकनीक होती है जिसका अभिप्राय यह है कि यह एक समय में एक कम्प्यूटर पर एक ही संदेश प्रेषित कर सकती है। अत: नेटवर्क से जुड़े कम्प्यूटर्स की अधिक संख्या नेटवर्क की गति को प्रभावित कर सकती है। प्रसारण से पूर्व प्रत्येक कम्प्यूटर को बस के खाली होने तक इंतजार करना पड़ता है। प्रत्येक नोड मशीन के अतिरिक्त केबल के सिरों पर लगे दो अन्य कम्प्यूटर्स से जुड़ा होता है जो केवल एक अन्य नोड से जुड़ा होता है।

☞ ईथरनेट 10बेस2 (Ethernet 10Base2) (थिननेट के नाम से भी विख्यात) बस टोपोलॉजी पर आधारित कम खर्चीला नेटवर्क है।

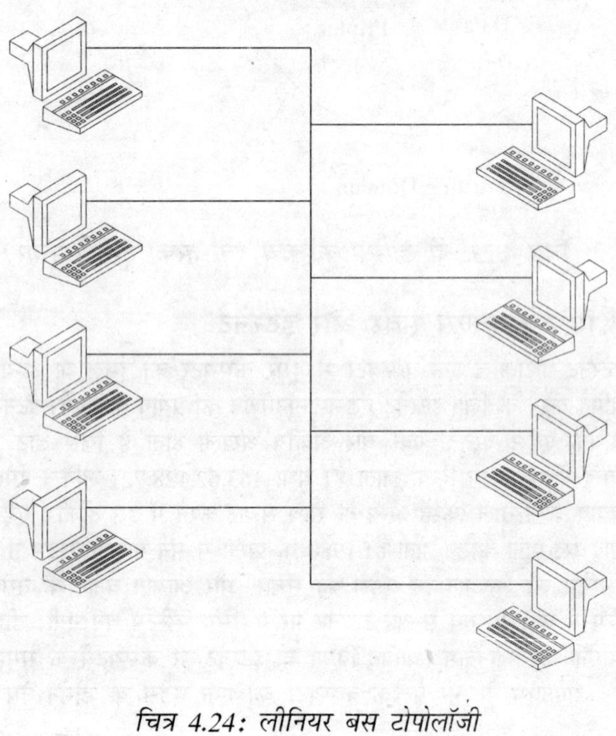

चित्र 4.24: लीनियर बस टोपोलॉजी

नेटवर्क संचालन प्रणाली प्रत्येक नोड हेतु विशिष्ट इलेक्ट्रॉनिक एड्रेस रखती है और इस एड्रेसिंग पर आधारित डाटा प्रवाह को व्यवस्थित करता है। इस टोपोलॉजी का लाभ यह है कि कार्य में नेटवर्क हेतु संचालन क्रम और कम्प्यूटर के सजग होने की जरूरत नहीं पड़ती है। लेकिन समस्त ट्रैफिक एक ही केबल पर होने की वजह से इसकी कार्यक्षमता धीमी पड़ जाती है। यह टोपोलॉजी प्राय: क्लाइंट/सर्वर प्रणाली में पायी जाती है जहाँ फाइल सर्वर की तरह नेटवर्क पर केवल एक ही मशीन निर्धारित की जाती है जो केवल एकल फाइल्स का ही वितरण करती है न कि समस्त इन्फार्मेशन प्रोसेसिंग का।

बस टोपोलॉजी के लाभ

(a) बस टोपोलॉजी साधारण, विश्वसनीय, प्रयोग करने में आसान और छोटे आकार के लोकल एरिया नेटवर्क को समझने वाली होती है।

(b) बस को विभिन्नि कम्प्यूटरों से जोड़ने के लिए कम मात्रा में केबल की जरूरत पड़ती है। इसलिए अन्य केबल व्यवस्था की अपेक्षा कम खर्चीली है।

(c) यह एक बस को बढ़ाने के लिए आसान होती है। इसमें लम्बी केबल में कनेक्टर के माध्यम से दो तारों को जोड़ा जा सकता है और केबल को लम्बा करते हुए इसमें अनेक कम्प्यूटरों को जोड़ा जा सकता है।

बस टोपोलॉजी की हानियाँ

(a) भारी नेटवर्क ट्रैफिक बस को धीमा कर सकता है क्योंकि किसी भी समय कोई भी कम्प्यूटर डाटा को प्रसारित कर सकता है और बस नेटवर्क के अधिकांश कम्प्यूटर प्रसारण का समय आरक्षित होने की वजह से एक दूसरे से सहयोग नहीं कर पाते हैं। अनेक कम्प्यूटर्स वाला बस नेटवर्क संचार की बजाय एक दूसरे को बाधा पहुंचाने वाले कम्प्यूटर्स पर अधिक बैण्डविड्थ की खपत कर सकता है और नेटवर्क में यदि और अधिक कम्प्यूटर जोड़ दिये जाते हैं तो यह समस्या और विकट हो जाती है।

(b) बस की खराबी को ठीक करना कठिन होता है। दो कम्प्यूटर्स के बीच कहीं भी केबल के टूटने या गलत कार्य करने की वजह से वे एक दूसरे से संचार नहीं कर पाते हैं। इस प्रकार केबल का टूटना या ढीले कनेक्टर परावर्तन का कारण बन जाएंगे और सम्पूर्ण नेटवर्क को ठप कर देंगे।

ईथरनेट (Ethernet)

ईथरनेट का आविष्कार सन 1973 में बॉब मैकाफ (जिसने बाद में सर्वाधिक सफल नेटवर्किंग कम्पनियों में से एक 3com नामक कम्पनी बनायी थी) द्वारा किया गया था जिसने प्रारंभिक नेटवर्क्स की कमियों से निजात पाने का मार्ग सुझाया था। यह 802.3 CSMA/CD नामक IEEE (इन्स्टीटयूट ऑफ इलेक्ट्रॉनिक एण्ड इलेक्ट्रिकल इंजीनियर्स) मानक पर आधारित था पर इसने एक ही तार पर अनेक कम्प्यूटर्स द्वारा डाटा प्रसारित करने की कोशिश करने में उत्पन्न हुई खराब स्थिति को व्यवस्थित करने का तरीका प्रदान किया।

नेटवर्किंग के मामले में भिड़ंत उस समय होती है जब दो कम्प्यूटर एक ही समय में एक ही तार पर डाटा प्रसारित करते हैं। यह कार्य विवादों को उत्पन्न करता है। दोनों कम्प्यूटर इस भिड़ंत को महसूस करके अपने अपने प्रसारण को रोक देते हैं और पुन: प्रसारित करने से पूर्व समय का इंतजार करते हैं।

☞ कोलीशन (भिड़ंत) डोमेन कम्प्यूटर्स का एक समूह होता है जो एक एकल नेटवर्क तार पर संचार करता है। कोलीशन डोमेन में प्रत्येक कम्प्यूटर दूसरे कम्प्यूटर को सुनता है।

प्रत्येक कम्प्यूटर केवल उस समय डाटा प्रसारित कर सकता है जब कोई दूसरा कम्प्यूटर प्रसारण न कर रहा हो। बड़े कोलीशन डोमेन यह जानते हैं कि भिड़ंत होगी इसीलिए ईथरनेट डिजाइनर्स एक सिग्मेंट में कम से कम कम्प्यूटर्स को रखने का प्रयास करते हैं।

CSMA/CD (कैरियर सेन्स मल्टीपल एक्सेस / कोलीशन डिटेक्शन): CSMA/CD कैरियर सेन्स मल्टीपल एक्सेस/कोलीशन डिटेक्शन के लिए प्रयोग किया जाता है। CSMA/CD में प्रत्येक कम्प्यूटर को वायर पर पर्याप्त समय के लिए से सुना जाता है। जब एक नेटवर्क वायर शान्त हो जाता है तो दूसरा कम्प्यूटर जिसके पास प्रसारण के लिए डाटा पैकेट तैयार होता है, उसे नेटवर्क वायर पर भेजता है। ईथरनेट टोपोलॉजी भी बस टोपोलॉजी की भांति ही प्रयोग किया जाता है जैसा कि चित्र 4.24 में कम्प्यूटर्स को जोड़ने के लिए दर्शाया गया है।

यदि दूसरे कम्प्यूटर को पहले कम्प्यूटर के प्रसारण समय पर ही अपना डाटा प्रसारण की जरूरत पड़ती है तो दोनों कम्प्यूटर एक दूसरे को महसूस करते हैं और दोनों ही अपना-अपना डाटा प्रसारण रोक देते हैं, और कुछ मिली सेकंड तक इन्तजार करते हैं और पुनः प्रसारण करते हैं। इस प्रकार भिड़ंत की समस्या से छुटकारा मिलता है।

ईथरनेट के न्यूक्लियर परिवार के सदस्य: ईथरनेट टोपोलॉजी को IEEE मानक 802.3 में वर्णित किया गया है। न्यूक्लियर परिवार के सदस्यों को नीचे सूचीबद्ध किया गया है।

(a) **10Base2 अथवा कोएक्सिल केबल नेटवर्किंग:** 10Base2 के भाग की अधिकतम लम्बाई 185 मीटर होती है।

(b) **10Base5 अथवा थिकनेट:** थिकनेट को AUI (अटैच्ड यूजर इंटरफेस) भी कहा जाता है। AUI नेटवर्क 10Base2 और 10Base5 के बीच मध्यस्थ चरण होता है। 10Base5, 10Base2 की अपेक्षा अधिक व्यस्तता वाला बस इंटरफेस होता है। 10Base5 सिग्नेंट की अधिकतम लम्बाई 500 मीटर होती है।

(c) **10BaseT:** यह गैर कवच युक्त घुमावदार जोड़ा तारों के चार जोड़ा तारों में से दो पर चलता है। 10BaseT में हब से वर्कस्टेशन के बीच अधिकतम तार की लम्बाई 100 मीटर होती है।

IEEE मानक 802.3μ में ईथरनेट परिवार के नवीनतम सदस्यों को भी वर्णित किया गया है, जो निम्नलिखित हैं:

(a) **100BaseT:** इसे द्रुत ईथरनेट के नाम से जाना जाता है और यह दो जोड़ी घुमावदार जोड़ा ताँबे के तारों पर 100 मेगाबाईट/सेकंड की दर को सपोर्ट करता है। द्रुत ईथरनेट के लिए कन्सन्ट्रेटर और वर्कस्टेशन के बीच केबल की अधिकतम लम्बाई 20 मीटर होती है।

(b) **100BaseFX:** यह आप्टिकल फाइबर पर चलता है क्योंकि आप्टिकल फाइबर कापर वायर की अपेक्षा अधिक द्रुत गति से डाटा का संचरण कर सकती है। 100BaseFX की केबल की कोई अधिकतम लम्बाई नहीं होती है।

(c) **100BaseT4:** यह 100BaseT होता है जो गैर कवचीय घुमावदार जोड़ा तारों के चार जोड़ो पर चलता है। 100BaseT की भांति ही 100BaseT4 की केबल की अधिकतम लम्बाई कन्सन्ट्रेटर और वर्कस्टेशन के बीच 20 मीटर होती है।

लोकलटॉक *(Local Talk)*

लोकलटॉक Macintosh RS499/RS422 सीरियल इंटरफेस में निर्मित डाटालिंक प्रोटोकॉल होता है। एपल टॉक नेटवर्क प्रोटोकॉल का एक suite होता है जो Macintosh नेटवर्क में फाइल तथा प्रिंटर भागीदारी सेवा प्रदान करने में एक साथ कार्य करता है। एपलटॉक प्रयोक्ता को अन्य नेटवर्क प्रयोक्ताओं द्वारा ऐक्सेस करने के लिए फोल्डर और प्रिंटर की भागीदारी के योग्य बनाता है।

4.11.2 रिंग टोपोलॉजी (Ring Topology)

इसकी संरचना केबल सिग्मेन्ट प्रयोग करने वाले वृत में जुड़े नोडों के अतिरिक्त लीनियर बस के समतुल्य होती है। (देखें चित्र 4.25) इस संरचना में प्रत्येक नोड अन्य दो नोडों से जुड़ा होता है। प्रत्येक नोड जानकारी को अन्य नोडों को तब तक पहुंचाता रहता है जब तक जानकारी अपने निर्धारित गंतव्य स्थल तक न पहुंच जाय। प्रत्येक कम्प्यूटर द्वारा अपनी प्राप्तियों के पुनः प्रसारण करने की वजह से एक वृत्त एक सक्रिय नेटवर्क बन जाता है और फिर सिग्नल खराब की समस्या नहीं आती है जैसी कि बस टोपोलॉजी में देखने को मिलती है। वृत्त का कोई अन्तिम सिरा न होने की वजह से भी कोई अवरोध उत्पन्न नहीं होता है।

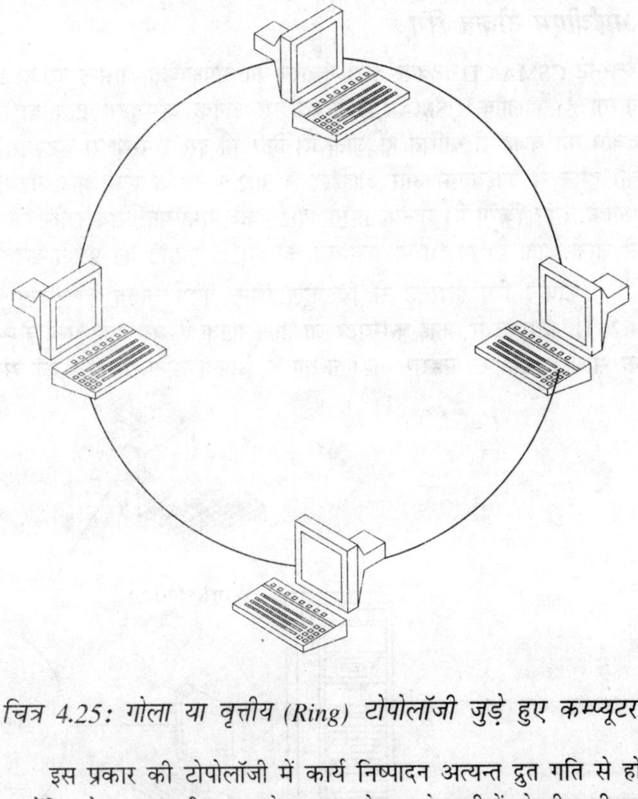

चित्र 4.25: गोला या वृत्तीय (Ring) टोपोलॉजी जुड़े हुए कम्प्यूटर।

इस प्रकार की टोपोलॉजी में कार्य निष्पादन अत्यन्त द्रुत गति से होता है क्योंकि केबल प्रणाली का प्रत्येक भाग केवल दो मशीनों के बीच ही डाटा प्रवाह को सम्पन्न करता है। इस प्रकार की टोपोलॉजी केवल पीयर-टू-पीयर नेटवर्क में पायी जा सकती है जिसमें प्रत्येक मशीन इन्फार्मेशन प्रोसेसिंग और डाटा फाइल्स का वितरण, दोनों कार्य करती है।

☞ फाइबर डिस्ट्रीब्यूटेड डाटा इंटरफेस (FDDI) रिंग टोपोलॉजी पर आधारित द्रुत फाइबर आप्टिक नेटवर्क होता है।

रिंग *(Ring)* टोपोलॉजी के लाभ

(a) क्योंकि प्रत्येक कम्प्यूटर को टोकन के लिए बराबर एक्सेस दिया गया है इसलिए कोई अन्य कम्प्यूटर नेटवर्क पर अपना एकाधिकार स्थापित नहीं कर सकता है।

(b) नेटवर्क की साफ सुथरी भागीदारी नेटवर्क को बड़ी सुन्दरता से कम

करने की अनुमति प्रदान करता है और असफल होने की अपेक्षा कार्य को धीरे-धीरे जारी रखता है।

रिंग टोपोलॉजी की हानियाँ

(a) रिंग में एक कम्प्यूटर के असफल (बन्द) होने का प्रभाव सम्पूर्ण नेटवर्क पर पड़ता है।

(b) रिंग नेटवर्क में मरम्मत का कार्य कठिन होता है।

(c) कम्प्यूटर्स को जोड़ना या हटाना नेटवर्क को बाधित करता है।

☞ रिंग टोपोलॉजी में कम्प्यूटर्स को एक वृत्त में संजोया जाता है। वृत्त में प्रत्येक उपकरण के रिपीटर्स के रूप में कार्य करने से डाटा वृत्त के चारों ओर एक ही दिशा में चलता है। रिंग नेटवर्क टोकन पासिंग प्रोटोकॉल का प्रयोग करता है।

4.11.3 टोकन रिंग टोपोलॉजी के उदाहरण

आईबीएम टोकन रिंग

ईथरनेट CSMA/CD नेटवर्क डाटा गुजारने का अपेक्षाकृत आसान तरीका प्रदान करता है। हालांकि CSMA/CD नेटवर्क पर अनेक कम्प्यूटर्स द्वारा डाले गये दबाव की वजह से बाधित हो जाता है। फिर भी इस समस्या से छुटकारा पाने की दृष्टि से आईबीएम और आईईईई ने 802.5 नामक एक अन्य नेटवर्किंग मानक तैयार किया है। मानक IEEE 802.5 को सामान्यत: टोकन रिंग के नाम से जाना जाता है। FDDI भी संचालन की 802.5 पद्धति का प्रयोग करता है।

टोकन रिंग ईथरनेट से बिल्कुल भिन्न कार्य करता है। (देखें चित्र 4.26)। ईथरनेट में, कोई कम्प्यूटर जो डाटा रखता है जब तक अन्य कम्प्यूटर के साथ भिड़ंत को महसूस नहीं करता है, अपना डाटा प्रसारित कर सकता है। टोकन रिंग और FDDI नेटवर्क में, इसके विपरीत टेकन के नाम से जाना जाने वाला एक विशेष पैकेट नेटवर्क चारों ओर प्रेषित करता है। जब किसी कम्प्यूटर को डाटा प्रसारित करना होता है तब टोकन प्राप्त होने तक वह इंतजार करता है। फिर अगला कम्प्यूटर टोकन लेता है जिसे डाटा प्रसारित करना होता है।

इसकी वायरिंग और भौतिक व्यवस्था स्टार नेटवर्क से समतुल्य होती है। रिंग नेटवर्क के केन्द्र में कन्सन्ट्रेटर की बजाय मल्टी स्टेशन एक्सेस यूनिट नामक उपकरण लगाया जाता है। MAU को चित्र 4.27 में दर्शाया गया है। MAU वही कार्य करता है जो हब करता है लेकिन यह ईथरनेट नेटवर्क की जगह टोकन रिंग नेटवर्क के साथ कार्य करता है और कम्प्यूटर्स के बीच बिल्कुल भिन्न तरीके से कार्य करता है।

अनेक नोडों द्वारा डाटा प्रेषित करने के प्रयास में ये दोनों लॉजिकल टोपोलॉजियाँ आपस में भिड़ंत नहीं करती हैं। इसके बजाय प्रत्येक कम्प्यूटर अपनी बारी का इंतजार करता है। लेकिन नेटवर्क पर कम्प्यूटर्स की संख्या बढ़ जाने से टोकन रिंग में ईथरनेट के जैसी ही बैण्डविड्थ की समस्या उत्पन्न हो जाती है। इसका आशय यह है कि एक ही समय में अनेक कम्प्यूटर्स को टोकन के लिए इंतजार करना पड़ता है। जिसके परिणाम स्वरूप नेटवर्क की गति धीमी हो जाती है।

हब (MAUs, MSAUs और SMAUs): टोकन रिंग नेटवर्क में अधिकांशत कार्य हब में होता है। टोकन रिंग हब को निम्नलिखित तरीकों से परिभाषित किया जा सकता है:

(a) MAU (Multi Access Unit)

(b) MSAU (Multistation Access Unit)

(c) SMAU (Smart Multistation Access Unit)

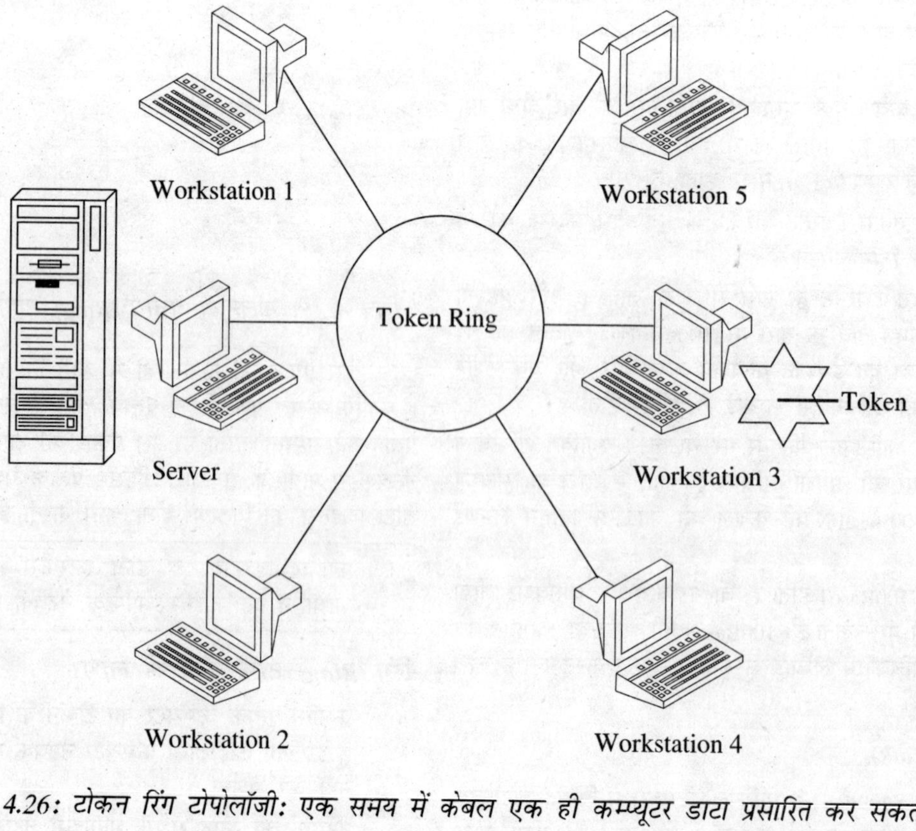

चित्र 4.26: टोकन रिंग टोपोलॉजी: एक समय में केवल एक ही कम्प्यूटर डाटा प्रसारित कर सकता है।

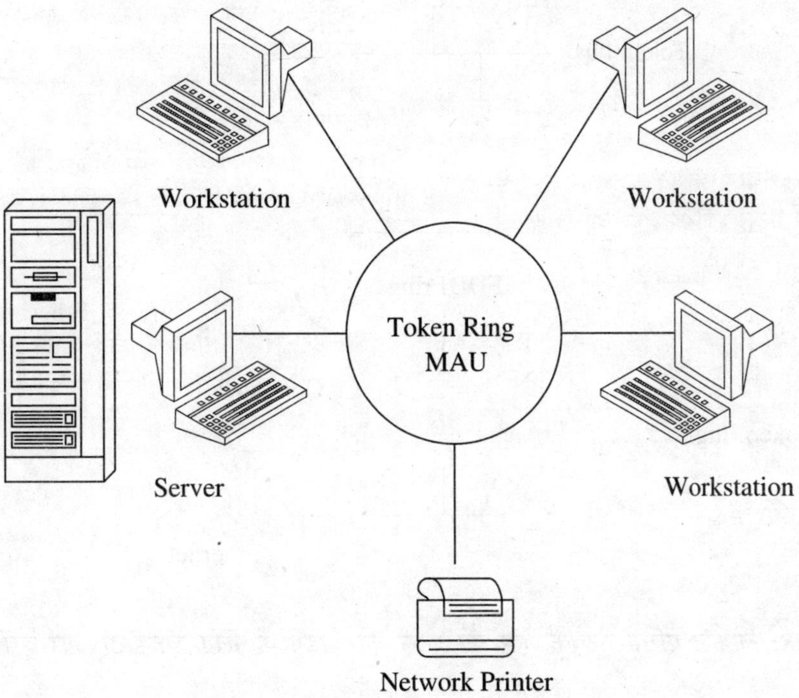

चित्र 4.27: साधारण टोकन रिंग नेटवर्क

टोकन रिंग एडाप्टर केबल्स का प्रयोग मल्टीस्टेशन एक्सेस यूनिट से वर्कस्टेशन के टोकन रिंग लोकल एरिया नेटवर्क एडाप्टर को जोड़ने के लिए किया जाता है। केबल के एक सिरे पर 9 पिन वाला मेल (male) कनेक्टर और दूसरे सिरे पर IBM डाटा कनेक्टर लगा होता है। आपको 9 पिन वाला कनेक्टर केवल टोकन रिंग लान कार्ड्स में ही मिलेगा। अन्य दूसरे उपकरण IBM डाटा कनेक्टर का प्रयोग करते हैं।

टोकन रिंग किस तरह कार्य करता है?: टोकन रिंग एक वृत्त के चारों ओर एक ही दिशा में एक स्वतंत्र टोकन गुजारता है। (देखें चित्र 4.26) एक नोड अपने नियरेस्ट एक्टिव अपस्ट्रीम नेबर (NAUN) से टोकन प्राप्त करता है और अपने नियरेस्ट एक्टिव डाउनस्ट्रीम नेबर (NADN) को प्रेषित करता है। यदि कोई केन्द्र एक स्वतंत्र टोकन प्राप्त करता है तो वह यह जानता है कि वह डाटा संबद्ध कर सकता है और इसे रिंग के नीचे प्रेषित कर सकता है। प्रत्येक केन्द्र के पास टोकन प्राप्त करने और डाटा गुजारने का समान अवसर होता है। इसे मीडिया एक्सेस के नाम से जाना जाता है।

वृत्त में प्रत्येक केन्द्र संलग्न डाटा सहित व्यस्त टोकन प्राप्त करता है और टोकन तथा डाटा को पुन: दोहराता है यह ठीक उसी प्रकार करता है जैसा कि उसे पिछले एक्टिव डाउन स्ट्रीम नेबर से वृत्त पर प्राप्त हुआ है। संबोधित केन्द्र उस डाटा को अपने पास रखता है तथा इसे ऊपरी सतह के प्रोटोकॉल को प्रेषित करता है। फिर यह उस डाटा को पुन: प्रसारित करने से पूर्व वृत्त को यह जानकारी देने के लिए कि उसे उक्त डाटा प्राप्त हो गया है, दो बाइट्स स्विच करता है। और टोकन तथा डाटा को बार-बार तब तक प्रेषित किया जाता है जब तक वे अपने स्रोत वर्कस्टेशन पर न पहुँच जाएं।

वृत्त में प्रत्येक केन्द्र मूल रूप से रिपीटर का कार्य करता है। प्रत्येक नोड वृत्त पर डाटा को तब तक प्राप्त और प्रेषित करता रहता है जब तक कि वह वृत्त अपना चक्र पूरा न कर ले। जब मूल नोड को यह संदेश प्राप्त हो जाता है कि डाटा अपने गंतव्य स्थल तक पहुच गया है, यह प्रक्रिया बंद हो जाती है।

एफडीडीआई (फाइबर डिस्ट्रीब्यूटेड डाटा इंटरफेस)

FDDI (फाइबर डिस्ट्रीब्यूटेड डाटा इंटरफेस) वृत्त पर आधारित एक अन्य नेटवर्क होता है और टोकन रिंग की तरह ही बिना हब के लगाया जाता है। यद्यपि आप इसी प्रकार का कार्य सम्पन्न करने के लिए कन्सट्रेटर नामक उपकरण का प्रयोग कर सकते हैं। एफडीडीआई अत्यन्त तीव्र और विश्वसनीय नेटवर्क लगाने के लिए फाइबर आप्टिक केबलों का प्रयोग करता है।

☞ FDDI बहुविधिक फाइबर का प्रयोग करता है क्योंकि नेटवर्क पर 1000 Mbps पर चल रहे नेटवर्क के लिए सिंगल मोड फाइबर के अतिरिक्त खर्च की जरूरत नहीं पड़ती है। यह लेजर की अपेक्षा LED का प्रयोग न केवल उसकी कम कीमत की वजह से बल्कि इसलिए भी कि कभी कभी FDDI को सीधे ही नेटवर्क से जोड़ा जा सकता है, भी करता है।

एफडीडीआई में दो फाइबर केबल्स होती हैं जो चित्र 4.29 के अनुसार एक सीधा प्रसारण करती है और दूसरी उल्टा प्रसारण करती है। यदि एक केबल टूट जाती है तो दूसरी को बैकअप के रूप में प्रयोग किया जा सकता है और यदि दोनों टूट जाती हैं तो उदाहरणत: किसी भाग या दुर्घटना के कारण तो दोनों वृत्त एक दूसरे में चित्र 4.29 में दर्शाए के अनुसार समाहित हो जाते हैं। प्रत्येक केन्द्र में प्रसारण होता है जिसे दोनों वृत्तों से जुड़ने में प्रयोग किया जाता सकता है, या स्टेशन की समस्या के रूप में यह स्टेशन को लाँघ सकता है। इसमें IEEE 802.5 प्रोटोकॉल की भाँति वायर सेन्टरों का प्रयोग किया जा सकता है।

FDDI 200 किमी. तक लगभग 1000 केन्द्रों से जुड़ा हुआ 100 Mbps पर चल रहा उच्च क्षमता वाला फाइबर ऑप्टिक टोकन रिंग लोकल एरिया नेटवर्क होता है। इसका प्रयोग अन्य लोकल एरिया नेटकवर्क्स की तरह ही किया जा सकता है किन्तु उच्च बैण्डविड्थ के कारण चित्र 4.28 में दर्शाए

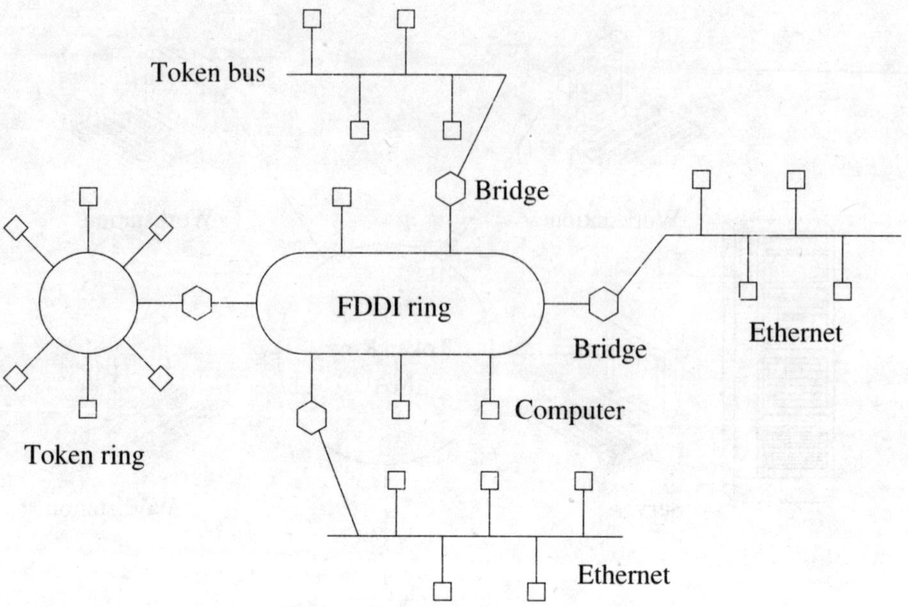

चित्र 4.28: लोकल एरिया नेटवर्क और कम्प्यूटर्स को जोड़ने के लिए एफडीडी आई वृत्त का प्रयोग।

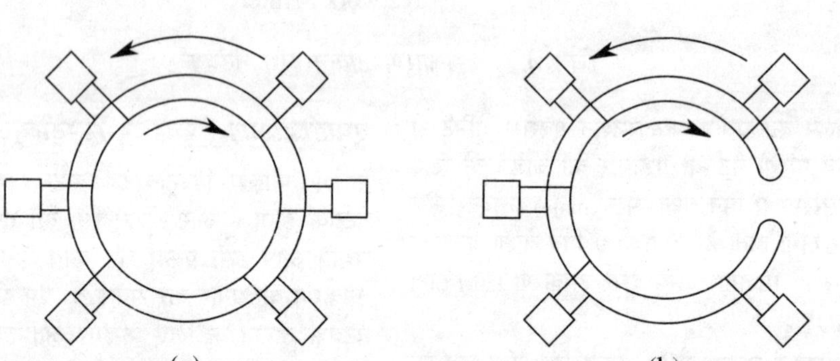

चित्र 4.29: (a) द्वितरफा रोटेटिंग रिंग युक्त एफडीडीआई (b) दो वृत्त आपस में जुड़े हुए।

गए के अनुसार कॉपर लान (LAN) को जोड़ने के लिए भी इसका प्रयोग किया जाता है। FDDI की तीव्र गति और उच्च क्षमता ही इसे बड़ी संख्या में लोकल एरिया नेटवर्क्स के जोड़ने के लिए अत्यन्त विश्वसनीय आधार प्रदान करती है।

FDDI किस तरह कार्य करता है?: FDDI (टोकन रिंग के विपरीत) नेटवर्क एक्सेस को नियंत्रित करने के लिए टोकन पासिंग स्कीम का प्रयोग करता है। टोकन रिंग की उलट अनेक FDDI उपकरण क्रमवार डाटा प्रसारित कर सकते हैं।

FDDI टोकन रिंग की अपेक्षा नेटवर्क एक्सेस करने के लिए अत्यधिक नाजुक विधि का प्रयोग करता है। टोकन रिंग की तरह ही वृत्त के चारों ओर डाटा प्रवाहित किया जाता है और टोकन का प्रोसेसर एफडीडीआई फ्रेमों को प्रसारण की अनुमति प्रदान करता है। टोकन रिंग के विपरीत FDDI नेटकवर्क पर चलाने के लिए अनेक फ्रेमों को क्रमवार तरीके से संजो सकता है। यह इसलिए संभव होता है क्योंकि टोकन का प्रोसेसर पहले फ्रेम का इंतजार किए बिना ही अनेक फ्रेमों को प्रेषित कर सकता है।

एक एफडीडीआई टोकन का प्रोसेसर भी टोकन छोड़ने की अनुमति देता है और वृत्त में इसे अगले स्टेशन को अतिशीघ्र प्रेषित करता है। इसका तात्पर्य यह है कि अगला स्टेशन प्रसारण प्रारंभ कर सकता है जबकि पहला स्टेशन प्रसारण कर रहा हो। यह क्रिया चित्र 4.30 में देखी जा सकती है।

एफडीडीआई प्रोटोकॉल: मूल प्रोटोकॉल IEEE802.5 प्रोटोकॉल्स में अत्यन्त घनिष्ठिता से निरूपित किये गये हैं। डाटा प्रसारण के लिए एक स्टेशन को सबसे पहले टोकन प्राप्त करना पड़ता है। फिर यह फ्रेमों को प्रसारित करता है और इसके पुन: प्राप्त होने पर इन फ्रेमों को हटाता है। एफडीडीआई और 802.5 के बीच एक अन्तर यह है कि 802.5 में एक स्टेशन तब तक एक टोकन उत्पन्न नहीं कर सकता है जब तक कि इसका फ्रेम चला न जाय और वापस न आ जाए। एफडीडीआई में 1000 स्टेशनों और 200 किमी. फाइबर और फ्रेम के लिए बरबाद किया गया समय अर्थपूर्ण हो सकता है। इस वजह से एक बड़े वृत्त में एक ही समय में अनेक फ्रेम एक वृत्त में हो सकते हैं।

एफडीडीआई डाटा फ्रेम 802.5 फ्रेमों के समतुल्य होते हैं। एफडीडीआई प्रारूप को चित्र 4.31 में दर्शाया गया है। प्रारंभिक डिलिमीटर और अन्तिम डिलिमीटर फील्ड्स फ्रेम सीमाओं को अंकित करता है। फ्रेम कंट्रोल फील्ड यह बताती है कि यह किस प्रकार का (डाटा, कंट्रोल आदि) फ्रेम है। फ्रेम

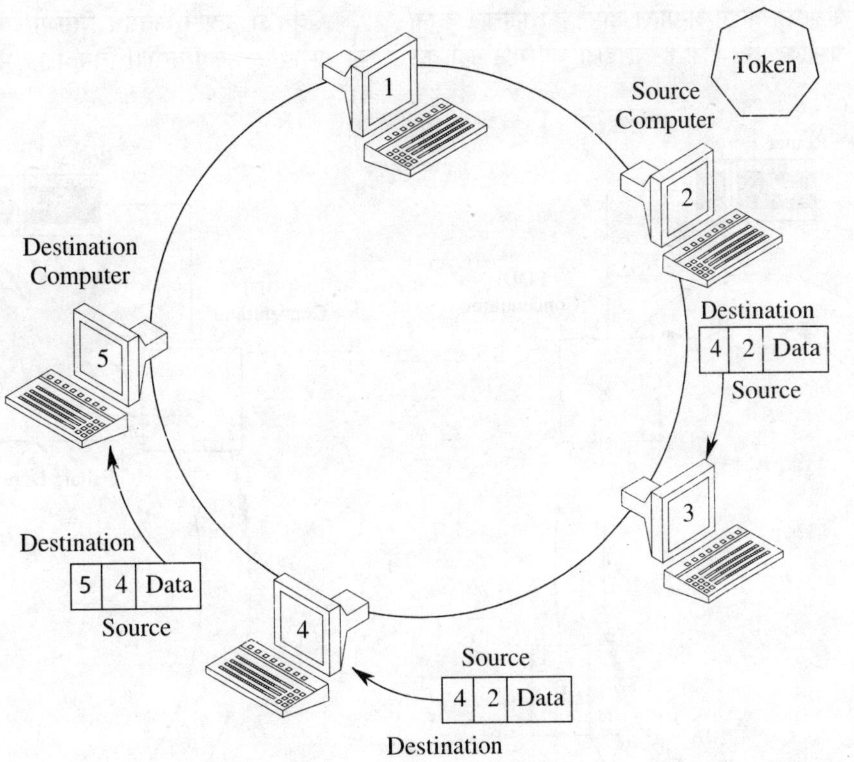

चित्र 4.30: नेटवर्क फाल्ट के बदले संचालन के लिए एफडीडीआई को अनुमति प्रदान करता हुआ द्वितरफा रोटेटिंग वृत्त।

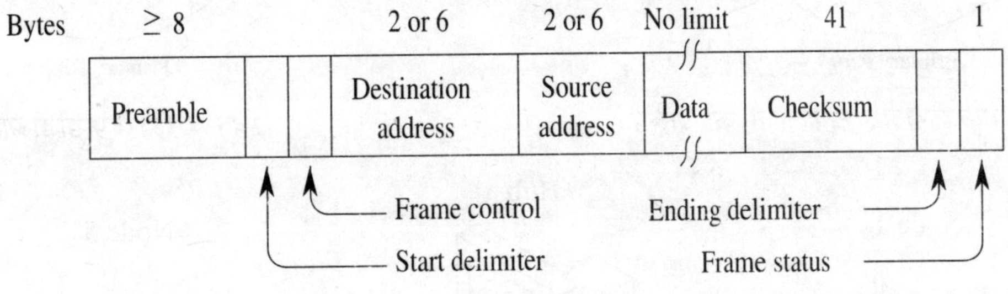

चित्र 4.31: एफडीडीआई फ्रेम का प्रारूप

स्टेटस बाईट 802.5 के समतुल्य ही आभार बाइट्स रखती है। अन्य फील्ड्स 802.5 के समतुल्य ही होती है।

नियमित फ्रेमों के अतिरिक्त एफडीडीआई सर्किट स्विच्ड पीसीएम या ISDN डाटा के लिए विशेषत: एक साथ होने वाले फ्रेमों की अनुमति प्रदान करता है। एक मास्टर स्टेशन द्वारा PCM प्रणालियों में जरूरत पड़ने वाले 800 सैम्पल/सेकंड उपलब्ध कराने के लिए प्रत्येक 125 मी./सेकंड के सिन्क्रोन्स फ्रेमों को उत्पन्न किया जाता है। इन फ्रेमों में से प्रत्येक के पास एक हैडर, नॉन सर्किट-स्विच्ड डाटा की 16 बाइट्स और सर्किट स्विच्ड डाटा की 96 बाइट्स (यानी 96 PCM प्रति फ्रेम) होती हैं।

एफडीडीआई के पास 802.5 की तरह ही वरीयता एल्गोरिद्म होती है। जो यह निर्धारित करती है कि दिए गए टोकन पास पर किस वरीयता वर्ग को प्रसारित किया जा सकता है। और यदि टोकन नियत समय के समीप होता है तो सभी वरीयताएं प्रसारित की जा सकती हैं लेकिन यदि यह नियत समय के पीछे होता है तो सर्वोच्च वरीयता को ही केवल प्रेषित किया जा सकता है।

एफडीडीआई वाले एक स्टेशन के पास फ्रेम प्रसारण से पहले टोकन अवश्य होना चाहिए। एफडीडीआई फ्रेमों का आकार 17 से 4500 बाइट्स के बीच होता है। नेटवर्क का स्टेशन नेटवर्क इंटरफेस कार्ड (NIC) से NIC तक घूम रहे संदेशों को पढ़ता है। जब स्टेशन अपने एड्रेस से मेल खाने वाले संदेश को पढ़ता है तब वह इस फ्रेम को copy करता है और एक एकनालिजमेन्ट फ्रेम को बनाता है और फिर यह अन्य संबद्ध अगले नेटवर्क नोड को अपना टोकन स्थानान्तरित करता है। एफडीडीआई अपना डाटा प्रेषित करने के लिए प्राथमिक वृत्त का प्रयोग करता है और दूसरा वृत्त सिस्टम फाल्ट टॉलरेन्स और बैकअप प्रदान करता है। दोनों वृत्त विपरीत दिशाओं में घूमते हैं इस लिए इन्हें dual counter rotating ring कहा जाता है। दूसरा वृत्त तब तक सक्रिय नहीं होता है जब तक कि इसकी जरूरत न हो। चित्र 4.32 एफडीडीआई टोपोलॉजी के प्रारूप को प्रदर्शित करता है।

वृत्त में वर्कस्टेशन, ब्रिज और रूटर जैसे उपकरणों को जोड़ा जा सकता है। स्टेशन दो प्रकार के होते हैं: वर्ग A और वर्ग B। वर्ग A स्टेशनों को डुअल-अटैच्ड स्टेशन (DASs) कहा जाता है क्योंकि वे एक ही समय में दोनों वृत्तों से जोड़े जा सकते हैं। वर्ग B स्टेशनों को सिंगल अटैच्ड स्टेशन कहा जाता है क्योंकि ये केवल एक वृत्त से संबद्ध होते हैं। वर्ग B स्टेशन वर्ग A स्टेशन की तरह फाल्ट टोलरेन्स वाले नहीं होते हैं क्योंकि वे आवृत्ति (wrapping) नहीं कर सकते हैं। रैपिंग किसी सिस्टम की फाल्ट टॉलरेन्स विशेषता होती जो वृत्त में अवरोध उत्पन्न होने पर प्रभावी होती है। जब वृत्त

में अवरोध उत्पन्न होता है तो पहला कदम असफल डोमेन की पहचान करना होता है। (यह वह अवरोध प्रभावित क्षेत्र होता है जो डाटा को वहन नहीं कर सकता है)

वृत्त में उत्पन्न अवरोध जिस पर वर्ग B स्टेशन जुड़ा है, वर्ग B स्टेशन को सम्भवत: अलग करेगा। चित्र 4.33 में एडीडीआई रैपिंग को दर्शाता गया है।

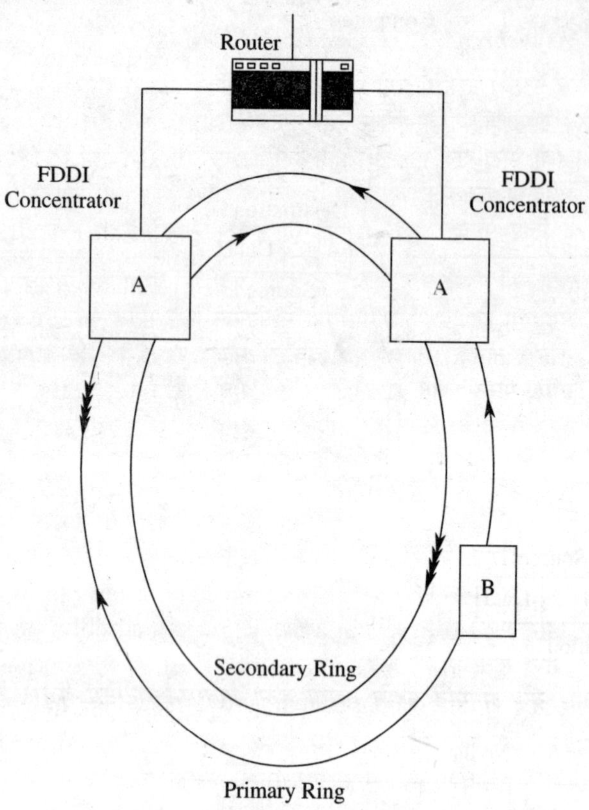

चित्र 4.32: एफडीडीआई टोपोलॉजी का प्रारूप

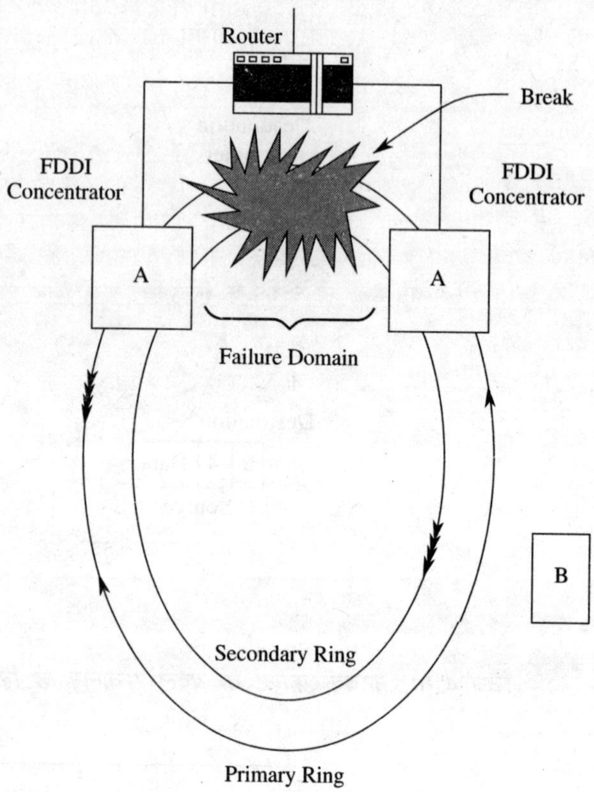

चित्र 4.33: एफडीडीआई रैपिंग

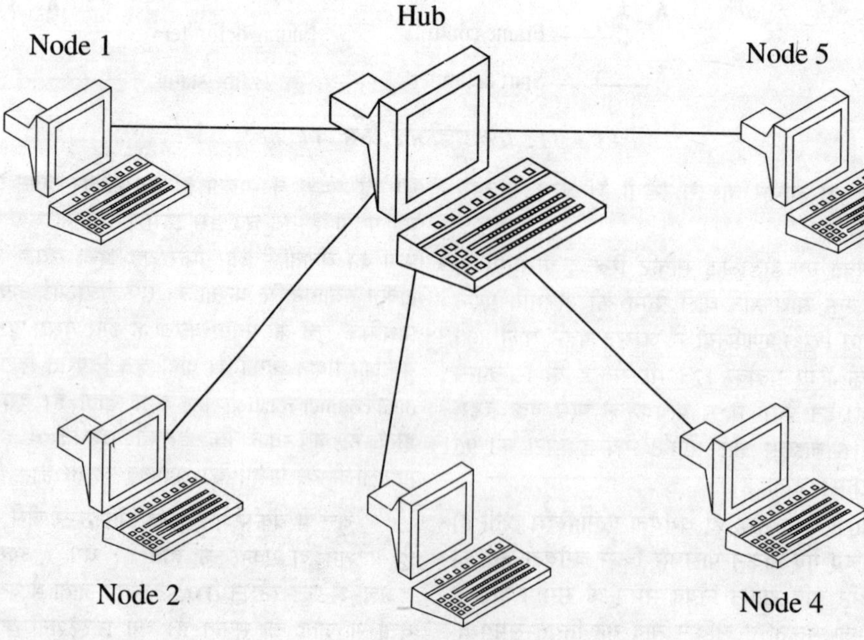

चित्र 4.34: स्टार टोपोलॉजी

4.11.4 स्टार टोपोलॉजी (Star Topology)

स्टार नेटवर्क पर प्रत्येक कम्प्यूटर उस केन्द्रीय हब के साथ संचार करता है जो या तो सभी कम्प्यूटर्स (जो स्टार नेटवर्क से जुड़े हैं) को या फिर केवल गन्तव्य कम्प्यूटर (स्विच्ड स्टार नेटवर्क में) संदेशों को पुन: प्रेषित करता है। ब्राडकास्ट स्टार नेटवर्क में हब एक्टिव या पैसिव (active or passive) हो सकता है। (देखें चित्र 4.34)

एक सक्रिय हब विद्युतीय संकेतों को पुर्नउत्पादित करता है और इससे जुड़े सभी कम्प्यूटर्स को इन संकेतों को प्रेषित करता है। इस प्रकार के हब को मल्टीपोर्ट रिपीटर कहा जाता है। सक्रिय हबों और स्विचों को चलाने के लिए बिजली की आवश्यकता होती है और प्राय: पैसिव हब कनेक्टर पॉइंट के रूप में कार्य करता है तथा संकेतों को न तो बढ़ाता है और न ही पुर्नउत्पादित करता है। पैसिव हबों को चलाने के लिए विद्युत की जरूरत नहीं पड़ती है।

☞ ईथरनेट 10BaseT स्टार टोपोलॉजी पर आधारित लोकप्रिय नेटवर्क है।

स्टार नेटवर्क का कार्यान्वयन करने के लिए अनेक प्रकार की केबल्स का प्रयोग आप कर सकते हैं। उसी स्टार नेटवर्क में हाइब्रिड हब अनेक प्रकार की केबल्स को रख सकता है। आप दूसरे स्टार हब का प्रयोग करते हुए स्टार नेटवर्क का विस्तार कर सकते हैं जहाँ कम्प्यूटर अनेक कम्प्यूटर्स अथवा हबों के इस हब से जुड़ने की अनुमति प्रदान करता है और इस प्रकार यह एक हाइब्रिड स्टार नेटवर्क का निर्माण करता है।

स्टार टोपोलॉजी के लाभ

(a) स्टार नेटवर्क में बिना अन्य कम्प्यूटर्स को हानि पहुंचाए नए कम्प्यूटर्स को जोड़ना और उसमें सुधार करना अत्यधिक आसान होता है। आपको केवल कम्प्यूटर से केन्द्रीय लोकेशन और हब में इसे लगाने के लिए एक नई लाइन चालू करनी होती है। जब केन्द्रीय हब की क्षमता बढ़ जाती है तब आप इसे उससे बदल सकते हैं जिसमें प्लग लाइन लगाने के लिए अनेक पोर्ट होते हैं।

(b) स्टार नेटवर्क का केन्द्र नेटवर्क की गलतियों को खोजनें के लिए उपयुक्त स्थान होता है। विवेकपूर्ण हब केन्द्रीयकृत पर्यवेक्षण और प्रबंधन भी उपलब्ध कराते हैं।

(c) एक कम्प्यूटर के खराब होने पर सम्पूर्ण स्टोर नेटवर्क ठप नहीं होता है। हब नेटवर्क की गलती को खोजता है और खराब कम्प्यूटर या नेटवर्क केबल को अलग कर देता है और शेष नेटवर्क का संचालन जारी रखता है।

(d) आप हब युक्त उसी नेटवर्क में अनेक प्रकार की केबल्स का प्रयोग कर सकते हैं जो अनेक प्रकार की केबल्स का रखरखाव करता है।

☞ सभी टोपोलॉजियों में स्टार नेटवर्क अधिक लचीला और नेटवर्क फाल्ट खोजने में अधिक आसान होता है।

स्टार टोपोलॉजी की हानियाँ

(a) यदि केन्द्रीय हब फेल हो जाता है तो सम्पूर्ण नेटवर्क का संचालन फेल हो जाता है।

(b) अनेक स्टार नेटवर्क्स को केन्द्र में एक उपकरण की जरूरत होती है जो पुन: प्रसारण या नेटवर्क यातायात का संचालन करता है।

(c) एक स्टार नेटवर्क में केबल लगाना महँगा होता है क्योंकि सभी नेटवर्क केबल्स को एक मुख्य बिन्दु तक खींचा जाना चाहिए जिसके लिए अन्य नेटवर्किंग टोपोलॉजियों की अपेक्षा अधिक केबल लगानी पड़ती है।

4.11.5 स्टार नेटवर्क के उदाहरण

ATM (Asynchronous Transmission Modes)

इस समय उलब्ध टोपोलॉजियों में एटीएम नेटवर्किंग एक नवीनतम टोपोलॉजी है। अन्य टोपोलॉजियों के उलट, यह नेटवर्क वायर या फाइबर पर आवाज (voice) तथा डाटा दोनों को ले जा सकती है। एटीएम 53-बाइट सेल के रूप में सभी पैकेटों का प्रसारण करता है जिनके पास सेवा की गुणवत्ता जैसी चीजों के लिए पहचान करने वालों की अनेक किस्में मौजूद होती है।

☞ सेवा की गुणवत्ता नियमित डाकघर पत्रों की सेवा की गुणवत्ता के समतुल्य होती है। नियमित पत्रों में आपके पास स्पीड पोस्ट, एअरमेल इत्यादि नामक सेवाओं का विकल्प मौजूद रहता है। जब आप एक स्पीड पोस्ट भेजते हो तो इसे अन्य पत्रों की अपेक्षा अधिक महत्व दिया जाता है ताकि यह अपने गंतव्य स्थल पर सबसे पहले पहुँचे।

डाटा पैकेट में पहली कुछ बाइट्स उस पैकेट के लिए आवश्यक सेवा की गुणवत्ता को इंगित करती हैं। जब सेवा की गुणवत्ता की विशेषता को लागू किया जाता है तब आप बैंडविड्थ की आवश्यकतानुसार पैकेट प्रेषित कर सकते हैं। उदाहरणार्थ- ईमेल निम्न वरीयता वाला होता है और इसे निम्न वर्ग की सेवा प्रदान की जानी चाहिए। जबकि वीडियो अथवा आडियो को उच्च वरीयता प्राप्त होती है।

एटीएम में उच्च गति की क्षमता होती है। निम्न स्तर पर यह 25 मेगाबाइट्स प्रति सेकण्ड की दर से चलता है और अधिकतम यह 622 मेगाबाइट्स प्रति सेकण्ड की दर से चल सकता है। इसकी गति के अतिरिक्त, एटीएम, ईथरनेट या टोकन रिंग की अपेक्षा अधिक जटिल होता है।

☞ एटीएम डाटा, वीडियो और ध्वनि प्रसारण एक के बाद एक उपलब्ध करा सकता है। इसका प्रयोग वान (WAN), लान (LAN) और मान (MAN) के लिए किया जा सकता है। यह 2.488 गीगा बाइट्स प्रति सेकण्ड की गति तक पहुँच सकता है।

एटीएम किस प्रकार कार्य करता है?: एटीएम प्रसारण फ्रेमों की अपेक्षा सेल (cell) के साथ संचार करता है। विशिष्ट स्रोतों और संचार कर रहे स्टेशनों के गंतव्य एड्रेस के स्थान पर एटीएम सेल डाटा प्रवाह के माध्यम को इंगित करता है। एक सेल को प्रोसेस करने के लिए उपकरणों हेतु सभी छोटे सेलों को प्रयोग किया जाता है। इसलिए मध्यस्थ उपकरण अत्यन्त उच्च गति की डाटा दर को बनाए रख सकता है।

किसी एटीएम के नेटवर्क पर प्रत्येक स्टेशन हमेशा प्रसारण करता रहता है। हालांकि अधिकांश प्रसारित किये गए सेल खाली होते हैं जिन्हें स्विच में निरस्त किया जा सकता है। जब कोई सेल रिक्त नहीं होता है तब वह स्विच में प्रवेश करता है और उन एड्रेस को पढ़ा जाता है जिन पर आगे वह सेल जाएगा। फिर सेल के प्रकार के अनुसार उपलब्ध स्लॉट में सेल को प्रेषित किया जाता है।

प्रत्येक स्विचिंग नोड में एटीएम हैडर वास्तविक सर्किट की पहचान करता है जो गंतव्य कम्प्यूटर के लिए सेल के संदेशों को भेजेगा। सेल हैडर सम्पूर्ण सर्किट में अगले पड़ोसी लिंक के डाटा और सेल को भेजने के लिए स्विच को समृद्ध करता है। वास्तविक सर्किट जब दो बिन्दु संचार करना चाहते हैं, तो उपयुक्त एटीएम स्विचों को माध्यम से बनाया जाता है। यह

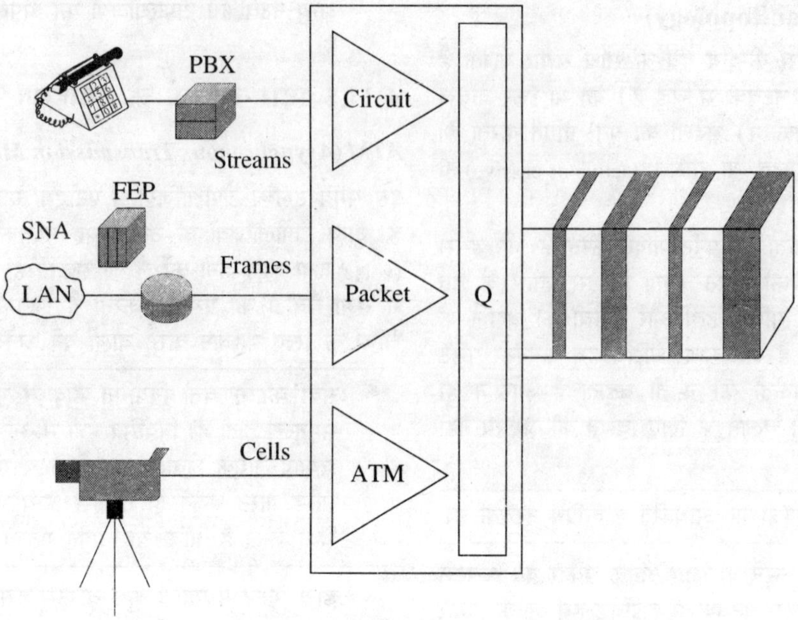

चित्र 4.35: विभिन्न प्रकार के ट्रैफिक का एटीएम सपोर्ट

योजना उस हार्डवेयर में एटीएम स्विच लगाने की अनुमति प्रदान करती है जो 2.488 गीगाबाइट्स प्रति सेकण्ड की दर के प्रसारण को सपोर्ट करता है।

एटीएम वर्तमान संचार प्रणाली के लिए सक्षम होता है और इसका प्रयोग घुमावदार जोड़ों, सहसंयोजी तथा फाइबर ऑप्टिक के साथ-साथ लान, वान और मान तकनीकों जैसी केबल मीडिया के लिए किया जाता है। हालांकि पूर्ण एटीएम की क्षमता के लिए कुछ केबल मीडिया में पर्याप्त बैण्डविड्थ की कमी होती है। आज प्रसारण हेतु 25 Mbps, 45 Mbps, 52 Mbps, 100 Mbps, 1554 Mbps और 622 Mbps के एटीएम मानक मौजूद हैं। एटीएम सेलों को एफडीडीआई सोनेट के सेलों सहित अन्य प्रोटोकॉल्स में एनकेपस्यूलेटिड किया जाता है।

इंटरनेट में एटीएम की भूमिका: वान और लान को एक साथ मिलाने के लिए उदित हुई तकनीकों में से एटीएम एक तकनीक है। चित्र 4.35 में दर्शाए गए के अनुसार डिलेसेन्सिटिव ट्रैफिक, नानडिले ट्रैफिक, पृथक तथा मिश्रित धाराओं में किसी प्रकार के ट्रैफिक को एटीएम सपोर्ट कर सकता है। एटीएम निम्न से उच्च गति का मापन भी कर सकता है। इसको लान से प्राइवेट ब्रांच एक्स्चेन्ज (PBX) तक की सभी औद्योगिक उपकरणों द्वारा अपनाया गया है। एटीएम के साथ नेटवर्क डिजाइनर्स द्वारा उपक्रम में सस्ते एप्लीकेशन को सपोर्ट करने के लिए लान तथा वान को एकीकृत किया जा सकता है।

निम्नलिखित कारणों से टाइम डिवीजन मल्टीप्लेक्सिंग (TDM) से विस्थापन हेतु नेटवर्क डिजाइनर्स एटीएम तकनीकों का प्रयोग कर रहे हैं।

(a) वान बैण्डविड्थ बढ़ाने के लिए
(b) कार्यकुशलता बढ़ाने के लिए
(c) डाउन टाइम घटाने के लिए।

4.11.6 मेश टोपोलॉजी (Mesh Topology)

यह एक प्रकार का नेटवर्क सेटअप होता है जहाँ प्रत्येक कम्प्यूटर और उपकरण परस्पर संबद्ध होता है, और अधिकांश प्रसारण के वितरण की अनुमति प्रदान करता है यहाँ तक कि एक कम्प्यूटर के खराब हो जाने पर भी एक मेश टोपोलॉजी का प्रयोग बड़े प्रमुख नेटवर्क में किया जाता है जिससे किसी एक स्विच या कम्प्यूटर के खराब हो जाने पर सम्पूर्ण नेटवर्क ठप हो जाता है। प्रत्येक कम्प्यूटर में अलग-अलग कनेक्शन दिए जाने की वजह से यह प्रणाली अत्यधिक खर्चीली होती है। इस प्रकार की प्रणाली का प्रयोग सामान्यत: बेतार नेटवर्क में किया जाता है। चित्र 4.36 में मेश टोपोलॉजी का प्रयोग करते हुए नेटवर्क पर साधारण कम्प्यूटर्स के सेटअप को दर्शाया गया है।

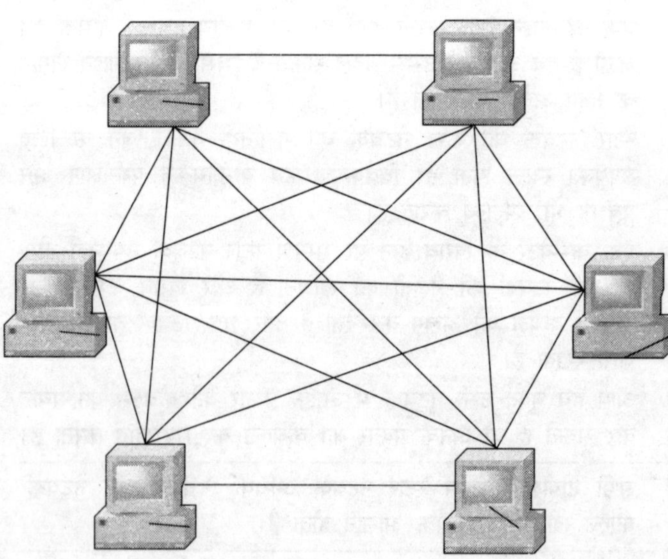

चित्र 4.36: मेश टॉपोलॉजी

4.12 इन्ट्रानेट (Intranet)

इन्ट्रानेट वह नेटवर्क है जो इंटरनेट के लिए प्रयोग किए जाने वाले हार्डवेयर और साफ्टवेयर के प्रयोग द्वारा किसी संगठन में नेटवर्क और कम्प्यूटर्स को जोड़ने के लिए प्रयोग किया जाता है। यह नेटवर्क के लिए प्रयुक्त ब्राउज़र

साफ्टवेयर और सर्वर तथा टीसीपी/आईजी प्रोटोकॉल का प्रयोग करता है। इन्ट्रानेट वह नेटवर्क है जो किसी संगठन में मौजूद होता है और जो इंटरनेट पर आधारित होता है। इन्ट्रानेट में इन्टरनेट की मूल सेवाएं (इलेक्ट्रॉनिक मेल, फाइल ट्रांसफर प्रोटोकॉल, टेलनेट और यूजनेट न्यूज) संगठन के कर्मचारियों और व्यावसायिक भागीदारों को अन्य सुविधाओं का प्रयोग करते हुए सूचना की भागीदारी और इलेक्ट्रॉनिक मेल के प्रयोग द्वारा प्रभावी और तीव्रतम सेवा उपलब्ध कराती है। इंट्रानेट इंटरनेट तकनीक पर आधारित होने की वजह से अनेक जगहों के हजारों प्रयोक्ताओं को अपने साथ जोड़ता है। यह वह सुरक्षा होती है जो इंट्रानेट का सबसे बड़ा लाभ है। इंट्रानेट कॉरपोरेट इंटरनेट का वह भाग होता है जो अपने ग्राहकों और आपूर्तिकर्ताओं को इलेक्ट्रॉनिक ट्रांजेक्शन की सुविधा मुहैया कराते हुए इन्ट्रानेट से संचार करने के लिए कम्पनियों को अनुमति प्रदान करता है।

उत्तर सहित पुनरावलोकन प्रश्न
(REVIEW QUESTIONS WITH ANSWERS)

*नोट: * से इंगित प्रश्न पहले DOEACC "O" तथा "A" स्तरीय परीक्षाओं में पूछे जा चुके हैं।*

1. बहुविकल्पीय प्रश्न

1. वेब कनेक्शन में होता है:
   (a) डेस्कटॉप, या क्लाइंट कम्प्यूटर अथवा इसी प्रकार के उपकरण
   (b) इन्टरनेट एक्सेस प्रदाता
   (c) संचार नेटवर्क
   (d) उपर्युक्त सभी

2. डेस्कटॉप कम्प्यूटर जिसमें वे व्यवस्थित किए जाते हैं, से होस्ट अलग होता है:
   (a) मल्टीपल कनेक्शन से (b) सिंगल कनेक्शन से
   (c) कोई कनेक्शन नहीं (d) ये सभी

3. अनेक इन्टरनेट एक्सेस टूल बुकमार्क उपलब्ध कराते हैं ताकि आप बिना ___________ के अपनी पसंदीदा साइट पर वापस आ सकें।
   (a) आप इसे याद रखते हुए कि किस प्रकार आपको इसे प्राप्त करना है
   (b) अपने इन्टरनेट कनेक्शन का प्रयोग करते हुए
   (c) अपने पीसी पर कीबोर्ड और माउस का प्रयोग करते हुए
   (d) उपर्युक्त में से कोई नहीं

*4. निम्न में से किसकी सबसे धीमी प्रसारण गति होती है?
   (a) घुमावदार जोड़ा तारों की
   (b) सहसंयोजी केबल्स की
   (c) फाइबर आप्टिक केबल्स की
   (d) माइक्रोवेब की

*5. बंधेज माध्यमों का उदाहरण है:
   (a) सहसंयोजी केबल (b) वेब गाइड
   (c) फाइबर आप्टिक केबल (d) उपर्युक्त सभी

*6. मूल ईथरनेट प्रारूप ___________ प्रदान नहीं करता है।
   (a) एक्सेस कंट्रोल
   (b) एड्रेसिंग
   (c) संदेश का स्वचालित पुनःप्रसारण
   (d) अनेक वास्तविक नेटवर्क

7. नेटवर्क जो बिना सर्वर के कार्य करता है:
   (a) रिंग नेटवर्क (b) स्टार नेटवर्क
   (c) बस नेटवर्क (d) उपर्युक्त सभी

8. किसी इमारत में नेटवर्किंग के लिए कौन सा नेटवर्किंग समाधान उपर्युक्त होता है:
   (a) वान (WAN) (b) मान (MAN)
   (c) लान (LAN) (d) उपर्युक्त सभी

9. सेल आधारित आर्कीटेक्चर को ___________ के नाम से जाना जाता है।
   (a) लान (b) एफडीडीआई
   (c) एटीएम (d) क्लाइंट सर्वर

*10. निम्न में से कौन सी टोपोलॉजी एकल चैनल को शेयर करती है जिस पर सभी स्टेशन प्राप्तियाँ और प्रसारण कर सकते हैं:
   (a) स्टार (b) बस
   (c) ट्री (d) रिंग

2. निम्नलिखित वाक्यों में सही और गलत बताएँ:

1. वान ईथरनेट पर आधारित होता है।
2. लोकल एरिया नेटवर्क बंधेज माध्यम का प्रयोग करता है।
3. फाइबर आप्टिक केबल लेज़र प्रकाश को संचालित कर सकता है।
4. गेटवे शब्द का प्रयोग आमतौर पर एक सुविधा को परिभाषित करने के लिए किया जाता है, जो दो नेटवर्क्स को जोड़ता है ताकि एक नेटवर्क का प्रयोक्ता विभिन्न तरीकों से दूसरे नेटवर्क के प्रयोक्ता के साथ संचार कर सके।
5. वान वह कम्प्यूटर नेटवर्क होता है जो बड़े भौगोलिक क्षेत्र में फैला होता है।
6. CSMA/CD एक्सेस विधि का प्रयोग बस आधारित नेटवर्क में किया जाता है।
7. लान को व्यापक भौगोलिक दूरियों तक फैलाया जा सकता है।
8. रिंग वह उपयोगिता है जो संदेश पैकेटों को सर्वर को प्रेषित करती है और इसके जवाब की जाँच कराती है।
9. स्टार टोपोलॉजी में कम्प्यूटर केन्द्रीय कम्प्यूटर से जुड़े होते हैं।
10. रिंग टोपोलॉजी में प्रत्येक कम्प्यूटर दूसरे कम्प्यूटर्स से एक वृत्त में जुड़ा होता है।

3. निम्नांकित को सुमेलित करें:

3.1	एक नेटवर्क पर अन्य कम्प्यूटर्स के साथ स्रोतों और डाटा की भागीदारी करने वाला केन्द्रीय कम्प्यूटर	(a)	किसी भौगोलिक क्षेत्र में अनेक लानों को जोड़ता है।
3.2	वान	(b)	सर्वर
3.3	स्टार	(c)	विभिन्न लानों को जोड़ने वाला उच्च गति नेटवर्क
3.4	बैकबोन	(d)	नेटवर्क जहाँ सभी नोड सेन्ट्रल सर्वर के चारों ओर परिभ्रमित होते हैं।

3.5	लान	(e)	शहर के नेटवर्क को जोड़ता है।
3.6	लान्स	(f)	डाटा प्रसारण की 100 Mbits प्रति सेकंड या अधिक गति।
3.7	मान (MAN)	(g)	एक कैम्पस या सैन्य छावनी
3.8	बैण्डविड्थ	(h)	एक रिले एलीमेन्ट जो अनेक भौतिक ईकाइयों को जोड़ता है।
3.9	नेटवर्क एडमिनिस्ट्रेटर	(i)	फ्रीक्वेन्सी के बैण्ड की निर्धारित विड्थ
3.10	हब	(j)	नेटवर्क के प्रयोग और रखरखाव की व्यवस्था करता है।

4. रिक्त स्थानों की पूर्ति करें:

(a)	टीसीपी/आईपी	(b)	प्रोब
(c)	फाइबर आप्टिक	(d)	फाइबर आप्टिक केबल
(e)	लान	(f)	एफडीडीआई
(g)	की (key)	(h)	बस
(i)	स्कैटरिंग	(j)	स्टार टोपोलॉजी

1. __________ वह प्रणाली जो नेटवर्क और अन्य प्रणालियों की निगरानी करती है।
2. __________ मीडिया को बंधेज माध्यम के रूप में संबोधित किया जाता है।
3. एक स्टिंग जो डाटा को सुरक्षित रखती है, __________ के नाम से जानी जाती है।
4. इंटरनेट से जुड़े कम्प्यूटर को __________ दोनों की जरूरत पड़ती है।
5. __________ नेटवर्क लगाने तथा विस्तार करने में आसान होता है।
6. __________ में डाटा प्रसारण की गति अत्यन्त तेज होती है।
7. सेन्ट्रल हब जिसमें सभी कम्प्यूटर जुड़े होते हैं, आर्कीटेक्चर को __________ के नाम से जाना जाता है।
8. एक लोकल एरिया नेटवर्क तकनीक जो रिंग टोपोलॉजी में स्टेशनों को परस्पर जोड़ने के लिए फाइबर आप्टिक्स का प्रयोग करती है, __________ होती है।
9. कम्प्यूटर नेटवर्किंग की एक सर्वाधिक सामान्य विधि __________ होती है जिसमें घुमावदार जोड़ा तारों का प्रयोग किया जाता है।
10. फाइबर में प्रकाश प्रवाहित करने पर संकेत शक्ति में हानि को __________ के नाम से जाना जाता है।

उत्तर

1.	1.1	d	1.2	a	1.3	a	1.4	a	1.5	d
	1.6	a	1.7	a	1.8	c	1.9	c	1.10	b
2.	2.1	F	2.2	T	2.3	T	2.4	T	2.5	T
	2.6	T	2.7	F	2.8	F	2.9	T	2.10	T
3.	3.1	b	3.2	a	3.3	d	3.4	c	3.5	f
	3.6	g	3.7	e	3.8	i	3.9	j	3.10	h
4.	4.1	b	4.2	c	4.3	g	4.4	a	4.5	h
	4.6	d	4.7	j	4.8	f	4.9	e	4.10	i

विवरणात्मक प्रश्न
(DESCRIPTIVE TYPE QUESTIONS)

1. वेब कनेक्शनों को सफल बनाने के लिए आवश्यक चार प्रमुख अवयव क्या हैं? व्याख्या करें।

*2. नेटवर्क टोपोलॉजी क्या है? सर्वाधिक प्रचलित टोपोलॉजियों की चर्चा करें।

*3. ध्वनि सहनशीलता प्रदान करने हेतु नेटवर्क कनेक्शन के लिए आप्टिकल फाइबर का प्रयोग किया जा सकता है। इसके लाभों की चर्चा करें।

*4. एटीएम क्या है? यह किस तरह कार्य करता है?

*5. डोमेन नामों की आवश्यकता क्यों होती है? आईपी एड्रेस और डोमेन नाम के बीच क्या सम्बन्ध है?

*6. एक साथ और अलग-अलग होने वाले प्रसारण के बीच अन्तर स्पष्ट करें।

*7. लोकल एरिया नेटवर्क (LAN) क्या है? इसके क्या लाभ हैं?

*8. स्लिप (SLIP) क्या है? इसकी क्या-क्या समस्याएं होती हैं?

*9. इंटरनेट और वर्ल्डवाइड वेब में क्या अन्तर है, व्याख्या करें?

10. नेटवर्क एडमिनिस्ट्रेटर की क्या भूमिका होती है?

11. संक्षिप्त टिप्पणी लिखें:
    (a) नेटवर्क सुरक्षा
    (b) आन्तरिक संचालकता
    (c) बैण्डविड्थ
    (d) नोड
    (e) वर्कस्टेशन
    (f) ईथरनेट

12. इन्टरनेट तथा इंट्रानेट के मध्य अन्तर स्पष्ट करें।

अध्याय-5

इंटरनेट की सेवाएँ

5.1 ई-मेल (E-mail)

ईमेल सम्पूर्ण विश्व में सबसे कम लागत पर कहीं भी इंटरनेट जैसे डिजिटल संचार लिंक पर संदेश, आवाज, वीडियो तथा ग्राफिक्स भेजने की एक विधि है। तकनीकी रूप में, ईमेल क्लाइंट/सर्वर एप्लीकेशन का एक प्रकार है जो दो ईमेल एकाउण्ट्स के बीच स्टोर्ड संदेश सेवा प्रदान करती है। आधुनिक कम्प्यूटर्स इंटरनेट से जोड़े जाने की वजह से प्रयोक्ता दूरभाष या बेतार डिजिटल सेवा वाली किसी भी जगह में इंटरनेट पर संदेश प्रेषित कर सकता है।

☞ इलेक्ट्रॉनिक मेल प्रणाली की बैकबोन एक संचार नेटवर्क होता है जो एक केन्द्रीय प्रणाली के दूरस्थ टर्मिनलों को अथवा लोकल एरिया नेटवर्क के व्यक्तिगत कम्प्यूटर्स को जोड़ता है। प्रयोक्ता किसी एक प्राप्तकर्ता को संदेश प्रेषित कर सकता है अथवा वे प्रणाली से जुड़े अनेक चुने हुए प्रयोक्ताओं को इसे प्रसारित कर सकता है।

ईमेल के लिए दो वृहद क्रियाविधियाँ होती हैं।

- हॉटमेल या रैडिफमेल आदि जैसी ईमेल सेवा का उपयोग करने के लिए।
- इंटरनेट पर अपनी निजी ईमेल सर्वर स्थापित करने के लिए।

निम्नलिखित कारणों से व्यापारिक संस्थान के लिए प्रथम विकल्प का सुझाव नहीं दिया जाता है।

- आपके व्यापार से संबंधित ईमेल में किसी अन्य के विज्ञापन वहन किए जा सकते हैं।
- आपके नाम का प्रयोग किसी अन्य प्रयोक्ता द्वारा किया जा सकता है। इसका अभिप्राय यह है कि आपका मेल सुरक्षित नहीं है और यह गलत हाथों में पड़ सकता है।

हालांकि इस विधि के कुछ निम्नांकित लाभ भी हैं:

- अपने निजी स्थापित ईमेल को प्रशासित करने को टाला जाता है।
- जब ईमेल संदेशों की संख्या कम होती है तो ईमेल हेतु अतिरिक्त सेटअप ज्यादा महंगा नहीं होता है।
- आपका ईमेल एड्रेस आपकी पहचान नहीं कराता है इसलिए प्रेषक के लिए आपकी स्थिति पता लगाना आसान नहीं होता है तथा इस प्रकार आप जंक या स्पाम नामक व्यर्थ के मेलों से बचे रहते हैं।

आपके निजी ईमेल सर्वर को स्थापित करने के लाभ निम्नलिखित हैं:

- आप अपने वेब पेज को होस्ट करने के साथ-साथ अपना ई-मेल सर्वर चला सकते हैं।
- आपके निजी ईमेल सर्वर की स्थापना की प्रारंभिक लागत काफी ज्यादा हो सकती है किन्तु ईमेल संदेशों की सख्या में वृद्धि होने पर अन्य खर्च नहीं बढ़ता है। इस प्रकार आपके प्रति संदेश की लागत घट जाती है।

ईमेल संदेश प्रेषित करने के लिए निम्नलिखित चरणों की आवश्यकता होती है:

1. अपने पीसी पर ईमेल प्रोग्राम शुरू करो।
2. वह एड्रेस लिखो जहाँ ईमेल भेजना है।
3. संदेश टाइप करो।
4. संदेश भेजने के लिए सेंड बटन (Send button) पर क्लिक करो।

5.1.1 ईमेल के लाभ

गति (Speed): साधारण डाक प्रणाली की अपेक्षा ईमेल पत्राचार का अत्तिद्रुत साधन है। कुछ ही सेकण्ड में आपका मेल दुनियाँ भर में कहीं भी पहुँच जाता है।

विषय (Content): संदेश कुछ लाइनों या सैंकड़ों लाइनों का हो सकता है। डाक सेवा के विपरीत भार के अनुसार खर्च नहीं लगता है।

कीमत (Cost): सूचना भेजने के लिए ईमेल अत्यन्त कम खर्चीला साधन है, विशेषत: जब यह अत्यन्त तीव्रता से प्रेषित होता है। अमेरिका के लिए तीन पन्नों के पत्र की लागत कोरियर द्वारा 400 रू तथा फैक्स द्वारा 100 रू आती है। जबकि एक छोटा पत्र केवल एक लोकल कॉल की कीमत पर भेजा जा सकता है।

प्रयोग करने में आसान (Ease of Use): साधारण डाक प्रणाली की अपेक्षा ईमेल से पत्र भेजना अधिक आसान होता है। साधारण डाक प्रणाली में हमें पत्र लिखना पड़ता है फिर लिफापा ढूंढना पड़ता है, फिर डाक टिकट खरीदने जाना पड़ता है फिर इसे डालने के लिए पत्र पेटिका ढूंढ़नी पड़ती है।

संदेश प्राप्त करना (Receiving Message): हमें हर समय अपने कम्प्यूटर पर मेल प्राप्ति की जरूरत नहीं पड़ती है। संदेश हमारे प्रदाता के पास स्टोर हो जाता है और यह तब प्रेषित किया जाता है जब हम इसकी मांग करते हैं।

अनेक प्रतिलिपियाँ (Multiple Copies): हम संदेश को बिना बार-बार टाइप किए अनेक प्रयोक्ताओं के भेज सकते हैं।

5.1.2 ईमेल की कमियाँ

हार्डवेयर आवश्यकता: हमें किसी कम्प्यूटर पर एक ईमेल पढ़ना या प्रिंट करना होता है।

जल्दीबाजी माध्यम: ईमेल प्रयोग में उतना आसान होने की वजह से संदेश प्रेषित करना भी अधिक आसान होता है जो आप बाद में भूल जाते हैं।

भावनाओं को प्रेषित करना मुश्कल: बिना किसी आवाज, तस्वीर और भावों की वजह से किसी भी व्यक्ति में गलतफहमी पैदा हो सकती है।

इमेल वैयक्तिक नहीं: एक सिस्टम से दूसरे पर भेजे गए संदेश को कोई भी पढ़ सकता है, इस बात की संभावना बनी रहती है।

5.1.3 ईमेल की विशेषताएँ

संदेश का प्रत्युत्तर देना: हम दूसरों द्वारा भेजे गए ईमेल का जवाब दे सकते

हैं। हमारे जवाब के साथ मूल संदेश भी संलग्न हो सकता है। जिसे Quoting के नाम से जाना जाता है। Quoting संदेश के बारे में जानने में पाठक की मदद करता है।

संदेश अग्रसारित करना: हम किसी अन्य से प्राप्त संदेश को बिना प्रत्युत्तर दिये किसी दूसरे व्यक्ति को अग्रसारित कर सकते हैं।

संदेश को स्टोर करना: महत्वपूर्ण संदेशों को स्टोर किया जा सकता है। इसकी सहायता से हम संदेशों को बाद में कभी भी पढ़ सकते हैं।

संदेश Delete करना: हम अनचाहे संदेशों को नष्ट कर सकते हैं अन्यथा हमारे मेल बाक्स में संदेशों की भीड़ लग जाएगी।

संदेश को प्रिंट करना: किसी संदेश की लिखित प्रतिलिपि बनाने के लिए हम इसे प्रिन्ट कर सकते हैं।

5.2 वर्ल्ड वाइड वेब क्या है?

ईमेल के पश्चात वेब एक अत्यन्त लोकप्रिय इंटरनेट सेवा है लेकिन यह इंटरनेट पर किसी अन्य सेवा की अपेक्षा बड़ी मात्रा और डाटा की अनेक किस्मों को एक्सेस करती है।

वर्ल्ड वाइड वेब अथवा संक्षेप में वेब इंटरनेट पर आधारित सार्वभौमिक सूचना प्रणाली है। यह सम्पूर्ण विश्व के लगभग 4 मिलियन कम्प्यूटर्स से मल्टीमीडिया सूचना उपलब्ध कराती है। वेब वीडियो, अंत:क्रियाशील मल्टीमीडिया और सजीव ऑडियो के अलावा टेक्स्ट दस्तावेज और चित्रकारी जैसे अनेक किस्म के डाटा उपलब्ध कराती है। (देखें चित्र 5.1)

5.2.1 वर्ल्ड वाइड वेब का क्रमिक विकास

वर्ल्ड वाइड वेब इंटरनेट पर हाइपरटेक्स्ट पृष्ठों का वृहद संग्रह है। www की अवधारणा का विकास सन 1989 में यूरोपीय पार्टिकल रिसर्च सेन्टर (CERN के नाम से विख्यात) में स्विटज़रलैण्ड में हुआ और सन् 1991 में प्रथम टेक्स्ट आधारित प्रोटोटाइप का संचालन किया गया। सन् 1991 में दिसम्बर महीने में सेन अंटोनियो, टेक्सास (यूएसए) में हाइपरटेक्स्ट 91' कान्फ्रेन्स में इसका जनप्रदर्शन किया गया। 1993 में मोजाइक (Mosaic) नामक पहला ग्राफिकल इंटरफेस सॉफ्टवेयर पैकेज को बाजार में उतारा गया था।

☞ हाइपरटेक्स्ट आपको टेक्स्ट पढ़ने और नेविगेट करने में सुदृढ़ बनाता है।

मोसाइक इतना लोकप्रिय हुआ कि एक वर्ष बाद मोसाइक के लेखक मार्क एन्डरसन ने सेन्टर फार सुपरकम्प्यूटिंग एप्लीकेशंस छोड़ दिया जहाँ पर मोसाइक को बनाया गया था तत्पश्चात उन्होंने नेटस्केप कम्यूनिकेशंस कार्पोरेशन नामक कम्पनी बनाई। इस कम्पनी ने क्लाइंट्स, सर्वर तथा अन्य दूसरे वेब सॉफ्टवेयर बनाए।

सन 1994 में CERN और MIT (अमरीका) ने वर्ल्ड वाइड वेब कन्सोर्टियम जो वेब का विकास करने, प्रोटोकॉल का मानकीकरण करने तथा साइट्स के बीच अंत:संचालन करने के लिए समर्पित होना था, की स्थापना के लिए एक संयुक्त समझौते पर हस्ताक्षर किए। इसी समय से सैंकड़ों विश्वविद्यालयों और कम्पनियाँ इस कन्सोर्टियम से जुड़ते चले गए।

मोसाइक बाजार में आने के बाद प्रथम वर्ष में www सर्वरों की संख्या 100 से बढ़कर 7000 पहुँच गई और आने वाले वर्षों में इसकी गुणज़ वृद्धि की आशा की गई और यह भी आशा की गई कि आने वाले समय में मानव जीवन के प्रत्येक क्षेत्र में इंटरनेट का प्रयोग किया जाने लगेगा।

☞ इंटरनेट पर जुड़े सभी वेब सर्वरों को संयुक्त रूप से वर्ल्ड वाइड वेब के नाम से संबोधित किया गया। W3 कन्सोर्टियम वर्ल्ड वाइड वेब के विनियमों को लागू करने, इसके मानक स्थापित करने हेतु प्रत्येक व्यक्ति के अत्यन्त निकटस्थ है। आप कन्सोर्टियम के होमपेज को http://www.w3.org/ पर देख सकते हैं। संगठनों का दूसरा समूह जो वेब को प्रभावित करता है, ब्राउज़र विकासकर्ता स्वयं हैं जिसमें नेटस्केप कम्युनिकेशंस कार्पोरेशन और अमरीका का माइक्रोसॉफ्ट कारपोरेशन उल्लेखनीय हैं।

वेब सर्वर को ऐक्सेस करने के लिए हम ब्राउज़र प्रोग्राम नामक क्लाइंट सॉफ्टवेयर का प्रयोग करते हैं। एक ब्राउज़र से हम वेब पेज के किसी एलीमेन्ट का चयन कर सकते हैं जो हमें कम्प्यूटर एनीमेशन अथवा ध्वनि चलाने अथवा अन्य वेब पेज को प्रदर्शित करने हेतु जोड़ता है। ब्राउज़र

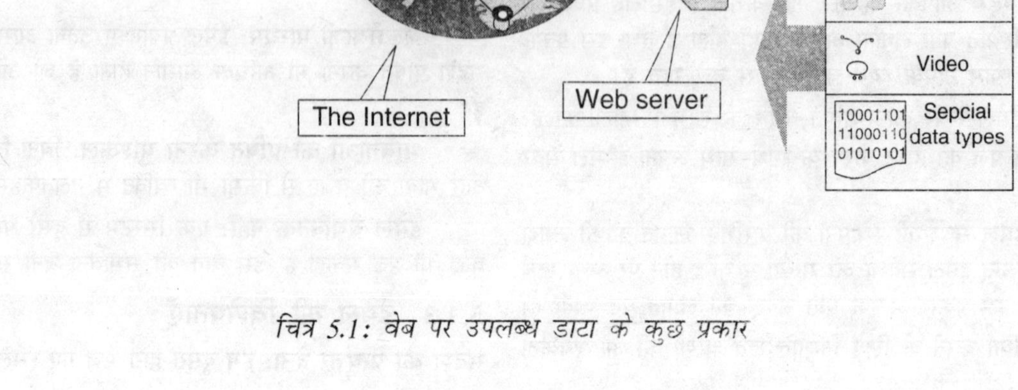

चित्र 5.1: वेब पर उपलब्ध डाटा के कुछ प्रकार

दुनियाभर में कहीं भी स्थित अन्य वेब सर्वर से संपर्क स्थापित कर सकता है।

5.2.2 वेब की प्रमुख विशेषताएँ

इंटरनेट सर्फिंग करने के लिए वेब एक अत्यधिक लोचदार और उत्तेजक साधन होता है। मोसाइक विचारक का प्रयोग करते हुए WWW ने अन्य पेजों के साथ-साथ ध्वनि, पिक्चर, टेक्स्ट वाली जानकारी के अनेक पन्ने की साइट स्थापित करना संभव बनाया। एक लिंक पर क्लिक करने पर प्रयोक्ता उस लिंक पर पहुंच जाता है। उदाहरणार्थ कोई कम्पनी उत्पाद जानकारी, मूल्य सूची, विक्रय, तकनीकी समर्थन, कर्मचारियों के साथ संचार, स्टॉक होल्डर सूचना आदि हेतु अन्य पन्नों को इंगित करने वाला होम पेज प्राप्त कर सकती है।

हाइपरटेक्स्ट इन्फॉर्मेशन सिस्टम

हाइपरटेक्स्ट के पीछे का विचार यह है कि भद्दे स्ट्रक्चर में टेक्स्ट की रीडिंग करने के बजाय आप आसानी से एक बिन्दु को छोड़ते हुए दूसरे पर पहुंच सकते हैं। आप अधिक जानकारी प्राप्त कर सकते हैं, वापस जा सकते हैं या दूसरे शीर्षक पर पहुँच सकते हैं।

यदि जानकारी ज्यादा डिस्क स्पेस नहीं लेती है तो यह निशुल्क से उपलब्ध होता है और आप इसे किसी भी समय जल्दी से आसानी से प्राप्त कर पाओगे।

☞ वर्ल्ड वाइड वेब इतनी अधिक जानकारी प्रदान करती है जिसे आप अपने जीवनभर में कभी इकट्ठी नहीं कर सकते हो, जो अनेक प्रकार से एक दूसरे से जुड़ी होती हैं और जब कभी आप चाहो इसे ब्राउज़ कर सकते हो।

चलाने में आसान और ग्राफिकल

वेब की सर्वोत्तम विशेषता यह है कि यह उसी पृष्ठ पर टेक्स्ट और ग्राफिक दोनों को एक साथ प्रदर्शित कर सकता है। वेब से पहले इंटरनेट पर केवल साधारण टेक्स्ट शामिल होता था तथा ग्राफिक के लिए अनेक तरह की कोडिंग तथा जटिल इंटरफेस समाहित किया जाता था।

अब वेब ग्राफिक्स, ध्वनि और टेक्स्ट के साथ संलग्न वीडियो के लिए क्षमताएं प्रदान करता है। नए वेब ब्राउज़र्स में मल्टीमीडिया और संबद्ध एप्लीकेशन के लिए क्षमताएं विद्यमान है और इनका सबसे प्रमुख लक्षण यह है कि यह लिंक से लिंक पर जाने, सर्वरों पर एक पृष्ठ से दूसरे पृष्ठ पर जाने में अत्यधिक आसान होता है।

क्रॉस प्लेटफॉर्म

चाहे आप कमजोर पीसी पर कार्य कर रहे हों या महँगे ग्राफिक वर्कस्टेशन पर, यदि आप इंटरनेट एक्सेस कर सकते हैं तो वर्ल्ड वाइड वेब भी ऐक्सेस कर सकते हैं। आप साधारण टेक्स्ट का प्रयोग करने के लिए केवल मोडेम कनेक्शन, 14 इंच का छोटा श्वेतश्याम मॉनीटर अथवा एक 21 इंच का ग्राफिक डिस्प्ले सिस्टम का प्रयोग कर सकते हैं। वर्ल्ड वाइड वेब किसी एक कम्पनी द्वारा विकसित एक विशेष मशीन तक सीमित नहीं है। वेब समग्र रूप से एक क्रॉस प्लेटफॉर्म है।

☞ क्रॉस प्लेटफॉर्म का अभिप्राय यह है कि आप वेब सूचना को भलीभाँति किसी भी प्रकार के डिस्प्ले पर एक्सेस कर सकते हैं।

वेब विभाजित है

वेब अत्यधिक जानकारी उपलब्ध कराने में सफल है, इसका प्रमुख कारण यह है कि जानकारी दुनियाभर के हजारों वेब साइट पर विभाजित है और इनमें प्रत्येक जानकारी के लिए स्थान उपलब्ध कराती है। आप जानकारी हेतु एक उपभोक्ता के रूप में उस वेब साइट पर उस जानकारी को देखने के लिए जा सकते हैं। जब आप ऐसा कर लेते हैं तो आप कही भी चले जाते हैं और तब आप का सिस्टम डिस्क स्पेश की मांग नहीं करता है, आपको इसे इन्स्टॉल करने की जरूरत नहीं पड़ती है, या आपको डिस्क बदलने की जरूरत नहीं पड़ती है।

वेब डायनामिक है

चूँकि वेब पर जानकारी उस साइट पर उपलब्ध रहती है जो इसे प्रकाशित करती है, इसको प्रकाशित करने वाले लोग किसी भी समय इसे अपडेट कर सकते हैं। यदि आप सूचना को ब्राउज़ करते हैं तो आपको किसी भी नयी सहायक सामग्री को इन्स्टॉल करने की जरूरत नहीं पड़ती है या आपको अलग से कोई किताब या अपडेटेड सूचना को प्राप्त करने के लिए किसी भी तकनीकी मदद की जरूरत नहीं पड़ती है। केवल आप को अपने ब्राउज़र को इशारा करना है और आप पाएंगे जो आप चाहते हैं। वेब सर्वर के लिए विकास के प्रयास का नाम अपाचे (Apache) इसका उदाहरण है। इसके प्रमुख कार्यकर्ताओं द्वारा इसे परखा और विकसित किया जा रहा है। बड़े वाणिज्यिक सर्वरों के लिए इसमें अनेक विशेषताएँ हैं, और सबसे बड़ी बात यह है कि यह पूर्णरूप से स्वतंत्र है। http/www.apache.org में अपाचे वेबसाइट अपाचे सॉफ्टवेयर, डाक्यूमेंटेशन और सर्वर सॉफ्टवेयर के लिए मूल स्थान है। साइट को किसी भी समय अपडेट किए जा सकने की वजह से नयी विज्ञप्तियों को तेजी से और बड़ी आसानी से वितरित किया जा सकता है।

इंटरनेट सूचना के अनेक प्रारूपों को एक्सेस करना

एफटीपी, गोफर, यूज़नेट न्यूज़, वैस डाटाबेस, टेलनेट तथा ईमेल नामक नेट पर सूचना प्राप्त करने के दर्जनों भिन्न भिन्न तरीके हैं। वेब जितना लोकप्रिय अब है इससे पहले आप इन जानकारियों को प्राप्त करने के लिए प्रत्येक के लिए अलग-अलग उपकरणों का प्रयोग करते थे या आपको वे सभी उपकरण इन्स्टॉल करने पड़ते थे जिनमें अलग-अलग कमाण्डों का प्रयोग किया जाता था। इंटरनेट एक्स्प्लोरर, नेट-स्केप नेवीगेटर नामक वेब ब्राउज़र्स ने इसे बदल दिया है। यद्यपि वेब की अपनी सूचना प्रणाली होती है, इसके अपने प्रोटोकॉल (HTTP: हापरपरटेक्स्ट ट्रांस्फर प्रोटोकॉल) होते हैं, वेब ब्राउज़र अन्य इंटरनेट सेवाओं से फाइल्स भी पढ़ सकते हैं तथा आप उन सिस्टमों पर जानकारी के लिए लिंक भी जोड़ सकते हैं।

☞ इंटरनेट पर विभिन्न प्रकार की जानकारी प्राप्त करने के लिए अपना ब्राउज़र प्रयोग करने हेतु आप विभिन्न प्रकार की URL http: से प्रारंभ करते हैं जो वास्तविक वेब साइट पर किसी फाइल को इंगित करता है।

FTP का प्रयोग करते हुए वेब पर एक फाइल प्राप्त करने के लिए आप निम्न प्रकार की दिखाई देने वाली URL का प्रयोग करेंगे:

```
ftp://name_of_site/directory/f1_name
```

वेब ब्राउज़र से गोफर सर्वर प्रयोग करने के लिए आपको लगभग इस प्रकार दिखाई देने वाली URL का प्रयोग करना चाहिए:

```
gopher://name_of_gopher_server
```

वेब इंटरएक्टिव है

इंटरएक्टिविटी वेब सर्वर की "टाक बैक" योग्यता होती है। टेलीविजन से भिन्न वे दोतरफा संप्रेषण वाली होती हैं। इसका तात्पर्य यह है कि एक लिंक चयन करने तथा दूसरा पेज पर जाने का कार्य करता है। इसके अलावा वेब प्रकाशक के साथ संचार करने की योग्यता भी प्रदान करता है। उदाहरणार्थ वेब पृष्ठ इंटरएक्टिव फॉर्म भी बना सकता है जिसे पाठक भर सकता है। फॉर्म में टेक्स्ट इंट्री एरिया, साधारण बटन अथवा मदों के साधारण मेनू (menu) शामिल किए जा सकते हैं। जब फॉर्म जमा किया जाता है तो जानकारी जो आपने टाइप की है, सर्वर को वापस भेजी जाती है जहाँ से वह पृष्ठ उत्पन्न हुआ होता है।

आप फॉर्म को निम्नलिखित उद्‌देश्यों के लिए प्रयोग कर सकते हैं:

- अपने पृष्ठ का फीडबैक प्राप्त करने के लिए।
- अपने पाठकों (सर्वे, वोटिंग, डेमोग्राफिक) से जानकारी प्राप्त करने के लिए।
- अतिथि पुस्तिका बनाने तथा कांफ्रेंस प्रणाली जो पाठकों को पृष्ठ पर अपनी सूचना दर्ज करने के योग्य बनाती है, को बनाने के लिए। इस प्रकार की प्रणालियाँ आपके पाठकों को आपके साथ न केवल संचार करने अपितु अन्य दूसरे पाठकों के साथ संचार करने की योग्यता भी प्रदान करती हैं।
- वेब पर उलब्ध उत्पादों अथवा सेवाओं के लिए ऑनलाइन ऑर्डर फॉर्म प्रदान करने के लिए।

फॉर्मो के अलावा वेब विकास की अत्याधुनिक विशेषताएँ अनेक सुविधाएँ उपलब्ध कराती हैं। उदाहरणार्थ जावा और शॉकवेव (shock wave) आपको वेब पृष्ठों के अन्दर सम्पूर्ण प्रोग्राम्स व खेलों को समाहित करने की योग्यता प्रदान करती हैं। 3-D जगत में विकास आपको तथा आपके पाठकों को यदि वे वास्तविक 3-D कमरों में लगने और अन्य लोगों में मिलने हेतु, वेब को ब्राउज करने की योग्यता प्रदान करते हैं। इसलिये, वेब सम्पूर्ण विश्व में अन्य लोगों तक पहुँचने व संचार करने का माध्यम है।

5.2.3 WWW ब्राउज़र्स (Browsers)

वेब ब्राउज़र वह प्रोग्राम होता है जिसे आप वर्ल्ड वाइड वेब चलाने और नेट पर कोई पृष्ठ देखने के लिए प्रयोग करते हैं। कभी-कभी ब्राउज़र्स को वेब क्लाइंट भी संबोधित किया जाता है।

वेब ब्राउज़र की एक बड़ी श्रंखला को हर प्रकार के सिस्टम के लिए, जिसकी आप कल्पना करते हैं जिसमें ग्रैफिकल यूजर-इंटरफेस और केवल परीक्षा यूनीक्स कनेक्शन के डायलअप करते हैं, के लिए उपलब्ध है। अधिकांश ब्राउज़र्स फ्रीवेयर होते हैं। हमेशा की तरह आप इनके सब को इंटरनेट से ब्राउज़र डाउनलोड करने के लिए प्रयोग करते हैं। उदाहरण के लिए, इन्टरनेट एक्सप्लोरर 6.0 संस्करण, विंडो XP के साथ निशुल्क आता है।

हाल ही में, वर्ल्ड वाइड वेब नेटस्केप नेवीगेटर हेतु अत्यधिक लोकप्रिय ब्राउज़र को नेट्स्केप कम्यूनिकेशन कारपोरेशन द्वारा और इंटरनेट एक्स्पलोरर को माइक्रोसॉफ्ट संस्था द्वारा विकसित किया गया।

एक वेब ब्राउज़र निम्नलिखित दो प्रकार के कार्य करता है:

- दिए गए यू.आर.एल एड्रेस के अनुसार यह उस जानकारी को एक्सेस करने के लायक होना चाहिए। हाइपरटेक्स्ट वेब दस्तावेजों के लिए इसका तात्पर्य यह है कि एचटीटीपी प्रोटोकॉल का प्रयोग करते हुए वेब सरवर को ब्राउज़र के संचार के योग्य होना चाहिए।
- क्योंकि वेब एफटीपी और गोफर सर्वर पर स्थित सूचना को यूजनेट न्यूज पोस्टिंग्स, ई-मेल इत्यादि में भी व्यवस्थित कर सकता है। ब्राउज़र्स उन सर्वरों के साथ या प्रोटोकॉल्स के साथ भी प्राय: संचार कर सकते हैं।

विभिन्न ब्राउज़र्स उसी फाइल को भिन्न-भिन्न रूप से फॉर्मेट कर सकते हैं व प्रदर्शित कर सकते हैं जो ब्राउज़र के लिए डिफाल्ट लेआउट विकल्पों एवं हार्डवेयर की क्षमताओं पर निर्भर करता है।

☞ वेब से दस्तावेजों को पुन: प्राप्त करना और उन्हें अपने सिस्टम के लिए फॉर्मेट करना दो कार्य हैं जो कि ब्राउज़रों की कार्यक्षमता की कोर है। लेकिन यह ब्राउज़र आपके प्रयोग और सुविधाओं पर निर्भर करता है कि आप भी मल्टीमीडिया फाइल्स को खोल, देख और जावा एपलेट (Java aplets) के साथ अंत:क्रिया कर सकते हैं अपनी मेल पढ़ सकते हैं जो अन्य उन्नत सुविधाओं का प्रयोग करने हेतु जो एक विशेष ब्राउज़र प्रदान करता है।

प्रसिद्ध वेब ब्राउज़र्स

एनसीएसए मोजेइक (NCSA Mosaic): कुछ वर्षो पहले तक वेब पर अत्यधिक लोकप्रिय ब्राउज़र के रूप में मौजाइक, नेटस्केप का स्थान रखता था किन्तु वास्तव में मौजाइक पहला पूर्णत: रंगीन ग्राफीय ब्राउज़र था और आज भी वेब बनाने में महत्त्वपूर्ण भूमिका निभा रहा है। मोजेक इलिनोइस विश्वविद्यालय में NCSA द्वारा विकसित किया गया था कई समर्पित वाणिज्यिक, फुर्तीला और दूरदर्शक यंत्र के रूप में ऐसी कंपनियों के उपलब्ध संस्करणों के NCS मोजेक निजि इस्तेमाल के लिए निशुल्क है और Windows Macintosh और Unix के लिए संस्करणों में आता है। (The xWindow System) प्रत्येक संस्करण को बोलचाल की भाषा में बिन मोजेक, मैकमोजेक और एक्समोजेक कहा जाता है।

लाइनेक्स (Lynx): यदि आपके पास डायलअप टेक्स्ट-ऑनली यूनिक्स (या अन्य) एकाउण्ट के माध्यम से इंटरनेट कनेक्शन है तो आप Lynx जैसे text-only ब्राउज़र्स तक ही सीमित हो जाते हैं। तब आप न तो दस्तावेजों का अवलोकन कर पाएंगे और न ही ग्राफिक्स को ऑनलाइन देख पाएंगे। मूलरूप से Lynx को कैनसास विश्वविद्यालय द्वारा बनाया गया था और अब इसको वॉरसेस्टर फाउण्डेशन फॉर बायोलॉजिकल रिसर्च में फोटेस मैक्रिड द्वारा विकसित किया गया है। यह डायलअप यूनिक्स एकाउण्ट जैसे टेक्स्ट-मात्र (text-only) इंटरनेट कनेक्शन हेतू एक उत्कृष्ट ब्राउज़र है। इसे VT100 टर्मिनल प्रतिस्पर्द्धा की आवश्यकता होती है जिसे अधिकांश टर्मिनल प्रतिस्पर्द्धा कार्यक्रमों को सपोर्ट करना चाहिए। आप वेब पृष्ठ में लिंक चयन करने हेतू तीर के निशान वाली कुंजियों (arrow keys) का प्रयोग कर सकते हैं। क्योंकि Lynx उस प्रणाली पर कार्य करता है जिसमें ग्राफिक्स को प्रदर्शित करने की योग्यता की कमी होती है। यूनिक्स का प्रयोग करते हुए वेब पृष्ठों को देखने हेतु यूनिक्स आपको टेक्स्ट एवं लिंकों के अलावा और कुछ भी नहीं देता है। पृष्ठों को डिजाइन करना जो Lynx और ग्राफ़िकल ब्राउज़र दोनों में समान कार्य करता है, वेब पृष्ठ डिजाइन की रोचक चुनौतियों में से एक होता है।

☞ Lynx उन लोगों के लिए एक आदर्श समाधान होता है जिनके पास या तो प्रत्यक्ष इंटरनेट कनेक्शन नहीं होता है या फिर जो वेब को ग्राफीय रूप में प्रयोग करने में समय नहीं लगाना चाहते हैं। यह अत्यधिक तेज होता है और आपको वेब पर प्रत्येक चीज पर नियंत्रण पाने की योग्यता प्रदान करता है।

नेटस्केप नेवीगेटर: नेटस्केप नेवीगेटर भी परिचित के रूप में जाना जाता है और नेटस्केप यूनिक्स एक्स विंडो सिस्टम चलाने के कई अलग

अलग संस्करणों के लिए भा उपलब्ध होता है। यह भी भलीभाँति समर्थित है और एकीकृत समाचार एवं मेल रीडर, जावा एप्लेट के लिए सपोर्ट व अधिक समाचारों हेतु प्लग-इन को व्यवस्थित करने और ऐसी विशेषताएं जो अभी विकसित होनी हैं, सहित up-to-minute विशेषताएं प्रदान करता है।

माइक्रोसॉफ्ट इंटरनेट एक्सप्लोररः आने वाले महीनों में नया, लेकिन ज्यादा महत्त्वपूर्ण प्रभावी होने वाला माइक्रोसॉफ्ट का नया ब्राउज़र इंटरनेट एक्सप्लोरर है जिसे केवल Explorer कहा जाता है। एक्सप्लोरर विंडोज OS और मैकिन्टोस के सभी संस्करणों पर चलता है और माइक्रोसॉफ्ट की वेबसाइट से डाउनलोडिंग के लिए निशुल्क है। यह वेब साइट है:

(http://www.microsoft.com/ie/)

मोजीला फायर फॉक्स 2.0: मोजीला फायरफॉक्स तीव्र है यह सम्पूर्ण विशेषताओं वाला वेब ब्राउज़र है जोकि ब्राउजिंग को बहुत कुशल बनाता है। फायरफॉक्स में पापअप ब्लाकिंग, टेब ब्राउजिंग एकीकृत गूगल सर्चिंग, गोपनीयता को नियंत्रित करने को सरल बनाना शामिल है। जोकि आपको आपका रास्ता और ज्यादा प्रभावी तरीके से कवर करने देता है। स्ट्रीमलाइन्ड ब्राउज़र विंडो जो आपको किसी अन्य ब्राउज़र की अपेक्षा ज्यादा पृष्ठ दिखाता है और अतिरिक्त विशेषताएँ जो आपके साथ आपकी सहायता के लिए आपके समय ऑनलाइन पर ज्यादा पाने के लिए काम करती हैं। यह भी निशुल्क उपलब्ध होता है।

5.2.4 डब्ल्यू डब्ल्यू डब्ल्यू सर्वर्स (WWW Servers)

वेब पृष्ठों की सेवाओं को उपलब्ध कराने के लिए वेब साइट साइटों को एक मेजबान (होस्ट) कम्प्यूटर और सर्वर सॉफ्टवेयर जोकि होस्ट कम्प्यूटर पर चलता है, की जरूरत होती है। मेजबान कम्प्यूटर संचार प्रोटोकॉल की व्यवस्था करता है। और साथ ही संबंधित सॉफ्टवेयर की इंटरनेट पर वेब साइट बनाने के लिए आवश्यकता होती है। मेजबान मशीन अक्सर यूनिक्स विंडोज एनटी, विंडोज 2000/2003 या मैकिन्टोश 'ऑपरेटिंग सिस्टम' जिसमें टीसीपी/आईपी प्रोटोकॉल बना हुआ होता है, का प्रयोग करता है। सर्वर सॉफ्टवेयर मेजबान मशीन के साथ रहता है और पृष्ठों को serve up करता है अन्यथा client (ग्राहक) ब्राउज सॉफ्टवेयर से भेजी गयी request पर काम करता है।

☞ वेब सर्वर एक प्रोग्राम होता है जो वेव साइटों पर चलता है और फाइल्स के request के लिए वेब ब्राउज़र को उत्तर देने के लिए जिम्मेदार होता है। आपको वेब पर documents प्रकाशित करने के लिए वेब सर्वर की जरूरत पड़ती है।

सर्वरों के प्रकार

विभिन्न प्रकार के सर्वर सॉफ्टवेयर (डाटाबेस सर्वर्स या नेटवर्क सर्वर्स इत्यादि) विभिन्न क्लाइंटस के लिए विभिन्न प्रकार की सेवाएं प्रदान करते हैं। विशेषतयाः एक वेब सर्वर एचटीटीपी सर्वर होता है और इसका कार्य हाइपर टेक्सट ट्रांसफर प्रोटोकॉल का प्रयोग करके क्लाइंट सॉफ्टवेयर को सूचना भेजना होता है जिसकी क्लाइंट ब्राउज़र request करता है और सर्वर हाइपरटेक्स्ट मेकअप लेंग्वेज डॉक्यूमेंट को वापस कर देता है। सर्वर इस request को प्राप्त कर लेता है और वापस अपना रेसपाँस भेज देता है।

वेब सर्वर के कार्य

वेब सर्वर निम्नलिखित कार्यों को करता है:

- यह CGI (कामन गेटवे इंटरफेस) स्क्रि - को चलाने के लिए CGI एप्लीकेशन के लिए request pass करता है। ये लिपियाँ डाटाबेस लुकअप या इटरैक्टिव फॉर्म प्रोसेसिंग जैसे बाहरी छोटे कार्यक्रम चलाती हैं।
- सर्वर सॉफ्टवेयर में फाइल्स कनफिगरेशन और यूटिलिटीज वेब साइट को विभिन्न तरीकों से सुरक्षित तथा व्यवस्थित करना शामिल होता है।

वेब सर्वर सॉफ्टवेयर की कार्य प्रणाली

क्लाइंट (इंटरनेट ब्राउज़र) सॉफ्टवेयर अपने आँकड़े के लिए मेजबान (होस्ट) को request भेजता है और वेब सर्वर सॉफ्टवेयर request को प्रोसेस करता है। ब्राउज़र्स की request में शामिल वांछित सूचना होती है और फाइल फॉर्मेट को ब्राउज़र स्वीकार कर सकता है। यदि ब्राउज़र एचटीएमएल फाइल की माँग करता है तो वेब सर्वर फाइल को पुनः प्राप्त कर लेता है, फाइल को हैडर से जोड़ देता है और उसे ब्राउज़र को भेजता है। यदि ब्राउज़र ने कोई विशेष आँकड़ों पर आधारित सूचना माँग ली है तो वेब सर्वर रिक्वेस्ट को सीजीआई के द्वारा application तक पहुँचाएगा जोकि आँकड़ों को देखने में सहायक होता है। सीजीआई स्क्रिप्ट परिणाम को वेव सर्वर तक वापस भेजती है जोकि बदले में हैडर को आँकड़ों से जोड़ती है और ब्राउज़र तक भेज देती है।

☞ होस्ट कम्प्यूटर में एक विशेष आईपी एड्रेस नेट से सूचना पाने और भेजने के लिए अवश्य होना चाहिए।

5.2.5 एचटीटीपी और यूआरएल्स

एचटीटीपी (हाइपर टेक्स्ट ट्रांसफर प्रोटोकॉल)

एचटीटीपी प्रोटोकॉल हाइपरटेक्स्ट डॉक्यूमेंट और अन्य के बीच लिंक जोड़ने के लिए प्रयोग किया जाता है। एचटीटीपी एक यंत्र (मशीन है) जोकि संबंधित डॉक्यूमेंट को खोलता है जब कभी आप हाइपरटेक्स्ट लिंक को चुनते हैं इस बात से कोई फर्क नहीं पड़ता है कि डॉक्यूमेंट वेब पर है या नहीं।

वेब दस्तावेज फार्मेटिंग के लिए चिन्हित किए जाते हैं और HTML (हाइपरटेक्स्ट मार्कअप लेंगुएज) से लिंक किए जाते हैं एवं वेब सर्वर वेब पृष्ठों को डिलीवर करने के लिए HTTP का प्रयोग करता है। यह ISO मानकों पर आधारित गैर-मालिकाना, प्लेटफार्म-मुक्त एवं खुली दस्तावेज संरचना होती है। यह स्टैण्ड एलोन कम्प्यूटर्स, लान, वान और ग्लोबल इंटरनेट एवं सभी बड़े डेस्कटॉप कम्प्यूटिंग प्लेटफार्म (यूनिक्स, मैक, पीसी, OS/2) पर समान रूप से कार्य करता है।

यूनीफॉर्म रिर्सोस लोकेटर

यूआरएल्स में एक्सेस विधि को प्रयोग करने और रिसोर्स के बारे में सूचना शामिल होती है। ये यूआरएल्ज वेब ब्राउज़र्स द्वारा आपको WWW पर पेज या विशेष आँकड़ों से प्रत्यक्ष रूप से जोड़ने के लिए प्रयोग किए जाते हैं आप यह जान भी नहीं पाते कि यह स्रोत कहाँ से लिया गया है। एक यूआरएल नमूना ऐसा दिखाई देता है।

http://www.satish.ibm.com

कोलन से पहले का यूआरएल का पहला हिस्सा एक्सेस के तरीकों को निर्दिष्ट करता है। वेब पर यह प्रायः एचटीटीपी कहलाता है लेकिन एफटीपी और गोफर को भी निर्दिष्ट कर सकती है। यूआरएल का दूसरा हिस्सा जो कोलन के बाद होता है वह सूचना के रिसोर्स को निर्दिष्ट करता है। (/) के बाद का हिस्सा सर्वर के नाम को दर्शाता है तथा (/) के बाद का टेक्स्ट निर्दिष्ट करता है, डायरेक्टरी या उस फाइल को जिससे हमें जुड़ना है। यदि आप एक फाइल से जुड़ रहे हैं तो यह आमतौर पर फाइल नाम एक्स्टेंशन html होता है जो हाइपरटेक्स्ट मार्कडअप लेंगुएज का संक्षिप्त रूप है।

यूआरएल्ज हमेशा केस सैन्सिटिव होते हैं इसलिए किसी को भी अपरकेस और लोअरकेस लैटर्स और प्रतीकों पर भी विशेष ध्यान देना चाहिए।

इंटरनेट एक्सप्लोरर प्रयोग करते हुए यूआरएल के द्वारा एक पेज को निर्धारित करना

वेब पर प्रत्येक पेज पर एक विशेष पता होता है जिसे यूनीफॉर्म रिसोर्स लोकेटर कहा जाता है। (यूआरएल) 5.1 तालिका कंपोनेंट दिखाती है जो यूआरएल बनाती है। यूआरएल का एक नमूना तालिका में इस प्रकार है।

```
http://www.entertainment.satyam-
online.com/contents/horoscope.asp
```

तालिका 5.1: यूनीफॉर्म रिर्सोस लोकेटर बनाने वाले अवयव

उदाहरण	व्याख्या	विवरण
http://	प्रोटोकॉल	एचटीटीपी प्रोटोकॉल यूआरएल के लिए वेब पेज भेजने के लिए प्रयुक्त होता है।
www.entertainment satyamonline.com	डोमेन नेम	सर्वर जहाँ पेज को लोकेट किया जाता है। प्रत्येक डोमेन नाम विशेष होता है। यहाँ पर इंटरनेट सेवा प्रदान करने वाला सत्यम ऑनलाइन है।
contents	निदेर्शिका पथ	निर्देशिका पृष्ठ जहाँ स्थित है।
horoscope.asp	फाइल का नाम	वेव पेज की फाइल का नाम

डोमेन नाम (Domain Names): अधिकांश संगठन याद करने में आसान डोमेन नामों का प्रयोग करते हैं। प्रत्येक डोमेन नाम का एक पहचान के साथ अंत होता है जो बताता है कि वेब साइट का क्या प्रकार है। तालिका 5.1 सामान्यत: आज प्रयुक्त होने वाले तथा भविष्य में प्रयुक्त होने वाले पहचानकर्ताओं को दर्शाती है।

☞ पृष्ठ लोकेट करने हेतु सदैव वेब पेज को यूआरएल पूर्ण रूप से जान लेना जरूरी नहीं होता। यदि आप डोमेन नेम जानते हैं तो आप होम पेज की साइट से शुरू कर सकते हैं और जो वेब पेज आप प्राप्त करना चाहते हैं जब तक न मिले तब तक लिंक पर क्लिक कर सकते हैं।

5.3 टेलनेट (Telnet)

टेलनेट का पूरा नाम टेलीकम्यूनिकेशन नेटवर्क है। यह एक आभासी टर्मिनल प्रोटोकॉल होता है जो एक मेजबान टीसीपी/आईपी के लिए लॉग आन करने के लिए उपयोगकर्ता को नेटवर्क पर मेजबान का उपयोग करने की अनुमति देता है। टेलनेट सेवा में एक इंटरनेट प्रयोक्ता को एक अन्य कम्प्यूटर पर लॉग इन करने की अनुमति देता है जोकि इंटरनेट पर उलब्ध है। कहने का तात्पर्य है कि उपयोगकर्ता उसका/उसके स्थानीय कम्प्यूटर पर टेलनेट आदेश पर अमल करने के लिए एक दूर दराज के कम्प्यूटर पर एक लॉगिन सत्र शुरू कर सकते हैं। इस प्रक्रिया को भी दूरस्थ (रिमोट) लॉगिन कहा जाता है।

☞ आप टेलनेट प्रयोग करके कई मेजबानों तक पहुँच सकते हैं। मेजबान सब अलग अलग कम्प्यूटर होते हैं।

उदाहरण के लिए कुछ मेजबान यूनिक्स आधारित सिस्टम, विंडोज एनटी/2000 आधारित कम्प्यूटर, और दूसरे मैकिंटोस हो सकते हैं। चीजों को आसान करने के लिए मेजबान एक सिस्टम का प्रयोग करते हुए मेन्यू का प्रयोग करता है जोकि आपको अपने संसाधनों तक पहुँचा देता है, जब आप टेलनेट का उपयोग कर कनेक्ट करते हैं तो आपको टर्मिनल इम्यूलेशन का प्रयोग करना होगा। इस प्रकार आप यह निश्चित करें कि आपका keyboard और मॉनीटर उसी प्रकार कार्य कर रहा है, जैसा होस्ट चाहता है। सर्वाधिक प्रसिद्ध टर्मिनल इम्यूलेशन VT-100 है। इस प्रकार यदि आप टेलनेट सॉफ्टवेयर का उपयोग करते हैं तो VT-100 एक सुरक्षित प्रणाली है।

☞ टेलनेट नियमित रूप से दूरस्थ कन्फीगर रूटर्स या नेटवर्क पर विभिन्न होस्ट पर एप्लीकेशन चलाने जैसे कार्यों के लिए प्रयोग किया जाता है।

5.3.1 टेलनेट कनेक्शन स्थापित करना

टेलनेट का प्रयोग करने के लिए आपको मेजबान, जिसके साधनों को आप प्रयोग करना चाहते हों, का पता जानने की आवश्यकता होती है। आपका टेलनेट क्लाइंट मेजबान को उसका इंटरनेट का पता प्रयोग करते हुए कनेक्ट करता है। जब आप मेजबान से (कनेक्ट) जुड़ते हैं तो दूरस्थ कम्प्यूटर और आपका कम्प्यूटर तय करते हैं कि कौन सा टर्मिनल एमूलेशन प्रयोग किया जाएगा। टेलनेट एमूलेशन निश्चित करता है कि आपका कीबोर्ड दूरस्थ कम्प्यूटर को कैसे सूचना पहुँचाएगा और किस प्रकार यह सूचना स्क्रीन पर दिखेगी। उदाहरण के लिए यह निर्धारित करता है कि बैक स्पेस की [<-] किस प्रकार काम करेगी।

टेलनेट सत्र में टाइप किया हुआ टेक्स्ट आपके कम्प्यूटर पर बफर में इकट्ठा होता है। जब आँकड़ों की पूरी लाइन ट्रांसमिशन के लिए तैयार होती है और जब आप आँकड़ों को भेजने के लिए कमांड देते हैं (जैसे कि [Enter] key दबाना) तो आँकड़ा आपके नेटवर्क वर्चुअल टर्मिनल की बोर्ड से नेट से भेजा जाता है। मेजबान का आईपी पता आँकड़ों के साथ होता है जिससे पता चलता है कि Packet उचित स्थान पर भेजा गया है या नहीं।

☞ जब एक क्लाइंट और एक सर्वर communicate करते हैं तो वे टेलनेट प्रोटोकॉल का प्रयोग करते हैं। टेलनेट प्रोटोकॉल मानता है कि जोड़ने का प्रत्येक सिरा क्लाइंट और सर्वर का नेटवर्क वर्चुअल टर्मिनल (NVT) ही है। प्रत्येक एनवीटी में में एक प्रिंटर होता है और एक कीबोर्ड। कीबोर्ड एक एनवीटी से दूसरी एनवीटी को आँकड़े भेजता है। जब आप अपने कीबोर्ड पर टेक्स्ट टाइप करते हैं तब आप एनवीटी कीबोर्ड का प्रयोग कर करते हैं।

आपका आईपी पता भी भेजा जाता है ताकि सूचना वापस आप तक पहुँचायी जा सके। साथ ही विशिष्ठ टेलनेट आदेशों को जिन्हें दूसरी एनवीटी प्रयोग करेंगे, यह निश्चित करने के लिए भेजी जाती है कि आँकड़ों का क्या करना है और कैसे प्रतिक्रिया करनी है। उदाहरण के लिए जब आँकड़ा एक एनवीटी से दूसरी पर भेजा जाता है तो कुछ निश्चित सूचना वापस अवश्य पहुँचती है। एक एनवीटी बनाते हुए एक प्रक्रिया को आगे बढ़ाने के लिए और टेलनेट गो अहेड आदेश दिया जाता है।

आपका भेजा हुआ डाटा (Data) प्राप्त करने के बाद मेजबान टेलनेट Data को Process करते हैं और वापस आपकी स्क्रीन पर आ जाता है। और दूरस्थ कम्प्यूटर पर Data को चलाने या प्रयोग करने का परिणाम देता है। उदाहरण के लिए यदि आप keys की श्रृंखला टाइप करते हैं डीआइआर अक्षरों के साथ [Enter] key दबाते हैं तो दूरस्थ कम्प्यूटर उस आदेश को Execute करेगा और उस आदेश को चलाने का परिणाम आपकी स्क्रीन पर दूरस्थ कम्प्यूटर पर दिखाई देता है।

☞ क्योंकि सूचना को बहुत से इंटरनेट रूटर्स से होकर प्रत्येक दिशा में आपके कम्प्यूटर और मेजबान कम्प्यूटर के बीच से जाना होता है इसलिए आदेश भेजने और परिणाम अपने कम्प्यूटर स्क्रीन पर देखने में लगने वाले समय में थोड़ी देर लग सकती है।

दूरवर्ती मेजबान के साथ जुड़ना

दूरवर्ती मेजबान से जुड़ने के लिए टेलनेट का प्रयोग करते हुए निम्नलिखित बिंदुओं पर ध्यान देना होता है:

1. टेलनेट खोलो इसके लिए स्टार्ट मैन्यू पर जाओ और रन का चुनाव करो अब टेलनेट टाइप करो और [Enter] key दबाओ।
2. मैन्यू से दूरवर्ती सिस्टम का चुनाव करके connect करो।
3. नाम Enter करो या सिस्टम का आईपी पता जिससे Host Name Field में आप जुड़ना चाहते हों।
4. यदि जरूरत हो तो Port field में Port को निर्दिष्ट करो।
5. टर्म टाइप में टर्मिनल के प्रकार का चुनाव करो जिसको आप चाहते हों कि टेलनेट Emulate करे।
6. दूरवर्ती मेजबान के साथ काम समाप्त होने के बाद आप दूरवर्ती मेजबान से कनेक्ट या डिस्कनेक्ट का चुनाव करके अलग हो सकते हैं।

5.3.2 नेटस्केप नेवीगेटर के साथ टेलनेट का प्रयोग

आप किसी भी टेलनेट एप्लीकेशन का प्रयोग करने के लिए नेटस्केप नेविगेटर को कन्फीगर कर सकते हैं। नेटस्केप नेवीगेटर कॉन्फिगर करने के लिए विंडोज टेलनेट प्रोग्राम का उपयोग किया जाता है:

➔ **टेलनेट के प्रयोग हेतु नेटस्केप नेवीगेटर लगाने के लिए निम्नलिखित कार्य करें:**

1. विकल्पों को चुनो और फिर सामान्य वरीयताओं को चुनो। आपकी पसंद का dialog box सामने आता है।
2. Preferences Dialog Box में Apps sheet text को click करो।
3. इस sheet tab में, टेलनेट Application text box के दायें तरफ के बटन पर क्लिक करो।
4. यह दिखाएगा एक टेलनेट एप्लीकेशन डायलॉग बॉक्स का चुनाव करो, टेलनेट एक्जीक्यूट फाइल को चुनो और इसे डायलॉग बॉक्स पर Open button दबाते हुए खोलो।
5. अब टेलनेट एप्लीकेशन डायलॉग बॉक्स में टेलनेट एप्लीकेशन का पाथ दिखायी देता है।
6. टेलनेट एप्लीकेशन को शुरू करने के लिए OK click करो।

5.3.3 टेलनेट प्रोटोकॉल की विशेषताएँ

टेलनेट की विशेषताएँ निम्नलिखित हैं:

(a) टेलनेट टर्मिनल इम्यूलेशन प्रोटोकॉल है जब आप इंस्टॉल करना शुरू करते हैं और टीसीपी/आईपी उपकरणों को कन्फीगर करते हैं तो आपको उपकरणों से जुड़ने हेतु इसकी कमाण्डों को इंगित करने की जरूरत पड़ती है।

(b) टेलनेट बहुमुखी है। आप टेलनेट सत्र को फोन पर भी स्थापित कर सकते हैं। यदि फोन कनेक्शन नहीं है और आपको device इंटरनेट एक्सेस करने योग्य होता है तो आप टेलनेट सत्र को फोन पर स्थापित कर सकते हैं। किसी भी परिस्थिति में आप टेलनेट सत्र को दूरस्थ मेजबान के साथ स्थापित कर सकते हैं।

☞ टेलनेट इतना बहुमुखी है कि माइक्रसॉफ्ट डायलअप, नेटवर्किंग सहित ज्यादातर संचारसूट आपको टेलनेट सत्र स्थापित करने देगा।

5.3.4 टर्मिनल इम्यूलेशन

एक व्यक्तिगत कम्प्यूटर को मॉडम के जरिए बड़े कम्प्यूटर से जोड़ सकते हैं और टर्मिनल इम्यूलेशन कार्यक्रम चला सकते हैं। सबसे आम टर्मिनल इम्यूलेशन वीटी-100 है। कम्प्यूटर एक गूँगे टर्मिनल की तरह कार्य करता है। वह प्रत्यक्ष कनेक्शन की बजाय एक फोन लाइन के माध्यम से जुड़ा हुआ है। अक्सर आप इंटरनेट पर ग्राफिक्स का प्रयोग नहीं कर पाएंगे जैसे कि वर्ल्ड वाइड वेब। इस प्रकार के access से, आप वेब का पाठ केवल इंटरनेट खाते के माध्यम से ही वेब पर देख सकते हैं। इस प्रकार का इंटरनेट खाता shell खाता कहलाता है। यह शैल खाता वीएसएनएल के साथ भारत में विद्यार्थियों के लिए उपलब्ध है।

कई टर्मिनल इम्यूलेशन प्रोग्राम 52वीटी और 200 वीटी श्रंखला टर्मिनल सहित डीईसी टर्मिनलों का अनुकरण कर सकते हैं। उदाहरण के लिए टीटीवाइ यूनिक्स command होती है जो आपके टर्मिनल की Device फाइल के पाथनेम को दर्शाती है।

इस command का विन्यास इस प्रकार है।

tty[option]

विकल्प तालिका 5.2 में दिए गए हैं।

तालिका 5.2 टीटीवाई (TTY) के साथ विकल्पों को प्रयोग करना

विकल्प	विवरण
-l	सिंक्रोनस लाइन संख्या को छापता
-s	कोई भी परिणाम नहीं छापने के लिए टीटीवाई को कारण बनाना, लेकिन बाहरी स्टेटस 0 पर सैट करते हैं यदि स्टैंडर्ड इनपुट फाइल एक टर्मिनल फाइल है तो, यदि यह टर्मिनल फाइल नहीं है तो 1 पर सेट करते है।

5.3.5 प्रयोक्ता की प्रमाणिकता (सत्यता)

इंटरनेट का एक महत्त्वपूर्ण लक्षण है कि यह आपको संसार में कहीं भी स्थित दूरस्थ कम्प्यूटर से जोड़ता है। आप अपने दफ्तर, या घर से दूसरे कम्प्यूटर पर लॉगआन कर सकते हैं और इसके सारे साधनों तक पहुँच सकते हैं। यह कार्य टेलनेट के द्वारा किया जाता है।

टेलनेट और दूरस्थ सर्वर कम्प्यूटर साधनों का प्रयोग करने के लिए आपको इंटरनेट मेजबान जिसका स्रोत आप एक्सेस करना चाहते हैं, उसका पता जानना जरूरी होता है और आपको मेजबान पर लॉगआन करना पड़ता है। अधिकतर लॉगआन करने के लिए guest का प्रयोग होता है। लेकिन कुछ सिस्टमों को अतिरिक्त सूचना की जरूरत होती है जैसे नाम, पता और कुछ को प्रयोगकर्ता का नाम और पासवर्ड, जिसे आप अगली बार लॉगिन करते समय करेंगे, की जरूरत होती है। जब आप टेलनेट का प्रयोग करके जुड़ते हैं तो आपको टर्मिनल इम्यूलेशन का प्रयोग करना पड़ेगा। इसके अतिरिक्त आपको इतना विश्वास हो कि आपका कीबोर्ड और मॉनिटर जैसा मेजबान आशा करता है वैसा ही काम करें।

5.4 एफटीपी

फाइल ट्रांसफर प्रोटोकॉल (FTP) सर्विस इंटरनेट प्रयोगकर्ता को एक फाइल एक कम्प्यूटर से दूसरे कम्प्यूटर पर स्थानांतरित करने की अनुमति इंटरनेट पर देता है। एक फाइल में पाठ दस्तावेज के रूप में किसी भी प्रकार की

डिजिटल सूचना को शामिल कर सकते हैं जैसे- छवि, कला का काम, फिल्म, ध्वनि सॉफ्टवेयर आदि। इसलिए जो कुछ भी एक कम्प्यूटर पर संग्रहित किया जा सकता है वह एफटीपी सेवा के साथ ले जाया जा सकता है। दूरस्थ कम्प्यूटर से किसी के अपने कम्प्यूटर पर ले जाना फाइल डाउनलोडिंग के रूप में जाना जाता है और किसी के अपने कम्पयूटर से दूरस्थ कम्प्यूटर पर फाइल भेजने को अपलोडिंग के रूप में जाना जाता है।

☞ एफटीपी एक इंटरैक्टिव प्रणाली है। एफटीपी क्लाइंट जोकि विंडोज एनटी या 2000 एक करेक्टर आधारित क्लाइंट है, के साथ आता है।

असंख्य एफटीपी सर्वर पूरे संसार में प्रयोगकर्ता को कहीं भी इंटरनेट पर लॉगिन करने और उन पर रखी हुई फाइल्स को डाउनलोड करने की अनुमति देता है। एफटीपी का मुख्य competitor एचटीटीपी (हाइपर टेक्स्ट ट्रांसफर प्रोटोकॉल) है। वह दिन दूर नहीं जब sites पर एफटीपी सर्वर्स के बजाए एचटीटीपी सर्वर्स चलाए जाएंगे। ऐसा इसलिए क्योंकि एचटीटीपी सर्वर्स (जो कुछ भी एफटीपी सर्वर कर सकता है) वह सब कुछ कर सकता है और साथ ही ज्यादा प्रभावी तरीके से।

जैसे ही वेब लोकप्रिय हो जाता है, सॉफ्टवेयर डाउनलोडिंग भी आसान हो जाती है। आप अपना वेब ब्राउज़र प्रयोग कर सकते हैं और लिंक फाइल्स पर क्लिक कर सकते हैं। दृश्य के पीछे, एफटीपी अभी भी फाइल्स की डाउनलोडिंग करता रहता है। इंटरनेट पर फाइल्स को डाउनलोडिंग करने के साथ एक समस्या यह होती है कि कुछ फाइल्स इतनी बड़ी होती हैं कि वह डाउनलोड करने में बहुत समय लेती हैं। फाइल्स स्थानांतरण में गति लाने और समय बचाने के लिए एफटीपी सर्वर पर फाइल्स को समान्यता compressed कर दिया जाता है। फाइल्स compressed करने के कई तरीके होते हैं। फाइल्स डाउनलोड होने के बाद आपको Decompression सॉफ्टवेयर चलाने की जरूरत होती है, जैसे कि 'पी के अनजिप' फाइल्स को decompress करने के लिए प्रयुक्त होता है।

☞ एफटीपी टीसीपी/आईपी स्टैक को शीर्ष पर निष्पादित करता है और ओएसआई प्रोटोकॉल का उपयोग उपयोगकर्ताओं और अनुप्रयोगों के नेटवर्क स्टेशनों के बीच फाइल्स को हस्तांतरण करने के लिए सक्षम बनाने हेतु करता है।

5.4.1 सार्वजनिक डोमेन सॉफ्टवेयर

इंटरनेट नमूना एप्लीकेशंस के विशाल चयन, डिजिटल आर्ट, संगीत एवं अन्य चीजों से फाइल डाउनलोड करने की अनुमति प्रदान करता है। सॉफ्टवेयर कंपनियाँ साइटों को नियमित करके जहाँ से उनके उपभोक्ता नमूने, updates और संबंधित जानकारी प्राप्त कर सकते हैं, अपने नये Products को बढ़ावा देती हैं। इंटरटेनमेंट कंपनियाँ फिल्म, बैण्ड और वीडियो गेम के लिए वीडियो फाइल को आवाज (ध्वनि) प्रदान करती हैं।

☞ आप इंटरनेट से फाइल्स को एक्सेस कर सकते हैं परन्तु इंटरनेट से डाउनलोड फाइल्स ही कम्प्यूटर में वायरस के प्रवेश का मुख्य स्रोत होती हैं। इसलिए आपको अपने नेटवर्क और पीसी (PCs) को इन डाउनलोड वायरसों से अवश्य सुरक्षित रखना चाहिए।

वायरस विरोधी कार्यक्रम को डाउनलोड करने का नमूना

मैकेफे वेब साइट ही केवल एक जगह नहीं है जहाँ से आप मुफ्त वायरस विरोधी कार्यक्रम खरीद सकते हैं बल्कि आप इसे online सहायता और नियमित रूप से updates की तरह अधिक सुविधा प्राप्त करने के लिए भी खरीद सकते हैं। जब आप मैकेफी (MCA Fee's) वायरस स्कैन को cheek out करना चाहते हैं तो निम्नलिखित बातों पर ध्यान दें:

1. अपना ब्राउज़र खोलें और अपने इंटरनेट सर्विस प्रोवाइडर को लॉगआन करें। ब्राउज़र में window का पता निम्न तरीके से Type करें www.macafee.com/। Mcafee's का होमपेज दिखायी देता है।
2. डाउनलोड प्रक्रिया को शुरू करने के लिए मैकेफी पेज के सीधी तरफ के कोने में स्थिति डाउनलोड बटन को क्लिक करिए सबसे पहले आपको मैकेफी मार्केटिंग डिपार्टमेंट के लिए अपने बारे में सूचना भरने की जरूरत होती है।
3. डाउनलोड पेजों को तब तक क्लिक करते रहिए जब तक आपको वह प्रोग्राम जो आप चाहते हैं और जो operating system आपके पास है नहीं मिल जाए। वायरस scan करने की कोशिश करने के लिए प्रोग्राम भी होता है और मैकेफी आपके डाउनलोड किए हुए इंटरनेट वायरसों का पता लगाता है।
4. अपने ब्राउज़र को फाइल कहाँ डाउनलोड करनी है और डाउनलोड डायलॉग बॉक्स कब दिखायी देगा, के बारे में कहें।
5. इंटरनेट को लॉगआफ करिए और वेब ब्राउज़र से बाहर निकल आइए।

एक बार जब आपके पास compressed फाइल जैसे कि v3si31oe.zip होती है तो आपको अनजिप और decompress करने की जरूरत setup file को प्राप्त करने और प्रोग्राम को Install करने के लिए होती है। आप इस फाइल को अनकम्प्रेस करने के लिए WINZIP फाइल का इस्तेमाल कर सकते हैं।

शेयरवेयर

शेयरवेयर एक सॉफ्टवेयर होता है जोकि ट्रायल के लिए निशुल्क आधार पर वितरित किया जाता है। यदि आप सॉफ्टवेयर को पसंद करते हैं और प्रशिक्षण अवधि के बाद भी इसका प्रयोग जारी रखना चाहते हैं, तो यह आपका उत्तरदायित्व है कि आप अपने आपको रजिस्टर करवाएँ और इसके लिए भुगतान करें।

पूरी तरह से मुफ्त वितरित सॉफ्टवेयर फ्रीवेयर कहलाता है। कार्यक्रम बनाने वाले जो कि फ्रीवेयर सॉफ्टवेयर बनाते हैं या तो व्यक्तिगत संतुष्टि एडॉप्शन से और अपने काम के उपयोग से या प्रतिष्ठा से अधिक लाभ जो कि एक लोकप्रिय प्रोग्राम में डेवलपर के लिए देय हो, से प्राप्त करते हैं।

☞ सॉफ्टवेयर जो आपको सारे समय पंजीकृत होने की याद दिलाता है प्रायः नेगवेयर कहलाता है।

अच्छे सॉफ्टवेयर के लिए वेब साइट का पता नीचे दिया गया है।

- http://www.tucows.com
- http://hyperarchive.lcs.mit.edu

5.4.2 एफटीपी सर्वर्स (FTP Servers)

वेब सर्वर्स की तरह ही इंटरनेट में भी एफटीपी सर्वर्स का संस्थापन होता है। अनेकों संगठन एफटीपी सर्वर्स को फाइल्स के वितरण को handle करने के लिए प्रयोग करते हैं। जब एक प्रयोगकर्ता कुछ डाउनलोड करने के लिए जुड़ता है, तो link वास्तव में एचटीटीपी के बजाय एफटीपी को दोबारा से लक्ष्य करता है। एफटीपी सर्वर्स में कुछ फाइल्स आम जनता की पहुँच में हो सकती हैं जबकि बाकी दूसरी फाइल्स केवल प्रयोगकर्ता की ही पहुँच में होती हैं। सामान्य/आम जनता को निजी प्रयोगकर्ताओं से अलग करने के लिए एफटीपी को दो भागों में बाँटा गया है।

- अनोनिमस सर्वर (Anonymous Server)
- नॉन अनोनिमस सर्वर (Non Anonymous Server)

अनोनिमस सर्वर (Anonymous Server)

यह सर्वर एफटीपी का सर्वाधिक प्रसिद्ध तथा प्रयोग होने वाला और इंटरनेट फाइल प्रोटोकॉल स्थानांतरित करने वाला सर्वर है। एफटीपी साइटें जो anonymous FTP allows करती हैं उन्हें access के लिए पासवर्ड की जरूरत नहीं होती है। आपको केवल anonymous के रूप में लॉगिन करना होता है और अपना ई-मेल पता पासवर्ड के रूप में डालना होता है। (उनके रिकार्ड्स के लिए)।

नॉन अनोनिमस सर्वर (Non-anonymous)

यदि आप इस सर्वर को प्रयोग करते हैं तो आप स्वयं को लॉगिन करेंगे और अपना पासवर्ड देंगे।

5.4.3 एफटीपी की प्रमाणिकता (सत्यता)

एफटीपी का authentication बहुत आसान है। प्रयोगकर्ता को वर्तमान एफटीपी सर्वर के विरुद्ध सही ठहराने के लिए edit करें और फिर एक लाइन इस प्रकार लिखें:

: : ftp = ftpserv.mylib.org

इस लाइन को लिखने के बाद 'ftpserv.mylib.org' को एफटीपी सर्वर के लिए उचित मेजबान के नाम के साथ बदलें। मेजबान के नाम के साथ लाइन को बदलते ही तुरन्त परिवर्तन EZproxy दोबारा शुरू करने की जरूरत के बिना होता है। जब EZproxy की सत्यता का अनुमोदन हो जाता है तो यह प्रयोगकर्ता को एफटीपी सर्वर से जोड़ देगा, और यदि एफटीपी सर्वर लॉगिन की सफलता को दिखाता या दर्शाता है तो दूरस्थ प्रयोगकर्ता की सत्यता सिद्ध हो जाएगी और आगे बढ़ने के लिए आदेश मिल जाएगा।

5.4.4 एफटीपी क्लाइंट

एफटीपी क्लाइंट/सर्वर मॉडल पर चलते हैं। एफटीपी का प्रयोग करने के लिए आपके client software को अपने निजी कम्प्यूटर पर चलाने की जरूरत पड़ेगी।

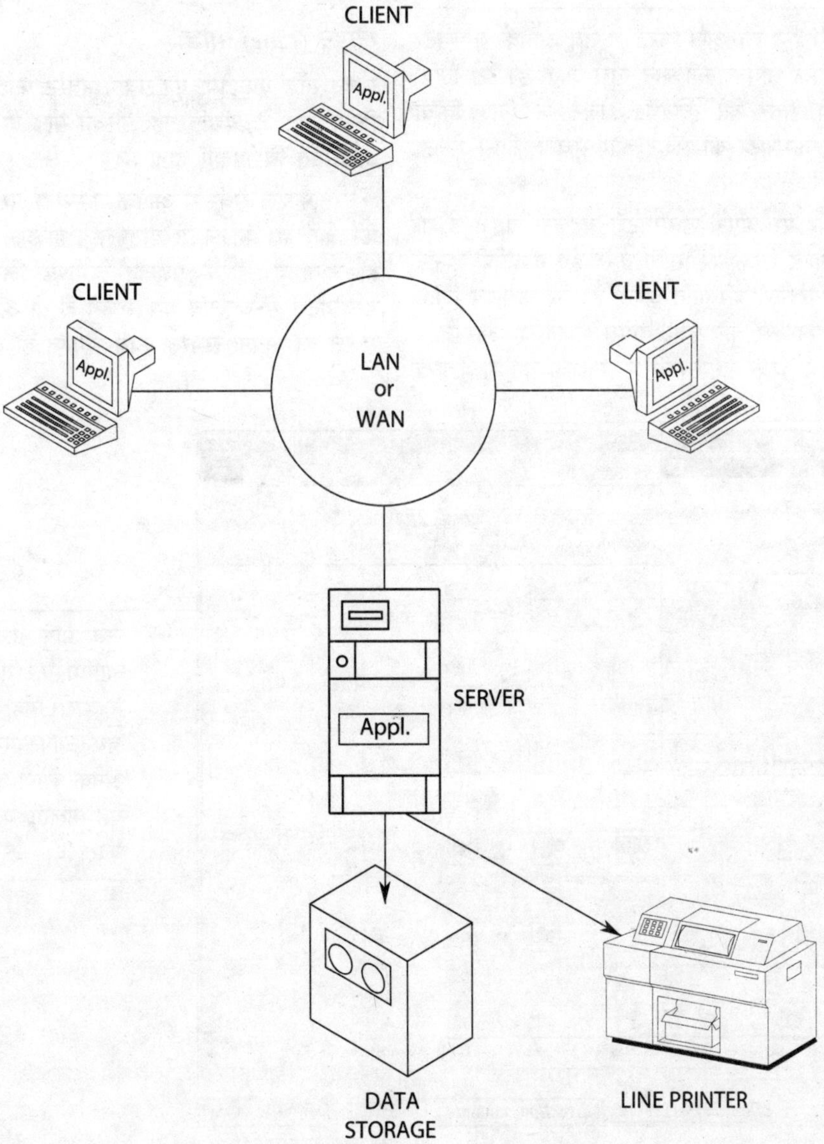

चित्र 5.2: एफटीपी लोडिंग के लिए क्लाइंट सर्वर प्रणाली

एक FTP सेशन प्रारंभ करने के लिए आप FTP क्लाइंट सॉफ्टवेयर चलाते हैं और एफटीपी सर्वर जहाँ से आप फाइल डाउनलोड करना चाहते हैं, से संपर्क स्थापित करते हैं। आप विंडोज़ 2000 में उपलब्ध एफटीपी क्लाइंट सॉफ्टवेयर का प्रयोग कर सकते हैं। एफटीपी क्लाइंट एफटीपी सर्वर से बात करते हैं। एफटीपी संचार करने के लिए टीसीपी का प्रयोग करता है और दो होस्ट्स के बीच सेशन का निर्माण करता है।

एफटीपी डेमन (demon) एफटीपी सर्वर पर चलता है। यह डेमन सभी एफटीपी ट्रान्जेक्शंस को संचालित करता है। जब एक एफटीपी क्लाइंट सर्वर से संपर्क स्थापित करता है तब डेमन एकाउन्ट नम्बर (या यूज़रनेम) और पासवर्ड की मांग करेगा। अनेक एफटीपी साइट्स पहले वर्णित अज्ञात एफटीपी को भी अनुमति प्रदान करती हैं।

☞ कुछ एफटीपी क्लाइंट आपके लिए जब आप जुड़ते हैं, एफटीपी सर्वर पर स्वत: ही लागऑन हो जाता है, इसलिए आप से लागऑन के लिए नहीं कहा जाएगा। ऐसा इसलिए होता है क्योंकि आपका सॉफ्टवेयर यह काम आपके लिए स्वत: ही करता है।

जब आप एफटीपी सर्वर पर लागऑन करते हैं तब आपके कम्प्यूटर और सर्वर के बीच कमाण्ड लिंक नामक कनेक्शन खुल जाता है। इस लिंक का प्रयोग अपने कम्प्यूटर से सर्वर को कमाण्ड भेजने के लिए किया जाता है तथा यह सर्वर आपके कम्प्यूटर को संदेश और सूचना वापस भेजता है।

जब आप एफटीपी सर्वर पर अपनी डायरेक्टरी बदलना चाहते हैं तो आपका क्लाइंट सॉफ्टवेयर कमाण्ड लिंक का प्रयोग करते हुए एफटीपी डेमॉन को निर्देश भेजता है। डेमॉन डायरेक्टरी परिवर्तित करता है और कमाण्ड लिंक के जरिए उस डायरेक्टरी पर फाइल्स की सूची वापस भेजता है और आप अपने क्लाइंट सॉफ्टवेयर पर नयी सर्वर डायरेक्टरी में फाइल्स की सूची देख पाओगे। जब आप एक फाइल डाउनलोड करना चाहते हो तो कमाण्ड लिंक को request निर्गत की जाती है।

जब आप एकल डाउनलोड करने के लिए कमाण्ड जारी करते हैं तो दूसरा कनेक्शन खुल जाता है जिसे डाटा कनेक्शन या डाटा लिंक कहा जाता है। यह कनेक्शन निम्नलिखित तरीकों में से किसी एक में खुलता है:

- ASCII मोड
- बाइनरी मोड
- लाइन मोड

आस्की (ASCII) मोड

आस्की मोड का प्रयोग टेक्स्ट फाइल्स को भेजने, लाइन फीड और कैरिएज रिटर्न जैसी चीजों को बदलने के लिए किया जाता है।

बाइनरी (Binary) मोड

बाइनरी मोड का प्रयोग बाइनरी फाइल्स को भेजने और फाइल्स को बिना छुए जाने देने में किया जाता है।

लाइन (Line) मोड

लाइन मोड एफटीपी का प्रयोग टेक्स्ट फाइल्स को लाइन बार भेजने के लिए किया जाता है, यद्यपि यह आस्की मोड के जैसा ही होता है किन्तु इसमें कुछ अतिरिक्त विशेषताएँ होती हैं।

फाइल सर्वर से आपके कम्प्यूटर पर डाटा कनेक्शन के द्वारा डाउनलोड की जाती है। फाइल के डाउनलोड हो जाने के बाद डाटा लिंक स्वत: ही बन्द हो जाता है। इसके पश्चात कमाण्ड लिंक खुल जाता है और तब आप डायरेक्टरी में बदलाव कर सकते हैं या और अधिक फाइल्स डाउनलोड कर सकते हैं। अपना समस्त कार्य समाप्त हो जाने के बाद आप लागऑफ करते

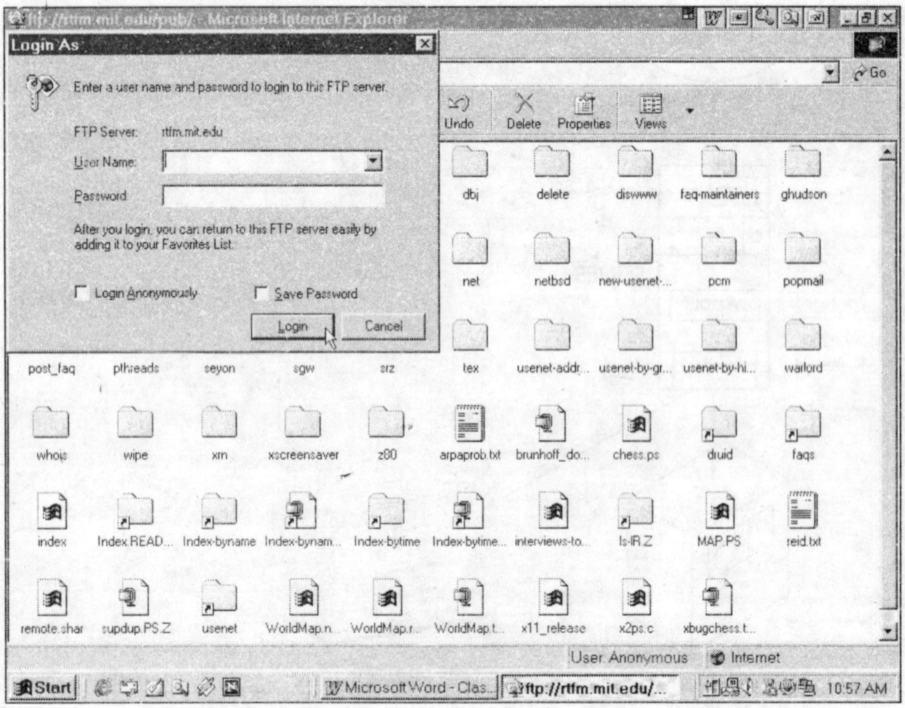

☞ जब आप अज्ञात के रूप में एफटीपी सर्वर पर लागिंग करें तो अपना वास्तविक पासवर्ड कभी न डाले। यह एक सुरक्षात्मक उपाय है क्योंकि जब आप ऐसा करते हो तो आपका पासवर्ड अनेक लोगों द्वारा पढ़ा जा सकता है। यदि आप यह गलती करते हैं तो तुरन्त अपना पासवर्ड बदल दें।

चित्र 5.3: एफटीपी साइट पर लॉगिंग

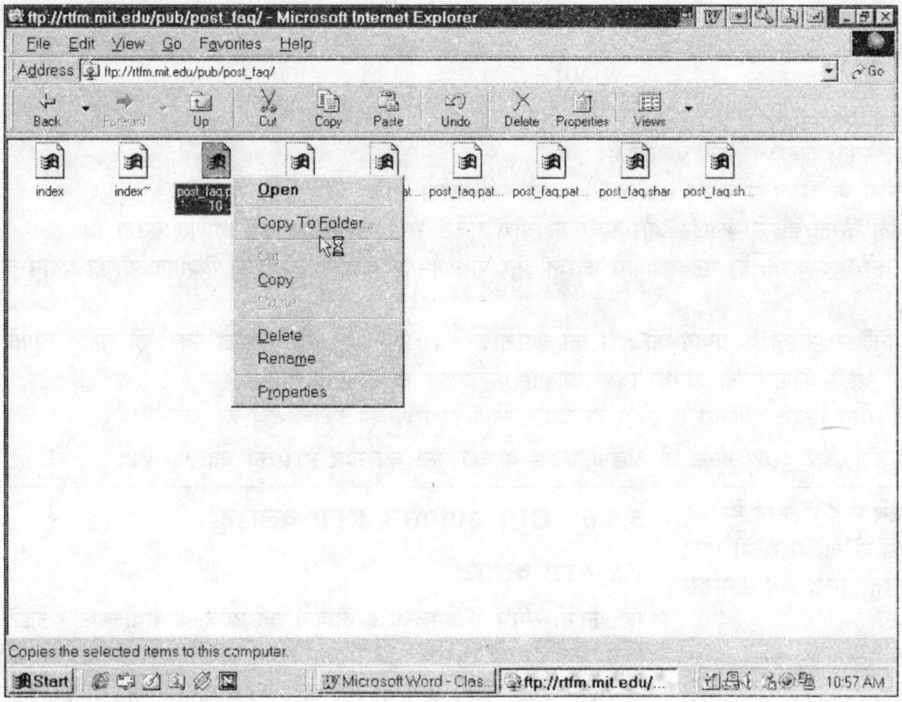

चित्र 5.4: एफटीपी सर्वर पर फाइल खोलना

☞ यदि आप कोई फाइल साइट पर भेजना चाहते हैं तो साधारणत: फाइल को ब्राउज़र विंडों में डाले और इसे अपलोड करने के लिए Yes पर क्लिक करें।

हैं और कमाण्ड लिंक बन्द हो जाता है और तब आप ज्यादा समय तक एफटीपी सर्वर से जुड़े नहीं रह पाते हैं।

एफटीपी से जुड़ना (Connecting with FTP)

जब आप एफटीपी प्रोग्राम चलाते हैं और एफटीपी साइट से संपर्क स्थापित करते हैं तो क्लाइंट के जैसा प्रतिरूप का एफटीपी सेशन प्रारम्भ होता है। यह आपके प्रोग्राम पर निर्भर करता है कि आप लागइन सूचना जुड़ने से पहले प्रविष्ट करोगे अथवा संपर्क स्थापित होने के तुरन्त बाद। यदि आप किसी अनजान साइट से संपर्क स्थापित करने के लिए वेब ब्राउज़र का प्रयोग करते हैं तो ब्राउज़र आपको तुरंत लागइन करने को कहेगा।

एफटीपी साइट से संपर्क स्थापित करने के लिए आपको एफटीपी सर्वर पर एकाउण्ट का नाम जानने की जरूरत पड़ेगी। दूसरे शब्दों में, आपको एक यूजर नेम तथा पासवर्ड की जरूरत पड़ती है ताकि सर्वर को यह ज्ञात हो सके कि आप कौन हैं। सार्वजनिक तौर पर ऐक्सेस करने योग्य एफटीपी साइट्स आप से अज्ञात नामक विशेष एकाउण्ट का प्रयोग करने की आशा करती हैं। भले ही आप विनिर्दिष्ट हों, इन्टरनेट एक्स्प्लोरर यह समझता है कि आप किसी अज्ञात प्रयोक्ता की भाँति एफटीपी साइट से संपर्क स्थापित करना चाहते हैं और यह अज्ञात के नाम से प्रयोक्ता वाला सर्वर आपूर्ति करता है और साथ ही आपके ईमेल एड्रेस वाला पासवर्ड भी सप्लाई करता है।

➔ **एफटीपी साइट से जुड़ने के लिए निम्नलिखित करें:**

1. एड्रेस वाले खाने में एफटीपी साइट का यूआरएल प्रविष्ट करें और क्लिक करें। उदाहरणार्थ rtfm.mit.edu/pub/ एफटीपी साइट से जुड़ने के लिए निम्नलिखित यूआरएल प्रविष्ट करें:

   ```
   ftp:rtfm.mit.edu/pub/
   ```
2. ब्राउज़र निर्दिष्ट साइट खोलता है।
3. आप जो फाइल डाउनलोड करना चाहते हैं उसकी डायरेक्ट्री प्रदर्शित करता है।
4. फाइल पर दाहिना (right) क्लिक करें, फोल्डर के लिए कॉपी का चयन करें। (देखें चित्र 5.4)
5. एकबार जब आप कम्प्यूटर की ड्राइव में फाइल सेव कर लेते हैं तो आप उपयुक्त सॉफ्टवेयर का प्रयोग करते हुए जब चाहें फाइल को खोल सकते हैं। यदि यह फाइल Doc file है तो आप इस फाइल को खोलने के लिए माइक्रोसॉफ्ट वर्ड का प्रयोग कर सकते हैं।

5.4.5 एफटीपी की प्रसिद्ध कमांड

इसकी मुख्य कमाण्ड है:

```
FTP hostname
```

यह कमाण्ड DOS Prompt पर लिखी जाती है और यह इंटरएक्टिव FTP सेशन को खोल देती है।

जब आप स्क्रिप्ट में FTP चलाना चाहते हैं तो उपलब्ध स्विच निम्नलिखित होते हैं:

```
ftv [-v] [-d] [-i] [-n] [-g]
[-s: filename] [-a] [-w: window size]
[computer]
```

तालिका 5.3 में कमाण्ड की प्रविष्टि कर सकने वाले मापदण्डों का संक्षिप्त वर्णन किया गया है।

तालिका 5.3 एफटीपी कमाण्ड लाइन स्विच

स्विच	अर्थ
-v	दूरस्थ होस्ट प्रत्युत्तरों के प्रदर्शन को बन्द करता है।
-n	प्रारंभिक कनेक्शन पर स्वत: लागऑन को चलाता है।
-i	अनेक फाइल हस्तांतरणों के दौरान प्राम्पटिंग (Prompting) को बन्द करता है।
-d	डिबगिंग मोड को चालू करता है जो क्लाइंट और सर्वर के बीच गुजरी सभी कमाण्ड्स को प्रदर्शित करता है।
-g	फाइल नेम्स ग्लोबिंग को बन्द करता है। यह स्थानीय फाइल और पाथ नेम में वाइल्ड कार्ड की विशेषताओं को प्रयोग करने की अनुमति देता है।
-s:filename	स्क्रिप्ट के रूप में विनिर्दिष्ट फाइल के प्रयोग को FTP को बताता है। FTP शुरू होने की कमाण्ड स्वत: ही चलने लगती है।
-w:windowsize	4096 के मूल ट्रांस्फर बफ़र आकार की अपेक्षा विंडो आकार के प्रयोग की अनुमति देता है।
-a	डाटा कनेक्शन बनाते समय किसी स्थानीय इंटरफेस के प्रयोग के लिए FTP को निर्देश देता है।
computer	जिस होस्ट से इसे जुड़ना, उस दूरस्थ होस्ट के आईपी एड्रेस या कम्प्यूटर का नाम FTP को बतलाता है।

अधिकतर आप FTP क्लाइंट का प्रयोग इंटरेक्टिव मोड में करते हैं। जब आप इस मोड में होते हैं तो आपको विभिन्न कमाण्ड्स के बारे में सजग रहना चाहिए। तालिका 5.4 में माइक्रोसॉफ्ट FTP क्लाइंट्स हेतु प्रसिद्ध वैध कमांड्स में से कुछ को सूचीबद्ध किया गया है।

बहुत सी FTP कमांड DOS कमांड से मिलती जुलती हैं। उदाहरण के लिए rmdir, DOS में स्थित rd जैसा ही है, mkdir, rmdir दोनों का प्रयोग remote host पर डायरेक्टरी बनाने के लिए होता है। दूसरी कमाण्ड help है जो DOS की कमांड की तरह ही कार्य करती है। टाइप कमांड फाइल के ASCII अक्षरों को टाइप करता है।

5.4.6 GUI आधारित FTP क्लाइंट

WS_FTP क्लाइंट

यह काफी समय से उपलब्ध है लेकिन यह आज के सर्वोत्कृष्ट क्लाइंट्स में गिना जाता है। यह FTP क्लाइंट सरकार एवम् शैक्षिक FTP प्रयोक्ताओं के लिए नि:शुल्क है। साथ ही साथ यह गैर वाणिज्यिक गतिविधियों से जुड़े व्यक्तियों के लिए भी नि:शुल्क है। WS_FTP का आधुनिकतम रूपांतर प्राप्त करने हेतु निम्नलिखित वेबसाइट से टाइप करें:

```
http://www.ipswitch.com/Products/WS_FTP/
index.html
```

तालिका 5.4: FTP कमांड और उनकी विवरण तालिका

कमांड	विवरण
append	Usage: **append local_filename remote_filename** यह local फाइल को स्थानांतरित करने हेतु FTP को बताता है और रिमोड फाइल के अंत में जोड़ता है। यदि रिमोट फाइल का नाम नहीं दिया गया है तो FTP उसी फाइल नाम को लोकल फाइल नाम से जोड़ता है। यदि लोकल फाइल नाम नहीं है तो FTP इसे नाम देता है।
bell	Usage: **bell** यह कमांड bell घंटी को चालू या बंद करती है। घंटी मशीन में पहले से ही off की स्थिति में होती है। जब इसे चालू करते हैं तो यह प्रत्येक फाइल स्थानांतरण के बाद बजती है।
binary	Usage: **binary** यह ASCII से मोड को बाइनरी में परिवर्तित करती है। यह उस समय किया जाना चाहिए जब आम फाइल स्थानांतरित करते हैं जिससे कि अक्षरों का परिवर्तन निष्पादन योग्य अथवा कम्प्रेस्ड फाइल्स में न हों।
cd	Usage: **cd directory name** यह FTP सर्वर पर क्रियाशील डायरेक्टरी को बदलती है। ठीक Windows NT cd कमांड की तरह।
close	Usage: **close** यह रिमोट होस्ट द्वारा आपको FTP सर्वर से जोड़ता है लेकिन आपको FTP में बनाए रखता है।
dir	Usage: **cd directory name** यह आपके द्वारा विनिर्दिष्ट रिमोट प्रणाली पर डायरेक्टरी की सूची प्रदान करता है। फाइल नाम प्रविष्ट करा कर आउटपुट को निर्देश दिए जा सकते हैं। इसके लिए दो में से कोई भी विकल्प की आवश्यकता नहीं पड़ती। यदि फाइल का नाम मिट जाता है तो केवल सूची ही प्रदर्शित होती है। यदि डायरेक्टरी का नाम हट जाता है तो वर्तमान डायरेक्टरी की विषय वस्तु प्रदर्शित होती है।

disconnect	Usage: **discount** यह close फंक्शन की तरह ही कार्य करता है।
get	Usage: **get remote_file local_file** यह remote host से फाइल संचित करती है। Local_file वैकल्पिक होती है। यदि यह दिया नहीं गया होता है तो उसी नाम का प्रयोग किया जाता है।
glob	Usage: **glob** यह ग्लोब सेटिंग को चलाती या बंद करती है। ग्लोबिंग फाइल नामों में वाइल्ड कार्ड की अनुमति देती है। यह स्वतः ही चालू हो जाती है।
liberal	Usage: **literal parameter** यह लिटरल स्ट्रिंग को रिमोट होस्ट में भेजता है। सामान्यता एकल उत्तर कोड वापस आता है।
input	Usage: **input filename filename filename.** get command के विपरीत यह लोकल फाइल नेम को लेकर FTP Server में छोड़ता या व्यवस्थित करता है।
pwd	यह FTP पर वर्तमान डायरेक्टरी को प्रदर्शित करता है।
led	यह आपके कम्प्यूटर में डायरेक्टरी को बदलने का कार्य करता है।
rmdir	यह विशिष्ट (specified) डायरेक्टरी को हटाने का कार्य करता है।

WS-FTP स्थानीय सिस्टम के बाएँ भाग पर डायरेक्टरी की विषय सूची को प्रदर्शित करता है, और दूरस्थ सिस्टम के दाएँ भाग पर दूरस्थ FTP सर्वर की डायरेकटरी दिखायी देती है। दूरस्थ सिस्टम (remote system) फाइल स्थानांतरण का स्रोत होता है और स्थानीय सिस्टम फाइल का गंतव्य स्थल होता है। लेकिन कम्प्यूटर से सर्वर पर फाइल अपलोड करने में फाइल स्थानीय सिस्टम से दूरस्थ सिस्टम में जाएगी।

WS_FTP से फाइल को स्थानांतरित करना (Transferring a File with WS_FTP)

सर्वर से होस्ट को (डाउनलोडिंग) अथवा होस्ट से सर्वर को (अपलोडिंग) फाइल भेजने के लिए निम्नलिखित क्रियाएं करें:

1. उस फाइल को, जिसे आप स्थानांतरित करना चाहते हैं, प्राप्त करें व इसे चयन (select) करें।
2. तस्वीर वाली फाइल्स के लिए फाइल का प्रकार ASCII तथा डाटा फाइल्स के लिए बाइनरी प्रकार को निर्दिष्ट करें। लेकिन जब आप फाइल के बारे में निश्चित न हों तो सबसे पहले बाइनरी प्रकार को निर्दिष्ट करें।
3. जिस दिशा में आप फाइल अथवा फाइल्स को भेजना चाहते हैं, उस दिशा की तरफ वाले तीर (arrow) बटन पर क्लिक करें।

   एक जगह से दूसरी जगह पर सभी फाइल्स कॉपी (copy) कर लेने के बाद विंडो में नीचे की ओर बने बंद (close) बटन पर क्लिक करें।

क्यूट एफटीपी (CuteFTP)

क्यूट एफटीपी, एफटीपी क्लाइंट का एक अन्य प्रकार है। यह कम प्रयोक्ता मैत्री (User-friendly) होता है। यह WS_FTP के जैसा ही होता है जिसमें यह स्थानीय एवं दूरस्थ सिस्टमों व विंडों के बाएँ व दाएँ तरफ इसकी डायरेक्टरियों को प्रदर्शित करता है। क्यूट एफटीपी में, हम स्थानीय से दूरस्थ व दूरस्थ से स्थानीय सिस्टम में फाइल्स को बलपूर्वक खींच व छोड़ सकते हैं। क्यूट एफटीपी सभी डायरेक्टरियों का इतिहास (History) बनाये रखती है।

➔ **स्थानीय सिस्टम से दूरस्थ व दूरस्थ से स्थानीय सिस्टम में फाइल भेजने के लिए निम्नलिखित कार्य करें:**

1. जिस फाइल को आप स्थानांतरित करना चाहते हैं, उसे अवस्थित (Locate) करें।
2. उन फाइल्स को खीचें जिन्हें आप भेजना चाहते हैं।
3. स्थानांतरण पूरा करने के लिए 'हाँ' (Yes) बटन पर क्लिक करें।

   फाइल्स को कॉपी (copy) करने के बाद आप फाइल मेनू (file menu) से संबंध विच्छेद कर सकते हैं।

5.4.7 ब्राउज़र आधारित एफटीपी क्लाइंट्स (Browser Based FTP Clients)

इंटरनेट एक्सप्लोरर युक्त एफटीपी

माइक्रोसॉफ्ट इंटरनेट एक्सप्लोरर का FTP इंटरफेस साधारण विंडोज़ एक्सप्लोरर फोल्डर पर आधारित होता है जो दूरस्थ फाइल्स हेतु फोल्डरों को ऐक्सेस करने की तरह एक्सेस को आसान बनाता है। इंटरनेट एक्सप्लोरर के साथ FTP कनेक्शन करने के लिए निम्नलिखित साधारण चरणों का अनुपालन करें।

1. डेस्कटॉप शार्टकट पर क्लिक करके इंटरनेट एक्सप्लोरर को सक्रिय (Activate) करें या फिर स्टार्ट (Start) पर क्लिक करें और फिर प्रोग्राम्स को चुनें और उसके बाद इंटरनेट एक्सप्लोरर को चुनें।
2. निम्नलिखित जैसा एड्रेस, एड्रेस बॉक्स में प्रविष्ट करके सीधे ही साइट से जुड़ें:

   ftp:/ftp.microsoft.com

   अथवा

   ftp://your_username:your_password@ftp.your_ISP.com
3. एफटीपी साइट चलाने के लिए उपडायरेक्टरी खोलने हेतु फोल्डर आईकॉन पर क्लिक करें।
4. फाइल्स को डाउनलोड करने के लिए फाइल्स पर क्लिक करें।
5. फाइल का चयन करते हुए क्लोज़ को चुनें और फिर इंटरनेट एक्सप्लोरर से बाहर निकालें।

आप तुरन्त ही इंटरनेट सेवा प्रदाता से अलग हो जाएंगे।

5.4.8 नेटस्केप नेविगेटर युक्त एफटीपी (FTP with NetScape Navigator)

नेटस्केप नेविगेटर में इंटरनेट एक्सप्लोरर के समान ही एफटीपी विशेषताएँ होती हैं। आप रेखांकित टेक्स्ट पर दो बार क्लिक (double click) करके फाइल व फाल्डरों को ऐक्सेस कर सकते हैं अथवा फोल्डर आइकॉन्स पर क्लिक करके आप इन्हें ऐक्सेस कर सकते हैं। यहाँ सूचीबद्ध किए गए चरण आपको इसकी प्रक्रिया से अवगत कराएंगे:

1. कम्यूनिकेटर डेस्कटाप शार्टकट पर क्लिक करके नेविगेटर को प्रारम्भ करें अथवा स्टार्ट को चुनकर नेटस्केप नेविगेटर का चयन करें और फिर नेटस्केप नेविगेटर को चुनकर नेविगेटर को शुरू करें।
2. एड्रेस बॉक्स में एड्रेस को प्रविष्ट करके सीधे ही साइट से जुड़ें।
3. FTP साइट चलाने के लिए उपडायरेक्टरी खोलने हेतु आईकॉन फोल्डर पर क्लिक करें।
4. फाइल्स को डाउनलोड करने के लिए उन पर क्लिक करें।
5. FTP साइट पर फाइल्स प्रेषित करने के लिए निम्नलिखित में से किसी एक पद्धति को अपनायें:
   (a) किसी फोल्डर के लिए मार्ग ढूंढ़ें जहाँ पर फाइल्स को अपलोड करने की अनुमति आपके पास हो (प्राय: आपका अपना एकाउण्ट अथवा जिसके लिए आपके पास निजी प्रयोक्ता का नाम हो)। फिर फाइल का चयन करें और अपलोड फाइल को चुनें। खुले डायलॉग बॉक्स में उस फाइल को चुनें जिसे आप प्रेषित करना चाहते हैं और जब वह उभर आएं तब OK पर क्लिक करें।
   (b) साधारणतया आप ब्राउज़र विंडो में फाइल को खींच भी सकते हैं और फिर इसे अपलोड करने के लिए 'हाँ' (Yes) पर क्लिक करें।

5.5 यूजनेट क्या है? (What is Usenet?)

यूजनेट को यूज़र नेटवर्क के लिए प्रयुक्त किया जाता है। यह एक अंतर्राष्ट्रीय, गैरवाणिज्यिक नेटवर्क है जो अनेकों हजार यूनिक्स आधारित साइटों से संबद्ध है। यह विश्व की सबसे बड़ी इलेक्ट्रॉनिक डिस्कशन फोरम है। यह संपूर्ण इंटरनेट पर कम्प्यूटर्स के मध्य प्रेषित किए जाने वाले संदेशों हेतु मार्ग उपलब्ध कराता है। संपूर्ण विश्व के लोग **समाचार समूह** (News Groups) नामक विशिष्ट क्षेत्रों में हजारों विषयों पर होने वाली चर्चाओं में भाग लेते हैं।

☞ यद्यपि इंटरनेट व यूज़नेट में घनिष्ठ संबंध है, पर वे समान नहीं हैं। यूज़नेट इंटरनेट से पहले से है। हर इंटरनेट कम्प्यूटर यूज़नेट का हिस्सा नहीं है और हर यूज़नेट व्यवस्था तक इंटरनेट से नहीं पहुँचा जा सकता है।

इंटरनेट की भांति, यूज़नेट की कोई केन्द्रीय प्रशासनिक समिति नहीं है। यह उन लोगों द्वारा चलाया जाता है जो इसका उपयोग करते हैं। 10,000 से भी ऊपर विभिन्न समाचार समूहों के साथ, यूज़नेट 100 से भी ज़्यादा देशों में, कई मिलियन लोगों द्वारा प्रतिदिन प्रयोग किया जाता है। यूज़नेट सेवा इंटरनेट उपयोगकर्ताओं के एक समूह को किसी ऐसे आम विषय पर उनके दृष्टिकोण/विचार तथा सूचना की अदला-बदली की सुविधा देता है जो समूह के सभी सदस्यों की रुचि का हो। ऐसे बहुत से समूह इंटरनेट पर हैं, जिन्हें न्यूज़ ग्रुप या समाचार समूह कहा जाता है। उदाहरण के लिए comp.security.mise नाम के समूह में ऐसे उपयोगकर्ता हैं जो कम्प्यूटर के सुरक्षा संबंधी मुद्दों में रूचि रखते हैं।

ऐसे लगभग 20 विभिन्न बड़े पदानुक्रमित समाचार समूह हैं, जैसे: रिक्रिएशन (अक्षर "rec" द्वारा पहचान), तथा कम्प्यूटर (अक्षर "comp" द्वारा पहचान)। इन बड़े पदानुक्रमों में उपश्रेणियाँ (जैसे rec.arts) और इनकी भी उपश्रेणियाँ (rec.art.books) हैं। एक समाचार समूह मूवी से लेकर पर्यावरण विज्ञान, माता-पिता विषयक, खेल, टीम, क्लिपआर्ट व स्वयं यूज़नेट पर समाचार तक को लेता है।

5.5.1 यूज़नेट के अवयव

यूज़नेट (यूजर्स नेटवर्क) इंटरनेट पर एक इलेक्ट्रॉनिक बुलेटिन बोर्ड की भांति है। लोगों की रुचियाँ अलग होती हैं, जो अपने विचारों को दूसरों के साथ बाँटना चाहते हैं, उनके सुझावों व विचारों को आमंत्रित करते हैं। लोगों को समस्याएं भी होती हैं, जिसका समाधान वे दूसरों से जानना चाहते हैं। यूज़नेट ''क्लाइन्ट-सर्वर'' सिद्धान्त पर काम करता है। इसलिए यूज़नेट के दो प्रमुख अवयव हैं। ये इस प्रकार हैं:

- न्यूज़ सर्वर
- न्यूज़ रीडर

समूहों को भेजे गये लेख न्यूज़ सर्वर्स द्वारा इंटरनेट पर वितरित किए जाते हैं। ये न्यूज सर्वर लेखों का भंडारण करते हैं और आगे उपयोगकर्ताओं को भेजते हैं। एक उपयोगकर्ता को क्लाइंट सॉफ्टवेयर की - न्यूज़ रीडर की आवश्यकता होती है, तभी वह इन लेखों को पढ़ सकता है। न्यूज़ सर्वर तथा न्यूज़ रीडर नेटवर्क न्यूज़ ट्रांसफर प्रोटोकॉल (NNTP) का इस्तेमाल करके संचार करते हैं।

5.5.2 यूज़नेट समाचार समूह

ये यूज़नेट के दायरे में स्थित अलग-अलग वार्ता समूह हैं। यूज़नेट समाचार समूह में इंटरनेट तथा यूज़नेट नियमित ग्राहकों द्वारा भेजे लेख होते हैं। इनमें से बहुत कम ही वास्तव में सामाचार होते हैं।

अधिकांश समाचार समूह एकल विषय से ही संबंधित होते हैं। यूज़नेट द्वारा उपलब्ध विषयों की संख्या बहुत बड़ी है। आप 10,000 भिन्न समाचार समूहों में से चुनाव कर सकते हैं। यदि लोग एक विषय में रुचि रखते हैं, तो वे अपने पसंदीदा विषय के लिए कहीं न कही समाचार समूह पा ही जाते हैं। आप अपने लेख भेज सकते हैं और उसी तरह के, दूसरों के द्वारा भेज सकते हैं जिससे अन्य आपके उत्तर को पढ़ें या आप अपनी प्रतिक्रिया सीधे मूल-सृजनकर्ता को एक निजी ई-मेल संदेश भेज कर दे सकते हैं।

5.5.3 यूज़नेट की कार्य प्रणाली

एक वैश्विक बुलेटिन बोर्ड व वार्ता होने के कारण यूज़नेट समाचार समूहों में हजारों भिन्न विषयों पर संदेश इकट्ठा करता है। समाचार समूह इंटरनेट पर स्थित अनेक मेज़बान कम्प्यूटरों पर पाये जा सकते हैं। ऐसे हज़ारों समाचार समूह हैं जो उस हर विषय को लेते हैं जिनकी आपने कभी कल्पना की होगी तथा ऐसे बहुत से विषय हो सकते हैं जिनके बारे में आपने कभी सोचा भी नहीं होगा।

भाग लेने के लिए, लोग संदेश भेजते व पढ़ते हैं, जो समाचार समूह को भेजे नहीं गये हैं। समाचार समूह का रीडर सॉफ्टवेयर आपको संदेश पढ़ने और समाचार समूहों की प्रतिक्रिया भेजने देता है। यह सॉफ्टवेयर आपको समाचार समूहों से नियमित जुड़ने की सुविधा देकर आपको समाचार समूह

का प्रबन्धन करने के तरीके देता है, जिसका अर्थ है कि जब आप सर्वर का परीक्षण करेंगे, नये संदेश आपको अपने आप ही मिल जाएंगे।

अन्य लोगों के देखने व उपयोग के लिए, तस्वीरें, मल्टीमीडिया फाइल्स तथा यहाँ तक कि क्रियान्वयन योग्य प्रोग्राम भी समाचार समूहों को भेजे जा सकते हैं। हालांकि समाचार समूहों में प्रयुक्त तकनीक के कारण, ये फाइल्स भेजेन के उद्देश्य से विशेष रूप से एनकोड की हुई होनी चाहिए। फाइल देखने या इस्तेमाल करने के लिए आपको पहले उन्हें अपने कम्प्यूटर में भेजना होगा और फिर उन्हें विशेष सॉफ्टवेयर से डीकोड करना होगा। इनकोडिंग व डीकोडिंग प्रोग्राम्स के ऐसे वर्ज़न हैं जो पी.सी., मैकिन्टॉश, तथा यूनिक्स कम्प्यूटरों पर चलते हैं। MIME ऐसी ही इनकोडिंग योजना है।

☞ यूज़नेट उपयोगकर्ता एक दूसरे से संचार करते हैं, जिससे कि एक सर्वर को भेजे सभी संदेश अन्य सर्वर्स पर डुप्लीकेट हो जाएं। हर साइट तय करती है कि कौन सा समाचार समूह लेना है।

5.5.4 समाचार समूहों में भागदारी

समाचार समूहों में भाग लेने के लिए, आपको उन्हें पढ़ने व प्रतिक्रिया देने के लिए विशेष सॉफ्टवेयर की आवश्यकता होगी। पीसी, मैकिन्टॉश, तथा यूनिक्स कम्प्यूटर्स के लिए रीडर हैं। ऑनलाइन सेवाओं जैसे कम्प्यूसर्व तथा अमेरिका ऑनलाइन के अपने स्वामित्व वाले सॉफ्टवेयर हैं जो आपको समाचार समूहों में भाग लेने देते हैं। एक अच्छा समाचार समूह रीडर सॉफ्टवेयर पैकेज आपको चल रही वार्ता को 'थ्रेड' के रूप में देखने देंगे।

☞ 'थ्रेड' जारी बातचीत है, जो विषयों के अनुसार समूहित की जाती है।

बहुत से समाचार समूहों के पास उनसे जुड़ी फ्रीक्वेन्टली आस्क्ड क्वेशचन्स (फैक) की सूची होती है। ये फैक समाचार समूहों से जुड़े आम प्रश्नों का उत्तर देते हैं। समाचार समूह में प्रश्न डालने से पहले फैक को पढ़ना अच्छा रहता है, क्योंकि पूर्णरूप से किसी ने पहले से ही उसे संभवत: आपके लिए भेज रखा हो।

आप समाचार समूह में संदेशों को पढ़कर और उन पर प्रतिक्रिया देकर भाग लेते हैं। समाचार समूह दो प्रकार के होते हैं:

(a) मॉडरेटेड समाचार समूह

(b) अनमॉडरेटेड समाचार समूह

मॉडरेटेड समाचार समूह

मॉडरेटेड समाचार समूह में, हर संदेश मानव मॉडरेटर को जाता है। वह संदेश देखता है और सुनिश्चित करता है कि वह समूह के लिए सही है। यदि ऐसा है, तो संदेश भेज दिया जाता है। समाचार समूह को भेजे गये संदेश के सभी अंश मॉडरेटर द्वारा समीक्षा किये जाते हैं यह सुनिश्चित करने के लिए कि वे समाचार समूह द्वारा विषय के लिए स्थापित मानकों पर खरे उतरते हैं, इसके बाद संदेश पूरे समूह को भेजा जाता है।

अनमॉडरेटेड समाचार समूह

अनमॉडरेटेड समाचार समूह में सभी संदेश स्वत: ही भेज दिये जाते हैं। जब संदेश भेज दिये जाते हैं, तो यूज़नेट सर्वर उन्हें अन्य साइटों को वितरित करते हैं, जो समाचार समूह चलाती हैं। एक साइट प्राय: केवल सर्वाधिक वर्तमान संदेश चलाती हैं। अन्यथा उनकी स्टोरेज की जगह जल्द ही समाप्त हो जाएगी। कुछ यूज़नेट साइट्स पुरानी चर्चाएं स्टोर करके रखती हैं।

बाइनरी फाइल्स जैसे तस्वीरें तथा मल्टीमीडिया समाचार समूहों को भेजे जा सकते हैं। ये फाइल्स भेजने के लिए उन्हें एनकोड अवश्य होना चाहिए। इन्हें देखने के लिए आपको इन्हें अपने कम्प्यूटर पर भेजना होगा और फिर विशेष सॉफ्टवेयर से इन्हें डीकोड करना होगा। समाचार समूहों पर प्रयुक्त आम इनकोडिंग स्कीम यूइनकोड (uuencoding) है।

मॉडरेटेड समाचार समूह का मुख्य विचार समाचार समूह की गुणवत्ता को सुनिश्चित करना है क्योंकि कोई भी एक नॉनमॉडरेटेड समाचार समूह के संदेश की गुणवत्ता को मॉडरेट नहीं करता, कोई भी कुछ भी भेज सकता है। किन्तु ऐसे समाचार समूहों के सदस्यों को संदेश भेजने में सावधानी बरतनी चाहिए क्योंकि अन्य सदस्य, सभी अशिष्ट संदेशों की प्रतिक्रिया में, एक क्रुद्ध संदेश भेजकर, गुस्से से प्रतिक्रिया कर सकते हैं। इस मुद्दे पर ध्यान देते हुए नेटीकेट (नेटवर्क एटीकेट) का सिद्धान्त सामने आया, जो क्रुद्ध संदशों के नियम से व्यवस्थित करता है, ताकि वे अन्य को आहत नहीं करें।

5.5.5 यूज़नेट समाचार समूहों का पदानुक्रम

हज़ारों यूज़नेट समाचार समूह हैं। ये विषयों के पदानुक्रम में विभाजित हैं, जिससे कि आपको उस विशेष समाचार समूह को पाने में सरलता हो जिसमें आप भाग लेना चाहते हैं। सभी साइटें सभी समाचार समूह नहीं चलातीं। ऑनलाइन सेवाएं तथा इंटरनेट सर्विस प्रोवाइडर (ISP) जो इंटरनेट का सीधा कनेक्शन देते हैं, यूज़नेट समाचार समूहों तक पहुँच प्रदान करते हैं।

यूज़नेट समाचार समूहों के पदानुक्रम में, प्रमुख विषय पहले आते हैं (उदाहरण के लिए रीक्रिएशन के लिए rec पहले आता है) उसके बाद उपविषय (उदाहरण के लिए rec.arts)। यह उपविषय आगे पुन: विभाजित होता है (rec.arts.books)। नये समाचार समूह लगातार बनाये जाते रहते हैं और पुराने समाप्त होते रहते हैं। आप इंटरनेट समाचार समूहों की सूची अपना समाचार समूह क्लाइन्ट सॉफ्टवेयर प्रयोग करके उससे एक संपूर्ण वर्तमान की सूची माँग कर प्राप्त कर सकते हैं।

समाचार समूह की पहचान

समाचार समूह को आप उसके नाम से पहचान सकते हैं। बड़े यूज़नेट विषयों में "comp", कम्प्यूटर संबंधी विषयों पर चर्चा के लिए हैं। "soc" का उपयोग सामाजिक विषयों पर चर्चा के लिए होता है। "sci" वैज्ञानिक विषयों पर चर्चा के लिए होता है। उदाहरण के लिए, rec.art.books समाचार समूह में चर्चा मनोरंजन में कला पुस्तकों के बारे में होगी। इंटरनेट से जुड़े नेटवर्क भी इंटरनेट समाचार समूहों तक पहुँच सकते हैं। उदाहरण के लिए सभी बड़ी ऑनलाइन सेवाएँ इंटरनेट समाचार समूहों तक पहुँच प्रदान करती हैं।

5.5.6 समाचार समूहों की खोज

अपनी रुचि का समाचार समूह पाना महत्वपूर्ण है परन्तु यह हमेशा सरल नहीं होता। सर्च इंजन, गूगल एक तीव्र व उपयोग में सरल सेवा देता है जो आप के द्वारा निर्दिष्ट मानकों से मेल खाते संदेशों के लिए सभी समाचार समूहों में छानबीन करता है।

➔ **Google का प्रयोग करते हुए समाचार समूहों को खोजने हेतु निम्नवत् प्रक्रिया अपनाएँ:**

1. मुख्य इंटरनेट एक्सप्लोरर विंडो में स्थिति एड्रेस टेक्स्ट बॉक्स में URL http://groups.google.com टाइप करें और Google ग्रुप्स पेज में जाने के लिए [Enter] दबाएँ। (देखें चित्र 5.5)
2. Google सर्च टेक्स्ट बुक में अपना वांछित सर्च criteria प्रविष्ट कराएँ अथवा सूची से सूचीबद्ध विषय पर क्लिक करें।
3. चित्र 5.6 में दर्शाई गई विधि के अनुसार चयन विषयों पर सूची दिखाई देगी।

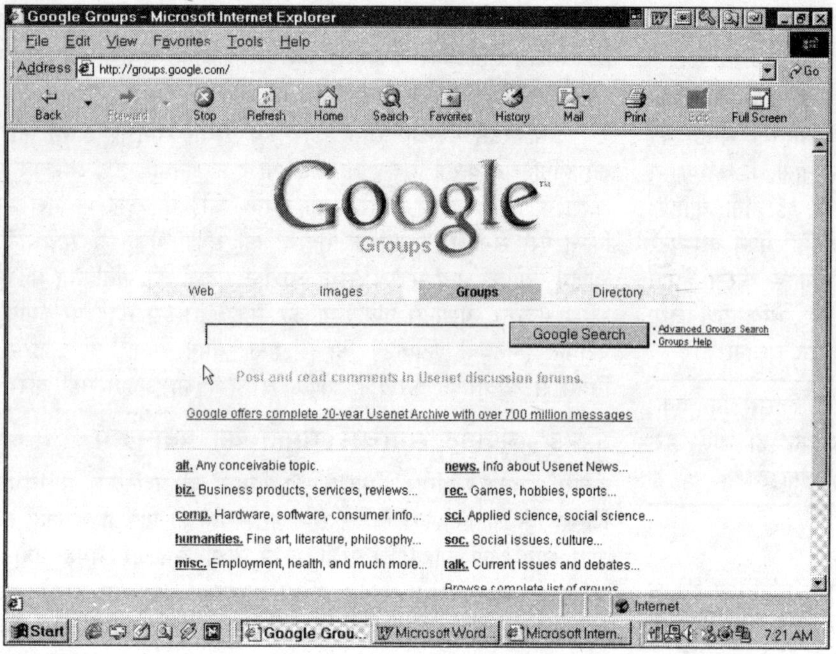

चित्र 5.5: गूगल समूह

☞ समाचार समूहों को जाँचने का सुविधाजनक तरीका आपकी रुचि के समाचार समूहों को लगाना है। ऐसा करने से जब भी आप usenet सर्वर देखेंगे, आपके सामने समाचार समूह (newsgroups) होगा। यदि आप बहुत समय तक इसमें रुचि न रखें तो आप इसे रद्द भी कर सकते हैं।

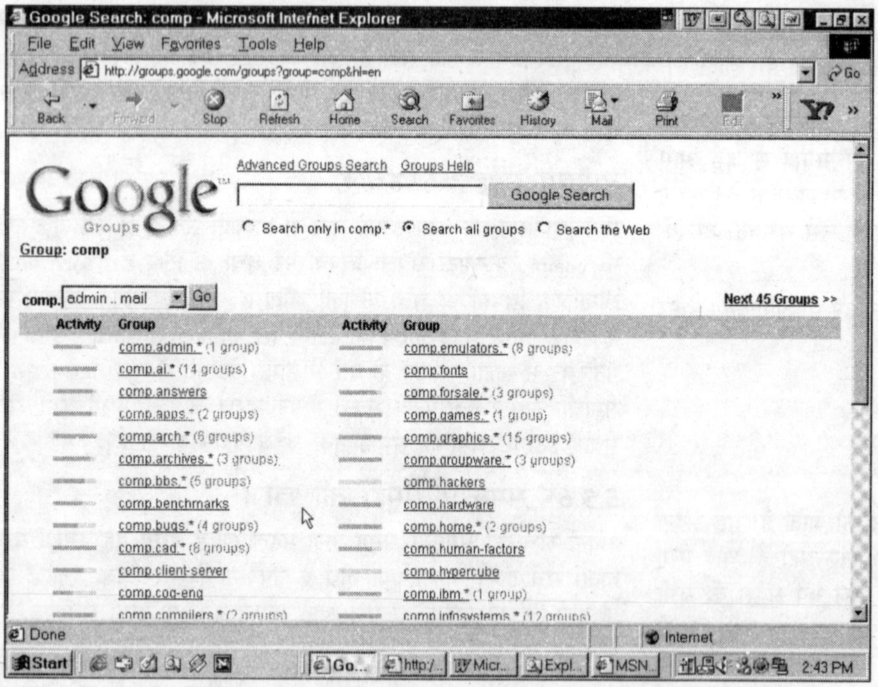

चित्र 5.6: दर्शाए गए विषयों की सूची

☞ सर्च टेक्स्ट् बॉक्स में search criteria की प्रविष्टि कराने से आपके द्वारा वांछित विषय प्रदर्शित होंगे।

4. किसी पोस्टिंग के पढ़ने के लिए Enter कुंजी दबाएँ। पोस्ट हेतु **post a new message** नामक बटन दबाएँ।

5.5.7 समाचार समूहों को सब्सक्राइब करना (Subscribing to Newsgroups)

अपने न्यूज़ सर्वर से जुड़ जाने के बाद आप को यह चुनना होगा कि आप किस समाचार समूह से जुड़ना चाहते हैं। चूँकि news server में हजारों समूह उपलब्ध होते हैं अत: समाचार समूह को उतारने एवम् दर्शाने में काफी समय लगता है। अपने समय को बचाने के लिए आप बिना किसी दीर्घकालीन वायदे या उसी न्यूज़ ग्रुप में वापस आने की योजना के वचन के बिना ही किसी न्यूज़ ग्रुप का नमूना ले सकते हैं।

➔ **माइक्रोसॉफ्ट आउटलुक एक्सप्रेस के साथ समाचार समूह से नियमित जुड़ने के लिए, यह कीजिए:**

1. समाचार समूहों की सूची देखने के लिए, टूल्स मेन्यू चुनिए और फिर न्यूज ग्रुप चुनिए या विकल्प के रूप में टूलबार पर 'न्यूजग्रुप' बटन को क्लिक कीजिए। आप अपने कम्प्यूटर स्क्रीन पर सभी उपलब्ध समाचार समूहों की सूची देखेंगे।
2. यदि आप कोई विशेष समूह पाना चाहते हैं तो डिस्प्ले (की वर्ड) टाइप कीजिए।
3. समाचार समूह पर नियमित होने के लिए समाचार समूह का नाम चुनिए, और फिर सब्सक्राइब बटन पर क्लिक कीजिए या उस समाचार समूह पर डबल क्लिक कीजिए जिस पर आप नियमित होना चाहते हैं।
4. यदि आप वर्तमान नियमित हुए समाचार समूह को देखना चाहते हैं, तो डायलॉग बॉक्स के नीचे स्थित सब्सक्राइब टैब को क्लिक कीजिए। आप वही सूची देखेंगे जो आप चुनते हैं।

5.5.8 न्यूज़ सर्वर्स

एक प्रोग्राम या कम्प्यूटर जो ग्रहित समाचार प्रदान करता है, न्यूज़ सर्वर कहलाता है। न्यूज़ सर्वर पढ़ने व भेजने के लिए समाचार समूह लेख स्टोर करता है यदि आपके पास न्यूज़ क्लाइन्ट या न्यूज़-रीडर है तो नीचे कुछ न्यूज़ सर्वर्स दिए गए हैं:

(a) www.usatoday.com
(b) news.vsnl.net.in
(c) msnews.microsoft.com
(d) espnet.sportszone.com

5.6 इंटरनेट रिले चैट (IRC)

इंटरनेट पर दूसरों से संचार करने के लिए सर्वाधिक तीव्र रास्ता चैट है।

बहुत से विषय जिन्हें 'चैनल' कहा जाता है, जिनके लिए आप पूरे विश्व में बहुत से लोगों से चैट कर सकते हैं। जब आप एक चैनल में प्रवेश करते हैं तो आप देख सकते हैं कि चैनल पर अन्य लोग अपने कीबोर्ड पर क्या टाइप कर रहे हैं। बदले में जो भी आप टाइप करते हैं दूसरे लोग देख सकते हैं। आप किसी के साथ व्यक्तिगत वार्तालाप भी कर सकते हैं। चैनल विश्व में विभिन्न सर्वरों पर लाइव हो जाते हैं। कुछ सर्वरों पर कुछ ही चैनल हैं, और कुछ पर बहुत से।

☞ इंटरनेट रिले चैट (IRC) एक इंटरनेट एप्लीकेशन है जिसे फिनलैंड में जाको ओईकारिनेन द्वारा विकसित किया गया था। अधिकांश बातचीत अंग्रेजी में होती है, सारी नहीं। आईआरसी सत्र के दौरान यदि आप से कोई आपका पासवर्ड पूछता है तो देने को तत्पर न हो जाइये। कोई चालाकी से आपसे आपके सिस्टम की महत्वपूर्ण सूचनाएँ निकलवाना चाहता है, जिसे वह बाद में आपके विरुद्ध इस्तेमाल करने में सक्षम हो सकता है।

5.6.1 आईआरसी के लिए प्रयोक्ता मॉडल

आईआरसी क्लाइंट/सर्वर मॉडल को अनुसारित करता है, जिसका अर्थ है कि क्लाइंट व सर्वर सॉफ्टवेयर दोनों ही की आवश्यकता इसमें होती है। विभिन्न प्रकार के कम्प्यूटर्स के लिए अनेक IT क्लाइंट उपलब्ध हैं, अत: चाहे पीसी हो या मैकिन्टॉश या यूनिक्स वर्कस्टेशन, आप आईआरसी का इस्तेमाल करने में सक्षम होंगे।

5.6.2 आईआरसी पर चैटिंग

आपका आईआरसी क्लाइंट इंटरनेट पर आईआरसी सर्वर के साथ संचार करता है। आप क्लाइंट का प्रयोग करके सर्वर पर लॉगआन करते हैं, और एक चैनल चुनते हैं जिस पर आप बात करना चाहते हैं। जब आप कीबोर्ड पर शब्द टाइप करते हैं तो वे आपके सर्वर को भेजे जाते हैं। आपका सर्वर वैश्विक आईआरसी सर्वर नेटवर्क का एक हिस्सा है। आपका सर्वर अन्य सर्वर्स को आपका संदेश भेजता है, बदले में वे आपका संदेश उन लोगों को भेजते हैं जो आपके चैनल का हिस्सा हैं। वे आपका संदेश पढ़ सकते हैं और उस पर प्रतिक्रिया कर सकते हैं। बहुत सी वेबसाइटें स्वामित्व वाले चैट सॉफ्टवेयर इस्तेमाल करती हैं जो आईआरसी प्रोटोकॉल को इस्तेमाल नहीं करता, किन्तु आपको चैट करने में सक्षम करता है, जब आप साइट पर हैं। इस तरह की चैटिंग में आप निजी तौर पर, एक-से-एक, अन्य व्यक्ति से संचार करते हैं। आप इसके लिए एक विशेष सूची तैयार कर सकते हैं जिससे कि जब आपके मित्र चैट के लिए तैयार होकर ऑनलाइन हों आपको सूचना मिले और जब आप ऑनलाइन हों तो उन्हें सूचना मिल जाए।

5.6.3 आईआरसी पर कार्य करना

जब आप चैट करना चाहते हों, आप इंटरनेट से जुड़ें और फिर अपना क्लाइंट सॉफ्टवेयर चालू करें। उसके बाद आपको इंटरनेट पर स्थित आईआरसी सर्वर पर लॉगआन करने की आवश्यकता होती है। पूरे विश्व में बहुत से आईआरसी सर्वर स्थित हैं। वे एक दूसरे से नेटवर्क से जुड़े, जिससे कि वे एक दूसरे को संदेश भेज सकें। सर्वर एक दूसरे से व्यापक वृक्ष रूप में जुड़े हैं, जिसमें हर एक सर्वर कई सर्वरों से जुड़ा है, किन्तु सभी सर्वर एक दूसरे से सीधे नहीं जुड़े हैं।

जब आप एक सर्वर से जुड़ते हैं, तो आप एक विशेष चैनल से जुड़ते हैं तथा अपनी पहचान के लिए एक यूज़र नेम का प्रयोग बातचीत के लिए करते हैं। यहाँ बहुत से चैनल उपलब्ध होते हैं जो विभिन्न विषयों के बारे में जानकारी देते हैं।

आप अपने संदेश को क्लाइंट सॉफ्टवेयर के द्वारा अपने PC से IRC सर्वर को भेजते हैं जिससे आप जुड़े हुए हैं। फिर यह संदेश आपके सर्वर से अन्य सर्वर्स के द्वारा उन लोगों तक पहुँचता है जिन्होंने आपके चैनल को लॉग आन किया है। इस तरह संदेश एक सर्वर से दूसरे सर्वर तक स्थानांतरित हो जाता है। स्पेनिंग ट्री सर्वर संरचना के अंतर्गत नेटवर्क द्वारा संदेश हमेशा सबसे छोटे मार्ग से होते हुए अपने अंतिम पड़ाव तक पहुँच जाता है। तालिका 5.5 में मूलभूत IRC कमांड का विवरण दिया गया है।

प्रत्येक सर्वर आपके संदेश को उन लोगों के क्लाइंट सॉफ्टवेयर तक पहुँचाता है जो प्रत्येक सर्वर के चैनल से जुड़े हुए हैं। लोग आपके संदेश को अपने-अपने कम्प्यूटर्स में पढ़ते हैं और अपनी प्रतिक्रिया देते हैं।

5.6.4 चैट के लिए क्लाइंट सॉफ्टवेयर

चैटिंग के लिए आपके पास क्लाइंट सॉफ्टवेयर होना आवश्यक है। तालिका 5.6 में विभिन्न प्रकार के क्लाइंट सॉफ्टवेयर का विवरण दिया गया है।

5.6.5 चैट सर्वर्स

इंटरनेट न्यूज़ग्रुप की ही तरह कम्यूनिकेशन सर्वर आपको आपके संदेश को बहुसंख्यक यूज़रों को अपनी सूचना देने की सहमति देता है। अत्याधुनिक सर्वर्स ने हाल ही में बातचीत के विषय आधारित माध्यम को श्रव्य और दृश्य की सहायता से बढ़ाया है। कम्यूनिकेशन सर्वर के मुख्य तीन प्रकार हैं:

तालिका 5.5: IRC कमांड का मूलभूत विवरण

कमांड	विवरण
/flush	वर्तमान कमांड के लिए शेष आउटपुट को हटाती है।
/help	सभी IRC कमांड की सूची को दर्शाती है।
/help **command**	विशिष्ट (specified) **कमांड** के लिए सहायता सूचना को दर्शाता है।
/help new user	नए यूज़रों के लिए सूचना दर्शाता है।
/join **channel**	आपको निर्दिष्ट **चैनल** को ज्वाइन करने देता है।
/list	सभी चैनलों के बारे में सूचना देता है।
/list **channel**	किसी विशेष **चैनल** के बारे में सूचना देता है।
mode* + pi	वर्तमान चैनल को पूर्णतया निजी बनाता है।
/msg, text	जिसने आपको संदेश भेजा हो उस व्यक्ति को संदेश भेजता है।
/msg.text	उस व्यक्ति को संदेश भेजता है जिसे आप संदेश भेजना चाहते हैं।
/nick	आपके निकनेम को दर्शाता है।
/nick **nickname**	आपके वर्तमान निकनेक को **निकनेम** में परिवर्तित करता है।
/query	निजी संदेशों को भेजने से रोकता है।
/set novice off	विशिष्ट विकल्पों जैसे बहुत से चैनलों को जोड़ने की स्वीकृति देता है।
/who **channel**	कौन सा **चैनल** विशिष्ट है, दर्शाता है।
/who*	जो वर्तमान चैनल से जुड़ता है, को दर्शाता है।
who is **nickname**	किसी व्यक्ति के **निकनेम** की पूर्ण सूचना देता है।
/who is*	सभी के बारे में पूरी सूचना देता है।

तालिका 5.6: चैट (बातचीत) के लिए क्लाइंट सॉफ्टवेयर

चैट के प्रकार	आवश्यक सॉफ्टवेयर
Internet Relay Chat (IRC)	चैट प्रोग्राम जैसे mIRC अथवा Ircle
Web based Chat	वैब ब्राउज़र जैसे नैटस्केप अथवा इंटरनेट एक्सप्लोरर
AOL (America Online) Chat	अमेरिका ऑनलाइन के लिए AOL एक्सेस प्रोग्राम
Direct Chat Programs	ICQ, AOL इंस्टेंट मैसेंजर अथवा अन्य प्रोग्राम
Online Conferencing	कॉन्फ्रेंसिंग प्रोग्राम (CU-SeeMe, Netscape Conference, Netmeeting)

तालिका 5.7: चैट सर्वर

EFnet Servers	अन्डरनैट सर्वर (UnderNet Servers)	डेलनैट सर्वर (DALnet Servers)
irc.magic.ca irc.c-com.net irc.blackended.com irc.colorado.edu	newbrunswick.nj.undernet.org blackburg.va.us.undernet.org davis.ca.us.undernet.org chicago.il.us.undernet.org	irc.dal.net irc-services.dal.net datashopper.dat.net

(a) ईएफनेट सर्वर्स (EFnet Servers)

(b) अण्डरनेट सर्वर्स (UnderNet Servers)

(c) डालनेट सर्वर्स (DALnet Servers)

प्रत्येक सर्वर का अपना मेजबान (होस्ट) नाम होता है, जो अधिकांशतः सर्वर के नाम और नेट जिसे यह ऐक्सेस करता है, से बना होता है। आप अपनी पसन्द के सर्वर का चयन नहीं कर सकते हैं क्योंकि सर्वर से पहले ही बड़ी संख्या में प्रयोक्ता जुड़े होते हैं। सर्वर चार्ट की सूची तालिका 5.7 में दी गयी है।

5.6.6 आनन्द सूचक चिन्ह (Smileys)

जब हम लोगों से आमने-सामने बात करते हैं तो हमारी आवाज का सुर व हमारे चेहरे के भाव उस बात का आशय प्रकट कर देते हैं जो हम कहना चाहते हैं। आप अपने संदेश को अपने की-बोर्ड के माध्यम से आनन्द सूचक चिन्हों का प्रयोग करते हुए व्यक्तिगत बना सकते हैं। आनन्द सूचक चिन्हों का प्रयोग मुख्यतः चुटकलों को इंगित करने के लिए उस समय किया जाता है, जब लेखक द्वारा लिखा गया टेक्स्ट स्पष्ट न हो। आनन्द सूचक चिन्ह विभिन्न प्रकार के होते हैं, जो नीचे दिए गए हैं:

(a) मूल आनन्द सूचक चिन्ह

(b) व्यापक स्तर पर प्रयोग किए जाने वाले आनन्द सूचक चिन्ह

(c) मध्यम स्तरीय आनन्द सूचक चिन्ह

(d) वृहद आनन्द सूचक चिन्ह

(e) यूजनेट आनन्दसूचक चिन्ह

(f) भावनात्मक आनन्द सूचक चिन्ह, आदि।

अत्यधिक प्रचलित आनन्द सूचक चिन्हों में से कुछ को नीचे दिया गया है।

:-) प्रसन्नता

:-(दु:ख

:-e निराशा

:-< पागलपन

:-o आश्चर्य

:-@ चिल्लाहट

:-I उदासीनता

:-D हास्य

:-) पलक मारना

5.6.7 नेटमीटिंग (Netmeeting)

नेटमीटिंग, माइक्रोसॉफ्ट विंडोज़ 9X व XP में वह कान्फ्रेंसिंग प्रोग्राम है जिसे आप इंटरनेट या स्थानीय नेटवर्क पर दूसरे लोगों के साथ बातचीत (chat) करने के लिए प्रयोग कर सकते हैं।

नेटमीटिंग में आप निम्नलिखित कार्यों को कर सकते हैं:

- किसी अन्य व्यक्ति के साथ बातचीत
- यदि दोनों व्यक्तियों के कम्प्यूटर्स में कैमरा लगा है तो दूसरे व्यक्ति से आमने-सामने मिल सकते हैं।
- चैट विंडो में टाइप करके आप अनेक लोगों से संदेश प्राप्त/प्रेषित कर सकते हैं।
- स्क्रीन पर देखते हुए श्वेत पटल (White Board) पर चित्र बना सकते हैं व अन्य संपादकीय कार्य कर सकते हैं।
- अन्य लोगों के साथ आप माइक्रोसॉफ्ट वर्ड या फ्रंटपेज ऐक्सप्रेस जैसे ऐप्लीकेशन दस्तावेजों में भागीदारी कर सकते हैं।

नेटमीटिंग में संदेश प्रेषित करना एवं प्राप्त करना

➔ **नेटमीटिंग के साथ संचार करने के लिए, निम्नवत् कार्य करें:**

1. **स्टार्ट** (Start) बटन पर क्लिक करें और **प्रोग्राम्स** को रेखांकित (Highlight) करें, **उपसाधनों** (Accessories) का चयन करें, **संचारों** को रेखांकित करें, और **नेटमीटिंग** पर क्लिक करें।
2. जब आप पहली बार नेटमीटिंग का प्रयोग करते हैं तो नेटमीटिंग विज़ार्ड शुरू होता है। (देखें चित्र 5.7) आपसे आपका नाम व ईमेल ऐड्रेस जैसी कुछ जानकारियाँ प्रदान करने को कहा जाता है। विज़ार्ड स्क्रीन में उन सबको भरें। यदि डायल अप कनेक्शन डायलॉग बॉक्स दिखाई देता है तो इंटरनेट को कनेक्ट करें। आप माइक्रोसॉफ्ट नेटमीटिंग सर्वर से स्वत: ही लॉगऑन हो जाते हैं और सर्वर से जुड़े अन्य लोगों की डायरेक्टरी सूची आपके स्क्रीन पर प्रदर्शित हो जाती है। यदि पहला सर्वर व्यस्त होता है तो सर्वर डाउन तीर के निशान पर क्लिक करें और भिन्न सर्वर को चुनें।
3. डायरेक्टरी सूची में उस व्यक्ति के नाम पर क्लिक करें जिससे आप बात करना चाहते, और टूलबार में कॉल बटन पर क्लिक करें।
4. कॉल करने के लिए डायलॉग बॉक्स में कॉल बटन पर क्लिक करें। प्राप्तकर्ता के छोर पर, वे कॉल को स्वीकार अथवा अस्वीकार करेंगे। जब वे इसे स्वीकार करेंगे तब आप अपने पीसी से जुड़े माइक्रोफोन व स्पीकर्स के माध्यम से एक दूसरे से बात कर सकेंगे।
5. यदि आप टाइप किए हुए संदेशों पर जाना चाहते हैं, तो करेंट कॉल विंडो में टूलबार पर चैट बटन पर क्लिक करें।
6. जब आप काल कर चुके हों, तो टूलबार पर बने हैंग-अप बटन को क्लिक कीजिए। अब यदि आप किसी और से बात करना चाहते हैं तो डायरेक्टरी बटन को क्लिक कीजिए और डायरेक्टरी लिस्ट में से एक नाम का चयन कीजिए।
7. जब आप सारी कॉल्स कर चुके हों, तब फाइल मेन्यू को खोलिए, लॉग ऑफ को क्लिक कीजिए और फिर नेटमीटिंग से बाहर निकल जाइये।

इंटरनेट पर चैटिंग करते समय सावधानियाँ

चैट की समस्याओं से निपटने के लिए निम्नलिखित सावधानियाँ अवश्य रखनी चाहिए, ये समस्याएं आपको और आपकी संचार प्रणाली को नुकसान पहुँचा सकती हैं:

(a) चैटिंग का प्रथम व सबसे महत्त्वपूर्ण नियम है किसी को भी आहत नहीं करना। अपनी पहचान या फोन नंबर किसी अन्य को नहीं बताना चाहिए क्योंकि नेट पर अनेक शरारती उपयोगकर्ता होते हैं।

(b) यदि आप किसी को ई-मेल भेजते हैं, तो आपका ई-मेल स्वत: ही प्रकट हो जाता है। अत: जब तब आप उस व्यक्ति के विषय में भलीभांति जान न लें, न तो उसे मेल भेजिए, और न ही उसकी मेल प्राप्त कीजिए।

(c) नेट पर किसी को भी अपना यूज़र नेम तथा पासवर्ड देने की गलती कभी न करें।

(d) ऑनलाइन खरीददारी के लिए कभी अपना क्रेडिट कार्ड इस्तेमाल करने का प्रयास मत कीजिए। यह हानिकारक हो सकता है, क्योंकि नेट पर ऐसे लोग हो सकते हैं, जो क्रेडिट कार्ड नम्बर को जानने का प्रयास कर रहे हों।

(e) इंटरनेट से फाइल्स या सूचनाएं डाउनलोड करते समय इसे एन्टीवायरस पैकेज जैसे नॉर्टन एन्टी वायरस से स्कैन अवश्य करना चाहिए।

5.7 सर्च इंजन

सर्च इंजन एक प्रोग्राम है जो आपके डाटाबेस में वह सूचना ढूँढ़ता है जो आपकी रिक्वेस्ट से मेल खाती है। डाटाबेस में सूचना वेबसाइटों व उनकी विषयवस्तु के बारे में होती हैं। सर्च इंजन के उदाहरण हैं- एल्टा विस्टा, याहू, हॉट जावा एक्साइट, इन्फोसिक, हॉट बॉट आदि। कुछ भारतीय सर्च इंजन हैं जादू, खोज, आई लव इंडिया, 123 इंडिया आदि।

☞ एक सर्च इंजन एक सॉफ्टवेयर है जो विशिष्ट सूचना के लिए वेब पृष्ठों की डाटाबेस में खोज करता है।

एक सर्च इंजन की कार्यकुशलता दो मुख्य मापदण्डों द्वारा मापी जा सकती है:

- इंडेक्सिंग की व्यापकता
- टर्म विशिष्टता

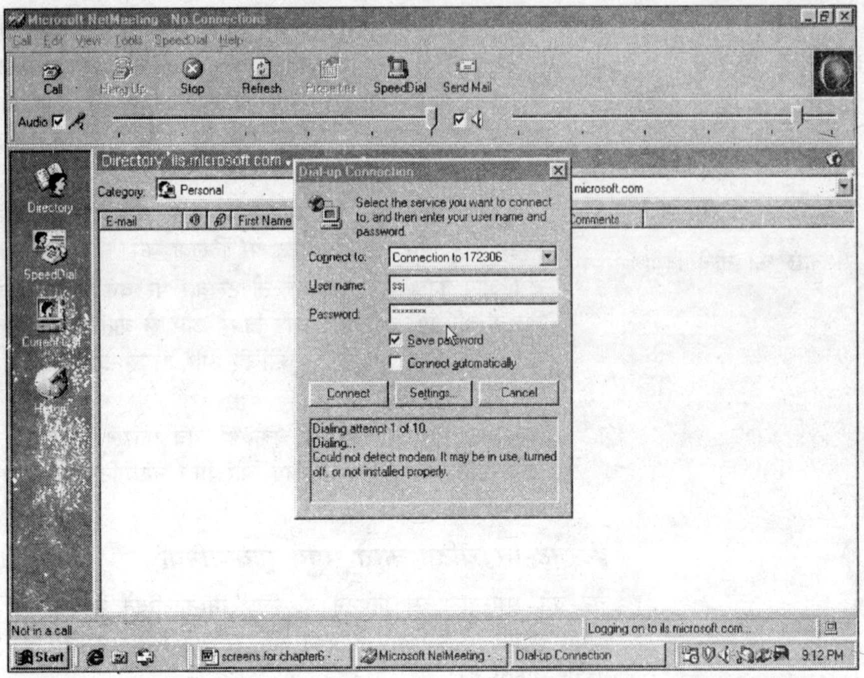

चित्र 5.7: नेट मीटिंग विज़ार्ड

☞ इंडेक्सिंग दस्तावेज को विषय विवरण या पद प्रदान करके दस्तावेज प्रस्तुतिकरण की एक प्रक्रिया होती है।

इंडेक्सिंग में, वेब दस्तावेज रीकॉल (निकाली गयी प्रासंगिक सूचना का निकाली गयी कुल सूचना से अनुपात) द्वारा चरित्रांकित किए जाते हैं। यह कार्य हाथ द्वारा (मैन्युअली) या यंत्रवत् (ऑटोमैटिकली) किया जा सकता है। किन्तु बहुत सी वेबसाइट्स अत्यन्त अव्यावहारिक हस्त इंडेक्सिंग प्रदान करती हैं।

यंत्रवत इंडेक्सिंग में सिंगल टर्म इंडेक्सिंग, संख्यात्मक विधियाँ और सूचना सैद्धान्तिक व संभाव्यता अनुपात पर आधारित विधियाँ आती हैं। इसके साथ ही यंत्रवत् इंडेक्सिंग भाषा विज्ञान, तथा बहु-पद (मल्टी टर्म) या पद बंध (फ्रेज़) इंडेक्सिंग का उपयोग करती है।

चूँकि इंटरनेट सूचना का बड़ा भंडार है, इसलिए वह विशिष्ट सूचना प्राप्त करना कठिन है, जो कि वास्तव में आप चाहते हैं। इसलिए वेब ब्राउज़र जैसे इंटरनेट एक्सप्लोरर एक विशेष सुविधा 'सर्च इंजन' तक एक सरल पहुँच प्रदान करता है। सर्च इंजन इंटरनेट को उन शब्दों या विषयों के लिए स्कैन करते हैं जो आप ढूँढ रहे हैं। वेब क्रॉलर एक प्रोग्राम है, जो वेब में घूम कर, वेब साइटों से संबंधित सूचना इकट्ठा करता है। ये सूचनाएं एक सर्च इंजन के डाटाबेस में डाली जाती हैं। वर्म, स्पाइडर, या रोबोट क्रॉलरों के प्रकार हैं।

5.7.1 सर्च इंजनों की श्रेणियाँ

वेब पर बहुत से सर्च इंजन उपलब्ध हैं। मुख्य शब्द (की वर्ड) खोजों के साथ ही अधिकांश सर्च इंजन वेबसाइट समीक्षा तथा होमपेज सेवा प्रदान करते हैं। प्रचलित सर्च इंजनों में से कुछ इस प्रकार हैं:

(a) याहू! तथा ऐल्टा-विस्टा
(b) हॉट बॉट
(c) वेब क्रॉलर
(d) एक्साइट

☞ यदि नेटमीटिंग के दौरान कोई व्यक्ति आपसे आपका पासवर्ड माँगता है तो आप इसे देने के लिए उसके बहकावे में न आएँ।

(e) लाइकॉज
(f) मैगेलंन
(g) गूगल

याहू!

यह मूलत: एक सर्च डायरेक्टरी है। यह विषय-सूची पत्र या वेब की डायरेक्टरी के साथ पदानुक्रमित रूप में संगठित है, जो ब्राउज़र-योग्य तथा खोज-योग्य है। (देखें चित्र 5.8)

विभिन्न सेवाओं की लिंक्स दो रास्तों से प्राप्त की जाती हैं:
(a) उपयोगकर्ता के प्रस्तुतीकरण द्वारा
(b) रोबोट द्वारा, जो ज्ञात पृष्ठों से नए लिंक्स निकालते हैं।

याहू! वेब पृष्ठों, यूज़नेट तथा ई-मेल पतों को सूचीबद्ध करता है। इस सर्च इंजन में इसके होमपेज पर 14 श्रेणियाँ सूची बद्ध हैं। प्रत्येक श्रेणी अनेक उप-श्रेणियों में विभाजित है। इन सभी विकल्पों में उपयोगकर्ता द्वारा खोज के लिए एक सर्च बॉक्स दिया गया है।

आप याहू! में खोज दो तरह से कर सकते हैं:
(a) याहू! सर्च पृष्ठ
(b) याहू! सर्च विकल्प

याहू! सर्च पृष्ठ में ऑपरेटर्स जैसे (+) सम्मिलित (-) वर्जित आदि का प्रयोग होता है। याहू! सर्च विकल्प आपकी खोज के लिये स्विच प्राप्त करने के लिए है। ये स्विच प्रासंगिकता क्रम स्थिति के उपयोग द्वारा क्वेरी आउटपुट प्राप्त करते हैं। क्वेरी आउटपुट दस्तावेजों व संबंधित याहू! श्रेणियों की सूची है, जिसमें दस्तावेज की प्रथम कुछ पंक्तियाँ भी होती हैं।

जब कोई सर्च रिक्वेस्ट याहू! में असफल रहती है, यह स्वत: ही और खोजों के लिए एल्टा-विस्टा की ओर चली जाती है। याहू! बहुत सी अतिरिक्त सेवाएं प्रदान करता है जैसे नि:शुल्क ई-मेल खाते, क्षेत्र विशेष साइटें, लोगों की स्थिति जानने के लिए खोज, साइट समीक्षा तथा नवीनीकरण करने योग्य समाचार पृष्ठ।

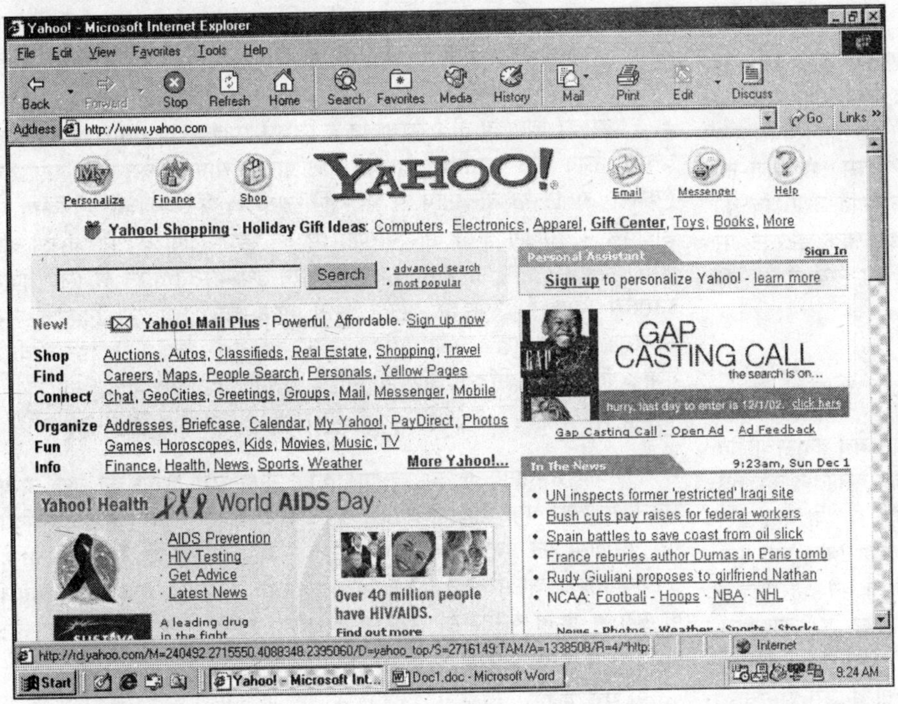

चित्र 5.8: याहू! वेब साइट का एक चित्र

☞ याहू! एक अच्छा सर्च इंजन है जो आपको अपेक्षित सूचना तुरन्त प्रदान करता है।

एल्टा-विस्टा (Altavista)

इसका सृजन सं.रा. अमेरिका के डिजिटल इलेक्ट्रानिक कार्पोरेशन के अनुसंधान विभाग द्वारा किया गया। इस सर्च इंजन में एक स्कूटर नाम का स्पाइडर है, जो वेब तथा यूज़नेट समाचार समूहों में भ्रमण करता है।

इंडेक्सिंग दस्तावेज के पूरे विषय पर आधारित होती है तथा इसमें प्रथम कुछ पंक्तियाँ भाव के रूप में प्रयोग की गयी हैं। एल्टा-विस्टा पूरी तरह बुलियन, फ्रेज तथा केस संवेदन खोजों को समर्थित है। इंजन में दो प्रकार की खोज हैं, साधारण व अग्रणी।

साधारण खोज में एल्टा-विस्टा आपकी खोज से संबंधित जितनी अधिक संभव हो, पृष्ठों तथा शब्दों को ढूँढ़ निकालने का प्रयास करता है तथा उनको उच्चतम से निम्नतम पदानुक्रम में रखता है। अग्रणी खोज में पृष्ठ में वही मूल खोज वाले ही वाक्य नियम इस्तेमाल होते हैं, परन्तु इसमें बुलियन ऑपरेटर भी शामिल हो जाते हैं जो खोजों को और अधिक लचीला बनाते हैं। ये आपरेटर &(AND), |(OR) तथा !(NOT) हैं।

अग्रणी खोज़ के परिणाम के क्रम में जिस दस्तावेज में प्रश्न किये हुए शब्द, प्रथम कुछ शब्दों में तथा जिस दस्तावेज में प्रश्न किए गये शब्द एक दूसरे के शब्दों के नजदीक पाये जाते हैं, उन्हें उच्च स्थान प्राप्त होता है।

हॉट बॉट (HotBot)

यह इंजन वेब दस्तावेजा को निकालने का काम तथा उनकी इंडेक्सिंग स्लर्प नामक रोबोट तथा वर्कस्टेशनों के एक समांतर नेटवर्क के प्रयोग द्वारा करता है। हॉट बॉट दो प्रकार का होता है: सामान्य एचटीएमएल तथा एक्टिव एक्स। हॉट बॉट में साधारण मुख्य शब्द या बुलियन खोज का प्रावधान है। यह सर्च इंजन विशिष्ट शब्दों या पदबंधों (फ्रेज़) के खोज के लिए सर्वाधिक उपयुक्त है। हॉट बॉट खोज में उपयोगकर्ता द्वारा उनके प्रश्न डालने के लिए एक टेक्स्ट बॉक्स होता है तथा एक लिस्ट बॉक्स उचित नियम चुनने के लिए होता है जैसे सभी शब्द, कुछ शब्द या सटीक पदबंध। हॉट बॉट मुख्यत: आपकी खोज को बेहतर देने के लिए प्रयुक्त होता है। आप चुनाव कर सकते हैं कि लक्ष्य पृष्ठ में शब्द या सटीक पदबंध अवश्य होने चाहिए या नहीं।

वेब क्रालर (Web Crawler)

वेब क्रालर में एक शक्तिशाली खोज-नवीनकरण गुण है तथा साइट समीक्षा का एक अच्छा चयन है। इसमें एक वेब रोबोट है जो सम्पूर्ण वेब के दस्तावेजों से मुख्य शब्दों का एक इंडेक्स प्रतिदिन बनाता है। रोबोट एचटीएमएल दस्तावेजों के ज्ञात समूह से चलता है तथा उनमें स्थित यूआरएल की सहायता से नये दस्तावेज निकालता है। सर्च इंजन संचालन को नवीनीकृत 'व्यापकता-प्रथम' तरीके से निर्देशित करता है। यह एटीएमएल दस्तावेजों के पूरे लिखित विषय व शीर्षक दोनों की सूचीबद्ध करता है। शब्दों की वरीयता दस्तावेजों में उनकी पुनरावृत्ति के अनुसार होती है।

वेब क्रॉलर में एक वेब रौलेट भी होता है, जो अनियोजित रूप से चुनी साइटों पर जाने के लिए आपको सुझाव देता है। इसमें एक अन्य विकल्प 'सर्फ द वेब बैकवर्ड' होता है, जो आपको यूआरएल में प्रवेश करने देता है तथा उसमें से उससे सीधे जुड़ी सभी साइटों की एक सूची लेने देता है।

एक्साइट (Excite)

यह दस्तावेजों की पूर्ण लिखित खोज के लिए स्पाइडर तथा इंडेक्सर का उपयोग करता है। स्पाइडर केवल वेब तथा यूज़नेट समाचार समूह दस्तावेजों को निकालता है। उपयोगकर्ता सूची के लिए यूआरएल डाल सकता है, इंडेक्सर सूची पदों तथा लघु दस्तावेजों का सारांश प्रस्तुत करता है। एक्साइट सूची में करीब 50 मिलियन यूआरएल हैं।

यह इंजन एक सर्वगुण संपन्न सर्च इंजन है। यह उन खोजों की सेवाएं देता है जो केस संवेदनशील है। एक्साइट द्वारा प्रयोग किए जाने वाले ऑपरेटर हैं AND, NOT तथा OR।

इंफोसीक (Infoseek)

यह रोबोट वाला एक प्रचलित सर्च इंजन है जो एचटीएमएल तथा पीडीएफ दस्तावेज निकालता है। यह हर दस्तावेज के पूरे लिखित विषय को सूचीबद्ध करता है तथा हर दस्तावेज का एक लघु सारांश देता है। इंफोसीक वेब, यूजनेट समूहों तथा वेब फ्रीक्वेन्टली आस्क्ड क्वेश्चन्स (फैक्स) में खोज की सुविधा देता है। यह साइटों की सूचीबद्ध खोज प्रदान करता है तथा वेब को अनेक सुविधाजनक टोकरियों में विभाजित करता है। इंफोसीक इंटरनेट पर वस्तुत: किसी भी अन्य सर्च इंजन से अधिक वेबसाइटों का विवरण देने का लक्ष्य रखता है, याहू! की भांति नहीं।

लाइकॉस (Lycos)

इसके डाटाबेस में लगभग 66 मिलियन पृष्ठ हैं। इस सर्च इंजन में एक राबोट होता है जो 'प्रयास व त्रुटि' (ह्यूरिस्टिक्स्) के प्रयोग द्वारा वेब को संचालित करता है तथा एक खोज योग्य सूची बनाता है। हर सूचीबद्ध दस्तावेज के लिए रोबोट कतार में बाहर जाने वाली कड़ियाँ रखता है तथा यहीं से एक यूआरएल चुनता है। उदाहरण के लिए, हो सकता है एक कोशिश रोबोट को एक यूआरएल चुनने हेतु बाध्य कर दे जो वेब सर्वर के होमपेज की ओर संकेत करता है। उपयोगकर्ता सूची के लिए यूआरएल डाल सकते हैं। लाइकॉस एचटीएमएल, एफटीपी तथा गोफर दस्तावेजों के शीर्षकों, शीर्षों तथा उपशीर्षों को सूचीबद्ध करता है। यह अनेक विषय वस्तु प्रदान करता है जैसे समाचार, साइट, समीक्षा, जनसंपर्क कड़ियाँ जोड़ना आदि। इसमें तस्वीरों व ध्वनियों की खोज की भी योग्यता है।

गूगल (Google)

गूगल एक अत्यंत रुचिपूर्ण सर्च इंजन है जिसके अनेक विशेष गुण हैं। उदाहरण के लिए आप कम्पनी की सूचना की खोज चाहते हैं। यह कम्पनी खोजों के लिए उपयोगी हैं क्योंकि यह वेब साइटों को एक अलग तरह से क्रमबद्ध करती है। एड्रेस बार में http://www.google.com टाइप कीजिए गूगल होमपेज पर जाने के लिए एन्टर दबाइये। जब आप वहाँ पहुँच जाएं तो सर्च बॉक्स में कंपनी का नाम टाइप कीजिए और गूगल सर्च बटन को क्लिक कीजिए। गूगल, सर्वाधिक मेल खाती वेब साइटों की खोज कर प्राप्त करने में बहुत अच्छा है, इसमें सबसे अच्छे संभव मेल को ढूँढ निकालने का व इसे प्रस्तुत कर देने का एक गुण है। इस गुण का प्रयोग करने के लिए सर्च बॉक्स में एक कंपनी का नाम लिखिए और क्लिक कीजिए।

अन्य सर्च इंजन (Other Search Engines)

वेब पर अन्य भी बहुत से सर्च इंजन हैं जैसे इंफोमार्केट, मेटाक्रालर, इंडिया इंफो कॉम, ऑल4वन तथा हाईवे61.कॉम। उचित सर्च इंजन के चुनाव के लिए धैर्य व अनुभव की आवश्यकता होगी। यदि आप मेटासर्च इंजनों का इस्तेमाल करते हैं, तो वे काफी हद तक आपकी खोज के प्रयासों को कम कर देते हैं। सर्च इंजन प्रतिदिन विकसित होते जा रहे हैं, इससे उनकी वेब से सूचना निकालने की क्षमता बढ़ती जा रही है।

5.7.2 खोज करने का मापदण्ड

खोज के उपकरण

- डायरेक्टरी
- स्पाइडर

डायरेक्टरियाँ, जो किसी ढाँचे में ज्ञान संग्रह रखती हैं, के साथ समस्या है कि वर्गीकरण श्रम-सावधानीपूर्ण क्रिया कलाप है, तथा वेब पर डायरेक्टरियों के प्रकाशक, वर्गीकरणकर्ताओं से कहीं अधिक हैं और यदि आप कोई सूचना ढूँढ रहे हैं और वह वर्गीकरण ढाँचे में नहीं हैं, तो आप का भाग्य आपके साथ नहीं है, और यह अक्सर होता भी है।

इसका विकल्प तीव्र स्वचालन है जिसमें स्पाइडर या रोबोट आते हैं यह वेब की छान-बीन करता है तथा वेब पृष्ठ पाने में सहायता करता है। सपाइडर (क्रॉलर, रोबोट या बॉट नाम से भी जाने जाते हैं) में प्रश्न की प्रतिक्रिया में डाटाबेस - परीक्षण करने और परिणाम में आ रहे मिलानों को निर्देश देने की क्षमता होती है। इनमें परिणामों को प्राप्त करने तथा प्रस्तुत करने के लिए यूज़र इंटरफेस होता है। स्पाइडर अनेक अन्य मार्क-अप गुणों को निकाल कर साधारण रूप में शुद्ध एचटीएमएल स्रोत को देखता है। यद्यपि स्पाइडर तस्वीरों तथा ऑडियों या वीडियो अंश में निहित सूचना नहीं देख पाता।

खोज सेवाएं

खोज सेवाएं उपयोगकर्ता की पूछताछ को अनेकों सर्च इंजनों को तथा अन्य सूचना सूत्रों को एक साथ भेजती हैं। उसके बाद वे इन विभिन्न सूत्रों द्वारा दिये गये परिणामों को मिलाती हैं, डुप्लीकेट की जाँच करती हैं, और फिर उन्हें उपयोगकर्ताओं को, क्लिक करने योग्य यूआरएल के साथ, एक एचटीएमएल के रूप में प्रदान करती है। सर्च साइटें मूलत: निम्न दो प्रकार की होती हैं:

(a) सर्च डायरेक्टरियाँ

(b) सर्च इंजन

सर्च डायरेक्टरियाँ: सर्च डायरेक्टरियों में वेबसाइटों की श्रेणियों व उपश्रेणियों में पदानुक्रमित, एक सूची होती है।

सर्च इंजन: एक सर्च इंजन लगातार तथा कथित स्पाइडरों को बाहर भेजता रहता है, जो एक सर्वर के होमपेज से आरम्भ होता है और सभी कड़ियों तक चरणबद्ध जारी रहता है। हर पृष्ठ से शब्द सूचियाँ बनायी जाती हैं और डाटाबेस वर्तमान के अनुसार नवीनीकृत किया जाता है।

अनेक सर्च इजनों की ओर देखने की आवश्यकता को समाप्त करने के लिए मेटा सर्च साइटों पर जाइए। वे आपकी माँग को अनेक सर्च इंजनों तक ले जाती है तथा एक बेहतर व्यापकता के साथ आपकी सहायता करती है। मेटा सर्च लाइटों की अपनी कोई खोज क्षमताएं नहीं होतीं।

5.7.3 सर्च इंजनों के प्रयोग द्वारा खोज कैसे करें?

एक सर्च इंजन का प्रयोग करना अत्यन्त सरल है। बस, खोजे जाने वाले आँकड़े को सर्च इंजन के करेन्ट पेज में दिये गये स्थान पर टाइप कीजिए और सर्च पर क्लिक कीजिए। परिणाम, खोज से संबंधित सूचना के साथ आ जाएगा, जो उन पेजों की ओर ले जाने वाले क्लिक करने योग्य यूआरएल के रूप मे होगा, जिन्हें आप ढूँढ रहे हैं। कुछ सर्च इंजनों में आँकड़े संपादकीय प्रसंस्कृति (एडिटोरियल प्रोसेसिंग) के बाद ही संबद्ध किया जाता है।

5.7.4 हाइपरटेक्स्ट

हाइपरटेक्स्ट इलेक्ट्रानिक तरीके से सूचना के संगठन, संचालन, वितरण व प्रकाशन की व्यवस्था है। हाइपरटेक्स्ट सूचना संबंधित लिखित विषय तथा तस्वीरों के अंतर्सम्बद्ध वेब के रूप में संगठित की जाती है। हाइपरटेक्स्ट दस्तावेज (जिन्हें वेब पृष्ठ भी कहा जाता है) में संचालनीय चालक (सामान्यत: हाइपरलिंक के नाम से ज्ञात) होते हैं जो आपको उसी दस्तावेज के अन्य भाग की ओर जाने देते हैं। यह इंटरनेट पर भी सूचना प्राप्त करने में प्रयुक्त होता है।

- हाइपरटेक्स्ट, अनेक प्रकार के स्रोतों से प्राप्त सूचनाओं के विशाल भंडार को एक अकेले माध्यम (वेब) से उलब्ध कराता है।

- हाइपरटेक्स्ट एक सार्वभौमिक सॉफ्टवेयर एप्लीकेशन, वेब ब्राउज़र के माध्यम से सूचनाओं का चालन अपेक्षाकृत सरल बनाता है, प्रमुख वेब ब्राउज़र है, माइक्रोसॉफ्ट इंटरनेट एक्सप्लोरर तथा नेट स्केप नेवीगेटर।

हाइपरटेक्स्ट का सबसे आम उदाहरण विंडो98 में उपलब्ध 'हेल्प' व्यवस्था तथा अन्य विंडो आधारित एल्पीकेशन जैसे एक्सेल, वर्ड आदि हैं।

अरेखीय सूचना

हाइपरटेक्स्ट व्यवस्था का आधार, जो इसे अन्य सूचना व्यवस्था से अलग करता है, इसका अरेखीय स्वरूप है। सभी हाइपरटेक्स्ट सूचना व्यवस्था, जिनमें वेब शामिल है, आपको, आपके द्वारा ब्राउज़ किए जाने वाले लिखित विषय में स्थित 'हॉटस्पॉट', जिन्हें हाइपरलिंक कहते हैं, पर क्लिक करके ढेर सारी सूचनाएँ अनियोजित ढंग से प्राप्त करने की क्षमता प्रदान करती हैं।

रेखीय बनाम अरेखीय सूचना

एक पुस्तक या मैगजीन के लेख में सूचना एक रेखीय क्रम में दी होती है तथा सूचना को एक विशिष्ट, पूर्वपरिभाषित क्रम में समझने की अपेक्षा होती है। यदि सूचना एक के बाद एक रेखीय नहीं है या क्रम सही नहीं है, रेखीय प्रकाशन अपना अर्थ खो देता है तथा पाठक द्वारा ठीक से समझा नहीं जाता। वहीं दूसरी ओर, हाइपरटेक्स्ट, अरेखीय व्यवस्था न केवल आपको अपनी पसंद का मार्ग चुनने की अनुमति देता है बल्कि आपको सूचना के संपूर्ण निकाय में ऐसा करने की अनुमति देता है।

सॉफ्टवेयर उपकरण जैसे वेब ब्राउज़र आपको हाइपर टेक्स्ट सूचना व्यवस्था की ओर, व शीघ्रता से पूर्व में देखें गये दस्तावेजों की ओर जैसे वेब पेज आदि पर पुनः ले जाते हैं।

5.7.5 हाइपरलिंक

'हाइपरलिंक' या 'लिंक' हाइपरटेक्स्ट दस्तावेज (जैसे वेब पृष्ठ) में एक संचालन अवयव हैं, जो आपको, आपके वांछित अन्य हाइपरटेक्स्ट दस्तावेज या मल्टीमीडिया फाइल तक पहुँचाता है। वेब ब्राउज़रों में लिखित हाइपरलिंक को नीले रंग या रेखांकित लिखित ब्लॉक द्वारा अलग से दिखाया जाता है।

माउस से क्लिक किए जाने पर, एक हाइपरलिंक डाउनलोड करता है और दिखाता है:

- करेंट हाइपरटेक्स्ट दस्तावेज में एक भिन्न स्थिति, या
- एक भिन्न हाइपरटेक्स्ट दस्तावेज

☞ भारत में सहेज कर रखे जा रहे एक वेब पृष्ठ पर एक हाइपरलिंक, आस्ट्रेलिया में एक वेब पृष्ठ से जुड़ सकता है, जो आगे इंग्लैण्ड, वर्जीनिया, ब्राजील तथा कनाडा में विभिन्न वेब पृष्ठों से जुड़ सकता है। एक वेब पृष्ठ पर डाले जाने वाले हाइपर लिंकों की संख्या सीमित नहीं है।

हाइपरलिंक कई बार आपको वाँछित विषय से संबंधित और भी अधिक विस्तृत सूचना की ओर ले जाते हैं। चित्र 5.9 वेब पृष्ठ व अनेक विषय क्षेत्रों को दर्शा रहा है। प्रत्येक विषय पर विस्तृत सूचना को सूची में रखने के बजाय, इस पृष्ठ पर हाइपरलिंक है जो आपको केवल उसी सूचना तक ले जाएंगे और वही दिखाएंगे जो आप चाहते हैं।

5.7.6 डायनामिक और स्टेटिक वेब साइट्स

तकनीक में सक्रिय (Dynamic) का अर्थ है ऊर्जावान, कार्य करने में सक्षम अथवा परिवर्तित या बलशाली जबकि स्थिर (Static) का अर्थ एक स्थान का या स्थाई। दोनों ही शब्दों का प्रयोग प्रोग्रामिंग भाषा (Language) वेब पृष्ठ और ऐप्लीकेशन प्रोग्राम जैसी विभिन्न प्रकार की चीजों के लिए किया जाता है।

जब किसी वेब पृष्ठ की request की जाती है तो वह सर्वर जहाँ पर वह पृष्ठ स्टोर होता है, प्रयोक्ता के कम्प्यूटर पर HTML दस्तावेज वापस भेजता है तथा ब्राउज़र इसे प्रदर्शित करता है। स्थिर वेब पृष्ठ पर यह सब घटित होता है। प्रयोक्ता उपलब्ध लिंक पर क्लिक करके दस्तावेज के

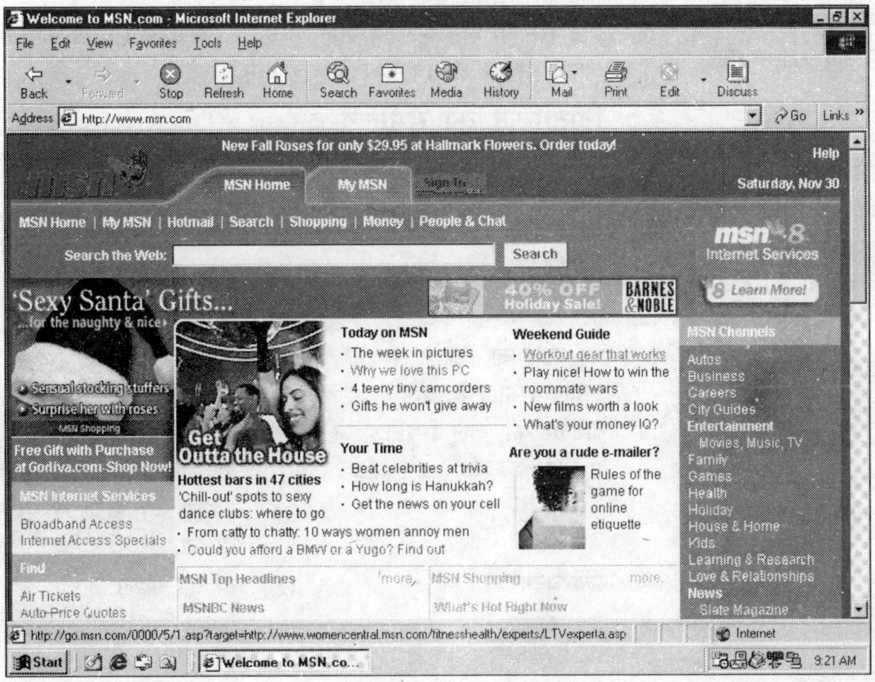

☞ आपकी सुविधा के लिए, विभिन्न पृष्ठों को देखने के लिए जो लिंक आप पहले प्रयुक्त कर चुके हैं, उन्हें अन्य सभी लिंक से भिन्न रंग (प्रायः नीला) में दिखाया गया है।

चित्र 5.9: संदर्भ दस्तावेजों से जुड़ रहा हाइपरटेक्स्ट स्रोत दस्तावेज

साथ अंत:क्रिया कर सकता है अथवा कोई छोटा प्रोग्राम सक्रिय किया जा सकता है। लेकिन दस्तावेज यह सूचना वापस भेजने में सक्षम नहीं होता है कि वह पहले से फॉर्मेट नहीं है। जबकि सक्रिय (dynamic) वेब पृष्ठ पर प्रयोक्ता सर्वर पर डाटाबेस में समाहित डाटा के लिए request कर सकता है। उदाहरणार्थ प्रयोक्ता किसी निश्चित तारीख के लिए टिकट उपलब्धता तथा नाट्यशाला की जगह जैसे नाटक के बारे में जानकारी प्राप्त करना चाहता है। जब प्रयोक्ता इन विकल्पों का चयन करता है तो HTML पेजों में समाहित स्क्रिप्ट (ASP) जैसे मध्यस्थ का प्रयोग करते हुए सर्वर को request भेजने में विलंब करता है, मध्यस्थ सर्वर को यह बताता है कि क्या जानकारी वापस भेजनी है। इस प्रकार के वेब पृष्ठ को डायनामिक (dynamic) कहा जाता है।

उत्तर सहित पुनरावलोकन प्रश्न
(REVIEW QUESTIONS WITH ANSWERS)

*नोट: * से इंगित प्रश्न पहले DOEACC "O" तथा "A" स्तरीय परीक्षाओं में पूछे जा चुके हैं।*

1. बहुविकल्पीय प्रश्न

1. मूल टेलनेट क्लाइंट पैकेज वाले सॉफ्टवेयर का नाम है:
   (a) Excel (b) Windows2000
   (c) Windows के लिए word (d) इनमें से कोई नहीं
2. शेल (Shell) एकाउण्ट का प्रयोक्ता टेलनेट के साथ निम्न में से किसमें आता है?
   (a) VSNL (b) Hotmail
   (c) Yahoo! (d) इनमें से कोई नहीं
3. टेलनेट सेशन (session) ________ में स्थापित होता है:
   (a) Windows के लिए word (b) Outlook Express
   (c) टेलनेट क्लाइंट सॉफ्टवेयर (d) इनमें से काई नहीं
4. Unix कमांड tty (विकल्प) जो आपके टर्मिनलों का पाथनेम प्रदर्शित करता है, निम्नलिखित विकल्पों द्वारा उपकरण का लाइन नम्बर प्रिंट करता है।
   (a) l (b) s
   (c) q (d) इनमें से कोई नहीं
5. टेलनेट इतनी बहुमुखी प्रतिभावाला है कि आप निम्नलिखित प्रकारों में से किसी एक के साथ टेलनेट सत्र (session) स्थापित कर सकते हैं:
   (a) फोन कनेक्शन (b) टीवी कनेक्शन
   (c) रेडियो कनेक्शन (d) इनमें से कोई नहीं
6. टेलनेट प्रोटोकॉल यह समझता है कि कनेक्शन का प्रत्येक सिरा______ क्लाइंट और सर्वर ______ है।
   (a) NDDT
   (b) HotDog
   (c) नेटवर्क वर्चुअल टर्मिनल (NUT)
   (d) इनमें से कोई नहीं
7. टेलनेट और होस्ट के संसाधनों का प्रयोग करने पर आपको जानना आवश्यक होगा:
   (a) TCP/IP Address (b) इलेक्ट्रॉनिक एड्रेस
   (c) इंटरनेट होस्ट का एड्रेस (d) इनमें से कोई नहीं

*8. वर्ल्ड वाइड वेब निम्न में से किससे मिलकर बना है?
   (a) ईमेल, टेलनेट, यूज़नेट
   (b) ध्वनि एव चलचित्र फाइल्स
   (c) (a) और (b) दोनों
   (d) सभी इंटरनेट संचार उपकरणों से

*9. वह शब्द जो प्राय: वेब पृष्ठों पर अपरिभाषित होता है:
   (a) बल दिखाता है
   (b) पृष्ठ पर तुरन्त सम्मिलित किया गया
   (c) दूसरे वेब पृष्ठ का लिंक
   (d) किसी चीज़ का टाइटल

10. निम्न में से कौन वेब एक्सेस करने की विधि नहीं है?
   (a) ISDN (b) Modem
   (c) DSL (d) CPU

2. निम्नलिखित वाक्यों में सही और गलत बताएँ:

1. टेलनेट का प्रयोग प्राय: नेटवर्क पर विभिन्न होस्टों पर एप्लीकेशनों को चलाने या दूर के रूटर्स को कन्फीगर करने के लिए किया जाता है।
2. टेलनेट टर्मिनल इमल्सन प्रोटोकॉल के साथ कार्य करता है।
3. आप फोन पर टेलनेट-सेशन स्थापित नहीं कर सकते हैं।
4. टेलनेट पर अत्यधिक प्रचलित टर्मिनल इम्यूलेशन VT100 होता है।

*5. टेलनेट वह मूल इंटरनेट सेवा है जो एक सिस्टम से दूसरे सिस्टम पर फाइल्स को भेजने के लिए बनाया गया था।

6. WWW ब्राउज़िंग करते समय जब आप इंटरनेट पर कहीं गुम हो जाते हैं तो सबसे आसान तरीका है, होम बटन दबाइए।
7. वेब खोजने के कार्य को सर्फिंग (surfing) के नाम से जाना जाता है।
8. वेब सर्वर ऐक्सेस करने के लिए आप मोजाइक का प्रयोग करते हैं।
9. वेब ब्राउज़र को वेब क्लाइंट भी संबोधित किया जाता है।
10. सर्च इंजन में एक परिणाम प्राप्त करने के लिए एक शब्दीय प्रश्न की अपेक्षा अनेक शब्दीय प्रश्न अधिक समय लेते हैं।

3. निम्नांकित को सुमेलित करें:

*3.1	प्रोटोकॉल का प्रयोग इंटरनेट फाइल्स के स्थानान्तरण के लिए किया जाता है।	(a)	लिंक
3.2	इंटरनेट पर संबद्ध साइट	(b)	दूसरे वेब पृष्ठ से लिंक
3.3	नेटस्केप कम्यूनिकेटर	(c)	स्टेटसबार
*3.4	वह शब्द जो इंटरनेट पर रेखांकित होता है, प्राय:	(d)	यूज़नेट
3.5	ब्राउज़र की चालू स्थिति	(e)	एफटीपी (FTP)
3.6	Shift + Tab	(f)	अपलोड करने की योग्यता अथवा वेब साइट में सूचना डालना
3.7	सर्च बटन	(g)	न्यू ग्रुप पढ़ना
3.8	वेब फार्म्स	(h)	पिछले लिंक का चयन करता है।
3.9	वेब ब्राउज़र	(i)	आपके खोजे गए विषय को इंटरनेट पर खोजता है।

*3.10 न्यूज ग्रुप का संग्रह	(j)	WWW पर वेब पृष्ठ देखें

4. रिक्त स्थानों की पूर्ति करें:

(a) नेटस्केप (b) एचटीएमएल
(c) सर्च इंजन (d) ब्राउज़र
(e) योग्यता (f) इंटरनेट एक्सप्लोरर
(g) एचटीटीपी (h) मोसाइक
(i) डीएनएस (j) वेब फार्म
(k) यू आर एल (URL)

1. वर्ल्ड वाइड वेब के लिए तैयार की गयी ब्राउज़र एप्लीकेशनों में प्रदर्शन करने हेतु __________ कोड विशेषत: लिखे गये हैं।
2. सामान्यत: स्वीकृत HTML स्टैंडर्ड के साथ __________ लगे हुए अवयव अनुपालक नहीं होते हैं।
*3. __________ इंटरनेट पर विषय को निर्धारित करता है।
4. कुछ निश्चित प्रयोक्ताओं के लिए __________ भी निशुल्क उपलब्ध होता है।
5. वेब प्रयोक्ताओं के लिए __________ सबसे पहला व्यापक ग्राफीय ब्राउज़र था।
6. मोसाइक की अपेक्षा अधिक ग्राफिक प्रारूपों को प्रदर्शित करने के लिए __________ और गति नेटस्केप के प्रमुख लाभ हैं।
7. नई इन्स्टाल की गई विंडो XP प्रणाली में इंटरनेट एक्स्प्लोरर में __________ स्वत: होता है।
8. __________ वेब साइट में सूचना डालने के लिए या अपलोड करने की आपको योग्यता प्रदान करता है।
*9. इंटरनेट पर यूआरएल एक्सेस करने के लिए __________ अति प्रचलित प्रोटोकॉल है।
*10. इंटरनेट पर पाये गए दस्तावेज के एड्रेस के लिए __________ सबसे छोटा शब्द होता है।
*11. फाइल स्टोर करने वाले कम्प्यूटर पर फोल्डर की संरचना या पदानुक्रमित डायरेक्टरी __________ वर्णित करती है।

उत्तर

1.	1.1	c	1.2	a	1.3	c	1.4	a	1.5	a
	1.6	c	1.7	c	1.8	c	1.9	c	1.10	d
2.	2.1	T	2.2	T	2.3	F	2.4	T	2.5	F
	2.6	T	2.7	T	2.8	T	2.9	T	2.10	F
3.	3.1	e	3.2	a	3.3	g	3.4	b	3.5	c
	3.6	h	3.7	i	3.8	f	3.9	j	3.10	h
4.	4.1	b	4.2	f	4.3	c	4.4	a	4.5	h
	4.6	e	4.7	d	4.8	j	4.9	g	4.10	i

विवरणात्मक प्रश्न
(DESCRIPTIVE TYPE QUESTIONS)

*1. वेब ई-मेल क्या है? ईमेल किस प्रकार भेजे और प्राप्त किए जाते हैं? मेल प्राप्त करने और भेजने के लिए कौन से प्रोटोकॉल प्रयोग किए जाते हैं?
*2. आप अपने ईमेल आदान-प्रदान को किस प्रकार सुरक्षित कर सकते हैं?
*3. एफटीपी क्या है? इसकी आवश्यकता क्यों पड़ती है?
*4. यूज़नेट शब्द का क्या अर्थ है? यह किस तरह कार्य करता है?
*5. टेलनेट का प्रमुख उद्देश्य क्या है? टेलनेट किस प्रारूप का अनुसरण करता है?
*6. ई-मेल के लाभ और सीमाएं क्या हैं?
*7. संक्षिप्त टिप्पणी लिखें
(a) IRC (b) WWW
(c) ईमेल की विशेषताएं
(d) परिमित एवं अपरिमित न्यूजग्रुप
(e) सर्च इंजन
8. HTML और HTTP का क्या अर्थ है? HTTP को सपोर्ट करने वाले ब्राउज़र में विनिर्मेशित मूल संचालन कौन-कौन से हैं?
9. क्लाइंट टेलनेट प्रयोग करने वाले सर्वर की जाँच किस प्रकार करता है?

अध्याय-6
इलेक्ट्रॉनिक मेल

6.1 ई-मेल नेटवर्क्स और सर्वर

ई-मेल इलेक्ट्रॉनिक मेल प्रणाली का प्राथमिक तत्व है ''पोस्ट ऑफिस'' जो हार्डडिस्क का भागीदार क्षेत्र होता है और जो मेल के लिए आरक्षित होता है। यह पोस्ट ऑफिस केन्द्रीय संदेश होल्डर की तरह कार्य करता है और यह प्रत्येक प्रयोक्ता के लिए 'इन' और 'आउट' दोनों बास्केट (baskets) रखता है। (देखें चित्र 6.1) संदेश भेजने के लिए प्रेषक की 'आउट' बास्केट और पावती की 'इन' बास्केट के बीच लिंक बनाया जाता है।

मेल प्राप्त करने की विधि प्रणाली की संवेदनशीलता पर निर्भर करता है। जब बहुउद्देशीय निजी कम्प्यूटर्स और वर्कस्टेशन प्रयोग किए जाते हैं तब भी प्रयोक्ता को मेल प्रेषित किए जा सकते हैं, भले ही प्रयोक्ता कोई अन्य कार्य कर रहा हो। अन्यथा, प्रयोक्ता को मूल सिस्टम के मेलबॉक्स या फाइल सर्वर को देखना पड़ता है।

☞ इलेक्ट्रॉनिक मेल प्रोग्राम प्राय: एड-ऑन विकल्प अथवा लोकल एरिया नेटवर्क सॉफ्टवेयर के साथ आते हैं। अथवा ये एक विशेष नेटवर्क वातावरण के साथ कार्य करने के लिए स्वतंत्र प्रोग्राम हो सकते हैं।

6.1.1 ई-मेल इंटरनेट पर किस प्रकार कार्य करता है?

ई-मेल इंटरनेट की अत्यधिक सामान्य विशेषता है। इससे उस व्यक्ति को जो इंटरनेट से जुड़ा हुआ है या जो इंटरनेट वाले कम्प्यूटर नेटवर्क से जुड़ा हुआ है, को आप संदेश प्रेषित कर सकते हैं। इस प्रकार की सेवा को ऑन लाइन सेवा कहा जाता है। ई-मेल संदेश अधिकांश इंटरनेट डाटा के रूप में उसी प्रकार भेजे जाते हैं। TCP प्रोटोकॉल आपके संदेशों को पैकेटों में विभाजित करता है और IP प्रोटोकॉल उपयुक्त स्थान पर उन पैकेटों को प्रेषित करता है, तत्पश्चात TCP प्राप्ति स्थल पर उन पैकेटों को पुन: एकत्रित करता है ताकि उन्हें पढ़ा जा सकता है।

आप चित्र, वीडियो, ध्वनि तथा आपके ई-मेल संदेशों को निष्पादित करने योग्य जैसी बाइनरी फाइल्स को संलग्न कर सकते हैं। इसका कारण यह है कि ई-मेल में प्रत्यक्षत: बाइनरी फाइल्स को व्यवस्थित करने के लिए इंटरनेट सक्षम नहीं होता है। इस स्थिति में फाइल्स को विभिन्न प्रकार की कूट योजनाओं में से किसी एक में अवश्य कूट किया जाना चाहिए। अत्यधिक लोकप्रिय योजनाएं MIME और uuencode हैं। कोई व्यक्ति जो संलग्न बाइनरी फाइल प्राप्त करता है, को उसी योजना में फाइल को रूपांतरित (decode) करना पड़ता है जिसमे पहले वह कूट की गयी थी। अनेक ई-मेल सॉफ्टवेयर यह कार्य स्वत: ही करते हैं।

☞ जब आप इंटरनेट पर किसी व्यक्ति को कोई ई-मेल भेजते हैं तो उस संदेश को उस प्राप्तकर्ता के पास पहुंचने से पहले नेटवर्क की श्रृंखला से होकर गुजरना पड़ता है। भिन्न भिन्न प्रकार के नेटवर्क अलग-अलग ई-मेल प्रारूपों का प्रयोग कर सकते हैं। गेटवे एक नेटवर्क से दूसरे नेटवर्क पर ई-मेल प्रारूपों को रूपांतरित करने का कार्य करता है ताकि आपका संदेश इंटरनेट के सभी नेटवर्क्स पर अपना मार्ग सुगम कर सके।

6.1.2 सूची सर्वर (List Server)

सूची (List) सर्वर इंटरनेट पर उपलब्ध स्वचालित मेलिंग प्रणाली होती है। अनेक लोगों की लम्बी सूची को एक विषय विशेष पर ई-मेल भेजने की अपेक्षा आप इसे एक विशेष ई-मेल एड्रेस पर भेजते हों जहाँ पर यह प्रणाली स्वत: ही उस मेल सूची में सूचीबद्ध लोगों को आपका ई-मेल प्रेषित कर देता है।

मेल सूची ई-मेल के अत्यधिक उत्तेजक प्रयोगों में से एक होती है। यह उन लोगों के समूह को जोड़ती है जो होम स्कूलिंग (Home Schooling) जैसे उसी विषय में रुचि रखते हैं। जब कोई व्यक्ति मेलिंग सूची को ई-मेल भेजता है तब वह मेलिंग सूची में सूचीबद्ध प्रत्येक व्यक्ति के पास भी पहुंच जाता है।

जब आप उस मेल सूची को उपयोग करना चाहते हैं तब आप संदेशों को किसी व्यक्ति को भेजने के बजाय कम्प्यूटर को भेजते हैं। उस कम्प्यूटर को जो सूची सर्वर (List Server) के नाम से जाना जाता है, आपके ई-मेल को पढता है और आपको स्वत: ही उस मेल सूची से संबद्ध कर लेता है और ठीक उसी प्रकार आप स्वयं को उसी सूची से अलग भी कर सकते हैं।

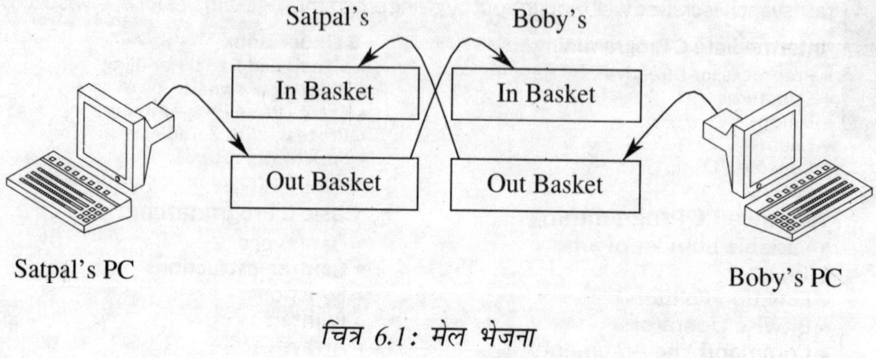

चित्र 6.1: मेल भेजना

मेल रिफ्लेक्टर वह प्रोग्राम होता है जो इंटरनेट कम्प्यूटर पर चलता है और मेल सूची के सदस्यों को आप का मेल प्रेषित करता है। लिस्ट सर्वर के रूप में जानी जाने वाली भिन्न प्रकार की मेल सूची में, आप अपने ईमल एड्रेस पर इसे भेज कर मेल सूची को स्वीकार करते हैं। और आपको वे समस्त संदेश प्राप्त होने लगते हैं जो मेल सूची के प्रत्येक सदस्य द्वारा प्रेषित किए जाते हैं। फिर भी एक अन्य प्रकार की मेल सूची जिसे आपको स्वीकार कर सकते हैं, में आप केवल एक व्यक्ति द्वारा भेजा गया संदेश ही प्राप्त करते हैं; और केवल वही व्यक्ति सूची को प्रेषित कर सकता है। अधिकांश इलेक्ट्रॉनिक समाचार पत्र इसी तरह वितरित किए जाते हैं।

तालिका 6.1 हमें अति महत्वपूर्ण लिस्ट सर्वर कमाण्डों को प्रदान करती है। इन कमाण्डों में से किसी एक को जारी कने के लिए आप लिस्ट सर्वर एड्रेस पर ई-मेल भेजें जिसमें विषय लाइन खाली छोड़ी गई है, और मूल संदेश के रूप में एक कमाण्ड शामिल की गई हो। उसमें हस्ताक्षर (signature) फाइल को संलग्न न करें। उदाहरणार्थ यदि मैं writers नामक लिस्ट सर्व मेल सूची को स्वीकार करना चाहता हूँ तो मेरा ई-मेल संदेश कुछ इस तरह का दिखाई पड़ेगा:

```
subscribe writers satish
```

तालिका 6.1: महत्वपूर्ण लिस्टसर्व कमाण्डों का सार

कमाण्ड (Command)	**विवरण**
help	मूल कमाण्डों के सार को वापस भेजती है।
info?	उपलब्ध विषयों की सूची को वापस भेजती है।
info **topic**	विशिष्ट विषय की जानकारी को वापस भेजती हैं।
review **list**	विशिष्ट सूची की जानकारी को वापस भेजती है।
set **list** ack	विशिष्ट सूची हेतु संदेश की पुष्टि भेजती है।
set **list** noack	विशिष्ट सूची हेतु पुष्टि संदेश नहीं भेजती है।
set **list** mail	सूची से मेल प्रेषित करती है।
set **list** nomail	सूची से मेल भेजने को रोकती है।
set **list** repro	आपके संदेश की प्रतियाँ भेजती है।
set **list** norepro	आपके संदेश की प्रतियाँ नहीं भेजती है।
subscribe **list** your-name	सूची के लिए स्वीकारोक्ति खोलती है।
signup **list** your-name	सूची की स्वीकारोक्ति को पंजीकृत करती है।
unsubscribe **list** your-name	सूची की स्वीकारोक्ति का रद्द करती है।
sign off **list**	सूची के पंजीकरण को रद्द करती है।

क्लाइंट में संबद्ध साधारण प्रोग्राम और सर्वर, मेल को सर्वर से क्लाइंट को प्रेषित करने के लिए पोस्ट ऑफिस प्रोटोकॉल संस्करण 3 (POP3) का प्रयोग करेगा। सर्वर अपने पास सर्वर से क्लाइंट के ई-मेल को नहीं रखता है। और एक बार प्रेषित हो जाने के बाद सर्वर आपके ई-मेल को अपने पास बनाए नहीं रखता है, इसलिए प्रयोक्ता के लिए विभिन्न कम्प्यूटर्स का प्रयोग करने वाले ई-मेलों का लेखाजोखा बनाए रखना बहुत मुश्किल होता है। क्लाइंट और सर्वर में मिलावटी प्रोग्राम इंटरनेट मैसेजिंग एक्सेस प्रोटोकॉल (IMAP4) के चतुर्थ संस्करण का प्रयोग करते हैं। यह सॉफ्टवेयर ध्वनियुक्त टेक्स्ट और सर्वर से क्लाइंट ई-मेल भेजने जैसे विशिष्ट मेलों या बड़ी फाइल्स के प्रसारण पर नियंत्रण कर सकता है। IMAP4 सर्वर अपने पास भेजी गई फाइल्स को बनाए रखता है, इसलिए प्रयोक्ता के लिए विभिन्न क्लाइंट्स कम्प्यूटर्स का प्रयोग करने वाले ई-मेल का लेखाजोखा रखना आसान होता है।

इंटरनेट सेवाप्रदाता (ISP) का ई-मेल सर्वर Simple Mail Transfer Protocol का प्रयोग करने वाले इंटरनेट सर्वरों के साथ आदान-प्रदान करता है।

6.2 ई-मेल प्रोटोकॉल

यदि एक प्रयोक्ता स्थानीय नेटवर्क से उसी संदेश प्रणाली को चला रहे दूसरे प्रयोक्ता को संदेश भेजता है तो यह अपेक्षाकृत अधिक साधारण होता है। और यदि आप दूसरी संदेश प्रणाली को चला रहे प्रयोक्ता को संदेश प्रेषित करना चाहते हैं तो कुछ रूपान्तरण करने की जरूरत पड़ सकती है। क्योंकि विभिन्न प्रारूपों में संदेश प्रेषित करने और प्राप्त करने वाली विभिन्न प्रणालियों की जटिलता की वजह से ई-मेल प्रोटोकॉल आवश्यक हो गए हैं। संदेश भेजने, प्राप्त करने और उन्हें स्टोर करने के लिए कितने ही वेंडर्स मालिकाना प्रणालियों का प्रयोग करते हुए श्रेष्ठतम संदेश प्रणाली के बारे में अपने विचारों को विकसित करने तथा उन्हें बाजार में लाने का प्रयास कर सकते हैं। अन्य दूसरे वेण्डर्स की संदेश विशिष्टताओं को सपोर्ट प्रदान करना सभी वेण्डर्स के लिए असंभव सा होता है। इसलिए बजाय इसके वे मानक विशिष्टताओं के सीमित सेट, अपनी संदेश प्रणाली के रूपान्तरण और स्वीकार्य मानकों को ही सपोर्ट करने का प्रयास करते हैं। केवल कुछ संदेश प्रारूप ही हैं जो डि-फेक्टो (de fecto) मानकों को विकसित करते हैं और अधिकांश संदेश उत्पादों को ही सपोर्ट करते हैं, आगामी अनुच्छेद में इनमें से कुछ मानकों के बारे में चर्चा की गयी है।

6.2.1 SMTP

SMTP सिम्पल मेल ट्रांसफर प्रोटोकॉल के लिए प्रयोग किया जाता है। यह एक TCP/IP प्रोटोकॉल होता है जो यह निर्दिष्ट करता है कि किस प्रकार कम्प्यूटर्स इलेक्ट्रॉनिक मेलों का आदान-प्रदान करते हैं। यह पोस्टऑफिस प्रोटोकॉल (POP) के साथ कार्य करता है।

SMTP का प्रयोग क्लाइंट से मध्यस्थ होस्ट को सीधे ही मेल अपलोड करने के लिए किया जाता है लेकिन केवल उन्हीं कम्प्यूटर्स में यह हो सकता है जो इंटरनेट में सीधे इंटरनेट सेवा प्रदाता (ISP) से जुड़े होते हैं, वे ही SMTP के जरिए मेल प्राप्त कर सकते हैं। इंटरनेट सेवा प्रदाता उन मेलों को केवल उन्हीं प्रयोक्ताओं के लिए offload करते हैं जिन्हें वे अपनी सेवाएं प्रदान करते हैं।

विंडोज़ 2000 में SMTP मेल क्लाइंट सम्मिलित होता है। माइक्रोसॉफ्ट ऐक्स्चेन्ज सर्वर आपके मेल को इंटरनेट पर ON और OFF करेगा।

SMTP के कार्य

SMTP एक साधारण ASCII प्रोटोकॉल होता है। TCP कनेक्शन स्थापित होने के उपरान्त प्रेषक मशीन क्लाइंट के रूप में संचालित होने लगती है और प्राप्ति मशीन जो सर्वर के रूप में संचालित होती है, का इंतजार करती है। सर्वर इसकी पहचान बताते हुए टेक्स्ट की पंक्ति भेजना प्रारंभ करता है और यह भी बताता है कि मेल प्राप्त करने के लिए इसे तैयार किया गया है या नहीं। यदि ऐसा नहीं होता है तो क्लाइंट कनेक्शन छोड़ देता है और बाद में इसके लिए पुन: प्रयास करता है। यदि सर्वर मेल स्वीकार करना चाहता है तो क्लाइंट यह उद्घोषणा करता है कि अमुक मेल किसके पास से आया है और इसे कहाँ जाना है। यदि इस प्रकार का प्राप्तकर्ता एक जगह मौजूद होता है तो क्लाइंट इसे संदेश भेजता है और सर्वर इसे प्राप्त करता है।

SMTP प्रोटोकॉल में आने वाली समस्याएं निम्नलिखित हैं:

- SMTP के कुछ पुराने संस्करण 64 KB से अधिक के संदेश प्रेषित नहीं कर सकते हैं।
- यदि क्लाइंट और सर्वर की समयसीमा (Timeout) अलग-अलग है तो उनमें से कोई छूट जाता है जबकि दूसरा आशा के विपरीत कनेक्शन को समाप्त करते हुए व्यस्त रहता है।

इस प्रकार की समस्याओं से छुटकारा पाने के लिए बढ़ा हुआ SMTP (ESMTP) प्रयोग किया जा सकता है।

6.2.2 POP3

यह साधारण प्रोटोकॉल होता है जो दूर के ई-मेल बॉक्स को खोलने के लिए प्रयोग किया जाता है। पोस्टऑफिस प्रोटोकॉल संस्करण 3 (POP3) प्रत्येक प्रयोक्ता को भेजे गए संदेशों को स्टोर करने के लिए एक तंत्र प्रदान करता है और जिस बक्से में SMTP द्वारा संदेश प्राप्त किए जाते हैं, उसे मेलबॉक्स (MailBox) कहा जाता है। POP3 सर्वर प्रत्येक प्रयोक्ता के लिए संदेशों को तब तक स्टोर करता है और जब तक कि प्रयोक्ता उन्हें डाउनलोड करने के लिए कनेक्ट न हो जाए और माइक्रोसॉफ्ट आउटलुक 2000, माइक्रोसॉफ्ट आउटलुक एक्सप्रेस या माइक्रोसॉफ्ट मेल एवं न्यूज जैसे POP3 क्लाइंट का प्रयोग करते हुए उन मेलों को पढ़ न ले।

POP 3 सर्वर से संदेश प्राप्त करने के लिए, POP3 क्लाइंट TCP पोर्ट 110 का प्रयोग करते हुए ट्रांसमीशिन कंट्रोल प्रोटोकॉल सेसन (session) स्थापित करता है और तदुपरान्त POP3 कमाण्डों की एक श्रंखला को निर्गत करता है, ये कमाण्ड्स निम्नलिखित हैं:

(a) Start: यह पुन: प्राप्ति के लिए प्रतीक्षा कर रहे संदेशों को प्राप्त करने के लिए कहता है।

(b) List: पुन: प्राप्त किए जाने वाले संदेशों का आकार निर्धारित करता है।

(c) retr: प्रत्येक संदेश को पुन: प्राप्त करता है।

(d) Quit; POP3 सेशन को समाप्त करता है।

☞ POP3 क्लाइंट द्वारा POP3 सर्वर के मेल बॉक्स के संदेशों को पढ़ने के पश्चात संदेश नष्ट हो जाता है। इस वजह से POP3 को इंटरनेट मेल ऐक्सेस प्रोटोकॉल चतुर्थ संस्करण (IMAP4) से परिवर्तित किया जा रहा है जो मोबाइल प्रयोक्ताओं को बेहतर सपोर्ट प्रदान करते हैं। POP3 को माइक्रसॉफ्ट एक्सचेन्ज सर्वर द्वारा सपोर्ट किया जाता है।

6.2.3 IMAP4

IMAP शब्द इंटरएक्टिव मेल एक्सेस प्रोटोकॉल के लिए प्रयुक्त किया जाता है। यह प्रोटोकॉल विभिन्न प्रकार के कम्प्यूटरों जैसे लैपटॉप और घर या कार्यालय का कार्य स्थल आदि को प्रयोग करनें वाले प्रयोक्ताओं के सहायतार्थ बनाया गया है। मूलत: यह प्रोटोकॉल ई-मेल सर्वर के लिए होता है जिसे किसी भी मशीन से एक्सेस किया जा सकता हैं। इस प्रोटोकॉल में प्रयोक्ता मशीन को सर्वर एक्सेस करने की जरूरत पड़ती है। IMAP में विशिष्ट मेलों को Fetch करने के लिए दूरस्थ मेल सर्वर से आये हुए मेलों को प्रोसेस करने की योग्यता होती है। उदाहरणार्थ प्रयोक्ता किसी निश्चित तारीख को XYZ जैसे विशेष प्रेषक द्वारा प्रेषित किए गये मेलों की माँग कर सकता है।

6.2.4 MIME

MIME शब्द मल्टीपरपज़ इंटरनेट मेल एक्सटेन्शन के लिये प्रयुक्त होता है। इसका प्रयोग व्यापक स्तर पर इंटरनेट पर संलग्नकों के रूप में भेजी गई बाइनरी फाइल्स को कूट करने के लिये किया जाता है। MIME वीडियो इमेज या ध्वनि जैसे गैर-आस्की (Non-ASCII) फाइल्स वाले ई-मेलों की अनुमति प्रदान करता है और यह टेक्स्ट रहित अक्षरों को टेक्स्ट अक्षरों में परिवर्तित करने की सहूलियत प्रदान करता है।

छिपे हुए संदेशों के लिए request में निर्दिष्ट के रूप में SMTP का प्रयोग करते हुए इंटरनेट पर भेजे गए परंपरागत ई-मेल जिसमें हैडर और body part दोनों होते हैं, दोनों को 7-bit ASCII टेक्स्ट कूटांकन का प्रयोग करते हुए कूट किया जाता है। SMTP संदेश के हैडर में Field/value pair की श्रंखला समाहित होती है जो इस प्रकार बनाई जाती है कि वह इच्छित प्राप्तकर्ता के पास ही संदेश को प्रेषित कर सके। ई-मेल का Body text में वास्तविक संदेश सम्मिलित किया जाता है और यह असंचनात्मक होता है।

बहुउद्देशीय इंटरनेट मेल विस्तार (Multipurpose Internet Mail Extension) में SMTP संदेश हैडर के पाँच अतिरिक्त विस्तारों को परिभाषित किया गया है और दो भागों की अपेक्षा अनेक भागों वाले संदेशों को सपोर्ट करता है तथा इमेज फाइल जैसे 8-bits बाइनरी डाटा को कूट करता है ताकि वे SMTP का प्रयोग करते हुए प्रेषित किए जा सकें। MIME और Base64 का प्रयोग करते हुए बाइनरी सूचना अनुवाद हेतु कूटांकन विधि आवश्यक रूप से गैर-टेक्स्ट अक्षरों को रूपांतरण के लिए एक तंत्र प्रदान करता है।

MIME एक्टेन्शन्स ई-मेल संदेश हैडर के साथ Field के रूप में लगाए जाते हैं। ये fields निम्नलिखित हैं:

(a) विषय का प्रकार (Content Type)

(b) विषय हस्तांतरण कूटांकन विधि (Content transfer encoding method)

(c) MIMI संस्करण नम्बर (MIME version number)

(d) विषय पहचान (वैकल्पिक) (Control ID (optional))

(e) विषय विवरण (वैकल्पिक) (Content description (optional))

6.3 ई-मेल संरचना

एक ई-मेल संदेश बाइनरी डाटा जो प्राय: ASCII प्रारूप में होता है, से बना होता है। ASCII वह मानक होता है जो किसी कम्प्यूटर को टेक्स्ट को पढ़ने की योग्यता प्रदान करता है। ASCII कोड उन अक्षरों की व्याख्या करता है जिन्हें आप अपने कम्प्यूटर पटल पर देखते हैं।

☞ आप अपने ई-मेल संदेश में चित्रों, कार्यकारी प्रोग्राम्स, ध्वनि, वीडियो तथा अन्य बाइनरी फाइल्स संलग्न कर सकते हैं।

चित्र 6.2 एक ई-मेल संदेश और पोस्टल मेल संदेश में समानता को प्रदर्शित करता है। To लाइन में आप उस व्यक्ति का ई-मेल एड्रेस टाइप करते हैं जिसे आपको संदेश प्रेषित करना है। एड्रेस को अत्यधिक सख्त नियमों तहत टाइप किया जाना चाहिए। यदि आप केवल एक शब्द या sintax को टाइप करते हैं तो वह गलत होता है, और आपका संदेश पावती के पास नहीं पहुँचेगा। आपका ई-मेल एड्रेस from लाइन में टाइप किया जाएगा। इस एड्रेस का प्रयोग करते हुए प्राप्तकर्त्ता आपको जवाब देने योग्य हो जाएगा।

सबजेक्ट लाइन पर आप अपने संदेश का विषय टाइप कर सकते हैं, या संदेश का सारांश टंकित कर सकते हैं। संदेश में सबसे नीचे हस्ताक्षर (signature) क्षेत्र होता है जिसमें आपकी व्यक्तिगत जानकारी सम्मिलित की जाती है। कुछ मेल प्रोग्राम्स में यह आपके द्वारा भेजे जाने वाले प्रत्येक संदेश में स्वत: ही सम्मिलित हो जाता है। हस्ताक्षर (signature) क्षेत्रों की जरूरत नहीं होती है और यह ई-मेल संदेश लिखने वाले व्यक्ति के विवेक पर निर्भर करता है। हस्ताक्षर (signature) प्रयोग में पाँच लाइनों से अधिक नहीं होनी चाहिए।

Mr. Ram Singh 18, Gandhi Lane Ramesh Nagar, New Delhi - 110051	To: sj12@yahoo.co.in
United diamonds, 180, Main Street, Connaught Palace New Delhi - 110051 June 2, 2002 Subject: Interview for Programmers Dear Mr, Singh You will be pleased to know that the company has selected you for the post of Senior programmer. Please send your confir-mation of the acceptance of our offer. Your trully (Ramesh) M.D.	From: "jainshashank_@hotmail.com Subject: Interview for Programmers Date: Sun 02 Jun 2002 11.47 : 10 + 0530 Dear Mr. Singh, You will be pleased to know that the company has selected you for the post of Senior programmer. Please send your confir-mation of the acceptance of our offer. Yours truly (Rames) M.D.

चित्र 6.2: *(a)* पोस्टल मेल प्रारूप *(b)* ई-मेल प्रारूप

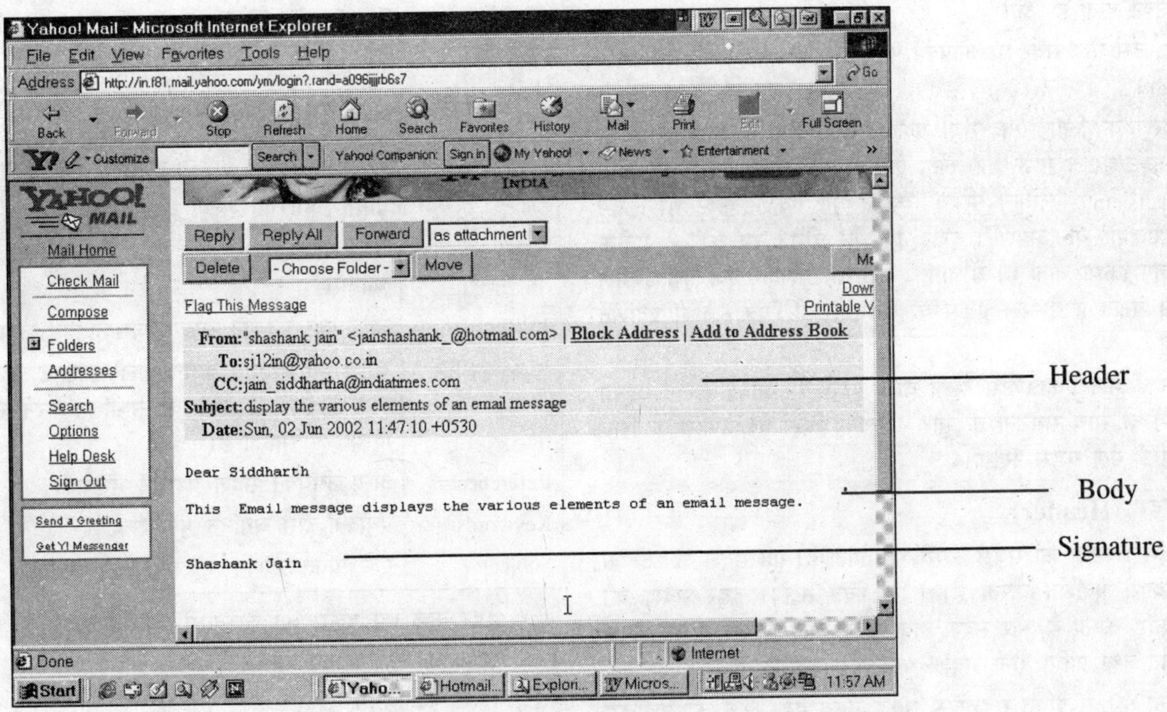

चित्र 6.3: एक ई-मेल संदेश के वृहद भाग

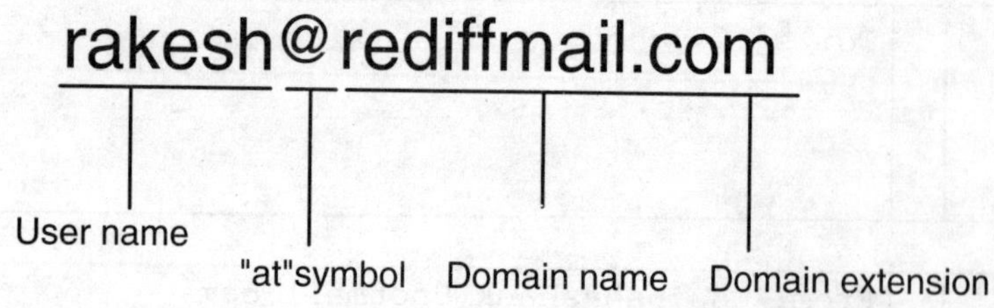

☞ ध्यान रहे कि ई-मेल एड्रेस के बीच में कोई खाली जगह नहीं होती है, ई-मेल सॉफ्टवेयर और सर्वर कम्प्यूटर एक एड्रेस में खाली स्थान को स्वीकार नहीं करते हैं। यदि रिक्त स्थान छोड़ा जाता है तो संदेश अपने गंतव्य स्थल पर नहीं पहुँच पाते हैं।

चित्र 6.4: ई-मेल एड्रेस हेतु वाक्य व्यवस्था।

एक ई-मेल संदेश में निम्नलिखित पाँच खंड हाते हैं:

- ई-मेल एड्रेस (Email address)
- हैडर (Header)
- बॉडी (Body)
- हस्ताक्षर (वैकल्पिक) (signature (optional))
- संलग्नक (वैकल्पिक)

चित्र 6.3 एक ई-मेल संदेश का बड़ा खण्ड प्रदर्शित करता है। ध्यान रहे कि हस्ताक्षर और संलग्नक वैकल्पिक होता है। अनेक संदेश इसे प्रदर्शित नहीं करते हैं और कुछ ई-मेल एप्लीकेशंस उन्हें सपोर्ट नहीं करती हैं।

6.3.1 ई-मेल एड्रेसिंग प्रणाली

यह समझना और अनुपालन करना महत्वपूर्ण होता है कि इंटरनेट के लिए ई-मेल एड्रेसिंग प्रणाली समस्त बाहर भेजे जाने वाले संदेशों की विधिवत प्रेषण को सुनिश्चत करती है।

Address Syntax

एक ई-मेल संदेश दो प्रथक भागों से बना होता है।

- एक उस मेल सर्वर कम्प्यूटर का डोमेन नेम जिस पर आपका ई-मेल एकाउण्ट होता है, और
- दूसरा, उस मेल सर्वर पर आपकी पहचान अथवा एकाउण्ट नेम (user name) I

उदाहरण के लिए, एक सेवा प्रदाता या संगठन में 100 लोगों का ई-मेल एकाउण्ट है। वे सभी 100 लोग एक ही डोमेन नेम का प्रयोग करेंगे (यथा natmail.com), लेकिन प्रत्येक व्यक्ति का एक उत्कृष्ट यूज़र नेम होगा, जैसे 'राकेश' या 'अपर्णा'। यूज़र नेम और डोमेन नेम को @ प्रतीक चिन्ह से अलग किया जाता है। ये दोनों एक साथ मिलकर एक पूर्ण ई-मेल ई-मेल एड्रेस बनाते हैं ई-मेल एड्रेस के अवयवों को चित्र 6.4 में प्रदर्शित किया गया है।

अनेक ई-मेल एकाउण्ट्स रखने वाला प्रयोक्ता- शायद अलग-अलग सेवा प्रदाताओं के साथ संगठनों के साथ- प्रत्येक ईमेल एकाउण्ट्स के लिए अलग-अलग ई-मेल एड्रेस रखेगा।

6.3.2 हैडर (Header)

हैडर किसी ईमेल संदेश का सबसे ऊपरी भाग होता है। यह संदेश के स्तर के बारे में जानकारी प्रदर्शित करता है। (देखें चित्र 6.3)। हैडर संदेश की जानकारी रिकॉर्ड करता है और संदेश प्राप्त करने वाले को इसे प्रदान करता है। हैडर प्रेषित तथा प्राप्ति दोनों संदेशों पर उपस्थित रहता है।

तालिका 6.2 में प्रेषित संदेशों से संबद्ध मुख्य हैडर क्षेत्रों को सूचीबद्ध किया गया है। ये इंटरनेट पर ईमेल सुविधा का उपयोग कर रहे सभी व्यक्तियों द्वारा प्रयोग किए जाने आवश्यक होते हैं।

तालिका 6.2: ई-मेल में हैडर फील्ड्स

नाम	कार्य
To:	ई-मेल एड्रेस/प्राथमिक प्राप्तकर्ता के एड्रेस
Cc:	ई-मेल एड्रेस/द्वितीयक प्राप्तकर्ता का एड्रेस जिसे प्रतिलिपि भेजने की जरूरत हो।
Bcc:	ई-मेल एड्रेस/द्वितीयक प्राप्तकर्ताओं के पते जिन्हें प्रतिलिपि प्रेषित करने की आवश्यकता हो, किन्तु प्राथमिक प्राप्तकर्ता को यह नहीं ज्ञात होना चाहिए कि किन अन्य लोगों को संदेश की प्रतिलिपि भेजी गई है।
From:	ई-मेल को बनाने वाला
Sender:	वास्तविक प्रेषक का ईमेल एड्रेस
Received:	प्रत्येक ट्रान्सफर एजेन्ट द्वारा एजेन्ट की पहचान, तारीख व समय प्राप्त किए गए संदेशों में जोड़ दिया जाता है।
Return Path:	प्रेषक के वापसी पथ की पहचान करने को प्रयोग किया जा सकता है।

तालिका 6.3 में दिए गए हैडर फील्ड्स के अलावा, अतिरिक्त हैडर भी होते हैं जो अनिवार्य नहीं होते किन्तु जरूरत पड़ने पर प्रयोग किए जा सकते हैं।

तालिका 6.3: एक ई-मेल में अतिरिक्त हैडर फील्ड्स

नाम	कार्य
Date:	प्रेषित किए गए संदेश की तारीख व समय
Reply to:	उस व्यक्ति का ई-मेल एड्रेस जिसे जवाब भेजा जाना चाहिए।
In-Reply-to:	संदेश की पहचान संख्या जिसका यह जवाब है।
Message ID:	संदेश की पहचान कराने वाली उत्कृष्ट पहचान संख्या होती है, जिसको संदेश को संबोधित करने के लिए प्रयोग किया जा सकता है।
Reference:	अन्य उपयुक्त संदेश पहचान संख्याएँ।
Keywords	प्रयोक्ता द्वारा चयनित मूल शब्द
Subject:	एक पंक्ति प्रदर्शन हेतु संदेश का सारांश।

हैडर कुछ इस प्रकार की जानकारी प्रदर्शित करता है:

- संदेश की तारीख एवं समय
- संदेश का विषय
- क्या प्रतिलिपियाँ भेजी गयी हैं।
- क्या संदेश में कोई फाइल्स संलग्न की गई हैं।

- प्रेषक के ई-मेल पते।

6.3.3 कथ्य (Body)

ई-मेल संदेश का कथ्य प्रधान बिन्दु होता है क्योंकि इसमें मूल संदेश समाहित होता है। यद्यपि आकार की कोई सीमा नहीं होती है किन्तु अनेक इंटरनेट सेवा प्रदाता ईमेल संदेश के आकार को सीमित कर देते हैं।

6.3.4 संलग्नक (Attachments)

ई-मेल व्यापार के लिए अत्यधिक आकर्षक हो गया है क्योंकि अब यह किसी भी ई-मेल संदेश में प्रयोक्ता को फाइल संलग्न करने की अनुमति प्रदान करता है। व़र्ड प्रोसेसिंग दस्तावेज, स्प्रेडशीट्स, छायाचित्र या वीडियो फाइल जैसा कोई भी फाइल प्रारूप ई-मेल संदेश के साथ संलग्न किया जा सकता है। ई-मेल जटिल आँकड़ों को संलग्न करने की अनुमति प्रदान करता है किन्तु वह कथ्य (Body) के साथ नहीं होना चाहिए।

☞ ई-मेल संदेशों में वायरस नहीं होते हैं लेकिन वे संलग्नकों के माध्यम से भेजे जा सकते हैं। इसलिए आपको प्रत्येक संलग्नक को खोलने या अग्रसारित करने के पहले McAfee, Virus Scan या Norton Anti Virus का प्रयोग करके उन्हें खोजना चाहिए और नष्ट कर देना चाहिए।

यदि आप संलग्नक वाला कोई ई-मेल खोलते हैं तो अधिकांश ई-मेल एप्लीकेशंस आपको सचेत करती हैं। ऐसी ई-मेल एप्लीकेशंस संलग्नक फाइल को दर्शाने के लिए कथ्य (body) के बीच में एक Icon प्रदर्शित करती हैं। Icon ई-मेल के संलग्नक के प्रकार को इंगित करता है और अपने कम्प्यूटर पर संलग्नक के Icon पर डबल क्लिक करने की अनुमति प्रदान करता है।

6.3.5 हस्ताक्षर (Signature)

हस्ताक्षर ई-मेल संदेश हेतु व्यक्तिगत जानकारी होती है जो प्रेषित किए जाने वाले संदेशों पर स्वत: ही दर्ज हो जाती है। यद्यपि हस्ताक्षर का प्रयोग वैकल्पिक होता है। यदि आप चाहें तो कोई भी हस्ताक्षर जानकारी आप प्रदान कर सकते हैं।

☞ हस्ताक्षर का उद्देश्य संदेश प्राप्तकर्ता को व्यक्तिगत संपर्क जानकारी प्रदान करना होता है।

हस्ताक्षर प्रभाग में निम्नलिखित जानकारी को सम्मिलित किया जा सकता है:

- पूरा नाम
- कार्य का नाम/स्थिति
- संगठन का नाम/विभाग
- दूरभाष एवं फैक्स नम्बर
- फिजिकल (snailmail) एड्रेस
- ई-मेल एड्रेस
- वेब साइट एड्रेस (URL)

ईमेल सॉफ्टवेयर की हस्ताक्षर विशेषता का प्रयोग करते हुए आप प्रत्येक प्रेषित किए जाने वाले संदेश पर जानकारी को टंकित करने से बच सकते हैं। चित्र 6.5 में ई-मेल हस्ताक्षर को दर्शाया गया है।

6.3.6 कार्बन प्रतिलिपि (Carbon Copy)(CC)

यह विशेषता आपको अन्य प्राप्तकर्ता को दूसरी प्रतिलिपि भेजने की अनुमति देती है। इस मामले में मुख्य प्राप्तकर्ता को यह जानकारी दी जाती है कि अन्य लोगों को भी यही संदेश भेजा गया है।

6.3.7 ब्लाइंड कार्बन कॉपी (BCC)

इस विकल्प में प्राप्तकर्ता उसी संदेश को प्राप्त करने वाले अन्य प्राप्तकर्ताओं को नहीं जानता है।

6.4 ई-मेल विषय और कूटांकन (E-mail Contents and Encoding)

RFC 822 ने हैडर को निर्देशित किया है किन्तु विषय को पूर्णरूप से प्रयोक्ता पर छोड़ दिया है। लेकिन विश्वव्यापी इंटरनेट पर निम्नलिखित कारणों की वजह से यह अवधारणा उपयुक्त नहीं है:

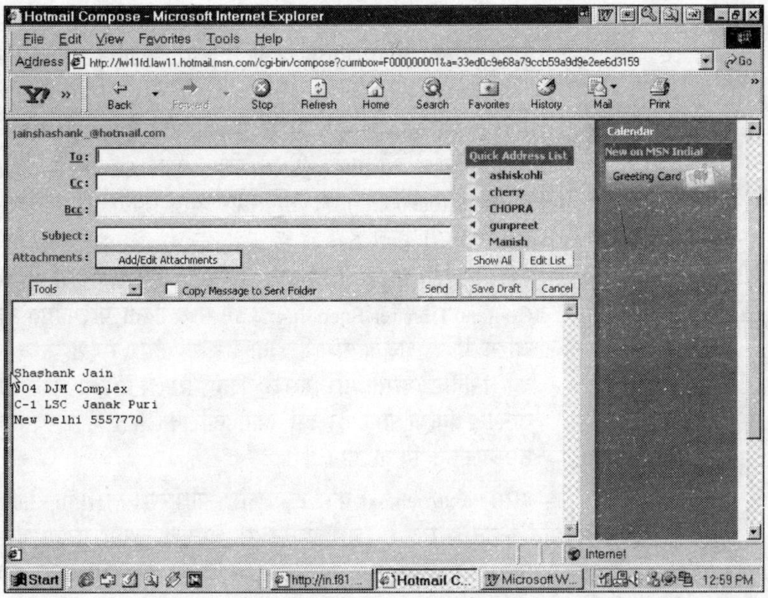

☞ हस्ताक्षर, संदेश भेजने वाले का समय बचाने और स्वचालित रूप में बाहर जाने वाले संदेश के साथ इस भाग में सूचना देने की अनुमति प्रदान करता है।

चित्र 6.5: ई-मेल संदेश का सिग्नेचर ब्लॉक

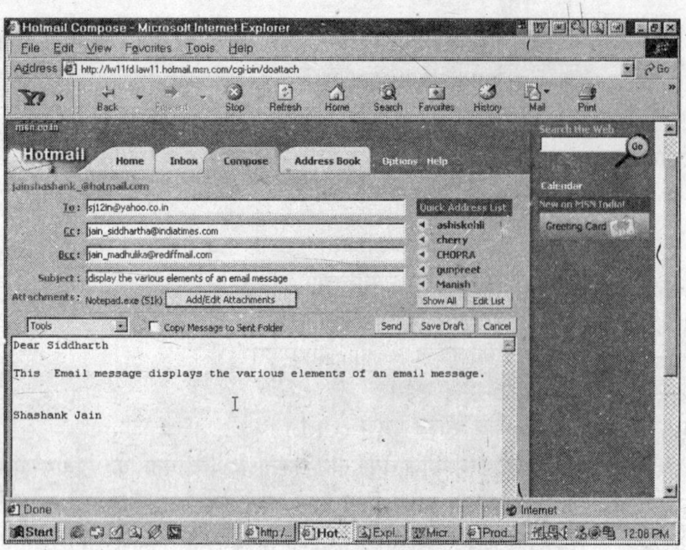

चित्र 6.6: कार्बन कॉपी (CC), BCC और संलग्नयुक्त ई-मेल संदेश

> ☞ BCC विकल्प के अंतर्गत आपके मेल का प्राप्तकर्ता उसी मेल के अन्य प्राप्तकर्ताओं को नहीं जान पाता है।

- संदेश जर्मन और फ्रैन्च जैसी भाषाओं में accents रख सकते हैं ये भाषाएं अंग्रेजी की अपेक्षा भिन्न अक्षरों को प्रयोग करती हैं और रोमन लिपि का प्रयोग करती हैं।
- संदेश गैर लैटिन अक्षरों में हो सकते हैं।
- संदेश जापानी और चीनी भाषा जैसे अक्षरों का प्रयोग नहीं कर सकते हैं।
- संदेश में दृश्य एव श्रव्य क्लिपिंग को सम्मिलित किया जा सकता है।

इसलिये MIME नामक समाधान का प्रस्ताव रखा गया था और आजकल इसे व्यापक रूप से प्रयोग किया जा रहा है। तालिका 6.4 में दर्शाए अनुसार MIME पाँच नए संदेश हैडरों को परिभाषित करता है।

तालिका 6.4: MIME (RFC 1521) में सम्मिलित किए गए ई-मेल के अतिरिक्त हैडर फील्ड्स

नाम	कार्य
MIME Version:	MIME संस्करण की पहचान करता है।
Content Description:	मनुष्य द्वारा पढ़ी जा सकने वाली लिपि जो यह बताती है कि संदेश में क्या है?
Content-ID:	उत्कृष्ट पहचानकर्ता
Content-Transfer-Encoding:	प्रसारण हेतु कथ्य को किसी तरह काटा-छाँटा गया है।
Content-Type:	संदेश की प्रकृति

विषय-विवरण हैडर एक ASCII अक्षरों की श्रृंखला होती है जो यह बताती है कि संदेश में क्या है। इस अक्षर श्रृंखला की सहायता से प्राप्तकर्ता यह जान पायेगा कि संलग्न संदेश कूटांकन युक्त है अथवा पढ़ने वाला है। उदाहरण के लिए अक्षर श्रृंखला यह कहती है कि संलग्न चित्र एक रेखाचित है। यदि आपकी रुचि उस रेखाचित में नहीं है तो आप उस रेखा चित्र को पुन: कूट करने में अपना समय खराब नहीं करेंगे।

कंटेंट-ट्रांसफर-इनकोडिंग यह बताती है कि नेटवर्क पर संदेश कथ्य को किस प्रकार कवर करना है। इसके लिए निम्नलिखित पाँच योजनाएं तैयार की गई हैं:

- ASCII 7-bit प्रकार का संदेश जो ई-मेल प्रोटोकॉल द्वारा प्रत्यक्ष रूप से वहन किया जा सकता है, और यह बताता है कि 1000 अक्षरों से अधिक अक्षर किसी भी पंक्ति में न बढ़ें।
- ASCII 8-bit प्रकार 8-bit अक्षरों का प्रयोग करता है। इसमें 0 से 255 अक्षर होते हैं। यह कूटांकन योजना इंटरनेट ई-मेल प्रोटोकॉल के नियमों का उल्लंघन करती है और यह ई-मेल के कुछ भागों में प्रयोग की जाती है जो मूल प्रोटोकॉल के कुछ विस्तारों में लगे होते हैं। 8-bit कूटांकन प्रयोग करने वाले संदेशों में भी एक पंक्ति में 1000 अक्षरों से अधिक नहीं होने चाहिए।
- संदेशों का अगला प्रकार बाइनरी कूटांकन का है। ये सभी अक्षरों के लिए 8-bit का प्रयोग करते हैं किन्तु इसमें 1000 अक्षरों की पंक्ति की पाबंदी नहीं होती है। निष्पादनीय प्रोग्राम इस वर्ग में रखे जाते हैं। इसमें इस बात की कोई गारंटी नहीं होती है कि संदेश प्राप्तकर्ता के पास ठीक से पहुँचेगा ही। अत: बाइनरी संदेशों के कूटांकन का सही तरीका यह है कि Base 64 जो ASCII armor encoding के नाम से भी जाना जाता है, का प्रयोग किया जाना चाहिए। हालांकि यह कूटांकन अक्षम होता है।
- संदेशों, जो लगभग पूर्णरूप से ASCII होते हैं किन्तु उसमें कुछ और ASCII अक्षर भी होते हैं, के लिए आप Quoted-Printable नामक कूटांकन (encoding) का भी प्रयोग कर सकते हैं। यह कूटांकन भी 7-bit ASCII होता है।
- यदि उपर्युक्त कूटांकन के चार प्रकारों में संदेश भेजना संभव न हो तो Content-Transfer-Encoding: हैडर में प्रयोक्ता परिभाषित कूटांकन के जरिये संदेश भेजना संभवा होता है। यह हैडर संदेश कथ्य की प्रकृति को निर्दिष्ट करता है। इसके लिए RFC1521 में सात प्रकारों का उल्लेख किया गया है। इसे आगे तालिका 6.5 में उपवर्ग के रूप में उपश्रेणीकृत किया गया है।

इसमें text/richtext का उपप्रकार साधारण Mark up language की अनुमति प्रदान करता है जिसे टेक्स्ट में शामिल करना पड़ता है। Richtext प्रारूप मोटे और तिरछे (Bold Face/Italic) शब्दों के तरीकों को प्रदान करता है और साथ ही साधारण पृष्ठ संरचना भी उपलब्ध कराता है।

तालिका 6.5: RFC 1521 द्वारा परिभाषित MIME प्रकार एवं उपप्रकार।

संदेश का प्रकार	संदेश का उपप्रकार	प्रकार एवं उपप्रकार का विवरण
Text	सादा	गैर-प्रारूपिक टेक्स्ट
Text	उन्नत टेक्स्ट	टेक्स्ट के साथ साधारण प्रारूप शामिल होता है।
Image	GIF	GIF प्रारूप में तस्वीर
Image	JPEG	JPEG प्रारूप में तस्वीर
Audio	Basic	श्रव्य ध्वनि
Vedio	MPEG	MPEG प्रारूप में चलचित्र
Application	Octet-Stream	गैर-अवरोधित बाइट क्रम
Application	Post-Script	Post-Script में पोर्टेबल दस्तावेज
Message	RFQ22	MIME RFC 822 संदेश
Message	आंशिक	प्रसारण हेतु विभाजित किया गया संदेश
Message	बाह्य-कथ्य	संदेश नेट पर Fetch अवश्य किया जाना चाहिए।
Multipart	मिश्रण	विशिष्ट क्रम में स्वतंत्र भाग
Multipart	प्रत्यावर्तनीय	विभिन्न प्रारूपों में एक ही संदेश
Multipart	समानान्तर	भागों को क्रमशः अवश्य देखना चाहिए।
Multipart	Digest	प्रत्येक भाग पूर्ण RFC 822 संदेश है।

☞ यदि एक चलचित्र को ध्वनि सहित प्रेषित करना हो तो चलचित्र विशेषज्ञ समूह द्वारा MPEG प्रारूप का प्रयोग किया जाना चाहिए।

छाया चित्रों को प्रेषित करने के लिए रेखाचित्रों के प्रकार का प्रयोग किया जाता है और इंटरनेट पर इस प्रकार की फाइल्स प्रेषित करने के लिए GIF या JPEG उपप्रकारों का प्रयोग किया जाता है। दृश्य एवं श्रव्य प्रकार ध्वनि तथा चलचित्रों के लिए प्रयोग किया जाता है। यहाँ वीडियो केवल दृश्य जानकारी सम्मिलित करता है न कि ध्वनि को।

पोस्ट-स्क्रिप्ट उपप्रकार को अडोब सिस्टम द्वारा उत्पन्न की गई पोस्ट-स्क्रिप्ट भाषा के लिए संबोधित किया जाता है और बहुधा मुद्रित पृष्ठों की व्याख्या करने के लिए प्रयोग किया जाता है। किसी आगत पोस्टस्क्रिप्ट संदेश का प्रदर्शन इसमें समाहित पोस्टस्क्रिप्ट प्रोग्राम के माध्यम से निष्पादित किया जाता है। अधिकांश प्रिन्टर्स में आगत पोस्टस्क्रिप्ट फाइल्स के प्रदर्शन के लिए पोस्टस्क्रिप्ट परिवर्तक अन्तर्निहित होता है।

संदेश के प्रकार एक संदेश को पूर्णरूप से दूसरे में समाहित करने की अनुमति प्रदान करता है और आंशिक उपप्रकार इस संदेश को अलग-अलग तोड़ना संभव बनाता है और इन्हें अलग-अलग टुकड़ों में प्रेषित करता है। मानक इन सभी टुकड़ों को गंतव्य स्थल पर सही क्रम में पुनः एकत्र करना संभव बनाता है।

अंततः वीडियो फिल्मों जैसे अत्यधिक बड़े संदेश के लिए बाह्य कथ्य उपप्रकार का प्रयोग किया जा सकता है। संदेश में MPEG फाइल सम्मिलित करने के बजाय केवल एक FTP एड्रेस दिया जाता है और जरूरत पड़ने पर प्राप्तकर्ता का प्रतिनिधि इसे किसी भी समय Fetch कर सकता है। यह सुविधा विशेषतः उस समय उपयोगी होती है जब मेलिंग सूची के कुछ लोग ही प्रेषित किए जा रहे चलचित्रों को देखना चाहते हों।

Multipart एक भाग की अपेक्षा अनेक भाग जिसमें प्रत्येक भाग का प्रारम्भ और अन्त असीमित होता है, वाले संदेशों की अनुमति प्रदान करता है। मिश्रित उपप्रकार प्रत्येक भाग भिन्न होने की अनुमति प्रदान करता है। प्रत्यावर्तनीय उपप्रकार के प्रत्येक भाग में एक जैसा संदेश सम्मिलित होना चाहिए लेकिन यह विभिन्न माध्यमों और कूटांकनों में भिन्न रूप में वर्णित होता है। उदाहरण के लिए एक संदेश इंटरनेट पर मिश्रित अवस्था यानी ASCII पोस्टस्क्रिप्ट और रिचटेक्स्ट में भेजा जा सकता है। विधिवत तैयार किया गया प्रयोक्ता प्रतिनिधि एक ऐसा मिश्रित संदेश प्राप्त करता है जो सम्भवतः इसे पोस्टस्क्रिप्ट में प्रदर्शित करेगा। क्योंकि इन दोनों विकल्पों में बोल्ड टेक्स्ट और पृष्ठ लेआउट जैसे संदेश की अधिकांश प्रारूपिक विशेषताएं होती हैं। यदि इनमें से कोई भी विकल्प उपलब्ध नहीं है तो प्रतिनिधि इसे ASCII अवस्था में प्रदर्शित करेगा जो केवल टेक्स्ट को ही प्रदर्शित करेगा न कि प्रारूप की प्रारूपिक विशेषताओं को।

विविध भाषाओं के लिए प्रत्यावर्तनीय उपप्रकार का भी प्रयोग किया जा सकता है। डाइजेस्ट उपप्रकार का प्रयोग उस स्थिति में किया जाता है जब एक बड़े संदेश में अनेक छोटे संदेश समाहित हों। उदाहरण के लिए कुछ चर्चा समूह इंटरनेट पर नियमित ग्राहकों से प्राप्त संदेशों को एकत्रित करते हैं और फिर इसे एक बहुभागीय या डाइजेस्ट संदेश के रूप में प्रेषित करते हैं।

6.5 ई-मेल रूटिंग

इंटरनेट पर ईमेल किस प्रकार प्रेषित किया जाता है यह चित्र 6.7 में दर्शाया गया है। इंटरनेट प्रोटोकॉल (IP) विशिष्ट ईमेल एड्रेस पर आधारित मेल प्रेषित करता है। इस ईमेल एड्रेस के चार अंकों को बिंदु द्वारा विच्छेद किया जाता है जैसे: 163.52.128.12। किंतु इन जटिल संख्याओं को याद रखना बहुत कठिन होता है, इसलिए इंटरनेट एड्रेस को शब्दों और अक्षरों से बनाया जाता है। डोमेन नेम सर्वर (DNS) नामक कम्प्यूटर्स अक्षरों वाले ईमेल एड्रेस को अंकों में परिवर्तित करता है इसीलिए एक ईमेल को अपने नियत स्थान पर भेजा जा सकता है।

☞ जब आप एक इंटरनेट सेवा प्रदाता से इंटरनेट कनेक्शन प्राप्त करते हैं तो आप अपने ईमेल को ISP सर्वर को भेजते हैं जहाँ ISP का नेम सर्वर आईपी एड्रेस के अक्षरों को अंकों में रूपांतरित करता है।

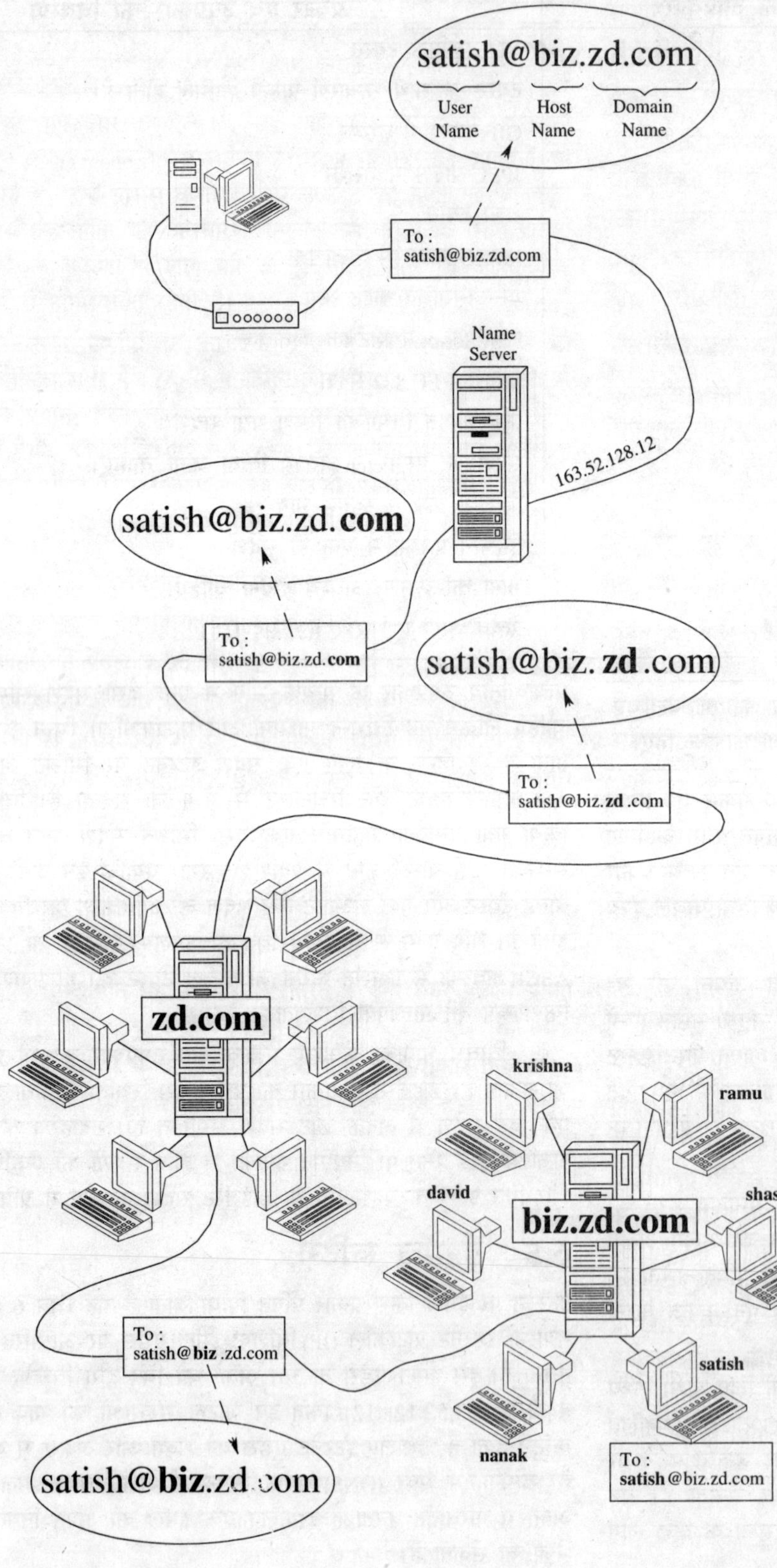

चित्र 6.7: ईमेल रूटिंग का प्रदर्शन

☞ जब आप ईमेल प्रेषित करते हैं तो यह नेम सर्वर पर जाता है। ईमेल प्रेषित करने के क्रम में इंटरनेट को अंकीय IP एड्रेस जैसे 163.52.128.12, की जरूरत पड़ती है। डोमेन नेम सर्वर अक्षरीय एड्रेस का अवलोकन करता है इसके लिए अंकीय IP एड्रेस से परिवर्तित करता है ताकि ईमेल को विधिवत भेजा जा सके।

इंटरनेट ईमेल एड्रेस दो बड़े भागों से बना होता है जिसे @ चिन्ह से अलग किया जाता है। यह एड्रेस आपको पता धारक व्यक्ति के बारे में समुचित जानकारी प्रदान करता है। एड्रेस का प्रथम भाग (@ चिन्ह के बायीं तरफ) प्रयोक्ता का नाम होता है जो उस व्यक्ति के संदर्भ में होता है जो उस इंटरनेट एकाउण्ट का धारक होता है और प्राय: वह उस व्यक्ति की लॉगइन नेम या अन्य तरीकों से पहचान कराता है। एड्रेस का दूसरे भाग (@ चिन्ह के दायीं तरफ) में होस्ट का नाम (जो नेटवर्क पर विशिष्ट सर्वर हो सकता है) होता है, जो एक साथ उस विशेष कम्प्यूटर की पहचान करता है जहाँ उस व्यक्ति का इंटरनेट एकाउण्ट होता है।

उदाहरणार्थ चित्र 6.7 में, satish@biz.zd.com ईमेल एड्रेस को अवलोकन तालिका से नेम सर्वर द्वारा 163.52.128.12 में रूपांतरित किया गया।

डोमेन नेम सर्वर (DNS) इंटरनेट को समझदार समूहों या डोमेनों में विभाजित करता है। डोमेन खण्ड का हिस्सा एड्रेस के बिल्कुल दाहिनी तरफ होता है। उदाहरणार्थ zd.com अंकों में 6.7 डोमेन नेम है। डोमेन नेम बड़ी संख्या में उन डोमेन नामों या संगठन की पहचान करता है जहाँ व्यक्ति का एड्रेस रहता है। डोमेन नेम और होस्ट नेम होस्ट कम्प्यूटर की पहचान करता है जहाँ पर इंटरनेट द्वारा ईमेल प्रेषित किए जाने होते हैं। प्राप्तकर्ता होस्ट कम्प्यूटर यूजरनेम का अवलोकन करता है और उचित ईमेल बॉक्स में मेल भेजता है।

☞ डोमेन तथा होस्ट नेम इंटरनेट को बताते हैं कि किस कम्प्यूटर को ईमेल प्रेषित किए जाने चाहिए और प्राप्तकर्ता होस्ट यूजरनेम का अवलोकन करता है और उचित ईमेल बॉक्स में मेल प्रेषित करता है।

बड़े डोमेन के बायीं तरफ संस्थान के बारे में जानकारी होती है जो रूटर को यह बताती है कि किस नेटवर्क पर ईमेल प्रेषित किया जाना है। यह **zd** जैसा एकल ईमेल एड्रैस हो सकता है अथवा यह **vsnl.net.in** जैसा उपडोमेनों और डोमेनों का समूह भी हो सकता है। डोमेन नेम के बायीं तरफ होस्ट नेम होता है जो रूटर को यह बताता है कि डोमेन में किस विशिष्ट कम्प्यूटर को ईमेल प्रेषित किया जाना है। उदाहरणार्थ चित्र 6.7 में **zd** डोमेन में **biz** होस्ट नेम है।

6.6 ईमेल क्लाइंट

जब एक ईमेल सॉफ्टवेयर चलाया जाता है तो प्रयोक्ता अपने ईमेल का सारांश माँग सकता है। एक मेल बॉक्स में अनेक संदेश हो सकते हैं। एक साधारण ईमेल प्रणाली में, प्रदर्शित क्षेत्रों के विकल्प प्रोग्राम में अन्तर्निहित होते हैं जो निम्नलिखित प्रकारों में से कोई भी हो सकते हैं।

Sl. No.	Flags	Size in bites	Sender	Address	Subject

उपर्युक्त प्रारूप में प्रथम क्षेत्र संदेश संख्या होती है। दूसरा क्षेत्र Flag होता है जिसमें **new message** जैसे अनेक शब्द सम्मिलित होते हैं। तीसरा क्षेत्र यह प्रदर्शित करता है कि संदेश कितना लम्बा है और अगला क्षेत्र प्रेषक और इसके एड्रेस को इंगित करता है। अन्तिम कॉलम ईमेल संदेश के विषय को इंगित करता है। एक बार संदेश पैकेज में सूचीबद्ध हो जाने पर प्रयोक्ता अपने ईमेल बॉक्स को प्रोसेस कर सकता है और विभिन्न प्रेषकों से प्राप्त विभिन्न संदेशों को वरीयता क्रम में सजा सकता है। पूर्व के दिनों में जब लोटस नोट्स और माइक्रोसॉफ्ट आउटलुक एक्सप्रेस जैसे नाजुक सॉफ्टवेयर से हस्तांतरित किए गए मेल बड़ी दूर से आए हुए होते हैं तो प्रयोक्ता प्रतिनिधि बड़ी संख्या में आए उन संदेशों को व्यवस्थित करना संभव बनाता है।

☞ RFC822 ईमेल संदेशों और मल्टीमीडिया विस्तारों को प्रारूप प्रदान करता है।

6.6.1 नेटस्केप मेल क्लाइंट

नेटस्केप मैसेन्जर पूर्ण विशेषताओं वाले मेल प्रोग्राम को सपोर्ट करता है, इसे नेटस्केप मैसेन्जर नाम से जाना जाता है। नेटस्केप मैसेन्जर नेटस्केप मेल का पुन: बनाया गया संस्करण है। नेटस्केप मैसेन्जर की सहायता से आप अपने ईमेल और समाचार आसानी से एवं तुरंत प्राप्त कर सकते हैं। नेटस्केप मैसेन्जर में एक ही समय पर अनेक संदेश भेजने की पूर्ण विशेषता होती है।

➔ **नेटस्केप मैसेन्जर शुरू करने के लिए निम्नलिखित करें:**

1. Start, Programs, Netscape Communicator, Netscape messenger को हाईलाइट करें।

नेटस्केप मेल से ई-मेल कैसे भेजें

नेटस्केप की सहायता से संदेश लिखना और प्रेषित करना ऑनलाइन सेवा के समान ही है चाहे यह माइक्रोसॉफ्ट एक्सचेन्ज हो या AOL (अमेरिका ऑनलाइन)।

➔ **ईमेल प्रेषित करने के लिए निम्नलिखित करें:**

1. नेटस्केप विंडो के दाहिने कोने पर नीचे मेल आइकॉन पर क्लिक करें या विंडो का चयन करें तदुपरान्त नेटस्केप से मेल भेजें।
2. नेटस्केप आपका पासवर्ड मांगता है। पासवर्ड एंट्री डायलॉग बॉक्स में पासवर्ड टाइप करें और फिर OK बटन पर क्लिक करें।
3. नेटस्केप, नेटस्केप मेल विंडो को प्रदर्शित करता है।
4. Mail To: टेक्स्ट बॉक्स में प्राप्तकर्ता का ईमेल एड्रेस टाइप करें।
5. यदि आप एक से अधिक लोगों को संदेश की प्रतियाँ भेजना चाहते हैं तो Cc: टेक्स्ट बॉक्स में उचित एड्रेस टाइप करें।
6. Subject: टेक्स्ट बॉक्स में संदेश का विषय टाइप करें।
7. संदेश का कथ्य टाइप करें और फिर send बटन पर क्लिक करें।

6.6.2 आउटलुक एक्सप्रेस (Outlook Express)

एक्सप्रेस माइक्रोसॉफ्ट ईमेल प्रोग्राम है जो विंडोज़ और इंटरनेट एक्सप्लोरर 4.0 तथा इससे आगे के संस्करणों के साथ शामिल होता है। आउटलुक एक्सप्रेस आपके कम्प्यूटर के डेस्कटॉप पर ऑनलाइन संचार जगत को रखता है। यदि आप अपने सहपाठियों और दोस्तों के साथ ईमेल का आदान-प्रदान करना चाहते हैं या व्यावसायिक विचारों और जानकारी को पाना चाहते हैं तो आपको आउटलुक एक्सप्रेस के विभिन्न टूल्स को प्रयोग करना पड़ेगा। आउटलुक एक्सप्रेस की सहायता से आप निम्नलिखित कार्य निष्पादित कर सकते हैं।

विविध मेलों को व्यवस्थित करना

यदि आपके पास अनेक मेल या ईमेल एकाउण्ट हैं तो आउटलुक एक्सप्रेस की सहायता से आप एक विंडो से वे सभी कार्य कर सकते हैं। आप एक कम्प्यूटर हेतु अनेक प्रयोक्ता या पहचान बना सकते हैं।

तीव्रता से संदेशों को ब्राउज़ करना

संदेश सूची का प्रयोग करके आप संदेश सूची को देख सकते हैं और उसी समय एक-एक संदेश को पढ़ भी सकते हैं। फोल्डर सूची में मेल फोल्डर्स, न्यूज सर्वर और समाचार समूह होते हैं, तथा आप उन पर आसानी से पहुँच सकते हैं।

सर्वर पर मेल रखना

आगत मेलों के लिए यदि आपका इंटरनेट सेवा प्रदाता IMAP सर्वर का प्रयोग कर रहा है तो आप अपने संदेश को सर्वर फोल्डर में बिना अपने कम्प्यूटर पर डाउनलोड किए रख सकते हो ताकि संदेश को किसी भी कम्प्यूटर से आप देख सकें।

एड्रेस बुक

संदेश का जवाब देकर या अन्य प्रोग्राम्स से संदेशों को आयात करके आप नामों और पतों को अपनी एड्रेस बुक में स्वत: ही सुरक्षित कर सकते हैं।

सुरक्षित संदेशों को प्रेषित और प्राप्त करना

डिजिटल आईडी का प्रयोग करके आप डिजिटल विधि से संदेशों को हस्ताक्षरित कर सकते हैं ताकि आप सुरक्षित संदेशों को प्रेषित कर सकें और उन्हें प्राप्त कर सकें।

ऑफलाइन पढ़ने हेतु समाचार समूह संदेशों को डाउनलोड करना

संदेशों को डाउनलोड करने में आप अपने ऑनलाइन समय का सदुपयोग करने के लिए आप आउटलुक एक्सप्रेस का भी प्रयोग कर सकते है। जिससे कि आप ऑफलाइन पढ़ने के लिए समाचार समूह संदेशों को पढ़ सकें।

6.6.3 वेब आधारित ईमेल

प्रत्येक ईमेल सेवा, चाहे यह ऑनलाइन सेवा हो या वाणिज्यिक सेवा हो, मेलों को व्यावहारिक करने का इसका अपना तरीका होता है। अनेक ई-मेल सेवाएं अपने गेटवे के (यह वर्णित करता है कि एक सेवा से दूसरी सेवा को किस प्रकार संदेश प्रेषित करना है) रूप में इंटरनेट का प्रयोग करती हैं।

इंटरनेट विश्वभर के कम्प्यूटर्स को जोड़ता है ताकि लोग एक दूसरे से जानकारी शेयर कर सकें। जब हम ईमेल सेवा से किसी दूसरे व्यक्ति के सिस्टम को जानकारी प्रेषित करते हैं तो मेल अपने गंतव्य पर पहुंचने के लिए इंटरनेट पर गमन करता है। हमें केवल संदेश का विधिवत एड्रेस दिया गया होता है ताकि इंटरनेट यह जान सके कि किस व्यक्ति को संदेश भेजना है। यहाँ वेब आधारित कुछ निशुल्क ईमेल एकाउण्ट्स दिये गए हैं जो वेब आधारित ईमेल एक्सेस उपलब्ध कराते हैं।

इंटरनेट पर कार्य करते हुए आप अनेक तरीकों से संदेश प्रेषित कर सकते हैं। इंटरनेट एक्सप्लोरर टूलबार पर ईमेल बटन से संबद्ध कुछ कमाण्ड्स नीचे दी गई हैं।

- **ReadMail:** आउटलुक एक्सप्रेस को खोलती है और आपके ईमेल बॉक्स को प्रदर्शित करती है।
- **New Message:** नये आउटलुक एक्सप्रेस मेल संदेश को बनाती हैं।
- **Send a Link:** ईमेल संदेश के साथ फाइल संलग्न करने हेतु लिंक बनाती है।
- **Read News:** समाचार पढ़ने हेतु आउटलुक समाचारों को खोलती है।

6.7 ईमेल कूटांकन (Email Encryption)

कूटांकन का अर्थ है मानक कोड को विभिन्न कोडों में परिवर्तित करना, जिसे प्राप्तकर्ता द्वारा समझा जा सके। आँकड़े जब केबल या टेलीफोन लाइन से गुजरते हैं तब कूटांकन ही उनकी सुरक्षा करता है। कूटांकन विधि का प्रयोग करके प्रेषक मूल डाटा को कुछ अन्य कूटों में परिवर्तित कर सकता है और साथ ही उसे ईमेल की अपेक्षा पुन: परिवर्तन करने हेतु कुछ अन्य विधियाँ भी प्राप्तकर्ता को भेजना चाहिए।

6.8 एड्रेस पुस्तिका (Address Book)

आउटलुक एक्सप्रेस द्वारा उपयोगी जानकारी को पुन: प्राप्त करने हेतु सूचना को रखने के लिए पता पुस्तिका एक उपयुक्त स्थान होता है। यह इंटरनेट डायरेक्टरी को एक्सेस करने में आपकी सहायता करती है ताकि आप लोगों और व्यापारी को इंटरनेट पर प्राप्त कर सकें। अपनी पुस्तिका की सहायता से आपको ईमेल एड्रेस, फोन, फैक्स या डिजिटल आईडी को स्टोर करने की सुविधा प्राप्त होती है। आप एक पहचान स्थापित करते हुए अन्य प्रयोक्ताओं की साथ पता पुस्तिका (Address Book) को शेयर कर सकते हैं।

6.9 हस्ताक्षर फाइल (Signature File)

हस्ताक्षर प्रेषक के बारे में व्यक्तिगत जानकारी होती है जो ईमेल संदेश में सबसे नीचे लिखी जाती है। संदेश में हस्ताक्षर वैकल्पिक होते हैं। यदि कोई व्यक्ति अपने संदेश में Signature लिखता है तो उस व्यक्ति के सिग्नेचर एक बाइनरी फाइल में स्टोर हो जाते हैं जिसे हस्ताक्षर फाइल (Signature file) कहा जाता है।

उत्तर सहित पुनरावलोकन प्रश्न
(REVIEW QUESTIONS WITH ANSWERS)

*नोट: * से इंगित प्रश्न पहले DOEACC "O" तथा "A" स्तरीय परीक्षाओं में पूछे जा चुके हैं।*

1. बहुविकल्पीय प्रश्न

1. SMTP एक साधारण ____________ है।
   (a) TCP प्रोटोकॉल (b) TCP/IP प्रोटोकॉल
   (c) IP प्रोटोकॉल (d) उपर्युक्त में से कोई नहीं
2. मेल बॉक्स से ईमेल Fetch करने के लिए प्रयुक्त किया जाने वाला साधारण प्रोटोकॉल है:
   (a) POP3 (b) POP2
   (c) IMAP (d) उपर्युक्त में से कोई नहीं
3. कम्प्यूटर नेटवर्किंग की एक लोकप्रिय एप्लीकेशन समाचार समूह की वर्ल्ड वाइड वेब होती है जिसे ____________ के नाम से जाना जाता है।
   (a) न्यूज (b) गेटवे
   (c) गेटन्यूज (d) (a) और (b) दोनों
4. ईमेल एड्रेस बना होता है:
   (a) एक भाग से (b) दो भागों से
   (c) तीन भागों से (d) उपर्युक्त में कोई नहीं
5. जब आप ईमेल एक्सेस करने के लिए इंटरनेट कनेक्शन की मांग करते हैं तो VSNL द्वारा उपलब्ध कराया गया प्रोग्राम है:
   (a) ISP (b) HotDog
   (c) Pine (d) उपर्युक्त में से कोई नहीं।
6. SMTP है:
   (a) सर्वर मेल ट्रांसफर प्रोटोकॉल
   (b) सिम्पल मेल ट्रांसफर प्रोटोकॉल
   (c) स्माल मेल ट्रांसमीशन प्रोटोकॉल
   (d) शॉर्ट मेल ट्रांसमीशन प्रोटोकॉल
7. इंटरनेट एक्सप्लोरर के ई-मेल अवयव को कहा जाता है:

(a) मैसेन्जर मेल बॉक्स (b) मैसेज बॉक्स
(c) आउटलुक एक्सप्रेस (d) उपर्युक्त मे से कोई नहीं

8. मैसेन्जर मेल बॉक्स ___________ में होता है।
(a) इंटरनेट एक्सप्लोरर (b) नेटस्केप कम्यूनिकेटर
(c) (a) और (b) दानों (d) उपर्युक्त में से कोई नहीं

9. तुरन्त पुन: प्राप्ति हेतु संपर्क सूचना ___________ में स्टोर की जाती है।
(a) मैसेज बॉक्स (b) एड्रेस बॉक्स
(c) एड्रेस बुक (d) उपर्युक्त में से कोई नहीं

*10. डिजिटल सिग्नेचर के संदर्भ में निम्नलिखित में से कौन सा कथन सत्य नहीं है?
(a) यह वैधता के लिए एक तंत्र है।
(b) यह किसी के सिग्नेचर की स्कैन इमेज होती है।
(c) इसे कूटांकन सूचना द्वारा बनाया जाता है।
(d) इसकी प्रतिलिपि नहीं बनायी जा सकती है।

*11. निम्नलिखित में कौन सा ईमेल हेतु प्रोटोकॉल नहीं है?
(a) SMTP . (b) POP
(c) IMAP (d) UDP

*12. निम्न में से कौन सा वैध ईमेल एड्रेस है?
(a) enquiries.guilds.co@.uk
(b) sales@enquiries.guilds.co.uk
(c) @sales.enquiries@guilds.co.uk
(d) sales.enquiries.guilds.co.uk

2. निम्नलिखित वाक्यों में सही और गलत बताएँ:

1. SMTP में, एक संदेश कितना भी लंबा हो सकता है।
2. मेलबॉक्स से ईमेल Fetch करने के लिए POP1 प्रोटोकॉल प्रयोग किया जाता है।
3. UUCP Unix-to-Unix फाइल कॉपी प्रोटोकॉल होता है।
4. सभी आगत संदेशों को आउटबॉक्स फोल्डर में स्टोर किया जाता है।
5. इटरनेट एक्सप्लोरर के ईमेल अवयव को आउटलुक एक्सप्रेस कहा जाता है।
6. नेटस्केप मैसेन्जर नेटस्केप कम्यूनिकेटर 4.0 में ईमेल क्लाइंट पैकेज होता है।
7. मेल हैडर एस्टरिस्क की लाइन द्वारा मेल बॉडी से Offset होता है।
8. प्राप्तकर्ता के लॉग-इल नेम उसके ईमेल एड्रेस का एक भाग अवश्य होना चाहिए।
9. ईमेल संदेश प्राय: एक या दो लोगों को ही प्रेषित किए जाते हैं।
*10. वेब पर ईमेज हेतु दो प्रमुख फाइल प्रारूप GIF एवं TIFF होते हैं।
*11. SMTP इलेक्ट्रॉनिक मेल से संबद्ध होता है।
*12. ईमेल टेक्स्ट आधारित संदेशों तक ही सीमित होता है।
*13. ईमेल एड्रेस के दोनों भागों को @ चिन्ह द्वारा अलग किया जाता है।

3. निम्नांकित को सुमेलित करें:

3.1	ASCII	(a)	MPEG4
3.2	रिमोट मेल बॉक्स	(b)	POP3
3.3	VSNL	(c)	Pine
3.4	UUCP	(d)	Send Box संदेश को ____ नामक फोल्डर में भेजता है।
3.5	INBOX	(e)	SMTP
3.6	बाउन्स्ड मेल	(f)	मेल एड्रेसिंग प्रणाली
3.7	X.400	(g)	किसी ईमेल एकाउण्ट/सर्वर का भर जाना
3.8	Elm	(h)	प्रत्येक को वापसी
3.9	मेल बमबारी	(i)	बिना डाउनलोड किए मेल एक्सेस करना
3.10	IMAP	(j)	ट्रोजन हॉर्स
*3.11	एक सुरक्षा आक्रमण जिसमें एक व्यक्ति कंपनी के अन्दर ही चल रहे कम्प्यूटर प्रोग्राम में छल करता है जो किसी व्यक्ति के कम्प्यूटर से सूचना बाहर भेजता है।	(j)	Unix-to-Unix फाइल कॉपी प्रोटोकॉपी
*3.12	अंत: सक्रिय वीडियो	(j)	इलेक्ट्रोनिक मेल

4. रिक्त स्थानों की पूर्ति करें:

(a) रूटिंग (b) सुरक्षित
(c) इंटरनेट (d) स्पॉम (Spam)
(e) VSNL (f) BCC
(g) लिस्टसर्व (h) Inbox
(i) आउटलुक एक्सप्रेस (j) एड्रेस बुक
(k) POP3

1. किसी उत्तम संचार प्रणाली में, संदेश सुरक्षित और ___________ होना चाहिए। यह उसी व्यक्ति के पास पहुँचना चाहिए जिसे भेजा गया हो।
2. ___________ से जुड़ा पीसी भी शिक्षा, मनोरंजन हेतु प्रयुक्त किया जा सकता है।
*3. अनिच्छित वाणिज्यिक मेल को ___________ कहा जाता है।
4. ___________ लोगों के बड़े समूहों से आपके मेलबॉक्स पर संचार करता है।
5. इंटरनेट एक्सप्लोरर के ईमेल अवयव को ___________ कहा जाता है।
6. प्राप्तकर्ता के होस्ट के संदेश को निर्देशित करने की प्रक्रिया को ___________ कहा जाता है।
7. चयनित आगत मेल को पढ़ने के लिए ___________।
8. ___________ को ब्लाइंड कार्बन कॉपी कहा जाता है।
9. दूरस्थ मेल बॉक्स से ईमेल भेजने हेतु प्रयुक्त किया जाने वाला साधारण प्रोटोकॉल ___________ होता है।
10. मैसेन्जर आपको ईमेल पतों में ___________ स्टोर करने की अनुमति प्रदान करता है।

उत्तर

1.	1.1	c	1.2	a	1.3	c	1.4	b	1.5	c
	1.6	b	1.7	c	1.8	b	1.9	c	1.10	b
	1.11	d	1.12	b						

2.	2.1	F	2.2	F	2.3	T	2.4	F	2.5	T
	2.6	T	2.7	F	2.8	F	2.9	T	2.10	F
	2.11	T	2.12	F	2.13	T				
3.	3.1	e	3.2	b	3.3	c	3.4	k	3.5	d
	3.6	h	3.7	f	3.8	l	3.9	g	3.10	i
	3.11	j	3.12	a						
4.	4.1	b	4.2	c	4.3	d	4.4	g	4.5	i
	4.6	a	4.7	h	4.8	f	4.9	k	4.10	j

विवरणात्मक प्रश्न
(DESCRIPTIVE TYPE QUESTIONS)

1. ईमेल क्या है? मेल-बॉक्स क्या होता है?
2. ईमेल हेतु प्रयोग किए जाने वाले दो प्रोटोकॉल्स पर संक्षिप्त टिप्पणी लिखिए।
   (a) UUCP
   (b) SMTP
3. MIME की क्या जरूरत थी? MIME में निर्दिष्ट पाँच विभिन्न हैडर क्या हैं?
4. ई-मेल के हस्तांतरण में DNS की क्या भूमिका होती है? इंटरनेट पर ईमेल भेजने की संक्षिप्त प्रक्रिया का वर्णन करें।
5. निम्नलिखित को परिभाषित करें:
   (a) लिस्ट सर्वर
   (b) ईमेल
6. मेल हैडर क्या है? इसमें क्या सम्मिलित होता है?
7. आउटलुक एक्सप्रेस क्या है? इसके क्या प्रयोग हैं?
8. ईमेल एड्रेस से आपका क्या तात्पर्य है? उदाहरण सहित व्याख्या करें।

*9. POP और SMTP सर्वरों द्वारा ईमेल किस प्रकार स्टोर और प्रेषित किए जाते हैं? व्याख्या करें।

*10. SMTP का ओवरव्यू प्रस्तुत करें। इसकी कमियों का वर्णन करें। इन कमियों को दूर करने हेतु MIME में उपलब्ध उपकरणों/तरीकों का वर्णन करें।

*11. MIME क्या है? ईमेल संदेश द्वारा बाइनरी डाटा प्रेषित करने में यह किस प्रकार सहायता करता है?

*12. MIME की आवश्यकता की व्याख्या करें। MIME में वर्णित पाँच विभिन्न हैडर क्या होते हैं?

*13. URL और ईमेल एड्रेस में समानता और असमानता की व्याख्या करें।

*14. एक ईमेल एड्रेस किस प्रकार दिखाई देता है? ईमेल को प्रेषित करने व प्राप्त करने में प्रयुक्त प्रोटोकॉल कौन-कौन से हैं?

अध्याय-7

इंटरनेट की वर्तमान प्रवृत्तियाँ (Current Trends on Internet)

7.1 भाषाएँ (Languages)

वेब तकनीकी से संबद्ध तीन अति महत्वपूर्ण प्रोग्रामिंग टूल्स हैं: जावा (Java), एक्टिवेक्स (ActiveX) और जावा स्क्रिप्ट (Java Scripts)।

7.1.1 जावा (Java)

सन माइक्रोसिस्टम द्वारा विकसित कम्प्यूटर की भाषा जावा वर्ड प्रोसेसिंग की तरह ही इंटरनेट पर एप्लीकेशंस को चलाने की योग्यता प्रदान करती है और फिर स्प्रेडशीट (Spread Sheet) प्रोग्राम आपके कम्प्यूटर पर चलने लगते हैं।

वेब पृष्ठ में ध्वनि एवं एनीमेशन समाहित करने वाली यह प्रथम भाषा (language) थी। इसके प्रथम पठन और फॉर्म भरने की बजाय प्रयोक्ता अब इसके माध्यम से खेल खेल सकते हैं, स्प्रेडशीट की गणना कर सकते हैं, सजीव चैट कर सकते हैं, निरन्तर संवर्धित आँकड़े प्राप्त कर सकते हैं और बहुत कुछ कर सकते हैं।

यदि आपके पास नेटस्केप जैसा जावायुक्त ब्राउज़र है तो आप अपने वेब ब्राउज़र में जावा प्रोग्राम्स को चला सकते हैं। जावा प्रोग्राम आपके ब्राउज़र में चलते हैं तो उन्हें एपलेट (Applets) कहा जाता है। आपको जावा एपलेट चलाने के लिए कुछ भी नहीं करना पड़ता है। जब आप एक वेब साइट जिस पर जावा एपलेट होता हो, का अवलोकन करते हैं तो एपलेट वेब ब्राउज़र से स्वत: ही डाउनलोड हो जाता है और स्वत: ही आपके ब्राउज़र में चलने लगता है। जावा एपलेट को किसी भी कम्प्यूटर, अथवा यूनिक्स वर्कस्टेशन या Macintosh पर चलाया जा सकता है।

7.1.2 एक्टिवेक्स (ActiveX)

माइक्रोसॉफ्ट से प्राप्त तकनीक **एक्टिवेक्स** इंटरनेट प्रोग्रामर्स को एक्टिवेक्स नियंत्रण अथवा अवयव— जो इंटरनेट को आपके कम्प्यूटर के विस्तार के रूप में परिवर्तित करने के लिए अनिवार्य हो सकता है, के प्रोग्राम बनाने के लिए सामान्यत: संबोधित किया जाता है। जावा एपलेट की तरह ही इन नियंत्रणों को आपके कम्प्यूटर पर डाउनलोड किया जाता है और फिर चलाया जाता है। ये वह सब कर सकते हैं जो एक सामान्य एप्लीकेशन कर सकती हैं, इसके अतिरिक्त ये वेब, इंटरनेट और इंटरनेट से जुड़े अन्य कम्प्यूटरों के साथ अन्त:क्रिया भी कर सकते हैं। इन नियंत्रणों को चलाने के लिए इंटरनेट एक्सप्लोरर जैसे एक्टिवेक्स को सपोर्ट करने वाले ब्राउज़र की जरूरत पड़ती है।

एक्टिवेक्स नियंत्रणों का एक लाभ यह है कि ये अवयवों के रूप में लिखे जाते हैं, इसका तात्पर्य यह है कि इन्हें बड़े तथा अत्यधिक जटिल एप्लकेशनों को बनाने के लिए अनेक भूखण्डों की भाँति एक साथ रखा जा सकता है। इसका एक अन्य लाभ यह है कि यदि आप इसे डाउनलोड कर चुके हैं तो पुन: डाउनलोड करने की जरूरत नहीं पड़ती है। इसका तात्पर्य यह है कि जब आप एक वेब पृष्ठ को देखते हैं, जिस पर जटिल एक्टिवेक्स एप्लीकेशन मौजूद हो, तो आपको केवल इसके छोटे से भाग को ही डाउनलोड करने की जरूरत पड़ती है, क्योंकि इसके अन्य अवयव आपके कम्प्यूटर पर मौजूद होते हैं।

7.1.3 जावा स्क्रिप्ट (Java Scripts)

जावा स्क्रिप्ट वेब भाषाओं की एक नवीन प्रजाति है जिसे स्क्रिप्टिंग लैंगुएज के नाम से जाना जाता है। स्क्रिप्टिंग भाषाएं गैर प्रोग्रामरों को वेब पृष्ठ में सुधार करना आसान बनाती हैं। वस्तुत: जावा स्क्रिप्ट का विकास नेटस्केप कारपोरेशन द्वारा अपने नेटस्केप नेविगेटर ब्राउज़र में प्रयोग करने के लिए किया गया था। इसमें आसान वाक्य विन्यास, लचीले वेरिएबल (Variable) प्रकार और ब्राउज़र की विशेषताओं का आसान एक्सेस आदि शामिल होते हैं। ये बिना एकजुट किए ब्राउज़र पर चलाये जा सकते हैं और स्रोत कूटांकन को प्रत्यक्षत: ही वेब पृष्ठ में रखा जा सकता है।

आप आसानी से जावा स्क्रिप्ट में प्रोग्राम कूट कर सकते हैं। जावा स्क्रिप्ट के HTML दस्तावेज बनाने के लिए आप एक ही editor का प्रयोग कर सकते हैं और यह सीधे तौर पर ब्राउज़र पर कार्य करने लगता है। वेब पृष्ठ में HTML अवयवों के साथ जावा स्क्रिप्ट प्रत्यक्ष रूप से कार्य कर सकती है। यह प्रयोग करने में आसान भी है और आप केवल कुछ जावा स्क्रिप्ट विवरणों (Statements) के लिए इसका प्रयोग कर सकते हो।

यद्यपि जावा स्क्रिप्ट में जावा से जुड़ी कोई अन्य विशेषताएँ नहीं होती हैं फिर भी यह प्रोग्रामिंग को आसान बनाने के साथ साथ कुछ सुविधाएँ अवश्य मुहैया कराती है। यह ब्राउज़र के साथ बेहतर एक जुटता प्रदान करती है। जावा से इसकी मुख्य भिन्नताएँ निम्नलिखित हैं:

(a) जावा स्क्रिप्ट को HTML के साथ सीधे ही मिलाया जा सकता है।

(b) जावा स्क्रिप्ट की भाषा संरचना जावा की अपेक्षा अधिक आसान होती है।

(c) जावा स्क्रिप्ट इंटरप्रेटर वेब ब्राउज़र में ही अंतर्निहित होता है जिसे नेटस्केप नेवीगेटर कहा जाता है।

(d) जावा स्क्रिप्ट जावा की अपेक्षा अधिक प्लेटफार्मो को सपोर्ट करती है।

7.2 इंटरनेट फोन (Internet Phone)

आप इंटरनेट पर दो तरीके से दूरभाष बातचीत कर सकते हैं। पहले तरीके में आप अपने कम्प्यूटर, विशेष सॉफ्टवेयर और हार्डवेयर का प्रयोग बातचीत के लिए करते हैं, ताकि आप पीसी (PC) के माध्यम से संचार कर सकें। दूसरे तरीके में, इसे प्राय: इंटरनेट टेलीफोन के नाम से संबोधित किया जाता है, इसमें आप ठीक उसी तरह call करते हैं जिस तरह आप सामान्य फोन पर करते हैं इसके अलावा आपकी फोन कॉल साधारण दूरभाष सेवा की अपेक्षा इंटरनेट पर चलती है जिससे दूरस्थ फोन कॉल पर आने वाला खर्च कम हो जाता है।

☞ इंटरनेट टेलीफोनी को आवाज के प्रसारण के लिए सार्वजनिक इंटरनेट के प्रयोग हेतु संबोधित किया जाता है। जो इंटरनेट सेवा को दूरस्थ फोन कॉल के लिए आपके कम्प्यूटर को योग्यता प्रदान करता है।

अपने पीसी से फोन कॉल करने के लिए इंटरनेट प्रयोग का सबसे अहम हिस्सा इसकी कीमत होती है: जो निशुल्क होती है। आपको केवल अपने इंटरनेट कनेक्शन के लिए ही भुगतान करना पड़ता है, यदि आप वेब ब्राउज़िंग या ईमेल भेज रहे होते हैं। जबकि आपको फोन कॉल करने के लिए कोई भुगतान नहीं करना पड़ता है। इसके अतिरिक्त, आप विश्वभर में कहीं भी फोन कॉल कर सकते हैं।

इंटरनेट से जुड़े कम्प्यूटर एक दूसरे से संचार करने में टेलीफोनी के समय इंटरनेट प्रोटोकॉल (IP) का प्रयोग करते हैं। Voice call करने वाले दलों में निम्नलिखित सम्मिलित होते हैं:

1. प्रयोक्ता
2. इंटनरेट प्रोटोकॉल पर ध्वनि सेवा प्रदाता (VOIP) और
3. प्रयोक्ता का इंटरनेट सेवा प्रदाता (ISP)

इसके लिए प्रयोक्ता को सबसे पहले स्वयं को इंटरनेट सेवा प्रदाता और ध्वनि सेवा प्रदाता (VOIP) दोनों के पास पंजीकृत कराना पड़ता है। अब इंटरनेट टेलीफोनी के माध्यम से कॉल कुछ इस प्रकार की जाती है।

1. प्रयोक्ता अपने कम्प्यूटर का प्रयोग करके कॉल करता है।
2. सबसे पहले उसे अपने सेवा प्रदाता से कनेक्शन और वैधता प्राप्त करनी होती है। यह सेवा प्रदाता उसको इंटरनेट एक्सेस करने के लिए गेटवे उपलब्ध कराता है।
3. फिर प्रयोक्ता VOIP सेवा प्रदाता के गेटवे से जुड़ता है। यह गेटवे इंटरनेट टेलीफोनी सॉफ्टवेयर युक्त होता है जो पैकेट को आवाज के रूप में परिवर्तित करता है और आंशिक रूप से गंतव्य स्थान के दूरभाष नेटवर्क से जोड़ता है। तब कॉल की गई पार्टी की घंटी बजती है।
4. एक बार जब कॉल लग जाती है तो दोनों गेटवे निरन्तर संचार करते हैं और कम से कम नुकसान पर पैकेटों को अग्रसारित करते हैं।

7.3 इंटरनेट वीडियो

इंटरनेट ईमेल, ग्रुप डिस्कसन और फाइल ट्रांसफर जैसे टेक्स्ट आधारित जानकारी को शेयर करने का मार्ग खोलता है। हालांकि/आज तकनीकी इससे कहीं अधिक आधुनिक हो गई है। वर्तमान समय में, आप इंटरनेट पर वीडियो कान्फ्रेंस कर सकते हैं जिसमें आप किसी व्यक्ति के साथ सजीव बातचीत करते हैं और उन्हें अपने कम्प्यूटर स्क्रीन पर देखते भी हैं।

7.3.1 इंटरनेट पर वीडियो कान्फ्रेंस

वीडियो कान्फ्रेंस में आप किसी व्यक्ति के साथ सजीव बातचीत करते हैं। और आप इंटरनेट के माध्यम से उस व्यक्ति को अपने कम्प्यूटर स्क्रीन पर देख सकते हैं। आप ऐसी एप्लीकेशंस का प्रयोग कर सकते हैं जो आपके कम्प्यूटर पर अन्य व्यक्ति के साथ सजीव बातचीत करने दें। इस एप्लीकेश को श्वेतपटल (white board) के नाम से जाना जाता है।

नीचे उन तीन विभिन्न तकनीकों का वर्णन किया गया है जो सजीव वीडियो कान्फ्रेंस या श्वेतपटल एप्लीकेशन के कार्य को सम्भव बनाते हैं।

(a) **MBone (Multicast Backbone) तकनीक:** यह वह विशेष उच्चगति वाली इंटरनेट बैकबोन होती है जो भारी मात्रा में सूचना प्रेषित करने की क्षमता रखती है। अनेक वीडियो प्रसारण विशेषकर सजीव में, अपनी उच्च बैण्डविड्थ के कारण MBone पर किये जाते हैं।

(b) **प्रवाही वीडियो तकनीक:** इस तकनीक ने इंटरनेट पर वीडियो संकेत भेजने की लम्बे समय से चली आ रही समस्या को हल किया है। वीडियो फाइल्स प्राय: बहुत बड़ी इस लिए होती हैं क्योंकि इनमें बहुत अधिक जानकारी समाहित होती है। जिसकी वजह से वीडियो भेजना कभी प्रयोग में नहीं आ सका। किसी व्यक्ति के कम्प्यूटर पर केवल एक वीडियो फाइल भेजने में काफी समय लग जाता था और दूसरे सिरे पर व्यक्ति को पूरी फाइल डाउनलोड हो जाने तक इंतजार करना पड़ता था और फिर वह उसे चलाता था। प्रवाही वीडियो तकनीक ने इस समस्या को हल किया है क्योंकि इंटरनेट पर भेजने से पहले यह वीडियो फाइल को इतना संक्षिप्त कर देती है ताकि वह इंटरनेट पर भेजी जा सके। दूसरी तरफ इस फाइल को डाउनलोडिंग होते समय ही सीधे चलाया जा सकता है। इसलिए यदि आप प्रवाही वीडियो फाइल प्राप्त करते हैं तो आप उसे ठीक उसी अवस्था में देख सकते हैं जिसमें आपने उसे प्राप्त किया है। और पूरी फाइल डाउनलोड हो जाने तक आपको इंतजार नहीं करना पड़ता है। लेकिन आपको वीडियो देखने के लिए एक विशेष प्लेयर की जरूरत पड़ती है।

(c) **वीडियो कॉन्फ्रेंसिंग:** यह तकनीक का तीसरा प्रकार है। यह तकनीक आपको इंटरनेट पर आपके कम्प्यूटर पर वीडियो कान्फ्रेंसिंग की सुविधा प्रदान करती है। यद्यपि यह तकनीक टेप्ड वीडियो को प्रसारित करने में भी प्रयोग की जा सकती है फिर भी सजीव वीडियो कान्फ्रेंसिंग की जाती है। अमेरिका का नेशनल एयरोनॉटिक्स एण्ड स्पेस एडमिनिस्ट्रेशन संस्थान इस तकनीक का प्रयोग स्पेस शटल से सजीव प्रसारण करने के साथ-साथ वीडियो टेपों का प्रसारण करने में करता है।

7.4 ई-कॉमर्स

कम्प्यूटर एवं दूरसंचार नेटवर्कों के माध्यम से ई-कॉमर्स यानी इलेक्ट्रॉनिक कॉमर्स का प्रयोग व्यापार संबंध स्थापित करने, सूचना का विक्रय करने तथा सेवाओं हेतु किया जा रहा है। ई-कॉमर्स में उपभोक्ता के साथ व्यापार और व्यापार वाणिज्य के साथ व्यापार के साथ साथ संस्थानों का आन्तरिक लेनदेन जो इन गतिविधियों को सपोर्ट करता है, आदि को सम्मिलित किया जाता है।

सन् 1993 में वर्ल्ड वाइड वेब को एक्सेस करने हेतु पहले ग्राफिकल ब्राउज़र सॉफ्टवेयर का आविष्कार हुआ और इसे तुरन्त ही कंपनियों ने अपना लिया गया और ई-कामर्स इंटरनेट पर चला गया।

वे नवीन पद्धतियाँ जिन्होंने ई-कॉमर्स को संवर्धित किया- इलेक्ट्रॉनिक डायरेक्टरी एवं वेब पर जानकारी प्राप्त करने हेतु सर्च इंजन हैं। इलेक्ट्रॉनिक नीलामियाँ एवं परिवर्तित बाजार (जहाँ क्रेता विक्रेताओं से प्रस्ताव प्राप्त करते हैं) ई-कॉमर्स को बढ़ाने वाले अन्य घटकों में से एक है। 1995 में इसके अस्तित्व में आने के बाद ई-बे इंक (e-Bay Inc) नामक ऑनलाइन मुक्त नीलामी साइट पर इसके सदस्यों की संख्या 21वीं सदी के प्रारम्भ में ही 42 मिलियन तक पहुँच गयी।

अनेक महत्त्वपूर्ण घटनाक्रम ई-कॉमर्स से संबद्ध हैं। व्यापारिक संबंध स्थापित करने में भौगोलिक दूरियाँ अब कम हो गई हैं। खुदरा वेब साइट को प्रारम्भ करना कम खर्चीला होने की वजह से खुदरा व्यापार में आने वाली अड़चनें कम हो गयी हैं। कुछ परम्परागत व्यापार मध्यस्थों को उनके इलेक्ट्रॉनिक स्थानापन्नों से बदला जा रहा है और उन्हें सम्पूर्ण रूप से अनावश्यक बनाया जा रहा है। वेब पर वस्तुओं अथवा मदों की कीमतें कम हो गई हैं। इलेक्ट्रॉनिक व्यापार से न केवल कीमतें घटी हैं अपितु साइबर जगत में खरीदारी करना आसान हो गया है।

7.5 सहयोगात्मक कम्प्यूटिंग (Collaborative Computing)

नेटवर्क का निर्माण और संचार प्रोटोकॉलों की स्थापना ने वितरित प्रणालियों को आगे बढ़ाया है जिसमें कार्य के लिए कम्प्यूटर एक दूसरे से जुड़े होते हैं। एक वितरित डाटाबेस प्रणाली विभिन्न नेटवर्क साइटों वाले डाटाबेसों से मिलकर बनी होती है।

सहयोगात्मक कम्प्यूटिंग भौगोलिक रूप से वितरित समूहों का विकास करने, संपादित करने और सामान्य डाटाबेस का उपयोग करने के माध्यम से टीम आधारित संगठनों की वृद्धि में सहयोग प्रदान करती है। कभी कभी वर्कग्रुप कम्प्यूटिंग या ग्रुपवेयर नामक सहयोगात्मक कम्प्यूटिंग लोगों के समूह को जानकारी शेयर करने व उसे प्रसारित करने का अवसर कुछ इस तरह प्रदान करती है कि वे अपने दायित्वों के निर्वाह का पुनरावलोकन और अंत:क्रिया कर सकें। सहयोगात्मक कम्प्यूटिंग वातावरण की आवश्यक प्रोसेसिंग हेतु और दस्तावेजों और डाटाबेसों का प्रसार करने, इलेक्ट्रॉनिक मेल, सूचना भागीदारी जो संचार और चर्चा के माध्यम से अधिकृत मेलों को सपोर्ट करती है, के आवश्यक अवयव हैं। लेखा फर्मों सहित बड़ी कंपनियों में तकनीकी एप्लीकेशन जो पूर्वानुमानों की कार्य पद्धति को recast करेगी, सुनिश्चित करती हुई प्रतीत होती है।

सहयोगात्मक कम्प्यूटिंग वातावरण में क्रियाओं के निम्नलिखित पाँच वर्ग सम्मिलित किये जाते हैं:

1. सृजन, व्यवस्था, वितरण और दस्तावेजों का प्रेषण तथा गैर-हस्तांतरोन्मुख डाटाबेसों को सुविधा प्रदान करती है यानी क्रेडिट कार्ड जैसे उच्चगति वाले डाटाबेसों की अपेक्षा वे सूचनाएँ जो लोगों द्वारा एक्सेस की जाती हैं, युक्त डाटाबेस होते हैं।
2. इलेक्ट्रॉनिक मेल।
3. वास्तविक समाचार पटल और चर्चा प्रपत्रों द्वारा मीटिंग जैसे संचार और चर्चाओं के माध्यम से सूचना सहभागिता हेतु समर्थन करती हैं।
4. स्प्रेडशीट, शिड्यूलिंग प्रोग्रामों और ग्राफिक्स पैकेजों और दूरसंचार सॉफ्टवेयर के साथ वर्ड-प्रोसेसिंग सॉफ्टवेयर जैसे कार्यालयी आटोमेशन सॉफ्टवेयर को पारदर्शिता पूर्वक जोड़ने और मेल योग्य बनाने की सुविधाएँ प्रदान करती है। मेल युक्त एवं पारदर्शिता पूर्वक अंत:सम्बद्ध सॉफ्टवेयर किसी भी सॉफ्टवेयर पैकेज में निर्मित किसी भी भाग में भेजने की अनुमति प्रदान करते हैं।
5. एप्लीकेशन बनाने के लिए उन्हें एक साथ मिलाने के लिए तथा दूसरे कम्प्यूटिंग कार्यों के लिए एप्लीकेशन विकास इंटरफेस होता है।

उत्तर सहित पुनरावलोकन प्रश्न
(REVIEW QUESTIONS WITH ANSWERS)

*नोट: * से इंगित प्रश्न पहले DOEACC "O" तथा "A" स्तरीय परीक्षाओं में पूछे जा चुके हैं।*

1. बहुविकल्पीय प्रश्न

1. जावा विषयोन्मुख प्रोग्रामिंग भाषा होती है जो निम्न में से एक लिपि में होती है:
   (a) C (b) COBOL
   (c) C++ (d) Pascal
2. वेब तकनीक से संबद्ध तीन महत्त्वपूर्ण साधन हैं:
   (a) जावा (b) एक्टिवेक्स
   (c) जावा स्क्रिप्ट (d) उपर्युक्त सभी
3. निम्नलिखित में सही कथन ढूंढिये:
   (a) जावा स्क्रिप्ट इंटरप्रेटर प्रोसेस प्रोग्राम जावा में लिखा गया है।
   (b) जावा स्क्रिप्ट इंटरप्रेटर की स्क्रिप्ट में कमाण्ड जावा स्क्रिप्ट में लिखी गई हैं।
   (c) जावा और जावा स्क्रिप्ट लगभग एक जैसी हैं।
   (d) जावा स्क्रिप्ट को HTML में नहीं जोड़ा जा सकता है।

2. निम्नलिखित वाक्यों में सही और गलत बताएँ:

1. जब ब्राउज़र में जावा प्रोग्राम चलाया जाता है तो इसे एप्लेट (Applets) कहा जाता है।
2. जावा स्क्रिप्ट को सीधे ही HTML से जोड़ा जा सकता है।
3. ई-कॉमर्स की एक विशेषता यह होती है कि उपभोक्ता इंटरनेट पर व्यापारियों से सीधे खरीदारी कर सकते हैं और दोनों का समय बचा सकते हैं।
4. जावा स्क्रिप्ट इंटरप्रेटर प्रोसेस की स्क्रिप्ट में कमाण्ड जावा स्क्रिप्ट में लिखी जाती है।
5. जावा इंटरनेट के लिए उपयुक्त नहीं होती है।

3. निम्नांकित को सुमेलित करें:

3.1	जावा	(a)	स्क्रिप्ट की भाषा
3.2	जावा स्क्रिप्ट	(b)	अवयव
3.3	सामान्य फोन लाइन पर उच्च गति की कनेक्टिविटी	(c)	सन माइक्रोसिस्टम्स
3.4	एक्टिवेक्स	(d)	DSL

4. रिक्त स्थानों की पूर्ति करें:

(a) ई-कॉमर्स (b) जावा स्क्रिप्ट
(c) वीडियो कान्फ्रेंस (d) MBone

1. __________ को मूलरूप से नेटस्केप नेविगेटर द्वारा विकसित किया गया था।

2. __________ उच्चगति की विशेष इंटरनेट बैकबोन (Back bone) होती है जो बड़ी मात्रा में सूचना प्रेषित करने में सक्षम होती है।

3. __________ व्यापारिक संबंधों और सूचना विक्रय को बनाये रखती है।

4. __________ में आप किसी व्यक्ति के साथ सजीव बातचीत कर सकते हैं और उसे अपने कम्प्यूटर स्क्रीन पर देख सकते हैं।

उत्तर

1.	1.1	c	1.2	d	1.3	b				
2.	2.1	T	2.2	T	2.3	T	2.4	T	2.5	F
3.	3.1	c	3.2	a	3.3	d	3.4	b		
4.	4.1	b	4.2	d	4.3	a	4.4	c		

विवरणात्मक प्रश्न
(DESCRIPTIVE TYPE QUESTIONS)

1. जावा स्क्रिप्ट और जावा से आपका क्या तात्पर्य है?
2. वीडियो कान्फ्रेंस क्या है?
3. MBone और प्रवाही वीडियो तकनीक के बीच अन्तर स्पष्ट करें।
4. संक्षिप्त टिप्पणी लिखें:
   (a) सहयोगात्मक कम्प्यूटिंग
   (b) ई-कॉमर्स
   (c) इंटरनेट तकनीक
   *(d) जावा और जावा स्क्रिप्ट

अध्याय-8

वेब प्रकाशन एवं ब्राउज़िंग (Web Publishing and Browsing)

8.1 WWW का ओवरव्यू (Overview of WWW)

वर्ल्ड वाइड वेब (WWW) इंटरनेट एक्सेस करने की सर्वाधिक लोकप्रिय एवं विश्वसनीय पद्धति है। वर्ल्ड वाइड वेब वह सूचना प्रणाली है जो उपयोगी सूचना, जो प्रयोग करने में आसान और दिमाग में अन्तःपरिवर्तनीय दस्तावेज को पोस्ट (Post) करने के लिए विशेषतः तैयार की गई है। इस उद्‌देश्य की पूर्ति हेतू HTML (हाइपरटेक्स्ट मार्कअप लेंगुएज) को विकसित किया गया है। HTML स्टैंडर्ड जनरलाइज़्ड मार्कआप लेंगुएज (SGML) पर आधारित थी। दूरस्थ साइटों पर HTML दस्तावेज स्थानांतरति करने के लिए HTTP (हाइपरटेक्स्ट ट्रांसफर प्रोटोकॉल) को निर्मित किया गया था। HTTP का प्रयोग इंटरनेट पर कम्प्यूटरों के बीच अंतःक्रिया करने के लिये किया जाता है। वह कम्प्यूटर जो HTTP प्रोटोकॉल का प्रयोग करता है, वेब सर्वर कहलाता है। और जो कम्प्यूटर उस सर्वर को एक्सेस कर सके, वेब क्लाइंट कहलाता है। क्लाइंट सर्वर मॉडल और HTTP का प्रयोग इंटरनेट पर विभिन्न कम्प्यूटरों को परस्पर अन्तःक्रिया करने की अनुमति प्रदान करता है। उदाहरणार्थ, यूनिक्स वर्कस्टेशन और विंडोज़ पीसी दोनों यदि सूचना को प्रसारित करने व प्राप्त करने के लिए HTTP प्रोटोकॉल का प्रयोग करते हैं तो यूनिक्स वर्कस्टेशन वेब सर्वर हो सकता है और विंडोज़ पीसी के वेब क्लाइंट।

☞ HTTP दस्तावेजों में सूचीकरण (indexing) और दस्तावेज से दस्तावेज में विचरण करने के साधन उपलब्ध कराता है। हाइपरटेक्स्ट की सादगी और पारदर्शिता ही इसकी शक्ति होती है।

प्रयोक्ता केवल एक बटन मात्र पर क्लिक करके ही स्रोतों के सार्वभौमिक नेटवर्क के माध्यम से इसे चला सकता है। दस्तावेज में हाइपरटेक्स्ट दस्तावेज मूल शब्दों और चित्रीय आइकॉनों से जुड़े होते हैं। जब कोई नया शब्द अथवा विचार आता है तो आप नये विषय की सम्पूर्ण जानकारी वाले दस्तावेज पर तुरंत पहुँच सकते हैं। पाठकगण रेखांकित मूल शब्दों या चित्रों को लिंक के रूप में देखें और इन लिंकों का प्रयोग अतिरिक्त दस्तावेजों या स्रोतों को एक्सेस करने हेतु करें। हाइपरटेक्स्ट में लिंक एक विशेष प्रकार की चीज होती है जो एक दस्तावेज से दूसरे को जो संबद्ध चीजों की अधिक जानकारी प्रदान करते हैं, जोड़ती है।

वेब की हाइपरटेक्स्ट सुविधा का प्रयोग करके आपके पास पाठकगणों को शक्तिशाली तरीके से सूचना आपूर्ति करने की स्वतंत्रता होती है। इन दिनों वेब प्रकाशन वेब के ग्राफीय, अंतःक्रियाशील और मल्टीमीडिया विशेषताओं के नए तरीकों का प्रयोग कर रहे हैं। हालाँकि ये तरीके दिन प्रतिदिन बदलते जा रहे हैं।

8.2 SGML

HTML स्टैंडर्ड जनरलाइज़्ड मार्कअप लैंगुएज (SGML) के उपसेट का विकसित संपादन है जो एक उच्च स्तरीय मार्कअप भाषा होती है। HTML की भाँति ही यह दस्तावेज के विभिन्न अवयवों को परिभाषित करता है और हाइपरटेक्स्ट लिंक व उसके प्रारूप की व्याख्या करता है।

SGML की अपेक्षा HTML अधिक आसान है और इंटरनेट पर प्रसारण की दृष्टि से सर्वाधिक उपयुक्त है। विभिन्न प्रकार के कम्प्यूटरों, प्रयोक्ताओं व ब्राउज़र एप्लीकेशंस के लिए इंटरनेट पर प्रसारण हेतु SGML आदर्श भाषा है।

8.3 वेब होस्टिंग (Web Hosting)

इंटरनेट सेवा प्रदाता (ISP) द्वारा प्रदान किये गए सॉफ्टवेयर पर निर्भर रहते हुए आप इंटरनेट पर आपकी वेब साइट को होस्ट करने के योग्य बन सकते हैं। अपना वेब पृष्ठ अपलोड कर सकने के पूर्व आपके पास निम्नलिखित होना चाहिए:

- वेब सर्वर पर खाली जगह
- वेब फाइल्स अपलोड करने हेतु क्रियाविधि
- वे फाइल्स अपलोड करने के लिए आवश्यक सॉफ्टवेयर

कुछ इंटरनेट सेवा प्रदाता आपको मासिक शुल्क के आधार पर निश्चित मात्रा में स्थान प्रदान करते हैं। आप वेब भण्डारण स्थान के मेगाबाइट्स प्राप्त कर सकते हैं, इसका अर्थ यह है कि आप अपने क्लाइंट्स के लिए अपने व्यापार हेतू जितने पृष्ठ चाहें उतने बना सकते हैं। दो वेब सेवा प्रदाता फॉरसाइट (www.forsite.net) और नेटफिनिटी (www.netfinity.com) हैं।

कुछ वेब सेवा प्रदाता माइक्रोसॉफ्ट विस्तारों को सपोर्ट करते हैं। इसका तात्पर्य यह है कि आप इंटरनेट पर आपके लिए आरक्षित वेब पृष्ठ पर डायरेक्टरी के लिए अपनी HTML फाइल को प्रकाशित करने के लिए माइक्रोसॉफ्ट की वेब प्रकाशन विज़ार्ड का प्रयोग कर सकते हैं। अन्स सेवा प्रदाताओं को उन चीज़ों की जरूरत होती है जो फाइल को रखने के लिए आप एफटीपी अथवा अन्य उपयोगिता का प्रयोग करते हैं इसलिए विवरण प्राप्त करने हेतु आपको अपने सेवा प्रदाता से संपर्क स्थापित करना चाहिए।

8.3.1 इंटरनेट वेब प्रकाशन के लिए पथप्रदर्शक (Guide to Web Publishing on the Internet)

अनेक पद्धतियों में से एक पद्धति क्यूट एफटीपी (Cute FTP) है जिसे आप ftp://ftp.cuteftp.com/pub/cuteftep/ से प्रयोग कर सकते हैं।

सबसे पहले आप वेब साइट हेतु पृष्ठ बनायें फिर फाइल को चुनकर HTML के रूप में सुरक्षित करते हुए आवश्य फोल्डर का नाम प्रविष्ट करके सेव (save) पर क्लिक करें।

choose file →save as HTML →folder name →click to save

फ्रंट पेज 2000 जैसा आपका वेब पृष्ठ डिजाइनर इस फाइल को आपके द्वारा निर्दिष्ट फोल्डर में HTML दस्तावेज के रूप में सुरक्षित कर देता है।

अब CuteFTP सॉफ्टवेयर को प्रारम्भ करें जो प्रयोग करने में आसान और विश्वसनीय है। तब आपका इंटरनेट वेब सर्वर को आपके लिये स्थान आरक्षित रखता है, पर बने फोल्डर में आप सभी फाइल्स अपलोड कर सकते हैं। यह बहुत साधारण प्रक्रिया होती है और इस पूरे कार्य में 10 मिनट का समय लेती है।

8.4 HTML

सर्न में टिम बर्नर-ली ने 1990 में मूल HTML दस्तावेज का प्रकार विकसित किया था। सन 1992, में डान कॉनोली ने HTML दस्तावेज का लेखन कार्य किया और संक्षिप्त HTML विशिष्टताएँ निर्धारित कीं। सन् 1994 में डान कॉनोली (Dan Connolly) और काटेन ओलसन मल्ड्रो ने HTML दिशा-निर्देश पुनः लिखे। इन योगदान कर्ताओं की पूरी सूची HTML दिशानिर्देशिका में प्राप्त की जा सकती है जो अब डेव रग्गेट (Dave Raggett) द्वारा लिखी गयी है। एचटीएमएल आपको वेब पृष्ठ बनाने की योग्यता प्रदान करता है जिसे वेब पर पढ़ा जा सकता है।

8.4.1 एचटीएमएल (HTML) का क्रमिक विकास

HTML का विकास निम्नलिखित चार चरणों में हुआ है:

1. **स्तर 0:** इसमें मूल संरचनात्मक अवयव शामिल किए गए हैं और यह माना गया है कि सभी ब्राउज़र्स स्तर 0 की सभी विशेषताओं को सपोर्ट करता है।
2. **स्तर 1:** इसमें रेखांकित टेक्स्ट और ग्राफिक्स जैसी आधुनिक विशेषताएँ होती हैं जिनका सपोर्ट ब्राउज़र की क्षमता पर निर्भर करता है।
3. **स्तर 2:** इसने वर्ल्ड वाइड वेब को अंत:क्रिया माध्यम के रूप में जन्म दिया। उदाहरणार्थ, इसकी विशेषताओं में से एक इंटरनेट पर फार्म भरना है।
4. **स्तर 3:** इसने फ्रेम्स (Frames), वीडियो, ध्वनि इत्यादि को जन्म दिया।

HTML (Hyper text markup language) एक टेक्स्ट मार्कअप भाषा है जिसे वर्तमान समय में वर्ल्ड वाइड वेब पर प्रयुक्त किया गया है। HTML का प्रयोग ब्राउज़र्स को यह सूचित करने के लिए किया जाता है कि वेब पृष्ठ को किस तरह प्रदर्शित करना है।

एचटीएमएल (HTML) की महत्ता

1. HTML का प्रयोग होस्ट कम्प्यूटर पर किसी भी प्रकार के दस्तावेज को प्रदर्शित करने के लिए किया जा सकता है जो किसी भी कम्प्यूटर (विश्व में कही भी) पर हो सकता है।
2. यह अस्थिर भाषा होती है और किसी भी प्लेटफॉर्म (Unix, Windows, Macintosh आदि) पर प्रयोग की जा सकती है।
3. HTML का प्रयोग टेक्स्ट को आकर्षक रूप प्रदान करने के लिए किया जाता है।
4. इसमें एक दस्तावेज को दूसरे से संबद्ध करने की अतिरिक्त विशेषता होती है।

8.5 CGI (Common Gateway Interface)

CGI को संचार प्रोटोकॉल के लिए संबोधित किया जाता है जिसके द्वारा एक वेब सर्वर दूसरी एप्लीकेशन्स के साथ संचार कर सकता है। उदाहरणार्थ, कभी-कभी CGI को 'स्क्रिप्ट' भी कहा जाता है और प्राय: वेब प्रयोक्ताओं द्वारा डाटाबेस एक्सेस करने की अनुमति प्रदान करने में प्रयोग किया जाता है या लोगों द्वारा भरे गये फॉर्मों से सूचना प्राप्त करने के लिए भी इसका प्रयोग किया जाता है। CGI का प्रयोग प्रतिनिध बनाने में भी किया जा सकता है जो वेबसाइट की जाँच करता है कि कहीं साइट बीच से टूटी तो नहीं है। CGI वह मानक विधि है जिसमें वेब डाटाबेस जैसे बाहरी स्रोत के साथ अंत:क्रिया करती है।

प्रयोक्ता का इनपुट स्वीकार करने के लिए तैयार किये गये वेब पृष्ठ पर सूचना उपलब्ध कराने के उदाहरण के रूप में, CGI अनेक कार्य संपादित करता है।

सबसे पहले आप प्रोसेसिंग के लिए सर्वर में नाम या ईमेल एड्रेस जैसी उत्कृष्ट जानकारी प्रविष्ट करते हैं। फिर सर्वर फॉर्म 'submit' द्वारा मांगी नई CGI एप्लीकेशन के लिए सूचना को पुन: निर्देशित करता है। क्लाइंट से HTTP आवेदन के प्रत्युत्तर में सर्वर द्वारा CGI एप्लीकेशन को सक्रिय किया जाता है। अंतत: CGI एप्लीकेशन डाटाबेस जैसे दूसरे कम्प्यूटर प्रोग्राम के लिए फॉर्म डाटा को प्रेषित कर सकती है। इसे एक फाइल में सुरक्षित कर सकती है, और प्रयोक्ता के आवेदन के प्रत्युत्तर में HTML दस्तावेज को उत्पन्न कर सकती है। इसे अंत:क्रिया अवस्था (Interaction form) के नाम से जाना जाता है।

8.6 डॉक्यूमेन्ट इंटरफेस स्टैण्डर्डस (Document Interface Standards)

नेटवर्क्स से जुड़ा प्रत्येक कम्प्यूटर और प्रत्येक नेटवर्क प्रोटोकॉल नामक कुछ निश्चित नियमों के अनुसार सूचना का आदान-प्रदान करता है ये विभिन्न कम्प्यूटर एवं विभिन्न नेटवर्क अपनी सूचना को नेटवर्क पर आदान-प्रदान करने के लिए प्रोटोकॉलों के एक आम सूत्र में बंधे होते हैं।

8.6.1 संयोजनविहीन एवं संयोजनोन्मुख प्रोटोकॉल (Connectionless and Connection-Oriented Protocols)

संयोजनविहीन प्रोटोकॉल के साथ क्लाइंट्स सर्वर से जुड़ते हैं, आवेदन करते हैं, प्रत्युत्तर प्राप्त करते हैं और फिर संबंध विच्छेद कर लेते हैं। इंटरनेट के लिए HTTP एक संयोजनविहीन प्रोटोकॉल है।

संयोजनोन्मुख प्रोटोकॉल के साथ कलाइंट सर्वर से जुड़ता है, आवेदन करता है, प्रत्युत्तर प्राप्त करता है, और फिर भविष्य के आवेदनों की व्यवस्था के लिए संयोजन को बनाये रखता है। संयोजनोन्मुख प्रोटोकॉल का एक उदाहरण फाइल ट्रांसफर प्रोटोकॉल (FTP) है। जब आप एक FTP सर्वर से जुड़ते हैं तो आपके द्वारा फाइल डाउनलोड करने के बाद भी कनेक्शन खुला रहता है। इस कनेक्शन का रखरखाव सिस्टम संसाधनों का उपयोग करता है। बहुत अधिक खुले संयोजनों (connection) वाला सर्वर बहुत जल्दी भर जाता है। परिणाम स्वरूप अनेक FTP सर्वरों को एक साथ केवल 250 कनेक्शनों के लिए ही कन्फीगर किया जाता है। इसलिए एक बार में केवल 250 प्रयोक्ता ही सर्वर को ऐक्सेस कर सकते हैं।

संयोजनोन्मुख एवं संयोजनविहीन प्रोटोकॉल्स में अन्तर

आवेदनों और आवेदनों का प्रत्युत्तर देने के तरीके में संयोजनोन्मुख व संयोजनविहीन प्रोटोकॉल्स में भिन्नता होती है। HTP एक संयोजनविहीन प्रोटोकॉल है। संयोजनविहीन प्रोटोकॉल होने की वजह से जब क्लाइंट HTTP

सर्वर से जुड़ते हैं तो वे आवेदन करते हैं, प्रत्युत्तर प्राप्त करते हैं तत्पश्चात संयोजन से अलग होते हैं। चूँकि संयोजनों का रखरखाव नहीं किया जाता है इसलिए हस्तांतरण पूर्ण होने के बाद कोई भी सिस्टम स्रोतों का प्रयोग नहीं करता है। फलतः HTTP सर्वर केवल सक्रिय संयोजनों तक ही सीमित रहते हैं और सामान्यतः कम से कम सिस्टम खर्चों से हजारों हस्तांतरणों को व्यवस्थित कर सकते हैं।

संयोजनविहीन प्रोटोकॉल्स की सबसे बड़ी कमी यह है कि जब एक क्लाइंट अधिक डाटा के लिए आवेदन करता है तो कनेक्शन को पुनः स्थापित किया जाना चाहिए। वेब प्रयोक्ताओं के लिए इसका आशय यह है कि जब वे अधिक डाटा के लिए आवेदन करते हैं तो उनको प्रत्युत्तर विलम्ब से प्राप्त होता है।

8.6.2 अवस्थाविहीन एवं अवस्थापूर्ण प्रोटोकॉल (Stateless and Stateful Protocols)

इंटरनेट पर प्रोसेस किये गए हस्तांतरण दो प्रकार के होते हैं। ये अवस्थाविहीन और अवस्थापूर्ण प्रोटोकॉल होते हैं। अवस्थाविहीन प्रोटोकॉल्स में एक हस्तांतरण हो जाने के बाद कोई भी सूचना नहीं बनाए रखी जाती है। जबकि अवस्थापूर्ण प्रोटोकॉल में हस्तांतरण हो जाने के बाद भी सूचना को बनाये रखा जाता है

अवस्थापूर्ण प्रोटोकॉल्स का प्रयोग कर रहे सर्वर निम्नलिखित सूचना बनाये रखते हैं:

- कनेक्शन का स्थिति
- चल रहे प्रोसेस
- चल रहे प्रोसेस की स्थिति

सामान्यतः यह स्थिर जानकारी मेमोरी में रहती है और सिस्टम संसाधन का प्रयोग करती है। जब कोई क्लाइंट चला रहे अवस्थापूर्ण प्रोटोकॉल वाले सर्वर से अपना संयोजन तोड़ता है तो उसे स्थिर जानकारी को साफ करना पड़ता है और प्रायः लॉग करना पड़ता है।

अवस्थाविहीन एवं अवस्थापूर्ण प्रोटोकॉल्स में अन्तर

जानकारी के लिए किये गये आवेदनों के तरीकों की दृष्टि से अवस्थाविहीन एवं अवस्थापूर्ण प्रोटोकॉल में अन्तर होता है। HTTP अवस्थाविहीन प्रोटोकॉल होता है। पूर्ण किए गए हस्तांतरणों एवं कार्यों को नहीं रखे जाने की वजह से अवस्थाविहीन प्रोटोकॉल अपेक्षाकृत हल्के होते हैं। जब कोई क्लाइंट अवस्थाविहीन प्रोटोकॉल को चला रहे सर्वर से अपना संबंध विच्छेद करता है तो न तो कोई डाटा साफ किया जाता है और न ही उसे लॉग-ऑफ किया जाता है। लेकिन स्थिर जानकारी को ट्रैक नहीं करने से सर्वर पर दबाव कम हो जाता है।, इसलिये सामान्यतः यह शीघ्रता से हस्तांतरण कर सकता है।

HTTP के साथ आप पूर्ण चलचित्रों, स्टीरियो साउण्ड ट्रैकों, उच्च क्षमता के चित्रों व अन्य प्रकार के साधन जिन्हें आप सोचते हैं, को स्थानांतरित कर सकते हैं। इस कार्य को संभव बनाने वाला मानक MIME (मल्टी परपज इंटरनेट मेल एक्सटेन्शन) होता है। MIME का कार्य इंटरनेट पर किए जा रहे हस्तांतरणों के प्रकार की पहचान करना होता है।

☞ वस्तु के प्रकारों की पहचान हैडर क्षेत्र में की जाती है जो वस्तु के लिए वास्तविक डाटा से पूर्ण होती है। HTTP में यह हैडर क्षेत्र विषय सूची के जैसा होता है। हैडर क्षेत्र में वस्तु के प्रकार की पहचान करते हुए वस्तु को प्राप्त कर रहे क्लाइंट इसे उचित ढंग से व्यवस्थित कर सकते हैं।

8.7 वेब प्रकाशन के घटक (Components of Web Publishing)

वेब साइट बनाने के बाद आपको वेब पर अपनी वेब साइट सभी के लिए उपलब्ध करानी पड़ती है। आपको अपनी वेब साइट वेब सर्वर पर प्रकाशित करने की जरूरत पड़ती है। किसी को फाइल प्रेषित करने के लिए या तो आपको अपना सर्वर लगाना पड़ता है या फिर इंटरनेट सेवा प्रदाता का सर्वर प्रयोग करना पड़ता है।

वेब ब्राउज़र

वेब ब्राउज़र एक सॉफ्टवेयर है जो माइक्रोसॉफ्ट कम्पनी द्वारा तथा अन्य कम्पनियों द्वारा निशुल्क प्रदान किया जाता है जो वर्ल्ड वाइड वेब को चलाने के साथ-साथ पृष्ठों का अवलोकन करने के लिए प्रयोग किया जाता है। ब्राउज़र्स को वेब क्लाइंट भी कहा जाता है।

वेब कुकीज़ (Web Cookies)

वेब कुकी उन वेब ब्राउज़र्स जिन्हें सेव करने के लिए ब्राउज़र सॉफ्टवेयर आशा करता है, के लिए वेब सर्वर द्वारा प्रेषित किये गए सूचना के एक भाग के लिए संबोधित किया जाता है। और जब कभी ब्राउज़र सर्वर से अतिरिक्त आवेदन करता है तो सर्वर इन्हें वापस भेजता है। वेब कुकी (इसे तकनीकी तौर पर प्रेसीडेन्ट स्टेट एचटीटीपी कुकीज़ कहा जाता है) एक वेब साइट को आपके बारे में जानकारी स्टोर करने की अनुमति प्रदान करता है और साथ ही आपके द्वारा उपयोग किए समय व कार्यों का लेखा-जोखा रखती है। इसे संपादित करने के लिए वेब साइट आपके पीसी के वेब ब्राउज़र में फाइल में सूचना स्टोर करती है। फिर इसे वेब साइट द्वारा तब जाँच किया जाता है जब आप वेब साइट का भविष्य में अवलोकन करते हैं। इस तरीके में कुकीज वेब के लिए दर्शकों की एक श्रेणी प्रदान करता है।

वेब सर्वर

वेब सर्वर वह प्रोग्राम होता है जो वेब साइट पर चलता है और फाइल्स के लिए वेब ब्राउज़र आवेदनों को प्रत्युत्तर देने के लिये उत्तरदायी होता है। वेब पर दस्तावेज प्रकाशित करने के लिए आपको वेब सर्वर की जरूरत पड़ती है।

8.8 वेब साइटों को सँभालना (Maintaining a Web Site)

वेब साइट को संभालने का तात्पर्य यह है कि विषयों को जोड़ते हुए साइट में सुधार करना ताकि नये दर्शकों को जोड़ा जाये और पुराने दर्शकों को कोई नई चीज़ देखने को मिले। साइट को प्रभावी बनाने के लिए रखरखाव लागत को कम रखना पड़ता है ताकि साइट सुधारने के लिए अधिकाधिक संसाधन प्राप्त हो सके जो इसमें यातायात (ट्रैफिक) का निर्माण करते हैं।

वेब साइट मेन्टीनेन्स की एक अन्य आवश्यकता यह होती है कि उन सभी दोषों को समाप्त कर दिया जाय जो निम्नलिखित कारणों से उत्पन्न होते हैं:

- प्रत्येक व्यक्ति एक ही ब्राउज़र का प्रयोग नहीं करता है। आपके ब्राउज़र में मौजूद HTML दूसरे में विभाजित हो सकता है।
- जैसे ही अपनी साइट में नई विशेषताएँ जोड़ते हैं, तो जिन समस्याओं को ब्राउज़र ने पहले अनदेखा किया था, वे ब्राउज़र को भ्रमित करने के लिए प्रारंभ हो सकती हैं। यदि आप किसी पृष्ठ को लिख सकें

और इसे अकेला छोड़ दें तब आप HTML की प्रत्येक लाइन को ठीक करने के लिए अधिक समय लेंगे।

- यदि आपकी साइट सक्रिय रूप से प्रयोग की जा रही है तो यह अक्सर बदल जाती है। इसकी ओर दर्शकों को वापस खींचने के लिए यह आवश्यक है कि साइट में निरन्तर नई और स्वच्छ जानकारी को जोड़ा जाए।

☞ यदि एक क्लाइंट प्रत्येक कुछ सप्ताहों में नई जानकारी साइट में जोड़ता है तो लोग इससे वापस जुड़ेंगे। यदि एक क्लाइंट प्रतिदिन नई चीजें जोड़ता है तो लोग शीघ्रता से साइट पर वापस आते हैं। तदनुसार साइट को संभालने की आवश्यकता बढ़ जाएगी।

8.9 दस्तावेज प्रबंधन (Document Management)

दस्तावेज की पहचान करना, अधिग्रहण करना, प्रोसेस करना, स्टोर करना, अपडेट करने का कार्य दस्तावेज प्रबंधन कहलाता है। इसमें फाइल व्यवस्थापन और अपलोडिंग को शामिल किया जा सकता है। इनकी व्याख्या निम्नलिखित अनुच्छेदों में की गई है।

फाइल व्यवस्थापन (File Organization)

अपनी साइट पर जब आप किसी फाइल को व्यवस्थित करते हैं तो फाइल्स को एक अलग फोल्डर में रखें। इस तरह साइट को अपडेट करना आसान होगा। चित्रों, HTML फाइल्स, वीडियो, ध्वनि एवं CGI लिपियों को अलग अलग फोल्डर्स में रखें। साथ फोल्डर्स के नाम भी स्पष्ट रखें, इसलिए जॉब से संबद्ध फाइल्स को **जॉब** नामक फोल्डर में रखें।

अपलोडिंग (Uploading)

अपलोडिंग का अभिप्राय फाइल्स को अपने कम्प्यूटर से दूसरे सर्वर पर डालना है। जब आप अपनी साइट से किसी फाइल को अपलोड करते हैं तो यह याद रखें कि फाइल को सही प्रारूप में अपलोड करें। HTML व टेक्स्ट फाइल्स को ASCII प्रारूप में अपलोड करना चाहिए, जबकि चित्रों, CGI लिपियों, फ्लैश फाइल्स, ध्वनियों और वीडियो आदि सभी फाइल्स को बाइनरी प्रारूप में अपलोड करना चाहिए।

फाइल नामकरण (File Naming)

जब आप अपनी साइट के लिए फाइल्स का नामकरण करते हैं तो 8.3 नामक फाइल नामकरण का अनुपालन करें यानी कि फाइल नामकरण के लिए 8 अक्षर व 3 अक्षर उसके विस्तार के लिए। कुछ लोग पुरानी मशीनों पर आपकी फाइल्स को देख सकते हैं। समाप्ति के लिए *.html की अपेक्षा *.htm का प्रयोग करें। आप चाहेंगे कि आपकी फाइल को अधिक से अधिक लोग देखें इसलिए उन लोगों को भी न छोड़ें जो बड़े फाइल नामों को नहीं देख सकते हैं।

बैकिंग-अप

आप जो कुछ भी कार्य करते हैं, अपनी वेबसाइट पर अपनी फाइल्स का बैकअप सुनिश्चित करें। उन्हें ज़िप डिस्क (zipdisk) अथवा काम्पेक्ट डिस्क (CD) पर रखें और फिर इन्हें अलग सुरक्षित जगह पर स्टोर करें। यदि खराब स्थिति आती है तो आपका सब कुछ नष्ट हो जाता है तब कम से कम आपके पास साइट पर पुन: अपलोड करने के लिए बैकअप ही बचता है।

8.10 वेब पृष्ठ डिज़ाइन के विचार एवं सिद्धान्त (Web Page Design Consideration and Principles)

वेब पृष्ठ डिज़ाइन के बारे में कुछ निम्नलिखित सिद्धान्त हैं जो वेब पृष्ठ प्रभावी रूप से डिज़ाइन करने में आपकी सहायता करते हैं:

- अपने वेब पृष्ठ को कुछ इस तरह बनायें कि प्रयोक्ता आपकी साइट पर पहुँचने के कुछ सेकेंण्डों में ही प्रभावित हो जाय।
- आपके पृष्ठ का टाइटल छोटा, लुभावना और विवरणात्मक होना चाहिए।
- अपने वेब पृष्ठ को फ्रेश (fresh) व अपडेट रखें। किसी भी पुरानी जानकारी को हटा दें और समय-समय पर उसमें नई जानकारी समाहित करें।
- अपने वेब पृष्ठ को ध्यानपूर्वक रखें। एक पृष्ठ पर सब कुछ प्रदर्शित न करें। अलग विषयों के लिए अलग पृष्ठ प्रयोग करें।
- यह सुनिश्चित करें कि बटन और लिंक ठीक उसी प्रकार कार्य करें जैसा दर्शक चाहता है।
- यह सुनिश्चित करें कि ऐसी चीजों को वेब साइट में न रखा जाए जिन्हें सभी ब्राउज़र्स द्वारा सपोर्ट न किया जाता हो।
- संक्षिप्त इमेज का प्रयोग करें ताकि वेब पृष्ठ शीघ्रता से लोड हो जाये।
- प्रकाशन से पूर्व यह जाँच करें व सुनिश्चित करें कि प्रत्येक लिंक और अन्य विशेषताएँ विधिवत कार्य कर रही हैं।

8.11 वेब साइट योजना (Web Site Planning)

वेब साइट बनाने से पूर्व आपको उसी प्रकार योजनाएँ बनानी पड़ती हैं जिस प्रकार आप गृह निर्माण करने में बनाते हैं। यदि आप बिना कोई योजना बनाए घर बनाना प्रारंभ करते हैं तो घर में परेशानीपूर्ण या दुखदायी परिस्थितियों का सामना करना पड़ता है।

वेब साइट की योजना बनाने में निम्नलिखित मूल तत्व सहायता प्रदान करते हैं:

- अपने लक्ष्य दर्शक को परिभाषित करें।
- अपनी अवधारणा व सामग्री को व्यवस्थित करें।
- डायरेक्टरी संरचना बनाएँ (यह साइट मैपिंग के नाम से भी जानी जाती है)।
- जो पृष्ठ आप बनाना चाहते हैं, उसका खाका तैयार करें।
- साइट की अनुभूति व दर्शन को डिज़ाइन करें।

8.11.1 अपने लक्ष्य दर्शक को परिभाषित करें

आपकी साइट स्पष्ट संदेश देना चाहती है कि अपनी साइट को आप सर्फरों (surfers) को देना चाहते हैं। यह संदेश अपने उत्पाद का विज्ञापन भी हो सकता है अथवा शोध के परिणामों का प्रकाशन भी। सही संदेश देने के क्रम में, आपको सबसे पहले उन लोगों को समझने की जरूरत पड़ती है जिन्हें आप वह संदेश देना चाहते हैं। इस जानकारी के बिना आप अपने इच्छित लक्ष्य से भटक जाएंगे। उपर्युक्त लक्ष्यों की प्राप्ति हेतु आपको निम्नलिखित बातों पर विचार करने की जरूरत पड़ती है:

- दर्शकों का आधार व पिछला अनुभव
- उनकी रुचियाँ

- कारण जानना कि वे आपका पृष्ठ क्यों देखना चाहते हैं?
- उनकी सामान्य उम्र क्या है?
- वे अपने वेब अनुभव से क्या हासिल करना चाहते हैं?

☞ अपने दर्शकों के साथ सफलता पूर्वक संचार करने की कुंजी है कि सबसे पहले यह जानें कि वे कौन हैं और फिर आपकी वेब साइट के लिए उनकी प्रतिक्रियाओं के बारे में पूर्वानुमान लगाएं। आप चित्रों और फाँट (font) को इस प्रकार व्यवस्थित करते हुए अपने लक्ष्यित दर्शकों के लिए अपने वेब साइट के प्रत्येक पहलू का तानाबाना बुन सकते हैं।

एक अच्छा गाइड जनसंख्या विषयक निरीक्षण करने के लिए होगा। इसे आपके वर्तमान एवं भविष्य के दर्शकों के विवरणों का वर्णन करना चाहिए। इस जानकारी में निम्नलिखित तथ्यों को समाहित किया जा सकता है:

- दर्शकों की आयु
- लिंग
- वित्तीय स्थिति
- शैक्षिक आधार
- भौगोलिक स्थिति
- वैवाहिक स्थिति
- अन्य उपयुक्त बिन्दु।

☞ यदि आपके दर्शक विकासाधीन देशों जो धीमी गति के तथा पुराने इंटरनेट ब्राउज़िंग कनेक्शन रखते हैं, से हैं तो आपको इस पर भी विचार करना चाहिए। जो भी दर्शक आपने बनाए हैं, उनके वास्तविक ब्राउज़र क्षमताओं पर विचार करते हुए तदनुसार अपनी साइट को डिज़ाइन करना चाहिए।

8.11.2 अपनी अवधारणाओं एवं सामग्रियों को व्यवस्थित करें (Organize your Concepts and Materials)

अपनी वेब साइट रचना के उद्देश्य के बारे में आपको पूर्णत: जानकारी होनी चाहिए अथवा स्पष्ट होना चाहिए। भले ही साइट का उद्देश्य निम्न में से हो:

- सूचित करना
- एक उत्पाद को उन्नत करना
- दर्शकों को शिक्षित करना
- अनुसंधान एवं रिपोर्ट तैयार करना
- दर्शकों का मनोरंजन करना

आपकी वेबसाइट की रचना का दृष्टिकोण भलीभाँति परिभाषित तथा प्रबंधतंत्र को स्वीकार्य होना चाहिए, विशेषकर तब, जब आप किसी संस्थान के लिए कार्य कर रहे हैं।

☞ जैसा कि आप अपनी साइट के लिए योजना बनाते हैं तो यह सुनिश्चित कर लें कि आपका डिजाइन आपकी रणनीति के अनुरूप हो और विषय तथा डिज़ाइन आपके उद्देश्य की पूर्ति कर रहे हों।

एक बार लक्ष्य परिभाषित हो जाने के बाद अपनी सामग्रियों को व्यवस्थित करें। आप मौजूद दस्तावेजों व चित्रों जिन्हें आप प्रयोग करना चाहते हैं, को एक साथ रखें। उदाहरणार्थ, यदि यह एक कंपनी की साइट है तो आप कंपनी का लोगो (Logo), कंपनी की जानकारी तथा उत्पाद का विवरण रख सकते हैं।

उस संदेश के बारे में भी सोचें जो आपके लक्ष्यित उद्देश्य को पूरा करता हो तथा यह भी सोचें कि किस प्रकार टेक्स्ट तथा चित्र इस के लिए उपयुक्त हो सकते हैं। यदि आपकी साइट का उद्देश्य मनोरंजन के बारे में सुझाव देना है तो अनौपचारिक भाषा तथा चित्रों का प्रयोग करें।

8.11.3 डायरेक्टरी संरचना बनाएँ (Create a Directory Structure)

यदि आप सोचते हैं कि फाइल्स आकार में छोटी तथा बड़ी संख्या में हैं तो आप उन सभी को केवल एक डायरेक्टरी में स्टोर कर सकते हैं। लेकिन यदि आपकी साइट बहुत बड़ी व जटिल होती जा रही है तो आपको फाइल्स अलग-अलग डायरेक्टरी व उप डायरेक्टरी में व्यवस्थित करनी पड़ेगी। तार्किक डायरेक्टरी संरचना का विकास करना आपकी वेब साइट योजना का आवश्यक अंग होता है। आप चित्रों व तस्वीरों की अलग-अलग उपडायरेक्ट्रियाँ बना सकते हैं। इसी प्रकार ध्वनि के लिए भी उपडायरेक्टरी बनाई जाती है।

8.11.4 वेब पृष्ठ का खाका तैयार करना (Create a Sketch of the Weg Page)

आप चित्र 8.1 में दर्शाए गए के अनुसार अपने वेब पृष्ठों का खाका बना सकते हैं। सामान्य साइट योजना व डायरेक्टरी संरचना तैयार करने के बाद, आपकी विषय सूची एक निश्चित प्रकार की हो सकती है। फ्रंट पेज 2000 जैसे वेब डिज़ाइनिंग पैकज पर उपलब्ध पहले से तैयार किए गए टेम्पलेटों में कार्य करना भी संभव हो सकता है। आप देखेंगे कि वेब सर्फर अपनी रुचि के एक विषय से दूसरे विषय पर तुरन्त पहुँचना चाहते हैं। इसलिए आपको अपनी वेब साइट में विभिन्न पृष्ठों के लिंक रखने की जरूरत पड़ती है।

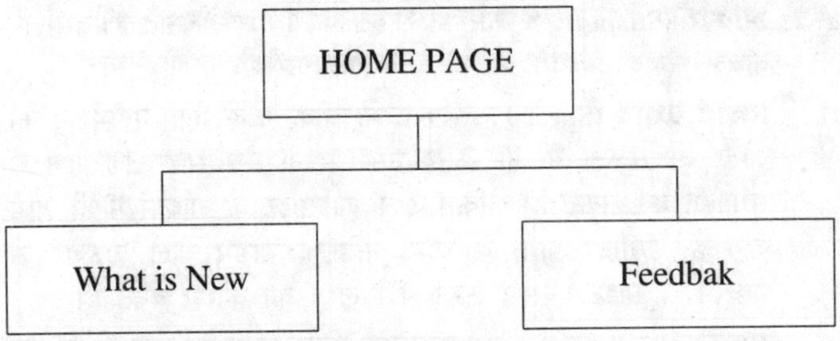

चित्र 8.1: वेब पृष्ठ का खाका।

☞ यदि आपकी वेब साइट चलाने में कठिन है तो दर्शक खीझ कर दूर चले जाएंगे और फिर वापस नहीं आएंगे। इस स्थिति में आपका ही नुकसान होगा।

आपको प्रत्येक पृष्ठ को कुछ इस तरह डिज़ाइन करना चाहिए कि यह अलग दिखाई दें लेकिन यह बड़ी एवं सम्पूर्ण पृष्ठों का भाग ही होता है।

एक वेब पृष्ठ डिज़ाइन करते वक्त आपको निम्नलिखित बातों पर गंभीरता से विचार करना चाहिए:

- Nav Bar, बटन एवं दूसरे पृष्ठों के लिए लिंक जैसे चलाने वाले अवयव
- चित्रकारियाँ एवं अन्य कला के कार्य
- बैनरों एवं लोगो (Logo) को पहचनना
- सभी प्रकार का वेस्ट

8.11.5 दृश्य एवं अनुभूति का विकास (Develop a Look and Feel)

दृश्य एवं अनुभूति शब्द का अभिप्राय: आपकी वेब साइट के सम्पूर्ण प्रस्तुतिकरण से है। यह रंगों, चित्रों, टाइप व टेक्स्ट जो आपकी स्टाइल एवं प्रमाण को दर्शाने में सहायता करता है, का मिश्रण होता है। इसका उत्कृष्ट उदाहरण एक लड़की का वधू बनने के लिए किया गया श्रंगार है जो ब्यूटी पार्लर से बाहर आती है। वह अपने वास्तविक लुक से अलग दिखाई देती है। वधू के श्रंगार के प्रभाव के बारे में आपको दर्शकों से ही पता चलेगा।

☞ यदि आप अपनी वेब साइट पर पूर्ण लोच एवं नियंत्रण रखना चाहते हैं तो आपको अन्तिम उत्पाद को सबसे पहले अवलोकन करने के योग्य बनाना चाहिए।

अपनी वेब साइट के दृश्यों व अनुभूतियों को सुधारने के लिए आप निम्नलिखित कुछ घटकों पर विचार कर सकते हैं:

(a) **जगह व संतुलन (Space and Balance):** प्रत्येक चीज आनुपातिक एवं विधिवत होनी चाहिए।

(b) **रंग (Colour):** रंग आँखों को खुशहाल लगने चाहिए।

(c) **अक्षरों का प्रकार एवं आकार (Font type and size):** वेब पृष्ठों में टाइपफेस व टेक्स्ट ऐसा होना चाहिए टेक्स्ट की आराम से पढ़ा जाए और तथ्य समझाने में आसान होने चाहिए।

(d) **टेक्सचर (Textures):** टेक्स्ट पढ़ते समय आधार चित्र एवं टेक्सचर्स गुस्सा दिलाने वाले हो सकते हैं इसलिए बहुत चुनिन्दा एवं सतर्क रहें।

(e) **आकार (Shapes):** आकार ही साइटों को विशिष्ट बनाते हैं। इसलिए केवल सुखद आकारों को ही सम्मिलित करें।

(f) **विशेष प्रभाव (Special Effects):** मानवीकरण के लिए एनीमेशन को जोड़ा जा सकता है और आप उन्हें अपनी वेब साइट डिज़ाइन में समाहित कर सकते हैं। लेकिन वे केवल साइट के आकार में ही जोड़े जाते हैं, इसलिए प्राय: वे धीमी गति के मोडेम वाले ब्राउज़र के माध्यम से साइट एक्सेस करने में विलम्ब का कारण बनते हैं।

(g) **समरूपता (Consistency):** समरूपता बनाए रखने हेतु एक ही रंग का सभी जगह प्रयोग करना एक उत्कृष्ट तरीका हो सकता है। इसका उदाहरण दिल्ली का लालकिला है जिसमें सम्पूर्ण चारदिवारी पर एक ही रंग के पत्थर का प्रयोग किया गया है।

(h) **भिन्नताएँ (Variation):** जब आप लाल किले को अन्दर को देख रहे हैं तो उसकी अनेक भिन्नताएँ आपको देखने को मिलेंगी। यही वेब साइट डिज़ाइनिंग में भी होता है। भिन्न-भिन्न पृष्ठ संदेश का प्रकार जो आप देना चाहते है, पर आधारित होते हैं।

8.11.6 कुछ महत्त्वपूर्ण बिंदु (Some Important Points)

आपको यह ध्यान रखना चाहिए कि अपनी वेबसाइट की तरफ दर्शकों को आकर्षित करने के लिए आपके पास लगभग 50 सेकण्ड का समय होता है। यदि आप निम्नवर्णित युक्तियों को अपनाते हैं तो ही आप अपने दर्शकों को अपनी वेब साइट की ओर आकर्षित कर पाएंगे अन्यथा आप उस अवसर को गँवा देंगे।

1. वेब साइट के टाइटल को याद रखने योग्य, वर्णात्मक व सही बनाएं।
2. पृष्ठ में जो कुछ भी निहित है, उसके बारे में मूल पृष्ठ के ऊपर स्रोत प्रदान करें। और अपने दर्शकों को स्रोत ढूंढने के लिए विवश करें।
3. यदि आपका वेब पृष्ठ तीन दृश्य पटलों से अधिक है तो इसे दो पृष्ठों में समायोजित करें।
4. संतुलन को बनाये रखें। चित्रों को छोटा या बड़ा न होने दें, और आकार में भिन्नता न आने दें।
5. पूरक रंगों व टेक्स्ट का प्रयोग करें जो आपस में clash न हों।
6. यदि आपने बटन जैसे आकार का प्रयोग किया है तो इसे बंद या खोलने के लिए बटन की तरह ही कार्य करना चाहिए।
7. लिंकों को वर्णनात्मक बनाएँ न कि क्लिक हियर (click here) जैसा।
8. फाइल के नामों को छोटा व समरूप रखें।
9. वेब मास्टर के ईमेल एड्रेस के लिए लिंक बनाएँ।
10. अपने दर्शकों को डाउनलोड करने योग्य फाइल जो आपने सम्मिलित की है, के आकार के बारे में बताएँ।

8.11.7 लुभावनी वेब साइट्स के पते (Addresses of Impressive Web Sites)

यहाँ कुछ वेब साइटों के पते दिए गए हैं जिन्हें आप रोचक एवं निर्देशात्मक पाएंगे। आपको उन्हें देखना चाहिए ताकि ऊपर वर्णित बिन्दुओं को आप सम्पूर्ण रूप से समझ सकें।

(a) The Teashop at www.theteashop.com

(b) The Exploratorium's home page at www.exploratorium.edu

(c) Addicted 2 एक अत्यन्त मजाकिया एवं स्टाइल वाला पृष्ठ है। इसका पता है: www.addicted2stuff.com

(d) फ्रेमों की अच्छी डिज़ाइनें ग्राउण्ड जीरों साइट में उपलब्ध है, इसका पता है: www.groundzero.com

(e) अनेक पुरस्कारों से नवाजी गई एक उत्कृष्ट वेब साइट है: www.highfive.com

ऊपर वर्णित की गई वेब साइटों की गुणवत्ता आपको अपनी वेब साइट डिज़ाइन करने में प्रेरणा प्रदान करेगी। आपको वेबसाइट नियमित रूप से देखनी चाहिए। इससे आपको अच्छी और बुरी वेबसाइट के बारे में आपकी सोच निखरती चली जाएगी। इससे आपको अपनी साइट के लिए उत्कृष्ट विचार प्राप्त होगा।

8.12 सर्च इंजन (Search Engine)

इंटरनेट जानकारी का विशाल संग्रह होने की वजह से आपकी इच्छित जानकारी को ढूंढ पाना बहुत कठिन कार्य होता है। इसलिए इंटरनेट एक्सप्लोरर जैसे वेब ब्राउज़र में दी गई खोज विशेषता सर्च इंजन नामक विशेष सुविधा को एक्सेस करने के लिए प्रदान की गई है। सर्च इंजन उन शब्दों या विषयों को जिन्हें आप खोज रहे हैं, हेतु इंटरनेट को स्कैन करता है।

☞ सर्च इंजन वह प्रोग्राम होता है जो वेब पृष्ठ के डाटाबेस के माध्यम से विशेष जानकारी को खोजता है।

8.12.1 सर्च इंजन का प्रयोग करते हुए जानकारी प्राप्त करना

वेब पर अनेक सर्च इंजन उपलब्ध होते हैं। इन सभी सर्च इंजनों की खोज प्रक्रिया एक जैसी ही होती है। अब हम याहू (Yahoo) में जानकारी खोज प्रक्रिया का वर्णन कर रहे हैं:

→ **विशेष जानकारी वाले वेब पृष्ठों को खोजने के लिए निम्नवत करें**

1. www.yahoo.com पर लॉगिंग करके Yahoo मूल पृष्ठ पर जाएं। (देखें चित्र 8.2)
2. खोजी जाने वाली जानकारी को इसके लिए दिए गए खाने में प्रविष्ट करें और फिर चित्र 8.3 में दर्शाए गए के अनुसार सर्च बटन पर क्लिक करें।
3. कुछ सेकण्डों में सर्च इंजन वेब पृष्ठ के लिए लिंक को प्रदर्शित. कर देगा (देखें चित्र 8.4)
4. यदि आप Advanced Search बटन पर क्लिक करते हैं तो चित्र 8.5 में दर्शाए के अनुसार Query form खुल जाता है।
5. कुछ ही सेकण्डों में सर्च इंजन उस जानकारी को खोजेगा और वेब पृष्ठ के लिए लिंक को प्रदर्शित करेगा जो आपके द्वारा खोजी गयी जानकारी से संबद्ध होगा। (देखें चित्र 8.6)

☞ गूगल एक सर्च इंजन है जो याहू! साइट पर उलब्ध है।

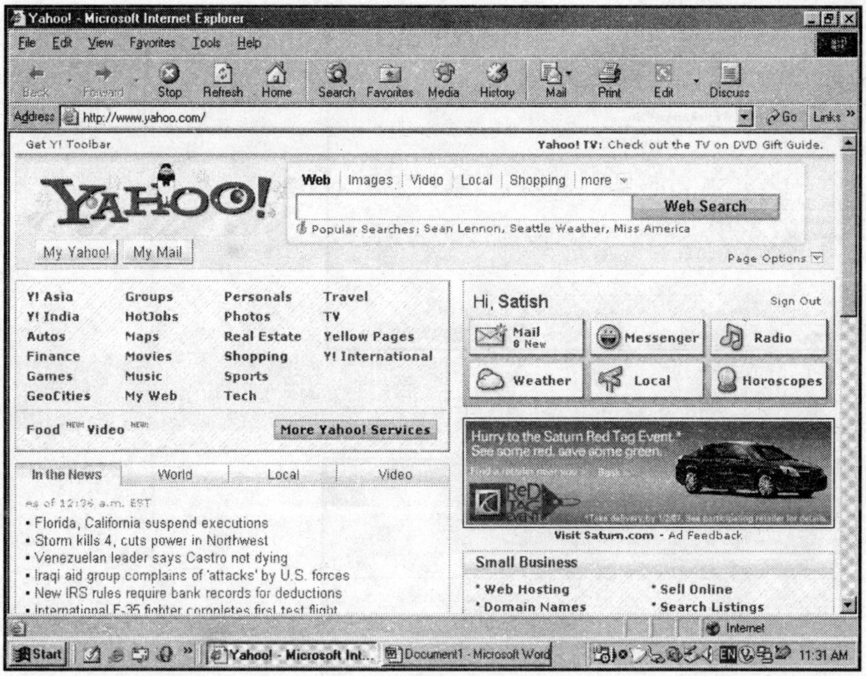

चित्र 8.2: याहू होम पेज।

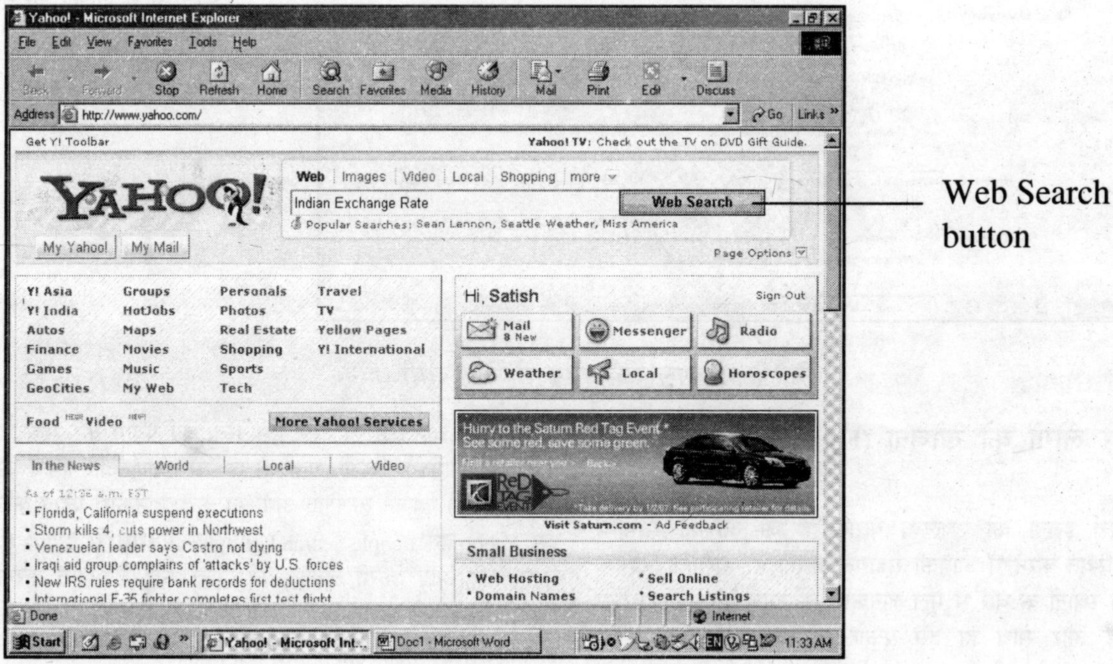

चित्र 8.3: याहू में टंकित किया गया प्रश्न।

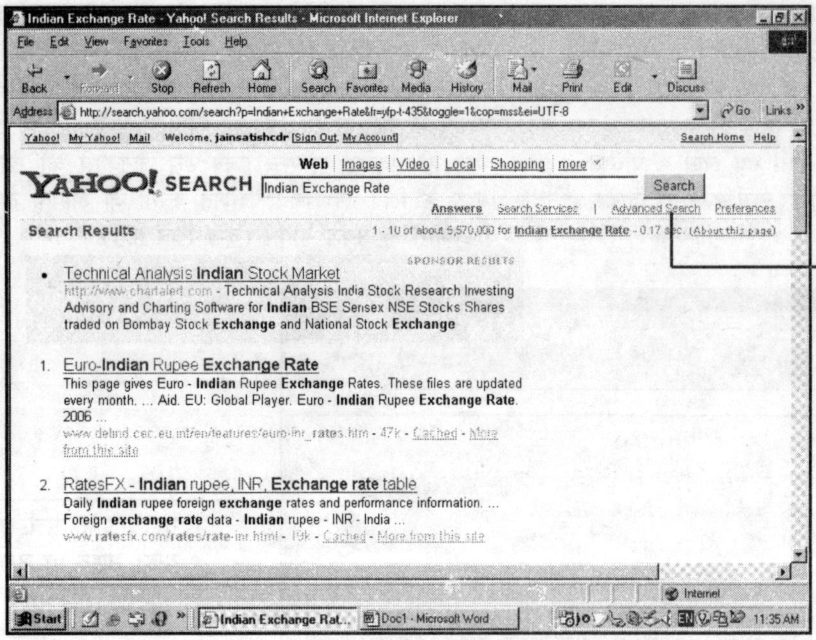

चित्र 8.4: प्रश्न का परिणाम।

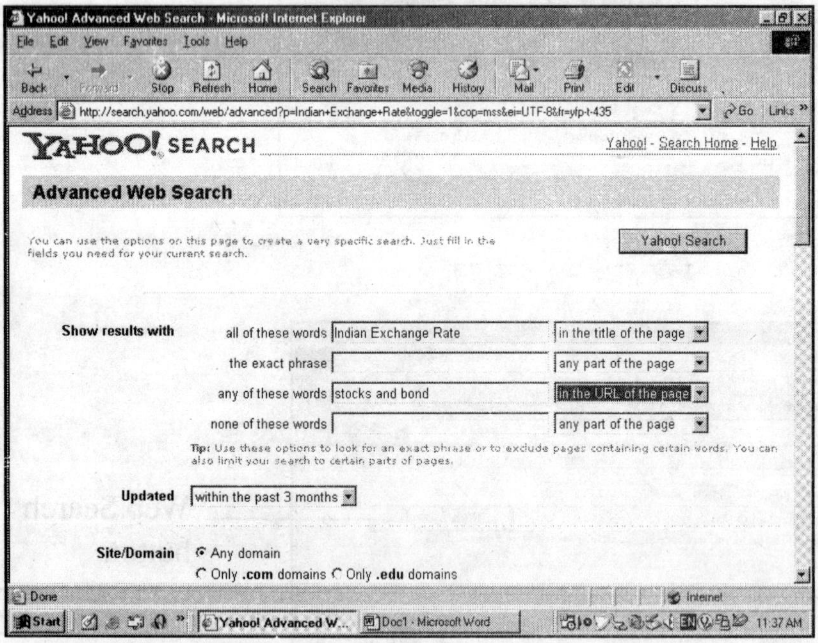

☞ Advanced विकल्प विशेष जानकारी को तेजी से खोजने की योग्यता प्रदान करता है।

चित्र 8.5: गूगल सर्च इंजन के लिए क्वेरी फॉर्म।

8.12.2 नेट पर लोगों को खोजना (Finding People on the Net)

इंटरनेट अनेक सर्च इंजनों को उपलब्ध कराता है जो आपकी सामान्य जानकारी को अवस्थित करने में आपकी सहायता करता है। हालांकि, अनेक सर्च इंजन लोगों व स्थानों के बारे में मूल जानकारी के खोज के अनेक तरीके उपलब्ध कराते हैं और साथ ही इस प्रकार की जानकारी हेतु अनेक उपयोगिताएँ और साइटें आपकी सहायता के लिए तत्पर रहती हैं।

यदि आप किसी व्यक्ति का ई-मेल पता, फोन नम्बर, गली का पता प्राप्त करना चाहते हैं तो आप इस सेवा का प्रयोग कर सकते हैं। ऐसा करने के लिए आपको किसी एक साइट पर जाएँ और फिर आपको इच्छित जानकारी को खोजने के लिए अपेक्षित कुछ जानकारी प्रदान करनी पड़ेगी। हम इसे Yahoo की People Search Utility के माध्यम से दर्शाते हैं। उदाहरण के लिए, यदि आप किसी व्यक्ति का ईमेल आई-डी प्राप्त करना चाहते हैं तो निम्नलिखित करें:

1. www.yahoo.com पर लॉगऑन करें।
2. और फिर चित्र 8.7 में दर्शाए गए के अनुसार Yahoo के होम पेज पर more yahoo! services लिंक पर क्लिक करें।

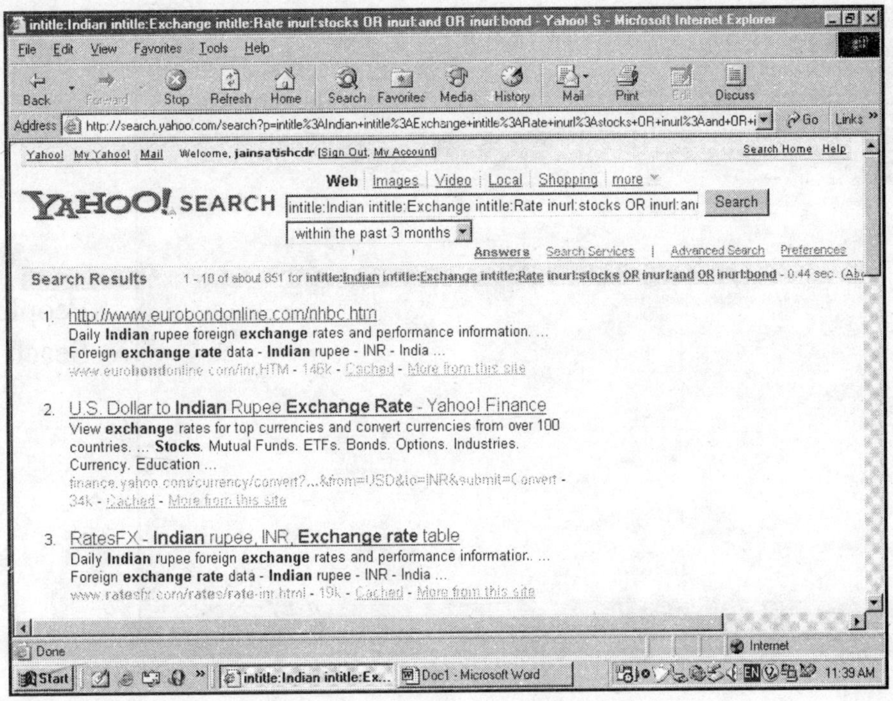

चित्र 8.6: Advanced खोज प्रश्न का परिणाम।

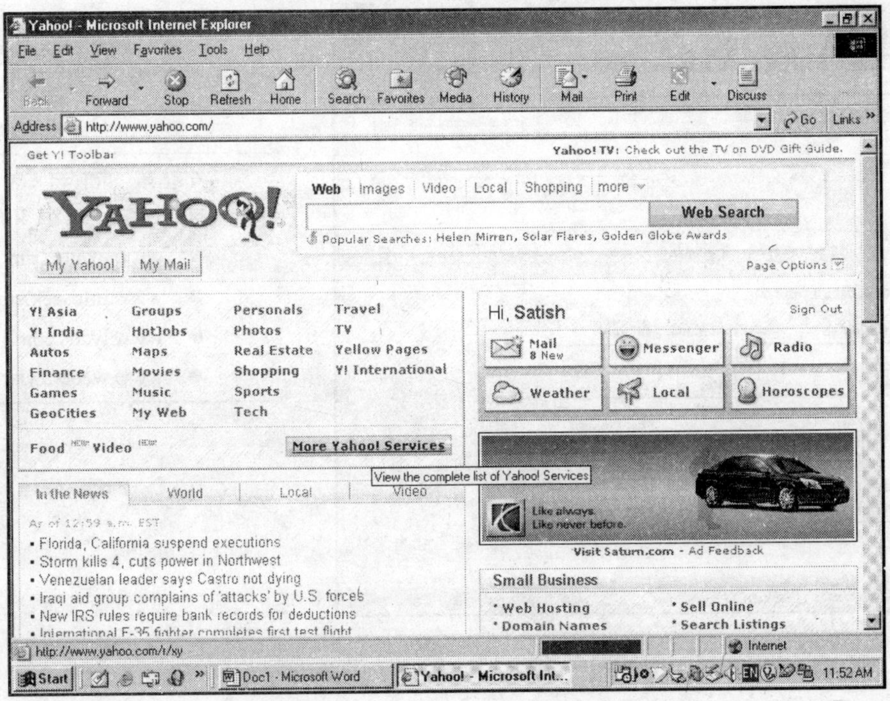

चित्र 8.7: More Yahoo! Services को प्रदर्शित किया गया है।

3. अब आप कुछ अन्य याहू सेवाओं वाले पृष्ठ को देखेंगे। इस पृष्ठ में चित्र 8.8 के अनुसार People Search पर क्लिक करें।
4. आप अपने स्क्रीन पर People Search पेज को देखेंगे। अब उस व्यक्ति के नाम का जिसका आपको ईमेल आईडी चाहिए, पहला व आखिरी नाम प्रविष्ट करें। (देखें चित्र 8.9)
5. Search Email बटन पर क्लिक करें और सर्च इंजन डाटाबेस में दिए गए नामों के लिए खोज करेगा और आपके स्क्रीन पर परिणामों को प्रदर्शित करेगा।

याहू! के अलावा आप निम्नलिखित वेब साइटों पर भी प्रयास कर सकते हैं:

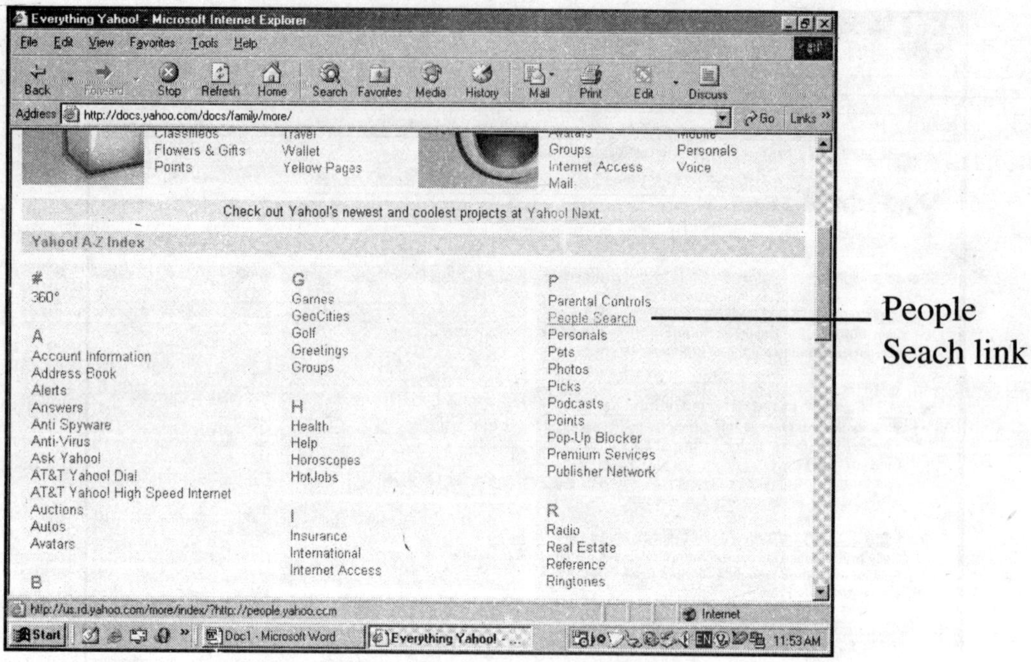

चित्र *8.8: People Search Link.*

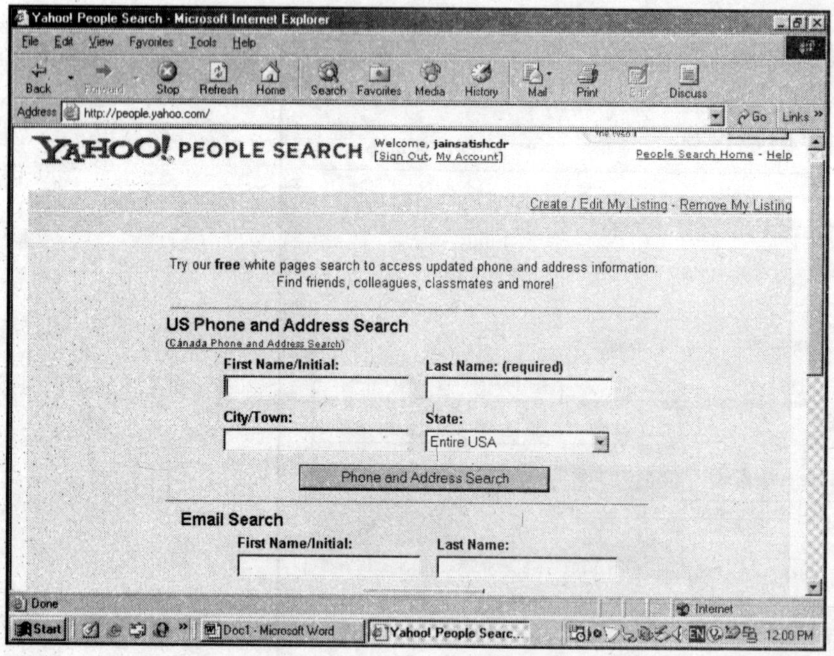

चित्र *8.9:* याहू! पर *People Search* लिंक।

☞ याहू! के अतिरिक्त आप खोज के लिए निम्नलिखित वेब साइटों पर भी प्रयास कर सकते हैं:

- www.excite.com
- www.infoseek.com
- www.lycos.com
- www.webcrawler.com

- www.excite.com (People Finder, Email Lookup और Yellow Pages)
- www.infoseek.com (व्यापार खोजने, लोगों व ईमेल खोजने हेतु)
- www.lycos.com (लोगों और Yellow Pages को खोजना)
- www.webcrawler.com (संदर्भ व फोनबुक खोजना)

नीचे दी गई कुछ लोकप्रिय ऑनलाइन ईमेल व फोन डायरेक्टरियों को भी आप खोजों के लिए प्रयुक्त कर सकते हैं:

- www.bigfoot.com
- www.bigyellow.com
- www.forall.com
- www.infospace.com
- www.whowhere.com
- www.worldpages.com

8.13 सर्च इंजन पर वेब साइट कैसे पंजीकृत करें? (How to Register a Web Site on Search Engine?)

एक साइट को प्रकाशित करने में फाइल्स के हस्तांतरण के लिए उपकरणों के अलावा बहुत सी चीजों की आवश्यकता होती है। अपनी फाइल को सार्वजनिक करने के लिए आपको एक मेजबान (होस्ट) की जरूरत पड़ेगी। होस्ट मिल जाने और इसे उस पर प्रकाशित करने पर आपको अपनी साइट को प्रमोट करने की जरूरत पड़ती है ताकि इच्छित दर्शक इसे जान सकें और यह भी जान सकें कि इसमें क्या-क्या उपलब्ध है। अंततः आपको अपनी साइट को अपडेट करने, इसे तरोताजा रखने और समय-समय पर इसको रिवाइज़ करने की जरूरत पड़ती है।

8.13.1 अपने वेब ब्राउज़र से टेलनेटिंग करना (Telnetting from your Web Browser)

वेब पृष्ठों में टेलनेट के लिंकों को मजबूती से जोड़ा जा सकता है। जब आप ऐसे किसी लिंक का चयन करते हैं तो आपका ब्राउज़र साइट कनेक्ट करने के लिए आपके टेलनेट प्रोग्राम को लांच करने का प्रयास करेगा। यदि आपने अपने ब्राउज़र को कभी भी यह नहीं बताया है कि आपका टेलनेट कहाँ पर स्थित है, तो यह असफल हो जाएगा। इस समस्या के समाधान करने में विकल्पों अथवा डायलॉग बॉक्स में जा कर Apps tab को चुनें अथवा डायलॉग बॉक्स के Apps क्षेत्र को चुनें और फिर टेलनेट बॉक्स में अपने टेलनेट का फाइल नाम व पाथ प्रविष्ट करें।

8.14 मेटा सर्च इंजन (Meta Search Engines)

मेटा-सर्च सॉफ्टवेयर वह सॉफ्टवेयर होता है जो आपके कम्प्यूटर पर रहता है और जो अनेक इंटरनेट सर्च इंजनों के माध्यम से आपको सर्च करने की योग्यता प्रदान करता है साथ ही परिणामों को प्रयोग करने व अवलोकन करने की योग्यता भी प्रदान करता है। आप अपने कम्प्यूटर पर परिणामों के माध्यम से ब्राउज़ कर सकते हैं और पृष्ठों पर क्लिक कर सकते हैं, जिन्हें आप देखना चाहते हैं।

मेटा सर्च इंजन अपना डाटाबेस नहीं बनाते हैं बल्कि अन्य सर्च इंजनों के डाटाबेस का प्रयोग करते हैं। ये तुरंत ही अनेक निजी सर्च इंजनों से मांग करके प्रयोक्ता के सर्च को तेजी से प्रोसेस करते हैं और आसान प्रारूप में परिणामों को एकत्रित करके वापस भेजते हैं।

8.15 एचटीटीपी (HTTP)

हाइपर टेक्स्ट ट्रांसफर प्रोटोकॉल (HTTP) वर्ल्ड वाइड वेब पर फाइल्स (टेक्स्ट, ग्राफिक्स, चित्रों, ध्वनियों, वीडियो और अन्य मल्टीमीडिया फाइल्स) के आदान-प्रदान के लिए नियमों का एक सेट (Set) होता है। यह इंटरनेट पर प्रयुक्त वेब पृष्ठों को एक्सेस करने के लिए एक एक्सेस पद्धति होती है। सामान्यतः HTTP वर्ल्ड वाइड वेब के संयोग में कार्य करता है। वर्ल्ड वाइड वेब पर हाइपरटेक्स्ट दस्तावेजों को एक्सेस करने के लिए HTTP ही उत्तरदायी होता है।

आपका वेब ब्राउजर एक HTTP क्लाइंट होता है जो सर्वर मशीन को requests प्रेषित करता है। जब एक प्रयोक्ता या तो वेब फाइल को खोलते हुए या फिर हाइपरटेक्स्ट लिंक पर क्लिक करके ब्राउज़र प्रोग्राम में फाइल request को प्रविष्ट करता है तो ब्राउज़र एक HTTP request का निर्माण करता है और गंतव्य सर्वर मशीन में HTTP प्रोग्राम के लिए इसे प्रेषित करता है जो आवेदन को स्वीकार करती है और फिर आवश्यक प्रोसेसिंग के उपरान्त मांगी गई फाइल को वापस भेजती है।

☞ HTTP वह प्रोटोकॉल होता है जो रचना करने, प्रदर्शन करने तथा हाइपरटेक्स्ट फाइल्स को लिंक करने के लिए वर्ल्ड वाइड वेब द्वारा प्रयोग किया जाता है।

8.16 प्रकाशन उपकरण (Publishing Tools)

विभिन्न निकायों द्वारा बड़ी संख्या में वेब पब्लिशिंग उपकरण विकसित किये गये हैं। उनमें से कुछ लोकप्रिय उपकरण निम्नलिखित हैं:

- नेटस्केप नेविगेटर गोल्ड
- मैक्रोमीडिया बैकस्टेज डेस्कटॉप स्टूडियो
- अडोब (Adobe) का पेजमिल और साइटमिल
- हॉटडाग, हॉटमीडिया व वेब एडिट जैसे अन्य वेब पब्लिशिंग उपकरण

8.16.1 नेटस्केप नेविगेटर गोल्ड (Netscape Nagivator Gold)

दृश्य एडीटर के रूप में

नेटस्केप गोल्ड उस दृश्य एडीटिंग वातावरण को प्रदान करता है जो वेब पृष्ठ के बिल्कुल करीब होता है और उसी समय वर्ड प्रोसेसरों तथा दस्तावेज पब्लिशिंग उपकरणों द्वारा प्रयुक्त अवधारणाओं में से अनेक को अपनाता है।

☞ **नेटस्केप गोल्ड** वह वेब पब्लिशिंग वातावरण प्रदान करता है जो वेब पृष्ठ के जैसा ही दिखाई देता है तथा महसूस होता है।

नेटस्केप गोल्ड वास्तविक HTML कोड उत्पन्न करता है लेकिन संपादन चरण के दौरान यह कोड ग्राफिकल इंटरफेस द्वारा प्रयोक्ता से छिपा लिया जाता है। जब आप जटिल वेब पृष्ठों की रचना करेंगे तो आपको HTML भाषा एवं इसकी अनेक संरचनाओं के पीछे के सिद्धान्तों को समझने की जरूरत पड़ेगी।

टेम्पलेट व पेज विज़ार्ड का प्रयोग करते हुए नेटस्केप ने वेब पृष्ठ बनाने के लिए किये जाने वाले कार्य के बोझ को कम किया है।

वेब पृष्ठों के संपादन के लिए मेनू

वेब पृष्ठ संपादन के दो महत्त्वपूर्ण मेनू (menu) होते हैं:

- इनसर्ट मेनू
- प्रापर्टीज़ मेनू

इनसर्ट मेनू (Insert Menu): इसमें विभिन्न प्रकार के अवयवों की सूची सम्मिलित होती है जिन्हें आप वेब पृष्ठ में जोड़ सकते हैं। जब आप इस मेनू में से किसी प्रविष्टि का चयन करते हैं तो नेटस्केप गोल्ड आपके वेब पृष्ठ में स्वतः ही इन तत्वों को जोड़ देता है और इसके लिये आपको HTML कोड के बारे में जानने की जरूरत नहीं पड़ती है।

प्रापर्टीज़ मेनू (Properties Menu): यह आपको उन विभिन्न तत्वों के प्रस्तुतिकरण व क्रियाओं को नियंत्रित करने की योग्यता प्रदान करता है जिन्हें आप वेब पृष्ठ पर रखना चाहते हैं। यह उस तरीके के समतुल्य होता है जिनसे आप वर्ड प्रोसेसर में टेक्स्ट की प्रस्तुति को परिवर्तित कर सकते हैं। प्रापर्टीज मेनू के अधिकांश कार्य टेक्स्ट के प्रकार अथवा तत्व जो एडिटिंग विंडो में हाल ही में चयनित किये गए हैं, द्वारा नियंत्रित किये जाते हैं।

☞ **नेविगेटर गोल्ड** में अनेकों पैराग्राफ फार्मेटिंग उपकरण एवं पूर्व परिभाषित पैराग्राफ स्टाइलें जिन्हें आप अपने वेब पृष्ठों पर उद्देश्यों एवं टेक्स्ट खण्डों के लिए निर्धारित कर सकते हैं, सम्मिलित होते हैं। पैराग्राफ फार्मेट टूलबार आपको टेक्स्ट जो आपने वर्तमान में चयनित किया है, की पैराग्राफ फार्मेटिंग को आसानी से निर्धारित करने देता है।

8.16.2 मैक्रोमीडिया का बैकस्टेज डेस्कटॉप स्टूडियो (Macromedia's Backstage Desktop Studio)

बैकस्टेज स्टूडियो में एण्ड-टू-एण्ड वेब साइट को व्यवस्थित करने व संयोजन करने वाले उपकरण सम्मिलित होते हैं। मैक्रोमीडिया का सबसे बड़ा लाभ इसकी मल्टीमीडिया वेब रेखांकन में श्रेष्ठता का होना है। मैक्रोमीडिया में वेब पृष्ठ को डिजाइन करने के लिए सबसे उत्तम उपकरण मौजूद होता है।

मैक्रोमीडिया का बैकस्टेज डेस्कटॉप स्टूडियो उपकरणों की वह नई पीढ़ी है जिसमें वेब साइट प्रबंधन विशेषताओं से डायनामिक वेब पृष्ठ लेखांकन सुविधाएँ समहित होती हैं।

☞ डायनॉमिक शब्द का अर्थ यहाँ पर पृष्ठों में मल्टीमीडिया व डाटाबेस की कनेक्टिविटी को जोड़ना है जिसकी सूचना को प्रायः उन परिवर्तनों की जरूरत पड़ती है जैसे परिवर्तन व्यक्ति प्रायः देखता है।

लाभ

डायनामिक वेब साइट के प्रमुख लाभ निम्नलिखित हैं:

- वे दर्शकों को संबद्ध करते हैं। वे दर्शकों को वेब पृष्ठ निर्माता के साथ संचार करने की योग्यता प्रदान करते हैं।
- वे विशिष्ट जानकारी के लिए गेटवे उपलब्ध कराते हैं।
- वे उन्हें समस्याओं का समाधान करने में सहायता प्रदान करते हैं। वे इसे रोचक व रचनात्मक तरीके से करते हैं।

वेब साइट डिज़ाइनिंग के लिये उपकरण

मैक्रोमीडिया वेब साइट डिज़ाइन करने में निम्नलिखित दो उपकरणों का प्रयोग करता है:

- **बैकस्टेज डिज़ाइनर:** यह क्लाइंट के रूप में निम्न छोर पर WYSIWYG लेखांकन वातावरण प्रदान करते हैं। यह वेब साइट को तेज गति का बनाने में सहायता करता है।
- **बैकस्टेज इन्टरप्राइज स्टूडियो:** यह सर्वर साइड पर उच्च छोर वेब साइट रचना एवं प्रबंधन सॉफ्टवेयर होता है। यह सर्वोत्तम मल्टीमीडिया पृष्ठों के लिए व्यावसायिक दिखाई पड़ने वाली साइटों की रचना करने में सहायता प्रदान करता है। यह क्लाइंट/सर्वर वेब एप्लीकेशंस में भी सहायता करता है।

8.16.3 एडोब पेजमिल और साइटमिल (Adobe Pagemill and Sitemill)

पेजमिल एवं साइटमिल एडोब की एक WYSIWYG (what you see is what you get) इंटरफेस विशेषता होती है जो उनका संचालन करना आसान बनाती है। उसी समय यह Macintosh के प्रयोग को भी आसान बनाती है।

साइटमिल (Sitemill)

साइटमिल सर्वर पर वेबपृष्ठों के संपादन एवं प्रबंधन दोनों के लिए संपूर्ण विकल्प होता है। यह वेब साइट का कैटालॉग बनता है, प्रत्येक लिंक की जाँच करता है और सभी त्रुटियों को प्रदर्शित करता है। वर्तमान में नेटस्केप प्लग-इन के साथ-साथ दोनों प्रोग्राम HTML को सपोर्ट करते हैं।

☞ क्योंकि पेजमिल और साइटमिल दोनों एक जैसी विशेषताओं, तकनीकों व उपकरणों को शेयर करता है इसलिए एक के प्रोग्राम को दूसरे पर भी प्रयोग किया जा सकता है। इनमें से प्रत्येक उपकरण वेब पृष्ठ की रचना करने या वेबसाइट का प्रबंधन करने हेतु आसान प्रणाली उपलब्ध कराते हैं।

पेजमिल का प्रयोग करना (Using Pagemill)

पेजमिल वेब पृष्ठ बनाने के लिए सर्वोत्तम विकल्प है। यह नौसिखिया लोगों को भी फॉर्मों, ग्राफिक्सों व फारमेटिंग सहित वेब पृष्ठ बनाने की अनुमति देता है। पेजमिल दो अलग-अलग विधियों में संचालित किया जा सकता है। ये विधियाँ हैं ब्राउज़ करना और एडिट करना। ब्राउज़ विधि स्वनिर्मित विधि होती है जब आप एक सुरक्षित पृष्ठ को खोलते हैं। यह पृष्ठ का व्यू दिखाता है यद्यपि ये इंटरनेट पर आपके ब्राउज़र के लिए सेवित हो रहे थे। एडिट मोड आपके पृष्ठ की रचना करने व संपादन करने के लिए होता है। आप दोनों विधियों को अपने कम्प्यूटर स्क्रीन के ऊपर दायें कोने में ब्राउज़/एडिट आईकॉन पर एक आसान क्लिक करके जोड़ सकते हैं।

पेजमिल आपको वेब पृष्ठ आसानी से बनाने देता है जिसमें फॉर्म, ब्रेकग्राउण्ड, अन्दरूनी लिंक, बाहरी लिंक, इमेजें, इमेज मैप, और विस्तृत टेक्स्ट फॉर्मेटिंग आदि सम्मिलित होते हैं। आप बिना HTML के ज्ञान के भी इसे पूरा कर सकते हैं। पेजमिल सामान्यतः कट-एंड-पेस्ट संचालन को सपोर्ट करता है। यदि खींचा गया या कॉपी किया गया टेक्स्ट RTF फारमेटेड है, उपाधियाँ और स्टाइलें रक्षित हैं तो ठीक है, अन्यथा आपको टेक्स्ट पुनः फारमेट करना पड़ेगा।

☞ RTF (Rich Text Formate) अनेक वर्ड प्रोसेसर्स में एक सामान्य फॉर्मेटिंग विकल्प होता है। RTF में एक फाइल सुरक्षित करना, बिना फॉर्मेटिंग खोये क्रास-प्लेटफॉर्म एवं क्रॉस-एप्लीकेशन सक्षमता की अनुमति प्रदान करता है।

पेजमिल किसी पृष्ठ में इमेज के आगम को खीचने व छोड़ने की अनुमति देता है। पेजमिल उस ग्राफिक्स एडीटर को भी समाहित करता है जो ईमेज को बढ़ाने व उसमें सुधार करने को आसान बनाता है।

आप बटन बार पर इनसर्ट इमेज बटन पर क्लिक करके किसी इमेज को इसमें सम्मिलित कर सकते हैं। एक बार पृष्ठ पर इमेज शामिल हो जाने पर आप इमेज एडीटर से इसकी विशेषताओं को परिवर्तित कर सकते हैं और ईमेज पर डबल क्लिक करके इसे पुनः माँग सकते हैं। आप इमेज के अन्दर आयताकार, गोल, व बहुभुज तथा अन्य आकारों की आकृतियों को एडीटर विंडो के इमेज मैप में आसानी से बना सकते हैं फिर उस आकृति को URL या वर्तमान पृष्ठ के किसी अन्य में स्थित एंकर से उसे जोड़ सकते हैं।

पृष्ठों को लिंक करने के लिए पेज मिल

एक लिंक किसी इमेज या टेक्स्ट का वह भाग होता है जिसे जब क्लिक किया जाता है तो वह ब्राउज़र को किसी दूसरी जगह भेजता है। पेजमिल आपको उसी पृष्ठ अथवा उसी सर्वर के अन्य पृष्ठों और दूसरे सर्वर के दूसरे पृष्ठ पर लिंकिंग नामक दोनों लिंकों को जोड़ने की योग्यता प्रदान करता है। बाहरी लिंक ब्राउज़र को दूसरे सर्वर पर भेजता है। इस प्रकार के लिंक को व्यवस्थित करना कठिन होता है क्योंकि आपका अन्य सर्वर के विषयों या नामों पर नियंत्रण नहीं होता है।

फॉर्म बनाने के लिए पेजमिल

पेजमिल दूसरे भिन्न प्रकार के फॉर्मो को बनाना आसान करता है। चूँकि फॉर्म परिवर्तनीय होते हैं इसलिए यह वेब पृष्ठ के मालिक को यह बताता है कि साइटों के वेब पृष्ठ पर उपस्थित विषय, उत्पाद या साइट में किसकी रुचि है। फॉर्म आपके वेब पृष्ठ के दर्शकों से जानकारी इकट्ठी करना या उनके साथ भागीदारी करने का एक आसान तरीका होते हैं। इसका एक अन्य प्रयोग कॉमर्स- में आपकी वेब साइट पर वस्तुओं का विक्रय करने में होता है। दर्शक ट्रांजैक्शन को पूरा करने के लिए आवश्यक जानकारी भेजने के लिए इन फॉर्मो का प्रयोग करते हैं। फिर यह जानकारी वेब सर्वर को भेजी जाती है, CGI द्वारा इसे प्रोसेस किया जाता है और फिर साधारण व्यापारिक समय के दौरान उन्हें वापस प्राप्त किया जाता है।

☞ यद्यपि फॉर्म परिवर्तनीय तथा वेब साइट मालिक के लिए सहायक होते हैं लेकिन उन्हें ठीक से संचालित करने के लिए प्रयास करना पड़ता है।

8.16.4 अन्य वेब प्रकाशन उपकरण (Other Web Publishing Tools)

वेब प्रकाशन उपकरणों की अनेक किस्में होती हैं। इन उपकरणों में से अनेक बहुत कम कीमत पर मिलते हैं। इनकी व्याख्या निम्नलिखित में की गई है।

Golive

एडोब गो-लाइव खींचने व छोड़ने की रचना पर खुद को गौरवान्वित महसूस करता है जो बिना समय गंवाए आपको आपकी साइट बनाने देगा। यद्यपि पेजमिल के रूप में drag and drop authoring pages जारी करने वाला एडोब बड़ा सॉफ्टवेयर विकासकर्त्ताओं में से एक था फिर भी इसने गोलाइव के जारी होने तक किसी विवाद को जन्म नहीं दिया। गोलाइव में भिन्न किनारा कटिंग की विशेषताएँ होती हैं।

हॉटडॉग एवं हॉटडॉग प्रो (HotDog and HotDog Pro)

हॉटडॉग HTML, HTML के लिए नेटस्केप और HTML के लिए इंटरनेट एक्सप्लोरर के विस्तारों को सपोर्ट करता है। जब आप एडीटर में विविध दस्तावेजों को खोलते हैं तो आप एडीटर विंडो के नीचे टैब (tabs) का प्रयोग करके तेजी से उनके बीच स्विच कट सकते हैं। हॉटडॉग एक मैत्रीपूर्ण इंटरफेस है।

हॉटडॉग आपको बिना पृष्ठ को सुरक्षित (save) किये ही पृष्ठ का पूर्वावलोकन (Preview) करने देता है। अन्य विशेषताओं में एक अग्रिम सुधार प्रणाली सम्मिलित होती है जो जब आप अपना पृष्ठ प्रकाशित करते हैं तो स्वतः ही टेक्स्ट और फाइल पाथ को बदल देती है।

हॉटडॉग को नौसिखियों तथा विशेषज्ञों दोनों के लिए बनाया गया है। जब आप हॉटडॉग शुरू करोगे तो तुरन्त इसको जान जाओगे। टूलबार से सीधे ही पृष्ठ में अनेक टैग (tag) लगाने की योग्यता होने के अतिरिक्त हॉटडॉग में टैगों को जोड़ने के लिए एक हॉटडॉग बॉक्स होता है।

टूलबार पर फॉर्म आईकॉन पर आपके क्लिक करने मात्र से ही हॉटडॉग से फॉर्म बनाना आसान हो जाता है। और हॉटडॉग एक फॉर्म बिल्डर प्रदर्शित करने लगता है। फॉर्म बिल्डर अवयव के प्रकार जो आप अपने फॉर्म में जोड़ना चाहते हैं, का चयन करने हेतु मैत्री इंटरफेस उपलब्ध कराता है।

लिंकों को व्यवस्थित करने, तालिका बनाने तथा फ्रेम बनाने हेतु हॉटडॉग में अन्य आसान साधन भी होते हैं।

☞ हॉटडॉग प्रो बहुस्तरीय undo संचालन के साथ मानक संस्करण और असीमित आकार की फाइल्स को संचालित करने की योग्यता से स्वयं अलग हो जाता है।

हॉटडॉग प्रो से आप न केवल टूलबार को कस्टमाइज कर सकते हैं बल्कि आप टूलबार बटनों के लिए आईकॉन और लेबल भी चयन कर सकते हैं। हॉटडॉग प्रो की एक अन्य अति उत्तम विशेषता यह है कि इसमें आपके अपने टैगों व टैग सेट जिन्हें मेनू के द्वारा एक्सेस किया जा सकता है, के परिभाषित करने की योग्यता होती है।

हॉटमेटल एवं हॉटमेटल प्रो (HotMetal and HotMetal Pro)

हॉटमेटल सॉफ्टक्वाड (SoftQuad) इनकारपोरेटेड (www.sq.com) द्वारा निर्मित एक एडीटर है। HotMetal को दो संस्करण होते हैं। HotMetal निशुल्क उपलब्ध होता है। इसकी सबसे बड़ी अच्छाई है कि SoftQuad ने इस निशुल्क एडीटर को निरन्तर विकसित करने और सुधार करने का वादा किया है।

HotMetal उन विशेषताओं को सपोर्ट करता है जो इसे माइक्रोसॉफ्ट फ्रन्टपेज तथा मैक्रोमीडिया बैकस्टेज के बराबर ला खड़ा करती हैं। फिर भी साफ्टक्वाड को सॉलिड सपोर्ट व निरन्तर अपग्रेडों युक्त इसके प्रस्तावों का बुरा बाजारू अनुभव हुआ। इस एडीटर के संस्करण विंडोज़, मैकिन्टोश, पावरमैक और यूनिक्स के लिए उपलब्ध हैं।

☞ HotMetal एक उत्कृष्ट एडीटर है क्योंकि यह WYSIWYG एप्रोच का प्रयोग करके अवयवों की प्रविष्टि करता है। इसका एक उत्कृष्ट इंटरफेस होता है जो कन्टेन्ट जनरेटर द्वारा प्रयुक्त किए जाने वाले टैग निर्माताओं के साथ WYSIWYG को मिलाता है।

HotMetal Pro एक उन्नत लेखांकन प्रणाली है जो अधिकांश वर्तमान HTML विशिष्टताओं व विस्तारों को सपोर्ट करती है। हॉटमैटल प्रो HTML, Java, ActiveX, Objects, Scripts और यहाँ तक कि शॉक वेब को भी सपोर्ट करता है। हॉटमेटल प्रो एकीकृत WYSIWYG एवं टैग मेकर एप्रोच का अनुपालन करता है।

हॉटमैटल प्रो की विशेषताएँ (Features of HotMetal Pro)

इसकी एक विशेषता वह होती है जिसमें आप बटन को छूने मात्र से किसी भी ब्राउज़र में अपने पृष्ठ का पूर्वावलोकन कर सकते हैं, से आप विविध ब्राउज़र पूर्वावलोकन की जाँच कर सकते हैं। यदि आप अपने पृष्ठ को अनेक ब्राउज़र्स में परखना चाहते हैं तो यह विशेषता सर्वोत्तम हैं। इसकी अन्य विशेषताओं में दूसरे दस्तावेजी प्रारूपों का HTML में स्वयं परिवर्तन शामिल है। वह सबकुछ जो आपको करना है, MS Word खोलना, Word Perfect खोलना तथा हॉटमेटल प्रो Amipro दस्तावेज खोलना है और उसे यह तुरन्त ही HTML में परिवर्तित कर देता है। हॉटमैटल प्रो की सर्वोत्तम विशेषता टैम्पलेट प्रणाली होती है। हॉटमैटल प्रो के टैम्पलेट जैसे भी आते हैं, उन्नत होते हैं। आप इसके सैकड़ों टैम्पलेट पाओगे जिनसे आप तुरंत ही पृष्ठ, तैयार तालिकाएं, फ्रेम, जावा एपलेट, स्क्रिप्ट्स और शॉकवेब एनीमेशन बना सकते हैं।

हॉटमैटल प्रो की एक अन्य विशेषता फ्रेम एडीटर है जो अत्याधुनिक होती है। फ्रेम की रचना करने में पृष्ठ पूर्णतः बना हुआ होता है और ग्राफिकल इंटरफेस प्रयोग करने में आसान होता है। जैसे ही आप फ्रेम को परिभाषित करते हो, आप अपने फ्रेम में खींचते व छोड़ते हुए वेब पृष्ठ द्वारा फ्रेमों हेतु दस्तावेजों के स्रोत को भी परिभाषित कर सकते हो।

हॉटमैटल प्रो में **मैटलवर्क्स** नामक अन्त:निर्मित ग्राफ़िक्स एडीटर भी आता है। जब कभी आप किसी इमेज को संशोधित करना चाहते हो तो आपको पॉप-अप मेनू जिससे आप इमेज गुणों को परिभाषित कर सकते हैं, पारदर्शी चित्रों को बना सकते हैं, और इमेज मैप निर्माण कर सकते हैं, को प्रदर्शित करने के लिए इमेज पर Right click करना होता है। हॉटमैटल प्रो सर्वर साइड व क्लाइंट साइड इमेज मैप दोनों को सपोर्ट करता है।

मौजूद इमेज से इमेज मैप बनाना मैटलवर्क्स मैप नामक डायलॉग बॉक्स द्वारा व्यवस्थित किया जाता है। इस डायलॉग बॉक्स के माध्यम से आप अपनी जरूरत के अनुसार इमेज को छोटा या बड़ा करके बहुत अच्छे इमेज मैप की रचना कर सकते हैं। मैप पर हॉट-स्पॉट परिभाषित कर सकने के पूर्व आपको उस हॉटस्पॉट के लिए एक आकार अवश्य चुनना चाहिए। ये हॉटस्पॉट वृत्ताकार, आयताकार अथवा बहुमुखी होते हैं।

वेब एडिट और वे एडिट प्रो (Web Edit and Web Edit Pro)

वेब एडिट के दोनों संस्करणों में टूलबार, शॉर्टकट कुंजियाँ, और स्पेल चैकर (spell checker) सम्मिलित होते हैं। जहाँ संस्करण फॉर्म और फ्रेमों जैसे उन्नत HTML अवयव बनाने के लिए ऑटोमेशन रूटीन्स में भिन्न होते हैं वहीं व्यावसायिक संस्करण में रचना प्रक्रिया के माध्यम से आपका मार्गदर्शन करने हेतु अनेक विज़ार्ड मौजूद होते हैं और इसके मूल संस्करण में केवल कुछ ही विशेषताएँ होती हैं। वेब एडिट के दोनों संस्करण पूर्णरूप से HTML को, नेटस्केप विस्तारों से HTML को और इंटरनेट एक्सप्लोरर से HTML को सपोर्ट करते हैं।

वेब एडिट से आप एक ही बार में अनेक दस्तावेजों को खोल सकते हैं। यद्यपि वेब एडिट, विंडो या दस्तावेज मेनू जिससे आप दस्तावेज खोलने को एक्सेस करने के लिए भिन्न हो सकते हैं, का प्रयोग नहीं करता है। यह क्विक टैब का प्रयोग करके दस्तावेजों हेतु एक्सेस उपलब्ध कराता है।

ड्रीमवीवर (Dream Weaver)

दो वर्षों के अल्पकाल में ही रचनात्मक डिज़ाइनरों के लिए ड्रीमवीवर एक मानक वेब लेखांकन उपकरण बन गया है। अब इसके नवीनतम संस्करण में वेब पर भविष्य के विकासों का लाभ प्राप्त करने के लिए एक पैकेज मौजूद है। उद्योग जगत में ई-बिजनेस व ईकॉमर्स गुंजायमान शब्द हो गए हैं और ड्रीमवीवर ने इसे राउडट्रिप कोडेड डाटा इंपोर्ट के रूप में पहचाना है। इसमें किसी विशिष्ट परियोजना हेतु प्रोग्राम को कस्टमाइज किया जा सकता है ताकि दल के सदस्य और क्लाइंट एक साथ विकास चक्र में उसी पैकेज का प्रयोग कर सकें। ड्रीमवीवर XML, CSS, प्रसार योग्य स्क्रिप्टिंग भाषा जिसकी मुख्य धारा में जाकर, जैसा कि ब्राउज़र सपोर्ट ऑन लाइन आता है, की आशा की जाती है, के चारों ओर निर्मित किनारे के साथ वेब विकास हेतु हमें तैयार भी करता है। ड्रीमवीवर भविष्य पर बिना यह भूले कि क्या महत्त्वपूर्ण हैं, नजर रखने की योग्यता प्रदान करता है।

उत्तर सहित पुनरावलोकन प्रश्न
(REVIEW QUESTIONS WITH ANSWERS)

*नोट: * से इंगित प्रश्न पहले DOEACC "O" तथा "A" स्तरीय परीक्षाओं में पूछे जा चुके हैं।*

1. बहुविकल्पीय प्रश्न

1. वेब पृष्ठ डिज़ाइन करते समय आपको निम्नलिखित बिन्दुओं पर गंभीरता से विचार करना चाहिए:
   (a) बैनरों, लोगो, डेस्कटॉप अथवा क्लाइंट कम्प्यूटर या इसी तरह के उपकरणों की पहचान करना।
   (b) नव बार, बटनों या दूसरे पृष्ठों के लिए टेक्स्ट लिंकों जैसे संचालनात्मक अवयवों का
   (c) सभी प्रकार के टेक्सट का
   (d) उपर्युक्त सभी का
2. वेब सरवर की छवि एवं अनुभूति में निखार लाने के लिए आप घटकों पर विचार कर सकते हैं:
   (a) स्पेस व बैलेन्स (b) एकरूपता
   (c) रंग (d) उपर्युक्त सभी
3. साइट स्थापित करने में निम्नलिखित पर विचार किया जाना चाहिए:
   (a) नियमित रूप से नयी जानकारी उपलब्ध कराना
   (b) साइट में परिवर्तन हेतु ईमेल सूचना के लिए अपने दर्शकों को पंजीकृत करें।
   (c) मौजूद जानकारी को अपग्रेड करें।
   (d) उपर्युक्त सभी
4. मेजबान (होस्ट) डेस्कटॉप कम्प्यूटरों से भिन्न होते हैं जिसमें वे ____________ को व्यवस्थित कर सकते हैं:
   (a) अनेक कनेक्शनों (b) एक कनेक्शन
   (c) कोई कनेक्शन नहीं (d) उपर्युक्त सभी
5. जब हम अपनी निजी वेब साइट के लिए होम पेज विकसित करते हैं तो हमें निम्नलिखित दिशानिर्देश ध्यान रखने चाहिए:
   (a) डाउनलोड समय को घटाना
   (b) केवल मूल जानकारी, इमेज अथवा फाइल्स ही जोड़ी जाएं
   (c) कहाँ और कैसे के बारे में संक्षिप्त जानकारी प्रदान करें जहाँ नियोक्ता आप तक पहुँच सकें।
   (d) उपर्युक्त सभी
6. नेटस्केप नेवीगेटर व निम्नलिखित जैसे अन्य ब्राउज़र इंटरनेट पर निशुल्क उपलब्ध होते हैं:
   (a) इंटरनेट एक्सप्लोरर (b) हॉटडॉग
   (c) एडोब पेजमेकर (d) उपर्युक्त में कोई नहीं
7. इंटरनेट में विशेषताएँ होती हैं:
   (a) कारपोरेट कम्यूनिकेशन को उन्नत करने की
   (b) क्रॉस-प्लेटफार्म सक्षमता
   (c) संस्थान के अन्दर के लोगों के एक्सेस करने योग्य
   (d) उपर्युक्त सभी
8. प्रॉक्सी सर्वर स्थापित करते समय सभी वर्कस्टेशनों एवं सर्वरों के लिए निम्नलिखित सबनेट एड्रेस का चयन करना आकस्मिक था। यह इसलिए चुना गया था क्योंकि यह वर्ग C सबनेट श्रृंखला में आता है और याद रखने में आसान होता है।
   (a) 220.22..1.5 (b) 220.111.220.220
   (c) 220.220.220.220 (d) उपर्युक्त में से कोई नहीं
9. निम्नलिखित में भिन्न को छाँटो:
   (a) एडोब पेजमिल और साइटमिल
   (b) नेटस्केप नेविगेटर गोल्ड
   (c) माइक्रोसॉफ्ट फ्रंटपेज

(d) DOS

*10. निम्नलिखित में कौन सा एक सर्च इंजन नहीं है:

(a) गूगल (Google) (b) वेब क्रालर (Web crawler)

(c) एक्जाइट (Excite) (d) साइनट्रांस (Scientra ans)

*11. कुकी (Cookie) क्या है?

(a) एनीमेशन प्रदर्शित करने व ध्वनि चलाने हेतु प्रयुक्त किया जाने वाला कम्प्यूटर कोड

(b) आपके कम्प्यूटर पर भेजी गई जानकारी जो बाद में देखी गई वेबसाइट को जानकारी वापस देने में प्रयुक्त की जाती है।

(c) आप अपने कम्प्यूटर से जो क्रय एवं भुगतान करते हैं उनको स्वत: रिकार्ड करने वाला कम्प्यूटर कोड

(d) एक विज्ञापन जो कभी आपके कम्प्यूटर स्क्रीन पर प्रदर्शित किया जाएगा।

2. निम्नलिखित वाक्यों में सही और गलत बताएँ:

1. आपकी वेबसाइट के वेब पृष्ठ को हाइपर लिंक से नहीं जोड़ा जा सकता है।
2. आपको अपनी वेबसाइट पर फैन्सी ग्राफिक्स व साउण्ड क्लिपिंग को जोड़ना चाहिए जिससे यह दर्शकों द्वारा इसे एक्सेस करने में ज्यादा समय लेती है।
3. जब आप वेब सर्वर पर फाइल्स स्थानान्तरित करना चाहते हैं तो आपका ISP कोई भूमिका अदा नहीं करता है।
4. यूनिक्स में डेमन (Daemon) प्रोग्राम होता है जो प्राय: प्रयोक्ताओं के लिए अदृश्य होता है, किन्तु महत्त्वपूर्ण सिस्टम सेवाएँ उपलब्ध कराता है।
5. डाउनलोड टाइम को कम करने की विधि है कि केबल मोडेम का प्रयोग किया जाए या ISDN कनेक्शन लिया जाय।
6. इमेज मैप प्रयोग करने में आप विविध हॉट स्पॉट्स से ग्राफिक इमेज बना सकते हैं।
7. हाइपरटेक्स्ट की शक्ति इसकी साधारणता एवं पारदर्शिता होती है।
8. HTTP में, हैडर फाइल में वस्तु के प्रकार की पहचान करने में क्लाइंट वस्तु प्राप्त करता है जो इसे उचित ढंग से व्यवस्थित करती है।
9. वेबसाइट डिज़ाइन करने में आपको टाइटल आकर्षक, विवरणात्मक एवं सही बनाना चाहिए।
10. नेटस्केप मैसेन्जर नेटस्केप कम्यूनिकेटर युक्त ईमेल क्लाइंट होता है।

*11. वह सॉफ्टवेयर जो किसी विषय पर वेब पृष्ठों पर अवस्थित करने में आपकी सहायता के लिए प्रयुक्त किया जा सकता है जिसके लिए आपको एड्रेस नहीं पता होता है, सर्च इंजन कहलाता है।

3. निम्नलिखित को सुमेलित करें:

3.1	फोल्डर	(a)	FTP सर्वर पर कार्य करने वाली डायरेक्टरी को परिवर्तित करती है।
3.2	सिग्नेचर इनपुट	(b)	लेख या ईमेल भेजने वाले व्यक्ति के बारे में जानकारी
3.3	Alta Vista	(c)	सर्च इंजन
3.4	cd	(d)	भारत
3.5	.in	(e)	फाइलयुक्त पृष्ठ
3.6	एडोब साइटमिल	(f)	करोड़ों वेब पृष्ठ
3.7	Geocities	(g)	निशुल्क इंटरनेट साइट
3.8	पेजमिल	(h)	वेब डिज़ाइनर
3.9	वर्ल्ड वाइड वेब	(i)	स्टेटलैस प्रोटोकॉल
3.10	HTTP	(j)	HTML डिज़ाइनर

4. रिक्त स्थानों की पूर्ति करें:

(a) HTML सर्वर (b) ब्राउज़र

(c) हाइपरलिंक (d) पृष्ठ परिभाषा

(e) HTML (f) HTML टैग

(g) वेबसाइट (h) स्वचालित सर्च

(i) प्रॉक्सी सर्वर (j) वेब प्रकाशन

(k) सर्च इंजन (l) स्टेटफुल प्रोटोकॉल

1. वेब सर्वर पर फॉर्मों को प्रोसेस करने वाले प्रोग्राम को __________ कहते हैं।
2. बनाया गया प्रत्येक वेब पृष्ठ एक अलग फोल्डर में स्टोर किया जाता है और __________ में स्टोर किया जाता है।
3. __________ की सहायता से आप वेब सर्वर पर स्टोर वेब पृष्ठों को देख सकते हैं।
4. सामान्यत: एक वेब पृष्ठ एक एकल __________ दस्तावेज होता है जिसमें टेक्स्ट, ग्राफिक्स, ध्वनि एवं हाइपरलिंक सम्मिलित होते हैं।
5. आपकी वेब साइट के पृष्ठ __________ द्वारा जुड़े होते हैं।
6. वेब पृष्ठ फॉर्मेटिंग कमाण्ड को __________ कहा जाता है।
7. हस्तांतरण सम्पन्न हो जाने के बाद भी __________ स्टेट जानकारी रखता है।
8. __________ एक सर्वर होता है जो दूसरे कम्प्यूटर के लिए कार्य करता है।
9. VRML भाषा __________ के लिए है।
10. __________ भाषा वेब दस्तावेज फॉर्मेट करती है।

*11. __________ उपकरण दिये गये विषय से संबद्ध जानकारी वाले पृष्ठों के सेट को पाने के लिए प्रयोक्ताओं की सहायता करता है।

*12. __________ एक प्रोग्राम है जो निर्देशित मूल शब्दों के लिए दस्तावेजों की खोज करता है और जहाँ वे मूल शब्द प्राप्त होते हैं, उन दस्तावेजों की सूची वापस भेजता है।

उत्तर

1. 1.1 d 1.2 d 1.3 d 1.4 a 1.5 d 1.6 a 1.7 d 1.8 c 1.9 d 1.10 d 1.11 b

2. 2.1 F 2.2 F 2.3 F 2.4 T 2.5 T 2.6 T 2.7 T 2.8 T 2.9 T 2.10 T 2.11 T

3. 3.1 e 3.2 b 3.3 c 3.4 a 3.5 d 3.6 h 3.7 g 3.8 j 3.9 f 3.10 i

4. 4.1 g 4.2 a 4.3 b 4.4 e 4.5 c 4.6 f 4.7 l 4.8 i 4.9 j 4.10 d 4.11 h 4.12 k

विवरणात्मक प्रश्न
(DESCRIPTIVE TYPE QUESTIONS)

1. WWW शब्द से आप क्या समझते हैं? WWW को ध्यान में रखते हुए विकसित की गई भाषा का क्या नाम है? वह नवपरिवर्तनकारी तरीका क्या है जो वेब पर उपलब्ध विभिन्न स्रोतों से जानकारी प्राप्त करने में पाठकों की सहायता करता है?
2. निम्नलिखित पर संक्षिप्त टिप्पणी लिखो:
   (a) इमेज मैप
   (b) वेब ब्राउजर्स
   (c) वेब डिज़ाइनिंग भाषा
3. निम्नलिखित में अंतर स्पष्ट करें:
   (a) कनेक्शनरहित एवं कनेक्शन उन्मुख प्रोटोकॉल
   (b) स्टेटलैस और स्टेटफुल प्रोटोकॉल
   (c) HTTP एवं HTML
4. वेब साइट योजना शब्द से आप क्या समझते हैं? वेबसाइट डिज़ाइन करते समय ध्यान रखने वाले चरण कौन-कौन से हैं? उनमें से प्रत्येक का संक्षिप्त विवरण दें।
5. वेबसाइट के विभिन्न प्रकारों का नाम लिखें। प्रत्येक प्रकार की वेबसाइट डिज़ाइन करने में कौन-कौन सी बातें ध्यान रखनी चाहिए?
6. निम्नलिखित वेब प्रकाशन उपकरणों में से किन्हीं दो पर संक्षिप्त टिप्पणी लिखें:
   (a) नेटस्केप नैविगेटर गोल्ड
   (b) एडोब पेजमिल एवं साइटमिल
   (c) मैक्रोमीडिया का बैकस्टेज डेस्कटॉप स्टूडियो
7. इंटरनेट पर मेजबानी (होस्टिंग) करने से आप क्या समझते हैं? FTP के साथ इंटरनेट पर वेबसाइट प्रकाशित करने के लिए एक विधि का उल्लेख करें।
8. पर्सनल वेबसाइट क्या है? यह इंटरनेट वेब साइट से किस तरह भिन्न है? अपनी पर्सनल वेबसाइट पर होमपेज को विकसित करने के लिए कुछ दिशानिर्देश दें।

*9. सर्च इंजन पर आप वेब साइट को किस प्रकार पंजीकृत करोगे?

*10. वेब प्रकाशन उपकरण क्या है? उनमें से किन्हीं दो की चर्चा करें।

11. निम्नलिखित की व्याख्या करें:
   (a) इंटरनेट एक्सप्लोरर
   (b) नेटस्केप नेविगेटर
   (c) मोजाइक

*12. HTTP क्या है? HTTP को सपोर्ट करने वाले ब्राउजर्स द्वारा निर्दिष्ट चार मूल संचालन क्या हैं?

13. निम्नलिखित पर संक्षिप्त टिप्पणी लिखें:
   (a) Book Mark
   (b) HomePage

14. इंटरनेट एक्सप्लोरर का प्रयोग करते हुए वेब पृष्ठ को मुद्रित करने की विधि का वर्णन करें।

15. हिस्ट्री लिस्ट से आप क्या समझते हैं? इस लिस्ट का क्या प्रयोग है?

*16. वेब कुकीज़ क्या हैं, उनकी आवश्यकता क्यों होती है?

*17. बुकमार्क (Book Mark) की व्याख्या करें।

*18. इंटरनेट एक्सप्लोरर टूलबार में निम्नलिखित बटनों का क्या कार्य हैं?
   (a) सर्च (b) हिस्ट्री
   (c) मेल (d) प्रिंट
   (e) रिफ्रेश

*19. वेब कॉस्टिंग क्या है? इसके प्रयोगों का वर्णन करें।

*20. इंटरनेट के संदर्भ में कुकी (cookie) क्या है? कुकीज़ की कुछ महत्त्वपूर्ण उपयोगिताओं में से कुछ को सूचीबद्ध करें।

*21. डायनामिक (Dynamic) वेब साइट क्या हैं?

*22. निम्नलिखित पर संक्षिप्त टिप्पणी लिखें:
   (a) SGML
   (b) CGI
   (c) Meta Search Engines

अध्याय-9

एचटीएमएल प्रोग्रामिंग के मूल तत्त्व
(HTML Programming Basics)

9.1 परिचय (Introduction)

प्रत्येक HTML दस्तावेज में कुछ निश्चित मानक HTML टैग (Tags) सम्मिलित किये जाने चाहिए। टैग एक HTML कूटांकित कमाण्ड होती है जो यह इंगित करती है कि वेब पृष्ठ का भाग किस प्रकार प्रदर्शित किया जाना चाहिए। प्रत्येक दस्तावेज में हैड व बॉडी टैग शामिल होते हैं। टैग एक कूटांकित HTML कमाण्ड होती है जो यह इंगित करती है कि वेब पृष्ठ किस प्रकार प्रदर्शित किया जाना चाहिए। हैड में टाइटल और बॉडी में वास्तविक टैक्स्ट जो अनुच्छेदों, सूचियों तथा अन्य तत्वों से बना होता है, शामिल होते हैं। वेब ब्राउज़रों की विशिष्ट जानकारी अपेक्षित होती है क्योंकि ये HTML विशिष्टताओं के आधार पर प्रोग्राम किये जाते हैं।

एक नमूना HTML दस्तावेज चित्र 9.1 में दर्शाया गया है। चित्र 9.2 इंटरनेट एक्सप्लोरर का प्रयोग करते हुए इस दस्तावेज के पठन को प्रदर्शित करता है।

```
<html>
    <head>
    <TITLE> A Simple HTML Example</TITLE>
    <head>
    <body>
    <H1>HTML is very EASY to Learn </H1>
    <P>Welcome to the world of HTML. </P>
    <P>This is the first paragraph. However short it is still a paragraph.
    </P>
    <P>And this is the second paragraph. </P>
    <body>
    </html>
```

चित्र 9.1: HTML दस्तावेज का नमूना

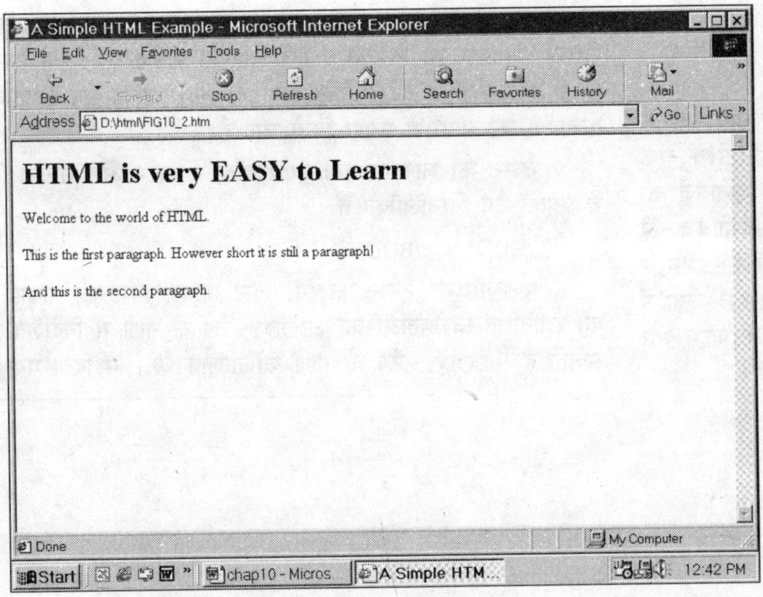

☞ प्रत्येक HTML दस्तावेज में कुछ निश्चित मानक HTML टैग सम्मिलित होते हैं। प्रत्येक दस्तावेज में हैड एवं बॉडी टैगों को शामिल किया जाता है।

चित्र 9.2: इंटरनेट एक्सप्लोरर द्वारा पढ़े गये रूप में चित्र 9.1 में दिखाये गये HTML दस्तावेज का प्रदर्शन

जिन तत्वों की आवश्यकता होती है, वे हैं- <html>, <head>, <title>, और <body> टैग (और उनको समाप्त करने वाले अन्तिम टैग आदि)। अंतिम टैगों (end tags) को शामिल करना बेहतर होता है क्योंकि आपको उस इंटरनेट ब्राउज़र के बारे में कोई जानकारी नहीं होती है जो वेब सर्फ करने वाले के द्वारा प्रयोग किया जाता है।

9.1.1 एचटीएमएल पृष्ठ की संरचना (HTML Page Structure)

HTML पृष्ठ में निम्नलिखित टैग सम्मिलित किये जाते हैं:

<HTML>: यह टैग दस्तावेज को एक HTML दस्तावेज के रूप में इंगित करता है।

<HEAD>: इस टैग में विषय, प्रयोग की गई लिपि, स्टाइल परिभाषाएं और दस्तावेज के विवरण सहित दस्तावेज के बारे में जानकारी सम्मिलित की जाती है।

<TITLE>: इस टैग में दस्तावेज का टाइटल सम्मिलित किया जाता है। टाइटल ब्राउज़र के टाइटल बार पर उभरने वाले आन्तरिक <Title> टैग को निर्दिष्ट किया जाता है। आपको टाइटल चुनते समय अत्यन्त सावधानी बरतनी चाहिए क्योंकि सर्च इंजन पर वेब पृष्ठ को पहचानने के लिए टाइटल ही प्रयुक्त होता है।

<BODY>: यह HTML दस्तावेज के बड़े भाग की रचना करता है। <Body> टैग में सभी टैग, गुण एवं वेब पृष्ठ में प्रदर्शित की जाने वाली जानकारी समाहित की जाती है। बॉडी टैग में लिखी गयी जानकारी ब्राउज़र की विंडो में प्रदर्शित होती है।

उपर्युक्त टैगों की व्याख्या निम्नलिखित खण्डों में की गयी है।

9.1.2 विभिन्न HTML टैग (Different HTML Tags)

एचटीएमएल एलीमेन्ट <html>

HTML एलीमेन्ट ब्राउज़र को बताता है कि फाइल में HTML कूटांकित जानकारी शामिल है। फाइल विस्तार .html इंगित करता है कि यह एक HTML दस्तावेज है। HTML दस्तावेज में वेब ब्राउज़र द्वारा पढ़ने के लिए इस विस्तार को अवश्य सम्मिलित किया जाना चाहिए।

हैड एलीमेंट <Head> (HEAD Element <Head>)

हैड एलीमेन्ट HTML कूटांकित दस्तावेज का प्रथम भाग जिसमें टाइटल शामिल होता है, की पहचान कराता है। टाइटल ब्राउज़र की विंडो के एक भाग के रूप में प्रदर्शित होता है। हैड में रखी गयी जानकारी दस्तावेज की आन्तरिक कार्य प्रणाली के लिये अनिवार्य होती है और इसे दस्तावेज की विषय सूची के साथ कुछ नहीं करना होता है। <TITLE></TITLE> टैग में समाहित जानकारी के अलावा समस्त जानकारी <HEAD></HEAD> टैगों में रखी जाती है जो ब्राउज़र में प्रदर्शित नहीं होती है। हैड सेक्शन के प्रारंभ और समाप्ति को इंगित करने के लिए जिन HTML टैगों का प्रयोग किया जाता है, वे हैं:

```
<HEAD>
    <TITLE></TITLE>
</HEAD>
```

टाइटल एलीमेन्ट <Title> (Title Element <Title>)

टाइटल एलीमेन्ट में दस्तावेज का टाइटल समाहित होता है और वैश्विक परिप्रेक्ष्य में यह इसकी विषय वस्तु की पहचान कराता है। टाइटल ब्राउज़र विंडो में कहीं भी प्रदर्शित किया जाता है लेकिन टेक्स्ट एरिया में नहीं। आपको ऐसे टाइटल हैड का चुनाव करना चाहिए जो विवरणात्मक, उत्कृष्ट और अपेक्षाकृत छोटा हो।

उदाहरणार्थ, आप पाठ्यसूची के साथ पुस्तक के लघुतम टाइटल को शामिल कर सकते हैं, जैसे- Windows 2000 Guide: Installation। यह सॉफ्टवेयर का नाम, प्लेटफॉर्म एवं विषयसूची बताता है जो कि साधारण रूप से पुकारे जाने वाले Installation दस्तावेज से अधिक उपयोगी है। सामान्यत: आपको टाइटल को 64 अक्षरों या इससे कम का रखना चाहिए।

एड्रेस एलीमेन्ट <ADDRESS>

टाइटल की भाँति ही इसे भी ब्राउज़र विंडो के टाइटल बार में रखा जा सकता है, सामान्यतया निश्चित सूचना वेब पृष्ठ के नीचे रखी जाती है। उदाहरणार्थ, कॉपीराइट सूचना, कम्पनी के संपर्क विवरण वेब पृष्ठ के निम्नतम भाग में रखे जाते हैं। इस उद्देश्य के लिए प्रयोग किये जाने वाले HTML टैग हैं:

```
<ADDRESS> </ADDRESS>
```

एड्रेस टैग को वेब पृष्ठ में टेक्स्ट की अंतिम लाइन के ठीक बाद में रखा जाना चाहिए। हालांकि इसे दस्तावेज की बॉडी में कहीं भी रखा जा सकता है। <ADDRESS> टैग में टाइप किया जाने वाला टेक्स्ट तिरछा (italic) होना चाहिए।

बॉडी <BODY>

आपके HTML दस्तावेज का दूसरा व सबसे बड़ा भाग बॉडी ही होता है जिसमें दस्तावेज की विषयवस्तु (जो आपकी ब्राउज़र विंडो के टेक्स्ट एरिया में प्रदर्शित होती है) सम्मिलित होती है। नीचे वर्णित टैग आपके HTML दस्तावेज की बॉडी में प्रयोग किये जाते हैं।

टेक्स्ट की जानकारी को मुख्य बॉडी में प्रारंभ और समाप्त किये जाने में प्रयुक्त टैग निम्नलिखित हैं:

```
<BODY> </BODY>
```

पृष्ठभूमि रंग, टेक्स्ट का रंग, फॉन्ट साइज, फॉन्ट की चौड़ाई जैसे पृष्ठ की स्वनिर्मित विशेषताओं को <BODY> टैग के गुणों में निर्देशित किया जा सकता है। <BODY> टैग के गुणों को तालिका 9.1 में दिया गया है।

```
<html>
<head>
<TITLE> A Simple HTML Example </TITLE>
</head>
<body TEXT = RED>
<H1>HTML is very EASY to Learn </H1>
<P>Welcome to the world of HTML.</P>
<P>This is the first paragraph. However short it is still a paragraph!
</P>
```

```
<P>And this is the second paragraph.</P>
</body>
</html>
```

चित्र 9.3: लाल रंग में प्रदर्शित टेक्स्ट वाले HTML दस्तावेज का नमूना।

```
<html>
<head>
<TITLE> A Simple HTML Example </TITLE>
</head>
<body BGCOLOUR = YELLOW>
<H1>HTML is very EASY to Learn </H1>
<P>Welcome to the world of HTML.</P>
<P>This is the first paragraph. However short it is still a paragraph!
</P>
<P>And this is the second paragraph.</P>
</body>
</html>
```

चित्र 9.4: पीले रंग की पृष्ठभूमि युक्त HTML दस्तावेज का नमूना।

तालिका 9.1: <BODY> टैग के लिए विभिन्न विशेषताएं

विशेषताएं	विवरण
पृष्ठभूमि का रंग (BG Colour)	स्वनिर्मित पृष्ठभूमि के रंग को निर्दिष्ट रंग में परिवर्तित करता है
पृष्ठभूमि (BACKGROUND)	यह कमाण्ड GIF फाइल (इमेज) के उस नाम को निर्दिष्ट करती है जो दस्तावेज की पृष्ठभूमि के रूप में प्रयोग किया जायेगा। GIF टाइलें पूरे पृष्ठभूमि प्रदान करती है।
टेक्स्ट (TEXT)	यह कमाण्ड स्वनिर्मित टेक्स्ट के रंग को निर्दिष्ट रंग में इसकी विशेषताओं सहित परिवर्तित करती है।

उदाहरण 1

<BODY> विशेषताओं वाले नमूना HTML दस्तावेज को चित्र 9.3 में दिखाया गया है। इस HTML दस्तावेज में वर्णित किये गये विभिन्न तत्वों (elements) को शामिल किया जाता है।

किसी भी लोकप्रिय ब्राउज़र (जैसे इंटरनेट एक्सप्लोरर या नेटस्केप नेविगेटर) का प्रयोग करके जब आप इस HTML दस्तावेज को देखते हो तो आप पाओगे कि टेक्स्ट को लाल रंग में प्रदर्शित किया गया है। यदि आप रंगीन मॉनीटर का प्रयोग नहीं करते हैं तो टेक्स्ट को शेष स्क्रीन डिस्प्ले से आप अलग नहीं कर पाओगे। चित्र 9.3 में <BODY> टैग में Text = RED की विशेषता को नोट करो।

चित्र 9.5 में दिया गया प्रोग्राम पृष्ठभूमि को पीले रंग में दर्शाता है लेकिन टेक्स्ट लाल रंग में ही प्रदर्शित किया गया है। यह बॉडी की विशेषता BGCOLOUR = YELLOW और TEXT = RED देने पर ही संभव होता है।

9.1.3 एचटीएमएल टेक्स्ट (HTML Text)

किसी भी HTML पृष्ठ का मूल तत्व ASCII टेक्स्ट होता है। जबकि .htm या .html फाइल का विस्तार जोड़ने पर HTML पृष्ठ साधारणतया ASCII टेक्स्ट फाइल बन जाती है। कोई भी प्रोग्राम जो ASCII टेक्स्ट फाइलें उत्पन्न करता है, HTML एडीटर की भाँति ही उत्तम कार्य करेगा।

☞ HTML दस्तावेज साधारणत: एक टेक्स्ट फाइल होती है जिसमें वह जानकारी समाहित होती है जिसे आप प्रकाशित करना चाहते हैं। इसमें निर्देश भी सम्मिलित होते हैं जिन्हें एलीमेन्ट कहा जाता है जो यह इंगित करता है कि वेब ब्राउज़र को किस प्रकार दस्तावेज को प्रस्तुत करना चाहिए।

```
<html>
<head>
<TITLE> A Simple HTML Example </TITLE>
</head>
<body BGCOLOUR = YELLOW TEXT = RED>
<H1>HTML is very EASY to Learn </H1>
<P>Welcome to the world of HTML.</P>
<P>This is the first paragraph. However short it is still a paragraph!
</P>
<P>And this is the second paragraph.</P>
</body>
</html>
```

चित्र 9.5: पीली पृष्ठभूमि व लाल टेक्स्ट युक्त HTML दस्तावेज का नमूना।

9.1.4 एलीमेन्ट क्या होता है? (What is an Element?)

एलीमेन्ट एक HTML टेक्स्ट दस्तावेज की संरचना का मूलभूत अवयव होता है। एलीमेन्ट के कुछ उदाहरण हैड, सारणी, अनुच्छेद व सूचियाँ हैं।

☞ आप अपने ब्राउज़र के लिए फाइल के तत्वों को रूपांतरित करने व उन्हें प्रदर्शित करने हेतु चिन्हित करने के लिए HTML टैगों का प्रयोग करते हैं। एलीमेन्ट में साधारण टेक्स्ट, अन्य तत्व अथवा दोनों समाहित किये जा सकते हैं।

9.1.5 एचटीएमएल एलीमेन्ट्स के प्रकार (Types of HTML Elements)

HTML तत्वों को निम्नलिखित रूप में वर्गीकृत किया जा सकता है:

- कंटेनर एलीमेन्ट
- खाली एलीमेन्ट

कंटेनर एलीमेन्ट (Container Elements)

इस प्रकार के HTML तत्वों को जोड़ा टैगों की जरूरत होती है यानी प्रारंभिक के साथ-साथ समाप्ति टैग, जैसे- <title>..........(/title), <B>...........</B> आदि। अंतिम टैग अथवा OFF टैग </Tag> प्रारंभिक टैग अथवा ON टैग <Tag> की भाँति ही होता है, केवल इसमें (/) स्लैश लगा होता है। HTML में जिन टैगों में ON तथा OFF दोनों टैग होते हैं, को **कंटेनर एलीमेन्ट** कहा जाता है। कंटेनर टैग प्रारम्भ से अन्त के बीच आने वाली प्रत्येक चीज को प्रभावित करते हैं।

खाली एलीमेन्ट (Empty Elements)

इस प्रकार के HTML एलीमेन्ट्स को केवल प्रारंभिक टैग की आवश्यकता होती है, समाप्ति टैग की नहीं। उदाहरण के लिए ,
 एवं <HR> आदि,
 लाइन को तोड़ता है तथा <HR> क्षेतिज रेखा को जोड़ता है। कुछ एलीमेन्ट्स में केवल ON टैग ही होता है लेकिन उनमें समाप्ति अथवा OFF टैग नहीं होता है। इन एलीमेन्ट्स को खाली एलीमेन्ट कहा जाता है। खाली (Empty) टैग केवल अपना विशिष्ट कार्य ही करते हैं तथा टेक्स्ट के खण्ड पर कार्य नहीं करते।

9.2 हैडिंग एलीमेन्ट (Heading Elements)

HTML में 1 से 6 संख्या तक के सेक्शन हैडिंग टैग वाला टेक्स्ट वेब ब्राउज़र द्वारा साधारण बॉडी टेक्स्ट की अपेक्षा अधिक बड़ा व मोटे (गाढ़े) फॉण्ट्स में प्रदर्शित किया जाता है। प्रत्येक दस्तावेज की प्रथम हैडिंग को <H1> के रूप में टैग किया जाना चाहिए।

हैडिंग टेक्स्ट का वाक्य विन्यास कुछ इस प्रकार होता है:

<Hn> हैडिंग का टेक्स्ट</Hn>

जहाँ **n** हैडिंग के 1 से 6 स्तरों की विशिष्टता बताने वाली संख्या होती है।

☞ अपने दस्तावेज में हैडिंग्स के स्तरों को छोड़ें नहीं। उदाहरण के लिए, यदि आप स्तर एक हैडिंग से शुरूआत करते हैं तो इससे अगली हैडिंग के लिये तीसरे स्तर (<H3>) का प्रयोग न करें।

9.3 अवरोधोन्मुख एलीमेन्ट्स (Block Oriented Elements)

HTML दस्तावेजों में carriage returns महत्वपूर्ण नहीं होते हैं। इसलिये आपको यह चिन्ता करने की जरूरत नहीं है कि आपके टेक्स्ट की लाइन कितनी लम्बी है। कितनी भी लाइनें आपकी स्रोत फाइल में लिखी जा सकती हैं। वेब ब्राउज़र द्वारा अनेक खाली जगहों को एक खाली जगह में जोड़ दिया जाता है।

☞ टेक्स्ट में, एक खाली लाइन सदैव एक अनुच्छेद को अलग करती है। लेकिन HTML में <P> टैग खाली लाइन प्रदान करता है।

HTML दस्तावेज में (देखें चित्र 9.1) पहला अनुच्छेद इस प्रकार कूटांकित किया जाता है:

<P> HTML जगत में आपका स्वागत है।

</P>

<P> यह प्रथम अनुच्छेद है। हालांकि यह छोटा है लेकिन फिर भी एक अनुच्छेद है।

</P>

स्रोत फाइल में, वाक्यों के बीच में line bracks होते हैं। वेब ब्राउज़र इन लाइन ब्रेक्स को अनदेखा करके नया अनुच्छेद केवल तब शुरू कर देता है जब यह दूसरे <P> टैग को एनकाउंटर करता है।

☞ आपको अनुच्छेद को <P> टैग से अवश्य इंगित करना चाहिए। ब्राउज़र स्रोत टेक्स्ट में किसी identification या Blank line को अनदेखा कर देता है। <P> एलीमेन्ट के बिना दस्तावेज एक बड़ा अनुच्छेद मात्र बन कर रह जाता है।

HTML फाइल्स में पठनीयता संरक्षित करने के लिये, आपको हैडिंग को अलग लाइन में रखना चाहिये। एक या दो खाली लाइनों को प्रयोग करो जिससे यह नये अनुच्छेद की शुरूआत की पहचान करा सके और एक खाली लाइन से अनुच्छेद को अलग करें (<P> टैग के अतिरिक्त)। इन खाली जगहों की जरूरत आपको तब होती है जब आप फाइल्स को Edit करते हो। (ध्यान रहे कि ब्राउज़र अतिरिक्त खाली जगहों को अनदेखा कर देता है क्योंकि रिक्त स्थानों के लिए इसके अपने नियम कायदे होते हैं जो उन रिक्त स्थानों पर निर्भर नहीं करते जो आपने अपनी स्रोत फाइल में रखे हुए हैं।)

☞ </P> समापन टैग वैकल्पिक होता है। ऐसा इसलिये क्योंकि ब्राउज़र्स समझते हैं कि जब भी वे </P> टैग को एनकाउन्टर करते हैं तब यह माना जाता है कि वहाँ पर पिछले अनुच्छेद की समाप्ति हो रही है। चिन्ह / का P से पहले ध्यान रखें।

अनुच्छेद कंटेनर के रूप में <P> एवं </P> के प्रयोग करने का अर्थ है कि आप स्रोत फाइल में ALIGN = alignment विशेषता को जोड़कर अनुच्छेद को केन्द्र में कर सकते हैं।

उदाहरण 3

चित्र 9.6 में सेन्टर एलाइनमेन्ट वाले दस्तावेज की HTML कोडिंग के नमूने को प्रदर्शित किया गया है। यहाँ HTML जगत में आपका स्वागत है, लाइन जब ब्राउज़ की जाएगी तो पृष्ठ के बीच में दर्शाई जाएगी।

चित्र 9.7 यह प्रदर्शित करता है कि इंटरनेट एक्सप्लोरर का प्रयोग करते हुए किस प्रकार दस्तावेज चित्र 9.6 में उभरता है।

```
<html>
<head>
<TITLE> A Simple HTML Example </TITLE>
</head>
<body BGCOLOR = YELLOW TEXT = RED>
<H1>HTML is very EASY to Learn </H1>
<P>Welcome to the world of HTML.</P>
<P>This is the first paragraph. However short it is still a paragraph!
</P>
<P>And this is the second paragraph.</P>
</body>
</html>
```

चित्र 9.6: एलाइन विशेषता का प्रयोग करते हुए फॉर्मेटेड HTML दस्तावेज।

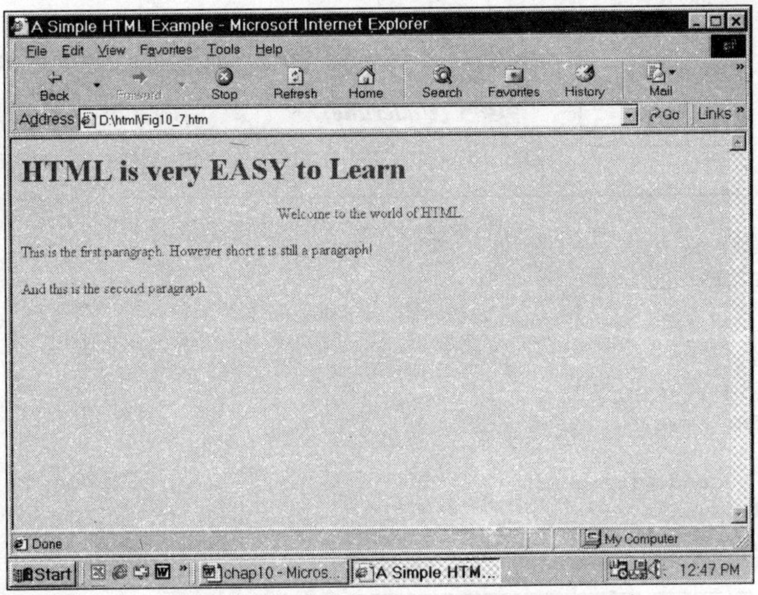

चित्र 9.7: इंटरनेट एक्सप्लोरर द्वारा चित्र 9.6 में दस्तावेज का प्रदर्शन।

☞ प्रत्येक टैग एक '/' से बन्द होना चाहिए। उदाहरणार्थ <P> एक अनुच्छेद टैग है जो </P> से समाप्त होना चाहिए।

9.3.1 लाइन ब्रेक्स
 (Line Breaks <BR>)

जब टेक्स्ट को नई लाइन से शुरू करने की जरूरत होती है और बिना रिक्त स्थान छोड़े उसी लाइन में कंटीन्यू नहीं होता है तब आप लाइन ब्रेक टैग
 का प्रयोग कर सकते हैं।

उदाहरण 4

चित्र 9.8 वाक्य "हालांकि यह बहुत छोटा है" से पहले लाइन ब्रेक टैग
 को प्रदर्शित करता है। जब किसी दस्तावेज को ब्राउज़ किया जाता है तो यह लाइन वाक्य "यह प्रथम अनुच्छेद है" से अलग दिखाई पड़ती है।

```
<html>
<head>
<TITLE> A Simple HTML Example </TITLE>
</head>
<body BGCOLOR = YELLOW TEXT = RED>
<H1>HTML is very EASY to Learn </H1>
<P ALIGN=CENTER>Welcome to the world of HTML.</P>
<P>This is the first paragraph. <BR> However short it is still a
   paragraph! </P>
<P>And this is the second paragraph.</P>
</body>
</html>
```

*चित्र 9.8:
 टैग का प्रयोग करते हुए लाइन ब्रेक के साथ फॉर्मेटेड HTML दस्तावेज।*

9.3.2 लाइनें खींचना <HR> (Drawing Lines <HR>)

<HR> टैग लाइनें व क्षैतिज रेखाएं खींचता है। तालिका 9.2 में <HR> टैग की विशेषताएं दी गई हैं।

तालिका 9.2: <HR> टैग के लिये विभिन्न विशेषताएं

विशेषताएं	विवरण
ALIGN	स्क्रीन लाइनों को एलाइन (align) करता है। ALIGN = LEFT (लाइनों को स्क्रीन के बाँयी तरफ से एलाइन करें।) ALIGN = RIGHT (स्क्रीन पर लाइनों को दाहिनी तरफ से align करें) ALIGN = CENTER (लाइन को स्क्रीन के बीच में align करता है)
SIZE	यह लाइनों के आकार को बदल देता है।
WIDTH	यह rule की चौड़ाई को सेट करता है।

उदाहरण 5

चित्र 9.9 में दर्शाये गये दस्तावेज में अन्तिम अनुच्छेद के नीचे लाइन खींची गयी दिखाई गई है।

इंटरनेट एक्सप्लोरर द्वारा ब्राउज़ करने पर दस्तावेज कैसा दिखता है, यह चित्र 9.10 में दर्शाया गया है।

9.3.3 टेक्स्ट की स्टाइल्स (Text Styles)

टेक्स्ट के लिये लगाए गए टैग टेक्स्ट के कुछ निश्चित अक्षरों को विशिष्टता प्रदान करते हैं।

मोटे अक्षर (Boldface)

टैग <B> </B> टेक्स्ट को **मोटे** रूप में (Boldface style) प्रदर्शित करता है।

तिरछे (Italics)

<I> </I> टैग टेक्स्ट को **तिरछे** (Italicface style) रूप में प्रदर्शित करता है।

रेखांकन (Underline)

<U> </U> टैग टेक्स्ट में **शब्दों के नीचे लाइन** को प्रदर्शित करता है।

```
<html>
<head>
<TITLE> A Simple HTML Example </TITLE>
</head>
<body BGCOLOR = YELLOW TEXT = RED>
<H1>HTML is very EASY to Learn </H1>
<P ALIGN=CENTER>Welcome to the world of HTML.</P>
<P>This is the first paragraph. <BR> However short it is still a
   paragraph !</P>
<P ALIGN = CENTER>And this is the second paragraph.
<HR ALIGN = CENTER WIDTH = 100 size = 10> </P>
</body>
</html>
```

चित्र 9.9: दूसरे अनुच्छेद पर खींची गयी लाइन के साथ फॉर्मेटेड HTML दस्तावेज।

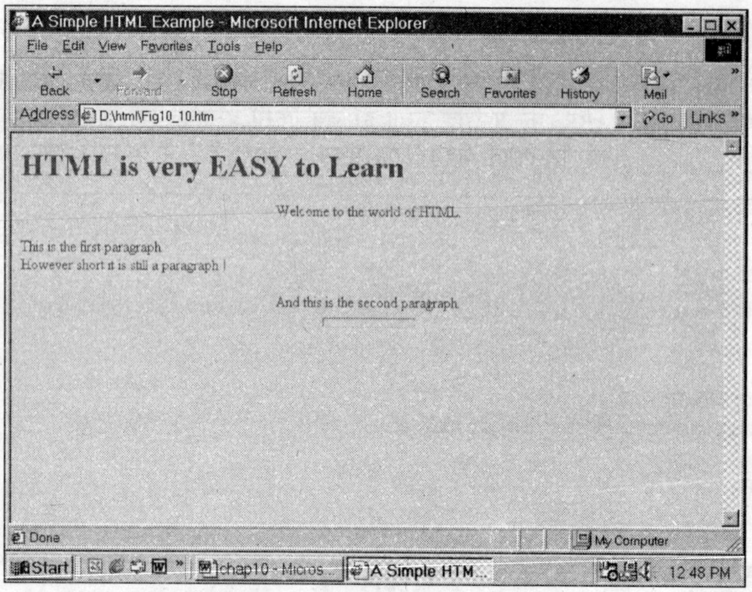

☞ अक्षरों के समुचित आकार का प्रयोग पाठकों को टेक्स्ट को बिना जोर दिये पढ़ने की योग्यता प्रदान करता है।

चित्र 9.10: चित्र 9.9 में इंटरनेट एक्सप्लोरर द्वारा दर्शाए गये दस्तावेज का प्रदर्शन।

```
<html>
<head>
<TITLE> A Simple HTML Example </TITLE>
</head>
<body BGCOLOR = YELLOW TEXT = RED>
<H1>HTML is very EASY to Learn </H1>
<P ALIGN=CENTER><B>Welcome to the world of HTML.</B></P>
<P><I>This is the first paragraph. </I><BR>
<U>However short it is still a paragraph !</U></P>
<P ALIGN = CENTER>And this is the second paragraph.
<HR ALIGN = CENTER WIDTH = 100 size = 10> </P>
</body>
</html>
```

चित्र 9.11: टेक्स्ट स्टाइल टैगों के साथ फॉर्मेटेड HTML दस्तावेज।

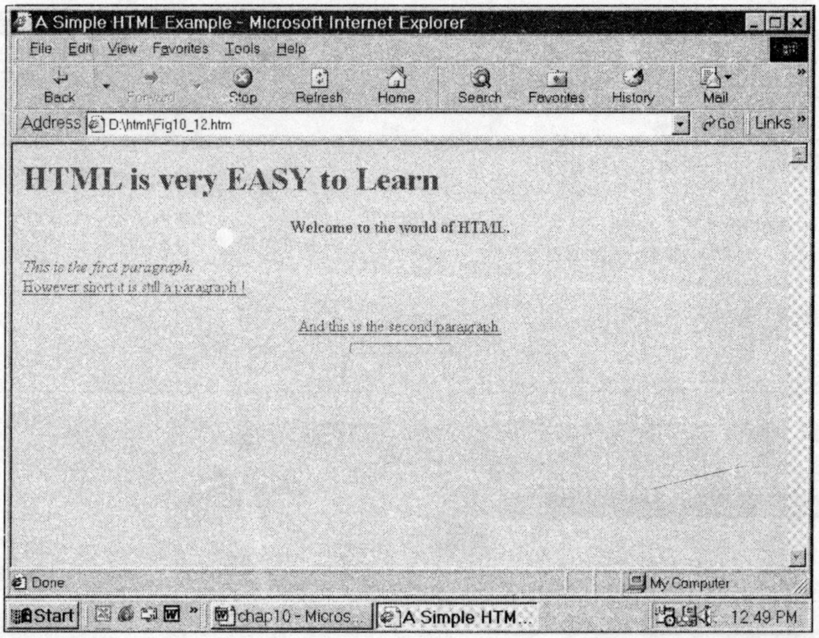

☞ टेक्स्ट स्टाइल स्पष्टता के लिए टेक्स्ट को तिरछे (Italic), मोटे (Bold) प्रकटीकरण में बदल देती है।

चित्र 9.12: चित्र 9.11 में दर्शाये गये दस्तावेज को ब्राउज़ किये जाने पर प्रदर्शन।

उदाहरण 6

चित्र 9.11 में दिखाये गये दस्तावेज में HTML दस्तावेज में लगाये जाने वाले टेक्स्ट स्टाइल टैगों को प्रदर्शित किया गया है जिसकी ब्राउज़ की गई आउटपुट को चित्र 9.12 में दिखाया गया है।

9.3.4 फ़ाँट का आकार एवं रंग <FONT> (Font Size and Color <FONT>)

<FONT> </FONT> टैग के अन्दर निर्देशित किया गया सम्पूर्ण टेक्स्ट, <FONT> टैग के अन्दर परिभाषित की गई विशेषताओं के अनुरूप फ़ाँट, आकार एवं रंग में प्रकट होगा। तालिका 9.3 में <FONT> टैग की विशेषताओं को दिया गया है।

तालिका 9.3: फ़ाँट टैग <FONT> की विभिन्न विशेषताएं

विशेषताएं	विवरण
FONT FACE	निर्दिष्ट फ़ाँट नाम के फ़ाँट को सेट करता है।
SIZE	टेक्स्ट के आकार को सेट करता है। यह 1 से 7 के बीच वेल्यू को लेता है। इसकी स्वनिर्मित वेल्यू 3 होती है। आकार को स्वनिर्मित आकार में भी सेट किया जा सकता है। उदाहरणार्थ, SIZE = +X, जहाँ X एक इंटीगर (Integer) वेल्यू है और यह स्वनिर्मित आकार में जुड़ जायेगी।
COLOR	यह टेक्स्ट के रंग को सेट करता है। रंग को अंग्रेजी रंग के नाम के रूप में या हेक्साडेसिमल वेल्यू के रूप में दिया जा सकता है।

उदाहरण 7

चित्र 9.13 में दिखाये गये दस्तावेज के अंतिम अनुच्छेद में नये प्रकार के फ़ाँट व आकार के साथ-साथ केवल इस अनुच्छेछ के लिये रंग को भी सम्मिलित किया गया है। चित्र 9.14 में इसकी ब्राउज़र आउटपुट को दर्शाया गया है।

9.4 सूचियाँ (Lists)

HTML का प्रयोग करके आप अनेक तरीकों से वस्तुओं को सूचियों में व्यवस्थित कर सकते हैं। दो अत्यधिक प्रचलित विधियाँ निम्नलिखित हैं:

(a) बुलेट युक्त सूची (•)

(b) संख्यात्मक सूची (1, 2, 3, 4, ...)

9.4.1 बुलेट युक्त सूची <UL> (Bulleted List <UL>)

यह अक्रमागत सूची होती है। इसमें प्रत्येक चीज़ (अनुच्छेद) के पहले एक bullet लगी होती है। वस्तुओं की सूचियों के लिये इसमें एक अक्रमागत सूची का प्रयोग किया जाता है जिसमें क्रम विशिष्ट नहीं होता है। इसके लिये <UL> और </UL> टैगों का प्रयोग किया जाता है। ब्राउज़र प्रत्येक चीज़ के लिए बुलेट जोड़कर इसे indent करता है।

उदाहरण 8

चित्र 9.15 एक अक्रमागत सूची को प्रदर्शित करता है। वेब ब्राउज़र में डिस्प्ले करने पर चित्र 9.15 के दस्तावेज को चित्र 9.16 प्रदर्शित करता है। आप एक सूची के अन्दर दूसरी सूची को भी उपयुक्त लिस्ट टैग का प्रयोग करके शुरू कर सकते हैं। यह आपको रूपरेखा तैयार करने की अनुमति प्रदान करता है।

```
<html>
<head>
<TITLE> A Simple HTML Example </TITLE>
</head>
<body BGCOLOR = YELLOW>
<H1>HTML is very EASY to Learn </H1>
<P ALIGN=CENTER><B>Welcome to the world of HTML.</B></P>
<P><I>This is the first paragraph. </I><BR>
<U>However short it is still a paragraph !</U></P>
<P ALIGN = CENTER><FONT FACE = "Brush Script MT" Size = 7
COLOR = RED> And this is the second paragraph. </FONT></P>
<P><HR ALIGN = CENTER WIDTH = 100 size = 10> </P>
</body>
</html>
```

चित्र 9.13: टेक्स्ट स्टाइल टैगों के साथ फॉरमेटेड HTML दस्तावेज।

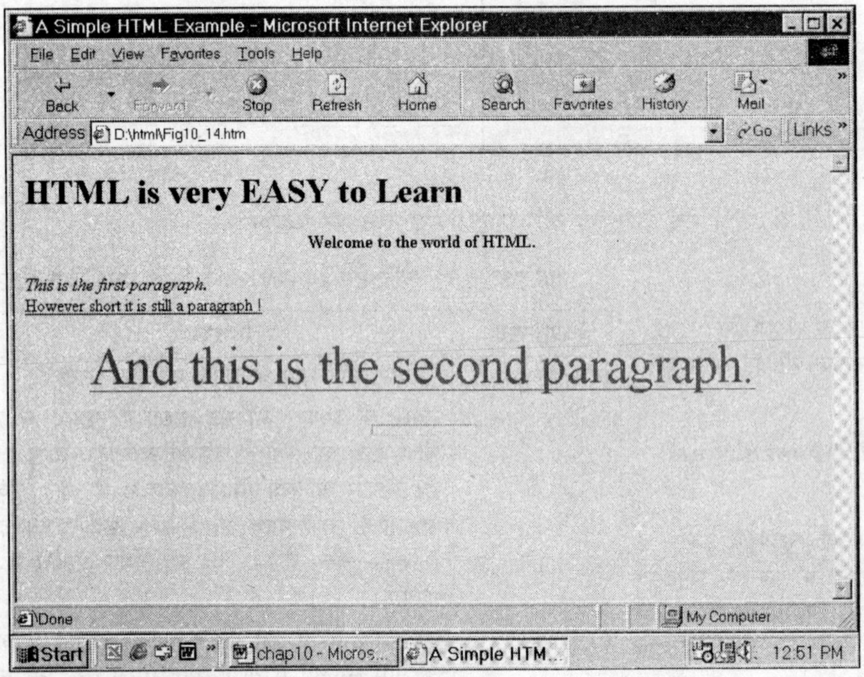

☞ टेक्स्ट को विभिन्न अनुच्छेदों में रखना टेक्स्ट की पठनीयता को बढ़ा देता है।

चित्र 9.14: चित्र 9.13 में दर्शाये गये को ब्राउज़ करने पर दस्तावेज का प्रदर्शन।

```
<html>
<head>
<TITLE> A Simple HTML Example </TITLE>
</head>
<body BGCOLOR = YELLOW>
<H3>Chapter I</H3>
<P><UL>
<LI>Section 1
<LI>Section 2
<LI>Section 3
</UL></P>
</body>
</html>
```

चित्र 9.15: अक्रमागत सूची वाला HTML दस्तावेज।

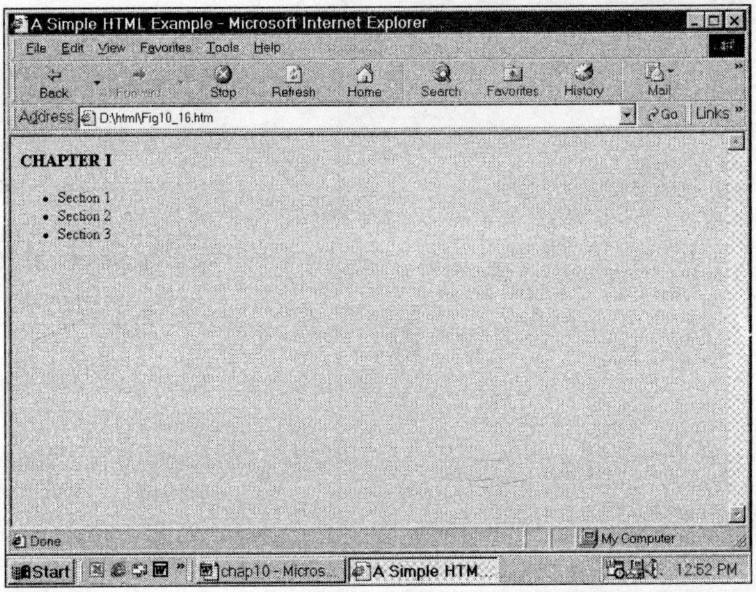

☞ विषयों का सूचीकरण उन्नत प्रस्तुतिकरण में सहायता करता है।

चित्र 9.16: ब्राउज़र द्वारा पठित एवं चित्र 9.15 में दर्शाए गए दस्तावेज का प्रदर्शन।

```
<html>
<head>
<TITLE> A Simple HTML Example </TITLE>
</head>
<body BGCOLOR = YELLOW>
<H3>Chapter I</H3>
<P><UL>
<LI>Section 1
<LI>Section 2
<LI>Para A
<LI>Para B
<LI>Para C
</UL>
<UL>
<LI>Section 3
</UL></P>
</body>
</html>
```

चित्र 9.17: अक्रमागत नेस्टेड लिस्ट युक्त HTML दस्तावेज।

उदाहरण 9

चित्र 9.17 का दस्तावेज खण्ड 2 के अन्तर्गत भाग अ, ब और स वाली नेस्टेड लिस्ट को प्रदर्शित करता है। चित्र 9.18 इसकी ब्राउज़ की गई आउटपुट को प्रदर्शित करता है।

9.4.2 नम्बर युक्त सूची <OL> (Numbered List <OL>)

बढ़ते या घटते क्रम में संख्या वाली सूची नम्बरयुक्त सूची (Numbered list) कहलाती है। यह क्रमागत सूची होती है जो सूची में क्रम को परिभाषित करती है। इसके लिए प्रयोग किये जाने वाले टैग <OL> एवं </OL> होते हैं। जब यह पृष्ठ खोलता है तो ब्राउज़र प्रत्येक पंक्ति (line) के लिए एक नम्बर प्रदान करता है।

क्रमागत सूचियों की अतिरिक्त विशेषता यह होती है कि आप पदानुक्रम जानकारी के साथ-साथ सूची के प्रथम नम्बर को निर्दिष्ट करने के लिए इसका प्रयोग कर सकते हैं।

<OL> एलीमेन्ट में भी प्रारम्भ करने का गुण होता है जो नंबरिंग सूची को शुरू करने के लिए अंकीय वेल्यू को लेता है। संख्या धनात्मक इंटीगर जरूर होना चाहिए। Start = Value सूची की प्रारंभिक संख्या को इंगित करता है और इसके प्रकार का गुण प्रत्येक सूचीबद्ध वस्तु के लिए प्रयुक्त संख्या को इंगित करता है। उदाहरणार्थ यदि आप G अक्षर से क्रम शुरू करना चाहते हैं तो आपको <OL Type = 'A' START = 7> टाइप करना पड़ेगा। ऐसा इसलिए है कि G सातवां अक्षर है।

उदाहरण 10

चित्र 9.19 क्रमागत सूची वाले HTML दस्तावेज को तथा चित्र 9.20 इंटरनेट एक्सप्लोरर द्वारा ब्राउज़ की गई आउटपुट को प्रदर्शित करता है।

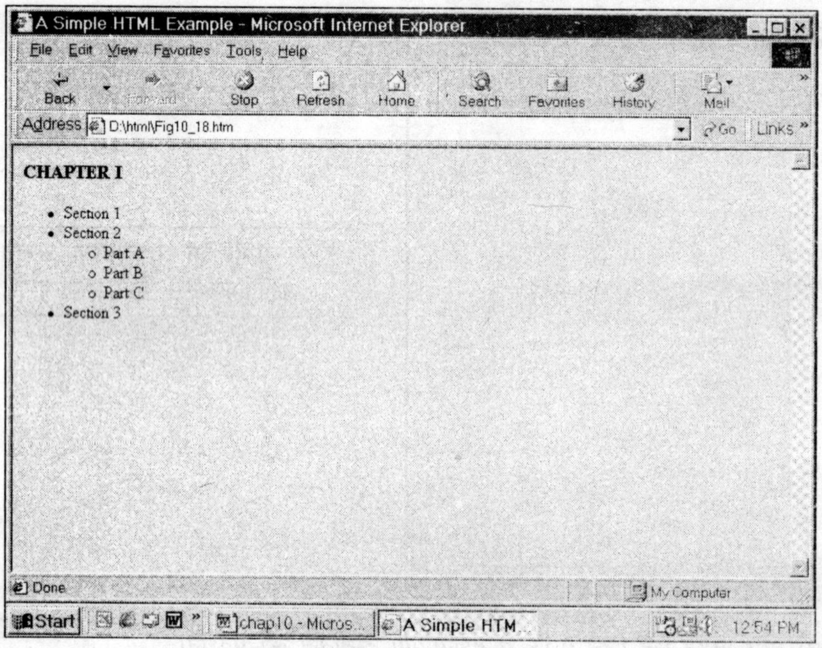

चित्र 9.18: ब्राउज़र द्वारा चित्र 9.17 में दर्शाए गए दस्तावेज का प्रदर्शन

☞ सूची के अन्दर की सूची को नेस्टेड लिस्ट कहते हैं।

```
<html>
<head>
<TITLE> A Simple HTML Example </TITLE>
</head>
<body BGCOLOR = YELLOW>
<H1 ALIN=LEFT> Sample Lists</H1>
<OL>
<LI>Lions
<LI>Tigers
<LI>Bears
<LI>Oh, My!
</OL>
<OL TYPE=A>
<LI>Outlines use sequential lists with letters.
<LI>So do some (unpopular> numbering schemes for documentation.
</OL>
<UL TYPE=SQUARE>
<LI>Use bullets for non-sequential items.
```

```
<LI>Use numbers for sequential items.
</UL>
<UL>
<LI TYPE=CIRCLE> Use bullets for non-sequential items.
<LI Type=SQUARE> Use different bullets for visual interest.
</UL>
<OL START=51>
<LI>This is the fifty-first item.
<LI>This is the fifty second.
<LI TYPE=i VALUE=7>This is item was renumbered to be the seventh,
using lowercase roman numerals, just because we can.
</OL>
</body>
</html>
```

चित्र 9.19: क्रमागत सूची के साथ HTML दस्तावेज।

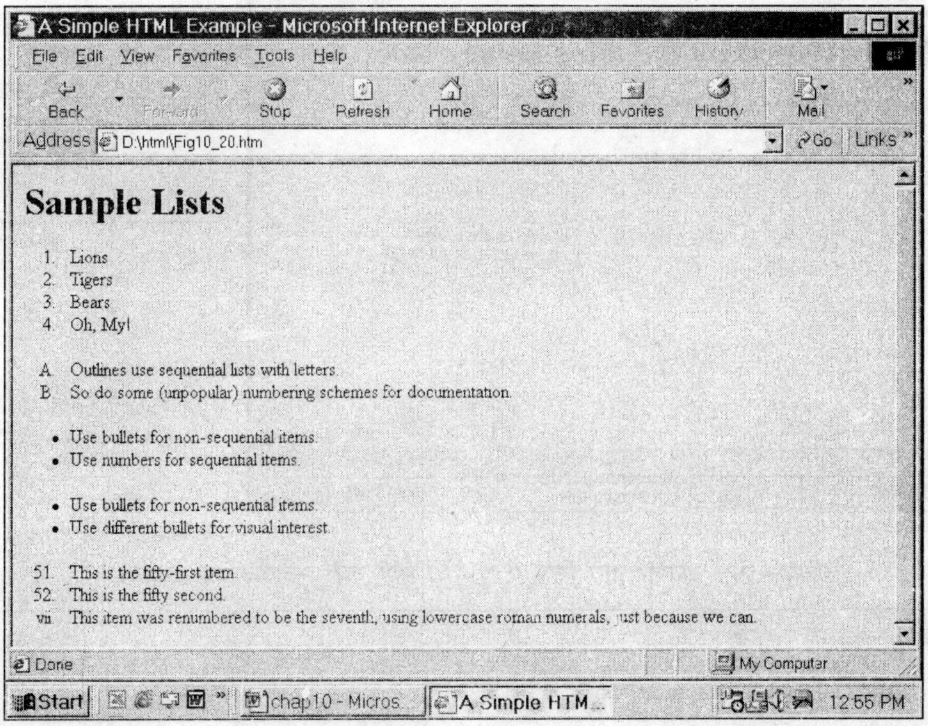

चित्र 9.20: ब्राउज़र द्वारा चित्र 9.19 में दर्शाए गए दस्तावेज का प्रदर्शन।

9.5 इनलाइन एलीमेन्ट (Inline Element)

इनलाइन एलीमेन्ट HTML के वे अवयव होते हैं जो दस्तावेज में लाइन का विवरण जोड़ने के लिये प्रयोग किये जाते हैं। इन अवयवों में इमेज, कुटेशन, सबस्क्रिप्ट और सुपरस्क्रिप्ट जैसे कुछ अवयव होते हैं। इनमें से कुछ की व्याख्या नीचे की गयी है।

9.5.1 उद्धरण एलीमेन्ट <Q></Q> (The Quote Element)

HTML 4.0 में लाइन उद्धरणों के लिए उद्धरण अवयव होता है। इस अवयव के लिए <Q> और </Q> टैगों का प्रयोग किया जाता है। उद्धरण अवयव खण्ड उद्धरण अवयव से काफी मिलता जुलता है। इसका प्रमुख अन्तर यह है कि यह खण्ड स्तर का नहीं होता है। यह अनुच्छेद प्रारम्भ नहीं करता है बल्कि इसे अनुच्छेद के बीच में उद्धरण को चिन्हित करने के लिए प्रयोग किया जाता है।

उदाहरण 11

चित्र 9.21 उद्धरण अवयव को प्रदर्शित करता है।

9.5.2 सबस्क्रिप्ट एलीमेन्ट

_{और} द्वारा कूटांकित सबस्क्रिप्ट अवयव को संलग्न टेक्स्ट को सबस्क्रिप्ट में रखने (नियमित टेक्स्ट से थोड़ा नीचे) के लिये प्रयोग किया जाता है। यह अवयव गणितीय सूत्रों के लिए उपयोगी होता है। उदाहरणार्थ, निम्नलिखित पंक्ति में पानी के लिए रसायनिक सूत्र को कूटांकित किया गया है:

```
We all need H <SUB>2</SUB>O.
```

```
<html>
<head>
<TITLE> A Simple Inline Element Example </TITLE>
</head>
<body>
<H1>A new HTML 4.0 element for citing inline quotes</H1>
<P>Churchil said, <Q> "We have chosen shame and will get,"
</Q>but he was not talking about 1066</P>
</body>
</html>
```

चित्र 9.21: पंक्ति के अन्दर उद्धरण वाला HTML दस्तावेज का नमूना।

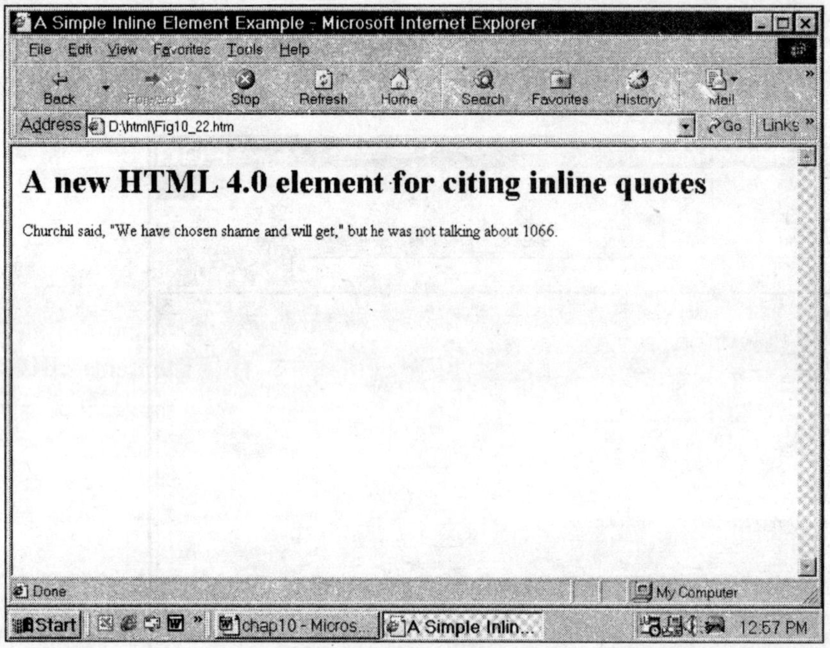

☞ टेक्स्ट को उद्धरणों के अन्तर्गत रख कर आप पाठकों का ध्यान आकर्षित कर सकते हैं।

चित्र 9.22: ब्राउज़र द्वारा चित्र 9.21 में दर्शाए गये दस्तावेज का प्रदर्शन।

```
<html>
<head>
<TITLE> A Simple Inline Element Example </TITLE>
</head>
<body>
<H1>HTML Sub and Sup elements</H1>
<P>We all need H<SUB>2</SUB>0.</P>
<P>E = MC<SUP>2</SUP></P>
<P>Eat a Burger<SUP>TM</SUP> Today!</P>
</body>
</html>
```

चित्र 9.23: सबस्क्रिप्ट एवं सुपरस्क्रिप्ट वाले HTML दस्तावेज का नमूना।

9.5.3 सुपरस्क्रिप्ट एलीमेन्ट

सुपरस्क्रिप्ट अवयव के टेक्स्ट को सुपरस्क्रिप्ट (सामान्य टेक्स्ट से थोड़ा ऊपर) प्रदर्शित करते हैं। यह अवयव भी गणितीय सूत्रों के लिये उपयोगी होता है। उदाहरणार्थ, आइन्स्टीन की प्रसिद्ध समीकरण को निम्नलिखित HTML में कूटांकित किया गया है:

```
E = MC<SUP>2</SUP>
```

<SUP> टैग का एक उत्तम प्रयोग दस्तावेज में ट्रेडमार्क चिन्ह को लगाने में भी किया जाता है।

```
Eat a Burger <SUP>TM</SUP> Today!
```

9.5.4 अन्य इनलाइन एलीमेन्ट्स (Other Inline Elements)

कुछ अन्य इनलाइन एलीमेन्ट्स भी होते हैं जो HTML 4.0 में बिल्कुल नये हैं। ये अवयव (element) निम्नलिखित हैं:

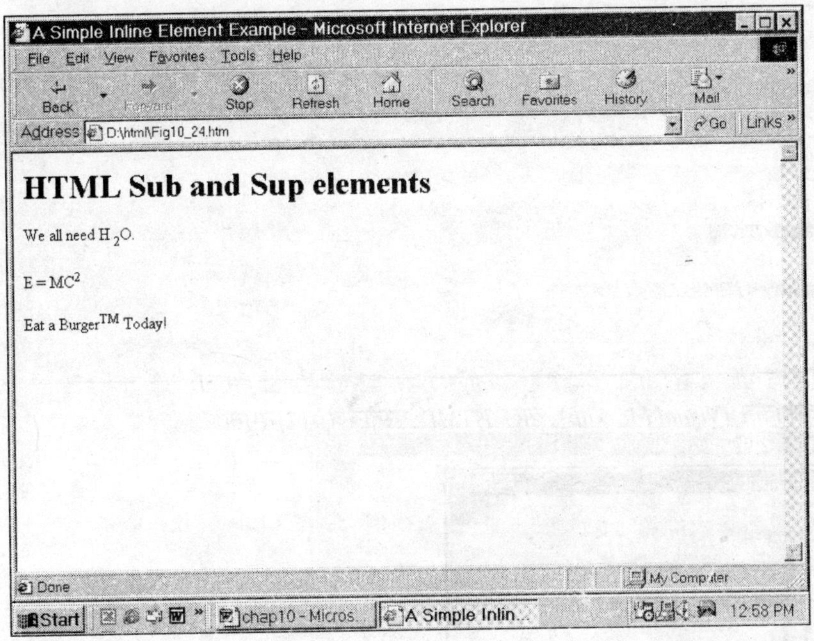

चित्र 9.24: ब्राउज़र द्वारा चित्र 9.23 में दर्शाए गए दस्तावेज का प्रदर्शन।

☞ गणितीय/रासायनिक सूत्रों को लिखने के लिए सबस्क्रिप्ट एवं सुपरस्क्रिप्ट आवश्यक होते हैं।

ऑब्जेक्ट एलीमेन्ट <OBJECT></OBJECT>

ऑब्जेक्ट एलीमेन्ट का प्रयोग भी आपके दस्तावेज में इमेज, चलचित्रों व मल्टीमीडिया फाइल्स को संलग्न करने के लिये किया जाता है।

बाईडायरेक्शनल ओवरराइड एलीमेन्ट (The Bidirectional Overide Element <BDO></BDO>)

यह अवयव विदेशी भाषा के टेक्स्ट (बायें से दायें अथवा दायें से बायें) के लिए उस दिशा को नियंत्रित करता है जिसमें टेक्स्ट को प्रदर्शित किया गया है।

स्क्रिप्ट एलीमेन्ट (The Script Element)<SCRIPT></SCRIPT>

अवयव का प्रयोग HTML 4.0 में टेक्स्ट स्तर के अवयव के रूप में किया जा सकता है।

स्पान एलीमेन्ट (Span Script Element)<SPAN></SPAN>

टेक्स्ट स्तर का अवयव होता है जिसका प्रयोग आमतौर पर स्टाइल शीट के साथ किया जाता है।

9.6 दृश्य चिन्हांकन (Visual Markup)

फाँट अवयव <FONT></FONT> का प्रयोग संलग्न दस्तावेज के आकार को फॉर्मेट करने, टाइपफेस एवं रंग के लिये किया जाता है। यह अवयव विषयों के दृश्य चिन्हांकन के लिये बॉडी के टेक्स्ट की प्रस्तुति को परिवर्तित करेगा।

<FONT> टैग का प्रयोग आकार, फेस व रंग नामक तीन भिन्न गुणों के लिये किया जा सकता है। आकार (size) गुण को 1 (न्यूनतम) से 7 (अधिकतम) की श्रृंखला के यथार्थ अथवा संबद्ध मूल्यों में निर्दिष्ट किया जा सकता है। संबद्ध फाँट साइज का प्रयोग बेसफाँट (base font) (नम्बर से पहले + या - चिन्ह रखने पर) अथवा स्वनिर्मित फाँट आकार को परिवर्तित कर देगा। उदाहरणार्थ,

```
<FONT SIZE = "4">
```

वर्तमान आकार की अपेक्षा फाँट साइज को चार गुणा बड़ा कर देगा।

9.6.1 बड़ा एलीमेन्ट (Big Element) <BIG></BIG>

वृहद अवयव <BIG></BIG> संलग्न टेक्स्ट को बड़े फाँट में प्रस्तुत कर देता है (अन्यथा पहले से ही यथासंभव बड़ा होता है)। वृहद अवयव <BIG> का प्रभाव भी <FONT SIZE="+1"> के जैसा ही होता है। एक से अधिक वृहद अवयव एक बड़े अवयव से प्राप्ति की अपेक्षा उलझा हुआ होता है। निम्नलिखित उदाहरण इसकी व्याख्या करते हैं:

```
<BIG>The Big and Tall Company</BIG>
<FONT SIZE = "+2"> The very Big and Tall Com-
pany</FONT>
```

9.6.2 छोटा एलीमेन्ट <SMALL></SMALL>(Small Element)

छोटा अवयव <SMALL></SMALL> टेक्स्ट को छोटे फाँट में प्रस्तुत करता है। यदि आपका टेक्स्ट पहले ही 1 प्वाइंट आकार (सबसे छोटा आकार) का है तो टैग अनदेखा हो जाता है। <SMALL> टैग का प्रभाव <FONT SIZE= "-1"> के जैसा ही होता है। निम्नलिखित उदाहरण इसकी व्याख्या करता है:

```
<SMALL>The Small and Short Company</SMALL>
```

बड़े एलीमेन्ट की भाँति ही एक से अधिक छोटे अवयव एक छोटे अवयव के लिए लगाए जाने की अपेक्षा छोटा टेक्स्ट साइज प्रस्तुत करने में पेचीदा (nested) हो सकते हैं।

9.6.3 टेलीटाइप एलीमेन्ट <TT></TT>(The Teletype Element)

टेलीटाइप अवयव <TT></TT> संलग्न टेक्स्ट को टेलीटाइप फाँट में प्रस्तुत करते हैं। इसका तात्पर्य यह है कि टेक्स्ट मोनोस्पेस (monospaced) वाला होगा जो टाइपराइटर फाँट (Typewriter Font) की तरह दिखाई देगा।

```
<html>
<head>
<TITLE> A Simple Visual Markup Example </TITLE>
</head>
<body>
<H1>HTML element BIG and SMALL</H1>
<P><BIG>The Big and Tall Company</BIG></P>
<P><FONT SIZE = "+2"The very Big and Tall
Company</FONT></P>
<P><SMALL>The Small and Short Company</SMALL></P>
</body>
</html>
```

चित्र 9.25: दृश्य चिन्हांकन *(Visual Markup)* वाले HTML दस्तावेज का नमूना।

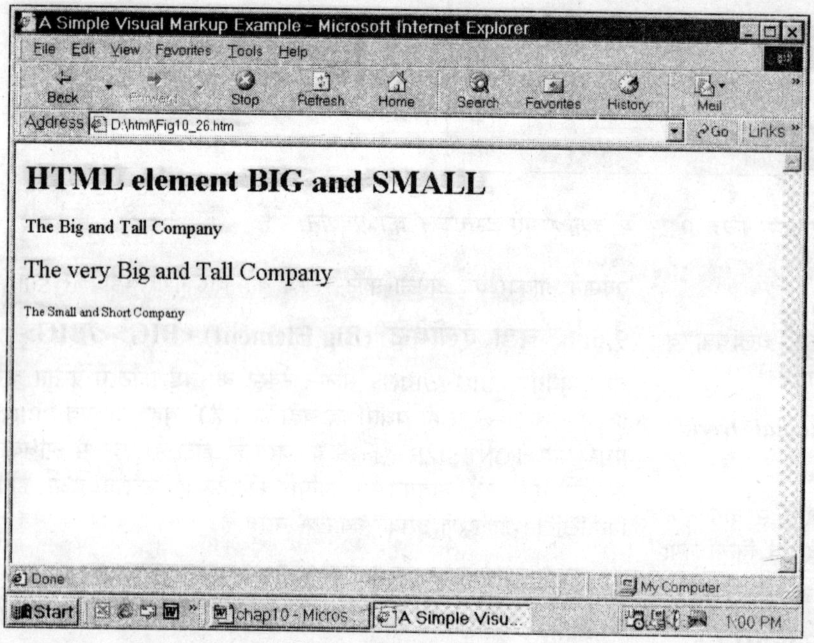

चित्र 9.26: ब्राउजर द्वारा चित्र 9.25 में दर्शाये गए दस्तावेज का प्रदर्शन।

☞ बड़ा फाँट साइज आपका ध्यान तो आकर्षित करता है किन्तु स्क्रीन के एक बड़े भाग को घेरता है। साथ ही प्रिंटर पर प्रिंट करने में भी अधिक समय लेता है।

9.6.4 फलक (फेस) के गुण (The Face Attribute)

फलक के गुण उस टाइपफेस की विशेषता बताते हैं जो फाँट एलीमेन्ट को लगाकर संलग्न टेक्स्ट के लिये आप प्रयोग करना चाहते हैं। आप एक ही टाइपफेस का प्रयोग कर सकते है (जैसे: एरियल या कोरियर) अथवा Comma द्वारा विभाजित की गई टाइपफेसों की सूची भी आप दे सकते हैं। फाँट की विशेषताओं को निर्दिष्ट करने के लिए इन चरणों का अनुसरण करें।

आप इनमें से कुछ या सभी विशेषताओं को सेट (set) कर सकते हैं:

(a) फाँट टैग से फार्मेट करने के लिए टेक्स्ट की पहचान करें।

(b) FACE = Attribute का प्रयोग करके विशेष फाँट का चयन करें।

(c) SIZE = Attribute का प्रयोग करके फाँट के आकार में परिवर्तन करें। स्वनिर्मित आकार 3 होने पर भी आप 1 से 7 के बीच टेक्स्ट के आकार को सेट करें। आप '+' व '-' से आकार को बदलने के लिए या संख्या 1 से 7 के बीच बिल्कुल वही आकार सेट कर सकते हैं। उपर्युक्त चरणों को व्याख्या निम्नलिखित उदाहरण से स्पष्ट की गई है:

```
<P><BIG>The Big and Tall Company</BIG></P>
<P><BIG><FONT FACE = "Times New Roman, Times"
SIZE = "+2"> The very Big and Tall Company
</FONT></BIG></P>
```

(d) रंग का नाम अथवा #RRGGBB वेल्यू का प्रयोग करके रंग को सेट करने के लिए COLOR = attribute को जोड़ें। उदाहरणार्थ, निम्नलिखित HTML वक्तव्य टेक्स्ट के साथ भिन्न रंग को प्रस्तुत करता है।

```
<P><BIG>The Big and Tall Company</BIG></P>
<P><BIG><FONT FACE = "Times New Roman, Times"
SIZE = "+2" COLOR = "#FF0000"> The very Big and
Tall Company</FONT></BIG></P>
```

चित्र 9.27 में फलक एवं रंग के गुणों वाले HTML दस्तावेज के नमूने को प्रदर्शित किया गया है। जब इसे ब्राउज़ किया जाएगा तो यह चित्र 9.28 में दर्शाए गए की भाँति दिखाई देगा।

```
<html>
<head>
<TITLE> A Simple Visual Markup Example </TITLE>
</head>
<body>
<H1>HTML element with FONT FACE</H1>
<P><BIG>The Big and Tall Company</BIG></P>
<P><BIG><FONT FACE = "Times New Roman, Times" SIZE="+2"
COLOR = "#FF0000">The very Big and Tall Company
</FONT></BIG></P>
</body>
</html>
```

चित्र 9.27: फलक एवं रंग युक्त HTML दस्तावेज का नमूना।

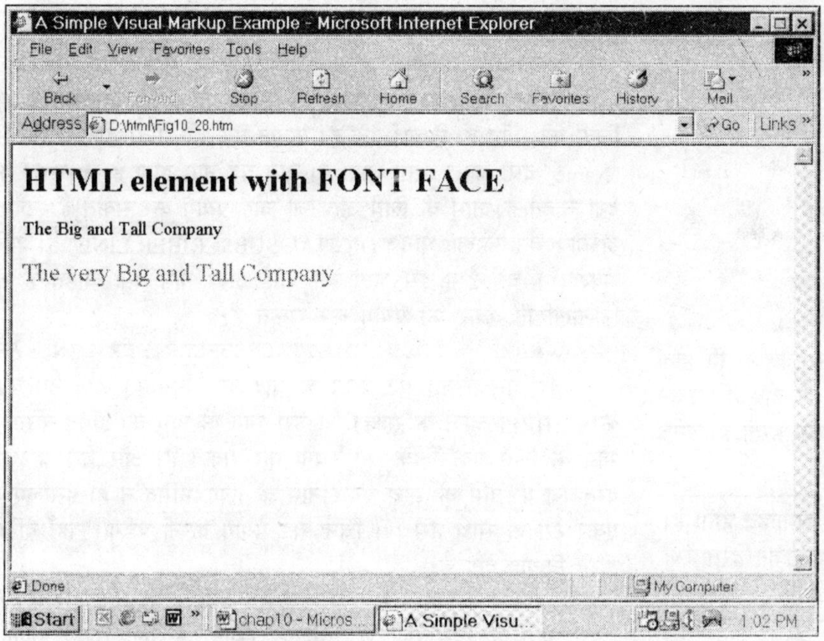

चित्र 9.28: ब्राउज़र द्वारा चित्र 9.27 में दर्शाए गए दस्तावेज का प्रदर्शन।

☞ पृष्ठभूमि (background) का रंग पाठकों के लिए आपके संदेश की प्रस्तुति को परिवर्तित कर सकता है। अत: सदैव सही रंग का चयन करें।

9.7 एचटीएमएल लिंक (HTML Links)

यदि दस्तावेज के एक भाग को उसी दस्तावेज के दूसरे भाग की जरूरत हो या दूसरे दस्तावेज द्वारा इसका संदर्भ प्रस्तुत करने की जरूरत हो तो एक लिंक बनाया जा सकता है ताकि आवश्यक भाग को संबद्ध किया जा सके। ब्राउज़र हाइपर टेक्स्ट लिंक या लिंक को इंगित करने की दृष्टि रंग या रेखाकित इमेज अथवा टेक्स्ट को पहचान कर उसे उजागर करता है।

☞ लिंक (एंकर के नाम से भी जाने जाते हैं) टेक्स्ट अथवा इमेजों को उन एलीमेन्ट्स के रूप में चिन्हित करते हैं जो अन्य HTML दस्तावेजों, इमेजों, एप्लेट्स, मल्टीमीडिया इफेक्ट्स या HTML दस्तावेज में विशिष्ट स्थानों की तरफ इशारा करते हैं।

मुख्यत: दो प्रकार के एलीमेन्ट्स होते हैं। वे हैं:

(a) बाहरी दस्तावेज के लिंक

(b) उसी दस्तावेज में विशिष्ट स्थान के लिए लिंक (Jumps), आन्तरिक लिंक करना।

9.7.1 बाहरी दस्तावेज़ के लिये लिंक (Link to an External Document)

वेब पृष्ठ में लिंकों की रचना <A></A> टैगों का प्रयोग करके की जाती है। <A> और </A> टैगों के बीच में लिखी गयी कोई भी चीज़ हाइपरलिंक/हॉटस्पॉट हो जाती है।

हाइपरलिंक पर क्लिक करने पर भिन्न वेब पृष्ठ या इमेज चलने लगती है। हालाकि चलाये जाने वाले दस्तावेज को निर्दिष्ट करने की जरूरत पड़ती है। <A>टैग में HREF विशेषता का प्रयोग करके अगले संचालन योग्य वेब पृष्ठ या दस्तावेज को निर्दिष्ट किया जा सकता है।

वेब ब्राउज़र लिंक के विभिन्न रंगों के प्रस्तुतिकरण के जरिये हाइपरलिंक व सामान्य टेक्स्ट के बीच अन्तर कर सकता है। कुछ मामलों में, हाइपरलिंक टेक्स्ट या इमेज को रेखांकित (Underlined) रूप में प्रदर्शित किया जा सकता है। इसमें लिंक को दर्शाने का एक अन्य तरीका भी हो सकता है, जब माउस के कर्सर को इसके ऊपर रखा जाता है तो माउस कर्सर का तीर का निशान हाथ के निशान में परिवर्तित हो जाता है।

लिंक तीन भागों से मिलकर बने होते हैं। ये भाग हैं:

1. एंकर टैग <A>
2. विशेषता, HREF=" ", प्रारंभिक एंकर टैग में स्थित होती है, जैसे: <A HREF=" "></P>
3. एड्रेस (URL नामक) जो ब्राउज़र को फाइल को लिंक करने को कहता है। URLs वेब या आपकी Local hard drive पर फाइल की लोकेशन (Location) की पहचान करता है। ये एड्रेस HTML दस्तावेज अथवा इमेज, एप्लेट, स्क्रिप्ट्स व अन्य फाइल्स जैसे संदर्भित (referenced) एलीमेन्ट्स हो सकते हैं। URL सदैव Quotes के अन्दर संलग्न होती है। उदाहरणार्थ: "address.html" (देखें चित्र 9.29)

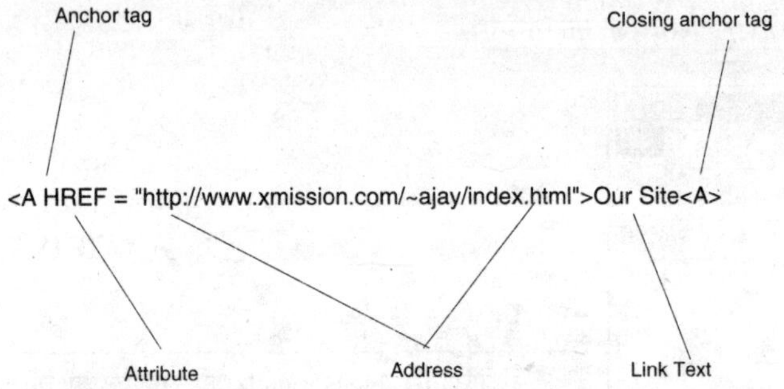

चित्र 9.29: HTML दस्तावेज का लिंक।

इस उदाहरण का 'लिंक टेक्स्ट' भाग वास्तव में दस्तावेज में ही होता है। टेक्स्ट लिंक प्राय: नीले और रेखांकित टेक्स्ट के रूप में होते हैं लेकिन यह आपके दर्शक के कम्प्यूटर एवं ब्राउज़र सेटिंग पर निर्भर करता है। इमेज लिंक सामान्यत: बोर्डर में ही लगाये जाते हैं।

☞ सभी लिंकों में एंकर टैग, विशेषता और एक URL समाहित होता है। हालांकि जो विशेष एड्रेस आप प्रयोग करते हैं, वह जिन दस्तावेजों को आप लिंक करते हैं, उन पर निर्भर करता है।

9.7.2 उसी दस्तावेज में विशेष स्थान के लिए लिंक (Jumps) (Links (Jumps) to a Specific Place within the Same Document)

कभी-कभी एक ही दस्तावेज में विभिन्न जगहों के लिये जम्प (jump) की जरूरत होती है। विशिष्ट जगह के लिए जम्प (jump) को लक्ष्यित किये जाने पर पहले नाम के साथ जगह को पहचानें तत्पश्चात उस नाम का प्रयोग करें जिसका प्रयोग किया जाना है, पर जाएं। यहाँ फाइल नेम उस फाइल का नाम होगा जहाँ आप टेक्स्ट को लिंक कर रहे हैं, इसका अर्थ यह है कि यह वही फाइल है जहाँ लिंक अवस्थित है। इसका उदाहरण निम्नलिखित है:

```
<A HREF= "#location_name"></A>
```

☞ # चिन्ह के पहले filename.html की अनुपस्थिति यह दर्शाती है कि उसी दस्तावेज के अन्दर Jump की आवश्यकता है।

कल्पना करो कि आप किसी अध्याय के हाइपरटेक्स्ट संस्करण की रचना करना चाहते हो। इसे चलाने के लिये आसान बनाने हेतु आपको पृष्ठ के ऊपर विषय सूची जो सभी सेक्शन हेडिंगों के लिए लिंकों को समाहित करती हो, सम्मिलित करनी पड़ेगी। सबसे पहला काम प्रत्येक हेडिंग के लिए एंकर टैग लगाना होता है। यहाँ एक एंकर के लिये सामान्य फार्मेट दिया गया है:

```
<A Name= "Name"> Anchor text goes here</A>
```

जैसा कि आप देख सकते हैं, एक एंकर टैग नियमित हाइपरटेक्स्ट लिंक की भाँति ही दिखाई देता है। केवल एक ही अन्तर होता है कि HREF= "Name" द्वारा बदल दिया जाता है। नाम वह नाम होता है जो एंकर को आप देना चाहते हैं। नाम के लिये आप जो चाहें प्रयोग कर सकते हैं। उदाहरणार्थ, अध्याय का पहला भाग "DIGITAL SUBSCRIBER LINE" है। यदि आप सेक्शन 1 के जैसा इस भाग को कोई अन्य नाम देना चाहते हैं तो आप निम्नलिखित एंकर का प्रयोग कर सकते हैं:

```
<A NAME = "DSL" DIGITAL SUBSCRIBER LINE</A>
```

विषयसूची को सेट करने के बाद आप नियमित <A> टैग का प्रयोग करके (HREF चीज़ के साथ) जो उस भाग के नाम को इंगित करता है, इस भाग के लिए एक लिंक की रचना कर सकते हैं। और वेब ब्राउज़र अन्य दस्तावेज के नाम के साथ एंकर नाम के लिए भ्रमित न हों इसलिए आपको एंकर टैग के साथ हैस (#) चिन्ह का प्रयोग करना पड़ेगा। यहाँ देखिये, यह कैसा दिखाई देता है:

```
<A HREF ="#DSL"> DIGITAL SUBSCRIBER LINE</A>
```

एक ही दस्तावेज में विशिष्ट स्थान के लिए जम्प (jumps) हेतु कूटांकन चित्र 9.30 में दिया गया है।

चित्र 9.31 में जब हम **लोकल एरिया नेटवर्क** लिंक पर क्लिक करते हैं तो यह उसी फाइल के उस विशेष स्थान पर तुरन्त पहुँच जाएगा जहाँ लोकल एरिया नेटवर्क के विवरण लिखे गये हैं। (देखें चित्र 9.32)

उपर्युक्त कूटांकन की आउटपुट को चित्र 9.31 में दिया गया है।

```
<H3>CHAPTER CONTENTS</H3>
<H4><A HREF="#DSL">DIGITAL SUBSCRIBER LINE</A></H4>
<H4><A HREF="#WWW">WORD WIDE WEB</A></H4>
<H4><A HREF="#INET">INTERNET</A></H4>
<H4><A HREF="#LAN">LOCAL AREA NETWORK</A></H4>
<H4><A HREF="#WAN">WIDE AREA NETWORK</A></H4>
<H4><A HREF="#HLINK">HYPERLINK</A></H4>
<H4><A NAME="DSL">DIGITAL SUBSCRIBER LINE</A></H4>
<P>Here we have to write the details of digital subscriber line</P>
<H4><A NAME="#WWW">WORD WIDE WEB</A></H4>
<P>Here we have to write the details of world wide web</P>
<H4><A NAME="#INET">INTERNET</A></H4>
<P>Here we have to write the details of Internet</P>
<H4><A NAME="#LAN">LOCAL AREA NETWORK</A></H4>
<P>Here we have to write the details of local area network</P>
```

```
<H4><A NAME="#WAN">WIDE AREA NETWORK</A></H4>
<P>Here we have to write the details of wide area network</P>
<H4><A NAME="#HLINK">HYPERLINK</A></H4>
<P>Here we have to write the details of hyperlink</P>
<H4><A HREF="#WWW">WORD WIDE WEB</A></H4>
<P>Here we have to write the details of digital subscriber line</P>
<H4><A HREF="#WWW">WORD WIDE WEB</A></H4>
<P>Here we have to write the details of digital subscriber line</P>
<H4><A HREF="#WWW">WORD WIDE WEB</A></H4>
<P>Here we have to write the details of digital subscriber line</P>
<H4><A HREF="#WWW">WORD WIDE WEB</A></H4>
```

चित्र 9.30: एक ही दस्तावेज में एक स्थान की दूसरे स्थान से लिंकिंग के लिए कूटांकन।

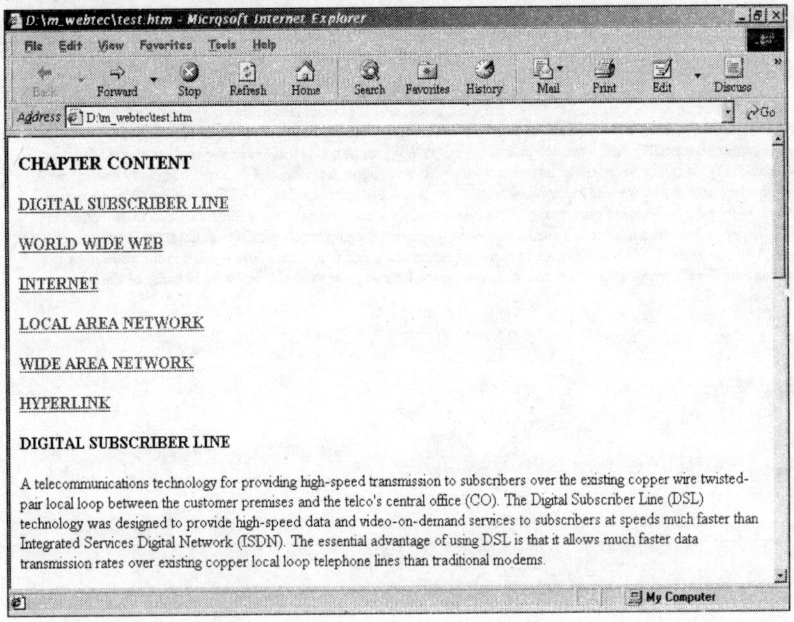

चित्र 9.31: चित्र 9.30 में दर्शाई गयी HTML फाइल के लिए आउटपुट।

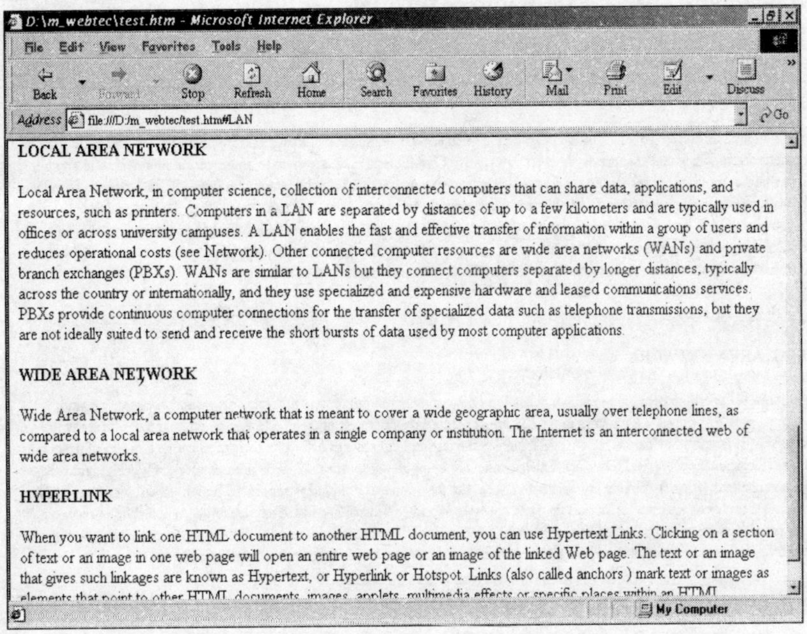

चित्र 9.32: एक ही दस्तावेज में एक स्थान से दूसरे स्थान पर जंपिंग।

9.7.3 अन्य एचटीएमएल दस्तावेजों में स्थानों के लिंक (Link to Places in Other HTML Documents)

यदि हम एक फाइल से दूसरी फाइल के विशिष्ट स्थान के लिए लिंक बनाना चाहते हैं तो हमें निम्नलिखित कार्य करने पड़ेंगे। कल्पना करें कि हम test.html (इंटरनेट का प्रयोग खण्ड (जो खण्ड इंटरनेट में लिखा गया है) जो इसका विवरण खण्ड है) से test1.html तक के लिए लिंक की रचना करना चाहते हैं तो हमें इंटरनेट खण्ड में test.html में अधोलिखित कमाण्ड लिखनी पड़ेगी।

```
<H4><A HREF="d:\m_webtec\test1.html#USE">USE OF
INTERNET</A></H4>
```

और इंटरनेट के प्रयोग के विवरण के ऊपर test1.html में निम्नलिखित कमाण्ड लिखें।

```
<H4><A NAME="USE">USE OF INTERNET</A></H4>
```

चित्र 9.33 में, जब हम इंटरनेट के प्रयोग खण्ड पर क्लिक करते हैं तो यह test1.html पर पहुँच जायेगी और इंटरनेट के प्रयोग के विवरणों को प्रदर्शित करेगी।

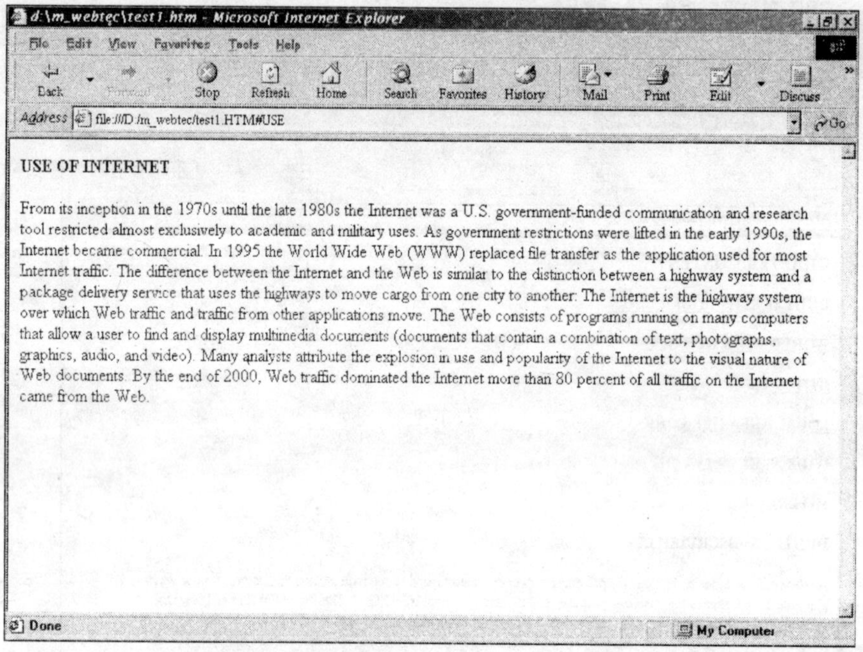

चित्र 9.33: एक फाइल से दूसरी फाइल की संबद्धता (Linking)।

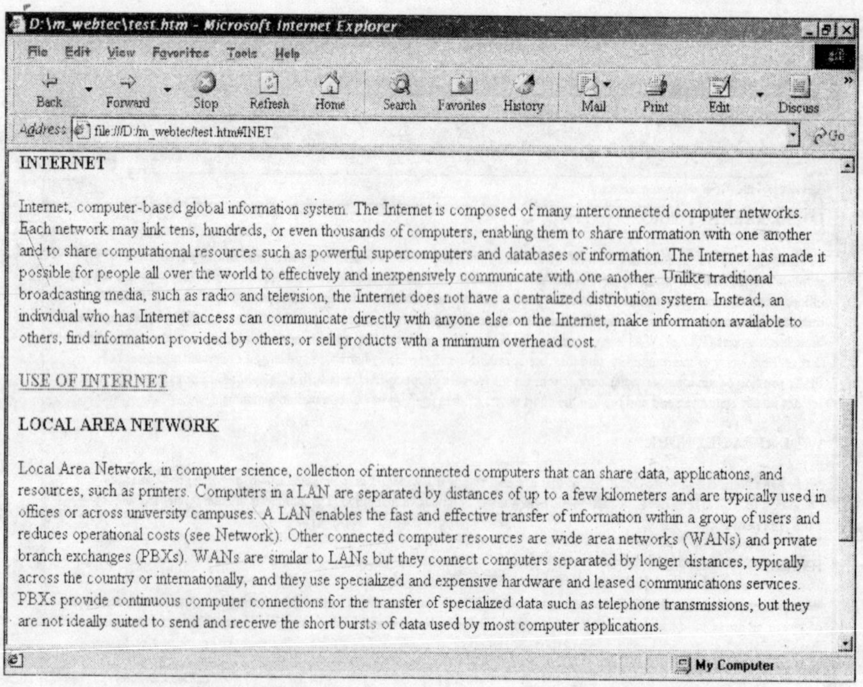

चित्र 9.34: लिंकिंग द्वारा दूसरी फाइल से विवरणों का प्रदर्शन।

9.8 तालिकाएं बनाना (Creating Tables)

HTML में तालिका बनाना बहुत ही सीधा है। हमें केवल आँकड़ों की आपूर्ति करनी होती है। यह कार्य क्लाइंट साइड के वेब ब्राउज़र का होता है कि वह यह निर्धारित करे कि प्रयोक्ता के लिए ये आँकड़े किस प्रकार प्रस्तुत करने हैं। एक महत्त्वपूर्ण चीज़ यह है कि HTML में तालिकाएँ पंक्तियों में व्यवस्थित होती हैं जो बांये से दांये और ऊर्ध्वाधर चलती हैं।

तालिकाएँ बनाने के लिए हमें <TABLE> टैग से शुरू करना पड़ता है और वास्तव में हम अपनी तालिकाओं को </TABLE> से समाप्त करते हैं। यदि हम तालिका के बॉर्डर रखना चाहते हैं तो पिक्सल में बॉर्डर की चौड़ाई निर्दिष्ट करके BORDER विशेषता का प्रयोग करना चाहिए। बॉर्डर का आकार शून्य (0) करने से बॉर्डर अदृश्य हो जाएगा जो प्राय: छोटा होता है उस समय जब हम पृष्ठ लेआउट टूल के रूप में तालिका का प्रयोग कर रहे हों।

इसके लिए बड़ी संख्या में वैकल्पिक विशेषताएँ भी होती हैं जिन्हें हम <TABLE> टैग में निर्दिष्ट कर सकते हैं लेकिन इनकी चर्चा साधारण तालिका की रचना के बाद की गयी है।

<TABLE> के पश्चात, अगली चीज़ <TR> टैग होती है, जिसकी हमें जरूरत होती है। <TR> तालिका की पंक्ति बनाता है जिसमें जानकारी के एक या इससे अधिक तत्व समाहित होते हैं। इन अलग-अलग सेलों (cells) को बनाने के लिये हम <TD> टैग का प्रयोग करते हैं। <TD> टेबल डाटा को संबोधित करता है। हम तालिका की जानकारी को <TD></TD> टैगों के अन्दर रखते हैं। तालिका एलीमेन्ट में, हम <TH> को टेबल हैडर के लिए तथा CAPTION एलीमेन्ट को तालिका के कैप्शन के लिये प्रयोग करते हैं।

☞ हम जितने सेल (cell) चाहें, बना सकते हैं लेकिन तालिका में प्रत्येक पंक्ति में अन्य पंक्तियों की भाँति बराबर संख्या में कॉलम होने चाहिए।

चित्र 9.35 साधारण उदाहरण प्रस्तुत करता है जबकि उपर्युक्त प्रोग्राम की आउटपुट को चित्र 9.36 में दर्शाया गया है।

```
<HTML>
<TABLE>
<CAPTION>The World Raffle Results.</CAPTION>
<TR><TH>Game</TH><TH>Red Wings</TH><TH>Black Hawks</TH></TR>
<TR><TD>1</TD><TD>3</TD><TD>2</TD></TR>
<TR><TD>2</TD><TD>4</TD><TD>1</TD></TR>
<TR><TD>3</TD><TD>0</TD><TD>8</TD></TR>
<TR><TD>4</TD><TD>8</TD><TD>7</TD></TR>
<TR><TD>5</TD><TD>2</TD><TD>1</TD></TR>
</TABLE>
</HTML>
```

चित्र 9.35: तालिका युक्त HTML दस्तावेज का नमूना।

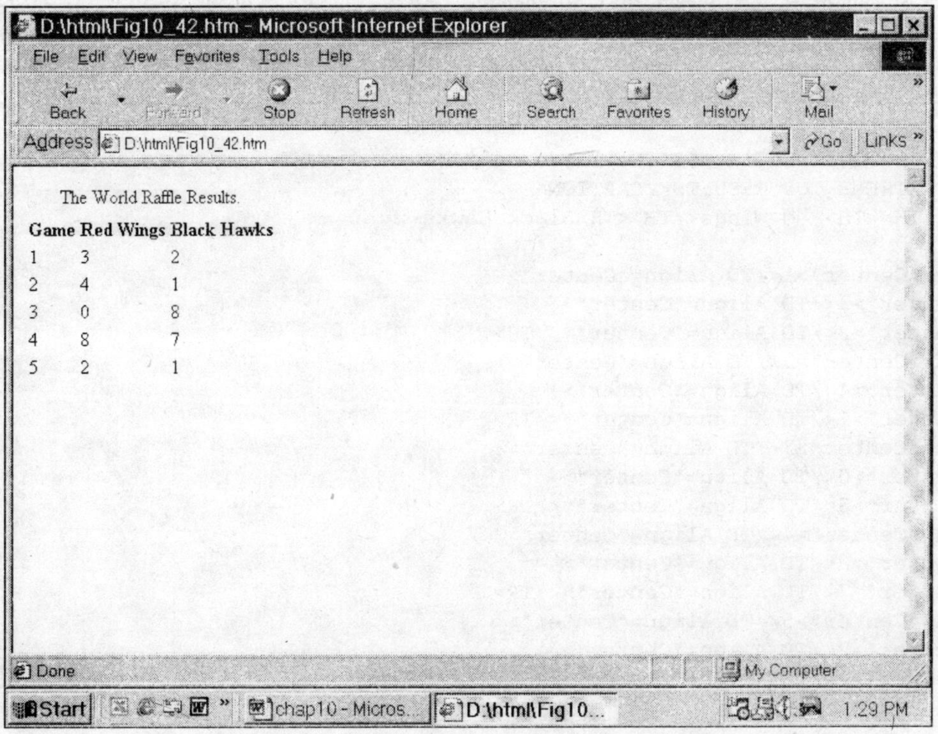

चित्र 9.36: इंटरनेट एक्सप्लोरर पर दर्शाए गए चित्र 9.35 के प्रोग्राम की आउटपुट का प्रदर्शन।

9.9 तालिका की विशेषताएँ (Table Attributes)

9.9.1 पंक्तिबद्ध करना (Align)

स्क्रीन पर तालिका की ऊर्ध्वाधर पंक्तिबद्धता (तालिका की विषय सूची नहीं) संभावित मूल्यों (values) के साथ निम्नलिखित हैं:

ब्लीडलेफ्ट (Bleedleft)

बांये विंडो बॉर्डर में एलाइन (align)

ब्लीडराइट (Bleedright)

दांये विंडो बॉर्डर में एलाइन (align)

सेन्टर (Center)

टेक्स्ट मार्जिनों के बीच में केन्द्रित।

जस्टीफाई (Justify)

तालिका टेक्स्ट मार्जिनों के बीच में पूरी भरी होनी चाहिए।

लेफ्ट (Left)

बांये टेक्स्ट मार्जिन में।

राइट (Right)

दांये टेक्स्ट मार्जिन में।

बॉर्डर (Border)

तालिका के चारों ओर बॉर्डर देने हेतु ब्राउज़र के कारण यदि अनुपस्थित है तो तालिका के चारों ओर या इसके आँकड़े के चारों ओर ग्रिड नहीं होती है। एक इंटीगर वेल्यू में इस गुण को देते हुए बॉडर की मोटाई को आप सेट कर सकते हैं। उदाहरणार्थ, Border="3" तालिका में तीन पिक्सल बॉर्डर भी तालिका देती है।

सेल पैडिंग (Cell Padding)

यदि आप तालिका के सेलों के बीच में कुछ रखना चाहते हैं तो पिक्सलों की संख्या को आप सेट कर सकते हैं।

सेल स्पेसिंग (Cell Spacing)

आप इसे पिक्सलों की संख्या के लिए सेट कर सकते हैं जिन्हें आप सेलों में आँकड़ों के चारों ओर रखना चाहते हैं।

विड्थ (Width)

विस्तृत तालिका किस प्रकार की होगी, उसे निर्दिष्ट करती है, यदि NN%, के रूप में दी गयी है, NN% की चौड़ाई डिस्प्ले की चौड़ाई ही होती है, अन्यथा चौड़ाई पिक्सल में होगी। पिक्सल में चौड़ाई (width) देने का सुझाव देने की कोई जरूरत नहीं है क्योंकि आपको यह पता नहीं होता है कि आपके प्रयोक्ता के ब्राउज़र की चौड़ाई कितनी होगी।

विभिन्न तालिका गुणों वाला नमूना उदाहरण चित्र 9.37 में दिया गया है।

उपर्युक्त प्रोग्राम की आउटपुट को चित्र 9.38 में दर्शाया गया है।

9.9.2 कैप्शन एलीमेन्ट (Caption Element)

कैप्शन (Caption) एलीमेन्ट का प्रयोग चित्र या तालिका के लेबल के लिये किया जाता है। इसकी विशेषता align होती है जिसका प्रयोग संबद्ध चित्र या तालिका के कैप्शन की स्थिति के लिये किया जाता है। इसकी वेल्यू में ऊपर, नीचे, दांये तथा बांये आदि सम्मिलित होती है।

9.9.3 TH एलीमेन्ट (The TH Element)

टीएच एलीमेन्ट टेबल हैडर सेलों की पहचान करता है और TD टेबल डाटा सेल की पहचान करता है। ब्राउज़र्स प्रायः इन दोनों एलीमेन्ट्स को भिन्न-भिन्न तरीके से व्यवस्थित करता है। सामान्यतः TH एलीमेन्ट की विषयवस्तु मोटे (Boldface) अक्षरों में होती है और स्वयं ही बीच में (centered) सेट होती है। TD के एलीमेन्ट प्रायः बायी ओर से align होते हैं।

```
<HTML>
<TABLE Border="2" Cellpadding="3" Cellspacing="3">
<CAPTION>THE EXTREME CUP RESULTS</CAPTION>
<TR><TH>Game</TH><TH>Red Wings</TH><TH>Black Hawks
</TH></TR>
<TR><TD Align="Center">1</TD Align="Center">
<TD Align="Center">3</TD Align="Center">
<TD Align="Center">2</TD Align="Center"></TR>
<TR><TD Align="Center">2</TD Align="Center">
<TD Align="Center">4</TD Align="Center">
<TD Align="Center">1</TD Align="Center"></TR>
<TR><TD Align="Center">3</TD Align="Center">
<TD Align="Center">0</TD Align="Center">
<TD Align="Center">8</TD Align="Center"></TR>
<TR><TD Align="Center">4</TD Align="Center">
<TD Align="Center">8</TD Align="Center">
<TD Align="Center">7</TD Align="Center"></TR>
<TR><TD Align="Center">5</TD Align="Center">
<TD Align="Center">2</TD Align="Center">
<TD Align="Center">1</TD Align="Center"></TR>
</TABLE>
</HTML>
```

चित्र 9.37: तालिका में आँकड़ों के बीच वाला HTML दस्तावेज का नमूना।

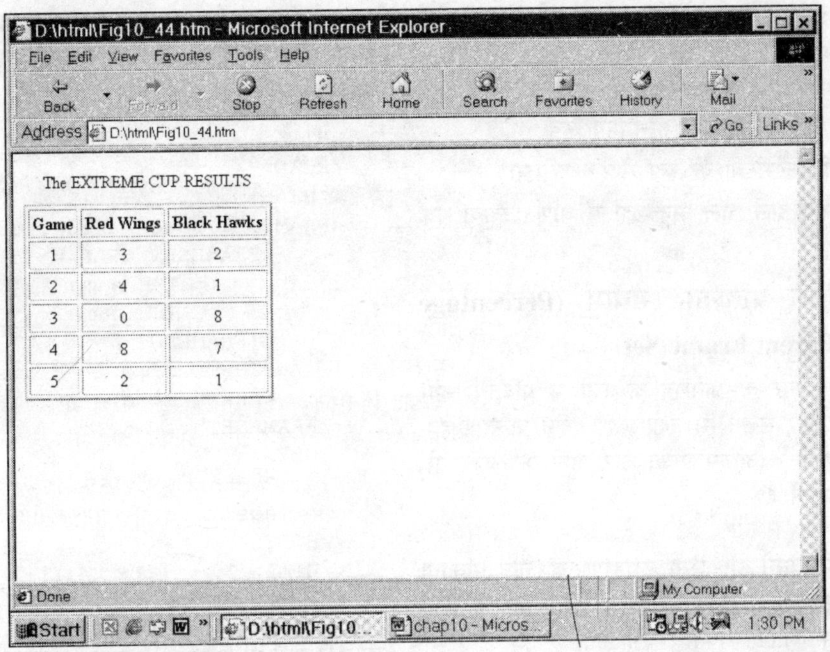

चित्र 9.38: इंटरनेट एक्सप्लोरर पर अवलोकित चित्र 9.37 में दिये गए प्रोग्राम की आउटपुट।

9.9.4 टीडी और टीएच की विशेषताएं (TD and TH Attributes)

एलाइन (Align)

तालिका के पंक्ति में अनुच्छेद की ऊर्ध्वाधर alignment में वेल्यूज़ बांये, बीच में, दाहिनी ओर, जस्टीफाई और दशमलव में शामिल होती हैं।

कोलस्पान (Colspan)

यह सेलस्पान के कालमों की संख्या को निर्दिष्ट करता है।

नोरैप (No Wrap)

सेल की विषयवस्तु को काटने से ब्राउज़र को बचाता है।

रो स्पान (Row Span)

सेल चक्रों की पंक्तियों की संख्या को निर्दिष्ट करता है।

वी एलाइन (V align)

यह सेल के मैटीरियल का क्षैतिज एलाइनमेन्ट (Vertical alignment) करता है। इसमें वेल्यूज़ ऊपर, बीच में तथा नीचे सम्मिलित होती हैं।

TR तालिका सेलों को पंक्ति के लिए कन्टेनर की पहचान करता है। इसकी विशेषताएं TH और TD की विशेषताओं के जैसी ही होती है।

तालिकाओं के साथ काम करना बहुत आसान होता है, और जब आप अपने एलीमेन्ट्स को फाइनट्यून करते हैं तो यह सुखद परिणाम देता है।

तालिका के साथ काम करने के कुछ आसान नुस्खें नीचे दिये गये हैं:

(a) यह ध्यान रखें कि तालिका आँकड़ों में सूचियाँ, इमेज, फॉर्म और अन्य एलीमेन्ट समाहित हो सकते हैं। TD वह वास्तविक कंटेनर होता है जो अन्य HTML अवयवों - यहाँ तक कि अत्यधिक तालिकाओं को रख सकता है।

(b) TH एलीमेन्ट टेक्स्ट को प्राय: मोटे अक्षरों (Bold face) में रखता है।

(c) TD एलीमेन्ट मुख्यत: नियमित टेक्स्ट को रखता है।

(d) TR का प्रयोग हमेशा TH और TD के लिए 'होल्डर्स' के रूप में किया जाता है। अपनी तालिका को पंक्तिबद्ध रखने की सोचो। हर बार आप एक नई पंक्ति से प्रारम्भ करो, आपको पंक्तियों को तोड़ने के लिए BR और P एलीमेन्ट्स के बारे में भी सोचना चाहिए ताकि वे ब्राउज़र्स जो तालिकाओं पर कार्य नहीं करते कम से कम आपकी तालिका को अलग पंक्ति के आँकड़ों को प्रदर्शित करने में सक्षम हो जाएंगे।

☞ ब्राउज़र्स सभी पंक्तियों में कालमों की बड़ी तादाद होने पर कालमों की संख्या को सेट करता है। खाली सेलों का प्रयोग पंक्तियों में किसी अतिरिक्त कालमों की भरपाई के लिए किया जाता है।

9.10. फ्रेम (Frames)

विकासों में सबसे महत्त्वपूर्ण विकास यह है कि नेटस्केप व एमएस इंटरनेट एक्सप्लोरर ने फ्रेमों से परिचित कराने में योगदान दिया है। पुराने दिनों में, हम एक समय में केवल एक पृष्ठ को ही देख सकते थे। फ्रेमों ने इस सीमा को तोड़ दिया है। फ्रेमों की सहायता से हम पाठकों के ब्राउज़र विंडो की जानकारी को अनेक खण्डों, जो अलग देखे व परिवर्तित किये जा सकते हैं, में विभाजित कर सकते हैं। हम प्रत्येक विंडों में भिन्न-भिन्न HTML दस्तावेजों को भी प्रदर्शित कर सकते हैं। हम एक फ्रेम से दूसरे फ्रेम के डिस्प्ले को भी नियंत्रित कर सकते हैं।

☞ **फ्रेम** ब्राउज़र विंडो में वह आयताकार क्षेत्र होता है जो अन्य फ्रेमों के पृष्ठों के साथ-साथ एक वेब पृष्ठ को प्रदर्शित करता है अथवा यह एक ही समय मे अनेक पृष्ठों को एक साथ व्यवस्थित व प्रस्तुत करने का एक तरीका होता है।

फ्रेमों को प्रयोग करने का प्रमुख लाभ यह होता है कि जब आप किसी एक फ्रेम के लिंक पर क्लिक करते हैं तो उसी वेब पृष्ठ के अन्य फ्रेम परिवर्तित नहीं होंगे किन्तु नया पृष्ठ उसी फ्रेम में लोड होकर प्रदर्शित हो जाएगा।

फ्रेमों को आयामों को निर्दिष्ट करने के तीन तरीके होते हैं। ये तरीके हैं:

(a) मूल फ्रेम सेट के लिए क्षेत्र का प्रतिशत निर्धारित रूप में

(b) संबद्ध आकार के रूप में

(c) स्क्रीन पिक्सल की विशिष्ट संख्या के रूप में (यथा 250)

पहले दो प्रकारों को आगे आने वाले अनुच्छेदों में वर्णित किया गया है।

9.10.1 मूल फ्रेम सेट के प्रतिशत आयाम (Percentage Dimension to Parent Frame Set)

हम ब्राउज़र विंडो के कुल आकार के प्रतिशत के रूप में पंक्तियों और कॉलमों के आकार को निर्दिष्ट कर सकते हैं। उदाहरणार्थ, तीन पंक्तियों हेतु, बीच की पंक्ति की अपेक्षा पहली व अंतिम पंक्ति छोटी होने की वजह से, हम निम्नलिखित वक्तव्य दे सकते हैं।

```
FRAMESET rows = "20%, 60%, 20%">
```

इस अवधारणा को स्पष्ट करने हेतु दूसरा उदाहरण लो, तीन पंक्तियों हेतु, प्रथम व अंतिम की ऊंचाई फिक्स होने पर, बीच की पंक्ति के लिए निर्धारित स्थान सहित, हमें निम्नलिखित वक्तव्य देना होता है:

```
<FRAMESET rows ="100, *, 100>
```

9.10.2 मूल फ्रेम के संबद्ध आयाम (Relative Dimensions to Parent Frame Set)

संबद्ध आयामों को एक एस्ट्रिस्क (asterisk) द्वारा निर्दिष्ट किया जाता है यथा '1*', '2*', '3*', (1 को साधारणत: '*' के रूप में भी लिखा जा सकता है)। उदाहरणार्थ,

```
<FRAMESET rows = "30%, 400, *, 2*n">
<FRAME ........>
<FRAME ........>
<FRAME ........>
<FRAME ........>
</FRAMESET>
```

माना कि ब्राउज़र विंडो वर्तमान में 1000 पिक्सल ऊँची है। पहला फ्रेम कुल ऊँचाई का 30% प्राप्त करता है, वास्तविक आयाम निर्दिष्ट होने से दूसरा फ्रेम 400 पिक्सल प्राप्त करता है। यह 300 पिक्सलों को अन्य फ्रेमों में विभाजित करने के लिए छोड़ता है। चौथे फ्रेम की ऊँचाई '*2' निर्दिष्ट की गयी है, इसलिए यह तीसरे फ्रेम से ऊँचाई में दोगुना हो जाता है जिसकी ऊँचाई केवल '*' (1*) है। इसलिये तीसरा फ्रेम 100 पिक्सल ऊँचा होता है और चौथा पिक्सल 200 पिक्सल ऊँचा होता है।

एक अकेला '*' अक्षर संबद्ध आकार का फ्रेम होता है और शेष बचे स्थान को देने के लिए request करता है। यदि विविध आकारों के फ्रेम निर्दिष्ट हों तों बचा हुआ स्थान उनमें विभाजित हो जाता है। यदि '*' के पहले कोई वेल्यू है तो वह फ्रेम अधिक स्थान प्राप्त करता है। "2*,*" पहले फ्रेम को 2/3 स्थान देगा और दूसरे फ्रेम को 1/3 भाग स्थान देगा।

☞ जब कभी संभव हो तो संबद्ध एवं प्रतिशत आकार को प्रयोग करें। यदि आपको अपने किसी फ्रेम के लिए निश्चित आकार प्रयोग करना हो तो अन्य के लिए संबद्ध आकारों का प्रयोग सुनिश्चित करें।

9.11 <FRAMESET> टैग (<FRAMESET>Tag)

फ्रेम परिभाषा दस्तावेज की रचना करने के लिए, हम <FRAMESET> टैग का प्रयोग करते हैं। जब हम HTML दस्तावेज में <FRAMESET> टैग का प्रयोग करते हैं तो <BODY> टैग का स्थानान्तरण होता है, जैसा कि नीचे दर्शाया गया है:

```
<HTML>
<HEAD>
</HEAD>
<FRAMESET rows = "33%, 33%, 33%">
     <FRAMESET COLS = "50%, 50%">
          <FRAME name = "Frame1">
          <FRAME name = "Frame2">
     </FRAMESET>
     <FRAME name = "Frame1">
     <FRAME name = "Frame1">
</FRAMESET>
<BODY>
.... Contents to display in non-frames-capable
user agent....
</BODY>
</HTML>
```

यदि हम एक HTML दस्तावेज में <FRAMESET> टैग को शामिल करते हैं तो हम <BODY> टैग को शामिल नहीं कर सकते। मूल रूप से दोनों टैग आपस में अतिरिक्त होते हैं। इसके अतिरिक्त कोई भी अन्य फॉर्मेटिंग टैगों, हाइपरलिंकों या दस्तावेजी टेक्स्ट को फ्रेम परिभाषा दस्तावेज में शामिल नहीं किया जाना चाहिए, केवल एक टैग <NOFRAME> टैग मामले को छोड़कर। इस दस्तावेज में <FRAMESET> टैग में केवल फ्रेमों की परिभाषाएं ही शामिल होती हैं।

☞ एक **फ्रेम सेट** फ्रेम परिभाषा दस्तावेज में <FRAMESET> द्वारा परिभाषित फ्रेमों का सेट होता है।

9.11.1 दो या अधिक कॉलम बनाना (<FRAMESET COL>) (Creating Two or More Columns)

जब हम <FRAMESET> टैग को परिभाषित करते हैं तो हमें टैग परिभाषा के भाग के रूप में दो विशेषताओं में से एक को शामिल करना पड़ता है। इन विशेषताओं की पहली विशेषता COLS विशेषता होती है। COLS टैग का वाक्य विन्यास निम्नलिखित है:

```
<FRAMESET COLS = "column width, column width,
.....">
```

COLS विशेषता ब्राउज़र को स्क्रीन को क्षैतिज फ्रेमों की संख्या में बांटने जिसकी चौड़ाई को कॉलम विड्थ की वेल्यू जो कोमा (comma) द्वारा अलग की गई है, द्वारा परिभाषित की गई है, के बारे में सूचित करती है। हम प्रत्येक फ्रेम की चौड़ाई को तीन विभिन्न तरीकों से परिभाषित करते हैं:

(a) पिक्सल

(b) <FRAMESET> की कुल चौड़ाई का प्रतिशत

(c) एस्टेरिस्क द्वारा (*)

जब हम '*' का प्रयोग करते हैं तो ब्राउज़र निर्दिष्ट फ्रेम के लिए जितना अधिक सम्भव होता है, जगह का प्रयोग करता है। निम्नलिखित <FRAMESET> टैग तीन क्षैतिज फ्रेम के साथ एक स्क्रीन बनाता है। पहला फ्रेम 100 पिक्सल चौड़ा होता है, दूसरे की चौड़ाई स्क्रीन की 50% चौड़ाई होती है और तीसरा शेष बचे स्थान का प्रयोग करता है।

```
<FRAMESET COLS = "100, 50%, *">
```

COLs विशेषता एक फ्रेम सेट में क्षैतिज फ्रेमों की संख्या व कॉलमों को परिभाषित करती है।

☞ तीन बराबर चौड़ाई के कॉलमों सहित फ्रेम सेट को परिभाषित करने के लिए COLS = "*, *, *" का प्रयोग करें।

9.11.2 दो या अधिक पंक्तियों को बनाना (<FRAMESET ROWS>) (Creating Two or More Rows)

ROWS विशेषता ठीक COLS विशेषता की भाँति ही कार्य करती है, सिवाय स्क्रीन को ऊर्ध्वाधर की अपेक्षा क्षैतिज में बाँटने के। उदाहरणार्थ, स्क्रीन को दो बराबर ऊँचाई के फ्रेमों में बाँटने के लिए हम या तो निम्नलिखित को लिखते हैं:

```
<FRAMESET ROWS = "50%, 50%">
```

या फिर

```
<FRAMESET ROWS = "*, *">
```

ROWS विशेषता ऊर्ध्वाधर फ्रेमों की संख्या अथवा फ्रेमसेट में पंक्तियों को परिभाषित करती है।

9.12 <FRAME> टैग (<FRAME> Tag)

<FRAMESET> और </FRAMESET> टैगों में हमें <FRAME> टैग रखना चाहिए जो यह इंगित करता है कि प्रत्येक फ्रेम में कौन सा HTML दस्तावेज प्रदर्शित होना है। यदि हम <FRAMESET> टैग में परिभाषित अनेक फ्रेमों की अपेक्षा कुछ फ्रेम ही रखते हैं तो शेष बचे फ्रेम खाली छूट जाएंगे। हमें समाप्ति </FRAME> टैग को निर्दिष्ट करने की आवश्यकता नहीं होती है।

9.12.1 <FRAME SRC> विशेषता (<FRAME SRC> Attributes)

प्रत्येक <FRAME> टैग में <FRAME SRC> विशेषता फ्रेम में प्रदर्शित किए जाने वाले दस्तावेज के एड्रेस को निर्दिष्ट करती है। जब खाली जग के रूप में हटाया गया फ्रेम प्रदर्शित होता है तो SRC विशेषता का वाक्य विन्यास निम्नलिखित जैसा दिखाई देता है:

```
FRAME SRC = "Document URL">
```

<FRAMESET> टैग मे परिभाषित प्रत्येक फ्रेम के लिए, हमें एक संबद्ध <FRAME> टैग अवश्य समाहित करना चाहिए, जैसा कि चित्र 9.39 में दर्शाया गया है।

चित्र 9.39 में प्रदर्शित कूटांकन की वजह से तीन फ्रेम प्रदर्शित होने हैं। प्रथम (बाहरी) FRAMESET एलीमेन्ट ब्राउज़र विंडों को दो ऊर्ध्वाधर क्षेत्रों में बाँटता है। ऊपर वाले क्षेत्र में http://www.rediffmail.com/, दस्तावेज प्रदर्शित करता हुआ एक फ्रेम सम्मिलित होता है और नीचे वाला क्षेत्र दूसरे (आन्तरिक) FRAMESET एलीमेन्ट में परिभाषित फ्रेमों को प्रदर्शित करता है। यह FRAMESET विंडो के नीचे वाले भाग को दो क्षैतिज फ्रेमों में विभक्त करता है जो http://www.google.com/ और http://www.effindia.com/ दस्तावेजों को प्रदर्शित करता है। (देखें चित्र 9.40)

```
<HTML>
<FRAMESET rows = "40%, 60%">
     FRAME src = "http://www.rediffmail.com/">
     <FRAMESET cols = "50%, 50%">
         <FRAME src = "http://www.google.com.">
         <FRAME src = "http://epfindia.com/">
     </FRAMESET>
</FRAMESET>
</HTML>
```

चित्र 9.39: प्रत्येक फ्रेम की विषयवस्तु को परिभाषित करने के लिए प्रयुक्त <FRAME> टैग।

चित्र 9.40: इंटरनेट एक्सप्लोरर पर अवलोकित के रूप में चित्र 9.39 में दिये गए प्रोगम की आउटपुट।

9.12.2 <FRAME NAME> विशेषता (<FRAME NAME> Attribute)

NAME विशेषता का प्रयोग एक फ्रेम के नाम को निर्धारित करने के लिए किया जाता है ताकि इसे अन्य दस्तावेजों में लिंक द्वारा लक्ष्यित किया जा सके। NAME विशेषता वैकल्पिक होती है। नामों की शुरूआत एक अक्षर से प्रारंभ होनी चाहिए।

```
<FRAME SRC="main.htm" NAME = "main">
```

जब पृष्ठ उस फ्रेम में लोड होता है तो यह main.htm पृष्ठ को प्रदर्शित करता है, और फ्रेम को "main" का नाम प्रदान करता है। (यह आवश्यक नहीं है कि नाम इसकी विषयवस्तु से मेल खाये। यह इस उदाहरण में ही होता है।)

9.12.3 <FRAME MARGINHEIGHT> विशेषता

फ्रेम के अन्दर एक दस्तावेज में ऊपर तथा नीचे आने वाले खाली स्थान को समायोजित करने के लिए **पिक्सलों** द्वारा निर्देशित संख्या से MARGIN-HEIGHT को सेट करो। MARGIN HEIGHT विशेषता की सामान्य अवस्था नीचे दी गई है:

```
MARGINHEIGHT = "VALUE"
```

9.12.4 <FRAME MARGINWIDTH> विशेषता

MARGINWIDTH विशेषता आपको **पिक्सलों** द्वारा निर्देशित संख्या के फ्रेम को बांये तथा दांये मार्जिन को समायोजित करने के लिए योग्यता प्रदान करती है। मार्जिन एक से कम नहीं होना चाहिए। यह सुनिश्चित करती है कि फ्रेम की वस्तु फ्रेम के किनारों को न छुएं और दस्तावेज विषय वस्तु के लिए इस प्रकार कोई भी खाली जगह नहीं छोड़ी जा सकती है। MARGINWIDTH विशेषता वैकल्पिक होती है। MARGINWIDTH की विशेषता की सामान्य अवस्था नीचे दर्शायी गयी है:

```
MARGINWIDTH = "VALUE"
```

9.12.5 <FRAME SCROLLING> विशेषता

<FRAME SCROLLING> विशेषता फ्रेम में उपस्थित स्क्रोलबारों को नियंत्रित करने की आपको योग्यता प्रदान करती है। सामान्यत: स्क्रोलबारों को तब जोड़ा जाय जब फ्रेम में समस्त विषय वस्तु को प्रदर्शित करने के लिए पर्याप्त जगह न हो। SCROLLING विशेषता की सामान्य अवस्था नीचे दर्शायी गई है:

```
SCROLLING = "YES|NO|AUTO"
```

SCROLLING विशेषता वैकल्पिक होती है। इसकी स्वनिर्मित वेल्यू "auto" होती है। स्क्रोलिंग विशेषता के विभिन्न भाग निम्नलिखित हैं:

(a) **Auto (Default):** स्वंय ही, यदि फ्रेम की विषयवस्तु उपलब्ध क्षेत्र की अपेक्षा अधिक जगह लेती है तो ब्राउज़र स्वयं ही फ्रेम के एक ओर या नीचे स्क्रोलबारों को जोड़ देता है ताकि प्रयोक्ता दस्तावेज के माध्यम से स्क्रोल कर सके।

(b) **NO:** NO के लिए स्क्रोलिंग की वेल्यू की सेटिंग वर्तमान फ्रेम के लिए स्क्रोलबारों का प्रयोग बंद कर देती है। यदि हम SCROLLING = "NO" सेट करते हैं और यदि फ्रेम के भीतर सेट कर सकने की अपेक्षा दस्तावेज में और अधिक टेक्स्ट नहीं है तो हम फ्रेम अवलोकन में अतिरिक्त टेक्स्ट स्क्रोल नहीं कर पायेंगे।

(c) **YES:** यदि हम स्क्रोलिंग के लिए YES को सेट करते हैं तो फ्रेम में स्क्रोलबार जुड़ते जाते हैं भले ही उनकी जरूरत हो या न हो।

9.12.6 <NORESIZE> विशेषता

स्वत: ही किनारों को पकड़ कर और इसे अपने माउस से घुमाते हुए प्रयोक्ता वर्तमान स्क्रीन पर प्रत्येक फ्रेम के चारों ओर किनारों की अवस्थिति को घुमा सकते हैं। फ्रेम के किनारों को लॉक करने के लिए व उन्हें घूमने से बचाने के लिए हम NORESIZE विशेषता का प्रयोग कर सकते हैं। NORSIZE विशेषता को किसी वेल्यू की आवश्यकता नहीं होती है। इसका प्रयोग साधारणत: प्रयोक्ता द्वारा फ्लैग के रूप में किया जाता है वह यह निर्देशित करने के लिए किया जाता है कि फ्रेम पुन: आकार में ढालने योग्य न हो। NORESIZD विशेषता वैकल्पिक होती है। हालांकि समस्त फ्रेम स्वत: ही resizable होते हैं।

9.12.7 <NO FRAME> टैग

यदि हम वेब ब्राउज़र में फ्रेम परिभाषा दस्तावेज को लोड करते हैं जो फ्रेमों को सपोर्ट नहीं करती तो हम केवल एक खाली पेज ही प्राप्त करते हैं। इस समस्या से निजात पाने के लिए <NO FRAME> टैग हमें दस्तावेज के भाग के रूप में बॉडी टेक्स्ट को सम्मिलित करने की योग्यता प्रदान करता है। फ्रेम सक्षम ब्राउज़र्स NO FRAME एलीमेन्ट में सभी टैगों व आँकड़ों को अनदेखा कर देते हैं।

चित्र 9.41 में दर्शाए गए कोर्ड <NO FRAMES> एलीमेन्ट विषयसूची के दस्तावेज जो अन्यथा अलग फ्रेम में प्रदर्शित होते हैं, में शामिल करने के लिए प्रयोग किये जाते हैं। इसकी आउटपुट को चित्र 9.42 में दर्शाया गया है।

```
<BODY>
<H1>The Different Fish species</H1>
<NOFRAMEs> <1 - - TOC for no frames display - - >
     <UL>
          <LI><a href=#sec1>The fresh and sea water
               species</A>
          <LI><a href=#sec2>A subjective comparison</a>
     </UL>
<NOFRAMES>
<H1><a name=sec1>The fresh and sea water species</a><H1>
Fishes can be classified into several categories starting by the type of water in which they live.
....
<H1><a name=sec2>A subjective comparison</a></H1>
This section is clearly not objective. I much prefer sea water fishes which are generally speaking
more colorful and therefore more beautiful.
...
</BODY>
```

चित्र 9.41: <NOFRAME> टैग का प्रयोग।

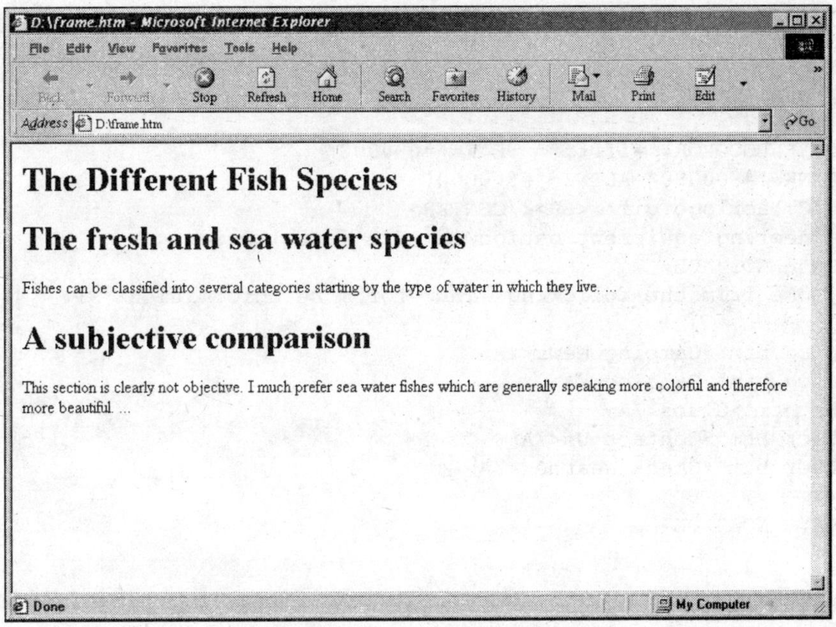

चित्र 9.42: ब्राउज़र में चित्र 9.41 दर्शाए गए प्रोग्राम की आउटपुट।

☞ <NOFRAME> के अन्दर फ्रेम की विषयवस्तु व टैग दोनों का प्रयोग करके हम उस पृष्ठ की रचना कर सकते हैं जो ब्राउज़र्स के साथ बेहतर ढंग से कार्य करेगा।

9.13 इमेज (Images)

HTML वेबपृष्ठ में स्थिर व सजीव इमेजों को रखने की अनुमति प्रदान करता है। HTML.gif व .jpg फॉर्मेटों की चित्र फाइल्स को स्वीकार करता है। GIF Constructor अथवा Adobe Photoshop जैसे उपकरणों का प्रयोग करके वेब पृष्ठों की जरूरत के मुताबिक इमेजों की रचना की जा सकती है तथा उन्हें इन फाइल फॉर्मेटों में सुरक्षित (save) किया जा सकता है।

एक वेब पृष्ठ में <IMG> व </IMG> टैग का प्रयोग करके इमेज को शामिल किया जा सकता है। यह टैग फाइल का नाम (file name.gif) एक विशेषता के रूप में लेता है। इसके अतिरिक्त, HTML एक वेब पृष्ठ पर रखी एक इमेज की ऊँचाई, चौड़ाई एवं किनारों को नियंत्रित करने की अनुमति प्रदान करता है। <IMG> टैग की विशेषताएँ तालिका 9.4 में दी गई है।

तालिका 9.4: <IMG> टैग से संबद्ध विशेषताएँ

विशेषता	यह क्या कार्य करती हैं?
ALIGN	इमेज के बाद उभरने वाले टेक्स्ट के एलाइनमेन्ट को नियंत्रित करती है
ALIGN = TOP	यइ इमेज के ठीक बाद इमेज के बाद लिखे जाने वाले टेक्स्ट को प्रदर्शित करती है
ALIGN = MIDDLE	यइ इमेज के ठीक बाद में बीच में लिखी जाने वाली इमेज के बाद टेक्स्ट को प्रदर्शित करती है।
ALIGN = BOTTOM	यह इमेज के ठीक बाद में नीचे लिखी जाने वाली इमेज के बाद के टेक्स्ट को प्रदर्शित करती है
VDU स्क्रीन के संदर्भ में इमेज के एलाइनमेन्ट के लिए नियंत्रण:	
ALIGN = LEFT	ALIGN=LEFT यह इंगित करती है कि इमेज स्क्रीन के बांयी तरफ से Align की गयी है। इसी प्रकार, उदाहरणार्थ, ALIGN=CENTER इंगित करती है कि इमेज स्क्रीन के केन्द्र में लाइन की गई है। इसी प्रकार ALIGN=RIGHT इंगित करती है कि इमेज को स्क्रीन के दांये ओर से Align किया गया है।
BORDER	इमेज के चारों ओर रखने के लिए किनारों के आकार को निर्दिष्ट करती है।
WIDTH	यह पिक्सलों में इमेज की चौड़ाई को निर्दिष्ट करती है।
HEIGHT	यह पिक्सलों में ईमेज की ऊँचाई को निर्दिष्ट करता है।
HSPACE	इमेज के बांये तथा दांये दोनों तरफ के खाली जगह की मात्रा को इंगित करती है।
VSPACE	यह इमेज के ऊपर तथा नीचे के रिक्त स्थान के परिणाम को इंगित करती है।
ALT	यह SRC विशेषता में निर्दिष्ट इमेज को प्रदर्शित करने के लायक न होने की स्थिति में प्रदर्शित किए जाने वाले टेक्स्ट को इंगित करती है।

चित्र 9.43 में दर्शाए गए मूल दस्तावेज में एक इमेज जोड़ने के लिए निम्नलिखित चीज़ों का ध्यान रखें:

(a) जिस जगह आप इमेज को लगाना चाहते हैं वहाँ पर <IMG> टैग डालें।

(b) इमेज फाइल नेम को इंगित करते हुए एक SRC = " " विशेषता को जोड़ें। इस उदाहरण में फाइल का नाम asrlogo.gif है।

(c) लोगो (logo) को बीच में रखने के लिए लोगो के पास <CENTER> टैग लगाने पर विचार करें क्योंकि पहली लेबल हैडिंग बीच में (Centered) थी।

इंटरनेट एक्सप्लोरर द्वारा ब्राउज़ किये जाने पर इस प्रोग्राम की आउटपुट चित्र 9.44 में दिखाई गई है।

```
<html>
<head>
<TITLE>ASR Outfitters</TITLE>
</HEAD>
<BODY BACKGROUND=" " BGCOLOR="#ffffff" TEXT="#000000"
LINK="#0000ff" VLINK="#800080" ALINK="#ff0000"
<CENTER><IMG SRC="C:\asrlogo.gif"><BR></CENTER>
We provide mountaineering equipment nationwide via postal order.<P>
<HR>WIDTH=70% SIZE=8 NOSHADE>
Please select any one from the following links for more information: <P>
<UL>
<LI><A HREF="comping.htm">Camping News</A>
<LI><A HREF="catalog.htm">Catalog</A>
<LI><A HREF="clubs.htm">Clubs</A>
<LI><A HREF="contact.htm">Contact Us</A>
<LI><A HREF="weather.htm">Check Weather</A>
</UL>
<HR WIDtH=70% SIZE=8 NOSHADE>
</body>
</html>
```

चित्र 9.43: GIF फाइल को संबद्ध करते हुए HTML दस्तावेज का नमूना।

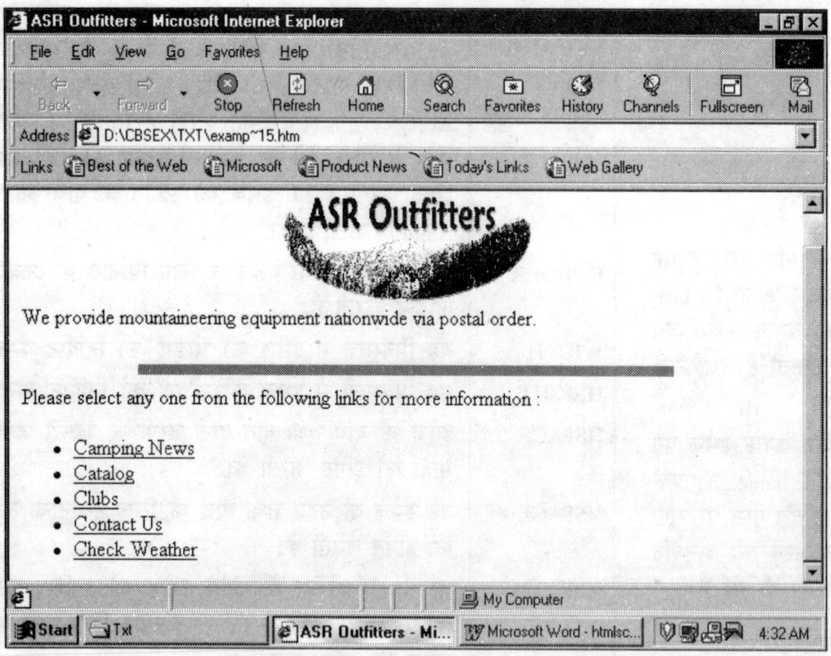

चित्र 9.44: चित्र 9.43 में दर्शाई गई HTML फाइल का प्रदर्शन।

☞ <IMG> टैग ऊपर, मध्य, नीचे, बांएं तथा दांएं की वेल्यूज़ के साथ ALIGN= विशेषता को सपोर्ट करता है लेकिन ऊर्ध्वाधर केन्द्रीकरण को सपोर्ट नहीं करता है। यदि ऊर्ध्वाधर केन्द्रीकरण (centering) का प्रयोग करना चाहते हैं तो <CENTER> टैग का प्रयोग करें।

Alt = विशेषता द्वारा निर्देशित वैकल्पिक टेक्स्ट उस इमेज की व्याख्या करता है जो आपने लगाई (inserted) है। आप निम्नलिखित कारणों के लिए वैकल्पिक टेक्स्ट को समाहित करते हैं।

(a) आपके कुछ दर्शक केवल टेक्स्ट-मात्र (text-only) ब्राउज़र्स का प्रयोग कर रहे होते हैं।

(b) एक दर्शक इमेज को turned off कर सकता है ताकि इंटरनेट पर फाइल तेजी से लोड हो सके।

(c) कभी-कभी कुछ ब्राउज़र्स इमेज को ठीक से प्रदर्शित नहीं करते हैं।

(d) कभी-कभी लिंक के विधिवत कार्य न करने पर इमेजें प्रदर्शित नहीं हो पाती हैं।

(e) कभी-कभी ब्राउज़र्स इमेज लोड करने पर वैकल्पिक टेक्स्ट ही प्रदर्शित करते हैं।

अपनी इमेजों में वैकल्पिक टेक्स्ट जोड़ने के लिए <IMG> टैग में ALT= विशेषता को जोड़ें।

```
<IMG SRC = "c:\asrlogo.gif" ALT= "ASR Outfit-
ters Logo">
```

उपवर्णित कारणों की वजह से जब इमेज प्रदर्शित नहीं की जा सकती है तो केवल वैकल्पिक टेक्स्ट ही प्रदर्शित किया जायेगा।

9.13.1 ऊँचाई एवं चौड़ाई को निर्देशित करना (Specifying Height and Width)

इमेज की ऊँचाई और चौड़ाई को निर्देशित करके इमेजों को अधिक तेजी से लोड किया जा सकता है। जैसे ही ब्राउज़र पृष्ठ को लोड करता है तो यह ऊँचाई व चौड़ाई विशेषता का नोट करता है और उतनी जगह इमेज के लिए छोड़ देता है। फिर यह शेष टेक्स्ट की रूपरेखा को प्रस्तुत करता और तत्पश्चात वापस जाकर इमेज में इसे भरता है। यदि आप इन विशेषताओं को नहीं शामिल करते हैं तो ब्राउज़र को शेष टेक्स्ट को प्रस्तुत करने से पहले आयामों को प्राप्त करने के लिए पर्याप्त इमेज लोड करनी पड़ती है। इसकी वजह से टेक्स्ट के प्रदर्शन की गति धीमी हो जाती है।

इमेज की ऊँचाई व चौड़ाई निर्देशित करने के लिए निम्नलिखित की भाँति <IMG> टैग में Height= और WIDTH= विशेषताओं को सम्मितिल करें।

```
<IMG SRC= "C:\asrlogo.gif" ALT= "ASR Outfit-
ters Logo" HEIGHT= "192" WIDTH = "604">
```

9.13.2 किनारों को नियंत्रित करना (Controlling the Border)

आप इमेज के चारों ओर BORDER= विशेषता से बार्डर को नियंत्रित कर सकते हैं। अधिकांश ब्राउजर्स में, स्वत: ही लिंक के रूप में प्रयुक्त इमेजों पर बार्डर दिखाई देता है। सभी इमेजों के लिए बार्डर को off करने के लिए नीचे दर्शाए गए के अनुसार <IMG> टैग में BORDER="0" विशेषता को जोड़ें:

```
<IMG SRC = "C:\asrlogo.gif" ALT=
"ASR Outfitters Logo" HEIGHT= "192"
WIDTH= "604" BORDER= "0">
```

इसी प्रकार आप इमेज के चारों ओर बॉर्डर की चौड़ाई BORDER= विशेषता में वेल्यू बढ़ाकर बढ़ा सकते हैं, जैसा कि निम्नलिखित में दिखाया गया है:

```
<IMG SRC="C:\asrlogo.gif" ALT= ASR
Outfitters Logo" HEIGHT= "192"
WIDTH = "604" BORDER= "7:>
```

इसकी आउटपुट चित्र 9.45 में दिखाई गयी है।

9.13.3 इमेज लिंक बनाना (Creating Image Links)

किसी इमेज को लिंक के रूप में जोड़ने के लिए इमेज टैग लगाना शुरू करें। HTML फाइल प्रोग्राम में लिंक के रूप में इमेज जोड़ने के लिए निम्नलिखित बातों का अनुसरण करने की आवश्यकता होती है।

(a) निम्नलिखित की भाँति दस्तावेज में इमेज टैग व एक SRC= विशेषता जोड़ें:

```
<IMG SRC= "Camping.gif">
```

ध्यान रहे कि camping.gif वह फाइल है जो लिंकिंग के लिए प्रयोग की जाती है।

(b) निम्नलिखित की भाँति ALT= विशेषता का प्रयोग करके एक वैकल्पिक टेक्स्ट जोड़ें:

```
<IMG SRC= "camping.gif" ALT= "Camping
News">
```

(c) अब शेष बची हुई विशेषताएं जोड़ें जो आप जोड़ना चाहते हैं जैसे: HEIGHT= एवं WIDTH= और BORDER= विशेषता, जैसी कि नीचे दर्शाई गई है:

```
<IMG SRC= "camping.gif" WIDTH= "300"
HEIGHT= "80" BORDER= "0" ALT= "Camping
News">
```

(d) नीचे दर्शाये गए की तरह इमेज के पहले व बाद में लिंक एंकर टैग <A> लगायें।

```
<A><IMG SRC= "camping.gif" WIDTH= "300"
HEIGHT= "80" BORDER= "0" ALT= "Camping
News"></P>
```

(e) नीचे दर्शाए गए के रूप में इमेज फाइल नाम को निर्देशित करने के लिए HREF= विशेषता को शुरूआती एंकर टैग में जोड़ें:

```
<A HREF= "Camping.html"><IMG SRC= "camping.gif"
WIDTH= "300" HEIGHT= "80" BORDER= "0" ALT= "Camp-
ing News"></A>
```

अब आपके पास एक इमेज होगी जो camping.html फाइल के लिए लिंक के रूप में कार्य करेगी।

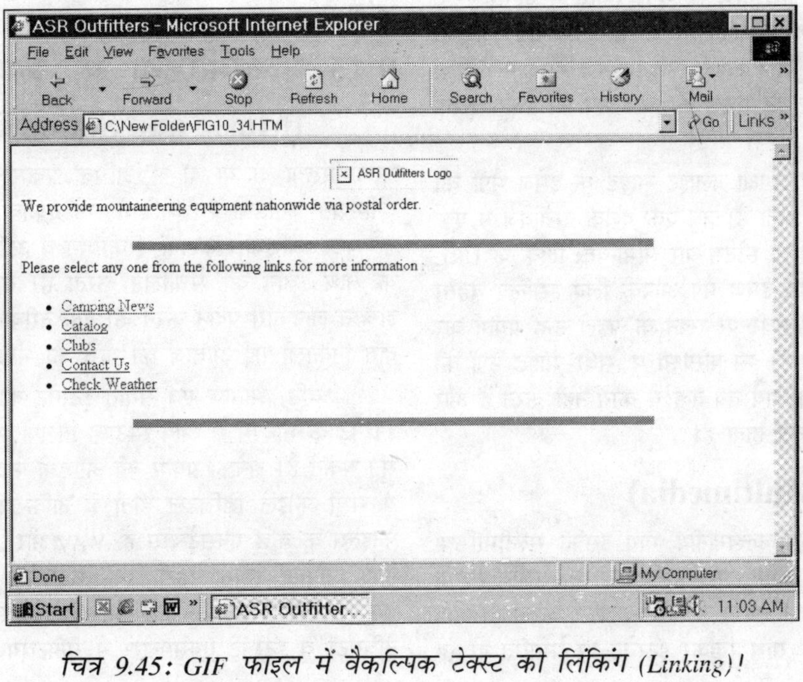

चित्र 9.45: GIF फाइल में वैकल्पिक टेक्स्ट की लिंकिंग (Linking)!

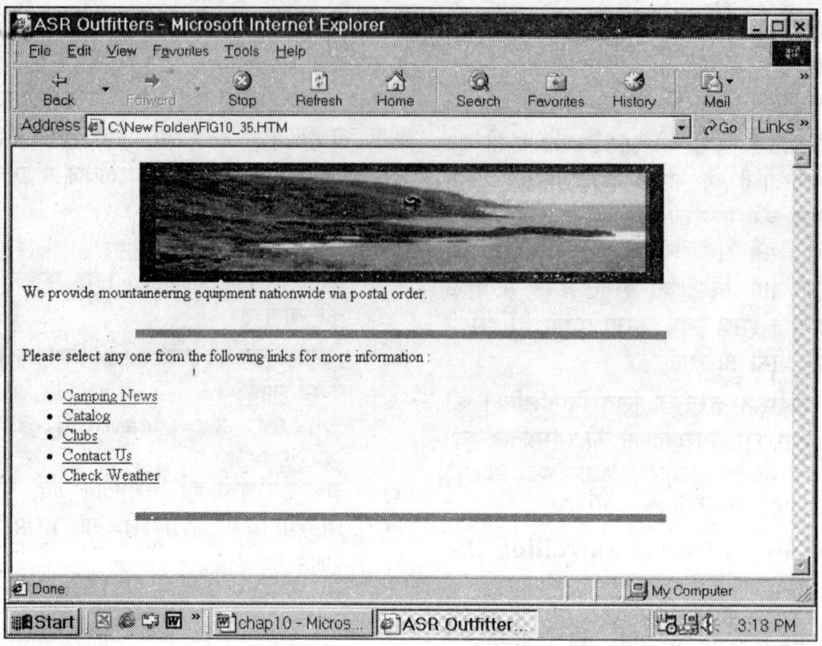

चित्र 9.46: लोगो (Logo) के चारों तरफ किनारों (Borders) का नियंत्रण।

9.13.4 इमेज मैप बनाना (Creating Image Maps)

इमेज मैप क्लिक करने योग्य इमेज नामक एकल इमेज होती है जिसमें अनेक लिंक समाहित होते हैं इमेज मैप के किसी भी भाग पर क्लिक करने पर वह आपको उस भाग की दृश्य प्रस्तुति पर ले जाएगा। उदाहरणार्थ, एक फिजीशियन (चिकित्सक) एक रोगी को जहां उसे तकलीफ है उस जगह पर क्लिक करने का निर्देश देते हुए मानव शरीर की इमेज को प्रस्तुत करता है। मुख्यत: दो प्रकार के इमेज मैप होते हैं:

(a) सर्वर साइड

(b) क्लाइंट साइड

जहाँ प्रोसेसिंग होती है वहाँ पर इमेज के दोनों प्रकारों में अन्तर स्पष्ट दिखाई देता है। ये प्रोसेसिंग या तो सर्वर (सर्वर साइड इमेज मैप) पर हो सकती है या फिर दर्शक के कम्प्यूटर (क्लाइंट साइड इमेज मैप) पर। प्राय: आप निम्न कारणों की वजह से क्लाइंट साइड के इमेज मैप को प्रयोग करना चाहते हैं।

सर्वर साइड इमेज मैपों की अपेक्षा क्लाइंट साइड के इमेज मैपों का प्रयोग करना अधिक यूज़र-फ्रेंडली होता है। जब एक दर्शक दस्तावेज में एक इमेज मैप लिंक पर कर्सर घुमाता है तो स्टेटस बार सामान्यत: लिंक के URL को प्रदर्शित करता है। क्लाइंट-साइड इमेज मैप आपके लिए इसलिए बेहतर होते हैं क्योंकि आप इमेज मैप को सर्वर पर रखने के पहले उन्हें प्रयोग कर सकते हैं व उनकी जाँच कर सकते हैं। इस परिप्रेक्ष्य में, सर्वर-साइड मैपों को जब तक सर्वर पर इन्स्टाल न किया जाये तब तक ये कार्य नहीं करते हैं और इनकी जाँच करना भी बहुत मुश्किल होता है।

9.14 मल्टीमीडिया (Multimedia)

इंटरनेट का अत्यधिक नाटकीय एवं उल्लेखनीय भाग इसकी मल्टीमीडिया क्षमता होती है। अपने कम्प्यूटर से संगीत, साउण्ड क्लिप्स एवं सजीव रेडियो स्टेशनों को सुनना आपको इंटरनेट की क्षमता का आनन्द प्रदान करता है। आप अपने कम्प्यूटर व इंटरनेट को एक साथ रखकर इंटरनेट पर प्रसारित हो रहे सजीव कार्यक्रम को सुनते हैं और साथ ही आप विश्वभर में कहीं भी बैठे लोगों से सजीव वीडियो कांफ्रेंस कर सकते हैं। इन सब चीजों के लिए आपको किसी विशिष्ट हार्डवेयर व सॉफ्टवेयर की आवश्यकता नहीं पड़ती है।

यह भी ध्यान रखें कि इंटरनेट की मल्टीमीडिया क्षमताएं ध्वनि एवं दृश्य क्लिपों को चलाने से भी बहुत आगे तक हैं। आप वास्तविक जगत में भागीदारी कर सकते हैं और साथ ही वास्तविक बातचीत के लिए अपना ऑनलाइन पर्सोना (जीवनवृत्त) बना सकते हैं जिसे **अवतार** नाम से जाना जाता है जो अन्य अवतारों से बातचीत करता है। इंटरनेट ऑनलाइन मल्टीमीडिया कंटेन्ट, मिलाजुला एनीमेशन, ध्वनि और VRML प्रयोग करने वाली प्रोग्रामिंग और मैक्रोमीडिया की शॉकवेब की उल्लेखनीय रचना करने की अनुमति प्रदान करता है।

9.15 मल्टीमीडिया के लिए संगीत एवं ध्वनि (Music and Sound for Multimedia)

मल्टीमीडिया दो या दो से अधिक प्रकार के मीडिया (टेक्स्ट, ग्राफिक्स, एनीमेशन, ऑडियो एवं वीडियो) के एकीकरण के संदर्भ में प्रयुक्त होता है। कम्प्यूटर ऑडियो संकलनों, रिकॉर्डिंग व ऑडियो के पार्श्वगायन या कम्प्यूटर के साथ ध्वनि को संचालित करता है। कुछ मामलों में केवल ध्वनि ही इच्छित जानकारी प्रदान करने का एक तरीका हो सकता है। उदाहरणार्थ, कुत्ते द्वारा निकाली गई आवाज को कुत्ते का भौंकना कहा जाता है।

ध्वनि, आवाज एवं संगीत इंटरनेट का प्रतिदिन का भाग नहीं होते हैं। इंटरनेट के माध्यम से आप साउण्ड क्लिपों, संगीत व आकाशवाणी केन्द्रों को सुन सकते हैं। अनेकों प्रकार की ऑडियो फाइल्स को आप इंटरनेट पर पाएंगे। ये सभी फाइलें डिजिटल होती हैं ताकि कम्प्यूटर उन्हें चला सके। ध्वनि फाइल्स के कुछ एक्सटेन्शंस हैं .WAV और .AU। उन फाइल्स को चलाने के लिए आपको सबस पहले उन्हें डाउनलोड करना पड़ेगा फिर उन्हें अपने कम्प्यूटर पर चलाने के लिए आपके पास सॉफ्टवेयर होना चाहिए। नेटस्केप नेविगेटर व इंटरनेट एक्सप्लोरर में सॉफ्टवेयर अंतर्निहित होते हैं।

आरएमएफ (Rich Music Format)

रिच म्यूजिक फॉर्मेट एक नवीनतम ऑडियो फॉर्मेट है। आरएमएफ (RMF) आपको अनेक तरीकों से संगीत के साथ अंत:क्रिया करने देता है। उदाहरणार्थ, आप आरएमएफ का प्रयोग कुछ वाद्ययंत्रों को हटाते हुए अपने इंटरनेट से संगीत को बदलने के लिए कर सकते हैं। यहाँ तक कि आप संगीत की लय व पिच को भी बदल सकते हैं। ध्वनि फाइलें लम्बी होने की वजह से आपको सबसे पहले उन्हें डाउनलोड करने की जरूरत पड़ती है जिसमें 15 मिनट से लेकर आधे घण्टे तक का समय लग सकता है।

स्ट्रीमिंग ऑडियो (Streaming Audio)

धारा प्रवाह (Streaming) ऑडियो, ऑडियो को बेहतर ढंग से प्रस्तुत करता है। धारा प्रवाह ऑडियो से आपको पूरी फाइल डाउनलोड हो जाने तक इंतजार नहीं करना पड़ता है। इसके बजाय आप अपने कम्प्यूटर पर डाउनलोड करते हुए भी ऑडियो को सुन सकते हैं। लोकप्रिय ऑडियो धारा प्रवाही तकनीकों में से एक रीयल ऑडियो वह तकनीक है जिसकी सहायता से आप बिना पूरी फाइल को डाउनलोड किये चला सकते हैं।

रियल ऑडियो स्ट्रीमिंग की कार्यप्रणाली (Working of Real Audio Streaming)

होमपेज पर रियल ऑडियो साउण्ड क्लिप के लिंक पर जितनी शीघ्रता से आपका वेब ब्राउज़र क्लिक करता है, लिंक प्रत्यक्ष रूप से साउण्ड फाइल को लीड (Lead) नहीं करता है। इसकी बजाय आपका वेब ब्राउजर वेब सर्वर से संपर्क स्थापित करता है जो रियल ऑडियो मेटाफाइल नामक फाइल आपके ब्राउज़र को वापस भेजता है। मेटाफाइल वह छोटी टेक्स्ट फाइल होती है जिसमें, आप जो फाइल चलाना चाहते हैं उसकी वास्तविक स्थिति, रीयल ऑडियो साउण्ड फाइल का यूआरएल (URL) शामिल होते हैं और साथ ही निर्देश भी समाहित होते हैं जो आपके वेब ब्राउज़र को रीयल ऑडियो साउण्ड प्लेयर लांच करने के लिए कहते हैं तथा जिसकी साउण्ड क्लिप चलाने में जरूरत पड़ती है। मेटाफाइल रीयल ऑडियो साउण्ड प्लेयर लांच करती है जो मेटाफाइल में समाहित URL से संपर्क स्थापित करती है। URL संपर्क वेब सर्वर पर नहीं होता है। इसके बजाय, यह रीयल ऑडियो साउण्ड क्लिप वितरित करने के लिए तैयार किये गये भिन्न रीयल ऑडियो सर्वर पर होता है।

☞ धाराप्रवाह करने का तात्पर्य, जब एक फाइल (एवं संभवत:, चलचित्र फाइल्स हेतु) एक समय में प्रेषित की जाती है और लगभग तुरंत चलाई जाती है। यह माडल उनसे भिन्न होता है जिसमें सम्पूर्ण फाइल प्रेषित की जाती है और पूरी फाइल डाउनलोड हो जाने के बाद ही चलायी जाती है।

रीयल ऑडियो सर्वर एवं रीयल ऑडियो साउण्ड प्लेयर परस्पर 'बात' करते हैं ताकि सर्वर यह जान सकें कि प्रयोक्ता इंटरनेट से कितनी गति से जुड़ा है। यदि कनेक्शन धीमी गति वाला कनेक्शन है तो छोटी से छोटी रीयल ऑडियो फाइल भेजी जाती है जिसमें कम से कम आँकड़े समाहित होते हैं। यह फाइल अवश्य ही उच्चगति कनेक्शन के माध्यम से भेजी जाने वाली फाइल की अपेक्षा कम गुणवत्ता वाली फाइल होगी। यदि उच्चगति वाला कनेक्शन प्रयोग किया जाता है तो एक बड़ी एवं उच्च गुणवत्ता वाली ध्वनि फाइल भेजी जाती है। यह बेहतर ध्वनि गुणवत्ता प्रदान करेगी।

रियल ऑडियो क्लिप संक्षिप्त एवं कूटांकित होती हैं। यदि फाइल को छोटा नहीं किया है तो ध्वनि फाइल बड़ी हो जाएगी और इसे भेजने में काफी अधिक समय लगेगा तथा इसे चलाने में भी विलंब होगा। क्लिप को इंटरनेट के ट्रांसफर प्रोटोकॉल (TCP) की अपेक्षा यूज़र डाटाग्राम प्रोटोकॉल (UDP) का प्रयोग करके IP पैकेट्स में भेजा जाता है।

☞ यूडीपी प्रोटोकॉल (UDP) पैकेटों के खो जाने या अन्य समस्या आ जाने पर पुन: प्रेषण के लिए नहीं रखता है, जैसा कि TCP करता है। यदि पैकेटों को पुन: प्रेषण के लिए रखा गया है तो प्राप्ति छोर पर साउण्ड प्लेयर निरंतर पैकेटों से अवरोधित रहता है और क्लिप को प्ले नहीं कर पायेगा।

पैकेट्स प्राप्तिकर्ता कम्प्यूटर पर प्रतिरोधक (Buffer) को भेजे जाते हैं। एक बार प्रतिरोधक की क्षमता से अधिक पैकेट हो जाने पर वे रीयल ऑडियो प्लेयर को भेजे जाते हैं फिर वे ध्वनि फाइल को प्ले करते हैं। रीयल ऑडियो आपको ध्वनि या संगीत क्लिप पर तुरन्त आगे जाने (jump) या वापस आने की अनुमति प्रदान करता है। जब आप क्लिप में किसी दूसरे स्थान पर जाते हैं तो रियल ऑडियो प्लेयर सर्वर से संपर्क करता है और क्लिप में नये स्थान से फाइल को भेजना प्रारंभ करने के लिए कहता है।

9.15.1 मल्टीमीडिया हेतु इमेजें एवं ग्राफिक्स (Images and Graphics for Multimedia)

मल्टीमीडिया ग्राफिक्स में फोटोग्राफ, इमेज व कला कार्य जैसी स्थिर तस्वीरें सम्मिलित होती हैं।

कम्प्यूटर ग्राफिक्स कम्प्यूटर की सहायता से तस्वीरों की उत्पत्ति, प्रस्तुति व्यवहार कौशल एवं प्रदर्शन का कार्य करता है। ग्राफिक्स मल्टीमीडिया का एक महत्त्वपूर्ण अवयव (component) होता है जिसके द्वारा हम जानकारी को दृश्य रूप (Video form) में स्पष्ट कर सकते हैं। उदाहरणार्थ, मल्टीमीडिया की सहायता से छोटे बच्चों को शिक्षित करने के लिए हम चित्रों की सहायता से अधिक स्पष्ट तरीके से समझा सकते हैं। क्योंकि छोटे बच्चों के लिए, टेक्स्ट के साथ नयी अवधारणा (concepts) को समझा पाना बहुत मुश्किल होता है। मल्टीमीडिया एप्लीकेशन में बच्चों को शिक्षा देने के लिए टेक्स्ट विवरण के साथ घोड़े का चित्र बनाकर पढ़ाना अत्यधिक प्रभावी होता है। चित्रों के बिना केवल टेक्स्ट के साथ यह व्याख्या करना कि घोड़ा देखने में कैसा लगता है, बहुत मुश्किल कार्य है।

☞ तस्वीरों, चित्रकारियों एवं अन्य कलाकृतियों को ग्राफिक्स (Graphics) या पिक्चर्स (Pictures) कहा जाता है।

9.15.2 ग्राफिक्स के प्रकार (Graphics Types)

कम्प्यूटर ग्राफिक्स दो प्रकार की होती हैं। ये हैं:

(a) रेखा चित्र (Line Drawing)

(b) छाया चित्र (Images)

रेखा चित्र (Line Drawing)

ये चित्र एवं इलस्ट्रेशंस (Illustrations) लाइनें, वृत्त, कोण आदि जैसे साधारण वस्तुओं की गणितीय प्रस्तुति के लिए 2D (द्वि-आयाम) एवं 3D (त्रि-आयाम) के रूप में होती हैं। साधारण प्रकार की वस्तुओं का प्रयोग जटिल वस्तुओं को बनाने के लिए किया जाता है। उदाहरणार्थ, कुर्सी के चित्र को लाइनों एवं चापों (Arcs) के माध्यम से बनाया जा सकता है।

इस प्रकार की तस्वीरों के लिए कार्य करने वाले कम्प्यूटर ग्राफिक्स को **उत्पादक ग्राफिक्स** (Generative Graphics) कहा जाता है। उत्पादक ग्राफिक्स का प्रयोग बहुधा Illustrative diagram बनाने में किया जाता है।

उत्पादक ग्राफिक्स की एक अन्य महत्वपूर्ण एप्लीकेशन कैड (CAD) का प्रयोग बहुतायत में किया जा रहा है।

इस प्रकार की एप्लीकेशंस में CAD व CAM पैकेजों को प्रयोग करने का सबसे बड़ा लाभ यह है कि बनायी गई डिजाइनों में परिवर्तन एवं सुधार तुरंत किया जा सकता है और बिल्कुल सही एसेम्बली ड्राइंग व उससे संबद्ध भागों एवं उप-एसेम्बली सूची को भी बनाया जा सकता है।

छायाचित्र *(Images)*

ये ग्राफिक्स एवं चित्र पिक्सलों (Pixels) की सहायता से बनाये जाते हैं जो द्वि-आयामी मेट्रिक्स में व्यवस्थित होते हैं। कम्प्यूटर ग्राफिक्स का वह क्षेत्र जो इस प्रकार की तस्वीरों के लिए कार्य करता है, उसे **संज्ञानात्मक ग्राफिक्स** (Cognitive Graphics) कहा जाता है। इमेज प्रोसेसिंग तकनीकों के साथ संज्ञानात्मक ग्राफिक्स का प्रयोग व्यापक स्तर पर तस्वीरों के वर्गीकरण एवं मान्यता के लिए किया जाता है, उदाहरणार्थ, लोगों की उंगलियों के निशान (Fingerprints) वाले इमेज डाटाबेस का प्रयोग आजकल अपराधिक जाँचों एवं पहचानों के लिए व्यापक स्तर पर किया जा रहा है।

तस्वीरों/आरेखों हेतु हार्डवेयर (Hardware for Pictures/Graphics)

आरेखों (Graphics) के लिए निम्नलिखित हार्डवेयर अवयवों की आवश्यकता होती है:

(a) कम्प्यूटर स्क्रीन पर तस्वीर बनाने के लिए माउस, जॉयस्टिक (Joy Stick) अथवा स्लाइलस (Stylus) जैसे एक अवस्थित करने वाले उपकरण की।

(b) एक समतल पटल स्कैनर अथवा आयताकार निर्देशांक डिजिटाइजर की आवश्यकता होती है जिसका प्रयोग कम्प्यूटर में मौजूद लाइन ड्राइंग हेतु उत्पादक आरेख एप्लीकेशन्स के लिए एक आगम उपकरण (Input Device) के रूप में किया जाता है।

(c) डिजिटल इमेजों के रूप में चित्रों एवं कलाकृतियों को पकड़ने (capturing) के लिए स्कैनर की आवश्यकता पड़ती है।

(d) आरेखों को प्रदर्शित करने के लिए कम्प्यूटर स्क्रीन की आवश्यकता होती है।

(e) हार्ड कॉपी (पन्नों) में आउटपुट मुद्रित करने के लिए लेजर प्रिंटर या प्लॉटर्स (Plotters) की आवश्यकता होती है।

तस्वीरों/आरेखों हेतु सॉफ्टवेयर (Software for Pictures/Graphics)

उपर्युक्त वर्णित उपकरणों के अतिरिक्त नीचे दिये सॉफ्टवेयर पैकेज आरेखों की प्रस्तुति को उन्नत बनाएंगे।

(a) **पेंटिंग अथवा ड्राइंग के लिए सॉफ्टवेयर (Software for Painting or Drawing):** इस प्रकार के पैकेज प्रयोक्ता को माउस द्वारा आरेख बनाने और बेहतर समझदारी के लिए स्कैनर एवं स्क्रीन कैप्चर सॉफ्टवेयर का प्रयोग करके उत्पन्न की गयी उन्नत आरेख छायाचित्रों को बनाने एवं उनमें सुधार करने की अनुमति प्रदान करते हैं। ये सभी विशेषताएं इस सॉफ्टवेयर को मल्टीमीडिया एप्लीकेशन में बहुत उपयोगी बनाती हैं।

(b) **स्क्रीन कैप्चर सॉफ्टवेयर (Screen Capture Software):** स्क्रीन कैप्चर सॉफ्टवेयर पैकेजों का प्रयोग आरेख छायाचित्र के रूप में कम्प्यूटर स्क्रीन को कैप्चर करने के लिए किया जाता है। ये पैकेज प्रयोक्ताओं को ग्राफिक्स प्रारूपों की किस्मों में ग्राफिक इमेज को सुरक्षित (save) करने के योग्यता प्रदान करते हैं और एक स्टोरेज फॉर्मेट से दूसरे स्टोरेज फॉर्मेट में ग्राफिक इमेज को परिवर्तित करने में भी उपयोगी होते हैं। क्योंकि मल्टीमीडिया सॉफ्टवेयर को एक विशेष प्रारूप (format) में इमेज डाटा को स्वीकार करने के लिए ही बनाया गया है।

(c) **क्लिप आर्ट (Clip Art):** क्लिप आर्ट निजी कम्प्यूटरों, प्रिन्टर्स, टेलीफोन, इमारत आदि जैसी आमतौर पर प्रयोग की जाने वाली इमेज ग्राफिक्स का संग्रह केन्द्र (Library) होती है। इन छायाचित्रों को सीधे ही लाइब्रेरी से आयात (Import) किया जा सकता है और मल्टीमीडिया एप्लीकेशन में प्रयोग किया जा सकता है। यह बड़ी संख्या में समय व प्रयासों में बचत करता है अन्यथा इसी प्रकार की इमेज को बनाने, खोजने व कैप्चर करने में बहुत अधिक समय की जरूरत पड़ जाती है।

(d) **हाई रिजोल्यूशन हेतु सॉफ्टवेयर (Software for High Resolution):** मल्टीमीडिया एप्लीकेशन में हम अत्यधिक उच्च गुणवक्ता वाली इमेजों का प्रयोग करते हैं। इसलिए हमें इमेजों की गुणवक्ता बढ़ाने के लिए इस तरह के पैकेजों की आवश्यकता होती है।

9.16 इंटरनेट पर प्रतीयमान (आभास) वास्तविकता (Virtual Reality on Internet)

कल्पना करो कि इंटरनेट एक ऐसा स्थान है जहाँ आप त्रिआयामी जगत (three-dimensional world) में विचरण कर सकते हों। आप चीजों को उठाओगे, उनका परीक्षण करोगे व दरवाजों के माध्यम से टहलते हुए अथवा उड़कर दूसरी इंटरनेट जगहों पर जाओगे। क्या होगा जब आप 3D फ्लैट के अन्दर हो, आप केवल एक शहर या इमारत में ही विचरण कर सकते हो। यह सब जो होता है, उसे हम प्रतीयमान (आभासी) वास्तविकता (संक्षेप में VR) कहते हैं। आप ऐसे अनेक आभासी जगतों को पायेंगे, उन्हें आप इंटरनेट पर खोज सकते हैं। आप एक बड़े कम्प्यूटर के माध्यम से विचित्र कलादीर्घाओं को खोजने, बाह्यजगत का दर्शन करने, प्राचीनतम तबाहियों की अनुभूतियों को महसूस कराने वाली साइटों पर जाने एवं मानव मस्तिष्क के अन्दर खोज करने के योग्य हो जायेंगे।

☞ इंटरनेट के भविष्य को विकसित हो रहे त्रि-आयामी प्रारूपों (3D formats) में देखा जा सकता है जिस परिप्रेक्ष्य में वास्तविक या काल्पनिक स्थानों को उठाया जाता है और प्रयोक्ता विभिन्न दिशाओं से उस स्थान को देख सकता है एवं उनमें विचरण करने योग्य हो जाता है।

ये आभासी दुनियां वर्चुअल रियलिटी मॉडलिंग लेंग्वेज (VRML-Virtual Reality Modeling Language) नामक कम्प्यूटर की भाषा का प्रयोग करके बनायी जाती हैं। यह भाषा (Language) कम्प्यूटर को निर्देश देती है कि किस प्रकार त्रि आयामी (3D) ज्यामितीय वस्तुओं को बनाया जाना है।

VRML एक त्रि-आयामी भाषा है और यह HTML के समतुल्य है लेकिन इसमें आपके वेब पृष्ठ पर केवल 3D रखने की अपेक्षा अधिक क्षमताएं मौजूद होती है। VRML जगत को VRML भाषा कमाण्डों वाली ASCII टेक्स्ट फाइल द्वारा बनाया जाता है। और इसमें ग्राफिक फाइल्स को भी सम्मिलित किया जा सकता है। आभासी जगत कुछ ग्राफिक फाइल्स सहित केवल एक ASCII फाइल होने की वजह से इसे इंटरनेट से आपके कम्प्यूटर पर बड़ी तेजी से डाउनलोड किया जा सकता है।

जब एक आभासी दुनिया बनायी जाती है तो इसे इंटरनेट सर्वर पर डाला जाता है और जब आप इसे देखना चाहते हों तो आपको केवल URL

टाइप करना होगा या केवल इसके लिंक पर क्लिक करना पड़ेगा, यह कार्य ठीक वैसे ही होता है जैसे आप WWW पर किसी अन्य स्थान को देखने के लिये करते हो। आभासी जगत को प्रदर्शित करने के लिए आपको केवल इस जगत को प्रदर्शित करने वाले प्रोग्राम की आवश्यकता होगी। यह प्रोग्राम या तो एक अलग आभासी वास्तविक ब्राउज़र होता है या फिर एक प्लग इन प्लेयर होता है जो आपके साधारण वेब ब्राउज़र को स्वयं ही कन्फीगर (configure) करता है।

इंटरनेट पर VR को अत्यधिक चीज़ों के लिये प्रयोग किया जा रहा है। उदाहरणार्थ, VR का प्रयोग दिमागी विचारों को अथवा उनके अणुओं को बनाने में किया जाता है। इसका प्रयोग खगोल विज्ञानियों (Astronomers) द्वारा सक्रिय तारों की रचना करने में आकाश गंगा में गैस के अणुओं के परिभ्रमण को प्रदर्शित करने के लिए किया गया है। अंततोगत्वा VR का प्रयोग उन चीज़ों के लिए किया जाता है, आज जिनकी हम कल्पना तक नहीं कर सकते हैं।

☞ आभासी वास्तविक जगत को बनाने की प्रमुख समस्या यह है कि इसकी फाइलें बहुत बड़ी हो जाती हैं। जिसकी वजह से ये लोड करने में तथा इंटरनेट की मौज़ूदा सीमित बैण्डविड्थ के चलते उनके साथ अन्त:क्रिया करने में बहुत धीमी हो जाती हैं। जैसे ही बैण्डविड्थ बढ़ायी जाती है, यह समस्या स्वयं ही समाप्त हो जाती है।

9.17 वीआरएमएल (VRML- Virtual Reality Modeling Language)

नवीनतम विकसित भाषा VRML लोगों को दृश्यों के ज्यमितीय बखान करने के लिए त्रिआयामी जगत (3D world) की रचना करने योग्य बनाती है। ग्राफिक फाइल्स की अपेक्षा VRML फाइलें बहुत छोटी हैं। VRML फाइलें वे टेक्स्ट फाइलें होती हैं जिनमें VRML जगत की रचना करने के लिए निर्देश समाहित होते हैं। ये फाइलें .WRL विस्तार पर समाप्त होती हैं। एक फाइल बन जाने के बाद उसे वेब सर्वर पर डाला जाता है।

9.17.1 वीआरएमएल 1.0 बनाम 2.0 (VRML 1.0 Versus 2.0)

अब VRML को दो संस्करण मौजूद हैं। हालांकि HTML संस्करणों में कोई पिछड़ी हुई सक्षमता नहीं है फिर भी आपको उस संस्करण का चयन करने की जरूरत होती है जिसका आप प्रयोग करने जा रहे हैं।

संस्करण 1.0 स्थिर दृश्यों की रचना करने तक ही सीमित था। इसलिए यह मानक वेब पृष्ठ की अपेक्षा बहुत अधिक अच्छा नहीं है। इसमें एक प्रयोक्ता दूसरे जगत के लिंकों पर या पृष्ठों पर क्लिक करके विचरण कर सकता है और दृष्यों का आनन्द उठा सकता है।

VRML का 2.0 संस्करण प्रोग्राम योग्य कार्यों से परिचित कराता है। इसका तात्पर्य यह है कि चीजें वास्तव में आभासी वास्तविक टैग से जुड़ना प्रारम्भ कर देती हैं। इन व्यवहारों के अलावा VRML 2.0 अन्य दूसरी चीज़ों को भी जोड़ता है। सामान्य जगत के प्रारूप के लिए अति महत्वपूर्ण वास्तविक त्रि-आयामी (3D) ध्वनि एवं वीडियो फाइल प्रारूपों को लगाना ही इसकी योग्यता है।

संस्करण 1.0 की अपेक्षा VRML 2.0 कहीं अधिक जटिल है और संस्करण 1.0 के लिए उपलब्ध 10–15 ब्राउज़रों की तुलना में संस्करण 2.0 के लिए केवल कुछ ही ब्राउजर्स उपलब्ध हैं। नेटस्केप का VRML ब्राउज़र, Live 3D VRML संस्करण 2.0 को सपोर्ट करता है।

☞ **VRML ब्राउजर्स** दो प्रकार के आते हैं: एक stand alone और दूसरा HTML ब्राउज़रों के लिए Plug-ins। यदि आप केवल अपने VRML जगत को देखने जा रहे हैं तो Stand-alone ब्राउजर ही संतुष्टि प्रदान करता है। हालांकि, यदि आप HTML व VRML के मिश्रित जगत को विशेषत फ्रेमों के द्वारा, बनाने की योजना बना रहे हैं तो आपको plug-in ब्राउजर की जरूरत पड़ेगी।

नेटस्केप एवं लाइव थ्री-डी (NetScape and Live 3D)

Live 3D को नेविगेटर संस्करण 3 और इससे ऊपर के ब्राउजर्स के स्तरीय भाग के रूप में वितरित किया गया है। यह उन सभी स्तरीय विशेषताओं को प्रदान करता है जो आप दूसरे ब्राउजर्स में पाते हैं।

माइक्रोसॉफ्ट एवं एक्टिव VRML (Microsoft and Active VRML)

माइक्रोसॉफ्ट VRML 2.0 के अपेक्षा ActiveVRML का विक्रय करता है क्योंकि इसमें VRML 1.0 फाइल्स को पढ़ने की क्षमता भी होती है। हालांकि ActiveVRML एक वास्तविक VRML नहीं है। माइक्रसॉफ्ट ने 1996 में अपने ActiveVRML ब्राउज़र के अल्फा संस्करण को जारी किया था।

इंटरविस्टा का वर्ल्डव्यू (Intervista's WorldView)

वर्ल्डव्यू या तो Stand-alone प्रोग्राम के रूप में या फिर माइक्रोसॉफ्ट के इंटरनेट एक्सप्लोरर के लिए नेटस्केप नेविगेटर हेतु Plug-in के रूप में उपलब्ध है। Live3D पर वर्ल्डव्यू का एक लाभ यह है कि यह आपके किसी भी पसंदीदा ब्राउज़र में चल सकता है। वर्ल्डव्यू की एक उत्तम विशेषता एक वर्ल्ड को नेविगेट करते हुए आपके अपने कैमरे को चलाने व उन्हें वापस करने की क्षमता है। इसकी प्रदत्तन क्षमता अत्यन्त सुगम है, लेकिन यह जालीदार वस्तुओं को चलाने के लिए बिल्कुल सही नहीं होती है।

सोनी का साइबरपैसेज (Sony's CyberPassage)

इंटरनेट के लिए उपलब्ध ब्राउज़र्स में VRML 2.0 सबसे पहला साइबरपैसेज था। साइबर पैसेज केवल Stand-alone उत्पाद के रूप में संचालित होता है। साइबर पैसेज स्क्रिप्टिंग के लिए जावा को सपोर्ट करता है जो इसे अत्यधिक विस्तार योग्य बनाता है।

9.17.2 वीआरएमएल मॉडलिंग टूल (VRML Modeling Tools)

VRML वर्ल्ड को बनाने का सबसे आसान व तीव्रतम तरीका मॉडलिंग पैकेज का प्रयोग करना है। इन मॉडलर्स को तीन वर्गों में विभक्त किया जा सकता है:

(a) वे जो अन्य प्रारूप को एक्सपोर्ट करते हैं और एक बाहरी कनवर्टर का प्रयोग करते हैं।

(b) वे जिन्हें plug-in एक्सपोर्टर्स या स्वदेशी एक्सपोर्टर्स के माध्यम से आन्तरिक सपोर्ट प्राप्त होता है।

(c) वे जो VRML उपकरणों को समर्पित होते हैं।

वीआरएमएल परंपरागत उपकरणों से एक्सपोर्ट होता है (VRML Exports from Traditional Tools)

पहले के निर्माण तरीकों में VRML बहुत जटिल होते थे जो आटोडेस्क के थ्री-डी स्टूडियो के तरह के गैर-वीआरएमएल मॉडलिंग उपकरणों से बनाये जाते थे। इन उपकरणों को DXF जैसे मानक प्रारूप से एक्सपोर्ट किया जाता था जो बाद में तीसरा पक्ष (third party) कनवर्टर wcvt2pov की भाँति बन गया जिसने इसे VRML में बदल दिया। इसने अनेक VRML जगत के लिए एक तीव्रतम कार्यकारी आधार प्रदान किया।

प्लग-इन एक्सपोर्टर्स अथवा नेटिव एक्सपोर्टर्स के माध्यम से आन्तरिक सपोर्ट (With Internal Support through Plug-in Exporters or Native Exporters)

आज इन उपकरणों में बड़ी संख्या में प्लग-इन एक्सपोर्टर्स होते हैं जो स्वत: ही VRML आउटपुट फाइल्स को उत्पन्न कर सकते हैं। सिन्डेसिस कॉरपोरेशन का इंटरचेन्ज व्यापक स्तर पर प्रयोग किए जाने वाले में से एक है। इंटरचेन्ज अत्यधिक लोकप्रिय मॉडलिंग उपकरणों के लिए प्लग-इन फाइल के रूप में कार्य करता है जो VRML 2.0 एक्सपोर्ट को सपोर्ट करता है। हालांकि यह केवल स्थिर दृश्यों को ही एक्सपोर्ट करता है। Kinetix से एक अन्य एक्सपोर्टर भी आता है जो 3D स्टूडियो में प्लग होता है। यह एक्सपोर्टर 3D स्टूडियो उत्पादों की सम्पूर्ण क्षमता का प्रयोग करता है।

समर्पित वीआरएमएल मॉडलर्स (Dedicated VRML Modelers)

VRML के अधिकांश रोचक प्रभावों में से एक बड़ी संख्या में सॉफ्टवेयर कम्पनियाँ हैं जिन्होंने उन अलग, समर्पित VRML प्राधिकरणी उपकरणों को जारी किया जो उनके अपने गैर-वीआरएमएल मॉडलिंग उपकरणों पर आधारित हैं।

किसी उत्पाद को उत्पादित करने का एक तरीक जॉब के लिए बनाये गये उपकरण का प्रयोग करना होता है। इन उपकरणों की व्यापक श्रंखला मौजूद है ये श्रंखला उनसे जो VRML को आपसे मुश्किल से छिपा सकता है, लेकर उन तक जो किसी भी प्रकार के फाइल प्रारूप की रचना कर सकते हैं, तक होती है। आज VRML समुदाय में प्रयोग किया जाने वाला सर्वाधिक लोकप्रिय उपकरण VRealm Builder है। VRealm Builder दाहिनी और चतुरावलोकन लेआउट (Four view layout) को प्रस्तुत करता है जबकि बांयी तरफ आप आरेखीय VRML फाइल की संरचना को देखते हैं।

वेब सर्वर की स्थापना (Setting up the Web Server)

VRML फाइल्स का समापन .wrl विस्तार से होता है। कभी-कभी आप उन्हें .wrl.gz से समाप्त होते हुए भी देख सकते हैं। इन फाइल्स को छोटा बनाने के लिए कम्प्रेस्ड किया गया है। दोनों ही प्रकार वैध होते हैं और वेब ब्राउजर उन्हें विधिवत व्यवस्थित करेगा।

सर्वर छोर पर आपको यह सुनिश्चित करना होता है कि आपका सर्वर सही MIME प्रकार हेतु कन्फीगर किया गया है। अधिकांश सर्वरों में इसे पहले से ही कन्फीगर किया गया होता है लेकिन आपको यह जाँच करनी होती है कि VRML फाइल्स के हेतु x-world/x-vrml के प्रकारों से ये भलीभाँति कार्य करते हों।

9.17.3 वीआरएमएल 2.0 को प्रयोग करना (Using VRML 2.0)

VRML 2.0 3डी से अधिक दृश्यों को प्रदान करता है। इसमें निरंकुश व्यवहारों की रचना की योग्यता समाहित होती है। इसमें 3D ध्वनि एवं वीडियो इनपुट हेतू नेटिव समर्थन भी सम्मिलित होता है।

फाइल हैडर (File Header)

VRML फाइल्स का अक्षरांकन प्रथम पंक्ति द्वारा होता है जो फाइल का प्रकार, संस्करण और कूटांकन अक्षर के प्रकारों का बखान करते हैं। VRML को UTF8 (विंडो 95/NT में प्रयुक्त घनिष्ठता से जुड़ा यूनीकोड) के रूप में कूटांकित किया जाता है। हैडर निम्न प्रकार का दिखाई देता है:

```
#VRML V2.0 utf8
```

बेसिक नोड संकल्पनाएं (Basic Node Concepts)

VRML 2.0 पैरेन्ट-चाइल्ड संबंधों के प्रति बहुत सख्त होता है। इसमें क्या नोड (node) हैं, वह कहाँ हैं, के बारे में अनेक नियमों का संग्रह किया गया है। उदाहरणार्थ एक डिब्बे की भाँति का ज्योमेट्री नोड स्वयं मौजूद नहीं रहता है। इसे आकार नोड के लघु (child) रूप में अवश्य होना चाहिए।

इसमें नोडों (Nodes) के दो बड़े वर्ग होते हैं: ग्रुप व लीफ (leaf) नोड। ग्रुप नोड वे नोड होते हैं जिनमें अनेक अन्य नोड समाये रहते हैं और यहाँ तक दूसरे अधिक ग्रुप नोड भी, लेकिन लीफ नोड में दूसरे नोड सम्मिलित नहीं होते हैं। यद्यपि एक आकार नोड (shape node) को लीफ नोड के रूप में वर्गीकृत किया गया है, फिर भी केवल यही एक तरीका है जिससे ज्योमेट्री नोड को दृश्य बनाया जा सकता है। केवल भिन्नता यह होती है कि आकार नोड केवल दो बच्चों की अनुमति प्रदान करता है और ये विशिष्ट प्रकार के होते हैं।

☞ **VRML 2.0** फाइल में वृक्ष के प्रकार की संरचना का प्रयोग करता है। आप VRM 2.0 फाइल में देखोगे कि यदि एक नोड बच्चों को रखने में सक्षम है तो इसमें children नाम क्षेत्र (field) अवश्यक समाहित होगी। हालांकि उस children field में आप जो घोषित करते हो वह कोई आवश्यक नहीं होता है। यदि एक नोड दूसरे की प्रापर्टीज़ को प्रभावित करने वाला होता है तो इसे पदानुक्रम को अवश्य ऊँचा उठाने वाला होना चाहिए।

ग्रुप नोड में किसी भी प्रकार के कितने भी children समाहित हो सकते हैं। एक उदाहरण के रूप में, एक ज्योमेंट्री नेड में केवल ज्योमेट्री के बारे में ही जानकारी सम्मिलित होती है यानी त्रिज्या क्या है, कैसी है, आदि। इसमें इस बारे में कोई जानकारी नहीं होती है कि वह किस जगह अवस्थित हैं और उनका रंग रूप कैसा है?

चित्र 9.47 एक वृक्ष की VRML फाइल में सूचीबद्धता को प्रदर्शित करता है।

(a) आकार (Shape)

(b) दिखावट (Appearance)

(c) पदार्थ (Material)

(d) बेलन (Cylinder)

आकार नोड कुल मिलाकर नियंत्रक पैरेन्ट (Parent) होता है। दूसरे नोड वैध नहीं होते हैं, भले ही ये इस पैरेन्ट को रखते हों।

आप यह भी पाते हैं कि **Appearance** शब्द दो बार लिखा गया है। जिसमें एक आकार (shape) नोड के क्षेत्रों का होता है। हालांकि दूसरा Appearance node की घोषणा (Declaration) का होता है।

जब कभी एक नोड (उदाहरणार्थ, Shape) फील्ड के लिए child नोड के रूप में विशेष नोड को रखने वाला होता है तो फील्ड का नाम ठीक वैसा ही रखा जाता है जैसा कि नोड के रूप में प्रयुक्त किया गया है।

☞ यदि हम बिना ज्योमेट्री अथवा Appearance नोड, क्योंकि यह स्वत: ही निर्दिष्ट किया गया होता है, के आकार (Shape) नोड को घोषित करते हैं तो बेलन स्वत: काले रंगा का हो जाता है।

पदार्थ नोड (material node) ज्योमेट्री के लिए रंग आधारित प्रापर्टी को परिभाषित करता है। Appearance नोड टेक्स्चर मैप जैसे अन्य प्रापर्टी को नियंत्रित कर सकता है।

```
#VRML V2.0 utf8
Shape {
    appearance Appearance {
        material Material {emissivecolor 0.4 0.4 0.1}
    }
    geometry cylinder {
        height .8
        radius 0.20
    }
}
```

चित्र 9.47: VRML 2.0 फाइल का नमूना।

वृक्ष के रूप में दिखाई देने के लिए पत्तियों जोड़ना (Adding the leaves to make a it look a tree)

पत्तियों को एक कोन (Cone) जोड़कर बनाया जाता है जिसे सही स्थिति के लिए रूपांतरित किया गया हो। सचल नोडों को जोड़ने के क्रम में या उनकी विमाओं को बदलने के क्रम में इसे ट्रांसफार्म नोड द्वारा व्यवस्थित किया जा सकता है। (देखें चित्र 9.48)

☞ रूपांतरण प्रापर्टियों को रूपांतरण फील्ड द्वारा व्यवस्थित किया जाता है और रूपांतरित की जाने वाली ज्योमेट्री को Children field में रखा जाता है। रूपांतरण नोड केवल children के रूप में घोषित नोड के अतिरिक्त किसी दूसरे नोडों को प्रभावित नहीं करता है।

ध्यान रखें कि कोन (cone) बिना किसी field set के घोषित किया जाता है और जिसे Brackets के empty sets द्वारा निर्देशित किया जाता है। इस प्रकार जब आप एक नोड को घोषित करते हैं तो नोड अपनी default values को ही प्रयोग करेगा।

नोडों को पुनः प्रयोग करना (Resulting Nodes)

VRML में एक तंत्र समाहित होता है ताकि आपको इसे एक वस्तु के लिए केवल एक बार ही परिभाषित करना पड़ता है और आप इसे पुनः प्रयोग कर सकते हैं। पुनः प्रयोगों में लाने हेतु परिभाषित किये गये नोड के लिए आप नाम के बाद DEF मूल शब्द (keyword) को और तत्पश्चात नोड की परिभाषा को प्रयोग करें। एक नोड को पुनः प्रयोग करके आप वास्तविक के लिए केवल एक चिन्हक (Pointer) की रचना करें। यदि आप मूल (Original) में किसी प्रापर्टी को बदलते हैं तो यह स्वतः ही इसकी अन्य प्रतिलिपियों में लागू हो जाता है।

प्रकाश (Lighting)

(a) **बिन्दु प्रकाश (Point light):** बिन्दु प्रकाश स्थान पर वह बिन्दु होता है जहाँ से प्रकाश चमकता है।

(b) **स्थल प्रकाश (Spot light):** स्थल प्रकाश एक निश्चित दिशा में प्रकाश की किरणों को फोकस करता है।

```
#VRML V2.0 utf0
# The tree trunk
Shape {
    appearance Appearance {
        material Material { emissivecolor 0.4 0.4 0.1 }
    }
    geometry cylinder {
        height .8
        radius 0.20
    }
}
# A cone for leaves
Transform {
    translation 0 1.4 0
    children {
        shape {
            appearance Appearance {
                    material Material { emissiveColor 0.1 0.6 0.1 }
            }
            geometry cone {}
        }
    }
}
```

चित्र 9.48: चित्र 9.47 में प्रदर्शित VRML 2.0 नमूना फाइल के लिए पत्तियों को जोड़ना।

(c) **दिशात्मक प्रकाश (Directional light):** यद्यपि सूर्य की भाँति अपरिमित स्रोत से आते प्रकाश के समान्तर प्रकाश को रखा जाता है।

☞ **Point light** एवं **Spot light** इस प्रकार की पाबंदियों को नहीं भंग करती है। वे दूसरी वस्तुएं होती हैं जो पैरेन्ट या सहोदर नोडों को प्रकाश स्रोतों द्वारा प्रभावित करती हैं।

स्वत: अवलोकन (Default View)

VRML में आप तस्वीरों के अवलोकन के लिये स्थितियों की सूची को निर्दिष्ट कर सकते हैं। संस्करण 2.0 में इन स्थितियों को viewpoints कहा जाता है। Viewpoint ठीक वैसे ही मॉडलों का प्रयोग करता है जैसे संस्करण 1.0 में किये जाते हैं। पहले आप इसे कहीं भी रखें फिर इसके परिभ्रमण के लिए इसे एक धुरी (axis) प्रदान करें। परिभ्रमण सदैव Z दिशा में इंगित करने वाली धुरी से संबद्ध होता है।

9.18 आरेखीय वेब संपादकों हेतु लेखांकन उपकरण (Authoring Tools for Graphic Web Editors)

लेखांकन उपकरण वह सॉफ्टवेयर होता है जिसे वेब प्रकाशन हेतु विषयवस्तु प्रस्तुत करने के लिए प्रयोगों में लाया जाता है। यह स्टैण्डर्ड यूज़र इंटरफेस एलीमेन्ट्स वाला एक सॉफ्टवेयर प्रोग्राम होता है। जब कस्टम इंटरफेस अवयवों की रचना की जाती है तो यह आवश्यक है कि ये उपयुक्त प्लेटफॉर्म के लिए स्टैण्डर्ड एक्सेस तंत्र के माध्यम से एक्सेस करने योग्य हो सकें ताकि सहायक तकनीकें उनमें प्रयुक्त की जा सकें। लेखांकन उपकरण त्वरित, सावधानकर्ता, जाँच करने व मरम्मत कार्यों, सहायक फाइल्स एवं स्वचालित उपकरणों के माध्यम से एक्सेस करने योग्य वेब विषय वस्तु की रचना करने में प्रयोक्ताओं (लेखकों) को योग्यता, प्रोत्साहन, व सहायता प्रदान करते हैं।

☞ **लेखांकन उपकरण (Authoring tools)** शब्द का प्रयोग वेब विषय वस्तु की रचना करने में प्रयोग किए जाने वाले सॉफ्टवेयरों की बड़ी श्रृंखला के लिए किया जाता है।

लेखांकन उपकरणों को यह अवश्य सुनिश्चित करना चाहिए कि संपादन करते समय लेखक एक दस्तावेज को कुशलतापूर्वक चला सके। वेब संपादन आरेखों के लिए कुछ लेखांकन उपकरण निम्नलिखित हैं:

- संपादन उपकरण विशेषत: WYSIWYG HTML एडीटर्स जैसी कुछ वेब विषय वस्तु को प्रस्तुत
- वे उपकरण जो DTP पैकेजों या वर्ड प्रोसेसर जैसे वेब प्रारूपों में सामग्रियों को सेव (save) करने के लिए विकल्प उपलब्ध कराते हैं।
- वे उपकरण जो दस्तावेजों को वेब प्रारूपों (यानी जो डेस्कटॉप प्रकाशन प्रारूपों को HTML में फिल्टर करते हैं)
- वे उपकरण जो मल्टीमीडिया उत्पन्न करते हैं, विशेषत: वेब पर जहाँ इनकी जरूरत हो (यानी वीडियो प्रोडक्शन एवं एडीटिंग सूट)
- साइट प्रबंधन एवं साइट प्रकाशन हेतु उपकरण जो डाटाबेस से तीव्रगति से स्वत: ही वेबसाइट उत्पन्न करते हैं।

उत्तर सहित पुनरावलोकन प्रश्न (REVIEW QUESTIONS WITH ANSWERS)

*नोट: * से इंगित प्रश्न पहले DOEACC "O" तथा "A" स्तरीय परीक्षाओं में पूछे जा चुके हैं।*

1. बहुविकल्पीय प्रश्न

1. टेक्स्ट लिंक के लिए आधारभूत प्रारूप हैं:
(a) <A HREF = "URL"> टेक्स्ट की व्याख्या करने वाला लिंक </A>
(b) <HREF ="RUL"> टेक्स्ट की व्याख्या करने वाला लिंक </A>
(c) <HREF ="URL"></A>
(d) उपर्युक्त में कोई नहीं।

2. वर्तमान दस्तावेज एवं दूसरे URL के बीच हाइपरटेक्स्ट संबंध बनाने के लिए प्रयुक्त किया जाने वाला टेक्स्ट है:
(a) <ISINDEX> (b) <A>
(c) <P> (d) <LINK>

3. निम्नलिखित में तिरछे (Italic) टैग के लिए प्रयोग किया जाने वाल टैग है:
(a) <II> (b) <LI>
(c) <I> (d) उपर्युक्त में से कोई नहीं

4. एक क्रमवार सूची बनाने के लिए प्रयोग किया जाने वाला टैग:
(a) <UL></UL> (b) <P></P>
(c) <A></A> (d) <OL></OL>

5. <Address> टैग समतुल्य है:
(a) तिरछे और मोटे के लिए (Italic and Bold facing)
(b) बल देने व मोटे के लिए (emphasis or Bold facing)
(c) रंग मिलान के लिए (Colour Alignment)
(d) तिरछे अथवा बल देने के लिए (Italic or emphasis)

6. सभी ब्राउजर द्वारा सपोर्ट न किये जाने वाली नयी HTML विशेषता है?
(a) तालिकाएं (Tables) (b) फॉर्म्स (Forms)
(c) फ्रेम (Frames) (d) उपर्युक्त में से कोई नहीं।

7. निम्नलिखित में HTML में Character style नहीं है:
(a) बल (Emphasis) (b) चर (Variable)
(c) मोटे (Bold) (d) उपर्युक्त में कोई नहीं

8. निम्नलिखित में HTML में Paragraph style नहीं है:
(a) सामान्य (Normal)
(b) एड्रेस (Address)
(c) पूर्व प्रारूपित (Preformatted)
(d) उपर्युक्त में से कोई नहीं

9. वेब पृष्ठ के किस भाग के लिये <TITLE> टैग का प्रयोग किया जाता है:
(a) हैडिंग (Heading) (b) फुटनोट (Footnote)
(c) बॉडी (Body) (d) कहीं भी

10. HTML टैगों को मान्यता प्रदान की जाती है:
(a) < > द्वारा (b) <==> द्वारा
(c) << >> द्वारा (d) उपर्युक्त में से कोई नहीं

*11. HTML में M का प्रयोग किया जाता है
(a) चिन्हांकन (Markup) के लिए
(b) मशीन (Machine) के लिए
(c) मॉडलिंग (Modeling) के लिए
(d) मार्जिन (Margin) के लिये

*12. वेब पृष्ठ के लिखने के लिए आप जिस भाषा का प्रयोग करते हैं, उसका क्या नाम है?
(a) HTTP (b) FTP
(c) URL (d) HTML

*13. HTML फाइल प्रारंभ होती है:
(a) <TITLE> टैग से (b) <BODY> टैग से
(c) <HEAD> टैग से (d) <HTML> टैग से

14. निम्नलिखित में से किसे फ्रेम की विभाओं (Dimensions) के लिये प्रयुक्त किया जाता है?
(a) सम्बन्ध के लिए (Relative)
(b) प्रतिशत के लिए (Percentage)
(c) असबंधित के लिए (Absolute)
(d) उपर्युक्त सभी

15. फ्रेमसेट (FRAMESET) अवयवों की विशेषताएं हैं:
(a) पंक्तियाँ एवं कॉलम (Rows and Column)
(b) मार्जिन हाइट एवं मार्जिन विड्थ (Margin height and Margin width)
(c) उपर्युक्त (a) और (b) दोनों
(d) उपर्युक्त में से कोई नहीं।

16. फ्रेम का नाम- से अवश्य प्रारंभ होना चाहिए।
(a) केवल संख्याओं (Only Numerals)
(b) विशेष अक्षरों (Special Characters)
(c) अक्षरांकों (Alpha Numeric Character)
(d) उपर्युक्त सभी

17. यदि फ्रेम में सम्पूर्ण विषय वस्तु को प्रदर्शित करने के लिए पर्याप्त जगह नहीं हैं तो हमें ____________ का प्रयोग करना पड़ेगा।
(a) दूसरे फ्रेम (b) छोटे font size
(c) स्क्रोल बार (d) संभव नहीं

18. VRML कोड ____________ पर आधारित होता है:
(a) BCD (b) यूनीकोड (UNICODE)
(c) ASCII (d) उपर्युक्त में से कोई नहीं।

19. अमेलित (odd) वस्तु को छाँटो
(a) HotBot
(b) MBone
(c) Streaming Vedio Technology
(d) वीडियो कान्फ्रेंसिंग

20. निम्नलिखित में से किस स्रोत को VRML परिभाषित नहीं करता है?
(a) बिन्दु प्रकाश (Point light) को
(b) स्थल प्रकाश (Spot light) को
(c) दिशा प्रकाश (Direction light) को
(d) क्यूब लाइन (Cube light) को

21. निम्नलिखित में से कौन VRML एवं HTML के बीच समानता प्रस्तुत करता है?
(a) VRML 1D है जो HTML के समतुल्य है।
(b) VRML 3D है जो HTML के समतुल्य है।
(c) VRML 2 D है जो HTML के समतुल्य है।
(d) उपर्युक्त में से कोई नहीं।

22. VRML 1.0 एवं 2.0 में प्रमुख अन्तर है:
(a) इसमें पिछड़ी सक्षमता नहीं होती है
(b) VRML का 2.0 संस्करण प्रोग्राम योग्य व्यवहारों को प्रस्तुत करता है।
(c) संस्करण 1.0 केवल स्थिर दृश्यों तक ही सीमित था।
(d) उपर्युक्त सभी

23. VRML जगत की रचना ____________ कोड द्वारा की जाती है।
(a) ASCII (b) बाइनरी (Binary)
(c) उपर्युक्त (a) एवं (b) दोनों (d) उपर्युक्त में से कोई नहीं।

*24. निम्नलिखित कथनों में से केवल सही कथन छाँटो।
(a) जावा स्क्रिप्ट इंटरप्रेटर जावा में लिखे गये प्रोग्रामों को प्रोसेस करता है।
(b) जावा स्क्रिप्ट इंटरप्रेटर जावा में लिखी गई स्क्रिप्ट में कमाण्डों को प्रोसेस करता है।
(c) जावा एवं जावा स्क्रिप्ट लगभग समान हैं।
(d) HTML में जाव स्क्रिप्ट को नहीं जोड़ा जा सकता है।

*25. निम्नलिखित में सही को इंगित करें:
(a) रियल ऑडियो एक प्लग इन है।
(b) वेब कॉस्टिंग एक प्रकार का फायरवाल है।
(c) ASP एक प्रोटोकॉल है।
(d) TCP एवं UDP में कोई अन्तर नहीं होता है।

*26. डायनामिक वेब पृष्ठों की रचना में निम्नलिखित में से कौन सी तकनीक सहायता नहीं करती है?
(a) ASP (b) JAVA
(c) PERL (d) HTML

2. निम्नलिखित वाक्यों में सही और गलत बताएँ:

1. HTML वेब पृष्ठ में एक इमेज को सम्मिलित करने की अनुमति नहीं देता है।
2. URL ब्राउज़र को यह नहीं बताता है कि कौन सा कम्प्यूटर कनेक्ट करना है।
3. हाइपरटेक्स्ट की एकल फाइल की विषयवस्तु को वेबपृष्ठ कहा जाता है।
4. HTML फाइलें केवल टेक्स्ट फाइलें होती हैं।

5. <HR> टैग रेखाओं एवं ऊर्ध्वाधर लाइनें खींचता है।
6. यदि आप HTML पृष्ठ में मिटा देते हैं तो <BODY> टैग को ब्राउज़र द्वारा हैड सेक्शन के बाद माना जाता है।
7. <HTML> टैग में में अनुमतेय एलीमेन्ट <HEAD> एवं <TITLE> एलीमेन्ट होते हैं।
8. <ADDRESS> टैग तिरछे (Italic) अथवा बल (emphasis) के समतुल्य होता है।
9. टैगों का प्रयोग HTML दस्तावेज की संरचना को परिभाषित करने के लिए किया जाता है।
10. टेक्स्ट को अनुच्छेद में तोड़ने के लिए प्रथम तरीका <P> टैग का प्रयोग करना होता है।
*11. HTML में हैडर टैग के 6 स्तर तक होते हैं।
*12. HTML में <H1> का प्रयोग यह इंगित करने के लिए किया जाता है कि http प्रयोग किया जा रहा है।
*13. HTML एक वेब पृष्ठ में इमेज को शामिल करने की अनुमति नहीं देता है।
14. आप इंटरनेट पर आभासी जगत एवं आभासी बातचीत सत्र में भागीदारी कर सकते हैं।
15. ध्वनि फाइल्स के कुछ विस्तार .DOC एवं .EXE हैं।
16. RMF एक वह नया ध्वनि प्रारूप है जो आपको अनेक तरीकों से संगीत के साथ अंत:क्रिया करने की अनुमति प्रदान करता है।
17. TCP में फाइलें खो जाने व अन्य समस्याएँ आ जाने पर UDP प्रोटोकॉल पैकेटों का पुन: प्रेषण जारी नहीं रखता है।
18. वीडियो कान्फ्रेंसिंग तकनीक है जो आपको इंटरनेट पर सजीव वीडियो कान्फ्रेंस के लिए आपके कम्प्यूटर को प्रयोग करने की अनुमति प्रदान करती है।
19. रियल आडियो क्लिप को संक्षिप्त (compress) करना आवश्यक होता है।
20. VRML फाइलें बहुत बड़ी हो सकती हैं।
*21. कम्प्यूटर सिस्टम पर 'मल्टीमीडिया' शब्द का अभिप्राय होता है कि आप पूर्ण चलचित्र, स्टीरियो साउण्ड उसी समय टेक्स्ट फाइल्स को चला सकते हैं।
*22. कम्प्यूटर में ग्राफिक्स के भण्डारण के लिए प्रयोग किया जाने वाला फाइल प्रारूप JPEG होता है।
*23. स्थिर इमेजों के लिए मानक संक्षित तकनीक JPEG होती है।
*24. MPEG-4 वह वीडियो मानक है जो प्राय: इंटरनेट पर प्रयुक्त होता है।
*25. वेब पर इमेजों के लिए दो प्रमुख फाइल पाइप GIF एवं TJF होते हैं।
*26. JPEG एक हानिरहित संक्षिप्तीकरण तकनीक है।

3. निम्नलिखित को सुमेलित करें:

3.1	RS232	(a)	वेब ब्राउजर
3.2	जावा	(b)	बाइटकोड
3.3	तीव्र ईथरनेट	(c)	LAN टोपोलॉजी
3.4	इंटरनेट एक्सप्लोरर	(d)	HTML एलीमेन्ट
3.5	<TITLE> </TITLE>	(e)	सीरियल पोर्ट
3.6	 	(f)	<HR>
3.7	हॉरिजेन्टल रूलर	(g)	<HTML>
3.8	वैकल्पिक एलीमेन्ट्स	(h)	वेब ब्राउजर में पंक्ति की वापसी
3.9	<UL>	(i)	तालिका अथवा चित्र के लेवल
3.10	CAPTION एलीमेन्ट	(j)	अक्रामागत सूची
3.11	RMF	(k)	धाराप्रवाही ऑडियो तकनीक
3.12	रीयल ऑडियो	(l)	ग्राफिक्स को सपोर्ट करता है।
3.13	VRML फाइल	(m)	.WRL विस्तार
3.14	लेखांकन उपकरण	(n)	रिच म्यूजिक फॉर्मेट
3.15	VRML	(o)	वेब प्रकाशन
*3.16	CGI प्रोग्राम चलता है	(p)	CGI
*3.17	वह तकनीक जो प्रयोक्ता द्वारा पृष्ठ के लिए request करने पर वेब पृष्ठ को एकत्र करने के लिए प्रयोग किया जाने वाला प्रोग्राम है।	(q)	सर्वर साइड

4. रिक्त स्थानों की पूर्ति करो:

(a)	<a>	(b)	List	(c)	टैग
(d)	 	(e)	<UL>	(f)	संबंधित, असंबंधित
(g)	NORESIZE	(h)	आटो	(i)	दस्तावेज
(j)	इंटरनेट प्रोटोकॉल	(k)	टैग, विशेषताएं	(l)	हैड, बॉडी
(m)	<TITLE>	(n)	फ्रेम	(o)	SRC
(p)	ROWS, COLS	(q)	VRML	(r)	डायनामिक HTML पृष्ठ
(s)	यूज़र डायग्राम प्रोटोकॉल	(t)	वीडियो कान्फ्रेंसिंग	(u)	ASCII आधारित
(v)	स्ट्रीमिंग ऑडियो				

4.1 लाइन ब्रेक के लिए प्रयुक्त किया जाने वाला HTML टैग ________ होता है।
4.2 HTML में हेड विशेषता के लिए प्रयोग किया जाने वाला टैग ________ है।
4.3 ________ टैग का प्रयोग Bulleted एवं अक्रमागत सूची के लिए किया जाता है।
4.4 IP की पूर्ण अवस्था ________ है।
4.5 ________ टैग टेक्स्ट की स्पेसिंग व लेआउट को प्रभावित करते हैं।
4.6 HTML के दो प्रमुख अवयव हैं ________।
*4.7 <and> द्वारा घिरी हुई HTML को ________ कहा जाता है।
4.8 आपके दस्तावेज में अनुच्छेद बनाने के लिए प्रयोग किया जाने वाला टैग ________ होता है।
4.9 प्रथम HTML टैग ________ होते हैं।
4.10 HTML दस्तावेज के दो भाग ________ एवं ________ होते हैं।

4.11 __________ पाठकों की विंडो को अनेक भागों में बाँटता है जिन्हें स्वतंत्र रूप से देखा व बदला जा सकता है।

4.12 Rows व कॉलमों की वैल्यूज ________ एवं ________ हो सकती हैं।

4.13 ________ एवं ________ वेल्यूज की comma द्वारा अलग की गई सूची लेती है।

4.14 __________ विशेषता को वेल्यू की आवश्यकता नहीं होती है।

4.15 स्क्रोलिंग विशेषता की स्वत: निर्मित वेल्यू __________ होती है।

4.17 __________ से हमें फाइल के पूर्णरूपेण डाउनलोड हो जाने तक साउण्ड प्ले करने के लिए इंतजार नहीं करना पड़ता है।

4.18 UDP __________ के लिये प्रयुक्त होता है।

4.19 __________ में हम अपने कम्प्यूटर स्क्रीन पर किसी को देख सकते हैं व बात भी कर सकते हैं।

4.20 आभासी जगत की रचना __________ नामक कम्प्यूटर की भाषा प्रयोग करके की जाती है।

4.21 VRML एक __________ भाषा है जो WWW के साथ 3D इंटरफेस की रचना के लिए होती है।

*4.22 __________ की रचना करने के लिए PHP एक स्क्रिप्टिंग भाषा है।

उत्तर

1.	1.1	a	1.2	d	1.3	c	1.4	d	1.5	d
	1.6	d	1.7	d	1.8	d	1.9	a	1.10	a
	1.11	a	1.12	d	1.13	d	1.14	d	1.15	a
	1.16	c	1.17	c	1.18	c	1.19	a	1.20	d
	1.21	b	1.22	d	1.23	a	1.24	b	1.25	a
	1.16	b								
2.	2.1	F	2.2	F	2.3	T	2.4	T	2.5	T
	2.6	T	2.7	T	2.8	T	2.9	T	2.10	T
	2.11	T	2.12	F	2.13	F	2.14	T	2.15	F
	2.16	T	2.17	T	2.18	T	2.19	T	2.20	T
	2.21	T	2.22	T	2.23	T	2.24	T	2.25	F
	2.26	T								
3.	3.1	e	3.2	b	3.3	c	3.4	a	3.5	d
	3.6	h	3.7	f	3.8	g	3.9	j	3.10	i
	3.11	n	3.12	k	3.13	m	3.14	o	3.15	l
	3.16	q	3.17	p						
4.	4.1	d	4.2	m	4.3	e	4.4	j	4.5	b
	4.6	k	4.7	c	4.8	a	4.9	i	4.10	l
	4.11	n	4.12	f	4.13	p	4.14	g	4.15	h
	4.16	o	4.17	v	4.18	s	4.19	t	4.20	q
	4.21	u	4.22	r						

विवरणात्मक प्रश्न
(DESCRIPTIVE TYPE QUESTIONS)

1. निम्नलिखित वेब पृष्ठ को बनाने के लिए HTML स्क्रिप्ट लिखें:

लिस्ट 1	**लिस्ट 2**
1. भाग–1	• भाग–1
2. भाग–2	• भाग–2
3. भाग–3	• भाग–3

2. निम्नलिखित के लिए उदाहरण सहित HTML टैग लिखें।
   (a) टेक्स्ट को तिरछा बनाने के लिए
   (b) टेक्स्ट को रेखांकित करने के लिए
   (c) टेक्स्ट को ठीक वैसा ही छोड़ने के लिए

3. तीन मूल दस्तावेज क्या हैं? उपयुक्त उदाहरण देते हुए उनमें से प्रत्येक की व्याख्या करें।

4. Inline Elements शब्द से आप क्या समझते हैं? यह स्क्रिप्ट एलीमेन्ट से किस प्रकार भिन्न होता है? दो प्रकार के एलीमेन्ट की उदाहरण सहित व्याख्या करें।

5. फेस (Face) विशेषता शब्द को परिभाषित करें। वे भिन्न फाँट विशेषताएं क्या हैं जिन्हें आप Face विशेषताओं में निर्दिष्ट कर सकते हैं?

6. हाइपर टेक्स्ट लिंक क्या है? एक ही दस्तावेज में विशिष्ट स्थान के लिए लिंक करने की विधि क्या है? यदि आप को एक इमेल लिंक से इसे सम्बद्ध करना हो तो आप इसे किस प्रकार करेंगे?

7. URL शब्द को परिभाषित करें। URL के संभावित प्रकार क्या होते हैं? प्रत्येक का एक उदाहरण दें।

8. किसी HTML दस्तावेज में GIF जैसे तस्वीर फाइल फॉर्मेट को स्वीकार करने वाले टैग का क्या नाम है? इस प्रकार के टैग के साथ संबद्ध करने वाली 5 विशेषताओं का उल्लेख करें। एक तस्वीर युक्त इमेज के साथ HTML फाइल के लोडिंग समय को घटाने के लिए आप क्या तरीके अपनाओगे।

9. HTML में लागू करने योग्य एलीमेन्ट शब्द से आप क्या समझते हैं? यह टैग से किस प्रकार भिन्न होता है? विशेषता एवं HTML एलीमेन्ट के बीच क्या सम्बन्ध है? विशेषता का एक उदाहरण दें।

10. निम्नलिखित में अन्तर स्पष्ट करें:
    (a) सबस्क्रिप्ट एवं कोट एलीमेन्ट (Subscript and Quote Element)
    (b) बड़ा एलीमेन्ट एवं छोटा एलीमेन्ट

11. Face विशेषता को परिभाषित करें। उन विभिन्न फाँट विशेषताओं को दें जिन्हें आप Face विशेषताओं में निर्दिष्ट कर सकते हैं।

12. हाइपरटेक्स्ट लिंक की व्याख्या करें। एक दस्तावेज अथवा दस्तावेजों के सेट में इस प्रकार के लिंक का प्रयोग करने के क्या लाभ हैं?

13. निम्नलिखित वेब प्रकाशन उपकरणों में से किन्हीं दो पर संक्षिप्त टिप्पणी लिखें–
    (a) URL एवं इसके विभिन्न प्रकार
    (b) प्रोटोकॉल
    (c) मेजबान का नाम (Host Name)
    (d) स्टाइल शीट
    (e) फॉर्म डिजाइन करना
    (f) HTML दस्तावेज में तालिका प्रोग्राम लिखना

14. वे विभिन्न प्रकार की फाइलें क्या होती हैं जिन्हें HTML दस्तावेज स्वीकार करता है? इमेज के साथ संबद्ध किये जाने वाले तीन टैगों का नाम लिखें। HTML का प्रयोग करके एक दस्तावेज में ईमेज की चौड़ाई व ऊँचाई को आप कैसे निर्दिष्ट करोगे?

15. विशेष अक्षरों से आपका क्या अभिप्राय है, व्याख्या करें?

*16. फार्मो का प्रयोग करते हुए जानकारी एकत्र करने हेतु HTML प्रोग्राम सिग्मेन्ट दें। जानकारी नाम एवं वक्तव्य होते हैं।

*17. निम्नलिखित लेआउट बनाने के लिए HTML कूटांकन लिखें–

THE EURO CUP RESULTS

GAME	BRAZIL	GERMANY
1	3	2
2	4	1
3	0	8
4	8	7
5	2	1

*18. (a) निम्नलिखित को प्राप्त करने के लिए HTML कमाण्ड लिखें:

(i) निम्नलिखित को मोटे अक्षरों में रखें: "I am Bold"

(ii) निम्नलिखित को तिरछे अक्षरों में लिखें: "This is Italic"

(iii) लेवल 1 हैडिंग बनाने के लिए: "Head this"

(b) निम्नलिखित टेक्स्ट लेआउट प्राप्त करने के लिए HTML कोड फ्रेगमेन्ट लिखें:

This is a paragraph left aligned

This is a paragraph center aligned

This is paragraph Right aligned

*19. फ्रेमों का प्रयोग करके निम्नलिखित लेआउट बनाने के लिए HTML कोड लिखें। रेखांकित शब्द/फ्रेश हाइपरलिंक होते हैं और वे सदैव क्लिक करने पर खुलने चाहिए।

LOGO	Address of DOEACC
Services Centres Imp. Phones	Dispwin
Contact Us Exam Result News Old Question Papers Project Gidelines This site is maintained by DOEACC Society (c) Copyright 2002-2004	

20. निम्नलिखित को प्राप्त करने हेतु HTML स्क्रिप्ट दें:

(a) निम्नांकित को मोटे अक्षरों में लिखें: "I am a boy"

(b) निम्नांकित को तिरछे अक्षरों में लिखें: "A am a girl"

21. निम्नांकित वेब पृष्ठ रचना हेतु HTML लिपि लिखें:

List 1

1. Breakfast
2. Lunch
3. Dinner

List 2

1. Cars
2. Trucks
3. Buses

22. वे विभिन्न रचनाएं क्या हैं जिन्हें आवाज एवं संगीत के अतिरिक्त इंटरनेट अनुमति प्रदान करता है? उन ध्वनि फाइल्स के लिए प्रयुक्त किये जाने वाले विस्तार क्या हैं जो इंटरनेट एक्सप्लोरर 4.0 का प्रयोग करके चलाये जा सकते हैं?

23. निम्नांकित में से किन्हीं दो पर संक्षिप्त टिप्पणी लिखें:

(a) स्ट्रीमिंग ऑडियो

(b) इंटरनेट पर वीडियो कान्फ्रेंसिंग

(c) इंटरविस्टा का वर्ल्डव्यू

*(d) VRML

24. किन्हीं दो VRML मॉडलिंग उपकरणों की व्याख्या करें।

25. वेब ग्राफिक एडीटर हेतु लेखांकन उपकरणों की व्याख्या करें।

26. स्ट्रीमिंग मीडिया क्या है? यह वेब ब्राउज़रों में कैसे लागू होता है?

*27. VRML क्या है? ये HTML से किस प्रकार भिन्न हैं?

*28. मल्टीमीडिया एप्लीकेशन पर संक्षिप्त टिप्पणी लिखें।

29. कम्प्यूटर एनीमेशन क्या है? मल्टीमीडिया एप्लीकेशंस में इसके प्रयोगों की व्याख्या कुछ उदाहरण देकर करें।

अध्याय-10

परस्पर अंत:क्रिया उपकरण (Interactivity Tools)

10.1 एएसपी (एक्टिव सर्वर पेजेस) (ASP - Active Server Pages)

एक्टिव सर्वर पेजेस सर्वर पर VBScript एवं JScript भाषाओं को कार्यान्वित करने के लिए लिपि मेज़बान (scripting host) के रूप एक ISAPI (इंटरनेट सर्वर एप्लीकेशन प्रोग्रामिंग इंटरफेस) व डायनामिक लिंक लाइब्रेरी (DLL) का प्रयोग करते हैं। अधिकांशत: .asp फाइल्स को HTML फाइल्स फाइल्स (जैसे कि प्रयोक्ता को प्रसारित की जाती हैं) में परिवर्तित करने के लिए ASP.DLL.ISAPI आउटपुट स्ट्रीम पर फिल्टर का कार्य करता है। ध्यातव्य है कि ASP वे वास्तविक HTML पृष्ठ होते हैं जिनमें VBScript अथवा JScript में लिखी गयी लिपि शामिल होती है। .asp विस्तार ASP.DLL.ISAPI एप्लीकेशन से संबद्ध होता है। जब कोई वेब ब्राउजर .asp विस्तार वाले पृष्ठ की मांग करता है तो IIS (Internet Information Server) प्रोसेसिंग के लिए ASP.DLL एवं ASP.ISAPI हेतु .asp फाइल्स प्रेषित करता है और प्रयोक्ता के पास भेजने से पूर्व क्लाइंट ब्राउज़र द्वारा देखे जाने हेतु HTML कोड में परिणामों को प्राप्त करता है।

10.2 कॉमन गेटवे इंटरफेस (CGI)(Common Gateway Interface-CGI)

इंटरफेसिंग वेब सर्वरों एवं बाहरी एप्लीकेशनों के लिए कॉमन गेटवे इंटरफेस एक स्वीकार्य मानक (standard) है। वेब सर्वरों को मूल रूप से अन्य संबद्ध स्थिर फाइल्स के साथ-साथ स्थिर HTML दस्तावेज़ों को संचालित करने के लिये ही बनाया गया था। वेब सर्वर के साथ संचार करने वाला वेब ब्राउज़र स्थिर पृष्ठों को संचालित करने की इसकी कार्य प्रणाली को सीमित करता है। यह केवल उन दस्तावेज़ों को ही प्रदर्शित करता है जिनकी विषय वस्तु अवलोकन अथवा मांग के दौरान अपरिवर्तनीय हो। CGI वेब सर्वर्स एवं ब्राउज़रों के बीच आदान-प्रदान की जाने वाली जानकारी हेतु एक मानक स्थापित करता है। CGI ब्राउज़र व सर्वर के बीच उन बाहरी प्रोग्रामों की जानकारी प्रेषित करने की अनुमति देता है जो कुछ क्रियाएं सम्पन्न करते हैं। तत्पश्चात् यह अपने परिणामों की आउटपुट को वापस प्रयोक्ता के ब्राउज़र पर भेजता है।

☞ CGI (Common Gateway Interface) वह मानक है जिसकी विशिष्टताएं बाहरी प्रोग्रामों के साथ वेब सर्वर के संचार करने के तरीके को परिभाषित करती हैं। इस पद्धति से बाहरी प्रोग्राम प्रोसेसिंग के लिए सर्वर हेतु HTML फाइल एवं इमेज को उत्पन्न कर सकते हैं।

10.2.1 CGI क्यों? (Why CGI?)

CGI का प्रयोग डायनामिक कन्टेन्ट को उतनी आसानी से उत्पन्न करने में किया जाता है जितनी आसानी से आप स्थिर विषयवस्तु को उत्पन्न करते हैं। यह एक सुपरिभाषित एवं समर्थित मानक है तथा CGI के अभाव में बिना मालिकाना सर्वर पद्धति के डायनामिक कन्टेन्ट बनाना असंभव कार्य है। CGI प्रोग्रामों की अनेक उपयोगी एप्लीकेशंस होती हैं।

साधारण कार्य का उदाहरण यहाँ उल्लेखनीय होगा। CGI लिपियां या तो Perl, C अथवा केवल साधारण shell लिपि में लिखी जाती हैं लेकिन ये सभी मूलरूप से एक तरीके से ही कार्य करती हैं। ये एक ही डाटा फाइल रखती हैं जिसमें बड़ी संख्या में हिट (hit) समाहित होते हैं। प्रोग्राम उस डाटा फाइल का पठन करता है और ज़रूरत पड़ने पर एक-एक करके संख्या बढ़ाता जाता है तथा फिर वापस उसी संख्या पर आ जाता है। काउन्टर के लिए कोड ftp://server.berkeley.edu/pub/www/counter पर प्राप्त किया जा सकता है।

स्पष्टत: CGI केवल काउन्टर बनाने की पद्धति ही नहीं है, अपितु वर्तमान परिवेश में यह तीन प्रमुख कारणों की वजह से सर्वोत्तम है। पहला कारण यह है कि यह सर्वाधिक तेज़ है। दूसरा कारण, आज के ब्राउज़रों के लिए CGI मानक सर्वाधिक सक्षम हैं। CGI वह तकनीक है जो HTML के साथ इंटरफेस करती है। CGI एप्लीकेशनें HTML अथवा इमेजों को उत्पन्न करती हैं। और तीसरा प्रमुख कारण इसकी उपलब्धता है। CGI आधारित काउन्टर एवं साधारण कार्य करने हेतु CGI कोड प्रचुर मात्रा में उपलब्ध हैं।

☞ स्वयं द्वारा लिखे जाने की अपेक्षा पहले से ही लिखे गये कोडों का प्रयोग करना अपेक्षाकृत आसान होता है। यह (पूर्वलिखित कोड) एक बड़ा घटक है क्योंकि साधारण कार्य CGI में ही कूटांकित किये जाते हैं। वे किसी अन्य व्यक्ति के द्वारा पहले से ही तैयार किये रहते हैं, और इसमें प्राय: बड़ी संख्या में दस्तावेज़ीकरण एवं स्रोत कोड समाए रहते हैं, केवल उन्हें आपको सर्वर पर क्रियान्वित करना होता है।

कार्यों का अगल चरण इमेज मैपों एवं एनीमेशन की रचना करना होता है। वैसे क्लाइंट साइट पर की गई इमेज मैपिंग के लिए किसी प्रोग्रामिंग की ज़रूरत नहीं पड़ती है, जब आप किसी इमेज पर क्लिक करते हैं तो HTML पृष्ठ पर केवल जाने की अपेक्षा कुछ और करने में प्रोग्रामिंग की आवश्यकता होती है। CGI बहुत अधिक प्रोसेसिंग समय का प्रयोग करता है। जावा में वेब पृष्ठ में जुड़ी वास्तविक, सजीव एप्लीकेशंस समाहित होती हैं, इसीलिए यह पूर्णरूप से अंत:क्रियाशील होता है।

उन्नत कार्यों को जावा की अपेक्षा CGI में सम्पन्न करना वर्तमान समय में अधिक आसान होता है। ऐसे कार्यों के उदाहरण हैं: डाटाबेस बैकेण्डिंग, सर्च इंजन, मल्टीपल डायनामिक पेजेस आदि।

CGI प्रोग्राम अनेक जगहों पर अनेक कार्य कर सकते हैं। वास्तव में CGI विशिष्टताओं को सपोर्ट करने वाले सर्वरों में लागू विशेषताओं में सबसे

बड़ी विशेषता यह है कि प्रोग्रामों को किसी भी भाषा में और किसी भी प्लेटफॉर्म पर लिखा जा सकता है फिर भी वे विशिष्टताओं को सुनिश्चित करते हैं। तुलनात्मक अध्ययन करने पर हम पाते हैं कि अधिकांश सर्वर विस्तार स्वामित्वपूर्ण व एक सर्वर सॉफ्टवेयर के लिए, एक प्लेटफॉर्म के लिए या दोनों के लिए विशिष्टतायुक्त होते हैं। इसका तात्पर्य यह है कि इसे VBScript की तरह बाँधा नहीं गया है।

10.2.2 CGI का कार्यक्षेत्र (Scope of CGI)

C, C++, Shell, Scripting एवं Perl में मूल CGI ऐप्लीकेशंस बहुत आसान होती हैं। CGI की उपयोगिता वेब पृष्ठ पर जाकर समाप्त होती है। बनाये गए दस्तावेज़, जो एक बार बन जाने के बाद परिवर्तित नहीं होते हैं, का विचार त्याग देने के पश्चात् CGI व्यर्थ हो जाता है। वेब पृष्ठों से जुड़ी वास्तविक एवं सजीव एप्लीकेशनें ActiveScript एवं Java जैसी भाषाओं की वास्तविकता होती है।

प्रोग्रामिंग के लिए CGI की उपयोगिता एक मानक होती है क्योंकि यह अलग-2 कार्यों से भिन्नता रखती है। दूसरा तथ्य यह है कि CGI अपेक्षाकृत पुरानी तकनीक है। लेकिन जावा प्रोग्रामिंग भाषा जैसी नवीन तकनीकें बढ़ती जा रही हैं जो CGI को प्रचलन से बाहर कर सकती हैं।

10.2.3 CGI किस प्रकार कार्य करता है? (How CGI Functions?)

कल्पना करो कि आपके सिस्टम पर आपके पास प्रोडक्ट डाटाबेस है जिसे आप प्रयोग के लिए वेब पर प्रयुक्त करते हैं, लेकिन आपका वेब ब्राउज़र डाटाबेस की अंदरूनी चीज़ों को नहीं समझ पाता है। तो आपको CGI प्रोग्राम का प्रयोग करते हुए वेब सर्वर एवं डाटाबेस दोनों से लिंक करना पड़ेगा। इस विशेष उद्देशीय प्रोग्राम को आपके द्वारा विकसित किया जा सकता है अथवा इसे डाटाबेस वेण्डर द्वारा उपलब्ध कराया जाता है जो एक तरफ जहाँ डाटाबेस प्रश्नों के लिए उत्तरदायी होगा तथा वहीं दूसरी ओर यह वेब सर्वर के साथ संचार करेगा। यह अंतिम कार्यप्रणाली ही कार्य करती है क्योंकि वेब सर्वर तथा प्रोग्राम दोनों के बीच संचार हेतु नियम स्थापित कर चुके होते हैं। ये नियम जो उन्हें इंटरफेस की योग्यता प्रदान करते हैं, कॉमन गेटवे इंटरफेस (CGI) कहलाते हैं।

वेब सर्वर प्रायः उन सामान्य उद्देशीय CGI प्रोग्रामों के सेट में विभक्त होते हैं जो वेब सर्वर रूट डायरेक्टरी के अन्दर cgi-bin नामक डायरेक्टरी में स्थित होते हैं। यह वही डायरेक्टरी होती है जो आमतौर पर CGI प्रोग्राम भण्डारण के लिए प्रयुक्त की जाती है, लेकिन वेबमास्टर में अन्य जगहों को परिभाषित करने की योग्यता भी होती है।

CGI एप्लीकेशनें किसी भी भाषा में लिखी जा सकती है जिन्हें कम्प्यूटर पर, विशेषतः वेब प्लेटफार्म पर क्रियान्वित किया जा सकता है। वस्तुतः आप अपनी CGI एप्लीकेशंस के लिए किसी भी सामान्य भाषा का चयन कर सकते हैं। आपका चुनाव उस बात पर निर्भर करता है कि आप क्या करना चाहते हैं क्योंकि भिन्न-भिन्न उद्देश्यों के लिए भिन्न-भिन्न भाषाएं बनायी गयी होती हैं। उदाहरणार्थ Perl भाषा String एवं फाइल सुधार के लिए उपयुक्त होती है जबकि C भाषा बड़े एवं जटिल प्रोग्रामों के लिए बेहतर होती है। CGI प्रोग्रामिंग के लिए Perl एवं C संभवतः अधिकांशतः प्रयोग की जाती हैं।

10.2.4 CGI पद्धतियाँ (CGI Methods)

पद्धतियाँ CGI प्रोग्राम मांगने का एक तरीका होती हैं। इसकी तीन प्रमुख पद्धतियाँ होती हैं। ये हैं:

(a) GET पद्धति
(b) POST पद्धति
(c) HEAD पद्धति

GET पद्धति (GET Method)

GET पद्धति में, CGI प्रोग्राम डाटा को QUERY_STRING वातावरण चर में प्राप्त करते हैं। ये प्रोग्राम डाटा को परिवर्तित करने के क्रम में string को अवश्य प्रोसेस करते हैं और ज़रूरी कार्यों को सम्पन्न करते हैं।

☞ GET पद्धति को तब प्रयुक्त किया जाना चाहिए जब आप सर्वर से डाटा प्राप्त करना चाहते हों तथा आप सर्वर पर डाटा को परिवर्तित नहीं करेंगे।

POST पद्धति (POST Method)

जब आप POST पद्धति का प्रयोग करते हैं तो वेब सर्वर stdin (Standard input) के माध्यम से CGI प्रोग्राम को डाटा प्रसारित करते हैं। सर्वर EOF अक्षर से डाटा की समाप्ति को चिन्हित नहीं करता है, इसलिए stdin को ठीक से पढ़ने के लिए प्रोग्राम को CONTENT_LENGTH वेल्यू का प्रयोग अवश्य करना चाहिए।

☞ आपको POST पद्धति का प्रयोग तब करना चाहिए जब आपके द्वारा भेजा गया डाटा सर्वर किसी डाटा को परिवर्तित करें अथवा जब आप CGI प्रोग्राम हेतु भारी मात्रा में डाटा प्रेषित करना चाहते हों (प्रायः 1024 बाइट्स से अधिक जो एक URL की सीमा होती है)।

HEAD पद्धति (HEAD Method)

HEAD पद्धति GET पद्धति के समतुल्य होती है, सिवाय HEAD पद्धति के, जिसमें HTTP हैडर्स (डाटा नहीं) वेब सर्वर द्वारा ब्राउज़र को भेजे जाते हैं।

10.2.5 CGI लायब्रेरियाँ (CGI Libraries)

CGI प्रोग्रामिंग के लिए अनेक भाषाएँ प्रयुक्त की जाती हैं। इन विभिन्न भाषाओं में प्रत्येक की प्रायः CGI के लिए एक से अधिक लायब्रेरी होती है।

C प्रोग्रामिंग के लिए CGI लायब्रेरियाँ (CGI Libraries for C Programming)

C भाषा (CGIc) के लिए CGI लायब्रेरियों का प्रयोग करना निम्नलिखित कारणों से बेहतर होता है:

(a) इनका रख-रखाव सक्रिय रूप से किया जाता है।
(b) इनमें बड़ी संख्या में दस्तावेज़ीकरण होता है।
(c) इनको अच्छा सपोर्ट प्राप्त होता है।

CGI संतुलित रूप से प्रयोग करने में आसान होते हैं और इसी लिए ये बेहतर विकल्प साबित होते हैं। CGI की निम्नलिखित विशेषताएँ होती हैं:

(a) कुछ उन्नत किस्म का संचालन
(b) ये समस्त CGI वातावरण चरों को व्यवस्थित कर सकते हैं।
(c) ये स्वचालित पुनर्निर्देशन सम्पन्न कर सकते हैं।
(d) दस्तावेज की बजाय HTTP त्रुटि/स्तर कूटांकनों को प्रस्तुत कर सकते हैं।
(e) ये त्रुटि व्यवस्थापन प्रणाली की पूर्ण विशेषताओं के साथ साथ पार्श्व/डिबगिंग हेतु CGI सत्र को कैप्चर करने की अनुमति प्रदान करती है।

CGI-HTML लायब्रेरी (CGI-HTML Library)

यह अभी भी विकास के दौर से गुजर रही है और वरीयता सपोर्ट प्रदान नही करती है। यह स्रोत कोड उपलब्ध कराती है तथा यह कोड पूर्णत: निशुल्क होता है। CGI-HTML की विशेषताएँ निम्नलिखित हैं:

(a) यह किसी भी लायब्रेरी का सर्वाधिक उन्नत किस्म का व्यवस्थापन है।

(b) यह CGI वातावरण के सभी चरों को व्यवस्थित कर सकती है

(c) यह स्वचालित पुनर्निर्देशन सम्पन्न कर सकती है।

(d) यह दस्तावेज़ों की अपेक्षा HTTP error/status codes प्रस्तुत कर सकती है।

C++ CGI वर्ग लायब्रेरियाँ (The C++ CGI Class Libraries)

HTML एक C++, CGI वर्ग की लायब्रेरी है। HTML की निम्नलिखित विशेषताएँ होती हैं:

(a) यह अनवरत अद्यतन है।

(b) इसमें अनेक स्पष्ट विशेषताएँ हैं।

(c) यह प्रयोग करने में अत्यधिक आसान है।

(d) यह विन्यास, मैट्रिक्स एवं संबद्ध सूचियों सहित समस्त CGI वातावरण चरों को व्यवस्थित कर सकती है।

(e) इसमें बिटमैप (Bitmaps) एवं अन्य प्रकार की इमेजों को व्यवस्थित करने हेतु वर्ग सम्मिलित होते हैं।

(f) यह दस्तावेज़ के बजाय HTTP error/Status codes के आउटपुट प्रस्तुत कर सकती है।

इस लायब्रेरी के दस्तावेज़ प्रोग्रामर्स के लिए लिखे गये हैं लेकिन इसमें प्रत्येक वर्ग के उदाहरण समाहित होते हैं।

वेबसाइट लिंकिंग के लिए CGI को प्रयोग करना (Using CGI for Website Linking)

वेब की सर्वाधिक उपयोगी एप्लीकेशन डाटाबेस के साथ वेबसाइट को संबद्ध करने की इसकी क्षमता है। इसलिए वेब सर्फ करने वाले जानकारियों को खोज सकते हैं। निष्कर्षत: वेब पृष्ठ डाटाबेस एप्लीकेशन का मुखपत्र (frontend) बन जाता है जो आपको खोज प्रक्रिया का चयन करने के योग्य बनाता है और मेज़बान (Host) कम्प्यूटर पर स्थित डाटाबेस की जटिल खोजों को सम्पन्न कराता है।

☞ डाटाबेस से वेबसाइट को संबद्ध करना अपेक्षाकृत आसान हो सकता है। डाटाबेस किसी भी अवस्था में बन सकता है और फाइलमेकर प्रो की तरह साधारण हो सकता है अथवा ऑरेकल SQL डाटाबेस के जितना जटिल भी हो सकता है। वेबसाइट और डाटाबेसों को एक साथ लाने में CGI एक सेतु का कार्य करता है।

वेबसाइट एवं डाटाबेस के बीच संबद्धता का एक सुविख्यात उदाहरण लोकप्रिय याहू! वेब साइट है। याहू साइट वेबसाइट विवरणों के वृहंद डाटाबेस के फ्रंट एंड के रूप में कार्य करती है जो मूल शब्दों के अनुसार खोजी जा सकती हैं।

डाटाबेस के क्लाइंट साइट पर आप एक वेबपृष्ठ को देखते हैं जिसमें एक फार्म होता है तथा जिसमें आप अपने खोये जाने वाले शब्द को प्रविष्ट कर सकते हैं। खोज को सम्पन्न करते हुए आप एक CGI लिपि लांच करते हैं जो वेब सर्वर पर CGI bin के लिंक के रूप में वेब सर्वर पर एक सर्च कमाण्ड को भेजता है। अत: जनसंपर्क फर्मों हेतु याहू साइट पर खोज निम्नलिखित रूप में दिखाई पड़ती है:

```
http://search.yahoo.com/bin/search
?p=public+relations
```

जब वेब सर्वर इस URL को प्राप्त करता है तो यह CGI लिपि के लिए ट्रिगर (trigger) के रूप में URL की पहचान करता है और CGI प्रयोग करने वाले मिनी-प्रोग्राम की सर्च प्रक्रिया के साथ इसे pass करता है। तब CGI लिपि डाटाबेस को सर्च प्रेषित करती है और परिणाम वाले डाटाबेस द्वारा बनाए गए HTML पृष्ठ के साथ प्रश्न का परिणाम प्राप्त करती है तत्पश्चात् वह इसे क्लाइंट को वापस भेजने के लिए वेब सर्वर पर इसे भेजती है। यह सबकुछ पर्दे के पीछे घटित होता है।

10.3 वीबी लिपि (VB Script)

VB Script जैसी लिपीय भाषाएँ विजुअल बेसिक लैंगुएज (Visual Basic Language) से ली गई हैं। यह वेब की क्षमताओं में उसी प्रकार प्रसार करती है जिस प्रकार हवाई जहाज मनुष्य की आकाश मार्ग से यात्रा करने की क्षमताओं को प्रसारित करता है।

☞ **VB Script** से पृष्ठ स्थिर विषयवस्तु की अपेक्षा सक्रिय एवं गतिशील सॉफ्टवेयर की तरह बन जाता है।

VB Script प्रोग्रामिंग भाषा का वह प्रकार है जो दूसरे मेज़बान वातावरण में नियंत्रण स्थापित करने के लिए प्रयोग किया जाता है। यह **संकलित करने** की अपेक्षा **भाषान्तरण किया** हुआ होता है। इसका तात्पर्य यह है कि लिपीय भाषा से बनाया गया प्रोग्राम भाषा का रूपांतरण करने वाले वातावरण में अवश्य चलना चाहिए और यह stand-alone एप्लीकेशन में नहीं चल सकता है।

HTML स्वयं लिपीय भाषा का रूपान्तरण नहीं कर सकता है लेकिन फिर भी इसे भाषान्तरण करने वाले लिपीय भाषा के रूपान्तरक के रूप में जाना व पुकारा जाता है। किसी ब्राउज़र-समर्थित लिपीय भाषा का प्रयोग करके आप HTML से कहीं ऊपर जा सकते हैं। VB Script जैसे लिपीय भाषा से HTML की सभी सीमाएँ समाप्त हो जाती हैं। अब केवल लिपीय भाषा की स्वयं की सीमाएँ ही सीमित होती हैं। VB Script भाषा को वेब पृष्ठ में जोड़ा जा सकता है और यदि ब्राउज़र उन्हें सपोर्ट करे तो यह उन स्मार्ट, एक्टिव प्रोग्रामों के लिए मार्ग प्रदान करता है जो उस पृष्ठ के अंग होते हैं।

10.3.1 VB Script का प्रयोग करके किये गए कार्य (Jobs Done Using VB Script)

VB Script प्रयोक्ता को साधारण अवलोकन की अपेक्षा वेब पृष्ठ के साथ अंत:क्रिया करने की योग्यता प्रदान करता है। इस अंत:क्रिया के लिए अनेक संभव परिदृश्य होते हैं। उदाहरणार्थ, अंत:क्रिया करने की यह क्षमता वेब पृष्ठ से प्रश्न पूछना संभव बनाती है और यह भी संभव बनाती है कि प्रयोक्ता किस प्रकार उनके उत्तर के लिए प्रत्युत्तर देता है। VB Script तब प्रयोक्ता से इनपुट प्राप्त कर सकती है और आँकड़ों की यह जाँच करती है कि ये वैद्य है या नहीं अथवा ये निश्चित मानदण्डों को पूरा करते हैं या नहीं। तब इसे इंटरनेट पर या तो आँकड़ों के वास्तविक भण्डारण अथवा प्रदत्त जानकारी पर आधारित सर्वर पर इसे रखने के लिए डाला जाता है। उदाहरणार्थ, हवाई यात्रा आरक्षण हेतु प्रयोक्ता की माँग का प्रत्युत्तर VB Script दे सकती है। इसे आँकड़ों में पढ़ सकती है, यह सुनिश्चित करने के लिए जाँच कर सकती है कि सभी खाने भरे गए हैं, फोन नम्बर व जिप कोड अपने सही रूप में हैं या नहीं, प्रयोक्ता को अनुमानित मूल्य की सूचना देती है और फिर सर्वर को सूचित करती है। ये सभी कार्य उस वेब पृष्ठ में कोड द्वारा किये जाते हैं जो

प्रयोक्ता के क्लाइंट पीसी पर पड़े हुए के रूप में इंटरनेट से डाउनलोड किया गया था। इस क्रम में सर्वर यह सुनिश्चित करता है कि ग्राहक जब भी टिकट चाहे, उसके लिए उसमें मुक्त स्थान (open slot) हो और तत्पश्चात् यह फ्लाइट बुक करता है और ग्राहक के लिए मेल (mail) के जरिये टिकट प्राप्त करता है।

VB Script आँकड़ों की गणना का कार्य भी कर सकती है जैसे कि बिक्री कर लेने के बाद वस्तु की कीमत को कम्प्यूटरीकृत करना आदि। वेब पृष्ठ की गणनाएँ प्राय: प्रयोक्ता जो करना चाहता है, उसके लिए एक तरीका प्रदान करती हैं या शायद उस तरह के परिणाम उन्हें प्रदान करती हैं जो वे चाहते हैं। इस प्रकार से, आपका वेब पृष्ठ प्रयोक्ता को नियत जानकारी के प्रस्तुतिकरण की अपेक्षा बहुत कुछ करने की योग्यता प्रदान करता है। उदाहरण हेतु, आप प्रयोक्ता को उन विलासितापूर्ण वस्तुओं के चयन करने की अनुमति देते हैं जो वह अपनी कार पर चाहता है और जैसे ही विलासितापूर्ण (Luxury items) वस्तु को चुना जाता है आप सम्पूर्ण मूल्य को समायोजित करने लगते हैं। प्रयोक्ता जितना अधिक समय चाहता है, व्यतीत करता है और ऐसे संयोजनों को तब तक मिलाता रहता है जब तक कि विशेषताओं के सही संयोजनों की मूल्यों के साथ गणना न हो जाए।

VB Script एवं सही नियंत्रण से आप कुछ निश्चित चीजों के लिए सचल वस्तुओं से अपने वेब पृष्ठ को सजीव बनाते हुए 3-D एनीमेशन प्रभावों की रचना कर सकते हैं। आप एनीमेशन का प्रयोग अपने वेब पृष्ठ पर तितलियों को उड़ाने व स्क्रीन पर कारें दौड़ाने के लिए कर सकते हैं अथवा आप तीरों को वहाँ घुमा सकते हैं जहाँ आप अपने वेब पृष्ठ पर प्रयोक्ता से अंत:क्रिया करवाना चाहते हैं। यद्यपि यह बिल्कुल गुप्त प्रतीत होती है, एनीमेशन प्रयोक्ता का ध्यान आकृष्ट करने में सहायता प्रदान करता है और उन्हें ऐसा प्रतीत कराते हैं जैसे कि वे सजीव चीज़ों के साथ कार्य कर रहे हों। वे आपके पृष्ठ को और अधिक देखना चाहते हैं और जब अनेक एनीमेशन उनका ध्यान आकर्षित करते हैं तो वे ज्यादा समय तक आपके वेब पृष्ठ के साथ बने रहना चाहते हैं।

इसके लिए नमूना प्रोग्राम चित्र 10.1 में दिया गया है जिसमें VB Script लिंक समाहित है। जब इंटरनेट एक्सप्लोरर का प्रयोग करके इस प्रोग्राम को चलाया जाता है तो इसकी आउटपुट ठीक वैसी ही दिखती है जैसी कि चित्र 10.2 में प्रदर्शित है।

जब प्रयोक्ता द्वारा चित्र 10.1 में प्रदर्शित पर क्लिक किया जाता है तो चित्र 10.3 प्रोग्राम को प्रदर्शित करता है और अनेक कैसेटों व सीडी की जानकारी भरी जाती है।

```
<HTML>
<HEAD>
<TITLE>The VPSSCRIPT Example</TITLE>
</HEAD>
<BODY>
<H1>
The Music Company</EM></H1>
<HR>
<H2>What is the Cost?</H2>
<P>To determine the cost of an album, enter the serial order number of the album
you are interested in an also the quantity desired. Cassettes cost Rs. 15.00 each, and compact disks
cost Rs. 55.00 each.
<PRE>
    Number of Cassettes: <INPUT Name= "txtCassettes" SIZE = 5>
    Number of Compact Disks: <INPUT NAME= "txtDisks" SIZE=5>
</PRE>
<CENTER><B><INPUT TYPE=BUTTON VALUE= "What's the cost?" NAME= "cmdCost">
</B></CENTER>
<PRE>
    Cost <INPUT NAME= "txtCost" SIZE=10>
    Shipping (12% of cost) <INPUT NAME= "txtShipping" SIZE=10>
<BR>
    Total Cost (INPUT NAME= "txtTotal" SIZE=10>
</PRE>
<HR>
<SCRIPT LANGUAGE= "VB Script">
<!-- Option Explicit
    Sub cmdCost_OnClick()
       Dim State
       Dim Cassettes
       Dim Disks
       Dim Cost
       Dim Shipping
       Dim Total
       Cassettes = txtCassettes.value
       Disks = txtDisks.Value
If Cassettes = "" Then
    Cassettes = 0
    Else
```

```
        Cassettes = CInt(cassetts>
    End If
    If Disks = "" Then
        Disks = 0 Else
        Disks = CInt(Disks)
    End If
    If Cassettes + Disks = 0 Then
        MsgBox "You must enter at least one cassettes or disk."
        Exit Sub
    End If
        Cost = 15.00 * Cassettes + 55.00 * Disks
        Shipping = Cost * 0.12
        Total = Cost + Shipping
        txtCost.Value = Cost
        txtShipping.Value = Shipping
        txtTotal.Value = Total
        End sub
</SCRIPT>
</BODY>
</HTML>
```

चित्र 10.1: जावा स्क्रिप्ट कार्य युक्त HTML दस्तावेज़ का नमूना।

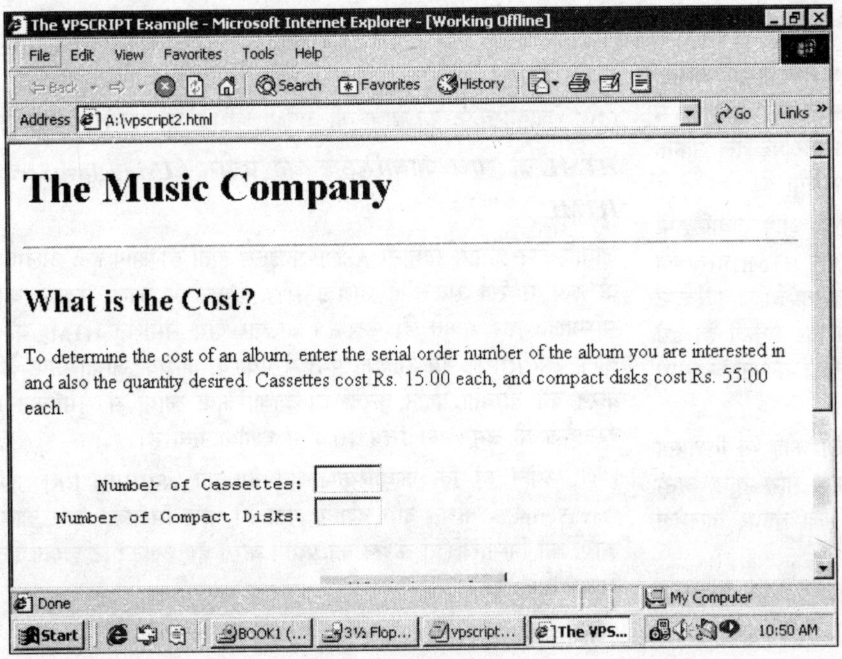

चित्र 10.2: चित्र 10.1 में प्रदर्शित प्रोग्राम की आउटपुट।

> ☞ VB Script और सही नियंत्रण से आप निश्चित घटनाओं के प्रत्युत्तर में सचल वस्तुओं से अपने वेब पृष्ठ को सजीव बनाते हुए, 3-D एनीमेशन प्रभावों की रचना कर सकते हैं।

10.3.2 VB Script और सुरक्षा (VB Script and Security)

VB Script डाउनलोड की गयी फाइल्स को वायरस के प्रवेश से बचाती है और अन्य सुरक्षा एवं सुरक्षा समस्याओं से भी बचाती है और इस प्रकार ऐसी समस्याओं का समूल नष्ट कर सकती है।

सबसे पहले, VB Script में सामान्य प्रचलन में डाटाबेसों अथवा फाइल्स को पढ़ना व लिखना संभव नहीं होता है। यह वास्तव में एक सीमा होती है। लेकिन यह बहुत बड़ी सुरक्षा खामी को रोकती है। उस वेब पृष्ठ के माध्यम से प्रयोक्ता के कम्प्यूटर को नुकसान पहुँच सकता है, जो फाइल को खोलता व उसमें सुधार करता है या प्रयोक्ता के कम्प्यूटर पर फाइल को delete कर सकता है। परिणाम स्वरूप VB Script के लिए परम्परागत विधियों का प्रयोग करके प्रयोक्ता के कम्प्यूटर पर फाइल्स में सुधार करना संभव नहीं होता है।

10.4 जावास्क्रिप्ट और जावा (JavaScript and Java)

10.4.1 जावास्क्रिप्ट (Java Script)

जावास्क्रिप्ट लिपीय भाषा नामक वेब भाषाओं की एक नवीन प्रकृति है। लिपीय भाषाएँ गैरप्रोग्रामर्स के लिए वेब पृष्ठ को उन्नत करना आसान बनाती हैं। जावा स्क्रिप्ट को मूल रूप से अपने नेटस्केप नेविगेटर ब्राउज़र में प्रयोग

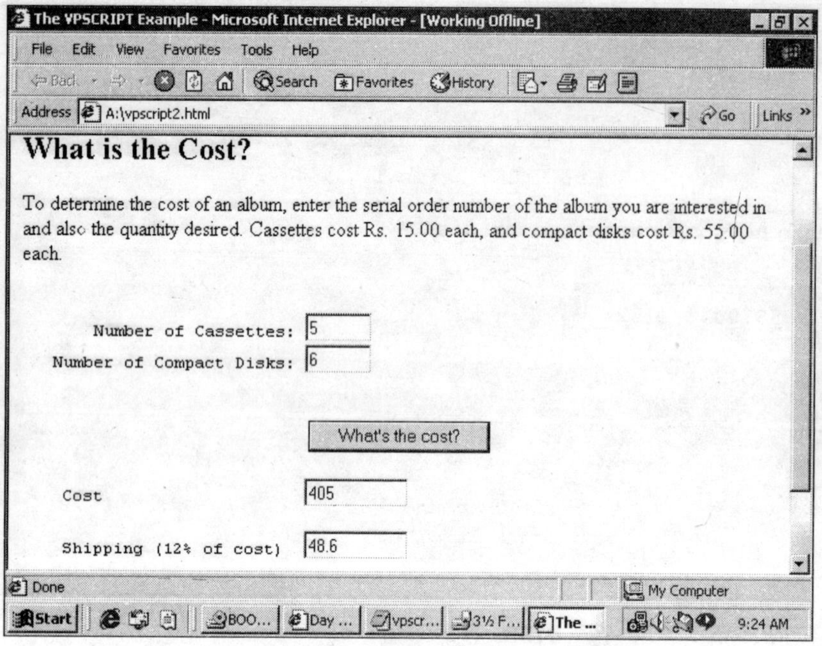

चित्र 10.3: प्रयोक्ता द्वारा अपेक्षित अनेक वस्तुओं की प्रविष्टि के पश्चात चित्र 10.1 में दिये प्रोग्राम को चलाने का नमूना।

> ☞ बिक्री कर को जोड़ने के पश्चात् वस्तु की कीमत को कम्प्यूट करने जैसे आँकड़ों की गणना के कार्य को भी VB Script कर सकती है।

करने हेतु नेटस्केप कारपोरेशन द्वारा विकसित किया गया था। इसमें आसान वाक्य विन्यास, लोचदार चर और ब्राउज़र की विशेषताओं को आसानी से एक्सेस करना शामिल है। यह बिना संकलित किए ही ब्राउज़र पर चल सकता है। और स्रोत कूट को सीधे ही वेब पृष्ठ में रखा जा सकता है।

आप जावास्क्रिप्ट में आसानी से प्रोग्राम कर सकते हैं। आप जावास्क्रिप्ट बनाने के लिए उसी एडीटर का प्रयोग कर सकते हैं जो आप HTML दस्तावेज़ बनाने हेतु करते हैं। और यह ब्राउज़र पर प्रत्यक्षत: कार्य करता है। जावास्क्रिप्ट एक वेब पृष्ठ में HTML दस्तावेज़ों के साथ सीधे कार्य कर सकती है। इसे प्रयोग करना भी आसान होता है और आप कुछ जावास्क्रिप्ट कथनों के साथ कार्य कर सकते हैं।

यद्यपि जावास्क्रिप्ट में जावा को ग्रहण लगाने वाली कोई भी विशेषता नहीं होती है, यह प्रोग्रामिंग को आसान बनाने के साथ-साथ कुछ अन्य आसानियों को भी समाहित करती है। ये ब्राउज़र के साथ बेहतर तालमेल प्रदान करती हैं। जावा से मुख्य भिन्नताएँ निम्नलिखित हैं:

(a) जावास्क्रिप्ट को HTML के साथ सीधे ही मिलाया जा सकता है।

(b) जावास्क्रिप्ट की भाषा संरचना जावा की अपेक्षा अधिक आसान है।

(c) नेटस्केप नेविगेटर नामक वेब ब्राउज़र में जावास्क्रिप्ट इंटरप्रेटर निर्मित होता है।

(d) जावास्क्रिप्ट को जावा की अपेक्षा अधिक प्लेटफार्म पर सपोर्ट प्राप्त है।

HTML के साथ जावास्क्रिप्ट का प्रयोग (Using JavaScript with HTML)

जावास्क्रिप्ट प्रोग्राम सामान्य ASCII फाइल्स होती हैं। आप इन्हें अलग फाइल्स के रूप में रख सकते हैं अथवा HTML पृष्ठ में जावा स्क्रिप्ट कार्यों को सम्मिलित कर सकते हैं। नेटस्केप ब्राउज़र द्वारा समर्थित HTML के विस्तार वाला <SCRIPT> टैग आपको पृष्ठ में एक या अधिक जावास्क्रिप्ट कार्यों को करने की योग्यता प्रदान करता है। जावास्क्रिप्ट कार्यों से सुसज्जित HTML दस्तावेज़ के नमूने को चित्र 10.4 में दर्शाया गया है।

ध्यान रहे कि जावास्क्रिप्ट हेतु टैग को <SCRIPT LANGUAGE= "JavaScript"> कथन द्वारा दर्शाया गया है। कुल मिलाकर फिर जावास्क्रिप्ट कार्यों को निम्नलिखित कथन का प्रयोग करते हुए आउटपुट लेखन हेतु प्रयोग किया जाता है।

document.write ("Here is JavaScript output".)

प्रोग्राम की आउटपुट को चित्र 10.5 में प्रदर्शित किया गया है।

```
<HTML><HEAD>
<TITLE>JavaScript Example</TITLE>
</HEAD>
<BODY>
HTML Type Text here.
<SCRIPT LANGUAGE= "JavaScript")
document. write ("Hee is JavaScript output.")
</SCRIPT>
</BODY>
</HTML>
```

चित्र 10.4: जावास्क्रिप्ट कार्यों से सुसज्जित HTML दस्तावेज का नमूना।

JavaScript Example
HTML Type Text here. Here is JavaScript output.

चित्र 10.5: चित्र 10.4 में प्रदर्शित प्रोग्राम की आउटपुट।

जावास्क्रिप्ट की विशेषताएँ (Characteristics of JavaScript)

जावास्क्रिप्ट की कुछ विशेषताएँ निम्नलिखित हैं:

(a) जावास्क्रिप्ट भाषा को संकलित करने की अपेक्षा रूपांतरित किया जाता है। स्क्रिप्ट को बदलना उतना ही आसान होता है जितना कि HTML पृष्ठ को बदलना।

(b) वस्तुओं एवं वर्गों को बनाने की अपेक्षा आप जावास्क्रिप्ट में मौजूद वस्तुओं को सामान्यत: एक्सेस करते हुए एक बाइट को कर सकते हैं।

(c) चरों को दूर-दूर टाइप किया जाता है। आपको चरों को प्रयोग करने से पहले घोषित करने की जरूरत नहीं पड़ती है और अधिकांश परिवर्तन (संख्याओं से स्ट्रिंग जैसे) स्वत: ही घटित होते हैं।

(d) जब भी HTML दस्तावेज़ के किसी भाग पर कोई कार्य किया जाता है, जावास्क्रिप्ट कार्य उन कार्यों को व्यवस्थित करने वालों को कार्य करने की योग्यता प्रदान करते हैं।

वेब ब्राउज़र के साथ जावास्क्रिप्ट का एकीकरण (Integration of JavaScript with Web browser)

जावा एक लक्ष्याभिमुख भाषा है और यह लक्ष्यों का प्रयोग कर सकती है। एक लक्ष्य अनेक मूल्यों को भण्डारित (store) कर सकता है और वास्तविक जावास्क्रिप्ट कोड को भी समाहित कर सकता है। जावास्क्रिप्ट उन लक्ष्यों को भी समाहित करता है जो सीधे ही ब्राउज़र की विशेषताओं का उपयोग करने की आपको योग्यता प्रदान करते हैं। ये लक्ष्य ब्राउज़र व वेब पृष्ठ विंडो व दस्तावेज़ जैसे वास्तविक अवयवों को प्रस्तुत करते हैं। आप जावास्क्रिप्ट से ब्राउज़र को भी नियंत्रित कर सकते हैं। उदाहरणार्थ, इसमें आपके वेब पृष्ठ पर "back" बटन को शामिल करना भी संभव होता है जो ब्राउज़र के back-arrow बटन की भाँति पिछले पृष्ठ पर जाने के लिए प्रयोक्ता को वापस भेजेगा।

सभी उपलब्ध प्लेटफार्मों पर नेटस्केप द्वारा जावास्क्रिप्ट समर्थित होने की वजह से इसे जावा की अपेक्षा कहीं अधिक सपोर्ट प्राप्त होता है। कार्यशीलता को निम्नलिखित प्लेटफार्मों पर उपलब्ध कराया जाता है:

(a) विंडोज़ 3.1, नेटस्केप नेविगेटर के 16-bit संस्करण का प्रयोग करना।

(b) इंटरनेट एक्सप्लोरर एवं नेटस्केप नेविगेटर के 32-bit संस्करण का प्रयोग करते हुए विंडो 95 अथवा विंडो NT।

(c) वेब ब्राउज़र के मैकिन्टोश संस्करण का प्रयोग करते हुए मैकिन्टोश सिस्टम न अथवा उससे अधिक।

(d) इंटरने‿ एक्सप्लोरर व नेविगेटर के X windows संस्करण का प्रयोग करते हुए UNIX के अधिकांश संस्करण।

जावास्क्रिप्ट की विशिष्ट विशेषताएँ (Special Features of JavaScript)

डायनामिक इन्फार्मेशन को जोड़ना (Dynamic Information Inclusion): जावास्क्रिप्ट को कुछ टेक्स्ट को डायनामिक बनाकर प्रयोग किया जा सकता है। एक साधारण उदाहरण के रूप में, समय पर आधारित "good morning" अथवा "good evening" की उचित ग्रीटिंग को आप प्रदर्शित कर सकते हैं। चूँकि आप HTML को स्वयं ही प्रयोग व नियंत्रित कर सकते हैं इसलिए आप जावास्क्रिप्ट प्रयोग करने वाले लिंकों अथवा ग्राफिक को चुनकर इसका विस्तार कर सकते हैं। अत: प्रयोक्ता पर निर्भर समय अथवा किसी घटक हेतु आप उपयुक्त पृष्ठ को प्रस्तुत कर सकते हैं।

फार्मों को वैध बनाना (Validating Forms): जब कभी प्रयोक्ता फार्मों में डाटा प्रविष्ट करता है और submit बटन को दबाता है तो CGI प्रोग्राम का प्रयोग कर रहा सर्वर जानकारी का प्रत्युत्तर देता है। यह उपयोग तो है किन्तु बहुत अधिक अंत:क्रियाशील नहीं होता है क्योंकि प्रत्युत्तर प्राप्त करने से पहले आपको डाटा सर्वर पर जाने व वापस आने के लिए प्रतीक्षा करनी पड़ती है। जबकि जावास्क्रिप्ट वेब फार्म को तुरन्त प्रत्युत्तर दे सकता है। जब तक submit बटन नहीं दबाई जाती आप सर्वर को डाटा नहीं भेज सकते हैं लेकिन इस बीच जावास्क्रिप्ट डाटा पर कार्य कर सकती है। उदाहरणार्थ, आप ऑनलाइन ऋण आवेदन भरते हो और जैसे ही यह पूरी तौर पर भर जाता है आपको तुरन्त ऋण के भुगतान के बारे में जानकारी प्राप्त करने की जरूरत पड़ती है। आवेदन संतुष्ट हो जाने के बाद आप इसे सर्वर पर submit कर सकते हैं।

☞ **जावास्क्रिप्ट व CGI** में सबसे बड़ा अन्तर यह है कि CGI सर्वर पर कार्य करता है और जावा स्क्रिप्ट प्रयोक्ता की अपनी मशीन (क्लाइंट) पर कार्य करती है। सर्वर को डाटा भेजने व सर्वर द्वारा प्रयोक्ता को डाटा वापस भेजने के लिए CGI अत्यधिक उपयोगी है।

वेबपृष्ठों को अंत:क्रियाशील बनाना (Making Web Pages Interactive): जावा स्क्रिप्ट का प्रयोग प्रयोक्ता को पृष्ठ पर कुछ नियंत्रण देने के लिए किया जा सकता है। उदाहरणार्थ, आपके पास पृष्ठभूमि के प्रदर्शन को नियंत्रित करने के लिए पार्श्व ON/OFF अथवा विषयसूची के प्रदर्शन को toggle करने हेतु बटन होती है।

जावास्क्रिप्ट के साथ संपादित समस्याएँ (Possible Problems with JavaScript)

सुरक्षा मानदण्ड (Security Considerations): जिस प्रकार जावास्क्रिप्ट को विकसित किया गया है, इसमें सुरक्षा की दृष्टि से अनेक खामियाँ हैं। जावास्क्रिप्ट लिपि आपके URL History को पढ़ सकती है तथा इसे दूरस्थ साइट पर प्रेषित कर सकती है। आपके ईमेल एड्रेस को पढ़ा जा सकता है और आपकी जानकारी के बिना ही ईमेल प्रेषित करने के लिए इसे प्रयुक्त किया जा सकता है। आपकी हार्डडिस्क पर फाइल्स की सूची को प्राप्त किया जा सकता है। जो URL आप देखते हैं उसे लिपि द्वारा (logged) लॉग किया जा सकता है व प्रसारित किया जा सकता है। यदि आपके पास नेटस्केप का नवीनतम संस्करण है तो आप इन समस्याओं से बचे रहते हैं।

सोर्स कोर्ड एक्सेस करने योग्य होता है (Source Code is Accessible): जावास्क्रिप्ट के साथ एक दूसरी समस्या यह है कि किसी को भी जो इसे कॉपी करना चाहता है, बिना स्क्रिप्ट सोर्स उपलब्ध कराये अपने वेब पृष्ठ पर जावा स्क्रिप्ट को किसी भी प्रकार प्रयोग नहीं कर सकता है। इसका तात्पर्य है कि आपको घंटों केवल यह खोजने के लिए लगाने पड़ते हैं कि लोगों ने अपने वेब पृष्ठ में इसे कॉपी किया है या नहीं।

नेटवर्क संचार की कमी (Lack of Network Communication): जावास्क्रिप्ट में वेब ब्राउज़र एवं HTTP सर्वर के बीच संचार करने हेतु कोई सुविधा नहीं होती है। इसका तात्पर्य है कि यद्यपि आप जावास्क्रिप्ट का प्रयोग प्रयोक्ता द्वारा फॉर्म में भरे गए आँकड़ों को मेनीपुलेट करने में कर सकते हैं किन्तु आप परिणामित आँकड़ों को वापस सर्वर को नहीं भेज सकते हैं। इस समस्या को सुलझाने के लिए आप दूसरी भाषाओं के साथ जावास्क्रिप्ट को मिला सकते हैं। और यह सब करने के लिए CGI एक आसान तरीका है।

सीमित ग्राफिक्स एवं मल्टीमीडिया क्षमताएँ (Limited Graphics and Multimedia Capabilities): चूँकि जावास्क्रिप्ट एक लिपीय भाषा है इसलिए आप वेब पृष्ठ में ग्राफिक्स को सम्मिलित कर सकते हैं और जावास्क्रिप्ट का प्रयोग यह निर्दिष्ट करने के लिए कर सकते हैं कि कौन सी भाषा प्रयुक्त करनी है।

सीमित गति (Limited Speed): जावास्क्रिप्ट का वर्तमान कार्यान्वयन थोड़ा धीमा है और कोई जटिल गणना करने व HTML को मेनीपुलेट करने में यह धीमी गति से चलता है।

जावास्क्रिप्ट किस प्रकार कार्य करती है? (How JavaScript Works?)

हम पहले ही यह जानते हैं कि जावास्क्रिप्ट वेब डिज़ाइनर्स को उन वेब पृष्ठों जो HTML से नहीं प्राप्त किये जा सकते हैं, में कार्यशीलता एवं अंत:क्रिया करने की अनुमति प्रदान करती है। यह सक्रिय फार्मों को बना सकती है अथवा टेक्स्ट के ऊपर माउस घुमाने से इसके रंग को बदल सकती है।

☞ **जावास्क्रिप्ट** एक रूपान्तरक भाषा भी है जिसका तात्पर्य यह है कि इसकी कमाण्डें ब्राउज़र द्वारा उस क्रम में जिसमें ब्राउज़र उन्हें पढ़ता है, द्वारा निष्पादित की जाती हैं।

जावास्क्रिप्ट कमाण्डों को वेब पृष्ठ बनाने वाले HTML में सीधे ही रखा जाता है। चल रही लिपि पर निर्भर करते हुए कमाण्डों को फाइल में अनेक जगहों पर रखा जा सकता है। ये कमाण्डें प्राय: फाइल के ऊपर रखी जाती हैं। विशेष कोड कमाण्डों को सेट करते हैं और जावास्क्रिप्ट कमाण्डों वाले ब्राउज़र को बदलते हैं। फाइल के ऊपर यदि HTML <body> टैग के पहले कमाण्डें रखी गयी हैं तो HTML पृष्ठ लोड करते समय भी स्क्रिप्ट सम्पन्न प्रारंभ करने के योग्य होगी।

इसका एक मूल तरीका यह है कि जावास्क्रिप्ट लक्ष्यों पर क्रिया करने का कार्य करती है। इन क्रियाओं को पद्धतियाँ कहा जाता है। इस आधारभूत संकल्पना का प्रयोग करके जावास्क्रिप्ट को नाजुक एवं सक्रिय विशेषताओं की व्यापक किस्मों के लिए प्रयोग किया जा सकता है।

10.4.2 जावा (Java)

सन माइक्रोसिस्टम्स द्वारा विकसित कम्प्यूटर भाषा जावा वर्ड प्रोसेसिंग की भाँति ही इंटरनेट पर एप्लीकेशनों को चलाने की योग्यता प्रदान करती है और स्प्रेडशीट (Spread Sheet) प्रोग्राम आपके कम्प्यूटर पर चलते हैं।

वेब पृष्ठ में इनलाइन साउण्ड और एनीमेशनों को समाहित करने वाली यह पहली भाषा थी। प्रथम पठन एवं फार्म भरने के बजाय प्रयोक्ता अब खेल, स्प्रेडशीट की गणना, वास्तविक वार्तालाप, निरंतर नवीनतम डेटा प्राप्त करना और बहुत कुछ कार्य कर सकता है।

☞ **इनलाइन साउण्ड्स** जब कभी प्रयोक्ता पृष्ठ लोड करता है, उस समय चलती है और संगीत पृष्ठ के पार्श्व में चलता है।

टोस्टर, माइक्रोवेव ओवनों और पर्सनल डिजिटल डायरी जैसे उपभोक्ता इलेक्ट्रॉनिक्स उपकरण हेतु सॉफ्टवेयर के लिए प्रोग्रामिंग भाषा के रूप में जावा जीवन की शुरूआत करती है। उपभोक्ता उपकरणों के सॉफ्टवेयर में कुछ उत्कृष्ट डिज़ाइन आवश्यकताएँ होती हैं। उदाहरण के लिए- नये कम्प्यूटर चिप्स पर कार्य करने के योग्य होने के लिए ज़रूरत पड़ने वाले सॉफ्टवेयर प्राय: चिप्स को बदल देते हैं जो अधिक खर्चीला होता है अथवा इसमें नयी विशेषताएँ डालना भी काफी महंगा साबित होता है। सॉफ्टवेयर को अत्यधिक विश्वसनीय बनाने की ज़रूरत भी पड़ती है क्योंकि जब प्रयोक्ता असफलताएँ प्रस्तुत करता है तो निर्माता को पूरे उपकरण को बदलना पड़ता है।

जावा के विकासकर्ताओं ने माना कि जावा जैसी आर्कीटेक्चर न्यूट्रल भाषा इंटरनेट पर प्रोग्रामिंग के लिए आदर्श साबित होगी क्योंकि प्रोग्राम इंटरनेट से जुड़े विभिन्न प्रकार के कम्प्यूटरों पर चलाया जा सकेगा। वास्तव में, जावा के समस्त डिज़ाइन लक्ष्य इसे इंटरनेट प्रोग्रामिंग के लिए एक आदर्श भाषा बनाते हैं।

उस बिन्दु पर सन के लिए जावा का विकास नये महत्त्व का होगा। इसकी टीम ने एक HotJava नामक वेब ब्राउज़र लिखा जो जावा एप्लेट को सपोर्ट करने वाला प्रथम वेब ब्राउज़र था।

☞ **एप्लेट** वह छोटा जावा प्रोग्राम है जिसे किसी अन्य एप्लीकेशन में जोड़ा जा सकता है।

आप HTML दस्तावेज़ में एप्लेट को वेब पृष्ठ पर सक्रिय एवं निष्पादनीय विषय वस्तु उपलब्ध कराने के लिए जोड़ सकते हैं। HotJava ने प्रोग्रामर्स एवं शेष विश्व के समक्ष अत्यन्त दृश्य तरीके में जावा भाषा की ताकत को प्रदर्शित किया है।

प्रोग्रामर्स ने जावा की अल्फा रिलीज़ के साथ टांका लगाना प्रारंभ कर दिया, जिसे सन ने सभी प्रकार की 'शांत' एप्लेटों की रचना करके उपलब्ध कराया था। उनके अनुभवों एवं फीडबैक ने इस भाषा और इसकी API को परिष्कृत करने में सहायता प्रदान की। उसी समय सन ने इस भाषा के प्रथम बीटा संस्करण को रिलीज़ किया। नेटस्केप ने अपने वेब ब्राउज़र के द्वितीय संस्करण 2.0 की उद्घोषणा की जिसका नेटस्केप नेविगेटर जावा एप्लेट को सपोर्ट करेगा। यह सपोर्ट कम्प्यूटिंग जगत एवं इंटरनेट पर जावा तकनीकें पहले से ही मौजूद सशक्त रुचियों को बढ़ाने का कार्य करता है। IBM, SGI, Microsoft एवं Oracle जैसी कम्पनियों को जावा टेक्नॉलॉजी के लिए सन से लायसेन्स प्रदान किया जाता है। जावा तकनीक में और अधिक सॉफ्टवेयर व हार्डवेयर उत्पाद जोड़े जाएंगे।

जावा क्या है? (What is Java?)

जावा एक साधारण, लक्ष्योभिमुख, वितरित, रूपांतरित, पुष्ट, सुरक्षित, आर्कीटेक्चर न्यूट्रल, वहनीय, उच्च कार्यकुशल, मल्टीहैडिड और डायनामिक भाषा है। जावा में निम्नलिखित विशेषताएं होती हैं:

साधारण (Simple): जावा एक साधारण भाषा है। लेकिन वास्तव में हमारा साधारण से क्या अभिप्राय है? भाषा को डिज़ाइन करने के लिए एक लक्ष्य बनाया गया था जिसे प्रोग्रामर तुरन्त सीख सके, इसलिए बड़ी संख्या में भाषा निर्माणों को छोटा रखा गया। एक अन्य डिज़ाइन लक्ष्य यह बनाया गया था कि प्रोग्रामर्स के आसान विस्थापन हेतु भाषा जानी पहचानी दिखाई दे। यदि आप एक C अथवा C++ प्रोग्रामर हैं तो आप पाएंगे कि जावा में C व C++ जैसे अनेक विशिष्टताओं वाली भाषा का प्रयोग किया जाता है।

☞ भाषा को साधारण एवं सुपरिचित दोनों रखने के लिए जावा बनाने वालों ने C तथा C++ की अनेक विशेषताओं को समाप्त कर दिया। ये विशेषताएँ प्राय: खराब प्रोग्रामिंग कार्यों को बढ़ावा देती थीं अथवा बहुत कम प्रयोग की जाती थीं। उदाहरणार्थ, जावा **Goto** कथन को सपोर्ट नहीं करता, बजाय इसके यह **break** एवं **continue** और विकल्प हैंडलिंग प्रदान करता है। जावा हैडर फाइल्स का प्रयोग नहीं करता है और C प्रिप्रोसेसर को खत्म कर देता है। जावा ऑपरेटर के अधिक कार्यभार को समाप्त कर देता है और C++ की अनेक पैतृक विशेषताओं को भी नष्ट कर देता है।

जावा की कोई भी संरचना एवं एरे (arrays) नहीं होने की वजह से यह वस्तुओं के रूप में स्ट्रिंग का प्रयोग करती है। और इसमें प्वाइंटर्स (Pointers) की कोई ज़रूरत नहीं होती है। जावा चीज़ों के संदर्भीकरण एवं असंदर्भीकरण को स्वयं ही व्यवस्थित करती है। जावा स्वचालित कचरा (garbage) संग्रहण को कार्यान्वित करती है इसलिए आपको स्मरण प्रबंधन (memory management) मुद्दों के बारे में चिंतित होने की आवश्यकता नहीं होती है।

लक्ष्याभिमुख (Object-oriented): जावा एक **लक्ष्याभिमुख** प्रोग्रामिंग भाषा है। अत: एक प्रोग्रामर के रूप में आप अपना ध्यान अपनी एप्लीकेशन एवं पद्धतियों, जो क्रिया विधियों के बारे में सोचने की बजाय उन आँकड़ों को मेनीपुलेट करती है, पर केन्द्रित करें।

एक लक्ष्याभिमुख प्रणाली में एक **वर्ग** आँकड़ों का संग्रह होता है और पद्धतियाँ वे होती हैं जो उन आँकड़ों को संचालित करती हैं। दोनों को साथ-साथ रखने पर आँकड़े व पद्धतियाँ किसी वस्तु की स्थिति व व्यवहार की व्याख्या करती है। वर्ग पदानुक्रम में व्यवस्थित होते हैं ताकि एक उपवर्ग अपने उच्च वर्ग से पैतृक व्यवहार कर सकें। वर्ग पदानुक्रम में सदैव मूलवर्ग होता है: यह वर्ग अत्यन्त सामान्य व्यवहार वाला होता है।

प्राकृतिक जगत से उदाहरण लेते हुए आप अपने वर्ग पदानुक्रम के मूल को सजीव चीज़ों के वर्ग में परिभाषित कर सकते हैं। इस वर्ग में दो उपवर्ग होते हैं: पशु एवं पौधे। आगे आप पशु के उपवर्ग के रूप मे स्तनधारियों के वर्ग को परिभाषित कर सकते हैं।

अंतत: यदि आप स्तनधारियों के उपवर्ग के रूप में मानव वर्ग को परिभाषित करते हैं तो मानव वर्ग स्तनधारियों, पशुओं एवं सजीव चीज़ों से आये व्यवहार को अपनाता है।

जावा किस प्रकार कार्य करता है? (How Java Works?)

जावा एक संकलित भाषा है, जिसका तात्पर्य है कि जावा प्रोग्राम लिखे जाने के बाद, एक ऑब्जेक्ट मॉडयूल जिसे कम्प्यूटर पढ़ सके, के प्रोग्राम को बदलने के लिए एक संकलक के माध्यम से प्रोग्राम को अवश्य चलना चाहिए। जावा में, प्रोग्राम का एकल संग्रहीत संस्करण जिसे जावा बाइटकोड कहा जाता है, संकलक (Compiler) द्वारा बनाया गया है। पीसी, मैक अथवा NT वर्कस्टेशन जैसे विभिन्न कम्प्यूटर्स पर इंटरप्रेटर्स जावा बाइटकोड को समझते हैं और प्रोग्राम को चलाते हैं। इस प्रकार जावा प्रोग्राम को एक बार ही बनाया जा सकता है और फिर उसे अनेक प्रकार के कम्प्यूटरों पर प्रयोग किया जा सकता है। जावा सुसज्जित ब्राउज़र्स में जावा बाइटकोड इंटरप्रेटर्स समाहित होते हैं।

जावा प्रोग्राम बाइटकोडों में संकलित हो जाने के बाद इसे वेब सर्वर पर रखा जाता है। जब आप जावा एप्लेट युक्त होमपेज को देखते हैं तो एप्लेट आपके कम्प्यूटर पर डाउनलोड हो जाता है। जावा एप्लेट को चलाने के लिए आपको एक ऐसे वेब ब्राउज़र की आवश्यकता होती है जिसके बाइटकोड इंटरप्रेटर हो और जो आपके जावा एप्लेट को चला सके। इंटरनेट एक्सप्लोरर जैसे अनेक ब्राउज़र्स में ये इंटरप्रेटर्स स्वनिर्मित होते हैं।

क्योंकि जावा एप्लेट वे प्रोग्राम होते हैं जो आपके कम्प्यूटर पर चलते हैं। सैद्धान्तिक रूप से वे अन्य कम्प्यूटर प्रोग्रामों की भाँति वायरस वहन कर सकते हैं।

आपके कम्प्यूटर को वायरस रहित होना सुनिश्चित करने के लिए एप्लेट पहले वैरीफिकेशन की प्रक्रिया से गुजरता है। यह वही प्रक्रिया होती है जो यह सुनिश्चित करती है कि वे बाइटकोड सुरक्षापूर्वक चलाए जा सकें।

बाइटकोड के वैरीफाई (verified) हो जाने के बाद इन्हें आपके कम्प्यूटर की मेमोरी के निर्दिष्ट स्थान पर रखा जाता है और फिर चलाया जाता है। एप्लेट को आपके कम्प्यूटर के विशेष स्थान पर रखते हुए यह ध्यान रखा जाता है कि कोई भी वायरस आपके कम्प्यूटर को नुकसान न पहुंचा सके।

जावा एप्लेट (Java Applets)

जब जावा प्रोग्राम ब्राउज़र के अन्दर चलाए जाते हैं तो उन्हें एप्लेट कहा जाता है। जब आप जावा एप्लेट युक्त वेब साइट का अवलोकन करते हैं तो एप्लेट वेब सर्वर से स्वत: ही डाउनलोड हो जाता है और आपके ब्राउज़र में स्वयं ही चलने लगता है। जावा एप्लेट पीसी अथवा Unix वर्कस्टेशन जैसे किसी भी कम्प्यूटर पर चल सकते हैं।

जावास्क्रिप्ट से जावा की तुलना (Comparing Java with JavaScript)

जावा स्क्रिप्ट का बड़ा भाई जावा यदि आप जावास्क्रिप्ट के छिद्रों को भरना चाहते हैं तो अत्यधिक स्पष्ट विकल्प होता है। जावा में नेटवर्क पर संचार करने व ग्राफिक्स सक्षमताओं सहित अनेक विशेषताएँ होती हैं।

जावा को सीखना जावास्क्रिप्ट से अधिक कठिन है लेकिन आपको इसे सीखने की ज़रूरत नहीं पड़ती है। क्योंकि अनेक तैयार जावा एप्लेट उपलब्ध हैं।

☞ स्मरण रहे कि जावास्क्रिप्ट प्रदर्शन के दौरान HTML को सुधारने, फार्मों को प्रमाणित करने, और प्रयोक्ता द्वारा उत्पादित घटनाओं को व्यवस्थित करने सहित अनेक कार्य कर सकती है जो जावा नहीं कर सकती।

जावास्क्रिप्ट से सीजीआई की तुलना (Comparing CGI with JavaScript)

कॉमन गेटवे इंटरफेस (CGI) लगभग उतना ही स्तरीय है जितना कि वेब और इसे वेब पृष्ठ को परस्पर अंत:क्रिया करने के लिए प्रयुक्त किया जा सकता है। सम्पूर्ण वेब पर जहाँ कहीं भी आप एक फॉर्म को भरते हैं और submit बटन को दबाते हैं तो आप CGI से मुकाबला करते हैं और CGI लिपि को एक्सेस कर चुके होते हैं।

CGI जावा से अथवा जावास्क्रिप्ट जो सर्वर पर इसे सम्पूर्ण रूप से सम्पन्न करती है से भिन्न होती है। क्लाइंट request के रूप में इसको जानकारी भेजता है और तत्पश्चात् वेब पृष्ठ के रूप में परिणाम प्राप्त करता है। आपको तुरन्त परिणाम जैसे कि आपने संख्याएँ प्रविष्ट की और यह स्वयं ही नवीनतम हो गया, प्राप्त नहीं होता है। CGI के साथ जावास्क्रिप्ट को मिलाना आपको वे दोनों जगत के बेहतर परिणाम प्रदान करता है।

10.5 माइक्रोसॉफ्ट फ्रन्टपेज (Microsoft Front-Page)

माइक्रोसॉफ्ट का फ्रन्टपेज संस्करण 2000 उपकरणों तीन सेटों का समूह है जो आपको स्थानीय एवं दूरस्थ वेब साइटों को विकसित एवं प्रशासित करने में सहायता प्रदान करता है। फ्रंटपेज के ये तीन अवयव हैं:

(a) फ्रन्टपेज क्लाइंट
(b) पर्सनल वेब सर्वर
(c) उपयोगिताओं का सैट

☞ **फ्रंटपेज** वह पैकेज है जो गैर-प्रोग्रामरों को व्यावसायिक गुणवत्ता वाली वेबसाइटों को विकसित करने की सामर्थ्य प्रदान करता है। फ्रंटपेज उत्पादकता के रूप में तो उपयोगी है ही साथ ही व्यवसायियों के लिए विकास करने वाला उपकरण भी है। आप विज़ार्ड और टेम्पलेटों जिन्हें फ्रंटपेज एक्सप्लोरर प्रदान करता है, का प्रयोग करके तुरन्त वेबसाइट की रचना कर सकते हैं।

10.5.1 फ्रंटपेज क्लाइंट (The FrontPage Client)

फ्रंटपेज क्लाइंट में फ्रंटपेज एक्सप्लोरर, फ्रंटपेज एडीटर, फ्रंटपेज विज़ार्ड एवं टू-डू लिस्ट समाहित होती है।

फ्रंटपेज एक्सप्लोरर से आप लिंक, आउटलाइन एवं वेब साइट के अवलोकनों का सारांश प्रदर्शित का सकते हैं। सभी फाइल्स, दस्तावेज़ों एवं लिंकों को वेब अवलोकन में प्रदर्शित किया जाता है। व्यू मेनू में चुनी गई सामान्य कन्फीगुरेशन आउटलाइन व्यू एवं लिंक व्यू का साइड-बाई-साइड प्रदर्शन होता है। किसी आईकॉन पर डबलक्लिक करने पर फ्रंटपेज एडीटर में वह HTML अवयव खुलता है। आप फ्रंटपेज को सभी वेब लिंकों की पुनः गणना करने व प्रदर्शन सूची (Displaylist) को रिफ्रेश करने के लिए निर्देशित कर सकते हैं।

फ्रंटपेज में टेम्पलेट भी सम्मिलित होता है। आप फ्रंटपेज सॉफ्टवेयर की डेवलपर्स किट का प्रयोग करके वेब विज़ार्डों व टेम्पलेटों को विकसित कर सकते हैं। इन विज़ार्डों का चयन तब किया जाता है जब आप नया वेब पृष्ठ बनाते हैं। प्रत्येक विज़ार्ड कन्टेंट को स्थापित करने वाले प्रश्नों की श्रृंखला के माध्यम से प्रयोक्ता को लेता है।

फ्रंटपेज एडीटर "जो आप देखते हैं वही आप प्राप्त करते हैं" (WYSTWYG) एडीटर होता है जो वेब पृष्ठों को बनाने व विकसित करने में प्रयोग किया जाता है। एडीटर को HTML की जानकारी होने की जरूरत नहीं पड़ती है और यह वर्ड (word) के लिए माइक्रोसॉफ्ट इंटरनेट असिस्टेंट के साथ माइक्रोसॉफ्ट वर्ड के समतुल्य इंटरफेस वाले प्रयोक्ता को प्रस्तुत करता है।

☞ विज़ार्ड अथवा टेम्प्लेटों का प्रयोग करके आप फॉर्म एवं फ्रेमों सहित सामान्यतः विशेष प्रोग्रामिंग में ज़रूरत पड़ने वाली विशेषताओं से वेब पृष्ठों की रचना कर सकते हैं।

आप नियत इमेजों, टाइमस्टैम्पों जो पृष्ठ सुधार की अंतिम तिथि को इंगित करते हैं, जैसी विशिष्ट HTML कोडों की रचना कर सकते हैं।

फांट स्टाइल, फांट साइज, फांट विशेषताओं, पैराग्राफ स्टाइल सहित मानक वर्ड प्रोसेसिंग कार्य प्रत्यक्षतः HTML कोडों में रूपांतरित किये जाते हैं। आप फ्रंटपेज एडीटर के अन्दर इमेजों को एडिट कर सकते हैं। इमेज में हॉटस्पॉट जोड़ने के लिए आप वृत्तीय, आयताकार एवं अनियमित पंचभुजों के हेतु इमेज टूलबार एडिट कमाण्डों का प्रयोग करके क्लिक करने योग्य इमेजों की रचना करने के लिए फ्रंटपेज एडीटर का प्रयोग कर सकते हैं। आपके द्वारा हॉटस्पॉट बनाए जाने के बाद फ्रंटपेज स्वतः ही URL लिंक जानकारी के लिए आपको उद्यत कर देता है।

10.5.2 व्यक्तिगत वेब सर्वर (Personal Web Server)

फ्रंटपेज में व्यक्तिगत वेब सर्वर HTTP (हाइपर टेक्स्ट प्रोटोकॉल) एवं CGI (कॉमन गेटवे इंटरफेस) मानकों को सपोर्ट करने वाले विंडों 9x अथवा विंडोज एन टी, 2000 के तहत चलने वाला 32-बाइट पीसी- आधारित वेब सर्वर होता है।

फ्रंटपेज व्यक्तिगत वेब सर्वर फ्रंटपेज वेब नामक चुनी गई ड्राइव मूल स्तर पर नई डायरेक्टरी की रचना करता है। इस डायरेक्टरी में दो प्रमुख अवयव समाहित होते हैं:

(a) कंटेन्ट डायरेक्टरी जो फाइल्स रखती हैं और डायरेक्टरियाँ जो वेब पृष्ठ को तैयार करती हैं।

(b) स्थापना प्रक्रिया भी पृष्ठ प्रशासित करने हेतु नाम व पासवर्ड के लिए आपको उद्यत करती है।

फ्रंटपेज व्यक्तिगत वेब सर्वर की मुख्य सीमाएँ सुरक्षित ट्रांजेक्शन विकल्पों की कमियाँ ही होती हैं।

10.5.3 उपयोगिता का समुच्चय (Set of Utilities)

फ्रंटपेज की उपयोगिताओं के समुच्चय हैं:

(a) फ्रंटपेज TCP/IP

(b) फ्रंटपेज सर्वर एडमिनिस्ट्रेटर

फ्रंटपेज टीसीपी/आईपी (FrontPage TCP/IP)

यह व्यक्तिगत वेब सर्वर की मेज़बानी करने वाले पीसी के TCP/IP कन्फीगुरेशन की पुष्टि करता है।

फ्रंटपेज सर्वर एडमिनिस्ट्रेटर (FrontPage Server Administrator)

यह सर्वर के एडमिनिस्ट्रेशन कार्यों को करता है।

10.6 फ्लैश (Flash)

मैक्रोमीडिया फ्लैश वह सॉफ्टवेयर पैकेज है जो वेब डिज़ाइन के लिए एनीमेशनों की रचना करता है। मनोरंजन एवं शैक्षिक जानकारी के लिए आवश्यक वस्तुओं की हलचल एवं एनीमेशन, ध्वनि अंतःक्रिया को फ्लैश ही प्रदान करता है। फ्लैश का प्रयोग करके आप ध्वनि के साथ एनिमेशन युक्त ग्राफिक्स की रचना कर सकते हैं। फ्लैश खेलों, दृश्य क्विज़ एवं ऑनलाइन प्रशिक्षण के लिए आदर्श है। फ्लैश से आप न केवल इमेज फाइल्स ही बनाते हैं बल्कि चलचित्र भी बनाते हैं।

फ्लैश मूलरूप से वेक्टर आधारित सॉफ्टवेयर है जो आपको वेक्टर चीज़ों को बनाने के लिए ड्राइंग टूल उपलब्ध कराता है। वह ड्राइंग जो आप फ्लैश में बनाते हैं, को GIF फाइल्स के रूप में सेव (Save) किया जा सकता है, अतः आपको जटिल ड्राइंग उपकरणों के प्रयोग की कठिनाई से मुक्ति प्राप्त हो जाती है। अपने चलचित्र में प्रयोग करने के लिए फ्लैश में अन्य एप्लीकेशनों से आप बिटमैप इमेज को इंपोर्ट कर सकते हैं। फ्लैश .bmp, .gif, .jpg, .png, .eps, .pdf आदि सहित वेक्टर एवं बिटमैप फॉर्मेट दोनों को सपोर्ट करता है। फ्लैश सिग्मेन्टिंग लेयर्स एवं लायब्रेरी के अन्दर के पृष्ठों जैसे विभिन्न प्रकार की सेटिंग्स से इंटरफेस करता है।

उत्तर सहित पुनरावलोकन प्रश्न
(REVIEW QUESTIONS WITH ANSWERS)

*नोट: * से चिन्हित प्रश्न पहले DOEACC "O" तथा "A" स्तरीय परीक्षाओं में पूछे जा चुके हैं।*

1. बहुविकल्पीय प्रश्न

1. वेब प्रयोक्ताओं से वेल्यू प्राप्त करने हेतु तैयार की गई लिपि है:
   (a) वेब स्क्रिप्ट (b) जावास्क्रिप्ट
   (c) सीजीआई स्क्रिप्ट (d) उपर्युक्त सभी

2. ASP को प्रदान किया गया वातावरण आधारित है:
   (a) क्लाइंट/सर्वर पर (b) नेटवर्क पर
   (c) केन्द्रीयकृत प्रणाली पर (d) उपर्युक्त में से कोई नहीं
3. VBScript सम्पन्न कर सकती है:
   (a) आँकड़ों की गणना को
   (b) 3-D एनीमेशन इफेक्ट की रचना को
   (c) स्थिर जानकारी की प्रस्तुति को
   (d) उपर्युक्त सभी
4. जावा तथा जावास्क्रिप्ट में प्रमुख अन्तर है:
   (a) जावास्क्रिप्ट को HTML के साथ सीधे ही मिलाया जा सकता है।
   (b) जावास्क्रिप्ट भाषा रचना जावा की अपेक्षा अधिक साधारण होती है।
   (c) जावास्क्रिप्ट इंटरप्रेटर ब्राउज़र में अंतर्निहित होते हैं।
   (d) उपर्युक्त सभी
5. जावा स्क्रिप्ट की संभावित समस्याएं हो सकती हैं:
   (a) सुरक्षा
   (b) सीमित ग्राफिक्स एवं मल्टीमीडिया क्षमताएँ
   (c) स्रोतकोड को एक्सेस करने की योग्यता
   (d) उपर्युक्त सभी
6. निम्न में से कौन सा जावा प्रोग्राम को संदर्भित करने का तरीका नहीं है?
   (a) एक एप्लीकेशन (b) एक एप्लेट
   (c) एक वर्ग (d) एक लिपि
7. CGI स्क्रिप्ट क्या है?
   (a) ब्राउज़र में समाहित प्रोग्राम
   (b) वे प्रोग्राम जो सर्वर की क्षमता को बढ़ाते हैं
   (c) (a) एवं (b) दोनों
   (d) उपर्युक्त में से कोई नहीं
8. निम्न में से कौन सा CGI प्रोग्राम को मांगने की CGI पद्धति है?
   (a) GET पद्धति (b) HEAD पद्धति
   (c) (a) एवं (b) दोनों (d) उपर्युक्त में से कोई नहीं।

*9. निम्न में से एक सही कथन को छाँटो:
   (a) जावास्क्रिप्ट इंटरप्रेटर जावा में लिखे गए प्रोग्रामों को ही प्रोसेस करता है।
   (b) जावास्क्रिप्ट इंटरप्रेटर जावास्क्रिप्ट में लिखित लिपि में कमाण्डों को प्रोसेस करता है।
   (c) जावा एवं जावास्क्रिप्ट लगभग समान हैं।
   (d) जावा स्क्रिप्ट को HTML में नहीं जोड़ा जा सकता है।

2. निम्नलिखित वाक्यों में सही और गलत बताएँ:

1. CGI कॉमन इंटरफेस के लिए प्रयुक्त किया जाता है।
2. CGI के बिना डायनामिक कन्टेन्ट बिना मालिकाना सर्वर पद्धति के असंभव होगा।
3. VBScript वेब पृष्ठ के साधारण अवलोकन की अपेक्षा प्रयोक्ता को वेब पृष्ठ के साथ अंत:क्रिया करने देती है।
4. जावा सन माइक्रोसॉफ्ट द्वारा विकसित भाषा है।
5. जावास्क्रिप्ट में वेब ब्राउज़र एवं HTTP सर्वर के बीच संचार करने की कोई सुविधा नहीं है।
6. एप्लेट वह छोटा जावा प्रोग्राम है जिसे दूसरी एप्लीकेशन में जोड़ा जा सकता है।
7. वेब साइट डिज़ाइन करने में आपको टाइटल पकड़युक्त, विवरणात्मक एवं सही बनाना चाहिए।
8. जावा एक लख्याभिमुख भाषा नहीं है।
9. जावा इंटरनेट के लिए उपयुक्त नहीं है।
10. जावास्क्रिप्ट में कार्यों को घोषित करने की आवश्यकता नहीं होती है।

3. निम्नलिखित को सुमेलित करें:

3.1	HTML	(a)	VBScript
3.2	महत्त्वपूर्ण लाभ वेब ब्राउज़र के स्वतंत्र होने से	(b)	एक्टिव सर्वर पृष्ठ
3.3	Yahoo!	(c)	सर्च इंजन
3.4	विजुअल बेसिक लैंगुएज के डेरीवेटिव	(d)	एप्लेट
3.5	एक छोटा प्रोग्राम जिसे दूसरी एप्लीकेशन के साथ जोड़ा जा सकता है।	(e)	वेब पृष्ठ की संरचना की व्याख्या करने के लिए प्रयुक्त की जाने वाली भाषा
3.6	फ्रंटपेज	(f)	माइक्रोसॉफ्ट
3.7	ASP	(g)	वेब पृष्ठ की रचना करना
3.8	हार्डवेयर स्वतंत्र	(h)	जावा

4. रिक्त स्थानों की पूर्ति करो:

(a) इमेज मैप (b) CGI (c) एपलस्क्रिप्ट
(d) जावा (e) वेब पृष्ठ (f) कार्य
(g) डाउनलोडिंग (h) एप्लेट (i) VBScript

4.1 ___________ एक साधारण एवं लक्ष्याभिमुख भाषा है।
4.2 एक विशेष प्रकार का लिंक जो आपको ईमेल भेजने के लिए लोगों को वेबसाइट देखना आसान बनाता है, ___________ लिंक कहलाता है।
4.3 ___________ माइक्रोसॉफ्ट तकनीक है जो कार्य में जावा बीन्स के समान है और वेब पृष्ठों पर प्रस्तावित करने के लिए सक्रिय प्रोग्रामों की अनुमति प्रदान करता है।
4.4 जावा में लिखा गया प्रोग्राम जो वेब पृष्ठ पर प्रस्तुत होता है और स्वंय ही चलता है, जब एक पृष्ठ को ___________ कहा जाता है।
4.5 जावास्क्रिप्ट ___________ के समान है।
4.6 जावास्क्रिप्ट में स्क्रिप्ट का मूल निर्माणक खण्ड ___________ होता है।
4.7 VBScript भाषा को ___________ में जोड़ा जा सकता है।
*4.8 ___________ एक छोटा जावा प्रोग्राम होता है जिसे दूसरी एप्लीकेशन में जोड़ा जा सकता है।
*4.9 ___________ विजुअल बेसिक लेंगुएज का एक यौगिक होता है।

उत्तर

1.	1.1	c	1.2	a	1.3	d	1.4	d	1.5	d
	1.6	d	1.7	b	1.8	c	1.9	b		
2.	2.1	T	2.2	T	2.3	T	2.4	T	2.5	T
	2.6	T	2.7	T	2.8	F	2.9	F	2.10	F
3.	3.1	e	3.2	b	3.3	c	3.4	a	3.5	d
	3.6	g	3.7	f	3.8	h				
4.	4.1	d	4.2	b	4.3	a	4.4	g	4.5	c
	4.6	f	4.7	e	4.8	h	4.9	i		

विवरणात्मक प्रश्न
(DESCRIPTIVE TYPE QUESTIONS)

1. CGI शब्द से आपका क्या अभिप्राय है? इस मानक को प्रयुक्त करने की क्या आवश्यकता है? वे कौन से उन्नत कार्य हैं जिन्हें वर्तमान समय में जावा में करने की अपेक्षा CGI में करना अधिक आसान है?
2. निम्नलिखित पर संक्षिप्त टिप्पणी लिखें:
   (a) CGI पद्धति
   (b) CGI लाइब्रेरियाँ
   (c) CGI का प्रयोग करके वेब साइट को संबद्ध करना
   (d) VBScript
3. जावास्क्रिप्ट क्या है? इसकी क्या विशेषताएँ हैं? वे कौन से प्रयोग हैं जिनके लिए जावास्क्रिप्ट का प्रयोग करना अधिक आसान होता है?
4. सन माइक्रोसॉफ्ट की जावा नामक भाषा की विभिन्न विशेषताएँ क्या हैं, जावा की जावास्क्रिप्ट के साथ तुलना करें।
5. निम्नलिखित पर संक्षिप्त टिप्पणी लिखें
   (a) लक्ष्याभिमुख प्रोग्रामिंग
   (b) जावा एप्लेट
6. क्या आप जानते हैं कि डाउनलोड की गई फाइल्स में वायरस के प्रवेश को VBScript बचाती है? यदि हाँ तो ऐसा किस प्रकार होता है?
7 जावा, जावास्क्रिप्ट से किस प्रकार भिन्न है? जावास्क्रिप्ट की कुछ विशेषताओं का उल्लेख करें। जावास्क्रिप्ट की विशिष्ट विशेषताएँ क्या हैं? जावास्क्रिप्ट की CGI से तुलना करें।
8. परंपरागत प्रोग्रामिंग भाषाओं पर जावा के लाभों की चर्चा करें।
9. लिपीय भाषा क्या है? यह अन्य उच्चस्तरीय कम्प्यूटर भाषाओं से किस प्रकार भिन्न होती है?
10. HTML पर जावास्क्रिप्ट के लाभ क्या हैं?
11. फ्रंटपेज के अवयव क्या हैं? उनमें से प्रत्येक की चर्चा करें।
*12. जावास्क्रिप्ट पर संक्षिप्त टिप्पणी लिखें।
*13. सर्वर द्वारा CGI प्रोग्राम से हैडर आउटपुट को किस तरह रूपान्तरित किया जाता है?

अध्याय-11

इंटरनेट सुरक्षा प्रबंधन की अवधारणाएं, सूचना गोपनीयता एवं कॉपीराइट मुद्दे (Internet Security Management Concepts, Information Privacy and Copyright Issues)

11.1 इंटरनेट सुरक्षा आशंकाओं का ओवरव्यू (Overview of Internet Security Threats)

पीसी के व्यापक प्रयोग एवं कम्पनी के मेनफ्रेम कम्प्यूटर्स कम्प्यूटर्स से जुड़े अनेक निजी कम्प्यूटर्स के नेटवर्क के विकास के कारण बाहरी लोगों के द्वारा जानबूझकर अवांक्षित आँकड़ों की प्रविष्टियों के अवसरों में वृद्धि हो गयी है। दूरस्थ स्थान पर पीसी के साथ बैठा व्यक्ति फोन लाइन का प्रयोग कर सकता है और बिना कोई सुराग छोड़े अवैध रूप से सूचना को एकत्र कर सकता है। व्यक्तिगत प्रयोक्ता कम्पनी के कम्प्यूटर से गोपनीय आँकड़ों को अथवा संचार नेटवर्क के जरिए जुड़े स्टेशन से अन्य विवरणों को कॉपी कर सकते हैं।

सुरक्षा का मतलब नेटवर्क संचार को अनाधिकृत लोगों के हाथों में जाने से बचाना होता है। आँकड़ों का प्रेषक यह सुनिश्चित करना चाहता है कि भेजा गया डेटा वास्तव में इच्छित पार्टी ही प्राप्त करे। सबसे पहले प्राप्तकर्ता जो डेटा प्राप्त करने के लिए अधिकृत होता है, अधिकृत होना चाहिए और तत्पश्चात प्रेषक आँकड़ों को आदान-प्रदान करता है। इसलिए हमें प्रसारण के दौरान आँकड़ों को बचाने के लिए और यह गारंटी प्राप्त करने के लिए कि ये प्रसारण केवल अधिकृत व्यक्तियों के द्वारा ही किए जाएं, के लिए कुछ कदम उठाने की जरूरत पड़ती हैं।

कम्प्यूटर सुरक्षा की सम्पूर्ण सोच में बाहरी एवं आन्तरिक दोनों सुरक्षाएं समाहित होती हैं। बाहरी सुरक्षा में कम्प्यूटर को आग, बाढ़, भूकम्प डिस्क/टेपों की चोरी, व्यक्ति द्वारा स्टोर की गई जानकारी का खुलासा जैसे बाहरी घटकों से सुरक्षा करना सम्मिलित होता है। दूसरी तरफ, आन्तरिक सुरक्षा में प्रयोक्ता की वैधता, नियंत्रण आधिक्य एवं क्रिप्टोग्राफी सम्मिलित होती है।

प्रयोक्ता प्रमाणीकरण का तात्पर्य है— एक बार जब प्रयोक्ता को कम्प्यूटर सुविधा के भौतिक एक्सेस करने की अनुमति प्रदान की जाती है तो प्रयोक्ता द्वारा वास्तविक रूप में सुविधा का प्रयोग करने से पहले प्रणाली द्वारा उसकी पहचान की जाँच अवश्य की जानी चाहिए। एक कम्प्यूटर प्रणाली में अनेक स्रोत तथा अनेक प्रकार की सूचना समाहित होती है। स्पष्टत: सभी प्रयोक्ताओं के लिए केवल समस्त स्रोत एवं जानकारी ही मतलबपूर्ण नहीं होती है। इसलिए प्रयोक्ता जब प्रमाणीकर चरण गुजरता है और उसे कम्प्यूटर सुविधा का प्रयोग करने की अनुमति प्रदान की जाती है तो प्रयोक्ता को उन सूचनाओं/स्रोतों जिसको एक्सेस करने के लिए वे अधिकृत नहीं हैं, से रोकने की जरूरत पड़ती है। इस जरूरत का ध्यान नियंत्रण तंत्र को एक्सेस करके रखा जाता है।

तीसरे प्रकार की आन्तरिक सुरक्षा, प्रकृति में उच्च जटिलता वाली सूचना को अनाधिकृत एक्सेस से बचाना होता है। यहाँ तक कि यदि प्रयोक्ता किसी तरह वह जानकारी जिसके लिए वह अधिकृत नहीं है, प्राप्त करने की कोशिश करता है तो उसे एक्सेस करने के एक तरीके की जरूरत पड़ती है जो यह सुनिश्चित करता है कि प्रयोक्ता उस सूचना का प्रयोग नहीं कर सकता है। इस जरूरत का ध्यान क्रिप्टोग्राफी तंत्र द्वारा रखा जाता है।

☞ क्रिप्टोग्राफी, जहाँ पर एक्सेस कंट्रोल सुनिश्चित करना कठिन होता है ऐसी स्थिति में अनधिकृत एक्सेस से निजी जानकारी को बचाने का साधन होती है।

☞ कम्प्यूटर प्रणालियों में सुरक्षा अनाधिकृत एक्सेस व किसी कम्प्यूटर प्रणाली की सूचना एवं स्रोतों को विनाश से बचाने का कार्य करती है।

अपनाई गई नेटवर्क सुरक्षा पद्धतियाँ निम्नलिखित मुद्दों को अवश्य संबोधित की जानी चाहिए:

(a) कम्प्यूटर प्रणाली में सूचना केवल अधिकृत व्यक्तियों द्वारा ही एक्सेस की जानी चाहिए।

(b) शेयर करने योग्य स्रोत केवल अधिकृत सदस्यों के प्रयोग के लिए ही उपलब्ध होने चाहिए।

(c) किसी नेटवर्क पर प्रसारित की जा रही फाइल में कल्पित संदेशों या रिकार्डों को जोड़ने के लिए अनाधिकृत लोग योग्य नहीं होने चाहिए।

(d) अनाधिकृत पक्ष के लिए डाटा कैप्चर करने के लिए वायरटैपिंग अथवा फाइल्स या प्रोग्राम्स की कॉपी करना संभव नहीं होना चाहिए।

सामान्य तौर पर परिचित कुछ आशंकाएं (threats) निम्नलिखित हैं:

(a) **समानता अवरोध (Identity Interception):** संचार में लगे एक या अधिक प्रयोक्ताओं की समानता दुरुपयोग के लिए देखी जाती है।

(b) **बहानेबाजी (Pretending):** अतिरिक्त प्रचलनों के अधिग्रहण के लिए अथवा सूचना एक्सेस करने के लिए प्रयोक्ता भिन्न प्रयोक्ता होने का बहाना बनाते हैं।

(c) **पुनर्प्रदर्शन (Reply):** किसी अन्य तिथि में रिकॉर्डिंग एवं इसी प्रकार के संचार का पुनर्प्रदर्शन।

(d) **आँकड़ों के अवरोध (Data Interception):** अनाधिकृत प्रयोक्ता द्वारा संचार के दौरान प्रयोक्ता के आँकड़ों पर नजर।

(e) **मैनीपुलेशन (Manipulation):** एक अनाधिकृत प्रयोक्ता द्वारा संचार के दौरान प्रयोक्ता के आँकड़ों का क्रम बदलना अथवा आँकड़ों का बदलना, उसमें कुछ जोड़ना या कुछ खत्म करना।

(f) **निरस्तीकरण (Rejection):** संचार में पूर्णरूप से या आंशिक रूप से भागीदारी करने के लिए प्रयोक्ता द्वारा इन्कार करना।

(g) **सेवा को अस्वीकार करना (Denial of Service):** संचार में गतिरोध अथवा बचाव अथवा जटिल संचालनों के समय में विलंब।

(h) **गलत-रूटिंग (Mis-routing):** एक प्रयोक्ता से दूसरे प्रयोक्ता के लिए इच्छित संचार मार्ग की गलत रूटिंग।

(i) **ट्रैफिक विश्लेषण (Traffic Analysis):** प्रयोक्ताओं के बीच (अनुपस्थिति/उपस्थिति, फ्रीक्वेंसी, दिशा व क्रम आदि) संचार के बारे में सूचना का निरीक्षण।

11.2 फायरवाल (Firewall)

प्रत्येक बार एक नियम अपने आंतरिक कम्प्यूटर नेटवर्क से जुड़ा होता है और इंटरनेट के LAN से जुड़ा होता है, तो इसे सुरक्षा के खतरों का सामना करना पड़ता है। इंटरनेट के खुलेपन के कारण प्रत्येक कारपोरेट नेटवर्क जो इससे जुड़ा है, वायरस संक्रमण से भयभीत रहता है। इंटरनेट पर क्रेकर्स कारपोरेट नेटवर्क में सेंध लगा सकते हैं और अनेक प्रकार से इसे हानि पहुंचा सकते हैं। इनमें से कुछ विधियाँ निम्नलिखित हैं:

(a) ये महत्वपूर्ण आँकड़ों की नकल कर सकते हैं या उन्हें नष्ट कर सकते हैं।

(b) ये व्यक्तिगत कम्प्यूटर के आँकड़ों को अथवा सम्पूर्ण नेटवर्किंग को हानि पहुँचा सकते हैं।

(c) एक कारपोरेट कर्मचारी की तरह कारपोरेट्स नेटवर्क एवं स्रोतों का प्रयोग करते हैं अथवा कारपोरेट कम्प्यूटर के स्रोतों का प्रयोग कर सकते हैं।

इन सभी समस्याओं से अपने नेटवर्क को बचाने के लिए फायरवाल का निर्माण करना होता है। फायरवाल संस्थान को बेहतर सुरक्षा प्रदान करने के लिए संगठन के भीतर आने व जाने वाले संदेशों के प्रवाह को नियंत्रित करता है। ये फायरवाल इंटरनेट एक्सेस करने के लिए कारपोरेट नेटवर्क में किसी को भी अनुमति प्रदान करते हैं लेकिन ये क्रेकर्स, हैकर्स या अन्य जो इंटरनेट पर बदमाशी करके कारपोरेट नेटवर्क को एक्सेस कर लेते हैं और उन्हें नुकसान पहुँचाते हैं, को रोकते हैं।

☞ फायरवाल हार्डवेयर एवं साफ्टवेयर का वह मिश्रण होता है जो रूटर्स, सर्वर्स एवं सॉफ्टवेयर की किस्मों से मिलाकर बनाए जाते हैं। वे इंटरनेट व कारपोरेट नेटवर्क के बीच अत्यधिक सुभेद्य बिन्दु पर लगे होते हैं और उतने साधारण व जटिल बनाए जा सकते हैं जितना सिस्टम एडमिनिस्ट्रेटर उन्हें बनाना चाहते हैं। फायरवाल नेटवर्क को एक्सेस करने की गति को कम कर देते हैं।

11.2.1 फायरवाल प्रयोग करने के लाभ (Benefits of Using a Firewall)

फायरवाल को प्रयोग करने के प्रमुख लाभ निम्नलिखित हैं:

(a) यह आक्रमण संभावित सेवाओं से बचाव करता है।

(b) नेटवर्क में मेजबान के एक्सेस को सख्ती से नियंत्रित किया जा सकता है।

(c) सुरक्षा एकल फायरवाल प्रणाली पर केन्द्रित होती है।

(d) नेटवर्क की स्टेटिस्टिक्स एवं लॉगिंग का प्रयोग एवं दुरुपयोग।

(e) नीति की स्वीकार्यता।

11.2.2 क्या चीज़ एक अच्छी फायरवाल प्रणाली बनाती है? (What Constitutes a Good Firewall System?)

फायरवाल्स नेटवर्क वातावरण को बचा सकती हैं। लेकिन क्या चीज़ अच्छी फायरवाल की रचना करती है? इसका उत्तर सुरक्षा जरूरतों पर निर्भर करता है। हालांकि किसी को भी सदैव फायरवाल की निम्नलिखित विशेषताओं की जाँच करनी चाहिए:

(a) फायरवाल को डिजाइन पॉलिसी में विशेष रूप से अनुमति प्राप्त सेवाओं को छोड़कर अन्य सभी को अस्वीकार करने की नीति को सपोर्ट करने के योग्य होना चाहिए, यहाँ तक कि यदि वह पॉलिसी में प्रयुक्त न की गई हों।

(b) फायरवाल को लचीला होना चाहिए। यदि सुरक्षा नीति संगठन को ऐसा वारंट करती है तो इसे नई सेवाओं व जरूरतों के अनुकूल बनाने के योग्य होना चाहिए।

(c) फायरवाल में अग्रिम प्रमाणीकरण मानदण्ड समाहित होने चाहिए।

(d) फायरवाल को विशिष्ट मेजबान प्रणालियों की जब और जैसी जरूरत हो, के लिए सेवाओं को अनुमति देने एवं अस्वीकार करने के लिए फिल्टरिंग तकनीक को लागू करना चाहिए।

(e) फायरवाल को फाइल ट्रांसफ़र प्रोटोकॉल (FTP) एवं TELNET (TELecommunication NETwork) के लिए प्रॉक्सी सेवाओं का प्रयोग करना चाहिए ताकि अग्रिम प्रमाणीकरण मानदण्डों को लागू एवं केन्द्रीकृत किया जा सके। यदि गोफर (gopher) या HTTP जैसी सेवाओं की आश्यवकता हो तो फायरवाल में संबद्ध प्रॉक्सी सेवाएं समाहित होनी चाहिए।

(f) फायरवाल को साइट की सार्वजनिक एक्सेस के अनुकूल होना चाहिए जैसा कि सार्वजनिक सूचना सेवाओं को फायरवाल से बचाया जा सकता है लेकिन साइट प्रणालियों से उन्हें एक्सेस किया जा सकता है जिन्हें सार्वजनिक एक्सेस की आवश्यकता नहीं होती है।

(g) फायरवाल में लॉगिंग ट्रैफिक एवं संदेहात्मक गतिविधि के लिए तंत्र समाहित होना चाहिए और साथ ही लॉग घटाने के लिए तंत्र भी समाहित होना चाहिए ताकि लॉग पढ़ने एवं समझने के योग्य बन जाए।

(h) यदि फायरवाल को यूनिक्स जैसी संचालन प्रणाली की जरूरत हो तो संचालन प्रणाली का एक सुरक्षित संस्करण फायरवाल का एक अंग होना चाहिए।

11.2.3 फायरवाल के प्रकार (Firewall Types)

फायरवाल एक्सेस कंट्रोल को प्रबंधित करने के लिए आर्कीटेक्चर की किस्मों का प्रयोग करती है। ये किस्में हैं:

(a) पैकेट-फिल्टरिंग फायरवाल

(b) प्रॉक्सी फायरवाल

(c) स्टेजफुल इन्स्पेक्शन

पैकेट फिल्टरिंग फायरवाल (Packet Filtering Firewalls)

इस प्रकार की फायरवाल इससे गुजरने वाले पैकेटों का परीक्षण करती है। यह पूर्व निर्धारित नियमों के आधार पर इन पैकेटों को अग्रसारित करती है एवं छोड़ती हैं। यह मूल फायरवाल को मौलिक सुरक्षा प्रदान करती है। पैकेट को फिल्टर करने वाली फायरवाल प्रतिबंधित होती है क्योंकि नेटवर्क प्रबंधक केवल कुछ मानदण्डों को ही परिभाषित करते हैं।

अनेक रूटर्स एवं प्रॉक्सी सर्वर पैकेट फिल्टर करने की कुछ अवस्थाओं

का प्रयोग करते हैं जो अनाधिकृत ट्रैफिक से नेटवर्क को बचाने के लिए फायरवाल को क्षमताएं प्रदान करते हैं। एडमिनिस्ट्रेटर अवांछित पैकेटों को फिल्टर करने के लिए नियमों की रचना कर सकते हैं और इन नियमों को अत्यधिक सुव्यवस्थित क्रम में व्यवस्थित करते हैं। जो पैकेट इन नियमों को पास कर लेता है, उसे ही अग्रसारित किया जाता है जबकि इन नियमों का उल्लंघन करने वाले पैकेटों को छोड़ दिया जाता है।

पैकेट फिल्टरिंग को रूटर्स एवं अन्य उपकरणों पर दो प्रकार से लगाया जा सकता है:

(a) स्थिर फिल्टरिंग
(b) गतिशील फिल्टरिंग

स्थिर फिल्टरिंग (Static Filtering): स्थिर पैकेट फिल्टरिंग चुने गये पोर्ट या तो स्थायी रूप से मुक्त अथवा बंद के रूप में कन्फीगर करते हुए सीमित सुरक्षा प्रदान करती है। उदाहरणार्थ, (हाइपरटेक्स्ट प्रोटोकॉल के लिए अथवा HTTP मानक पोर्ट संख्या) पोर्ट संख्या 80 पर जिसे रूटर अथवा पोर्ट संख्या 80 की ओर सीधे आने वाले पैकेटों को रोकने के लिए कम्पनी के इंटरनेट सर्वर बाहरी पैकेटों को अस्वीकार करने के लिए फायरवाल अथवा रूटर द्वारा कन्फीगर किया जा सकता है!

गतिशली फिल्टरिंग (Dynamic Filtering): गतिशील पैकेट फिल्टरिंग उन्नत सुरक्षा प्रदान करती है। यह वैध सेशन के प्रारंभ में खोले जाने वाले चयनित पोर्टों को अनुमति प्रदान करते हुए कार्य करती है और सेशन के अन्त में इन्हें बंद करती है। यह उन प्रोटोकॉल के लिए मुख्यत: उपयोगी होती है जो गतिशील रूप में पोर्टों को निर्धारित किये जाते हैं। उदाहरणार्थ, फाइल ट्रांसफर प्रोटोकॉल (FTP)।

एप्लीकेशन-स्तरीय फायरवाल (एप्लीकेशन गेटवे) (Application-level Firewall (Application Gateway))

एक संगठन का नेटवर्क समस्त कम्प्यूटर्स से अन्त:संबद्ध होता है। यदि ये सभी कम्प्यूटर सीधे ही इंटरनेट से जुड़े हैं तो संगठन के लिए इनकी सुरक्षा करना अत्यन्त कठिन कार्य हो जाता है क्योंकि इंटरनेट एक मुक्त वातावरण होता है। इंटरनेट के माध्यम से अन्य सुरक्षा समस्याओं एवं संगठन के स्रोतों पर वायरस संक्रमण हो सकता है। इस समस्या से निपटने के लिए संगठनों द्वारा प्राय: प्रॉक्सी सर्वरों का प्रयोग किया जाता है जो वह कम्प्यूटर प्रणाली होती है जिसके माध्यम से इंटरनेट के साथ अंत:क्रिया करने के लिए संगठन के अन्य कम्प्यूटर्स को अनुमति प्रदान करने के लिये विशेष रूप से कन्फीगर किया जाता है। जब केवल एक प्रॉक्सी सर्वर इंटरनेट के साथ अंत:क्रिया करता है तो सुरक्षा को बनाए रखना आसान हो सकता है क्योंकि नेटवर्क पर जुड़े सैंकड़ों निजी कम्प्यूटर्स की अपेक्षा एकल सर्वर को अधिक सुरक्षित रखा जा सकता है।

एप्लीकेशन-स्तरीय फायरवाल (अथवा एप्लीकेशन गेटवे) प्रॉक्सी सर्वर का एक अंग होता है। एप्लीकेशन गेटवे परस्पर जुड़े दो नेटवर्कों के बीच सीधे ही पैकेटों को गुजारने की अनुमति प्रदान नहीं करते हैं। इसके बजाय फायरवाल कम्प्यूटर पर चल रही प्रॉक्सी एप्लीकेशंस निजी नेटवर्क पर सेवाओं के लिए request अग्रसरित करती हैं और फिर प्रत्युत्तर को असुरक्षित सार्वजनिक नेटवर्क पर उन्हें बनाने वालों को भेजता है। एप्लीकेशन गेटवे नेटवर्क एक्सेस की अनुमति देने से पूर्व प्रयोक्ता के परिचय को प्रमाणित करते हैं। वे सुरक्षा नीति के अंग के रूप में ऑडिटिंग एवं लॉगिंग तंत्र का प्रयोग करते हैं। एप्लीकेशन गेटवे को विधिवत कार्य करने के लिए अपनी क्लाइंट मशीन को सशक्त बनाने के लिए प्रयोक्ता की ओर से कुछ कन्फीगरेशनों की जरूरत पडती है। उदाहरणार्थ, यदि एक एप्लीकेशन गेटवे पर फाइल ट्रांसफर प्रोटोकॉल (FTP) प्रॉक्सी को कन्फीगर किया जाता है तो इसे कुछ FTP कमाण्डों को अनुमति प्रदान करने हेतु कन्फीगर किया जा सकता किन्तु ये अन्य को अस्वीकार कर देते हैं। कोई भी एक एप्लीकेशन गेटवे पर SMTP (सिम्पल मेल ट्रांसफर प्रोटोकॉल) को कन्फीगर कर सकता है बाहर से आए ईमेलों को स्वीकार करेगा और फिर इन ईमेलों को इंटरनेट मेल सर्वर को भेजेगा। हालांकि इस अतिरिक्त प्रोसेसिंग की वजह से एप्लीकेशन गेटवे को उन्नत हार्डवेयरों की जरूरतें होती हैं और ये नेटवर्क स्तरीय फायरवाल की अपेक्षा अधिक धीमें होते हैं।

प्रॉक्सी फायरवाल (Proxy Firewall)

इस प्रकार की फायरवाल प्रयोक्ता requests के मध्यस्थ के रूप में कार्य करती हैं। यह इच्छित स्रोत के लिए या तो एप्लीकेशन लेयर पर (एक एप्लीकेशन प्रॉक्सी) अथवा एक सेशन पर या परिवहन लेयर (सर्किट रिले) के लिए दूसरा कनेक्शन स्थापित करती है। एप्लीकेशन लेयर पर निर्भर होने की वजह से प्रॉक्सी फायरवाल परफारमेन्स हिट के लिए एक दिशा में चलती हैं। ये उस वक्त निषिद्ध होती हैं जब ये नये प्रकार की एप्लीकेशनों अथवा अनुमति देने या अस्वीकार करने पर आती हैं।

स्टेजफुल इंस्पेक्शन फायरवाल (Stagful Inspection Firewalls)

यह चैक सॉफ्टवेयर टेक्नॉलॉजीस द्वारा पेटेन्ट की गई नये जमाने की फायरवाल तकनीक है। स्टेजफुल इंस्पेक्शन प्रत्येक सेवा की सुरक्षा के लिए बिना पृथक प्रॉक्सी की जरूरत के पूर्ण एप्लीकेशन सजगता प्रदान करता है। परिणामस्वरूप ग्राहकों को अनेक लाभ प्राप्त होते हैं, इन लाभों में उत्कृष्ट कार्यकुशलता, विश्वसनीयता, एवं नवीन एवं कस्टम एप्लीकेशंस तथा सेवाओं को सपोर्ट करने की योग्यता आदि समाहित होती है। स्टेजफुल इंस्पेक्शन आर्कीटेक्चर इस लिए उत्कृष्ट हैं क्योंकि यह पैकेट, कनेक्शन एवं एप्लीकेशन सूचनाओं सहित फायरवाल मशीन के माध्यम से किसी भी संचार की स्थिति को समझता है। पैकेट फिल्टर एप्लीकेशन अथवा कनेक्शन अवस्थिति को ट्रैक नहीं करती है। एप्लीकेशन प्रॉक्सियाँ केवल एप्लीकेशन स्टेट को ट्रैक करती हैं, पैकेट अथवा कनेक्शन स्टेट को नहीं, जो कुछ सुभेद्यताओं को उत्पन्न करते हैं।

11.2.4 जोन अलार्म (ZoneAlarm)

निशुल्क फायरवाल उत्पादों में से एक जोन अलार्म जोन लैब द्वारा उपलब्ध कराया गया है जो निशुल्क उपलब्ध है और इसे कम्पनी की साइट www.zonelabs.com से डाउनलोड किया जा सकता है। यह इंटरनेट प्रयोक्ताओं को सुरक्षा प्रदान करता है। इंटरनेट प्रयोग की एप्लीकेशनों पर पूर्ण नियंत्रण रखने वाले गतिशील फायरवाल की सुरक्षा में जोड़ा जाने वाला जोन अलार्म चोरों एवं विध्वंसकों से चट्टानी सुरक्षा प्रदान करता है। जोन अलार्म प्रयोग करने में आसान इंटरनेट सुरक्षा को लौहपरत प्रदान करता है। जोन अलार्म आपको अपने कम्प्यूटर के इंटरनेट ट्रैफिक एवं किस प्रकार एप्लीकेशन इंटरनेट को एक्सेस करती है, को नियंत्रित करने की अनुमति प्रदान करते हुए स्पाईवेयर एवं ट्रोजेन हार्सेज जैसे बुरे प्रोग्राम्स से आपको बचाता है।

11.3 इंटरनेट सुरक्षा प्रबंधन अवधारणाएं (Internet Security Management Concepts)

जब हम इंटरनेट से जुड़ी कम्प्यूटर प्रणाली का प्रयोग करते हैं तो हम विभिन्न साइटों पर पहुँचने में सक्षम हो जाते हैं। इंटरनेट से जुड़ा एक सिस्टम उसी प्रोटोकॉल के द्वारा दूसरे सिस्टम पर पहुँच सकता है। जब हम इंटरनेट से किसी सूचना को डाउनलोड करते हैं तो हमारी पहली प्राथमिकता अपने कम्प्यूटर

सिस्टम व अन्य सिस्टम की सुरक्षा की होती है। इस चिंता का कारण यह है कि हम अपने सिस्टम से किसी अनाधिकृत व्यक्ति को कोई भी सूचना एक्सेस नहीं करने देना चाहते हैं। हमें अन्य कम्प्यूटर्स की सुरक्षा के लिए सजग रहने की जरूरत होती है ताकि हम व्यापारिक हस्तांतरणों एवं अपने हित की जानकारी प्राप्त कर सकें।

सुरक्षा को बनाए रखना उस समय अत्यधिक महत्वपूर्ण होता है जब हम इंटरनेट का प्रयोग वाणिज्यिक लेन-देन करने के लिए करते हैं। हमें यह सब सुनिश्चित करने की जरूरत होती है कि संदेश निजी हैं और वित्तीय लेन-देन करने के लिए सुरक्षित हैं। इंटरनेट सुरक्षा की विधियाँ नीचे वर्णित की गई हैं।

11.3.1 प्रमाणीकरण (Authentication)

प्रमाणीकरण प्रयोक्ता द्वारा मांगे गए स्रोत को एक्सेस करने से पहले प्रयोक्ता (व्यक्ति अथवा प्रोग्राम) की पहचान को प्रमाणित करने की समस्या के बारे में कार्य करता है। प्रमाणीकरण में मूल रूप से पहचान व सत्यापन समाहित होते हैं। पहचान करना प्रयोक्ता द्वारा निश्चित पहचान का दावा करने की प्रक्रिया होती है जबकि सत्यापन प्रयोक्ता की पहचान को सत्यापित करने की प्रक्रिया होती है।

☞ प्रमाणीकरण सिस्टम को एक्सेस करने का प्रयास करने वाले प्रयोक्ता की पहचान निर्धारित करने की प्रक्रिया होती है। सुरक्षा की दृष्टि से भी व्यक्ति अथवा प्रक्रिया की पहचान को सत्यापित करना आवश्यक होता है।

अत: प्रमाणीकरण प्रयोक्ता का पासवर्ड, व्यक्तिगत चुनौती, प्रत्युत्तर गणकों या औचक पासवर्ड उत्पादकों द्वारा पहचान का सत्यापन करना है।

☞ प्रमाणीकरण पद्धतियाँ प्राय: पासवर्ड जैसी प्रयोक्ता द्वारा जानी जाने वाली चीज़ों या सुरक्षा टोकन या स्मार्ट कार्ड, जो प्रयोक्ता अपने पास रखता है, पर आधारित होती हैं।

अधिकांश सुरक्षा नीतियाँ नेटवर्क या इसकी सेवाओं के लिए बनाई जाती हैं जिसमें प्रयोक्ता को लॉग इन आईडी (Login ID) एवं पासवर्ड को प्रविष्ट करना आवश्यक होता है और पासवर्ड को सुरक्षा सर्वर द्वारा प्रमाणित किया जाता है। सुरक्षा को बढ़ाने के लिए एकबार का पासवर्ड प्रयोग किया जा सकता है। एक बार पासवर्ड प्रयोग की जाने वाली प्रणाली में प्रयोक्ता को सदैव अपना पासवर्ड बदलते रहना पड़ता है। इसे प्राय: एक सुरक्षा कार्ड से पूरा किया जाता है। सुरक्षा कार्ड लगभग क्रेडिट कार्ड के आकार का एक भौतिक उपकरण होता है। प्रयोक्ता को कार्ड में अपनी व्यक्तिगत पहचान संख्या (PIN) भरनी होती है। पिन एक प्रारंभिक स्तर की सुरक्षा होती है जो सामान्य तौर पर प्रयोक्ता को कार्ड प्रयोग करने की अनुमति प्रदान करती है। यह कार्ड एक बार प्रयोग किया जाने वाला पासवर्ड प्रदान करता है जो सीमित समय के लिए कारपोरेट नेटवर्क को एक्सेस करने के लिए प्रयोग किया जाता है। पासवर्ड केन्द्रीय सुरक्षा कार्ड सर्वर जो नेटवर्क पर रहता है, के साथ समकालिक क्रियाओं वाला होता है। सुरक्षा कार्ड का प्रयोग सामान्यत: टेलीकम्प्यूटर्स एवं मोबाइल प्रयोक्ताओं द्वारा किया जाता है। ये प्राय: LAN एक्सेस का प्रयोग नहीं करते हैं।

प्रमाणीकरण पद्धतियाँ (Authentication Methods)

टोकन आधारित प्रमाणीकरण प्रणालियों के प्राय: दो प्राथमिक मॉडल होते हैं:

- **एक बार की पासवर्ड प्रणाली (One time password system):** प्रयोक्ता टोकन ''वर्तमान पासवर्ड'' को प्रदर्शित करता है जिसे प्रयोक्ता किसी भी संदर्भ में प्रयुक्त करता है, इसमें परंपरागत पासवर्ड की जरूरत पड़ती है। सर्वर प्रणाली मांगे जाने पर पासवर्ड की गणना कर सकती हैं और प्रमाणीकरण मांग को सत्यापित कर सकती है। हालांकि यह सुनिश्चित करने के लिए कि पासवर्ड को पुन: प्रयोग नहीं किया जा सकता है, यह प्रमाणीकरण सर्वर पर आश्रित होती है। इसका अभिप्राय यह है कि प्रत्येक सफल एक बार के पासवर्ड के प्रमाणीकरण को प्रमाणीकरण डेटाबेस के नवीनतम संचालन की आवश्यकता पड़ती है।
- **चुनौती/प्रत्युत्तर प्रणालियाँ (Challenge/Response Systems):** प्रयोक्ता सर्वप्रथम प्रमाणीकरण सर्वर द्वारा उत्पादित चुनौती (प्राय: मिथ्या संख्या) प्राप्त करता है। फिर प्रयोक्ता द्वारा उस चुनौती को अपने टोकन में कॉपी किया जाता है। तत्पश्चात टोकन एक प्रत्युत्तर की गणना करके उसे प्रदर्शित करता है जो उस चुनौती पर निर्भर करता है। फिर प्रयोक्ता प्रमाणीकरण हेतु एप्लीकेशन में इस प्रत्युत्तर को कॉपी करता है।

सर्वर प्रणाली अशान्वित प्रत्युत्तर की गणना करती है और प्रयोक्ता द्वारा submit किए गए प्रत्युत्तर से इसको मिलान करती है। हालांकि सर्वर द्वारा इन चुनौतियों को अकस्मात उत्पन्न किया जाता है, और ये प्रमाणीकरण सूचना के पुन: चलाने में आक्रमण करता है जो भलीभाँति डिजाइन की गयी प्रणाली के लिए कोई मुद्दा नहीं होते हैं। परिणामत: सर्वर को उस पासवर्ड को जो प्रयुक्त किया गया है, बारे में सूचना को बनाये रखने की आवश्यकता नहीं पड़ती है।

कुछ प्रमाणीकरण पद्धतियाँ निम्नलिखित उपखण्डों में दी गयी हैं।

पासवर्ड (Password): पासवर्ड कम्प्यूटर सुरक्षा की अत्याधिक सामान्य अवस्था होती है। कुछ नेटवर्कों को विभिन्न सर्वर्स अथवा डाटाबेसों से एक्सेस प्राप्त करने के लिए बहुस्तरीय पासवर्डों की आवश्यकता होती है। पासवर्ड उस समय दुर्बल हो जाते हैं जब इन्हें सहकर्मियों द्वारा शेयर किया जाता है, चुराया जाता, लिखा जाता व इस प्रकार बनाये जाने पर ताकि उन्हें आसानी से अन्दाजा लगाया जा सके, के लिए प्रयोग किया जाता है। उदाहरणार्थ, प्रयोक्ता द्वारा अपना नाम या सामाजिक सुरक्षा संख्या का प्रयोग करके याद रखे जाने योग्य पासवर्ड बनाने का प्रयास किया जाता है।

कॉलबैक (Callback): कॉलबैक वह सुरक्षा विशेषता है जो इसी प्रकार का कार्य करती है। प्रयोक्ता संचार सर्वर में डायल करता है और यूजर नेम व पासवर्ड प्रविष्ट करता है। संचार सर्वर तब मोडेम कनेक्शन को उठाता, प्रयोक्ता के प्रमाणीकरण के लिए अपने डाटाबेस पर खोज करता है और फिर पूर्व परिभाषित संख्या पर प्रयोक्ता को कॉलबैक करता है। कॉलबैक उन प्रयोक्ताओं को जो किसी जगह से दूरस्थ एक्सेस करते हैं, को कम कीमत पर अच्छी सुरक्षा प्रदान करती है। हालांकि यह यात्रा कार्यकारियों के लिए असुविधाजनक होता है।

पैकेट फिल्टर (Packet Filters): पैकेट फिल्टर्स प्रयोक्ता को नेटवर्क पर विशिष्ट सेवाओं को एक्सेस करने को सीमित करने के लिए नेटवर्क एडमिनिस्ट्रेटर को अनुमति प्रदान करते हैं। उदाहरणार्थ, किसी प्रयोक्ता को केवल ईमेल भेजने की अनुमति दी जा सकती है किन्तु उसे नेटवर्क से डेटाफाइलों को कॉपी करने की अनुमति नहीं दी जाती है। संचार सर्वर पर पैकेट फिल्टर दूरस्थ क्लाइंट से भेजे जा रहे प्रत्येक संदेश का विश्लेषण करता है। यदि प्रयोक्ता उस सर्वर पर पहुँचने या एक्सेस करने की अनुमति मांगता है या उसे अस्वीकार करता है तो फिल्टर उस कम्प्यूटर या सेवा को निर्धारित कर सकता है।

प्रमाणीकरण सर्वर (Authentication Servers): प्रमाणीकरण सर्वर्स

को अनेकों प्रकार से स्थापित किया जा सकता है। यह उस सुरक्षा योजना पर निर्भर करता है जो वे प्रयोग कर रहे हैं। एक प्रयोक्ता के प्रमाणीकरण की मूल प्रक्रिया में निम्नलिखित चरण समाहित होते हैं:

(a) प्रयोक्ता संचार सर्वर या नेटवर्क एक्सेस सर्वर (NAS) के माध्यम से नेटवर्क में डायल करता है।

(b) NAS प्रयोक्ता की पहचान व पासवर्ड को प्रमाणीकरण सर्वर को भेजता है।

(c) तब प्रमाणीकरण सर्वर प्रयोक्ता की वैधता की पुष्टि करता है और उसे नेटवर्क को एक्सेस करने देता है।

रेडिअस (रिमोट अथान्टिकेशन डायल-इन यूजर सर्विस) (Radius - Remote Authentication Dial-in User Service): रेडिअस वितरित सुरक्षा की वह प्रणाली होती है जो दूरस्थ कम्प्यूटरीकरण की सुरक्षा जरूरतों को पूरा करने में आने वाली समस्याओं का समाधान करती है। ये समाधान विशेष हार्डवेयर की जरूरतों को समाप्त करते हैं और सुरक्षा समाधानों की अनेक किस्मों के लिए एक्सेस प्रदान करते हैं। बांटी गयी प्रणाली संचार प्रक्रिया से प्रयोक्ता प्रमाणीकरण व अधिकृत होने को अलग करती है और प्रयोक्ता प्रमाणीकरण डेटा के लिए एक केन्द्रीय अवस्थिति का निर्माण करती है। रेडिअस ल्यूसेन्ट टेक्नॉलॉजी द्वारा विकसित वितरित सुरक्षा प्रणाली निशुल्क उपलब्ध होती है। रेडिअस मुक्त एवं परिमाणीय क्लाइंट-सर्वर सुरक्षा प्रणाली है।

रेडिअस सर्वर तृतीय पक्ष सुरक्षा उत्पादों अथवा मालिकाना सुरक्षा प्रणालियों के साथ कार्य करने के लिए अनुकूल बनाये जा सकते हैं। रेडिअस क्लाइंट प्रोटोकॉलों को सपोर्ट करने वाला कोई भी संचार सर्वर अथवा नेटवर्क हार्डवेयर रेडिअस सर्वर के साथ संचार कर सकता है। प्रयोक्ता के एकबार वैध हो जाने पर क्लाइंट उस प्रयोक्ता को उपयुक्त नेटवर्क सेवाओं को एक्सेस प्रदान करता है।

11.3.2 सत्यापन (Authorization)

सत्यापन वैध प्रयोक्ता को किसी विशिष्ट स्रोत को प्रयोग करने की अनुमति किस प्रकार प्रदान की गयी है, की प्रक्रिया को निर्धारित करता है। प्रमाणीकरण तंत्र स्वत: ही किसी स्रोत वस्तु को प्रयोग करने के बारे में प्रबंधन नीति को लागू करता है। उदाहरणार्थ एक कम्प्यूटर प्रणाली में, स्रोतों में डेटा फाइल्स, ऑपरेटर की कमाण्डें, लेन-देन, आमग-निर्गम उपकरण, एवं प्रोग्राम प्रक्रियाएं समाहित होती हैं। डाटा रिकॉर्ड्स बनाने अथवा उनको पढ़ने एवं उनमें सुधार करने के लिए उन्हें प्रदान करने अथवा अस्वीकार करने एवं डेटा वस्तुओं की सूचना को नियंत्रित अथवा समाप्त करते हुए डाटा एक्सेस को प्रमाणित करने के लिए बनाए गए विशिष्ट नियम गोपनीयता एवं स्थिरता को लागू करते हैं। संचार नेटवर्क हेतु स्रोत वस्तुओं में प्राय: ऑपरेटर की कमाण्डों एवं रूटिंग डेस्टिनेशन को सम्मिलित किया जाता है। नेटवर्क के लिए प्रमाणीकरण नियम स्टेटस इन्क्वायरी अथवा स्थानीय एवं दूरस्थ डोमेनों में उपकरणों को प्रारंभ करने अथवा रोकने हेतु प्रत्येक नेटवर्क ऑपरेटर के लिए उपलब्ध कमाण्डों को सीमित करते हैं।

सत्यापन इस तथ्य को नियंत्रित करता है कि कौन नेटवर्क स्रोतों को एक्सेस कर सकता है जबकि एक बार संसाधनों को एक्सेस कर लेने पर वे क्या कार्य कर सकते हैं, के बारे में सत्यापन बताता है। सत्यापन प्रयोक्ता एवं प्रक्रियाओं को विशेष अधिकार प्रदान करता है। सत्यापन सुरक्षा एडमिनिस्ट्रेटर को नेटवर्क के भागों को नियंत्रित करता है। उदाहरण के लिए डायरेक्टरियों एवं सर्वर की फाइल्स को ले सकते हैं।

11.3.3 अंकेक्षण एवं जवाबदेयता (Auditing and Accountability)

अंकेक्षण डेटा संग्रह एवं विश्लेषण की वह प्रक्रिया है जो कम्पनी की व्यापार एवं सुरक्षा नीति में वर्णित के अनुरूप वांछित परिणाम प्रस्तुत करने वाले नियमों एवं उस प्रयोक्ता को प्रमाणित करने के लिए IT अंकेक्षकों जैसे एडमिनिस्ट्रेटरों एवं अन्य को अनुमति प्रदान करती है।

इच्छित नीति का उल्लंघन करने का प्रयास करने हेतु व्यक्तिगत जवाबदेही प्रचलित सुरक्षा कार्यों जो अंकेक्षण फीडबैक रिपोर्टिंग लूप को प्रारंभ करते हैं, की निगरानी पर निर्भर करती है। निगरानी प्रक्रिया को अनवरत स्वचलित कार्य, समयावधिक जाँचों अथवा सामयिक सत्यापन जिनमें विधिवत कार्य विधियाँ अपनायी जा रही हैं, के रूप में लागू किया जा सकता है। अंकेक्षण सूचना का प्रयोग सुरक्षा एडमिनिस्ट्रेटर्स, आन्तरिक अंकेक्षण कार्मिकों, बाह्य अंकेक्षकों, सरकारी नियामक अधिकारियों द्वारा कानूनी कार्यवाहियों में किया जा सकता है।

अंकेक्षण एवं व्यक्तिगत जवाबदेही, कार्य सुरक्षा एडमिनिस्ट्रेटर्स की दस्तावेजी गतिविधियों पर लागू होते हैं और साथ ही यह सुनिश्चित करने के लिए कि कहीं वे अपनी अधिकृत क्षमताओं का हनन तो नहीं कर रहे हैं, अंकेक्षकों पर भी लागू होते हैं।

नेटवर्क सुरक्षा को प्रभावी रूप से विश्लेषित करने के लिए एवं सुरक्षा घटनाओं के प्रत्युत्तर देने के लिए नेटवर्क गतिविधि आँकड़ों को संग्रहीत करने के लिए इन्हें स्थापित किया जाना चाहिए। आँकड़ों के संग्रहण को एकाउंटिंग एवं ऑडिटिंग (लेखा एवं अंकेक्षण) कहा जाता है।

सशक्त सुरक्षा नीतियों वाले नेटवर्क के लिए अंकेक्षण आँकड़ों में किसी भी व्यक्ति द्वारा प्रमाणीकरण एवं सत्यापन प्राप्त करने के प्रयास अवश्य किये जाने चाहिए। यह सार्वजनकि सर्वरों से लॉग एनोनीमस या गेस्ट एक्सेस प्राप्त करने के लिए विशेष रूप से महत्वपूर्ण होता है। अपने एक्सेस करने के अधिकारों को बदलने के लिए प्रयोक्ताओं द्वारा आँकड़ों को लॉग करने के सभी प्रयास किये जाने चाहिए। संग्रहीत आँकड़ों में लॉग इन एवं लॉग आउट के लिए, एवं पिछले एवं एक्सेस अधिकारों को बदलने के लिए नए एक्सेस अधिकारों के लिए यूजर एवं होस्ट नेम शामिल किये जाने चाहिए। अंकेक्षण लॉग की प्रत्येक प्रविष्टि टाइम-स्टैम्प्ड होनी चाहिए।

11.4 सूचना गोपनीयता (Information Privacy)

गोपनीयता का अर्थ वह गोपनीयता होती है जिसमें स्टोर की गई फाइल्स, ईमेल आदि जैसे प्रयोक्ता के आँकड़ों को कोई दूसरा व्यक्ति बिना मुख्य प्रयोक्ता की अनुमति के नहीं देख सकता है। दूसरे शब्दों में, जब प्रेषक एवं इच्छित प्राप्तकर्ता संदेश लिख व पढ़ सकता है उस स्थिति में यह एक निजी संचार होता है। इस खण्ड में, ईमेल गोपनीयता जैसे गोपनीय बिन्दुओं की व्याख्या की गयी है।

ईमेल गोपनीयता (E-mail Privacy)

जब आप एक ईमेल भेजते हैं तो इस ईमेल को अनेक पैकेटों में विभाजित कर दिया जाता है और प्रत्येक पैकेट को इंटरनेट के माध्यम से प्रेषित किया जाता है। पैकेटों की संख्या संदेश की लम्बाई पर निर्भर करती है। प्रत्येक पैकेट जो इंटरनेट पर भेजा जाता है, पर प्रेषक एवं पावती का पता लिखा होता है। एक संदेश वाले पैकेट अपने गंतव्य स्थल तक पहुँचने में विभिन्न रूटों का प्रयोग कर सकते हैं। गंतव्य स्थल पर पहुँचने से पहले एक संदेश कई प्रणालियों से गुजरता है। इसका अर्थ यह है कि संदेश की विषय वस्तु एवं प्रेषक एव

पावती के पते का परीक्षण समस्त प्रणालियों द्वारा किया जाता है जिनके माध्यम से वह पैकेज भेजा गया है। इसलिए, कोडों एवं सुरक्षा के अभाव में ईमेल सार्वजनिक हो सकता है। अधिकांश सिस्टम एडमिनिस्ट्रेटर उस कोड को अपनाते हैं जिसके अंतर्गत वे किसी के ईमेल का परीक्षण नहीं करते हैं।

इलेक्ट्रॉनिक संचार गोपनीयता अधिनियम (Electronic Communication Privacy Act)

ईमेल की गोपनीयता बनाये रखने के लिए सन 1986 में इलेक्ट्रॉनिक संचार गोपनीयता अधिनियम पारित किया गया था। यह बिना प्रेषक की अनुमति के किसी के ईमेल संदेश को एक्सेस करने पर रोक लगाता है। यह बिना कानूनी अनुमति के सरकारी अधिकारियों द्वारा किसी के व्यक्तिगत संदेशों को एक्सेस करने पर भी पाबंदी लगाता है। यह केवल सिस्टम एडमिनिस्टेटर को सिस्टम की सुरक्षा अथवा किसी संचालन में जरूरत पड़ने पर ही ईमेल संदेश की जाँच करने की अनुमति प्रदान करता है।

सूचना कूटांकन (Encryption)

जब आप किसी को संदेश प्रेषित करते हैं तो संदेश उसी रूप में भेजा जाता है, जैसा कि आप टाइप करते हैं, चाहे यह किसी के लिए पढ़ना वैध हो या न हो। इसको दूर करने का एक तरीका यह है कि आप सूचना कूटांकन (जिसमें प्राप्तकर्ता के लिए संदेश को कूटों में भेजा जाता है) का प्रयोग करें। इस प्रकार के संदेश को पाठकों द्वारा बिना कूटांकन पद्धति जाने व इन कूटांकनों को बिना जानकारी के पढ़ा नहीं जा सकता है। इस कोड को 'की' (key) कहा जाता है। किसी भी पाठक को संदेश पढ़ने के लिए इस 'की' (key) को जानना आवश्यक होता है।

11.5 प्रकाशनाधिकार मुद्दे (Copyright Issues)

इंटरनेट पर बड़ी संख्या में फाइल्स, दस्तावेज़ एवं इमेजेस उपलब्ध रहती हैं। ये देखी जा सकती है, एक फाइल में सुरक्षित (Save) की जा सकती हैं, मुद्रित की जा सकती हैं, और दूसरों को भेजी जा सकती हैं। हम कोई भी सूचना जो इंटरनेट पर प्राप्त की जा सकती है और यह कॉपी करना वैध हो तो इसकी प्रतिलिपि बना सकते हैं। ऐसी सूचना जो केवल पठनीय होती है, लेकिन डाउनलोड करने या सेव करने हेतु प्रयुक्त नहीं होती है, केवल स्वामित्व के लिए ही होती है। इस सत्वाधिकार को सुरक्षा प्रदान करने के लिए सम्पूर्ण विश्व में अनेक कानून मौजूद हैं। सामग्री की द्वितीय प्रति बनाने या कॉपी करने का अधिकार केवल उस सूचना के मालिक द्वारा ही प्रदान किया जाता है। इसे ही प्रकाशनाधिकार अथवा सत्वाधिकार कहा जाता है। इंटरनेट पर अनेक फाइल्स व दस्तावेज़ों में यह कथन समाहित होता है कि दस्तावेज सत्वाधिकार प्राप्त है।

11.6 असंयमित कूटांकन प्रणालियों के मूल तत्व (Basics of Asymmetric Crypto Systems)

नेटवर्किंग एवं दूरसंचार में, नेटवर्क पर आँकड़ों को इस प्रकार प्रसारित किया जाता है कि कैप्चर किए गए आँकड़ों को अनाधिकृत प्रयोक्ताओं द्वारा पढ़ा नहीं जा सकता है। सूचना-कूटांकन सूचना सुरक्षा का ही विज्ञान है। यह सूचना कूटांकन शास्त्र (यह संख्यात्मक सिद्धान्त, सूत्रों को लागू करना एवं एलगोरिद्म जैसी ही गणित होती है एवं सूचना कूटांकन विश्लेषण (यह ciphers, ciphertext, की key को जाने बिना अथवा एलगोरिद्म के बारे में अध्ययन को दर्शाता है) के नियमों से घनिष्ठता से संबद्ध होता है, फिर पुन: वापस होता (Decryption के नाम से विख्यात) है। इस कार्य में संलग्न व्यक्तियों को क्रिप्टोग्राफर्स कहा जाता है।

क्रिप्टोग्राफिक तकनीक प्रेषक को आँकड़े गुप्त रखने की अनुमति प्रदान करती है ताकि अवांछित लोग उन आँकड़ों से कोई जानकारी प्राप्त न कर सकें। सूचना कूटांकन प्रणाली में दो प्रक्रियाएँ समाहित होती हैं, ये प्रक्रियाएँ नीचे वर्णित की गई हैं:

(a) **सूचना कूटांकन (Encryption):** यह आँकड़े एकत्रित करने व उन्हें सुधारने की प्रक्रिया होती है ताकि इसे अविश्वसनीय प्रयोक्ताओं द्वारा पढ़ा न जा सके।

(b) **सूचना कूटांकन को बदलना (Decryption):** यह विश्वसनीय पाठकों हेतु कूटांकित की गई सूचना को पठनीय अवस्था में परिवर्तित करने की एक प्रक्रिया होती है। सूचना कूटांकन एवं इसको बदलने में एलगोरिद्म्स एवं कुन्जियों (keys) का प्रयोग किया जाता है। एलगोरिद्म वह गणितीय चरणों की श्रृंखला होती है जो सूचना कूटांकन के पार्श्व में गणितीय प्रक्रिया के तहत आँकड़ों को तुरन्त पकड़ लेती है। सूचना कूटांकन एलगोरिद्म की अनेक किस्में होती है जो विभिन्न गणितीय प्रक्रियाओं के आधार पर विकसित की जाती है। कुछ एलगोरिद्म्स दूसरी एलगोरिद्म्स जो कूटांकित आँकड़ों को तोड़ने में आने वाली कठिनाई को दूर करने में सक्षम होती हैं, की अपेक्षा सशक्त सूचना कूटांकन परिणाम प्रदान करती है।

सूचना कूटांकन प्रणालियों की दो व्यापक श्रेणियाँ होती हैं। एक समरूप एवं दूसरी विषम। समरूप सूचना कूटांकन प्रणाली में या तो कूटांकन एवं कूटांकन परिवर्तन कुन्जी (Key) एक ही होती है या फिर चलाने में दूसरी की अपेक्षा एक अधिक आसान होती है दूसरी ओर विषम सूचना कूटांकन प्रणाली में, परिवर्तन कुन्जी कूटांकन कुन्जी के समान नहीं होती है। आगे, कूटांकन कुन्जी से कूटपरिवर्तनों को चलाना अव्यावहारिक होता है।

परंपरागत क्रिप्टोग्राफी (गुप्त कुन्जी क्रिप्टोग्राफी अथवा समरूप क्रिप्टोग्राफी) में निजी एवं गुप्त कुन्जियाँ समाहित होती हैं जो प्रसारण संबद्ध लोगों द्वारा शेयर की गई थीं। यह कुंजी वह गणितीय अस्तित्व होता है जिसे प्रेषक संदेश कूटांकन में प्रयोग कर सकता है और प्राप्तकर्ता इसे परिवर्तित करने में प्रयोग कर सकता हैं। इस प्रकार की क्रिप्टोग्राफी की प्रमुख समस्या यह है कि कुन्जी का स्वामी किस प्रकार सुरक्षापूर्वक इस कुन्जी को प्रसारित कर सकता है।

दूसरे शब्दों में कुन्जी प्रबंधन की प्रमुख समस्या यह होती है कि प्रयोक्ता उन लोगों के लिए किस प्रकार कुन्जी को बनाता, स्टोर करता व प्रसारित करता है जिन लोगों को संदेश को परिवर्तित करने के लिए उनकी जरूरत होती है।

सार्वजनिक कुन्जी क्रिप्टोग्राफी (विषम कूटांकन प्रणाली) कूटांकित सूचना को प्रसारित करने के लिए जरूरत पड़ने पर विभिन्न कुन्जियों को बनाकर इस समस्या से छुटकारा दिलाती है। एक उचित गणितीय संबध उन दो कुंजियों के बीच मौजूद होता है जिनको कुन्जी जोड़ा (key pair) कहा जाता है, दोनों ही कुन्जियों को एलगोरिद्म का प्रयोग करके एक ही समय में उत्पन्न किया जाता है। परिणामत: कूटांकन हेतु जब दो में से कोई एक कुन्जी (key) प्रयोग की जाती है तो दूसरी कुन्जी को इस कूटांकन को मूलरूप में परिवर्तित करने के लिए प्रयोग किया जाता है।

एक कुन्जी जोड़े (key pair) में दोनों कुन्जियाँ निम्नलिखित हैं:

(a) **निजी (Private key):** निजी कुन्जी की जानकारी केवल कुन्जी के स्वामी (या स्वामी के क्लाइंट प्रोग्राम) को ही होती है।

(b) **सार्वजनिक कुन्जी (Public key):** सार्वजनिक कुन्जी किसी भी प्रयोक्ता

(अथवा किसी भी क्लाइंट प्रोग्राम) को मांगे जाने पर दी जा सकती है। क्योंकि सार्वजनिक व निजी कुन्जियाँ गणितीय रूप में परस्पर संबद्ध होती हैं, कोई भी व्यक्ति जटिल गणितीय गणनाओं को करने व निजी कुन्जी को एक्ट्रेक्ट करने के लिए सार्वजनिक कुन्जी को प्राप्त कर सकता है। अतः कुंजियों का प्रयोग पर्याप्त रूप से लम्बा एवं जटिल गणितीय संबंधों के साथ करना चाहिए ताकि सार्वजनिक कुन्जी से निजी कुन्जी को एक्स्ट्रेक्ट करना असंभव हो जाय।

किसी व्यक्ति के लिए एक बार कुन्जी जोड़ा (key pair) बनाये जाने के बाद वह व्यक्ति संदेशों को कूटाकित करने व डिजिटल रूप में हस्ताक्षर करने के लिए इसका प्रयोग कर सकता है ताकि प्राप्तकर्ता प्रेषक की पहचान सुनिश्चित कर सके।

सम्पूर्ण सार्वजनिक कुन्जी क्रिप्टोग्राफी प्रणाली विश्वास पर बनायी गयी है। सभी लोग जिन्होंने कुन्जी जोड़े निर्गत किए हैं, को तृतीय पक्ष (third party) पर भरोसा अवश्य करना चाहिए। भरोसा किये गए अथारिटी को सर्टिफिकेट अथारिटी (CA) कहा जाता है। कोई व्यक्ति जो CA से इन कुंजी जोड़ों को प्राप्त करना चाहता है, को CA से संपर्क स्थापित करके उसके समक्ष अपनी पहचान का प्रमाण अवश्य प्रस्तुत करना चाहिए। इसमें आमने-सामने की मुलाकात, फोटोग्राफ सहित ड्राइवर के लायसेन्स का परीक्षण या प्रयोक्ता की पहचान प्रमाणित करने वाले अन्य तरीके सम्मिलित होते हैं।

उत्तर सहित पुनरावलोकन प्रश्न
(REVIEW QUESTIONS WITH ANSWERS)

*नोट: * से इंगित प्रश्न पहले DOEACC "O" तथा "A" स्तरीय परीक्षाओं में पूछे जा चुके हैं।*

1. बहुविकल्पीय प्रश्न

1. भिन्न वस्तु को छाँटें:
(a) बहाने बनाना (b) सेवा की अस्वीकार्यता
(c) मेनीपुलेशन (d) Win2000

2. निम्नलिखित में से कौन सा एक फायरवाल का लाभ नहीं है:
(a) नेटवर्क में मेजबान को एक्सेस करना पूर्णरूप से नियंत्रित किया जा सकता है।
(b) नेटवर्क के प्रयोग एवं अप्रयोग की लॉगिंग एवं सांख्यकीय करना।
(c) प्रमाणीकरण पद्धति को बेहतर ढंग से लागू करने के लिए सुरक्षा एकल फायरलवाल प्रणाली पर केन्द्रित होती है।
(d) उपर्युक्त में से कोई नहीं।

3. पैकेट फिल्टरिंग फायरवाल द्वारा परीक्षण किए जाने वाले क्षेत्र हैं:
(a) सोर्स IP एड्रेस (b) TCP/UDP सोर्स पोर्ट
(c) गंतव्य स्थल का IP एड्रेस (d) उपर्युक्त सभी

4. भिन्न शब्द को छाँटें:
(a) स्टेजफुल निरीक्षण (b) प्रॉक्सी फायरवाल
(c) AltaVista (d) पैकेट-फिल्टरिंग फायरवाल

5. प्रमाणीकरण पद्धतियों पर जो लागू नहीं होता, वह है:
(a) एक बार की पासवर्ड प्रणाली
(b) चुनौती/प्रत्युत्तर प्रणाली
(c) रेडिअस (RADIUS)
(d) उपर्युक्त में से कोई नहीं

6. निम्न में से कौन-सा एक फायरवाल का प्रकार नहीं है?
(a) पैकेट-फिल्टरिंग फायरवाल (b) प्रॉक्सी फायरवाल
(c) स्टेजफुल निरीक्षण (d) उपर्युक्त में से कोई नहीं

*7. निम्नलिखित में कौन इंटरनेट सुरक्षा से संबद्ध है?
(a) MIT (b) फायरवाल
(c) DSL (d) W3C

*8. SSL (Secure Sockets Layer) क्या है?
(a) गतिज रूप से निर्धारित IP एड्रेस के लिए IP प्रोटोकॉल
(b) यह एक वेब लेखांकन उपकरण है।
(c) यह सुरक्षित कनेक्शन की अनुमति प्रदान करता है।
(d) यह एक लिपीय भाषा है।

*9. __________ की भाँति कम्प्यूटर अपराध के लिए सुभेद्य नेटवर्क होते हैं।
(a) चोरी, विध्वंसता, खुरचने
(b) हैकिंग, वायरसों और सॉफ्टवेयर गोपनीयता
(c) इंटरनेट का आदी, आनि पहुँचाने, अन्देखा करने
(d) उपर्युक्त में से काई नहीं

*10. कम्प्यूटर के रूप में प्रॉक्सी सर्वर प्रयोग किया जाता है:
(a) बाहरी एक्सेस के साथ
(b) बैकअप के रूप में कार्य करने हेतु
(c) फाइल हैण्डलिंग करने के लिए
(d) प्रयोक्ता की अनुमतियों को एक्सेस करने के लिए

2. निम्नलिखित वाक्यों में सही और गलत बताएँ:

1. सूचना को एक्सेस करने के लिए भिन्न प्रयोक्ता होने का बहाने बनाने अथवा अतिरिक्त चीजों को प्राप्त करने के लिए भिन्न प्रयोक्ता होने का बहाना बनाने से इंटरनेट सुरक्षा में आशंका बनी रहती है।
2. अनधिकृत प्रयोक्ता द्वारा संचार के दौरान प्रयोक्ता के आँकड़ों को अक्रमागत करना, नष्ट करना, जोड़ना या बदलना इंटरनेट सुरक्षा का अंग नहीं होता है।
3. किसी व्यक्ति के द्वारा आक्रमण संभावित सेवाओं से बचाव फायरवाल प्रयोग करने का एक लाभ होता है।
4. नेटवर्क पर संचार करने के लिए FTP, TELENET, HTTP आदि जैसी एप्लीकेशन सेवाओं द्वारा TCP/UDP पोर्ट प्रयोग किये जाते हैं।
5. प्रॉक्सी सेवा आन्तरिक मेजबान व सेवा को छिपाता है।
6. पासवर्ड प्रमाणीकरण की पद्धति होती है।

*7. गोपनीयता, पहचान एवं उपलब्धता इंटरनेट सुरक्षा की मौलिक आवश्यकताएँ होती हैं।

*8. प्रकाशनाधिकार में, केवल भावों का बचाव ही किया जाता है, तथ्यों एवं विचारों का नहीं।

*9. फायरवाल वह हार्डवेयर या सॉफ्टवेयर है जिसे नेटवर्क से हैकरों को दूर रखने के लिए बनाया गया है।

*10. फायरवाल वायरसों से सुरक्षा नहीं करता है।

*11. अपनी मूल अवस्था से कूटांकित अवस्था में सूचना को अनुवाद करने की प्रक्रिया को सूचना कूटांकन कहा जाता है।

3. निम्नलिखित को सुमेलित करें:

3.1	ट्रैफिक विश्लेषण	(a)	फायरवाल
3.2	फायरवाल	(b)	एप्लीकेशन गेटवे एवं पैकेट फिल्टरिंग फायरवाल
3.3	प्रॉक्सी सर्वर	(c)	अग्रिम प्रमाणीकरण मानदण्ड
3.4	रॉबस्ट सिक्युरिटी	(d)	इंटरनेट सुरक्षा आशंकाएँ
3.5	उत्कृष्ट फायरवाल	(e)	हानि पहुँचाने से किसी को रोकता है
3.6	मुक्त फायरवाल	(f)	गुप्त कोड
3.7	सूचना कूटांकन	(g)	जोनल अलार्म 2.0
*3.8	सुरक्षा हेतु संदेश को पकड़ना	(h)	कुन्जी (key)
*3.9	कम्प्यूटर प्रयोक्ता की पहचान सुनिश्चित करना	(i)	ट्रोजन हॉर्स
*3.10	सुरक्षित प्रसारण के दौरान प्रयुक्त की जाने वाली विश्वसनीय अथॉरिटी से प्राप्त संदेश	(j)	प्रमाणीकरण
*3.11	आँकड़ों को कूटांकित करने व सुरक्षित रखने में प्रयोग की जाने वाली स्ट्रिंग	(k)	डिजिटल सर्टीफिकेट
*3.12	एक सुरक्षा आघात जिसमें कोई व्यक्ति कम्पनी के अन्दर चल रहे कम्प्यूटर प्रोग्राम में चालबाजी से सूचना किसी बाहरी व्यक्ति को भेजता है	(l)	सूचना कूटांकन

4. रिक्त स्थानों की पूर्ति करो:

(a)	फायरवाल	(b)	हैकर	(c)	स्रोत IP एड्रेस
(d)	लचीला	(e)	रिमोट प्रोसीजर कॉल (RPC)	(f)	प्रमाणीकरण
(g)	अंकेक्षण	(h)	कॉलबैक	(i)	सूचना कूटांकन
(j)	स्टेजफुल निरीक्षण				

4.1 ____________ मुख्य क्षेत्र का परीक्षण पैकेट फिल्टरिंग में किया जाता है।

4.2 पैकेट फिल्टरिंग फायरवाल ____________ का कार्य नहीं करते हैं।

4.3 एक अच्छी फायरवाल प्रणाली ____________ होनी चाहिए।

4.4 ____________ एक प्रकार की फायरवाल है।

4.5 ____________ जाँच की एक प्रक्रिया है कि एक अधिकृत व्यक्ति को स्रोतों का प्रयोग करने की अनुमति दी गयी है या नहीं।

4.6 ____________ एक सुरक्षा विशेषता है।

4.7 आँकड़ों के संग्रहण एवं विश्लेषण को ____________ कहा जाता है।

*4.8 ____________ एक कम्प्यूटर उत्साही अथवा विशेषज्ञ होता है जो आँकड़ों को चुराने व कैप्चर करने के उद्देश्य से कम्प्यूटर प्रणाली के लिए अनधिकृत एक्सेस प्राप्त करता है।

*4.9 सूचना के मूल रूप से इसके कूटांकित रूप में अनुवाद करने की प्रक्रिया के असंक्षिप्तीय रूप को ____________ कहा जाता है।

*4.10 ____________ नेटवर्क में अवांछित ट्रैफिक के प्रवेश को रोकता है।

उत्तर

1.	1.1	d	1.2	d	1.3	d	1.4	b	1.5	d
	1.6	d	1.7	b	1.8	c	1.9	b	1.10	a
2.	2.1	T	2.2	F	2.3	T	2.4	T	2.5	T
	2.6	T	2.7	T	2.8	T	2.9	T	2.10	T
	2.11	T								
3.	3.1	d	3.2	e	3.3	a	3.4	b	3.5	c
	3.6	g	3.7	f	3.8	l	3.9	j	3.10	k
	3.11	h	3.12	i						
4.	4.1	c	4.2	e	4.3	d	4.4	j	4.5	f
	4.6	h	4.7	g	4.8	b	4.9	i	4.10	a

विवरणात्मक प्रश्न
(DESCRIPTIVE TYPE QUESTIONS)

1. फायरवाल शब्द से आपका क्या अभिप्राय है? नेटवर्क सुरक्षा के लिए कितने प्रकार के फायरवाल उपलब्ध हैं? उनमें से किसी एक की व्याख्या करें।
2. निम्नलिखित पर संक्षिप्त टिप्पणी लिखें:
   (a) फायरवाल प्रयोग करने के लाभ
   (b) एप्लिकेशन गेटवे के लाभ
3. सत्यापन प्रमाणीकरण एवं लेखा शब्दों को परिभाषित करें। सत्यापन की विभिन्न विधियाँ क्या हैं? उनमें से प्रत्येक की व्याख्या करें।

*4. फायरवाल को परिभाषित करें। इसके क्या लाभ होते हैं?

*5. इंटरनेट सुरक्षा आशंकाएँ क्या होती है? अच्छी फायरवाल प्रणाली क्या बनाती है?

*6. सूचना कूटांकन क्या है? सार्वजनिक कुन्जी कूटांकन तकनीक की व्याख्या करें।

*7. कार्य (कोई पाँच) जो आप वायरस आक्रमण से अपने पीसी को बचाने के लिए करेंगे, की संक्षिप्त व्याख्या करो।

*8. फायरवाल क्या है? संक्षिप्त व्याख्या करें।

*9. प्रॉक्सी सर्वर एवं इंटरनेट सुरक्षा पर संक्षिप्त टिप्पणी लिखें।

*10. डायनामिक एवं स्टेटिक वेब साइट में क्या अन्तर होता है?

*11. इंटरनेट सुरक्षा आशंकाएँ क्या होती हैं? उन्हें किस प्रकार दूर किया जा सकता है, व्याख्या करें।

*12. विषम कूटांकन प्रणाली क्या होती है?

शब्दावली (Glossary)

.com: वाणिज्यिक संगठन को समर्पित इंटरनेट डोमेन।

.gov: फेडरल, स्टेट व स्थानीय सरकारों सहित अमेरीकी सरकार के समान एक इंटरनेट डोमेन।

एक्सेस सर्वर (Access Server): वह कम्यूनिकेंशन ,प्रोसेसर होता है जो नेटवर्क और टर्मिनल इम्यूलेशन सॉफ्टवेयर के माध्यम से लान (LAN) या वान (WAN) को असमान (asynchronous) उपकरणों से जोड़ता है। और समर्थित (supported) प्रोटोकॉल की समान (synchronous) और असमान (asynchronous) दोनों रूटिंग को संचालित करता है। कभी-कभी इसे नेटवर्क एक्सेस सर्वर भी कहा जाता है।

एक्सेस टाइम (Access Time): डाटा को स्टोरेज डिवाइस से प्राप्त करने तथा कार्य प्रारंभ करने के बीच के समयान्तराल को एक्सेस टाइम कहा जाता है।

एक्टिव चैनल बार (Active Channel Bar): इंटरनेट एक्सप्लोरर विंडो जो माइक्रोसॉफ्ट के सिफारिश किये गए चैनलों के बारे में सूचना प्रदर्शित करता है।

एक्टिव डेस्कटॉप (Active Desktop): एक्टिव डेस्कटॉप कन्फीग्रेशन जिसमें आपका डेस्कटॉप इंटरनेट से वेबपृष्ठ को प्रदर्शित कर सकता है।

एक्टिव मॉनीटर (Active Monitor): अनेक पोर्टों वाला (multiported) उपकरण (device) जो लान (LAN) ट्रांसमीशन सिग्नलों को बढ़ाता है। यह टोकन रिंग की निगरानी के लिए भी उत्तरदायी होता है। एक्टिव मॉनीटर यह सुनिश्चित करता है टोकन गुम न हुए हों और फ्रेमों की गणना असीमित रूप से न की गई हो।

एक्टिव सर्वर पृष्ठ (Active Server Pages): एक सर्वर की ओर की वह डायनामिक कंटेन्ट तकनीक जो ISAPI फिल्टर DLL के रूप में विजुअल बेसिक या JScript की तरह लिपीय मेज़बान को लागू करती है।

एक्टिव विंडो (Active Window): यह वर्तमान समय में प्रयोग की जा रही विंडो होती है। एक्टिव विंडोज़ अपने टाइटल बार में ''एक्टिव विंडो कलर'' को प्रदर्शित करती हैं (कंट्रोल पैनल के माध्यम से सेट टेबल)। अन्य विंडोज़ निष्क्रिय रहती हैं। एक निष्क्रिय विंडो को सक्रिय करने के लिए आपको निष्क्रिय विंडो पर कहीं भी क्लिक करना पड़ता है या विंडो का चयन करने के लिए टास्कबार (taskbar) (टास्कबार देखें) का प्रयोग करें। टास्कबार सक्रिय (active) विंडो एक प्रेस्ड बटन की तरह दिखाई पड़ता है, निष्क्रिय विंडोज़ बिना प्रेस की गई बटन को प्रस्तुत करती है।

एड्रेस (Address): स्टोरेज एरिया में एक विशेष जगह को निर्दिष्ट करने के लिए नाम, लेबल या संख्या के रूप में प्रस्तुत एक पहचान।

एड्रेसबार (Address Bar): टूलबार जिसे फोल्डर विंडोज़ एवं विंडोज़ एक्सप्लोरर में प्रकट किया जा सकता है और केवल जो केवल एड्रेस बॉक्स को सम्मिलित करता है।

एड्रेस बुक (Address Book): विंडोज़ 98 उपयोगिता जो केवल इस लिए बनाई गई है कि आप अपने मित्रों और क्लाइंट्स के नाम और एड्रेसेस को उसमें स्टोर कर सकें।

एड्रेस बॉक्स (Address Box): फोल्डर विंडो या विंडोज़ एक्सप्लोरर विंडो में एड्रेस बार पर एक बॉक्स प्रकट होता है जिसमें खुले हुए फोल्डर का नाम दिखाई देता है। साथ ही यह वह तकनीक भी है जो एक फॉर्मेट से दूसरे फॉर्मेट में एड्रेसेस के अनुवाद के द्वारा अन्तरसंचालन के लिए विभिन्न प्रोटोकॉल्स को अनुमति देती है। उदाहरणार्थ, जब IP X.25 पर रूटिंग करता है तो IP एड्रेसेस को X.25 एड्रेसेस को अवश्य मापा जाना चाहिए ताकि आई पी पैकेट्स को X.25 नेटवर्क में प्रसारित किया जा सके।

एडवान्स्ड इंटेलीजेन्ट नेटवर्क (Advanced Intelligent Network): यह प्रयोक्ताओं के लिए उपलब्ध कराया गया नेटवर्क सेवाओं का विस्तृत सेट है। और प्रयोक्ता के नियंत्रण के अंतर्गत उसे नेटवर्क स्विच आर्कीटेक्चर, सिग्नलिंग केपेबिलिटीज़ और पेरीफेरल में सुधार करने की आवश्यकता होती है।

एएफपी (AFP): एपल टॉक फाइलिंग प्रोटोकॉल। एप्लीकेशन व प्रिज़ेन्टेशन लेयर प्रोटोकॉल है जो प्रयोक्ताओं को फाइल सर्वर पर पड़ी डाटा फाइल्स व एप्लीकेशन प्रोग्रामों को शेयर करवाता है।

एनीमेशन (Animation): मूवमेन्ट दर्शाने के लिए इमेजों, पिक्चर्स या ड्राइंग के सेट को एक क्रम में प्रदर्शित करना। कम्प्यूटर एनीमेशन फाइल्स को पावरप्वाइंट जैसे प्रोगामों में जोड़ा जा सकता है, और उन्हें स्पीकर या व्यूअर द्वारा चलाया जा सकता है।

एनोनीमस एफटीपी (Anonymous FTP): FTP का सर्वाधिक प्रचलित प्रयोग- इंटरनेट फाइल ट्रांसफर प्रोटोकॉल, एनोनीमस एफटीपी को चलाने वाली FTP साइटों को पासवर्ड या एक्सेस की आवश्यकता नहीं होती है, किसी व्यक्ति को केवल एनोनीमस के रूप में लॉग इन करना होता है और पासवर्ड के रूप में अपना ईमेल एड्रेस डालना पड़ता है।

एओएल (AOL): अमेरिका ऑन लाइन का मानक संक्षिप्त रूप।

एप्लीकेशन लेवल फायरवाल (Application-level Firewall): फायरवाल प्रणाली जिसमें प्रक्रियाओं द्वारा जो TCP कनेक्शन अवस्था व क्रम को बनाए रखती है, के द्वारा सेवा प्रदान की जाती है। एप्लीकेशन लेवल फायरवाल प्राय: ट्रैफिक को रि-एड्रेस (re-address) करती है ताकि आन्तरिक मेज़बान की अपेक्षा फायरवाल से बनने वाले ट्रैफिक को बाहर जाने वाला ट्रैफिक प्रकट करे।

आस्की (ASCII- American Standard Code for Information Interchange): यह कम्प्यूटर्स के लिए मानक कूटांकन प्रणाली है। ASCII-7 एक 7 बाइट कोड है इसका विस्तृत संस्करण ASCII-8 है जो 8 बाइट कोड है।

आस्की फाइल (ASCII-file): सार्वभौमिक तौर पर पहचाना जाने वाला टेक्स्ट फॉर्मेट ASCII कहलाता है। ASCII फाइल में अक्षर, स्पेश, पंक्चुएशन, कैरिज रिटर्न, और कभी-कभी टैब्स और इंड ऑफ फाइल मार्कर भी होते हैं लेकिन इसमें कोई भी फॉर्मेटिंग सूचना नहीं होती है, जैसे बोल्ड या इटैलिक अक्षर आदि।

एटीएम स्विच (ATM Switch): वह उपकरण जो उच्चगति के लिंक प्रयोग

करने वाले पीसी या वर्कस्टेशन के बीच सूचना आवागमन को नियंत्रित करता है।

अटैच्ड फाइल या अटैचमेन्ट (Attached file or attachment): यह ईमेल संदेश या समाचार समूह के लेख के एक अंश के रूप में भेजी जाने वाली फाइल होती है।

ऑथन्टिकेशन (Authentication): प्रयोक्ता की पहचान को निर्धारित करने वाली वह प्रक्रिया जो सिस्टम को एक्सेस करते समय की जाती है। सुरक्षा में भी व्यक्ति या प्रक्रिया की पहचान का सत्यापन करती है।

अथराइज़ेशन (Authorization): यह वह प्रक्रिया है जो यह निर्धारित करती है कि किस प्रकार की गतिविधियों को करने के लिए व्यक्ति अधिकृत है या नहीं। प्राय: अथराइज़ेशन शब्द को ऑथन्टिकेशन के संदर्भ में प्रयोग किया जाता है, जब आप एक बार प्रमाणित प्रयोक्ता बना देते हैं तो वे विभिन्न प्रकार के एक्सेस करने या गतिविधियाँ करने के लिए अधिकृत हो जाते हैं।

ऑटोनॉमस सिस्टम (Autonomous System): एक सामान्य एडमिनिस्ट्रेशन के अंतर्गत नेटवर्कों का संग्रह जो सामान्य रूटिंग रणनीति शेयर करता है।

बैकअप (Backup): प्रोग्रामों, डाटा फाइल्स, हार्डवेयर उपकरण आदि की वैकल्पिक सुविधा जो मूल प्रोग्राम के नष्ट होने, खो जाने या खराब होने की स्थिति में प्रयोग की जाती है।

बैकअप फाइल (Backup file): यह किसी फाइल की द्वितीय प्रतिलिप होती है जिसे आप सुरक्षा की दृष्टि से बनाते हैं। वर्ड (word) में किसी फाइल को सेव करने के बाद जब आप उसे एडिट करते हैं तो एक विशेष प्रकार की बैकअप फाइल .bak स्वयं ही बन जाती है। बैकअप फाइल को एडिट नहीं किया जा सकता है।

बैकअप लिंक्स (Backup Links): नेटवर्क उपकरणों के बीच अतिरिक्त भौतिक कनेक्शन होते हैं।

बेसन होस्ट (Bation Host): वह प्रणाली जो आक्रमणों से बचाने के लिए मज़बूत बनाई जाती है और जो नेटवर्क में कुछ इस प्रकार लगायी जाती है कि वह संभावित रूप से अटैक के अन्तर्गत आ जाये। बेशन होस्ट प्राय: फायरवाल के ही अवयव होते हैं अथवा ये बाहरी वेब सर्वर या फिर सार्वजनिक एक्सेस प्रणालियाँ भी हो सकते हैं। सामान्यत: बेशन होस्ट को सामान्य उद्देशीय संचालन प्रणाली उदाहरणार्थ, (Unix, VMS, NT आदि) के लिए ही चलाया जाता है, रोम-आधारित या फर्मवेयर ऑपरेटिंग सिस्टम के लिए नहीं।

BCC (Blind Carbon Copy): ब्लाइंड कार्बन कॉपी, ईमेल एड्रेस जिससे किसी को मेल की प्रति भेजी जाती है, जिसमें प्राप्तकर्ता को भेजने वाले का ईमेल एड्रेस दिखाई नहीं पड़ता है।

बीजीपी (BGP): बॉर्डर गेटवे प्रोटोकॉल। यह इंटर-डोमेन रूटिंग प्रोटोकॉल होता है जो अन्य बीजीपी प्रणालियों के साथ पहुंच योग्य सूचना का आदान प्रदान करता है। बीजीपी का संस्करण 4 (BGP4) एक विशिष्ट इंटरडोमेन रूटिंग प्रोटोकॉल है जो इंटरनेट पर प्रयुक्त होता है।

बाइनरी न्यूज़ग्रुप (Binary Newsgroup): यह एक यूज़नेट समाचार समूह होता है जो प्राय: गैर कूटांकित फाइल्स, जो प्राय: .gif या .Jpg इमेज फाइल्स होती हैं, की पोस्टिंग के लिए समर्पित होता है। कुछ साइटों में बाइनरी समाचार समूह नहीं होता है क्योंकि उनकी गैर-कूटांकित बाइनरी फाइल्स की बैण्डविड्थ बहुत अधिक होती है।

बाइनरी ट्रांसफर प्रोटोकॉल (Binary Transfer Protocol): बाइनरी फाइल्स के प्रसारण के लिए जब संचार प्रोग्राम का प्रयोग किया जाता है तब डाटा प्रवाह में कोई त्रुटियाँ न हों, यह सुनिश्चित करना अति महत्वपूर्ण होता है। विभिन्न बाइनरी ट्रांसफर प्रोटोकॉल प्रेषित किये गए डेटा व प्राप्त किए गए डेटा की जाँच करते हैं। सर्वाधिक प्रसिद्ध प्रोटोकॉल हैं: Xmodem, Ymodem और Zmodem।

बॉडी (Body): ईमेल संदेश का टेक्स्ट जिसमें संदेश के सबसे ऊपर लिखा हैडर शामिल नहीं किया जाता है।

बूटप (BOOTP): बूटस्ट्रैप प्रोटोकॉल। नेटवर्क बूटिंग प्राप्त करने में अपने इंटरफेसेस के IP एड्रेस को निर्धारित करने के लिए नेटवर्क नोड द्वारा प्रयोग किया जाने वाला प्रोटोकॉल।

बाउन्स्ड मेल (Bounced Mail): वह ईमेल संदेश जो इच्छित पावती के न मिलने पर वापस प्रेषक के पास आ जाता है।

सीसी (Carbon Copy): वह ईमेल एड्रेस जिसे ईमेल संदेश की प्रतिलिपि भेजी जाती है।

चैनल (Channel): सब्सक्रिप्शन मॉडल के अनुसार वेब साइट को व्यवस्थित करने वाली वह विधि है जिससे आपका वेब ब्राउज़र स्वत: ही साइट से डाउनलोड व अद्यतन कार्य कर सकता है। इंटरनेट रिले चेट में, चैनल चैट कर रहे लोगों का समूह होता है जिसे चैटरूप भी कहा जाता है।

चैटरूम (Chat room): इंटरनेट रिले चैट या अन्य ऑन लाइन चैट प्रणालियों द्वारा चैटिंग कर रहे लोगों का समूह होता है।

चेक बॉक्स (Check Box): बॉक्स ऑनस्क्रीन जो या तो खाली होता है या फिर इसमें चेकमार्क (या, x) शामिल होता है जो डायलॉग बॉक्स में प्रकट होता है। वेबपेज फॉर्म्स में चेकबॉक्स रखने के लिए फार्म टेम्पलेट के साथ फ्रंटपेज एक्सप्रेस आता है।

चैप (CHAP): चैलेन्ज हैण्डशेक ऑथन्टिकेशन प्रोटोकॉल। पीपीपी एन्कैप्सूलेन का प्रयोग करने वाले लिंक्स पर सपोर्टिड सुरक्षा विशेषता जो हैण्डशेक प्रोटोकॉल एवं वेरिएबल चैलेन्ज वेल्यू जो उत्कृष्ट तथा अप्रत्याशित होती है, का प्रयोग करने वाले PPP सेशन के दूरस्थ छोर की पहचान करता है।

क्लाइंट (Client): वह नोड या सॉफ्टवेयर प्रोग्राम होता है जो सर्वर से सेवाओं की माँग करता है।

क्लाइंट/सर्वर (Client/Server): वे वितरित-कम्प्यूटिंग प्रणालियाँ जिसमें ट्रांज़ेक्शन ज़िम्मेदारियाँ क्लाइंट और सर्वर दो भागों में बँटी होती हैं। क्लाइंट फाइल स्टोरेज, प्रिंटिंग एवं प्रोसेसिंग पॉवर जैसी सेवाओं के लिए सर्वर पर निर्भर करते हैं। साथ ही एक कम्प्यूटिंग मॉडल भी होता है जिसमें एप्लीकेशन प्रोसेसिंग लोड क्लाइंट और सर्वर कम्प्यूटर के बीच विभाजित होता है जो नेटवर्क पर सूचना शेयर करते हैं। लाक्षणिक रूप से क्लाइंट पीसी पर चलने वाला एक फ्रंट एण्ड सॉफ्टवेयर होता है जो यह जानता है कि सर्वर (प्राय: डेटाबेस सर्वर) के साथ किस तरह संचार करना है। क्लाइंट/सर्वर मॉडेम कार्यकुशलता में वृद्धि करता है क्योंकि क्लाइंट और सर्वर दोनों ही प्रोसेसिंग लोड में भागीदारी करते हैं।

क्लाइंट/सर्वर आर्कीटेक्चर (Client/Server Architecture): नेटवर्क पर कम्प्यूटर्स का कन्फीग्रेशन। चूँकि कम्प्यूटिंग कार्य विशिष्ट होते हैं- अनेक कम्प्यूटर्स प्रयोक्ताओं के साथ इंटरफेस करते हैं जब सर्वर नामक एक या अधिक कम्प्यूटर्स के दूसरे समूह पर विशिष्ट ऑपरेशंस सम्पन्न किये जा रहे हैं। स्ट्रक्चर्ड क्वेरी लेंग्वेज (SQL) लाक्षणिक रूप से क्लाइंट द्वारा सर्वर्स में स्टोर डाटा पर कार्य करने के लिए प्रयोग किया जाता है।

क्लाइंट/सर्वर नेटवर्किंग (Client/Server Networking): यह एक व्यवस्था होती है जिसमें **सर्वर** नामक सेन्ट्रल कम्प्यूटर्स क्लाइंट कम्प्यूटर्स (वर्क

स्टेशन) के प्रयोग हेतु डेटा व पेरीफेरल की आपूर्ति करते हैं) लाक्षणिक रूप से सर्वर में बड़ी हार्ड डिस्क शामिल होती है जो न केवल डेटा की आपूर्ति करती है बल्कि एक प्रोग्राम की भी आपूर्ति करती है। यह प्राय: प्रोग्राम्स ही एग्ज़िक्यूट करता है। सर्वर नेटवर्क पर प्रयोग के लिए क्लाइंट्स को प्रिंटर्स एवं मोडेम की आपूर्ति भी करता है। दूसरे शब्दों में, क्लाइंट/सर्वर डिस्ट्रीब्यूटिड प्रोसेसिंग हेतु एक संरचना के लिए संबोधित किया जाता है जिसमें उपकार्यों की सेवाओं, सीपीयू या अधिक कुशलतापूर्वक सम्पन्न कराने के लिए नेटवर्कयुक्त कम्प्यूटरों के बीच बाँटता है।

कम्यूनिकेशंस प्रोटोकॉल (Communications Protocol): अंत: संबद्ध कम्प्यूटरों एवं उनके बीच संचार करने हेतु बनाए गए नियमों व प्रक्रियाओं का सेट।

कम्यूनिकेशंस सेटेलाइट (Communications Satellite): भूमध्य रेखा से 36000 किमी ऊपर स्थापित माइक्रोवेब प्रसारण केन्द्र जिसकी कक्षा की गति पृथ्वी की परिभ्रमण गति से बिल्कुल मेल खाती है। इसका प्रयोग बहुत बड़े क्षेत्र में दूर-दूर स्थित दो केन्द्रों के बीच डेटा प्रसारण के लिए किया जाता है।

कुकीज़ (Cookies): कुकी डेटा का वह छोटा टुकड़ा होता है जो सर्वर से प्रयोक्ता के ब्राउज़र को उस समय भेजा जाता है जब सर्वर की साइट पर इसे देखा जाता है। कुकी प्रयोक्ता के पीसी पर स्टोर रहता है। यह इस प्रकार कार्य करता है कि जब सर्वर ब्राउज़र कोई फाइल माँगता है (जो प्लांटेड कुकी है) तब ब्राउज़र उस कुकी की एक प्रति रिक्वेस्ट (request) के साथ वापस सर्वर को भेजता है। इस प्रकार सर्वर आपकी हिस्ट्री जान लेता है और तब वह वेब साइट पर आपके कार्य को ट्रैक कर सकता है। कुकीज़ को इस तरह बनाया गया था कि आप जब भी वेबसाइट पर वापस आते हैं कुकी आपको पहचान ले। जब यह ऑनलाइन रिटेलर की प्रोफाइलिंग तकनीक से जुड़ा होता है तब कुकी सभी छुट्टियों, सिनेमा टिकटों के रिकार्ड्स को संग्रहीत करता है। उदाहरणार्थ आपने जो कुछ भी खरीदा है, उसके आँकड़ों को एक प्रोफाइल में निर्मित करता है जो आपकी उत्कृष्ट रूचियों व व्यय करने की शक्ति को प्रदर्शित करती है। ऐसा उपभोक्ता डेटाबेस डायरेक्ट मार्केटिंग इन्डस्ट्री के लिए अमूल्य होता है।

एससीएमए/सीडी (SCMA/CD): एक कंटेंशन पद्धति (कैरियरसेन्स, मल्टीपल एक्सेस, कॉलीशन डिटेक्ट) जिसमें ट्रांसमिशन नोड सबसे पहले चैनल की जाँच करता है और यदि चैनल क्लियर होता है तो इच्छित संदेश भेजा जाता है। यदि दो स्टेशन एक साथ प्रसारण करते हैं तो टकराव ढूँढ कर पुन: प्रसारण किया जाता है। साथ ही टकराव खोज के साथ कैरियर सेन्स मल्टीपल एक्सेस भी होता है। मीडिया एक्सेस तंत्र जिसमें उपकरण अपना प्रसारण शुरू करने से पहले यदि दूसरे उपकरण से प्रसारण हो रहा होता है, उसे निर्धारित करता है। यदि विशिष्ट समयावधि में कोई प्रसारण महसूस नहीं किया जाता तब एक उपकरण प्रसारण कर सकता है। यदि अनेक उपकरण तुरन्त प्रसारण करने लगते हैं तो टकराव उत्पन्न होता है और उसे समस्त विवादग्रस्त उपकरणों द्वारा खोजा जाता है। यह टकराव कुछ देर के लिए उन उपकरणों से पुन: प्रसारण में विलम्ब होता है। CSMA/CD को ईथरनेट और IEEE 802.3 प्रोटोकॉल द्वारा प्रयुक्त किया जाता है।

साइबर स्क्वेटिंग (Cyber Squatting): साइबर स्क्वेटिंग एक अधिकृत पंजीकरण का सुपरिचित ट्रेडमार्क व डोमेन नेम के रूप में संगठन का नाम है। इसमें नाम के दुरूपयोग का इरादा होता है। यह इंटरनेट प्रयोक्ता को यह विश्वास दिलाने के लिए किया जाता है कि वे संगठन से संबद्ध हैं। कभी-कभी स्क्वेटर डोमेन नेम को मालिक को ही ऊँचे दर पर बेचने का प्रयास करता है।

साइबर कैफे (Cyber Cafe): कैफे हाउस वह स्थान होता है जहाँ से इंटरनेट एक्सेस प्रदान किया जाता है।

साइबर स्पेस (Cyber Space): लेखक विलियम गिब्सन द्वारा प्रचलित किया गया शब्द जो कम्प्यूटर नेटवर्क की काल्पनिक वास्तविकता को शेयर करने के लिए प्रयुक्त होता है। कुछ लोग साइबर स्पेस को इंटरनेट के पर्यायवाची के रूप में प्रयोग करते हैं। अन्य इसे गिब्सन के उपन्यास के सर्वाधिक पूर्ण फिज़िकल सीमिंग कन्सेन्सुअल वास्तविकता के रूप में रखते हैं।

डाटाबेस सर्वर (Database Server): वह प्रणाली जो नेटवर्क पर क्लाइंट एप्लीकेशन से request प्राप्त करती है और माँगे गए डेटा (Answer Set) को वापस भेजता है। प्रत्येक डेटाबेस सर्वर एक कम्प्यूटर, ऑपरेटिंग सिस्टम एवं डेटाबेस सर्वर सॉफ्टवेयर से बना होता है।

डिक्रिप्ट (Decrypt): किसी फाइल या ईमेल संदेश से कूटांकन को समाप्त करना और इसे पढ़ने योग्य बनाना।

डाउनलोड (Download): इंटरनेट से; अन्य नेटवर्क्स से या मेनफ्रेम से पीसी पर फाइल ट्रांसफर करना।

डाउनलोडेड ऑब्जेक्ट सिक्युरिटी (Downloaded Object Security): उस सूचना की सुरक्षा जो आप इंटरनेट से डाउनलोड करते हैं।

डाउनटाइम (Downtime): एक समय जिसमें मशीन के खराब हो जाने की वजह से कम्प्यूटर सही ढंग से कार्य नहीं करता है।

ई-मेल (E-mail): लोकल एरिया नेटवर्क, इंटरनेट या अन्य नेटवर्क पर भेजा गया संदेश।

ई-मेल एड्रेस (E-mail Address): ईमेल संदेश प्राप्त करने वाले की पहचान करने वाला एड्रेस।

इमोटिकॉन (Emoticon): एक सिमली या अन्य साइडवेज़ पंक्चुएशन फेस।

इनक्रिप्शन (Encryption): अनधिकृत व्यक्तियों द्वारा पढ़े जाने से बचाने के लिए स्टोर्ड या प्रसारित डेटा को कोडेड फार्म में परिवर्तित करना। डेटा के प्रकटीकरण को बदलने के लिए विशिष्ट एलगोरिद्म उन लोगों के लिए इसे अदृश्य बनाती है जो उस सूचना का पढ़ने के लिए अधिकृत नहीं है।

एनक्रिप्शन की (Encryption Key): स्क्रेम्बल और अनस्क्रेम्बल डेटा के लिए एक एनक्रिप्शन एलगोरिद्म द्वारा प्रयोग किया जाने वाला कोड।

ईथरनेट (Ethernet): जीरॉक्स कारपोरेशन द्वारा अविष्कृत लान तकनीक और जिसे जीरॉक्स, इन्टेल और डिजिटल इक्विपमेन्ट कारपोरेशन द्वारा संयुक्त रूप से विकसित किया गया। ईथरनेट नेटवर्क्स CSMA/CD का प्रयोग करता है और 10 Mbps में विभिन्न प्रकार के केबल पर चलता है। ईथरनेट IEEE 802.3 के समतुल्य होता है।

ईथरनेट स्विच (Ethernet Switch): वह नेटवर्क सेवा जो वर्कस्टेशन के बीच आवागमन को व्यवस्थित करती है, प्राय: उस समय जब नेटवर्क में सूचना के अनेक स्रोत हों।

एक्सपेन्शन सर्वर (Expansion Server): एक एक्सचेन्ज सर्वर जिसे DL की सदस्य सूची को और उचित होम सर्वर के ईमेल रूट को प्रसारित करने के लिए डेसिग्नेट किया गया है।

फ्रीनेट (Freenet): किसी कम्यूनिटी के सदस्यों को इंटरनेट एक्सेस प्रदान करने वाला निशुल्क सार्वजनकि नेटवर्क।

हाइपरटेक्स्ट (Hypertext): इंटरलिंक्ड टेक्स्ट। सूचना प्रस्तुत करने के लिए एक मेटाफर जिसमें टेक्स्ट, इमेजेस, और संगठनों के अक्रमागत वेब जो उस संबद्ध विषय के माध्यम से ब्राउज़ करने के लिए प्रयोक्ता को अनुमति देती है।

हाइपरटेक्स्ट मार्कअप लंगुएज (HTML): यह वर्ल्ड वाइडवेब के साथ अवलोकन के लिए दस्तावेज़ लिखने में प्रयोग किया जाने वाला प्रारूप होता

है। दस्तावेज़ में आइटम्स टेक्स्ट, इमेज, साउण्ड्स और अन्य HTML दस्तावेज़ों से या साइट्स से लिंक, सेवाएँ और इंटरनेट पर उपलब्ध स्रोत हो सकते हैं।

हाइफनेशन प्रोग्राम (Hyphenation Program): वह प्रोग्राम जो प्राय: वर्ड प्रोसेसिंग एप्लीकेशन के उस भाग के रूप में सम्मिलित किया जाता है जो विविध पाठ्य शब्दों को एक लाइन से अगली लाइन में तोड़ने के लिए हाइफनेट करता है।

आईआईएस (IIS- Internet Information Server): यह FTP सर्वर कार्य प्रणाली प्रदान करता है।

इन्फॉर्मेशन टेक्नोलॉजी (Information Technology): IT में उपकरणों (हार्डवेयर) का कोई भी कॉंबिनेशन शामिल हो सकता है जो इलैक्ट्रॉनिक मीडिया का प्रयोग करके इन्फॉर्मेशन के प्रसारण, स्टोरेज, पुन: प्राप्ति, सुधार, तथा उसकी रचना करने की सुविधा प्रदान करता है। इस प्रकार इसमें कम्प्यूटिंग और संचार दोनों तकनीकें शामिल होती हैं। हार्डवेयर सॉफ्टवेयर, कनेक्टिविटी, टेलीकम्यूनिकेशन साइंस और मानव कम्प्यूटर इंटरफेस इत्यादि इसके समरूप होते हैं।

इंटीग्रेटिड सर्विसेज़ डिजिटल नेटवर्क (ISDN): यह एक विशेष फोन लाइन होती है जो 64 Kbps तक की स्पीड को सपोर्ट करती है। हालाँकि ये फोन लाइनें एक्वायर करने में काफी खर्चीली हो सकती हैं। कई ISDN एडाप्टर द्विचैनल एक्सेस को सपोर्ट करते हैं।

इंटरनेट (Internet): नेटवर्कों का विश्वव्यापी नेटवर्क।

इंटरनेट एकाउण्ट (Internet Account): इंटरनेट सेवा प्रदाता के साथ बनाया गया वह एकाउण्ट जो आपको अपने कम्प्यूटर को इंटरनेट से जुड़ने की अनुमति देता है।

इंटरनेट एड्रेस (Internet Address): URL देखें।

इंटरनेट एक्सप्लोरर (Internet Explorer)(IE): माइक्रोसॉफ्ट का वह ब्राउज़र जो मॉइक्रोसॉफ्ट से विंडोज़ 98 और उच्च OS के साथ आता है।

इंटरनेट प्रोटोकॉल (Internet Protocol): एक निम्नस्तरीय प्रोटोकॉल जो इंटरनेट या इन्ट्रानेट बनाने के लिए रूटर्स द्वारा एक साथ बँधे हुए अलग-अलग नेटवर्कों पर डेटा के पैकेटों को भेजता है। पैकेटों में चल रहे डेटा को IP डेटाग्राम कहा जाता है।

इंटरनेट सर्विस प्रोवाइडर (ISP): इंटरनेट सेवा प्रदाता वह संगठन होता है जो डायल इन इंटरनेट एकाउण्ट्स, प्राय: PPP, CSLIP या SLIP एकाउण्ट्स, किन्तु कभी-कभी यूनिक्स शैल एकाउण्ट्स प्रदान करता है।

इंटरनेट टेलीफोनी (Internet Telephony): IP नेटवर्क्स, विशेषत: इंटरनेट पर आवाज़ (voice) के आवागमन को चलाने के लिए अनेक एप्रोचेस की व्याख्या करने वाला जेनेरिक शब्द।

इंटरनेट वर्क पैकेट एक्सचेन्ज (IPX): नेवेल का नेटवेयर नेटवर्क लेयर प्रोटोकॉल जो एड्रेसिंग, रूटिंग, व स्विचिंग को सर्वर और वर्कस्टेशनों के बीच एवं अंत:सबद्ध लान को निर्दिष्ट करता है। एनकैप्सूलेटिड IPx पैकेट्स ईथरनेट पैकेटों एवं टोकन रिंग फ्रेमों द्वारा वहन किये जा सकते हैं।

इंटरनेटवर्किंग (Internetworking): वह शब्द जो एक साथ जुड़े हुए नेटवर्क्स को समर्पित उद्योग एवं तकनीक के संदर्भ में सामान्यत: प्रयुक्त होता है। और रूटर्स द्वारा अंत:संबद्ध नेटवर्क्स का संग्रह भी है।

आईपी (IP): इंटरनेट प्रोटोकॉल। कनेक्शनविहीन इंटरनेटवर्क सेवा प्रदान करने वाला TCP/IP स्टैक में नेटवर्क लेयर प्रोटोकॉल। आईपी एड्रेसिंग, सेवा के प्रकार की फ्रेग्मेन्टेशन व स्पेसिफिकेशन व रिएसेम्बली तथा सुरक्षा हेतु विशेषताएँ प्रदान करता है। इसे RFC 791 में परिभाषित किया गया है।

आईपी एड्रेस (IP Address): TCP/IP प्रयोग करने वाले मेज़बान के लिए निर्धारित 32-बाइट एड्रेस। एक आई पी एड्रेस पाँच वर्गों (A, B, C, D या E) में से कोई एक वर्ग से संबद्ध होता है और बिन्दु (Period) (dotted decimal format) से अलग करते हुए चार ऑक्टेट के रूप में लिखा जाता है। प्रत्येक एड्रेस में नेटवर्क नम्बर, वैकल्पिक उपनेटवर्क नम्बर एवं होस्ट का नम्बर सम्मिलित होता है।

आईपी मल्टीकॉस्ट (IP Multicast): वह रूटिंग तकनीक जो एक स्रोत से कई डेस्टिनेशंस को प्रजनित किये जाने वाले आई पी आवागमन को अनुमति देती है। एक-एक पैकेट प्रत्येक डेस्टिनेशन को भेजने की अपेक्षा, एकल आई पी एड्रेस समूह द्वारा पहचाने गए मल्टीकास्ट समूह को एक पैकेट भेजती है।

आई पी स्प्लाइसिंग अथवा हाईजैकिंग (IP Splicing or Hijacking): वह अटैक जिसके द्वारा एक सक्रिय व स्थापित सेशन को किसी आक्रमणकारी (attacker) द्वारा अवरोधित व संयोजित किया जाता है। प्रमाणीकरण हो जाने के बाद ही आई पी स्प्लाइसिंग अटैक होता है जो अटैकर को पहले से ही अधिकृत प्रयोक्ता की भूमिका को एज्यूम करने की अनुमति देता है। आई पी स्प्लाइसिंग से मुख्य बचाव सेशन में एनक्रिप्शन या नेटवर्क लेयर पर निर्भर करता है।

आईपी स्पूफिंग (IP Spoofing): एक अटैक जिसके द्वारा कोई प्रणाली अपने आईपी एड्रेस को प्रयोग करके दूसरी प्रणाली को छलने या धोखा देने का प्रयास करती है।

आईएसओ प्रोटोकॉल (ISO Protocol): भौगोलिक रूप से छिन्न भिन्न कम्प्यूटर्स को अंत:संबद्ध करने के लिए एक संचार प्रोटोकॉल इस प्रोटोकॉल का अंतर्राष्ट्रीय मानक संगठन (ISO) द्वारा मानकीकरण किया गया है।

आईएसपी (ISP): इंटरनेट सेवा प्रदाता। वह कम्पनी जो अन्य कम्पनियों व व्यक्तियों को इंटरनेट एक्सेस प्रदान करती है।

जावा (JAVA): यह एक लक्ष्योभिमुख प्रोग्रामिंग होती है। इसकी उत्पत्ति C++ से हुई है। इस भाषा को हाल ही में सन माइक्रोसॉफ्ट इन्क. द्वारा विकसित किया गया है। यह भाषा इंटरनेट, डेस्कटॉप कम्प्यूटर्स, सर्वर्स और माइक्रोकंट्रोलर आदि के लिए उपयुक्त है।

जावास्क्रिप्ट (Java Script): यह एक लिपीय भाषा है। इसे जावा भाषा में लिखा गया है। इसे एप्लेट का प्रयोग करते हुए एप्लीकेशन प्रोग्राम विकसित करने में प्रयुक्त किया जाता है। एप्लेट छोटे जावा प्रोग्राम्स होते हैं। लिपीय भाषा को उपयोगी प्रोग्राम्स जिसमें प्रत्येक प्रोग्राम अपना कार्य करता है, माना जाता है। यह इन प्रोग्राम्स को एक साथ मिलाकर एक जटिल प्रोग्राम बना सकती है। और वह नया जटिल प्रोग्राम जटिलतम कार्यों को कर सकता है।

लान (LAN): लोकल एरिया नेटवर्क। यह छोटे भौगोलिक क्षेत्र (कुछ हजार मीटर तक) को कवर करने वाला उच्च गति का न्यूनतम त्रुटियों वाला डेटानेटवर्क होता है। लान (LAN) वर्कस्टेशनों, पेरीफेरल्स, टर्मिनलों, एक इमारत में अन्य उपकरणों या अन्य भौगोलिक रूप से सीमित क्षेत्र को जोड़ता है।

लेन (Local Area Network Emulation): इम्यूलेटिड उपकरणों में जोड़ी गई सॉफ्टवेयर लेयर के माध्यम से मौजूद लान एप्लीकेशन को प्रयोग व एक्सेस करने के लिए ATMLANE को लेन योग्यता प्रदान करती है। यह सॉफ्टवेयर लेयर उस उपकरण के एटीएम प्रोटोकॉल स्टैक का अंतरिक भाग होती है।

मेलबॉक्स (Mail Box): यह ई-मेल संदेश को स्टोर करने के लिए प्रयुक्त हार्डडिस्क स्पेस का क्षेत्र या एक फाइल अथवा डायरेक्टरी होती है।

मेन्यू (Menu): विकल्पों की एक सूची जिसमें से प्रोग्राम प्रयोक्ता किसी काम को करने हेतु कुछ भी चयन कर सकता है। जैसे एक कमाण्ड को चुनना या

किसी फॉर्मेट को एक दस्तावेज के किसी भाग पर लागू करना।

मेन्यूबार (Menubar): एक-शब्दीय कमाण्डों की सूची जो टाइटल बार के ठीक नीचे एवं विंडों के ऊपरी भाग पर प्रकट होती है। यह एक उर्ध्वाधर (horizontal) पट्टी (strip) भी होती है जो स्क्रीन के ऊपर दिखाई देती है और जिसमें मेन्यू पैड शमिल होता है।

नेविगेटिंग (Navigating): प्राय: जब आप एक फोल्डर या फाइल खोजते हैं तो एक फोल्डर से दूसरे में आपका व्यू परिभाषित करता है।

नेटमीटिंग (Netmetting): इंटरनेटएक्सप्लोरर एड-ऑन अवयव जो ऑडियो व वीडियो कान्फ्रेंसिंग, शेयर एप्लीकेशंस, चैट एवं फाइल्स के ट्रान्सफर को सपोर्ट करता है।

नेटशो (Net-show): इंटरनेट पर धाराप्रवाही ऑडियो एवं वीडियो सपोर्ट प्रदान करता है।

नेटवर्क-लेवल फायरवाल (Network-Level Firewall): वह फायरवाल जिसमें नेटवर्क प्रोटोकॉल पैकेट स्तर पर ट्रैफिक का परीक्षण करता है।

न्यू ग्रुप (New Group): एक विशेष का नियंत्रण संदेश जो नये समाचार समूह बनाता है।

एमएनटीपी (Network News Transfer Protocol): एक इंटरनेट प्रोटोकॉल जो यूजनेट समाचार समूह को सूचना पोस्ट करने व पुन: प्राप्त करने में प्रयुक्त होता है।

ऑफ लाइन (Off line): किसी भी कम्प्यूटर या नेटवर्क से जुड़ा नहीं होता।

ऑफलाइन मेल रीडर (Offline Mail Reader): वह प्रोग्राम जो नेट से कनेक्ट होता है, आपके ईमेल को डाउनलोड करता है और फिर डिस्कनेक्ट हो जाता है और जो आपको पढ़ने, जवाब देने और कनेक्ट हेतु बिना चार्ज के ईमेल भेजने की अनुमति प्रदान करता है।

ऑफलाइन मोड (Offline Mode): जब आपका प्रिंटर उपलब्ध नहीं होता (आपके कम्प्यूटर से कनेक्ट नहीं होता या फिर बंद होता है)

आफलाइन न्यूज़रीडर (Offline Newsreader): एक न्यूज़रीडर जो नेट से जुड़ा होता है, सभी सब्सक्राइब्ड न्यूज़ग्रुप्स में बिना पढ़े गए लेखों को डाउनलोड करता है और फिर डिस्कनेक्ट हो जाता है, आपको कनेक्ट टाइम के लिए निशुल्क लेखों को पोस्ट करने, जवाब देने व पढ़ने की अनुमति देता है।

ऑनलाइन (Online): कम्प्यूटर अथवा नेटवर्क से जुड़ा होता है (एक लोकल एरिया नेटवर्क इंटरनेट अथवा अन्य नेटवर्क)।

ऑनलाइन हेल्प (Online Help): आपके कम्प्यूटर पर स्टोर सहायक सूचना जिसे आप विंडोज़ हेल्प सिस्टम का प्रयोग करके देख सकते हैं।

आउटलुक एक्सप्रेस (Outlook Express): माइक्रोसॉफ्ट का ईमेल प्रोग्राम जो विंडोज़ 98 व इंटरनेट एक्सप्लोरर 4.0 के साथ सम्मिलित होता है।

पीएपी (PAP): पासवर्ड ऑथन्टिकेशन प्रोटोकॉल। वह ऑथन्टिकेशन प्रोटोकॉल जो एक दूसरे को प्रमाणित करने हेतु PPP पीयर्स (peers) को अनुमति देते हैं भले ही CHAP.PAP स्पष्ट टेक्स्ट (गैरकूटांकित) में पासवर्ड, यूज़रनेम अथवा होस्ट नेम को गुजारते हैं। इसकी CHAP से तुलना करें।

पर्सनल वेब सर्वर (Personal Web Server): विंडोज़ 98 के साथ आने वाला कम कुशलता वाला वेब सर्वर।

प्वाइंट-टू-प्वाइंट प्रोटोकॉल (PPP): टेलीफोन के माध्यम से इंटरनेट से जुड़े कम्प्यूटर्स हेतु संचार प्रोटोकॉल।

पीपीपी एकाउण्ट (PPP Account): वह इंटरनेट एकाउण्ट जो PPP संचार प्रोटोकॉल्स का प्रयोग करते हैं, यह इंटरनेट एकाउण्ट का सबसे प्रसिद्ध एकाउण्ट है।

प्रिंट सर्वर (Print Server): वह कम्प्यूटर जिस से प्रिंटर जुड़ा होता है और जो नेटवर्क पर अन्य कम्प्यूटर्स द्वारा प्रयोग किया जाता है।

प्रोटोकॉल एण्ड प्रोटोकॉल स्टैक (Protocol & Protocol Stack): वे सेटिंग्स और नियम जो इंटरनेट पर कम्प्यूटर्स के बीच सूचना पास करने का तरीका निर्धारित करते हैं। प्रोटोकॉल वे सॉफ्टवेयर होते हैं जो कम्प्यूटर्स के बीच डेटा के प्रसारण के लिए आवश्यक कार्यों को करते है। आदर्शरूप से एक दूसरे से बात करने के लिए विषम कम्प्यूटर्स के लिए प्रोटोकॉल मानक है।

प्रोटोकॉल एनालाइज़र (Protocol Analyser): यह एक विशिष्ट रियल टाइम कम्प्यूटर सॉफ्टवेयर है जो नेटवर्क से जुड़ा होता है और नेटवर्क ट्रैफिक का विश्लेषण करता है। एक अच्छा प्रोटोकॉल एनालाइज़र डेटालिंक लेयर से एप्लीकेशन लेयर में डेटा को प्रदर्शित करता है और उन्हें रिकॉर्ड करता है। यह नेटवर्क की समस्याओं को खोजता है, उन्हें ट्रैक करके फिक्स करता है। इसमें रियल-टाइम एनालिसिस की, पैकेट कैप्चरिंग की, डिकोडिंग की तथा पुन: प्रसारण की विशेषता होती है।

प्रोटोकॉल डेटा यूनिट (पीडीयू) (Protocol Data Unit (PDU)): यह डेटाग्राम के लिए एक तकनीकी शब्द है। OSI मॉडल के सभी स्तरों पर PDU को उत्पन्न किया जाता है और यह इंगित करने के लिए कि किस लेयर से (अथवा सबलेयर) से PDU उत्पन्न हुआ है, के द्वारा एक दूसरे के बीच भिन्नता प्रकट करता है। उदाहरणार्थ, एक SNMPv1 संदेश मैसेज हैडर व PDU से बना होता है। जिनमें विशिष्ट कमाण्ड्स एवं ऑपरेण्ड्स जो ट्रॉजैक्शन में शामिल लक्ष्यों को इंगित करते हैं, सम्मिलित होते हैं।

प्रॉक्सी (Proxy): वह सॉफ्टवेयर एजेन्ट जो प्रयोक्ता के वास्ते कार्य करता है।

रिमोट एक्सेस सर्वर (Remote Access Server): एक माइक्रोसॉफ्ट सर्वर अवयव होता है जो दूरस्थ प्रयोक्ता को नेटवर्क में डायल करने की अनुमति देता है। यह रूटर्स एवं टर्मिनल्स सर्वर, यदि ट्रैफिक ज्यादा नहीं है, जैसे खर्चीले हार्डवेयर्स का विकल्प है।

रिंग नेटवर्क (Ring Network): एक कम्प्यूटर नेटवर्क है जिसमें दूसरे कम्प्यूटर्स को नियंत्रित करने के लिए कोई होस्ट नहीं होता है और इसमें स्टेशन बराबर होते हैं।

सर्च इंजन (Search Engine): वह वेब साइट है जो आप जिन शब्दों व वाक्यांशों को टाइप करते हैं, उनके लिए वर्ल्ड वेब का पूर्ण टेक्स्ट खोजते हुए वेब पर सूचना प्राप्त करने में आपकी मदद करता है।

सिक्युरिटी (Security): सूचना का अनाधिकृत प्रयोग, टेम्परिंग या नष्ट होने जैसे सुरक्षा मुद्दों से जुड़ी चीजों से डेटा को बचाता है। यह आपके कम्प्यूटर सिस्टम, जो इसे प्रयोग करता है, क्या प्रोग्राम इस पर चल रहा है, कौन इसे पढ़ रहा है अथवा आपकी डिस्क पर स्टोर सूचना को कौन बदल रहा है, आदि, को भी नियंत्रित करता है।

सर्वर (Server): एक ऑब्जैक्ट जो कि क्लाइंट के आदेशानुसार कार्य करता है लेकिन शायद दूसरे ऑब्जैक्ट पर कार्य नहीं करता है। यह केवल दूसरे ऑब्जैक्ट को संदेश भेजता है जो कि उनके द्वारा की गई रिक्वेस्ट के परिणाम होते हैं, जबकि यह अन्य किसी सर्वर का क्लाइंट भी होता है।

सर्विस (Service): वह सेटिंग है जो नेटवर्क पर कम्प्यूटर के स्रोतों को शेयर करने की अनुमति आपको देता है।

सिम्पल नेटवर्क मैनेजमेन्ट प्रोटोकॉल (SNMP): ICP/IP आधारित इंटरनेट

की कार्यकुशलता को व्यवस्थित करने व निगरानी करने के लिए SNMP एक प्रसिद्ध एप्लीकेशन-लेवल प्रोटोकॉल है। SNMP के द्वारा मैनेजमेंट स्टेशन एवं प्रबंधित उपकरणों के बीच संदेशों से संबंधित प्रबंधन प्रणाली का आदान-प्रदान किया गया है। यह कार्य करने के लिए इसे पूर्ण कार्यकारी TCP/IP स्टैक की ज़रूरत होती है।

सिम्पल मेल ट्रांसफर प्रोटोकॉल (SMTP): TCP/IP प्रोटाकॉल जो यह निर्दिष्ट करता है किस प्रकार कम्प्यूटर्स इलेक्ट्रॉनिक मेल का आदान-प्रदान करते हैं। यह पोस्ट-ऑफिस प्रोटोकॉल के साथ कार्य करता है और इसका एक कारण यह है कि इंटरनेट ईमेल कार्य भलीभाँति करता है।

स्मार्ट होस्ट (Smart Host): वह मेल सर्वर जिसके लिए सभी बाहरी मेल प्रसारित किये जाते हैं और सभी आन्तरिक मेल प्राप्त किये जाते हैं।

स्टार नेटवर्क (Star Network): केन्द्रीय होस्ट कम्प्यूटर सिस्टम रखने वाला नेटवर्क जो अनेकों संचार लाइनों के माध्यम से स्थानीय कम्प्यूटर्स से संबद्ध होता है। स्थानीय कम्प्यूटर्स प्रत्यक्ष रूप से परस्पर लिंक्ड नहीं होते हैं और वे केवल होस्ट के माध्यम से ही संचार कर सकते हैं।

स्टार्ट पेज (Start Page): वह वेब पृष्ठ जिसे विशिष्ट पेज हेतु बिना माँगे जब आप ब्राउज़र खोलते हैं, तब ब्राउज़र लोड करता है। इसे होमपेज भी संबोधित किया जाता है।

स्टेटस बार (Status Bar): विंडो की स्टेशन जो प्रोग्राम के बारे में सूचना डिस्प्ले करती है। स्टेटस बार प्राय: विंडो के नीचे चल रहा ग्रे बार होता है।

सबनेट एड्रेस (Subnet Address): IP address का वह भाग जो सबनेट मास्क द्वारा उपनेटवर्क के रूप में निर्दिष्ट किया जाता है।

सबनेटवर्क (Subnetwork): IP नेटवर्क में, एक विशेष सबनेट एड्रेस को शेयर करने वाला नेटवर्क। सबनेटवर्क्स वे नेटवर्क होते हैं जो संबद्ध नेटवर्क की एड्रेसिंग जटिलता से सबनेटवर्क को शील्ड करते समय बहुस्तरीय, पदानुक्रमिक रूटिंग संरचना प्रदान करने में नेटवर्क एडमिनिस्ट्रेटर द्वारा मनमाने ढंग से सेग्मेन्ट किया जाता है।

टीसी/आईपी (TC/IP): विभिन्न नेटवर्कों जिन पर इंटरनेट आधारित होता है को जोड़ने के लिए तैयार किया गया प्रोटोकॉल स्टैक। इस सूट में दूरस्थ लॉगइन (Telnet), फाइल ट्रांसफर (FTP), ई-मेल (SMTP) और अन्य शामिल होते हैं। TCP/IP किसी भी हार्डवेयर या ऑपरेटिंग सिस्टम के साथ कार्य कर सकता है।

टीसीपी (TCP): ट्रान्समिशन कन्ट्रोल प्रोटोकॉल। कनेक्शन-ओरिएंटेड ट्रांसपोर्ट लेय प्रोटोकॉल जो विश्वसनीय पूर्ण ड्यूप्लेक्स डेटा ट्रांसमिशन प्रदान करता है। TCP, TCP/IP प्रोटोकॉल स्टैक का एक अंग है।

टीसीपी/आईपी स्टैक (TCP/IP Stack): वह कम्यूनिकेशन प्रोग्राम जो TCP/IP द्वारा संचार हेतु विंडो प्रोग्राम्स का प्रयोग करता है।

टेलीकांफ्रेंसिंग (Teleconferencing): वह प्रणाली जिसमें CRT स्क्रीन पर बैठे लोग कम्प्यूटर कम्यूनिकेशंस नेटवर्क के जरिये अन्य लोगों को देखते हें व एक-दूसरे से बात करते हैं।

टेलनेट (TELNET): रिमोट टर्मिनल प्रोटोकॉल जो एक मेज़बान से जुड़े टर्मिनल को दूसरे मेज़बान से लॉगइन करने की योग्यता प्रदान करता है, यदि वे दूरस्थ मशीन से कनेक्टेड हैं तो। साथ ही TCP/IP प्रोटोकॉल स्टैक में स्टैण्डर्ड टर्मिनल इम्यूलेशन प्रोटोकॉल भी होता है। Telnet का प्रयोग दूरस्थ टर्मिनल कनेक्शन के लिए किया जाता है जो प्रयोक्ता को दूरस्थ सिस्टम्स में लॉगइन करने के योग्य बनाता है और उन स्रोतों का प्रयोग करता है जैसे कि वे लोकल सिस्टम्स से जुड़े हों। Telnet को RFC 854 में परिभाषित किया गया है।

ट्रांसमिशन कंट्रोल प्रोटोकॉल (Transmission Control Protocol): एक कनेक्शन ओरिएंटेड प्रोटोकॉल जो दो एन्टिटीज़, प्राय: क्लाइंट और सर्वर एप्लीकेशन के बीच विश्वसनीय पूर्ण-ड्यूप्लेक्स डेटा ट्रांसमिशन प्रदान करता है।

वीडियो कांफ्रेंसिंग (Video Conferencing): डिजिटल ऑडियो व वीडियो डेटा प्रसारण के लिए नेटवर्किंग उपकरणों व प्रोटोकॉल्स का प्रयोग करके विभिन्न साइट्स में दो या अधिक लोगों (participants) के बीच कान्फ्रेंस का कार्य करता है। सामान्यत: प्रत्येक पार्टीसिपेन्ट के पास वीडियो कैमरा और माइक्रोफोन एवं लान व वान पर ट्रावर्सल हेतु एनालॉग सिग्नल को डिजिटल बाइट स्ट्रीम में परिवर्तित करने वाले उपकरण होते हैं।

वायरस (Virus): एक रिप्लीकेटिंग कोड सिग्मेन्ट जिसमें स्वयं एक प्रोग्राम या डेटा फाइल संलग्न होती है।

वॉयस रिकग्नीशन यूनिट (Voice Recognition Unit): वायस रिकग्नीशन सिस्टम्स के साथ प्रयोग किया जाने वाला एक इनपुट उपकरण जो सिस्टम के इनपुट के लिए बोले गये शब्दों को उपयुक्त बाइनरी डेटा में परिवर्तित करता है।

वॉयस रिस्पाँस यूनिट (Voice Response Unit): एक आउटपुट उपकरण जिसका प्रयोग ऑडियो रिस्पाँस पैदा करने में मैग्नेटिक माध्यम पर रिकार्ड किये गए शब्दों या संदेशों के लिए किया जाता है।

वीसैट्स (VSATs): वैरी स्मॉल अपर्चर टर्मिनलों (VSATs) को तकनीकी रूप से वॉयस, डेटा व वीडियो जैसी सूचना सेवाओं एवं द्वितरफा संचार को सपोर्ट करने वाली किस्मों के लिए उपयुक्त जियोसिन्क्रोनस सैटेलाइट से जुड़े बुद्धिमान अर्थ स्टेशन के रूप में वर्णित किया जा सकता है।

वेब (Web): वर्ल्डवाइड वेब का सबसे प्रसिद्ध नाम; वेब सर्वर पर रहने वाले हाइपरटेक्स्ट दस्तावेज़ों (वेब पृष्ठ) का और यूआरएल के द्वारा उपलब्ध अन्य दस्तावेज़ों मेन्यूज़ व डेटाबेस का अंत:संबद्ध संग्रह है। वेब दस्तावेज़ HTML के साथ फॉर्मेटिंग व लिंकिंग के लिए चिन्हित किये जाते हैं तथा वेब सर्वर वेब पृष्ठ को वितरित करने के लिए HTTP का प्रयोग करते हैं। साथ ही यह वर्ल्ड वाइड वेब (www) का लघु रूप भी है। इंटरनेट सर्वर्स का बड़ा नेटवर्क जो क्लाइंट एप्लीकेशनें चला रहे टर्मिनलों को ब्राउज़र्स जैसी अन्य सेवाएँ तथा हाइपरटेक्स्ट प्रदान करते हैं।

वेब-आफ-ट्रस्ट (Web-of-Trust): सार्वजनिक कीज़ (keys) को वैधता प्रदान करने जहाँ विश्वास चक्रवृद्धीय हो जाता है, पदानुक्रमिक नहीं और परिचय कराने वाले पर निर्भर करता है, के लिए PGP द्वारा प्रयोग किया जाने वाला ट्रस्ट मॉडल।

वेब डायरेक्टरी (Web Directory): वह वेब साइट जो विषय द्वारा वेब पृष्ठ को वर्गीकृत करते हुए वेब पर सूचना प्राप्त करने में आपकी सहायता करती है।

वेब मैप (Web Map): वेब सर्वर पर स्टोर की गई HTML फाइल।

वेब पेज एडीटर (Web Page Editor): वेब पृष्ठों के प्रयोग के लिए HTML प्रारूप में फाइल्स बनाने एवं उनमें एडीटिंग करने वाला प्रोग्राम। विंडो 98 फ्रंटपेज एक्सप्रेस के साथ आता है।

वेब पब्लिशिंग विज़ार्ड (Web Publishing Wizard): फ्रंटपेज एक्सप्रेस से वेब सर्वर पर वेब पृष्ठों को अपलोड करने वाला विज़ार्ड।

वेब सर्वर (Web Server): वेब पृष्ठों को स्टोर करने व ब्राउज़र से प्राप्त request का जवाब देने वाला कम्प्यूटर।

वेब स्टाइल (Web Style): डेस्कटॉप स्टाइल जिसमें आइकॉन (फोल्डर विंडो में फाइल नेम व विंडोज़ एक्सप्लोरर) चलते हैं अथवा एक क्लिक पर खुलते हैं।

वेब व्यू (Web View): यदि वेब पृष्ठ होगा तो फोल्डर का व्यू।

वेब साइट (Web Site): किसी विशेष व्यक्ति या संगठन से संबद्ध वेब पृष्ठों का संग्रह।

वर्कस्टेशन (Workstation): नेटवर्क द्वारा प्रदान की गयी सेवाओं हेतु लोकल एरिया नेटवर्क में एक एक्सेस प्वाइंट। डेस्कटॉप कम्प्यूटर भी जहाँ सर्वर एक्सेस करने के लिए अतिरिक्त सॉफ्टवेयर वाला नेटवर्क इंटरफेस कार्ड जोड़ा जाता है। प्राय: इसकी अपनी प्रोसेसिंग क्षमता होती है।

वर्ल्ड वाइड वेब (World Wide Web): सम्पूर्ण विश्व में हजारों वेब सर्वर कम्प्यूटर्स पर स्टोर लाखों फाइल्स का संग्रह।

WYSIWYG: "जो आप देखते हैं वही आप प्राप्त करते हैं" का लघु रूप, यह शब्द स्क्रीन पर छुपी हुई आउटलुक के जैसी ही प्रस्तुति करने के बारे में प्रयुक्त किया जाता है।

सैंपल पेपर-1 (हल सहित)

कुल समय: 3 घंटे — *कुल अंक - 100*
(भाग एक - 40, भाग दो - 60)

भाग - एक (Part - One)

1. बहुविकल्पीय प्रश्न

1.1 निम्नलिखित में से कौन सा एक वेब सर्वर है?
(a) मोजिला फायरफॉक्स (b) पोस्टफिक्स
(c) बाइंड (Bind) (d) अपाचे (Apache)

1.2 http किसके लिये संबोधित किया जाता है?
(a) HTML टेक्स्ट ट्रांसफर प्रोटोकॉल
(b) हाइपरटेक्स्ट ट्रांसफर प्रोटोकॉल
(c) हाई ट्रांसफर टायर प्रोग्राम
(d) HTML टाइप ट्रांसफर प्रोटोकॉल

1.3 स्पाइडर (Spider) क्या है?
(a) वह प्रोग्राम है जो वेब के चारों और धीरे-धीरे रेंगता है और सर्च इंजन में पृष्ठों को स्टोर करता है।
(b) वायरल रूप में फैलता है जो सॉफ्टवेयर को हैक (Hack) करता है।
(c) वह सॉफ्टवेयर है जो नेटवर्क की कमजोरियों का परीक्षण करता है।
(d) बड़ी फाइलों को बाँटने वाला प्रोटोकॉल है।

1.4 निम्नलिखित में से कौन-सा एक URL में विस्तार (extension) का उदाहरण नहीं है?
(a) .gov (b) .edu
(c) .npr (d) .com

1.5 HTML में <text area> टैग क्या कार्य करता है?
(a) एक पैराग्राफ बनाता है।
(b) टेक्स्ट अलाइन (Align) करता है।
(c) एक डिब्बा Box बनाता है जिसमें आप टाइप कर सकते हैं।
(d) वेब पृष्ठ के किनारों (Borders) को परिभाषित करता है।

1.6 FTP का क्या अभिप्राय है?
(a) फायरवाल ट्राँसफर प्रोग्रामिंग
(b) फाइल ट्राँसमिशन प्रोटोकॉल
(c) फाइल ट्राँसफर प्रोटोकॉल
(d) फाइल ट्राँसफर प्रोग्राम

1.7 अमेजन (Amazon) ने सबसे पहले कौन सा उत्पाद बेचा था?
(a) ऑनलाइन विज्ञापन (b) पुस्तकें
(c) संगीत (d) डीवीडी एवं वीडियो

1.8 एक बाइट (byte) में कितनी बिट्स (bits) होती हैं?
(a) 8 (b) 24
(c) 1 (d) 256

1.9 OSI मॉडल में कितनी परतें (Layers) होती हैं?
(a) 3 (b) 5
(c) 7 (d) 10

1.10 हाइपर लिंक का प्रकार है:
(a) टेक्स्ट (b) इमेज
(c) इमेज मैप (d) उपर्युक्त सभी

2. निम्नलिखित कथनों में सत्य/असत्य बताएँ।

2.1 सर्च इंजन के लिए पोर्टल (Portal) एक दूसरा शब्द होता है।
2.2 इंटरनेट और वर्ल्डवाइडवेब एक ही होती है।
2.3 www.cnn.com जैसा एड्रेस एक IP एड्रेस होता है।
2.4 एक कम्प्यूटर सिस्टम पर 'मल्टीमीडिया' शब्द का अर्थ होता है कि आप एक ही समय में पूर्ण चलचित्र वीडियो, स्टीरियो साउण्ड तथा टेक्स्ट एक साथ चला सकते हैं।
2.5 LAN लार्ज एरिया नेटवर्क होता है।
2.6 कम्प्यूटर में बाइट का प्रयोग प्राय: स्टोरेज माप की ईकाई (Unit) के रूप में किया जाता है।
2.7 ई-मेल टेक्स्ट आधारित संदेशों तक ही सीमित होता है।
2.8 डेटाग्राम नेटवर्क पर भेजा गया स्वतंत्र एवं स्वनिर्मित संदेश होता है जिसके पहुँचने के समय व विषयवस्तु की कोई गारंटी नहीं होती।
2.9 CGI वह स्क्रिप्टिंग भाषा होती है जिसका प्रयोग सर्वर साइड प्रोग्रामिंग के लिए किया जाता है।
2.10 HTML वेब पृष्ठ में इमेज को समाहित करने की अनुमति नहीं देता है।

3. कॉलम X में दिये गये शब्दों व वाक्यांशों को कॉलम Y में दिये गए उनके समीपस्थ अर्थ वाले शब्दों से सुमेलित करें।

	X	Y
	/------------------------\	/------------------------\
3.1	इसका अभिप्राय है कि आप मोडेम कनेक्शन के माध्यम से कितना अधिक डेटा प्रेषित कर सकते हैं	(a) डाउनलोड

3.2	यह वह तर्क होता है जिसका प्रयोग कम्प्यूटरों द्वारा कथनों के सही एवं गलत होने का निर्धारण करने के लिए किया जाता है।	(b)	JPEG
3.3	वेब एड्रेस अथवा URL को सेव (Save) करने के लिए प्लेसहोल्डर (Place holder)	(c)	मोडेम
3.4	इंटरनेट पर सर्वर से क्लाइंट कम्प्यूटर पर फाइल की कॉपी स्थानांतरित करने की प्रक्रिया	(d)	डिजिटल सर्टिफिकेट
3.5	वेब पर सत्यापित सूचना प्रेषित करने के लिए प्रयुक्त पद्धति	(e)	होमपेज
3.6	दूसरी साइट के जैसी ही सूचना समाहित करने वाली एक साइट अथवा डायरेक्टरी	(f)	बैंडविड्थ
3.7	एक वेब साइट का प्रथम पृष्ठ अथवा किसी व्यक्ति का उत्कृष्ट निजी पृष्ठ	(g)	SMTP
3.8	यह एक प्रोटोकॉल है जिसका प्रयोग कम्प्यूटरों द्वारा वेब पृष्ठों का स्थानांतरण एक से दूसरे में भेजने के लिये किया जाता है।	(h)	HTML
3.9	एक कम्प्यूटर फाइल में ग्राफिक्स को स्टोर करने के लिए फाइल फारमेट	(i)	URL
3.10	यह वह इलेक्ट्रॉनिक उपकरण होता है जो फोन लाइन पर आपके कम्प्यूटर को 'दूसरे कम्प्यूटर्स के साथ सूचना का आदान-प्रदान करने की अनुमति देता है।	(j)	मिरर साइट
		(k)	बुकमार्क
		(l)	FTP
		(m)	बूलियन (Boolean)

4. निम्नलिखित सूची से सर्वाधिक उपयुक्त शब्द अथवा वाक्यांश चुनकर निम्नलिखित प्रश्नों के रिक्त स्थानों की पूर्ति करें।

(a) जावा स्क्रिप्ट	(b) स्वचालित खोज	(c) RFC
(d) FAQ	(e) पैकेट स्विचिंग	(f) सर्किट स्विचिंग
(g) DNA	(h) मेल सर्वर	(i) UDP
(j) URL	(k) हाइपरटेक्स्ट	(l) FTP
(m) TCP व IP	(n) ISP	

4.1 वे दस्तावेज जो ICP/IP को परिभाषित करते हैं और इंटरनेट तकनीक से संबद्ध हैं, ____________ कहलाते हैं।

4.2 ____________ प्रणाली है जो न्यूनतम विलंब के साथ शेयर्ड नेटवर्क पर संचार करने के लिए कम्प्यूटरों के विविध जोड़ों को अनुमति प्रदान करती है।

4.3 इंटरनेट एक्सेस प्रदान करने वाली कम्पनी को ____________ के नाम से जाना जाता है।

4.4 इंटरनेट से जुड़े कम्प्यूटर को ____________ सॉफ्टवेयर दोनों की आवश्यकता होती है।

4.5 इंटरनेट पर एक कम्प्यूटर को किसी के ____________ को जानने की आवश्यकता होती है।

4.6 टेक्स्ट में संलग्न मीनस (Menus) ____________ कहलाते हैं।

4.7 दिये गए वैद्य ____________ से, ब्राउज़र बिना अन्य दस्तावेजों से गुजरें हुए सीधे ही पृष्ठ पर चला जाता है।

4.8 कुछ सार्वजनिक मेलिंग सूचियाँ एवं समाचार समूह ____________ और उत्तरों की एक फाइल बनाते हैं।

4.9 ____________ एक सक्रिय दस्तावेजी तकनीक है।

4.10 ____________ उपकरण प्रयोक्ताओं की उन पृष्ठों को प्राप्त करने में सहायता करते हैं।

वैकल्पिक प्रश्नों के उत्तर

1.	1.1	d	1.2	b	1.3	a	1.4	c	1.5	c
	1.6	c	1.7	b	1.8	a	1.9	c	1.10	d
2.	2.1	F	2.2	F	2.3	F	2.4	T	2.5	F
	2.6	T	2.7	F	2.8	T	2.9	T	2.10	F
3.	3.1	f	3.2	m	3.3	k	3.4	a	3.5	d
	3.6	j	3.7	e	3.8	l	3.9	b	3.10	c
4.	4.1	c	4.2	e	4.3	n	4.4	m	4.5	g
	4.6	k	4.7	j	4.8	d	4.9	a	4.10	b

भाग - दो (Part - Two)

(किन्हीं चार प्रश्नों के उत्तर दें)

5. निम्नलिखित पर संक्षिप्त टिप्पणी लिखें
   (a) ASP
   (b) एनीमेशन
   (c) प्रकाशनाधिकार मुद्दे (Copyright Issues)
   (d) नेटवर्क एप्लीकेशन

6. साइबर अपराध क्या होता है? आप साइबर अपराध से किस प्रकार बचाव करेंगे?

7. रूटर्स (Routers) क्या होते हैं? रूटर्स के क्या लाभ हैं?

8. डायलअप व लीज्ड लाइनों से आपका क्या अभिप्राय है? इसके क्या लाभ हैं?

9. फायरवाल क्या है? फायरवाल प्रयोग करने के क्या लाभ हैं?

10. घुमावदार जोड़ा तारों के लाभ व हानियाँ क्या होते हैं?

विवरणात्मक प्रश्नों के उत्तर

5. (a) (अध्याय 10 की खण्ड संख्या 10.1 देखें)
   (b) (अध्याय 10 का खण्ड 11.5 एवं उपखंड 11.5.1 देखें)
   (c) (अध्याय 11 का खण्ड 11.5 एवं उपखंड 11.5.1 देखें)
   (d) (अध्याय 1 का खण्ड 1.7 देखें)

6. (अध्याय 1 का खण्ड 1.11.1 व 1.11.4 देखें)
7. (अध्याय 2 का खण्ड 2.4 देखें)
8. (अध्याय 3 का खण्ड 3.3.2 एवं 3.3.3 देखें)
9. फायरवाल हार्डवेयर व सॉफ्टवेयर का वह मिश्रण होते हैं जिन्हें रूटर्स, सर्वर्स व विभिन्न प्रकार के सॉफ्टवेयर्स को मिलाकर बनाया जाता है। इन्हें इंटरनेट व कारपोरेट नेटवर्क की अत्यन्त नाजुक जगहों पर लगाया जाता है और इन्हें सिस्टम एडमिनिस्ट्रेटर्स की इच्छानुरूप सरल अथवा जटिल बनाया जा सकता है। फायरवाल इंटरनेट एक्सेस की गति को धीमा कर देते हैं।

फायरवाल प्रयोग करने के लाभ

फायरवाल प्रयोग करने के प्रमुख लाभ निम्नलिखित हैं:

(a) आक्रमणकारी गतिविधियों व सेवाओं से बचाव
(b) नेटवर्क में मेजबान के एक्सेस को पूर्णत: नियंत्रित किया जा सकता है।
(c) सुरक्षा एकल फायरवाल प्रणाली पर केन्द्रित होती है। यह प्रमाणीकरण कार्यों को बेहतर ढंग से लागू करती है।
(d) नेटवर्क की लॉगिंग व स्टेटिस्टिक्स का सदुपयोग व दुरुपयोग
(e) नीति बध्यता

10. (अध्याय 4 का खण्ड 4.6.6 देखें)

सैंपल पेपर-2 (हल सहित)

कुल समय: 3 घंटे

कुल अंक - 100
(भाग एक - 40, भाग दो - 60)

भाग - एक (Part - One)

1. बहुविकल्पीय प्रश्न

1.1 शैक्षिक संस्थाओं के स्वामित्व व संचालन वाले इंटरनेट के कम्प्यूटर ________ का भाग बनाते हैं।

(a) com डोमेन (b) edu डोमेन
(c) mil डोमेन (d) उपर्युक्त में कोई नहीं

1.2 यूनिक्स (Unix) है:

(a) एक व्यक्ति
(b) एक फाइल
(c) एक कम्प्यूटर से दूसरे कम्प्यूटर में फाइल कॉपी करने के लिए एक प्रोग्राम
(d) एक संचालन प्रणाली

1.3 इंटरनेट प्रोटोकॉल (IP):

(a) सुनिश्चित करता है कि कम्प्यूटरों के बीच कनेक्शन बने हुए हैं।
(b) सॉफ्टवेयर कम्प्यूटर एड्रेस को नियंत्रित करता है।
(c) दो कम्प्यूटरों के बीच त्वरित रूट की खोज करता है।
(d) उपर्युक्त में कोई नहीं।

1.4 यूनिक्स में रूटों से फाइलों के स्थानान्तरण की पद्धति है:

(a) Bin Hex (b) Unencoding
(c) FTP (d) Telnet

1.5 माइक्रोसॉफ्ट द्वारा बनाया गया वेब प्रकाशन उपकरण है:

(a) नेटस्केप नेविगेटर (b) फ्रंटपेज
(c) पेज मिल (d) हॉट मेटल

1.6 टाइम डिवीजन मल्टीप्लेक्सिंग (TDM) में

(a) अलग-अलग चैनलों पर विभिन्न सिग्नल भेजे जाते हैं।
(b) चैनलों पर समय निर्धारित मोड में विभिन्न सिग्नल भेजे जाते हैं।
(c) विभिन्न प्रयोक्ताओं को एक ही सिग्नल भेजा जाता है।
(d) उपर्युक्त में कोई नहीं।

1.7 SMTP है एक साधारण

(a) TCP प्रोटोकॉल (b) TCP/IP प्रोटोकॉल
(c) IP प्रोटोकॉल (d) उपर्युक्त में कोई नहीं

1.8 HTML फाइल ________ टैग से शुरू होती है।

(a) <Title> (b) <body>
(c) <Head> (d) <HTML>

1.9 वेब पृष्ठों को ________ का प्रयोग करके उत्कृष्ट रूप में परिभाषित किया जाता है।

(a) IP एड्रेस (b) URL
(c) डोमेन (d) फाइल का नाम

1.10 कुकी (Cookie) क्या है?

(a) एनीमेशनों को दर्शाने व साउण्ड को चलाने के लिए प्रयुक्त एक कम्प्यूटर कोड
(b) आपके कम्प्यूटर पर भेजी गई सूचना जो बाद में देखी गई वेबसाइट को वापस सूचना भेजने में प्रयुक्त की जाती है।
(c) वह कम्प्यूटर कोड है जो आपके द्वारा अपने कम्प्यूटर से सभी प्रकार के खरीदारियों व भुगतानों का स्वयं लेखा जोखा रखता है।
(d) वह विज्ञापन होता है जो कभी-कभी आपके कम्प्यूटर स्क्रीन प्रदर्शित होता है।

2. निम्नलिखित कथनों में सत्य/असत्य बताएँ।

2.1 सभी वेब एड्रेस http:// से प्रारंभ होते हैं।
2.2 रिंग टोपोलॉजी में एक नोड दूसरे नोड से सीधे ही संचार करता है।
2.3 SMTP इलेक्ट्रॉनिक मेल से संबद्ध है।
2.4 एकल हाइपरटेक्स्ट दस्तावेज वर्ल्ड वाइड वेब पर किसी दस्तावेज के लिंक को समाहित कर सकता है।
2.5 HTML डायनामिक वेब का निर्माण नहीं करता है।
2.6 JPEG एक हानिरहित संक्षिप्तीकरण तकनीक है।
2.7 IP एड्रेस उत्कृष्ट होते हैं।
2.8 HTML में हैडरटैगों के छ: स्तर तक होते हैं।
2.9 WAN ईथरनेट पर आधारित होता है।
2.10 अलग-अलग होने वाला (Asynchronous) संचार एक साथ होने वाले (Synchronous) संचार की अपेक्षा धीमा होता है।

3. कॉलम X में दिये गये शब्दों व वाक्यांशों को कॉलम Y में दिये गए उनके समीपस्थ अर्थ वाले शब्दों से सुमेलित करें।

	X		Y
3.1	सामान्यत: प्रयोग किया जाने वाला एक वेब ब्राउज़र	(a)	पिक्सल
3.2	इंटरनेट पर सामान्यत: प्रयुक्त एक वीडियो-मानक	(b)	फ्रीवेयर

3.3	ऑन-स्क्रीन इमेज की मूल ईकाई	(c)	सूचना कूटांकन
3.4	परीक्षण अवधि के लिए उपलब्ध सॉफ्टवेयर जिसे परीक्षण अवधि के बाद प्रयोग हेतु पंजीकृत करवाना अनिवार्य होता है।	(d)	बैण्डविड्थ
3.5	सुरक्षा हेतु एक संदेश को तेजी से पकड़ना	(e)	लिंक
3.6	किसी चैनल की डेटा वहन करने की क्षमता	(f)	TCP/IP
3.7	इंटरनेट पर संबद्ध साइट	(g)	बाइट
3.8	प्रोटोकॉल्स का सेट जो इंटरनेट पर भेजे गए आँकड़ों को नियंत्रित करता है।	(h)	इंटरनेट एक्सप्लोरर
3.9	IP एड्रेस	(i)	MPEG-4
3.10	मोडेम में एक इलेक्ट्रॉनिक उपकरण जो आने वाले संदेश को मूल रूप में परिवर्तित करता है तथा डेटा को एक्ट्रेक्ट करता है।	(j)	शेयरवेयर
		(k)	170.113.242.2
		(l)	अल्टाविस्टा
		(m)	डिमॉड्यूलेटर

4. निम्नलिखित सूची से सर्वाधिक उपयुक्त शब्द अथवा वाक्यांश चुनकर निम्नलिखित प्रश्नों के रिक्त स्थानों की पूर्ति करें।

(a) V-chat	(b) FTP	(c) एप्लेट
(d) मोडेम	(e) जावास्क्रिप्ट	(f) अनज़िप
(g) ईथरनेट	(h) URL	(i) Kbps
(j) DHCP	(k) टैग	(l) कुकी
(m) बैण्डविड्थ	(n) होमपेज	(o) VRL
(p) बिट (Bit)		

4.1 डिजिटल संकेतों को एनालॉग संकेतों में रूपान्तरण करने वाला उपकरण ____________ कहलाता है।

4.2 वर्ल्ड वाइड वेब पर पृष्ठ का एड्रेस ____________ कहलाता है।

4.3 आपके नेट एक्सेस करने की गति को ____________ के शब्दों में परिभाषित किया जाता है।

4.4 वेब पृष्ठ द्वारा आपके कम्प्यूटर पर रखी गई एक सूचना फाइल जिसे किसी के द्वारा देखा जाता है ____________ कहलाती है।

4.5 ____________ एक छोटा जावा प्रोग्राम है जिसे एक HTML पृष्ठ में जोड़ा जा सकता है।

4.6 <and> टैग से घिरी HTML कमाण्डें ____________ कहलाती हैं।

4.7 ____________ प्रथम दस्तावेज होता है जिसे प्रयोक्ताओं द्वारा वर्ल्ड वाइड वेब पर प्रवेश करते समय देखा जाता है।

4.8 ____________ एक सक्रिय दस्तावेज तकनीक होती है।

4.9 ____________ LAN में नेटवर्किंग कम्प्यूटरों की एक अति सामान्य पद्धति होती है।

4.10 फाइलों को प्रेषित करने व पुनः प्राप्त करने के उद्देश्य से दूसरे इंटरनेट साइट पर लॉगइन करने का एक तरीका ____________ होता है।

वैकल्पिक प्रश्नों के उत्तर

1.	1.1	b	1.2	d	1.3	c	1.4	c	1.5	b
	1.6	b	1.7	b	1.8	d	1.9	b	1.10	b
2.	2.1	F	2.2	F	2.3	T	2.4	F	2.5	T
	2.6	T	2.7	T	2.8	T	2.9	F	2.10	T
3.	3.1	h	3.2	i	3.3	a	3.4	j	3.5	c
	3.6	d	3.7	e	3.8	f	3.9	k	3.10	n
4.	4.1	d	4.2	h	4.3	i	4.4	l	4.5	c
	4.6	k	4.7	n	4.8	e	4.9	g	4.10	b

भाग - दो (Part - Two)

(किन्हीं चार प्रश्नों के उत्तर दें)

5. ईमेल के लाभ व कमियाँ क्या होती हैं?
6. सामाचार समूह क्या है? मध्यमार्गी समाचार समूह से अमध्यमार्गी समाचार समूह किस प्रकार भिन्न होता है?
7. SMTP क्या है? SMTP की कार्य प्रणाली की व्याख्या करें।
8. जावा तथा जावास्क्रिप्ट से आपका क्या तात्पर्य है?
9. निम्नांकित पर संक्षिप्त टिप्पणी. लिखें।
   (a) मेटासर्च इंजन (b) सर्च इंजन
   (c) CGI (d) वेब कुकी
10. ऐलीमेन्ट क्या होता है? HTML अवयवों के विभिन्न प्रकार क्या होते हैं?

विवरणात्मक प्रश्नों के उत्तर

5. (अध्याय 5 में खण्ड 5.1.1 व 5.1.2 देखें)
6. (अध्याय 5 में खण्ड 5.5.4 देखें)
7. (अध्याय 6 में खण्ड 6.2.1 देखें)
8. (अध्याय 7 में खण्ड 7.7.1 व 7.1.3 देखें)
9. (अध्याय 8 में खण्ड 8.7 देखें)
10. (अध्याय 9 में खण्ड 9.1.4 देखें)

सैंपल पेपर–1

कुल समय: 3 घंटे *कुल अंक - 100*

(भाग एक - 40, भाग दो - 60)

भाग - एक (Part - One)

1. बहुविकल्पीय प्रश्न

1.1 मूल फाँट (Font) साइज को परिभाषित करने के लिए निम्न में से कौन सा टैग प्रयोग किया जाता है?

(a) BASEFONT (b) FONT

(c) SIZE (d) उपर्युक्त सभी

1.2 ASP निम्नांकित में से एक पर आधारित वातावरण प्रदान करता है, वह है

(a) वितरित नेटवर्क (b) केन्द्रीकृत आधार

(c) क्लाइंट सर्वर (d) उपर्युक्त में से कोई नहीं

1.3 VRML आधारित है:

(a) BCD पर (b) HTML पर

(c) ASCII पर (d) उपर्युक्त सभी पर

1.4 वेब प्रयोक्ताओं से मान प्राप्त करने के लिए बनाई गई लिपि है:

(a) वेब स्क्रिप्ट (b) जावा स्क्रिप्ट

(c) CGI स्क्रिप्ट (d) उपर्युक्त सभी

1.5 NFS का अर्थ है:

(a) नेट फ्री सिस्टम (b) नेट फाइल प्रोटोकॉल

(c) N/W फाइल सिस्टम (d) उपर्युक्त में कोई नहीं

1.6 ईमेल एड्रेस बना होता है:

(a) मेल सर्वर के डोमेन एड्रेस से

(b) यूजर आइडेन्टिफिकेशन से

(c) (a) एवं (b) दोनों से

(d) उपर्युक्त से कोई नहीं।

1.7 WIAS का अर्थ है:

(a) वाइड एज्यूम्ड इंटीमेशन सेक्शन

(b) वाइड एरिया इंटरनेट सर्विस

(c) वाइड एरिया इर्न्फोमेशन सिस्टम

(d) इनमें से कोई नहीं

1.8 डोमेन का पूरा पाथ नेम अधिक नहीं होना चाहिए

(a) 250 char से (b) 255 char से

(c) 256 char से (d) इनमें से कोई नहीं

1.9 ____________ का प्रयोग करके प्रयोक्ता द्वारा इंटरनेट की संख्या से RFC को प्राप्त किया जा सकता है।

(a) FTR (b) GOPHER

(c) WWW (d) उपर्युक्त सभी

1.10 उच्च स्तरीय डोमेन ____________ फ्लेवर्स में आता है।

(a) निर्याता कम्पनी के नाम व देशों रहित

(b) निर्माता कम्पनी के नाम अथवा देशों रहित

(c) संबधियों व देशों सहित

(d) उपर्युक्त सभी

2. निम्नलिखित कथनों में सत्य/असत्य बताएँ।

2.1 PPP एक सीरियल प्रोटोकॉल है।

2.2 लोकल एरिया नेटवर्क एक प्रसारण माध्यम है।

2.3 बुलेटिन बोर्ड वह सार्वजनिक चर्चा की जगह है जहाँ लोग अपने संदेश भेज सकते हैं।

2.4 TCP/IP एप्लीकेशंस के लिए सामान्यत: इंटरनेट मानक प्रक्रिया अपनाई जाती है।

2.5 UUCP यूनिक्स से यूनिक्स फाइल कॉपी प्रोटोकॉल के लिए प्रयुक्त होता है।

2.6 ई-मेल एड्रेस में केवल प्रयोक्ता का नाम सम्मिलित होता है।

2.7 इंटरनेट पर एक कम्प्यूटर का प्रयोग करके कोई व्यक्ति अपने इंटरनेट सेवा प्रदाता के सर्वर में टेलनेट कर सकता है और संदेश पढ़ने के लिए यूनिक्स आधारित प्रोग्राम का प्रयोग कर सकता है।

2.8 SMTP में संदेश की लम्बाई कितनी बड़ी भी हो सकती है।

2.9 इंटरनेट एक्सप्लोरर के लिंक बार पर इंटरनेट शुरू करने का बटन होता है।

2.10 मोसाइक (mosaic) की अपेक्षा नेटस्केप के प्रमुख लाभों में उसकी गति व अधिक ग्राफिक्स प्रारूपों को प्रदर्शित करने की योग्यताएँ थीं।

3. कॉलम X में दिये गये शब्दों व वाक्यांशों को कॉलम Y में दिये गए उनके समीपस्थ अर्थ वाले शब्दों से सुमेलित करें।

	X		Y
3.1	हस्ताक्षर (Signature)	(a)	समूह वार्तालाप की बड़ी संख्या को सपोर्ट करता है
3.2	टिन (Tin)	(b)	वह प्रोग्राम जो पार्श्व में चलता है।
3.3	IRC (इंटरनेट रिले चैट)	(c)	एक दूसरे के साथ संचार

			करने के लिए मेल क्लाइंट प्रोग्राम व मेल सर्वर प्रोग्राम द्वारा प्रयुक्त किया गया प्रोटोकॉल
3.4	BBC (बुलेटिन बोर्ड सिस्टम)	(d)	लेख या मेल भेजने वाले व्यक्ति के बारे में जानकारी
3.5	डेइमोन (Daemon)	(e)	संदेशों युक्त फाइल
3.6	फोल्डर	(f)	प्रयोक्ता की संख्या को संदेश भेजने के लिए किसी व्यक्ति को अनुमति प्रदान करता है।
3.7	गेटवे	(g)	एक न्यूज रीडर
3.8	PPP	(h)	मेल डिलीवरी प्रोटोकॉल
3.9	POP	(i)	टेलीफोन लाइन पर TCP/IP कनेक्शन को सपोर्ट करने में प्रयुक्त प्रोटोकॉल
3.10	SMTP	(j)	वह कम्प्यूटर होता है जो दो भिन्न नेटवर्क्स के बीच लिंक के रूप में कार्य करता है।

4. निम्नलिखित सूची से सर्वाधिक उपयुक्त शब्द अथवा वाक्यांश चुनकर निम्नलिखित प्रश्नों के रिक्त स्थानों की पूर्ति करें।

(a) मेलिंग लिस्ट	(b) रिसीवर लिस्ट	(c) माड्यूलर-इंटरनेट मेल एक्सटेंशन
(d) मल्टीपरपज इंटरनेट मेल एक्सटेंशन	(e) लोकल एरिया नेटवर्क	(f) इंटरनिक (Inter NIC)
(g) टेराबाइट संचार प्रोटोकॉल	(h) एफडीडीआई	(i) बुकमार्क
(j) एफएक्यू (FAQ)	(k) ट्रैफिक कंट्रोल प्रोटोकॉल	(l) ईथरनेट
(m) पैकेट इंटरनेट नम्बर ग्रेस्पर	(n) वाइड एरिया नेटवर्क	(o) ट्रांसमिशन कंट्रोल प्रोटोकॉल
(p) पैकेट इंटरनेट गोफर		

4.1 जीरॉक्स कार्पोरेशन में अविकृत लोकप्रिय लोकल एरिया नेटवर्क तकनीक को ___________ के नाम से जाना जाता है।

4.2 वह दस्तावेज जिसमें विषय विशेष के बारे में प्रश्न एवं उत्तर सम्मिलित होते हैं अथवा इंटरनेट सेवा की तकनीक को ___________ कहा जाता है।

4.3 ___________ लोकल एरिया नेटवर्क का वह मूल प्रकार होता है जो ऑप्टिकल फाइबर कनेक्शंस का प्रयोग करता है।

4.4 ___________ वह संगठन है जो इंटरनेट के बारे में सूचना की आपूर्ति करता है तथा इंटरनेट कनेक्टिविटी एवं अन्य दस्तावेज उपलब्ध कराता है।

4.5 लॉग हॉल नेटवर्क ___________ का पर्यायवाची है।

4.6 प्राप्तकर्ताओं की सूची वाला इलेक्ट्रॉनिक मेल एड्रेस ___________ कहलाता है।

4.7 MIME ___________ का संक्षिप्त रूप होता है।

4.8 Ping का पूर्णरूप ___________ है।

4.9 TCP का पूर्णरूप ___________ है।

4.10 ___________ ब्राउज़र्स से संबद्ध एक महत्वपूर्ण सुविधा होती है।

भाग - दो (Part - Two)

(किन्हीं चार प्रश्नों के उत्तर दें)

5. (a) डीएनएस शब्द से आप क्या समझते हैं? सभी डोमेन्स व उनके फ्लेवर्स को सूचीबद्ध करें।
   (b) डोमेन एवं सब-डोमेन के बीच अन्तर स्पष्ट करें।

6. निम्नलिखित में से किन्हीं तीन पर संक्षिप्त टिप्पणी लिखें:
   (a) सर्च इंजन (b) इंटरनेट सुरक्षा
   (c) स्लिप (SLIP) (d) पीपीपी (PPP)

7. (a) माइक्रोसॉफ्ट आउटलुक एक्सप्रेस क्या है? इसके प्रयोग क्या हैं?
   (b) एक प्रचलित वेब ब्राउज़र की व्याख्या करें। ब्राउज़र्स के प्रमुख कार्य क्या होते हैं?

8. (a) सर्च इंजन की अवधारणा को विस्तार से लिखें। सर्च इंजन के तीन अवयव
   (b) यूज़नेट समाचार समूह क्या है? दो सामान्य यूज़नेट समाचार समूहों की व्याख्या करें।

9. निम्नांकित पर संक्षिप्त टिप्पणी लिखें:
   (a) फाइल ट्रांसफर प्रोटोकॉल
   (b) इंटरनेट रिमोट लॉगइन
   (c) हाइपरटेक्स्ट

सैंपल पेपर-2

कुल समय: 3 घंटे

कुल अंक - 100
(भाग एक - 40, भाग दो - 60)

भाग - एक (Part - One)

1. बहुविकल्पीय प्रश्न

1.1 निम्नांकित में एक भिन्न को पहचानें:
(a) Yahoo! (b) IndiaTimes
(c) Rediff (d) Satyam

1.2 टेलीफोन लाइन से पीसी को जोड़ने के लिए प्रयुक्त होने वाले उपकरण का नाम है:
(a) सीडी-रोम (CD-ROM) (b) मोडेम
(c) प्रिंटर (d) स्पीकर

1.3 सर्वाधिक प्रचलित LAN प्रोटोकॉल को सूचीबद्ध करें:
(a) टोकन रिंग (b) ईथरनेट
(c) टीसीपी/आईपी (d) टोकनबस

1.4 इंटरनेट में प्रयुक्त प्रमुख प्रोटोकॉल है:
(a) IPX/SPX (b) TCP/IP
(c) टोकन बस (d) X.25

1.5 आईपी एड्रेस की लम्बाई है:
(a) 4 बाइट्स (b) 6 बाइट्स
(c) 48 बाइट्स (d) 16 बाइट्स

1.6 ई-मेल संदेश में बाइनरी डेटा हेतु प्रचलित कूटांकन तकनीक है:
(a) PKZIP (b) BinHex
(c) MIME (d) MS-Word

1.7 वेब पृष्ठों की उत्कृट पहचान की जाती है:
(a) आईपी एड्रेस से (b) URL से
(c) डोमेन से (d) फाइल के नाम से

1.8 विषम शब्द को पहचानें
(a) पुट (b) बाइनरी
(c) हेक्साडेसिमल (d) ओपेन

1.9 विषम शब्द को पहचानें
(a) लाइकॉज़ (lycos) (b) अल्टाविस्टा (AltaVista)
(c) कम्यूनिकेटर (d) याहू! (Yahoo!)

1.10 भिन्न शब्द को पहचानें
(a) जावा (b) विजुअल बेसिक
(c) C++ (d) HTTP

2. निम्नलिखित कथनों में सत्य/असत्य बताएँ।

2.1 विंडोज एनटी सर्व के लॉगइन के लिए टेलनेट (Telnet) का प्रयोग किया जा सकता है

2.2 URL वेब सर्वर को संबोधित करता है।

2.3 विविध वेब साइटों की मेजबानी एक सर्वर पर की जा सकती है।

2.4 ईमेल के द्वारा पिक्चर्स भेजी जा सकती है।

2.5 इंटरनेट का स्वामित्व यू.एस.ए. के पास है।

2.6 UUCP का प्रयोग केवल यूनिक्स के साथ ही किया जा सकता है।

2.7 वेब पृष्ठ केवल अंग्रेजी में ही प्रकाशित किये जा सकते हैं।

2.8 वर्ल्ड वाइड वेब को केवल ग्राफिक्स मोड में ही एक्सेस किया जा सकता है।

2.9 VBScript प्रयोक्ता को वेब पृष्ठ के साधारण अवलोकन की अपेक्षा वेबपृष्ठ के साथ अंत:क्रिया करवाती है।

2.10 आई पी एड्रेस को डायनामिक रूप में पीसी हेतु निर्धारित किया जाता है।

3. कॉलम X में दिये गये शब्दों व वाक्यांशों को कॉलम Y में दिये गए उनके समीपस्थ अर्थ वाले शब्दों से सुमेलित करें।

	X		Y
3.1	Lynx	(a)	माइक्रोसॉफ्ट का वेब ब्राउज़र
3.2	Mget	(b)	इंटरनेट मेल हैडर स्टैण्डर्ड
3.3	RFC822	(c)	LAN स्टैण्डर्ड
3.4	जावा	(d)	टेक्स्ट ब्राउज़र
3.5	स्टार	(e)	सीरियल पोर्ट
3.6	डीएनएस	(f)	बाइट कोड
3.7	<Body> .... </Body>	(g)	लान (LAN) टोपोलॉजी
3.8	Rs-232	(h)	HTML एलीमेन्ट
3.9	इंटरनेट एक्सप्लोरर	(i)	FTP कमाण्ड
3.10	तीव्र ईथरनेट	(j)	एड्रेस मैपिंग का नाम

4. निम्नलिखित सूची से सर्वाधिक उपयुक्त शब्द अथवा वाक्यांश चुनकर निम्नलिखित प्रश्नों के रिक्त स्थानों की पूर्ति करें।

(a)	4.0 एवं 5.0	(b)	1.0 एवं 10.0	(c)	3.0
(d)	मोसाइक	(e)	डीएनएस	(f)	HTTP
(g)	सर्च इंजन	(h)	इंटरनेट एक्सप्लोरर	(i)	100.0

(j) 32 बाइट (k) यूनीफार्म रिसोर्स लोकेटर (l) Indiainfo.com

(m) Rediffmail .com (n)
</BR> (o) <Q></Q>

4.1 आई पी एड्रेस __________ बाइट संख्या होते हैं।

4.2 आई पी एड्रेस कनवर्जन के लिए डोमेन को __________ सर्वर द्वारा संचालित किया जाता है।

4.3 Yahoo! एक __________ है।

4.4 FTP एक __________ लेयर प्रोटोकॉल है।

4.5 URL __________ के लिए प्रयुक्त होता है।

4.6 सर्वाधिक प्रसिद्ध ऑनलाइन बुक स्टोर __________ है।

4.7 HTML में पैराग्राफ तोड़ने के लिए __________ टैग का प्रयोग किया जाता है।

4.8 __________ पहला वेब ब्राउज़र था।

4.9 HTML का वर्तमान संस्करण __________ है।

4.10 तीव्र ईथरनेट __________ मेगाबाइट प्रति सेकेण्ड पर संचालित होता है।

भाग - दो (Part - Two)

(किन्हीं चार प्रश्नों के उत्तर दें)

5. HTML में उपलब्ध सूचियाँ कितने प्रकार की होती हैं? प्रत्येक प्रकार का एक उदाहरण दें। प्रत्येक प्रकार के लिए एक कोड भी लिखें।

6. वेब ब्राउज़र्स की प्रमुख विशेषताओं का वर्णन करें। एक वेब पृष्ठ की रचना करते समय किन मुख्य घटकों का आप ध्यान रखेंगे।

7. (a) ई-मेल क्या है? डाक द्वारा भेजे गए सामान्य पत्र एवं ई-मेल में क्या भिन्नताएँ हैं? अपने ई-मेल को बचाने के लिए आप क्या सुरक्षा मानदण्ड अपनाएँगे?

8. (a) सर्च इंजन की अवधारणा को विस्तार से लिखें। सर्च इंजन के तीन अवयव दें।

   (b) बाजार में उपलब्ध प्रसिद्ध अंतःक्रिया उपकरण क्या हैं? कम से कम दो उपकरणों का तुलनात्मक अध्ययन करें।

9. निम्नलिखित पर संक्षिप्त टिप्पणी लिखें

   (a) VRML

   (b) वेब होस्टिंग

   (c) फायरवाल

सैंपल पेपर–3

कुल समय: 3 घंटे *कुल अंक - 100*
(भाग एक - 40, भाग दो - 60)

भाग - एक (Part - One)

1. बहुविकल्पीय प्रश्न

1.1 हम ________ का प्रयोग करके एक साधारण वेब पृष्ठ की रचना कर सकते हैं।

(a) फ्रंटपेज एक्सप्रेस (b) कंपोजर
(c) वेब पृष्ठ एडीटर (d) उपर्युक्त में से कोई नहीं

1.2 वर्ल्ड वाइड वेब बनी होती है:

(a) 1 पृष्ठ से (b) केवल 100 वेब पृष्ठों से
(c) केवल 500 वेब पृष्ठों से (d) लाखों वेब पृष्ठों से

1.3 निम्न में कौन ई-मेल नेटवर्क से संबद्ध नहीं है?

(a) X.400 (b) SMTP
(c) UDP (d) POP-3

1.4 भिन्न शब्द का पहचानें

(a) रूटर (b) एफडीडीआई
(c) फ्रेम रिले (d) एटीएम

1.5 भिन्न शब्द को पहचानें

(a) Lynx (b) इंटरनेट एक्सप्लोरर
(c) विंडोज़ 98 (d) कम्यूनिकेटर

1.6 भिन्न शब्द को पहचानें

(a) Rediff (b) HotMail
(c) IMAP-4 (d) Yahoo!

1.7 निम्नांकित में से भिन्न शब्द को पहचानें

(a) FTP (b) SMTP
(c) JAVA (d) HTTP

1.8 गलत ईमेल विन्यास को पहचानें

(a) anil!doeacc.ernet.in
(b) Dr. Anil Kumar <anil@doeacc.ernet/in>
(c) Amitabh@HotMail.com
(d) <Anil Kumar> anil@Yahoo.com

1.9 भिन्न शब्द को पहचानें

(a) URL (b) HTTP
(c) CRC (d) टैग

1.10 भिन्न शब्द को पहचानें

(a) रूटर (b) पीसी
(c) ईथरनेट स्विच (d) यूडीपी हब

2. निम्नलिखित कथनों में सत्य/असत्य बताएँ।

2.1 SMTP इंटरनेट पर फाइल ट्रांसफर करने के लिए अत्यधिक उपयुक्त है।
2.2 वेब सर्वर पर एक विशेष पृष्ठ के लिए URL का प्रयोग किया जाता है।
2.3 ईमेल का प्रयोग केवल टैक्स्ट संदेश भेजने के लिए ही किया जा सकता है।
2.4 डोमेन नेम को एक पदस्थ प्राधिकरण के पास पंजीकृत करना पड़ता है।
2.5 फायरवाल वायरस से भी सुरक्षा करता है।
2.6 HTML फाइलें केवल टेक्स्ट फाइलें ही होती हैं।
2.7 सार्वजनिक डोमेन सॉफ्टवेयर शेयरवेयर की तरह ही होता है।
2.8 अल्टाविस्टा (AltaVista) एक सर्च इंजन है।
2.9 FTP एक ही संचालन प्रणाली में कम्प्यूटर्स के बीच कार्य करता है।
2.10 IP एड्रेस में अक्षरों को भी सम्मिलित किया जा सकता है।

3. कॉलम X में दिये गये शब्दों व वाक्यांशों को कॉलम Y में दिये गए उनके समीपस्थ अर्थ वाले शब्दों से सुमेलित करें।

	X		Y
3.1	VT-100	(a)	कॉमर्शियल एन्टिटी
3.2	गूगल (google)	(b)	FTP लॉगइन आईडी
3.3	.com	(c)	एक इंटरनेट सेवा
3.4	अज्ञात (Anonymous)	(d)	टेलनेट (Telnet)
3.5	डीएनएस	(e)	IP एड्रेस का प्रकार
3.6	.in	(f)	सर्च इंजन
3.7	<Title>... </Title>	(g)	India
3.8	वर्ग A	(h)	HTML स्टेटमेंट
3.9	AOL	(i)	मेल एड्रेस का सम्पूर्ण भाग
3.10	@	(j)	प्रसिद्ध इंटरनेट साइट

4. निम्नलिखित सूची से सर्वाधिक उपयुक्त शब्द अथवा वाक्यांश चुनकर निम्नलिखित प्रश्नों के रिक्त स्थानों की पूर्ति करें।

(a)
 (b) हाइपरटेक्स्ट ट्रांसफर प्रोटोकॉल (c) इंटरनेट रिले चैट

(d)	इंटरनेट रिलायेबिलिटी चैटिंग	(e)	डीएनएस	(f)	कम्पनी गेटवे इंटरफेस
(g)	माइक्रोसॉफ्ट	(h)	कलेक्टिव ग्रुप इंटरफेस	(i)	<P>
(j)	ई-मेल	(k)	कम्प्यूटर ग्राफिक्स इंटरफेस	(l)	आठ
(m)	प्रोटोकॉल	(n)	विंडोज़ एनटी	(o)	सेम्पलिंग

4.1 नये पैराग्राफ के लिए HTML टैग ____________ होता है।

4.2 लाइन ब्रेक करने के लिए HTML टैग ____________ होता है।

4.3 ____________ में CC एक हैडरफाइल होती है।

4.4 टेलनेट एक ____________ लेयर प्रोटोकॉल है।

4.5 HTTP ____________ के लिए संबोधित किया जाता है।

4.6 HotMail.com का स्वामित्व ____________ के पास है।

4.7 IRC ____________ के लिए प्रयुक्त होता है।

4.8 डोमेन नेम रिसोल्यूशन ____________ द्वारा किया जाता है।

4.9 CGI ____________ के लिए प्रयुक्त होता है।

4.10 IIS ____________ के अंतर्गत संचालित होता है।

भाग – दो (Part - Two)

(किन्हीं चार प्रश्नों के उत्तर दें)

5. (a) ''ऑनलाइन शॉपिंग से पैसा व समय दोनों की बचत की जा सकती है'' क्या आप इस कथन से सहमत हैं? यदि हाँ तो क्यों?

   (b) लोकल एरिया नेटवर्क पर संक्षिप्त टिप्पणी लिखें तथा उनकी विशेषताओं को भी उल्लेखित करें।

6. (a) आईपी एड्रेस व डोमेन नेम से आप क्या समझते हैं ये दोनों किस प्रकार संबद्ध हैं और इंटरनेट पर किस तरह resolved हैं?

   (b) एक ईमेल एड्रेस में हैडर फाइलों के पाँच महत्व लिखें एवं उनमें से प्रत्येक की व्याख्या करें।

7. (a) इंटरनेट की FTP और टेलनेट एप्लीकेशंस की व्याख्या करें।

   (b) आपको नये नाम "\INFO\DOEACC.DOC" वाले "server.doeacc.org" नामक दूरस्थ कम्प्यूटर हेतु एक बाइनरी फाइल "C:\TEMP\DOEACC.DOC" को स्थानांतरित करने की आवश्यकता है। आप FTP का प्रयोग करके इस कार्य को करने के लिए जिन चरणों एवं कमाण्ड्स का प्रयोग करेंगे, उन्हें सूचीबद्ध करें। जबकि दोनों कम्प्यूटर इंटरनेट पर परस्पर जुड़े हुए हैं।

8. (a) आप सर्च इंजन पर अपनी वेब साइट www.doeacc.org को किस प्रकार पंजीकृत करेंगे?

   (b) निम्नांकित वेब पृष्ठ बनाने के लिए HTML स्क्रिप्ट लिखें:

सूची-1	**सूची-2**
1. भाग 1	• खण्ड 1
2. भाग 2	• खण्ड 2
3. भाग 3	• खण्ड 3

9. निम्नलिखित पर संक्षिप्त टिप्पणी लिखें

   (a) इंटरनेट सेवा प्रदाता

   (b) वेब प्रकाशन उपकरण

   (c) ईमेल

सैंपल पेपर-4

कुल समय: 3 घंटे

कुल अंक - 100

(भाग एक - 40, भाग दो - 60)

भाग - एक (Part - One)

1. बहुविकल्पीय प्रश्न

1.1 निम्नलिखित में आईएसडीएन (ISDN) का पूर्ण रूप कौन सा है?

(a) इन्क्रीज्ड सब्सक्राइबर डायलअप नेटवर्क

(b) इंटरनेशनल सब्सक्राइबर्स डोमेन नेम

(c) इंटीग्रेटिड सब्सक्राइबर डेवलपर नेटवर्क

(d) इंटीग्रेटिड सर्विसेस डिजिटल नेटवर्क

1.2 भिन्न शब्द को पहचानें

(a) नेटस्केप नेविगेटर (b) माइक्रोसॉफ्ट आइई

(c) ऑरेकल (d) मोसाइक

1.3 इंटरनेट प्रयोग करता है

(a) सर्किट स्विचिंग (b) पैकेट स्विचिंग

(c) हाइब्रिड स्विचिंग (d) इनमें से कोई नहीं

1.4 भिन्न शब्द को खोजें

(a) ईएलएम (ELM) (b) मेल (MAIL)

(c) पाइन (PINE) (d) मोसाइक (Mosaic)

1.5 निम्नलिखित में से कौन प्रोटोकॉल्स के TCP/IP सूट का भाग है?

(a) टीसीपी (TCP) (b) यूयूसीपी (UUCP)

(c) यूडीपी (UDP) (d) आईसीएमपी (ICMP)

1.6 लाइन (row) के लिए HTML टैग है:

(a) <TR> (b) <TD>

(c) <TH> (d) <TT>

1.7 लिंक्स (Lynx) है

(a) विंडोज़ आधारित ब्राउज़र

(b) टेक्स्ट आधारित ब्राउज़र

(c) टेक्स्ट फॉर्मेटिंग एप्लीकेशन प्रोग्राम

(d) इनमें से कोई नहीं

1.8 एप्लेट है:

(a) SGML प्रयोग करके लिखा गया वेब पृष्ठ

(b) PERL प्रयोग करके लिखा गया वेब पृष्ठ

(c) LATEX प्रयोग करके लिखा गया वेब पृष्ठ

(d) JAVA प्रयोग करके लिखा गया वेब पृष्ठ

1.9 भिन्न शब्द को पहचानें

(a) JAVA (b) C++

(c) नेटस्केप नेविगेटर (d) C++

1.10 प्रत्येक मेज़बान इंटरनेट पर दूसरे मेज़बान को प्राप्त करता है:

(a) अपने आई पी एड्रेस द्वारा

(b) अपने डोमेन नेम द्वारा

(c) (a) एवं (b) दोनों

(d) उपर्युक्त में कोई नहीं

2. निम्नलिखित कथनों में सत्य/असत्य बताएँ।

2.1 हाइपरटेक्स्ट की एकल फाइल की विषय वस्तु वेब पृष्ठ कहलाता है।

2.2 इंटरनेट में, आईपी फॉर्मेट का अनुसरण करने के लिए प्रत्येक रूटर अनिवार्य नहीं होता है।

2.3 TCP में पैकेटों का पुन: प्रसारण मैनुअली किया जाता है।

2.4 आई पी खोए हुए डेटाग्रामों को खोजता है।

2.5 HTML प्रोग्राम में <HEAD> जरूरी नहीं होता है।

2.6 इंटरनेट पर प्रत्येक कम्प्यूटर का एक उत्कृष्ट एड्रेस होता है।

2.7 डोमेन नेम का आई पी एड्रेस सदैव के लिए फिक्स्ड हो जाता है।

2.8 FTP का प्रयोग मेल भेजने के लिए किया जाता है।

2.9 URL ब्राउज़र को यह नहीं बताता है कि कौन सा कम्प्यूटर कनेक्ट करना है।

2.10 HTML वेब पृष्ठ को इमेज शामिल करने की अनुमति प्रदान करता है।

3. कॉलम X में दिये गये शब्दों व वाक्यांशों को कॉलम Y में दिये गए उनके समीपस्थ अर्थ वाले शब्दों से सुमेलित करें।

	X		Y
	/------------------------\		/------------------------\
3.1	मैकेफी (MacAfee)	(a)	प्वाइंट-टू-प्वाइंट प्रोटोकॉल
3.2	डीएनएस	(b)	पैराग्राफ
3.3	JScript	(c)	वायरस से बचाव
3.4	PPP	(d)	बीसीसी
3.5	<P> टैग	(e)	डोमेन नेम सर्वर
3.6	ब्लाइंड कार्बन कॉपी	(f)	अंत:क्रिया उपकरण
3.7	मल्टीपल मेल बॉक्स	(g)	Read-Email
3.8	हाइपरटेक्स्ट मार्कअप लैंगुएज	(h)	रूटर
3.9	वाइड एरिया नेटवर्क	(i)	POP-3
3.10	आउटलुक एक्सप्रेस	(j)	डिजाइन वेब पृष्ठ

4. निम्नलिखित सूची से सर्वाधिक उपयुक्त शब्द अथवा वाक्यांश चुनकर निम्नलिखित प्रश्नों के रिक्त स्थानों की पूर्ति करें।

(a) बुलेटिन बोर्ड	(b) फाइल ट्रांसफर प्रोटोकॉल	(c) आईपी एड्रेस
(d) हिस्ट्री	(e) 	(f) <URL>
(g) एड्रेस रिज़ोल्यूशन	(h) इंटरनेट	(i) कैच (Cache)
(j) लीफ	(k) लूपबैक	(l) टीसीपी/आईपी

4.1 __________ टैग से वेब पृष्ठ में ऊर्ध्वाधर (Horizontal) लाइन खींची जा सकती है।

4.2 FTP __________ के लिए संबोधित किया जाता है।

4.3 टीसीपी/आईपी नेटवर्क में 127.0.0.0 __________ एड्रेस कहलाता है।

4.4 पृष्ठ की पहचान के लिए उत्कृष्ट एड्रेस __________ कहलाता है।

4.5 __________ प्रोटोकॉल का प्रयोग करके हार्डवेयर एड्रेसेस के लिए आईपी एड्रेस को मापा जाता है।

4.6 हाइपरटेक्स्ट शब्दावली में, आगे के लिंक रहित नोड्स __________ नोड्स कहलाते हैं।

4.7 __________ एक सार्वजनिक चर्चा का क्षेत्र होता है जहाँ लोग अपने संदेश भेज सकते हैं।

4.8 पृष्ठों के लिए __________ एक अस्थाई स्टोरेज एरिया होता है जिसे वेब ब्राउज़र ने हाल ही में देखा है।

4.9 हाल ही में देखी गयी वेब साइट्स की सूची __________ फाइल में स्टोर की जाती है।

4.10 इंटरनेट __________ प्रोटोकॉल पर आधारित होता है।

भाग - दो (Part - Two)

(किन्हीं चार प्रश्नों के उत्तर दें)

5. (a) इंटरनेट प्रोटोकॉल की अनिवार्य विशेषताओं का उल्लेख करें। क्या इंटरनेट प्रोटोकॉल www पर उपलब्ध सभी सेवाओं के लिए आवश्यक है?

   (b) टीसीपी संचार की विश्वसनीयता को किस प्रकार बढ़ाता है? टीसीपी पैकेटों के नुकसान को कैसे नियंत्रित करता है? संक्षिप्त व्याख्या करें।

6. (a) लान (LAN) क्या है? एक कम्प्यूटर को लान (LAN) से कनेक्ट करने के लिए अनिवार्य हार्डवेयर व सॉफ्टवेयर जरूरतें क्या होती हैं?

   (b) वान (WAN) एवं लान (LAN) के बड़ी भिन्नताएँ क्या हैं? क्या विभिन्न लान तकनीकों में अंतःसंबद्धता (interconnectivity) एक बड़ी समस्या है?

7. (a) व्यापक स्तर पर प्रयुक्त किसी ब्राउज़र प्रोग्राम की अनिवार्य एवं महत्वपूर्ण विशेषताओं की व्याख्या करें।

   (b) फाइल ट्रांसफर प्रोटोकॉल किस प्रकार कार्य करता है? चालू FTP सेशन में एफटीपी प्राम्प्ट के समक्ष जब हम निम्नांकित को टाइप करते हैं तो क्या होता है?

   (i) cd (ii) ! (iii) bye

8. (a) निम्नलिखित में प्रत्येक के लिए उदाहरण सहित HTML टैग लिखें:

   (i) टेक्स्ट को Italic बनाने के लिए

   (ii) टेक्स्ट को रेखांकित (Underlined) करने के लिए

   (iii) टेक्स्ट को अपनी मूल अवस्था में छोड़ने के लिए

   HTML में कोई व्यक्ति सूचियों को किसी प्रकार व्यवस्थित करता है?

   (b) स्रोत से डेस्टिनेशन को ईमेल किस प्रकार भेजे जाते हैं, चित्र की सहायता से व्याख्या करें।

9. निम्नलिखित पर संक्षिप्त टिप्पणी लिखें

   (a) यूनीफार्म रिसोर्स लोकेटर

   (b) नेटस्केप कम्यूनिकेटर

   (c) इंटरनेट रिले चैट (IRC)

सैंपल पेपर–5

कुल समय: 3 घंटे | *कुल अंक - 100*
(भाग एक - 40, भाग दो - 60)

भाग - एक (Part - One)

1. बहुविकल्पीय प्रश्न

1.1 व्यापारिक संगठनों द्वारा इंटरनेट पर कम्प्यूटर्स का स्वामित्व एवं संचालन अंग होता है:

(a) .com डोमेन का (b) .edu डोमेन का
(c) .mil डोमेन का (d) .gov डोमेन का

1.2 यूनिक्स में रूटों से फाइलों की स्थानांतरण पद्धति होती है:

(a) Bin Hex (b) Unencoding
(c) FTP (d) उपर्युक्त में कोई नहीं

1.3 लेख जो समाचार समूह पर डाले जाते हैं उन्हें इंटरनेट पर प्रसारित किया जाता है:

(a) आईएसपी (ISP) द्वारा (b) न्यूज सर्वर्स द्वारा
(c) वेब सर्वर्स द्वारा (d) डोमेन कंट्रोलर्स द्वारा

1.4 माइक्रोसॉफ्ट द्वारा निम्नलिखित में से किन ब्राउज़र्स को विकसित किया गया है?

(a) नेटस्केप नेविगेटर (b) नियो प्लेनेट
(c) इंटरनेट एक्सप्लोरर (d) उपर्युक्त में से कोई नहीं

1.5 VRML प्रयुक्त होता है:

(a) वर्चुअल रियलिटी माडलिंग लैंगुएज
(b) विजुअल रियलिटी माडलिंग लैंगुएज
(c) वाइटल रियलिटी माडलिंग लैंगुएज
(d) उपर्युक्त में कोई नहीं

1.6 ____________ का प्रयोग करके प्रयोक्ता दूसरे कम्प्यूटर से फाइलें प्राप्त कर सकता है।

(a) FTP (b) HTTP
(c) UTP (d) LAPD

1.7 रियल आडियो वह धारा प्रवाही तकनीक है जो

(a) पूरी फाइल बिना डाउनलोड किये ही फाइल को प्ले करने में आपकी सहायता करती है।
(b) फाइल डाउनलोड होने के बाद फाइल को प्ले करने में आपकी सहायता करती है।
(c) एक आडियो फाइल की फॉर्मेटिंग करने में आपकी सहायता करती है।
(d) उपर्युक्त में कोई नहीं।

1.8 निम्नांकित में से विषम को खोजें

(a) एडोब पेजमिल एवं साइटमिल
(b) नेटस्केप नेविगेटर गोल्ड
(c) माइक्रोसॉफ्ट फ्रन्टपेज
(d) डॉस (DOS)

1.9 VSAT कम्यूनिकेशन में ग्राउण्ड स्टेशन कहलाती हैं:

(a) HTTP (b) मल्टीप्लेक्सर
(c) हब (d) स्विच

1.10 कुछ कम्प्यूटर अपने साथ रखने वाला छोटा नेटवर्क कहलाता है:

(a) मेजबान (b) एड्रेस
(c) डोमेन (d) कंट्रोलर

2. निम्नलिखित कथनों में सत्य/असत्य बताएँ।

2.1 एक ई-मेल एड्रेस के दोनों भागों को @ प्रतीक द्वारा अलग किया जाता है।

2.2 लोकल फाइल को स्थानांतरित करने के लिए append command एफटीपी को कहती है और दूरस्थ फाइल के छोर पर इसे अपेन्ड (append) करती है।

2.3 टेलनेट पर सर्वाधिक प्रसिद्ध टर्मिनल इम्यूलेशन VT100 होता है।

2.4 .gov वाला डोमेन नेम कंपनी अथवा वाणिज्यिक संगठन को व्यक्त करता है।

2.5 नेटस्केप मैसेन्जर एक ईमेल क्लाइंट होता है जो नेटस्केप कम्यूनिकेटर 4.0 से पैकेज्ड होता है।

2.6 HTML वेब पृष्ठ में इमेज को सम्मिलित करने की अनुमति प्रदान नहीं करता है।

2.7 HTML फाइलें केवल टेक्स्ट फाइलें ही होती हैं।

2.8 फायरवाल साइट हैकिंग को बचा सकते हैं।

2.9 WWW यूजनेट की अपेक्षा अधिक पुराना है।

2.10 **glob** कमाण्ड फाइल नेम में वाइल्ड कार्ड्स के प्रयोग को रोकती है।

3. कॉलम X में दिये गये शब्दों व वाक्यांशों को कॉलम Y में दिये गए उनके समीपस्थ अर्थ वाले शब्दों से सुमेलित करें।

	X		Y
3.1	UUCP	(a)	संदेशयुक्त फाइल
3.2	डिस्कनेक्ट	(b)	डोमेन
3.3	एफटीपी होस्टनेम	(c)	वेब ब्राउज़र

3.4	फोल्डर	(d)	बंद (close) की तरह ही कार्य करती है।
3.5	अल्टाविस्टा	(e)	यूनिक्स से यूनिक्स कॉपी प्रोग्राम
		(f)	सीरियल पोर्ट
3.6	.in		
3.7	</body>	(g)	HTML एलीमेन्ट
3.8	इंटरनेट एक्सप्लोरर	(h)	एक अंत:क्रिया FTP सेशन खोलता है
3.9	इंटरनेट एक्सप्लोरर	(i)	एक सर्च इंजन
3.10	SMTP	(j)	मेल प्रोटोकॉल

4. निम्नलिखित सूची से सर्वाधिक उपयुक्त शब्द अथवा वाक्यांश चुनकर निम्नलिखित प्रश्नों के रिक्त स्थानों की पूर्ति करें।

(a) पूर्व अर्ह डोमेन नेम	(b) हाइपर लिंक	(c) डीएनएस
(d) सर्च इंजन	(e) दो	(f)
(g) हाइपरटेक्स्ट ट्रांसफर प्रोटोकॉल	(h) टीसीपी/आईपी	(i) आईएसपी
(j) <UL>	(k) RAS	(l) अंतर्राष्ट्रीय प्रोटोकॉल
(m) <LI>	(n) पूर्ण क्वान्टी फाइड डोमेन नेम	(o) तीन
(p) पेजमिल		

4.1 लाइनब्रेक करने के लिए ____________ HTML टैग होता है।

4.2 बुलटयुक्त एवं अक्रमागत सूची के लिए ____________ टैग का प्रयोग किया जाता है।

4.3 इंटरनेट में प्रयुक्त प्रमुख प्रोटोकॉल ____________ होता है।

4.4 छोटी वेब साइट के लिए एक व्यक्ति को ____________ से स्पेस क्रय करने की आवश्यकता पड़ती है।

4.5 एफ क्यू डी एन की पूर्ण अवस्था ____________ होती है।

4.6 आपके वेब साइट के पृष्ठों को ____________ द्वारा जोड़ा जा सकता है।

4.7 फार्मों व ग्राफिक्स के साथ वे पृष्ठों की रचना करने के लिए ____________ प्रयुक्त होता है।

4.8 गूगल एक ____________ है।

4.9 डोमेन से आईपी एड्रेस में परिवर्तन का कार्य ____________ सर्वर द्वारा किया जाता है।

4.10 HTTP ____________ के लिए प्रयुक्त होता है।

भाग - दो (Part - Two)

(किन्हीं चार प्रश्नों के उत्तर दें)

5. (a) फ्रंटपेज के विभिन्न तत्व क्या होते हैं? उनकी व्याख्या करें।
   (b) UUCP और SMTP का क्या अर्थ है? उनके कार्यों की संक्षिप्त व्याख्या करें।

6. (a) एफटीपी प्रयोग करने के दो मुख्य उद्देश्य क्या हैं? इंटरनेट पर FTP सेवाओं के दो भिन्न प्रकार क्या होते हैं, इन सेवाओं हेतु अन्तर बताने वाले घटक क्या हैं?
   (b) सर्च इंजन की अवधारणा को लिखें। सर्च इंजन के वर्ग क्या हैं?

7. (a) टेलनेट का मुख्य उद्देश्य क्या है? टेलनेट किस मॉडल का अनुसरण करता है? संक्षेप में लिखें कि यह किस तरह संचालित होता है?
   (b) निम्नांकित पर संक्षिप्त टिप्पणी लिखें।
      (i) टर्मिनल एम्यूलेशन
      (ii) सूचना गोपनीयता

8. (a) समाचार समूहों के दो भिन्न प्रकार क्या हैं? उनकी संक्षिप्त व्याख्या करें।
   (b) निम्नांकित शब्दों में से किन्हीं तीन को परिभाषित करें:
      (i) यूज़नेट
      (ii) IRC
      (iii) नेटमीटिंग
      (iv) POP3

9. निम्नलिखित में से किन्हीं तीन पर संक्षिप्त टिप्पणी लिखें:

(a) लिस्ट सर्वर	(b) वेब कुकीज़
(c) इंटरनेट एक्सप्लोरर	(d) फायरवाल

Solved Sample Paper–1

Total Time : 3 Hours

Total Marks 100
(Part One - 40 Part Two - 60)

PART – ONE

1. Multiple Choice

1.1 Which of the following is a web server?
a. Mozilla Fire-fox
b. Postfix
c. Bind
d. Apache

1.2 What does http stand for?
a. HTML Text Transfer Protocol
b. Hyper Text Transfer Protocol
c. High Transfer Tier Program
d. HTML Type Transfer Protocol

1.3 What is a spider?
a. A program that crawls around the web and stores pages in search engines
b. Hacking software that spreads virally
c. Software that examines network vulnerabilities
d. A protocol for distributing large files

1.4 Which one of the following is NOT an example of an extension in a URL?
a. .gov
b. .edu
c. .npr
d. .com

1.5 In HTML, what does a <textarea> tag do?
a. Creates a paragraph
b. Aligns text
c. Renders a box that you can type in
d. Defines the borders of a webpage

1.6 What does FTP stand for?
a. Firewall Transfer Programming
b. File Transmission Protocol
c. File Transfer Protocol
d. File Transfer Program

1.7 What products did Amazon first sell?
a. Online Advertising
b. Books
c. Music
d. DVDs and Video

1.8 How many bits are in a byte?
a. 8
b. 24
c. 1
d. 256

1.9 How many layers are there in the OSI model?
a. 3
b. 5
c. 7
d. 10

1.10 Type(s) of hyperlink
a. Text
b. Image
c. Image maps
d. All of the above

2. State whether the following statements are TRUE or FALSE.

2.1 Portal is another word for search engine.
2.2 The Internet and the World Wide Web are the same.
2.3 An address such as www.cnn.com is an IP address.
2.4 The term "Multimedia" on a computer system means that you can run full motion video, sterero sound and text at the same time.
2.5 A LAN is a large area network.
2.6 A byte is commonly used as a unit of storage measurement in computers.
2.7 E-mail is limited to text based messages.
2.8 A datagram is an independent, self-contained message sent over the network whose arrival time and contents are not guaranteed.
2.9 CGI is a scripting language, that is used for server side programming.
2.10 HTML does not allow a web page to include an image.

3. MATCH words and phrases in Column X with the nearest in meaning in Column Y.

	X		Y
3.1	This refers to how much data you can send through a network or modem connection.	A	Download
3.2	This is the logic that computers use to determine if a statement is true or fale.	B	JPEG

3.3	Placeholders for saving web addresses, or URLs.	C	Modem
3.4	The process of transferring a copy of a file from a server to a client computer over the internet	D	Digital certificate
3.5	A method used to send authenticated information over web	E	Home Page
3.6	A site, or directory, that contains the same information as another site.	F	Bandwidth
3.7	A website's first page or an individual's unique, personal page	G	SMTP
3.8	This is the protocol used by computers to transfer web pages to one another	H	HTML
3.9	A file format for the storage of graphics in a computer file	I	URL
3.10	An electronic device that allows your computer to exchange information with other computers over phone lines.	J	Mirror site
		K	Bookmarks
		L	FTP
		M	Boolean

4. ***FILL IN THE BLANKS*** **in the following questions by choosing the most appropriate word or phrase from the following list.**

a	Javascript	b	Automated search
c	RFC	d	FAQ
e	Packet switching	f	Circuit switching
g	DNS	h	Mail server
i	UDP	j	URL
k	Hypertext	l	FTP
m	TCP and IP	n	ISP

4.1 The documents that define TCP/IP and related Internet technology are called __________.

4.2 A(n) __________ system permits multiple pairs of computers to communicate across a shared network with minimal delay.

4.3 A company that offers Internet access is known as __________.

4.4 A computer connected to the Internet needs both __________ software.

4.5 A computer on the Internet only needs to know one __________.

4.6 Menus embedded in text are called __________

4.7 Given a valid __________, a browser can go directly to the page without passing through other documents.

4.8 Some public mailing lists and newsgroups maintain a file of __________ and answers.

4.9 __________ is an active document technology.

4.10 __________ tools help users to find a set of pages that contain information related to a given topic.

Answers to Objective Type Questions

1.	1.1 d	1.2 b	1.3 a	1.4 c	1.5 c
	1.6 c	1.7 b	1.8 a	1.9 c	1.10 d
2.	2.1 F	2.2 F	2.3 F	2.4 T	2.5 F
	2.6 T	2.7 F	2.8 T	2.9 T	2.10 F
3.	3.1 f	3.2 m	3.3 k	3.4 a	3.5 d
	3.6 j	3.7 e	3.8 l	3.9 b	3.10 c
4.	4.1 c	4.2 e	4.3 n	4.4 m	4.5 g
	4.6 k	4.7 j	4.8 d	4.9 a	4.10 b

PART – TWO

(Answer any four questions)

5. Write short notes on
   a. ASP
   b. Animation
   c. Copyright issues
   d. Network Application
6. What is cyber crime? How will you prevent cyber crime?
7. What are routers? What are benefits of routers?
8. What do you mean by dialup and leased lines? What are the advantages?
9. What is firewall? What are the benefits of using a firewall?
10. What are the advantages and disadvantages of twised-pair wire?

Answers to Descriptive Type Questions

5. **(a)** [*Refer Section 10.1 in Chapter 10*]

(b) [*Refer Section 11.5 and 11.5.1 in Chapter 10*]

(c) [*Refer Section 11.5 and 11.5.1 in Chapter 11*]

(d) [*Refer Section 12.5 in Chapter 12*]

(e) [*Refer Section 1.7 in Chapter 1*]

6. [*Refer Section 1.11.1 and 1.11.4 in Chapter 1*]

7. [*Refer Section 2.4 Chapter 2*]

8. [*Refer Section 3.3.2 and 3.3.3 Chapter 3*]

9. Firewalls are hardware and software combinations that are built using routers, servers and a variety of software. They sit at the most vulnerable point between a corporate network and the Internet and they can be as simple or complex as system administrators want to build them. Firewalls reduce the speed of access to networks.

Benefits of Using a Firewall

The main benefits of using a firewall are:

a. Protection from services which are inherently more prone to attacks.

b. Access to host in the network can be strictly controlled.

c. Security is concentrated on a single firewall system. This leads to better implementation of authentication procedures.

d. Logging and statistics of network use and misuse.

e. Policy enforcement.

10. [*Refer Section 4.6.6 Chapter 4*]

Out of Box Knowledge

- One may get an electric shock if an adaptor is attached to the power supply cord fails. So, to avoid this buy laptop/mobile and its charger from authorised dealers, unauthorised chargers are extremely dangerous.
- Many times laptop suck in cooling air (the flow of air into the laptop is disturbed) through their bottoms. If they are placed on an uneven surface like bed, pillow. It causes overheating and thus may result in explosion.
- If laptop is plugged in all the times for charging may explode due to overheating.
- Mishandling of the laptop may lead to its explosion as in case if you drop it somewhere, its battery alignment may get disturbed and results in overheating.
- In hot and humid environment, there are chances of short-circuit that causes overheating and thus explosion of laptop.
- Try to change a laptop battery if it is old with new one and if it is not possible to replace, then remove the battery and run the laptop on direct power supply.

- If you are away on a vacation, do not forget to remove the battery and keep it in a dry place.

Solved Sample Paper–2

Total Time : 3 Hours

Total Marks 100
(Part One - 40 Part Two - 60)

PART – ONE

1. Multiple Choice

1.1 Computers on the Internet owned and operated by educational institutions form part of the
a. com domain b. edu domain
c. mil domain d. None of the above

1.2 Unix is
a. A person
b. A file
c. A program for copying files from one computer to another
d. An Operating system

1.3 The Internet protocol (IP)
a. Ensures that connections are maintained between computers
b. Handles software computer addresses
c. Finds the quicketst route between two computers.
d. None of the above

1.4 The method of transferring files with roots in Unix is
a. Bin Hex b. Unencoding
c. FTP d. Telnet

1.5 A web publishing tool developed by Microsoft is
a. Netscape Navigator b. Front page
c. Page Mill d. Hot Metal

1.6 In time division multiplexing (TDM)
a. Several signals are sent on separate channels
b. Several signals are sent in time slotted mode on a channel
c. One signal is sent to several users
d. None of the above

1.7 SMPT is a simple
a. TCP protocol
b. TCP/IP protocol
c. IP protocol
d. None of the above

1.8 A HTML file starts with the tag
a. <Title> b. <body>
c. <Head> d. <HTML>

1.9 Web pages are uniquely defined using
a. IP addresses b. URL
c. Domain d. Filename

1.10 What is a cookie?
a. Computer code used to show animations and play sound
b. Information sent to your computer that is used later to give informaton back to a visited web site.
c. Computer code that automatically records all purchases and payments you make from your computer.
d. An advertisement that will at some time be displayed on your computer screen.

2. State whether the following statements are TRUE or FALSE.

2.1 All web addresses start with http:\\
2.2 In a ring topology, any node can communicate with any other node directly.
2.3 SMTP is associated with electronic mail.
2.4 A single hypertext document can contain link to one document on the World Wide Web.
2.5 HTML does not allow construction of dynamic web pages.
2.6 JPEG is a lossless compression technique.
2.7 IP addresses are unique.
2.8 There are upto six levels of header tags in HTML.
2.9 WAN is based on Ethernet.
2.10 Asynchronous communication is slower than synchronous communication.

3. MATCH words and phrases in Column X with the nearest in meaning in Column Y.

/----------------------\ /----------------------\
X **Y**

3.1	One of the commonly used web browser	A	Pixel
3.2	A video-standard commonly used on Internet	B	Freeware
3.3	Basic unit of an on-screen image	C	encryption
3.4	Software avilable for trial period after which must be registered to use	D	Band width
3.5	Scrambling of a message for security	E	Link
3.6	Data carrying capacity of a channel	F	TCP/IP
3.7	Related site on Internet	G	Byte
3.8	Set of protocols that handles data transmitted across the Internet	H	Internet Explorer
3.9	IP address	I	MPEG-4
3.10	The electronic device in a modem that decodes an incoming signal and extracts data	J	Shareware
		K	170.113.242.2
		L	Altavista
		M	JPEG
		N	Demodulator

4. ***FILL IN THE BLANKS* in the following questions by choosing the most appropriate word or phrase from the following list.**

A v-chat	**B** FTP
C Applet	**D** Modem
E Javascript	**F** Unzip
G Ethernet	**H** URL
I Kbps	**J** DHCP
K Tags	**L** Cookie
M Band width	**N** Home page
O VRL	**P** Bit

4.1 Device for translating digital signals into analog signals and vice versa is called a(n) ________.

4.2 The address of a page on the World Wide Web is called ________.

4.3 The speed of your net access is defined in terms of ________.

4.4 An information file placed on your computer by a web page that one has visited is known as ________.

4.5 ________ is a small Java program that can be embedded in an HTML page.

4.6 The HTML commands surrounded by <and> are called ________.

4.7 ________ is the first document users see when they enter a site on the World Wide Web.

4.8 ________ is an active document technology.

4.9 ________ is a very common method of networking computers in a LAN.

4.10 ________ is a way to login to another Internet site for the purposes of retrieving and/or sending files.

Answers to Objective Type Questions

1.	1.1 b	1.2 d	1.3 c	1.4 c	1.5 b
	1.6 b	1.7 b	1.8 d	1.9 b	1.10 b
2.	2.1 F	2.2 F	2.3 T	2.4 F	2.5 T
	2.6 T	2.7 T	2.8 T	2.9 F	2.10 T
3.	3.1 h	3.2 i	3.3 a	3.4 j	3.5 c
	3.6 d	3.7 e	3.8 f	3.9 k	3.10 n
4.	4.1 d	4.2 h	4.3 i	4.4 l	4.5 c
	4.6 k	4.7 n	4.8 e	4.9 g	4.10 b

PART – TWO

(Answer any four questions)

5. What are the advantages and limitation of e-mail?
6. What is newsgroups? How moderated newsgroup are different from unmoderated newsgroups?
7. What is SMTP? Explain working of SMTP.
8. What do you mean by Java and Javascript?
9. Write short notes on
   a. Meta Search Engines
   b. Search Engines
   c. CGI
   d. Web Cookies
10. What is an element? What different types of HTML elements are there?

Answers to Descriptive Type Questions

5. [*Refer Section 5.1.1* and *5.1.2* in Chapter 5]
6. [*Refer Section 5.5.4* in Chapter 5]
7. [*Refer Section 6.2.1* in Chapter 6]
8. [*Refer Section 7.1.1* and *7.1.3* in Chapter 7]
9. a. [*Refer Section 8.14* in Chapter 8]
   b. [*Refer Section 8.12* in Chapter 8]
   c. [*Refer Section 8.5* in Chapter 8]
   d. [*Refer Section 8.7* in Chapter 8]
10. [*Refer Section 9.1.4* in Chapter 9]

Sample Paper–1

Total Time : 3 Hours

Total Marks 100
(Part One - 40 Part Two - 60)

PART – ONE

1. **Multiple Choice**

1.1 To define the basic font size, which of the following tag is used?
a. BASEFONT
b. FONT
c. SIZE
d. All of these

1.2 ASP provides an environment based on the following:
a. Distributed Network
b. Centralized basis
c. Client server
d. None of the above

1.3 VRML is based on
a. BCD
b. HTML
c. ASCII
d. All of the above

1.4 The scripts which are designed to receive value from Web users is:
a. WebScript
b. JavaScript
c. CGIScript
d. All of the above

1.5 NFS stands for
a. Net free system
b. Net file protocol
c. N/W file system
d. None of the above

1.6 E-mail address consists of
a. Domain address of the Mail Server
b. User identification
c. Both a and b above
d. None of the above

1.7 WIAS stands for
a. Wide assumed intimation section
b. Wide area Internet service
c. Wide area information system
d. None of these

1.8 The full path name of a domain must not exceed
a. 250 char
b. 255 char
c. 256 char
d. None of these

1.9 RFC can be obtained from a number of Internet hosts using
a. FTP
b. GOPHER
c. WWW
d. All of the above

1.10 The top level domain come into flavours
a. generic and countries
b. generic or countries
c. relatives and countries
d. all of the above.

2. **State whether the following statements are TRUE or FALSE.**

2.1 PPP is a serial protocol.
2.2 Local area network is a braodcast medium.
2.3 A bulletin board is a public discussion area where people can post messages.
2.4 The Internet standard process normally applies to the applications of the TCP/IP.
2.5 UUCP stands for UNIX to UNIX file copy protocol.
2.6 The e-mail address only contain the user's name.
2.7 Using any computer on the Internet, one can Telnet into their ISP's server and use a Unix based program to read the message.
2.8 In SMTP the message length can be of any size.
2.9 Internet Explorer has Internet start button on its links bar.
2.10 Netscape's main advantage were speed and the ability to display more graphics formats than mosaic.

3. **MATCH words and phrases in Column X with the nearest in meaning in Column Y.**

X		Y
3.1	Signature	A Supports large number of group conversation.
3.2	Tin	B Program that executes in background
3.3	IRC (Internet Relay Chat)	C A protocol used by mail client program and mail server program to communicate with one another
3.4	BBS (Bulletin Board Systems)	D Information about the person who sends the article or mail
3.5	Daemon	E File containing messages
3.6	Folder	F Allows one to send message to a number of user.
3.7	Gateway	G A news reader
3.8	PPP	H Mail delivery protocol
3.9	POP	I A protocol used to support a TCP/IP connection over a telephone line.
3.10	SMTP	J A computer that acts as a link between two different networks.

4. ***FILL IN THE BLANKS*** **in the following questions by choosing the most appropriate word or phrase from the following list.**

A Mailing-list	**B** Receiver list
C Modular-Internet Mail Extension	**D** Multipurpose Internet Mail Extensions
E Local Area Network	**F** InterNIC
G Terabyte communication protocol	**H** FDDI
I Bookmark	**J** FAQ
K Traffic control protocol	**L** Ethernet
M Packet Internet Number Grasper	**N** Wide Area Network
O Transmission control protocol	**P** Packet Internet Gopher

4.1 A popular Local Area Network technology invented at Xerox Corporation is known as __________.

4.2 A document that contains question and answer regarding a specific topic or technology on Internet service is generally called as __________.

4.3 __________ is a particular type of local area network that uses optical fiber connections.

4.4 __________ is an organization that supplies information about the Internet, the organizations that provide Internet connectivity and other documentation.

4.5 Long haul network is a synonym for __________.

4.6 An electronic mail address that includes a list of recipients is known as __________.

4.7 MIME is an abbreviation for __________.

4.8 Full form of ping is __________.

4.9 Full form of TCP is __________.

4.10 __________ is an important facility associated with browsers.

PART – TWO

(Answer any four questions)

5. a) What do you understand by the term DNS? List all the domains and their flavors.
   b) Differentiate between domain and sub-domains.
6. Write short notes on any three of the following:
   a. Search Engines
   b. Internet Security
   c. SLIP
   d. PPP
7. a) What is Microsoft Outlook Express? What are its uses?
   b) Describe one of the popular Web browser? What are the main functions of a browser?
8. a) Write in detail the concept of a search engine. Give the three elements of a search engine.
   b) What are Usenet Newsgroups? Describe two common UseNet newsgroups.
9. Write short notes on the following:
   a. File Transfer Protocol
   b. Internet Remote login
   c. Hypertext

Sample Paper–2

Total Time : 3 Hours **Total Marks 100**
(Part One - 40 Part Two - 60)

PART – ONE

1. Multiple Choice

1.1 Identify odd one out of the following:
a. Yahoo!
b. IndiaTimes
c. rediff
d. Satyam

1.2 Name the device used for connecting PC to telephone line
a. CD-ROM
b. Modem
c. Printer
d. Speakers

1.3 List the most popular LAN protocol
a. token ring
b. ethernet
c. TCP/IP
d. token bus

1.4 Main protocol used in Internet
a. IPX/SPX
b. TCP/IP
c. Token bus
d. X.25

1.5 Length of IP address
a. 4 bytes
b. 6 digits
c. 48 bits
d. 16 bits

1.6 Popular encoding technique for binary data in E-mail messages
a. PKZIP
b. BinHex
c. MIME
d. MS-Word

1.7 Web pages are uniquely identified using
a. IP address
b. URL
c. Domain
d. Filename

1.8 Identify the odd word out.
a. put
b. binary
c. hexadecimal
d. open

1.9 Identify the odd word out.
a. lycos
b. AltaVista
c. Communicator
d. Yahoo!

1.10 Identify the odd word out.
a. Java
b. Visual Basic
c. C++
d. HTTP

2. State whether the following statements are TRUE or FALSE.

2.1 Telnet can be used for login to Windows NT Servers.
2.2 URL refers to a Web server.
2.3 Multiple Web sites can be hosted on one server.
2.4 Pictures can be sent using e-mail.
2.5 Internet is owned by USA.
2.6 UUCP can be used with UNIX only.
2.7 Web pages can only be published in English.
2.8 World Wide Web can be accessed only in graphics mode.
2.9 VBScript lets the user interact with a Web page rather than simply view it.
2.10 IP address can be allocated to a PC dynamically.

3. MATCH words and phrases in Column X with the nearest in meaning in Column Y.

	X		Y
3.1	Lynx	A	Web browser from Microsoft
3.2	Mget	B	Internet mail header standard
3.3	RFC822	C	LAN standard
3.4	JAVA	D	Text browser
3.5	Star	E	Serial port
3.6	DNS	F	Byte code
3.7	<Body>...</Body>	G	LAN topology
3.8	RS-232	H	HTML element
3.9	Internet Explorer	I	FTP command
3.10	Fast Ethernet	J	Name to address mapping

4. *FILL IN THE BLANKS* in the following questions by choosing the most appropriate word or phrase from the following list.

A 4.0 & 5.0	**B** 1.0($) 10.0
C 3.0	**D** Mosaic
E DNS	**F** HTTP
G Search Engine	**H** Internet Explorer
I 100.0	**J** 32 bit
K Uniform Resource Locater	**K** Indiainfo.com
M Rediffmail.com	**N** </BR>
O <Q> </Q>	

4.1 IP addresses are ________ bit numbers.

4.2 Domain address to IP address conversion is performed by a ________ server.

4.3 Yahoo! is a ________.

4.4 FTP is a ________ layer protocol.

4.5 URL stands for ________.

4.6 Most popular online book store is ________.

4.7 Use ________ tag to create paragraph break in HTML.

4.8 ________ was the first Web browser.

4.9 Current version of HTML is ________.

4.10 Fast Ethernet operates at ________ Mega bits per second.

PART – TWO

(Answer any four questions)

5. What are the different types of Lists available in HTML. Give an example of each type. Also write a code for each type.

6. Describe main features of a Web browser. What are the main factors you would keep in mind while designing a Web site.

7. a) What is e-Mail? What are the differences between e-mail and ordinary mail sent by post. What are the security measures you should take to protect your e-mail.

8. a) Write in detail the concept of a search engine. Give the three elements of a search engine.
   b) What are the popular interactivity tools in the market? Do a comparative study of at least two tools.

9. Write short notes on the following:
   a. VRML
   b. Web hosting
   c. Firewall

Sample Paper–3

Total Time : 3 Hours

Total Marks 100
(Part One - 40 Part Two - 60)

PART – ONE

1. Multiple Choice

1.1 We can create a simple Web page by using
a. FrontPage Express
b. Composer
c. Web page Editor
d. None of the above

1.2 The World Wide Web is composed of
a. 1 page
b. only 100 Web pages
c. only 500 Web pages
d. millions of Web pages

1.3 Which of the following is not related to E-mail networks?
a. X.400
b. SMTP
c. UDP
d. POP-3

1.4 Identify odd term out.
a. Router
b. FDDI
c. Frame Relay
d. ATM

1.5 Identify odd term out.
a. Lynx
b. Internet Explorer
c. Windows-98
d. Communicator

1.6 Identify odd term
a. Rediff
b. HotMail
c. IMAP-4
d. Yahoo!

1.7 Identify the odd word among the following:
a. FTP
b. SMTP
c. JAVA
d. HTTP

1.8 Identify the incorrect E-mail address syntax:
a. anil@doeacc.ernet.in
b. Dr.Anil Kumar <anil@doeacc.ermet/in>
c. Amitabh@HotMail.COM
d. <Anil Kumar> anil@Yahoo.com

1.9 Identify the odd term out.
a. URL
b. HTTP
c. CRC
d. Tag

1.10 Identify the odd term out.
a. Router
b. PC
c. Ethernet Switch
d. UTP Hub

2. State whether the following statements are TRUE or FALSE.

2.1 SMTP is ideally suited for transferring files over Internet.

2.2 URL refers to a particular page on a Web Server.

2.3 E-Mail can be used for sending text messages only.

2.4 Domain name needs to be registered with a designated authority.

2.5 Firewall can protect against viruses also.

2.6 HTML files are text only files.

2.7 Public Domain Software is same as shareware.

2.8 AltaVista is a search engine.

2.9 FTP can work only between computers with the same operating systems only.

2.10 IP address can contain alphabets also.

3. MATCH words and phrases in Column X with the nearest in meaning in Column Y.

/---------------------- \ /----------------------\

	X		Y
3.1	VT-100	A	Commercial Entities
3.2	google	B	FTP Login-id
3.3	.COM	C	An Internet Service
3.4	Anonymous	D	Telnet
3.5	DNS	E	Type of IP address
3.6	.in	F	Search engine
3.7	<Title>...</Title>	G	India
3.8	Class A	H	HTML statement
3.9	AOL	I	Integral part of mail address
3.10	@	J	A popular Internet site

4. *FILL IN THE BLANKS* in the following questions by choosing the most appropriate word or phrase from the following list.

A 	**B** Hypertext Transfer Protocol
C Internet Relay Chat	**D** Internet Reliability Chatting
E DNS	**F** Company Gateway Interface
G Microsoft	**H** Collective Group Interface
I <P>	**J** E-Mail
K Computer Graphics Interface	**L** Eight
M Protocol	**N** Windows NT
O Connectivity Group Interface	**P** Seven
Q Sampling	

4.1 HTML tag for new paragraph is ________.

4.2 HTML tag for creating a line break is ________.

4.3 CC: is a header field in ________.

4.4 Telnet is an ________ layer protocol.

4.5 HTTP stands for ________.

4.6 HotMail.Com is owned by ________.

4.7 IRC stands for ________.

4.8 Domain name resolution is performed by ________.

4.9 CGI stands for ________.

4.10 IIS operates under ________ operating system.

PART – TWO

(Answer any four questions)

5. a) 'Online shopping can save money and time' do you agree with statement. If so, why?

b) Write a note on Local Area Networks and briefly highlight their characteristics.

6. a) What do you understand by IP address and Domain Name? How these two are related and are resolved on the Internet?

b) Name five important header fields in an e-mail message and explain each one of them.

7. a) Describe briefly FTP and Telnet applications of the Internet.

b) You are required to transfer a binary file "C:\TEMP\DOEACC.Doc" to a remote computer named "server.doeacc.org" with new name "\INFO\DOEACC.DOC". List all steps and commands you will use to perform this job using FTP. Both the computers are already interconnected via the Internet.

8. a) How will you register your Web site www.doeacc.org on a search engines?

b) Write HTML Script to create the following Web page.

List 1

1. Part 1
2. Part2
3. Part3

List 2

- Section 1
- Section 2
- Section 3

9. Write short notes on the following:

a. Internet Service Provider

b. Web Publishing tools

c. E-Mail

Sample Paper–4

Total Time : 3 Hours

Total Marks 100
(Part One - 40 Part Two - 60)

PART – ONE

1. Multiple Choice

1.1 Which of the following is the full form of ISDN?
a. Increased Subscriber Dialup Network
b. International Subscribers Domain Name
c. Integrated Subscriber Developer Network
d. Integrated Services Digital Network

1.2 Identify odd term out
a. Netscape Navigator
b. Microsoft IE
c. Oracle
d. Mosaic

1.3 The Internet uses
a. Circuit switching
b. Packet switching
c. Hybrid switching
d. None of these

1.4 Find the odd man out
a. ELM
b. MAIL
c. PINE
d. MOSAIC

1.5 Which of the following is a part of TCP/IP suite of protocols.
a. TCP
b. UUCP
c. UDP
d. ICMP

1.6 The HTML tag for row is
a. <TR>
b. <TD>
c. <TH>
d. <TT>

1.7 Lynx is
a. Windows based browser
b. Text based browser
c. Text formatting application program
d. None of these

1.8 An applet is
a. A Web page written using SGML
b. A Web page written using PERL
c. A Web page written using LATEX
d. A Web page written using JAVA

1.9 Identify odd term out
a. JAVA
b. C++
c. Netscape Navigator
d. C++

1.10 Every host on the Internet finds another host by its
a. IP address
b. Domain name
c. Both a and b above
d. None of the above

2. State whether the following statements are TRUE or FALSE.

2.1 The contents of a single file of hypertext is called a Web page.

2.2 In the Internet, it is not mandatory of every router to adhere to IP format.

2.3 Retransmission of packets in TCP is done manually.

2.4 IP detects missing datagrams.

2.5 The <HEAD> tag is not necessary in HTML program.

2.6 Each computer on the Internet must have a unique address.

2.7 IP address of a Domain name is fixed forever.

2.8 FTP can be used for sending mails.

2.9 A URL does not tell a browser which computer to contact.

2.10 HTML allows a Web page to include an image.

3. **MATCH words and phrases in Column X with the nearest in meaning in Column Y.**

	X		Y
3.1	McAfee	A	Point to Point Protocol
3.2	DNS	B	Paragraph
3.3	JScript	C	Virus protection
3.4	PPP	D	BCC
3.5	<P> tag	E	Domain Name Server
3.6	Blind Carbon Copy	F	Interactivity tool
3.7	Multiple Mail Box	G	Read E-mail
3.8	Hypertext Markup Language	H	Router
3.9	Wide Area Network	I	POP-3
3.10	Outlook Express	J	Design Web page

4. ***FILL IN THE BLANKS*** **in the following questions by choosing the most appropriate word or phrase from the following list.**

A Bulletin Board	**B** File Transfer Protocol	**C** IP address
D History	**E** 	**F** URL
G Address resolution	**H** Internet	**I** Cache
J Leaf	**K** Loopback	**L** TCP/IP

4.1 A horizontal line can be added in a Web page with __________ tag.

4.2 FTP stands for ________.

4.3 In a TCP/IP network 127.0.0.0 is called the ________ address.

4.4 Unique address to identify a page is called ________.

4.5 IP address is mapped to hardware addresses using ________ protocol.

4.6 In hypertext terminology, nodes without further links are called ________ nodes.

4.7 A ________ is a public discussion area where people can post messages.

4.8 ________ is a temporary storage area for pages that a Web browser has recently viewed.

4.9 List of Web sites visited recently is stored in ________ file.

4.10 Internet is based on ________ protocol.

PART – TWO

(Answer any four questions)

5. a) Give the essential features of Internet Protocol. Is Internet protocol a must for all services provided on WWW.
   b) How TCP adds reliability to communication? How TCP handles loss of packets? Describe briefly.

6. a) What is a LAN? What are essential hardware and software requirements for connecting a computer to LAN?
   b) What are the major differences between a WAN and LAN? Is interconnectivity a big problem with different LAN technologies?

7. a) Describe essential and important features of any widely used browser program.
   b) How does a file transfer protocol works? What happens when we type following against ftp *prompt* in an on going ftp session
   (i) cd (ii) ! (iii) bye

8. a) Write HTML tags for the following with an example for each one:
   (i) Making text italic
   (ii) Underlining the text
   (iii) Leave the text as it is.
   How does one organize lists in HTML?
   b) How e-mails are routed from source to destination. Explain with the help of a diagram.

9. Write short notes on the following:
   a. Uniform Resource Locators
   b. Netscape Communicator
   c. Internet Relay Chat (IRC)

Sample Paper–5

Total Time : 3 Hours

Total Marks 100
(Part One - 40 Part Two - 60)

PART – ONE

1. **Multiple Choice**

1.1 Computers on the Internet owned and operated by business organizations form part of the
a. .com domain
b. .edu domain
c. .mil domain
d. .gov domain

1.2 The method of transferring files with roots in Unix is
a. Bin Hex
b. Unencoding
c. FTP
d. None of the above

1.3 Articles that are posted on Newsgroup are spread over the Internet by:
a. ISP
b. News servers
c. Web servers
d. Domain controllers

1.4 Which of the following browsers is developed by Microsoft
a. Netscape Navigator
b. Neo Planet
c. Internet Explorer
d. None of the above

1.5 VRML stands for
a. Virtual Reality Modeling Language
b. Visual Reality Modeling Language
c. Vital Reality Modeling Language
d. None of the above

1.6 A user can get files form another computer on the Internet by using
a. FTP
b. HTTP
c. UTP
d. LAPD

1.7 RealAudio is audio streaming technology which:
a. helps you to play a file without full downloading the file.
b. helps you to play a file after downloading the file.
c. helps you in formatting an audio file.
d. none of the above.

1.8 Find the odd man out from the following:
a. Adobe PageMill and SiteMill
b. Netscape Navigator gold
c. Microsoft FrontPage
d. DOS

1.9 The ground station in VSAT communication is called
a. HTTP
b. Multiplexer
c. Hub
d. Switch

1.10 A small network having a number of computers within it is called:
a. Host
b. Address
c. Domain
d. Controller.

2. **State whether the following statements are TRUE or FALSE.**

2.1 The two parts of an e-mail address are separated by @ symbol.

2.2 The append command tells FTP to transfer the local file and append it to the end of the remote file.

2.3 The most common terminal emulation on Telnet is the VT 100.

2.4 The domain name with an extension *.gov* describes company or commercial organization.

2.5 Netscape messenger is the e-mail client packaged with Netscape communicator 4.0.

2.6 HTML does not allow a Web page to include an image.

2.7 HTML files are text files only.

2.8 Firewalls can protect site hacking.

2.9 WWW is older than Usenet.

2.10 The *glob* command stops the use of wildcards in files names.

3. MATCH words and phrases in Column X with the nearest in meaning in Column Y.

	X		Y
3.1	UUCP	A	File containing messages
3.2	Disconnect	B	Domain
3.3	FTP Host name	C	Web browser
3.4	Folder	D	Performs the same function as close
3.5	AltaVista	E	Unix to Unix copy program
3.6	.in	F	Serial port
3.7	</body>	G	HTML element
3.8	RS-232	H	Opens an interactive FTP session
3.9	Internet Explorer	I	Search engine
3.10	SMTP	J	Mail protocol

4. *FILL IN THE BLANKS* in the following questions by choosing the most appropriate word or phrase from the following list.

A Fully qualified domain name	**B** Hyper links
C DNS	**D** Search engine
E Two	**F**
G hyper text Transfer Protocol	**H** TCP/IP
I ISP	**J** <UL>
K RAS	**K** International Protocol
M <LI>	**N** Fully quantified domain name
O Three	**P** PageMill

4.1 HTML tag for creating a line break is ________.

4.2 The ________ tag is used for bulleted, unordered list.

4.3 The main protocol used in Internet is ________.

4.4 For a small Web site, one needs to buy space from an ________.

4.5 Full form of FQDN is ________.

4.6 The pages of your Web site could be connected by ________.

4.7 ________ is used to create a Web pages with forms, graphics.

4.8 Google is a ________.

4.9 Domain address to IP address conversion is performed by a ________ server.

4.10 HTTP stands for ________.

PART – TWO

(Answer any four questions)

5. a) What are the different components of FrontPage? Explain them.
   b) What is meant by UUCP and SMTP? Explain their functions briefly.

6. a) What are the two main purposes for which FTP is used? What are the two different types of FTP services on the Internet? What is the distinguishing factor for these services?
   b) Write the concept of Search engine? What are the categories of Search engine.

7. a) What is the main purpose of Telnet? What model does Telnet follow. Write in short how does it operate?
   b) Write short notes on:
      (i) Terminal emulation
      (ii) Information Privacy

8. a) What are the two different types of newsgroups? Explain them briefly?
   b) Define any three of the following terms:
      (i) Usenet
      (ii) IRC
      (iii) NetMeeting
      (iv) POP3

9. Write short notes on any three of the following:
   a. List Server
   b. Web Cookies
   c. Internet Explorer
   d. Firewall

QUESTION PAPER OF JULY 2010
DOEACC EXAMINATION

Internet Technology and Web Design

Total Time : 3 Hours — *Total Marks: 100*
(Part One - 40 Part Two - 60)

PART – ONE

(Answer all questions; each question carries one mark)

1. Multiple choice

1.1 The main function of a browser is to :

a. compile HTML c. de-compile HTML
b. interpret HTML d. interpret CGI programs

1.2 Spider is a ______________

a. a program that crawls around the web and stores pages in search engines
b. hacking software that spreads virally
c. software that examines network vulnerabilities
d. a protocol for distributing large files

1.3 FTP does not use

a. two transfer mode
b. control connection to remote computer before file can be transferred
c. User Datagram Protocol (UDP)
d. authorization of a user through login and password verification

1.4 __________ is used to enable the use of active documents

a. HTML c. JAVA
b. CGI d. All the above

1.5 In <IMG SRC = "C:PICTURE/BB1.gif" ALIGN = "middle"> ALIGN is

a. A tag
b. The head
c. The Body
d. An attribute

1.6 Web pages are uniquely defined using

a. IP addresses c. Domain
b. URL d. File name

1.7 Which of the following services are available on the World Wide Web

a. i) and ii) c. iii) and iv)
b. ii) and iii) d. i) and iv)

1.8 Internet uses

a. packet switching c. telephone switching
b. circuit switching d. telex switching

1.9 The ownership rights as relate to content on the web are governed under

a. Copyright law c. Data protection law
b. Patent law d. Privacy law

1.10 Multipurpose Internet Mail Extension (MIME) was developed

a. to support email messages containing text and video
b. to support email messages containing text , audio and video
c. to support email messages containing audio and video
d. to support text-based email messages

2. Select TRUE or FALSE in following statements

2.1 TCP provides packet-level reliability.

2.2 Subnet mask allows flexible division of address bits into a network address part and a host address part.

2.3 The Internet is managed and controlled by the US Government.

2.4 There are upto six levels of header tag in HTML.

2.5 Client sends the request in the form of URLs to the server.

2.6 A single hypertext document can contain link to one document on the World Wide Web.

2.7 Ip only allows fixed packet sizes.

2.8 DNS is a distributed database offering strong consistency and automicity guarantees.

2.9 HTTP uses TCP and DNS uses UDP.

2.10 Connectivity is equivalent to a point -to point physical link.

3. Match words/phrases in the two columns

/----------------------\ /-----------------\

	X	Y
3.1	A technique in which two different keys are used for performing encryption and decryption	A Public key infrastructure
3.2	The Internet transfer protocol means that you are working through a secure web connection	B FTP
3.3	Every web document must begin and end with	C <HTML?? and <HTML>
3.4	The path up to destination is allocated before the transmission of message begins	D TCP
3.5	Control Gateways in a computer by enabling selected connections from external network and disabling selected connection to external networks	E Firewalls
3.6	It allows user to dial into the internet	F https
3.7	It is a process that along with providing an interface to the user, sends messages into a socket	G <HTML> and </HTML>
3.8	Connectionless protocol	H Ping
3.9	It is a cell relay protocol that SONET, allows high-speed connections	I PPP
3.10	It is an application program that uses the services of ICMP to test the reachability of a host	J UDP
		K ATM
		L POP3
		http
		N Web browser
		O

4. Fill in the blanks out of the following:

A	Client-Server	B	Telnet	C	Intenet Protocol
D	Browser	E	IMAP4	F	Active
G	Common Gate	H	Net id	I	FTP
J	Host id	K	Decryptio n	L	EMAIL
M	SMTP	N		O	

4.1 ________ transforms an intentionally unintelligible message (ciphertext) into meaningful information.

4.2 ________ document is a copy of a program retrieved by the client and executed at the client site.

4.3 Multipurpose Internet Mail Extension (MIME) is an extension of ________ that allows the tranfer of multimedia and other non-ASCII messages.

4.4 POP3 and ____________ are protocols used by a mail server in conjection with SMTP to received and hold email for hosts.

4.5 Domain Name System (DNS) is a __________ application that identifies each host on the internet with a unique user-friendly name.

4.6 In remote login, ________ is used to access distant service.

4.7 IPv6 is the latest version of the ______ which has a 128-bit address space, a resource allocation , and increased security measures.

4.8 The _______ is a standard for creating and handling dynamic Web documents.

4.9 Java is a combination of a high -level programming language, a run-time environment, and a class library that allows a programmer to write an active document and a ______ to run it.

4.10 The portion of the IP address that identifies the network is called the ______.

PART – TWO

(Answer any four questions)

5. (a) What are the different classes of addresses used in IPv4? List their ranges in dotted decimal notation.

(b) Communication services may be classified as connectional oriented or connection less. Briefly summarize the principle differences between these two service classes.

(c) List out the relative advantages and disadvantages of asynchronous and synchronous modes of data transmission.

6. (a) What do you mean by IP spoofing ? How can a router be used to prevent IP spoofing.

(b) What is the difference between authorization and authentication ? Compare a LAN-based user inside a company to a corporate employee working via the internet from home, what other security step does the home user typically have to go through?

(c) What is a web server ? How does it function ?

7. (a) Describe the difference and similarities between URL and an email address.

(b) What are web publishing tools ? Discuss any one of them.

(c) Explain, how graphic images are embedded in a webpage.

8. (a) What is JavaScript code used in an HTML document ? Explain briefly the basic design rules for web page designing.

(b) Write short notes on

i) SGML

ii) Meta Search Engine

(c) Distinguish the following:

i) Dynamic websites versus Static websites

ii) URL versus IP address

9. (a) Write HTML code using the title attribute to show the spelled out version of HTTP and WWW

(b) Explain the File menu and Communicator menu of Netscape Navigator.

(c) Give HTML code fragments to achieve the following text layout.

This is a paragraph left aligned

This is a paragraph center aligned

This is a paragraph Right aligned

QUESTION PAPER OF JANUARY 2011
DOEACC EXAMINATION

Internet Technology and Web Design

Total Time : 3 Hours

Total Marks: 100
(Part One - 40 Part Two - 60)

PART – ONE

(Answer all questions; each question carries one mark)

1. Multiple choice

1.1 Access control is implemented using

a. Cache c. Hyperlinks
b. Firewall d. JSP

1.2 Domain names are converted to

a. a binary string
b. alphanumeric string
c. IP addresses
d. a hexadecimal string

1.3 It is possible to display pictures in HTML specification by using the tag.

a. <GR src = Picture file>
b. <PIC src =Picture file>
c. <IMG src =Picture file>
d. <GIF src=Picture file>

1.4 Desirable properties of a website are

i) a meaningful address
ii) help and search facilities
iii) links to related sites
iv) features to allow users to give feedback
v) hosting on a mainframe

a. i, iii, v c. i,ii,iii,iv,v
b. ii, iii, iv, v d. i,ii,iii,v

1.5 URL specifies the following:

i) protocol used
ii) domain name of server hosting web page
iii) name of folder with required information
iv) name of document formatted using HTML
v) the name of ISP

a. i, ii, iii, iv c. i, iii, iv
b. ii, iii, iv, v d. i, ii, iii, v

1.6 A search engine is a program to search

a. for information
b. web pages
c. web pages for specified index terms
d. web pages for information using specified search terms

1.7 XML is

a. superset of HTML
b. Extensible Markup Language
c. part of DHTML
d. presentation language

1.8 A world wide web contains web pages

a. residing in many computers
b. created using HTML
c. with links to other web pages
d. residing in many computers linked together using HTML

1.9 By an extranet we mean

a. an extra fast computer network
b. the intranets of two co-operating organizations interconnected via a secure leased line
c. an extra network used by an organization for higher reliability
d. an extra connection to internet

1.10 Plug-in is a

a. Software
b. Hardware
c. Software and hardware both used for specific purpose
d. Flash player

2. Select TRUE or FALSE in the following statements

2.1 Browsers uses compiler for web page display.
2.2 Internet data is broken up as variable length packets.
2.3 www is another name for internet.
2.4 ASP pages are active web pages.
2.5 URI stands for universal resource indicator.
2.6 A URL specifies the name of ISP.
2.7 HTML is similar to a scripting language.
2.8 HTML uses user defined tags.
2.9 SAX is parser for XML processing.
2.10 The time taken by internet packets can be pre-determined before transmission.

3. Match words/phrases in the two columns

	X		Y
3.1	Dynamic web page creation	A	keywords
3.2	E-mail address must have	B	SGML
3.3	Indian ISP	C	EDI
3.4	META Tag	D	Patent Law
3.5	Server Pages	E	SET
3.6	Data Interchange	F	ITACT2000
3.7	Copyright are protected by	G	VSNL
3.8	Protocol responsible for hypertext transmission	H	TCP/IP
3.9	Algorithm for encryption	I	JSP
3.10	Markup Language	J	@ sign
		K	JavaScript
		L	HTTP
		M	CGI

4. Fill in the blanks out of the following:

A	HTML	B	server	C	web authoring
D	EDI	E	content	F	media
G	interpreter	H	compiler and interpreter both	I	search engine
J	distraction	K	client	L	messenger
M	protect				

4.1 For IRC client machines need _____ software.
4.2 JSP is _____ side scripting language.
4.3 Browser use _________ for web page presentation.
4.4 Electronic data are transmitted between two devices through __________.
4.5 Image map can be created by __________.
4.6 History in a web browser is used to stop user ________.
4.7 Firewall is a software to __________ computer.
4.8 Java class execution needs __________.
4.9 Indexing is mechanism used by__________ .
4.10 Netbeans and Eclipse are ___________ tool.

PART – TWO

(Answer any four questions)

5. (a) How HTML is releated to SGML? Write HTML code for creating the following layout.

   Username: [   ] [Submit]

   (b) What is E-commerce? Which act governs the activities of e-commerce in India? Give some application of E-commerce.

   (c) Write the HTML code for creating the following layout.

Heading	Another Heading
row 1, cell 1	row 1, cell 2
row 2, cell 1	row 2, cell 2

6. (a) What is centralized domain name mechanism? What are the problems with such a mechanism?
   (b) Illustrate the complete life cycle of an e-mail message.
   (c) Give the internal architecture of a web browser.

7. (a) Compare between TCP versus UDP. Which one is more useful than the other?
   (b) Write the name of OSI network layers. Describe how communication takes place between two host using OSI layers with the help of block diagram.

8. (a) What is hypertext? How is it related to hypermedia? Give examples.
   (b) What is copyright infringement? How is it taking place?
   (c) How symmetric key cryptography is different from asymmetric key cryptography?

9. Write short notes on any three of the following:
   (a) IRC (b) TELNET
   (c) Search Engine (d) FTP

QUESTION PAPER OF JULY 2011
DOEACC EXAMINATION

Internet Technology and Web Design

Total Time : 3 Hours

Total Marks: 100
(Part One - 40 Part Two - 60)

PART – ONE

(Answer all questions; each question carries one mark)

1. Multiple choice

1.1 The transport layer protocols is
a. UDP c. TCP
b. PPX d. ALP

1.2 Which of the following protocol is used by electronic mail?
a. telnet
b. ftp
c. smtp
d. rdp

1.3 Which of the following is suitable for networking in a building?
a. WAN
b. LAN
c. MAN
d. BAN

1.4 Which of the following is not a search engine?
a. Google c. Twitter
b. Yahoo d. Alta Vista

1.5 A Cookie is
a. An advertisement displayed on a web page
b. A program that records web site visits
c. Information stored by web server on client system
d. A technology to store password on client system

1.6 Extension of VRML files is:
a. .vml
b. .vrm
c. .wrm
d. .wrl

1.7 An applet is a
a. picture displayed on the web page
b. program that can be embedded in another application
c. tag in HTML program
d. compiler

1.8 SSL is a
a. Scripting language
b. Browser
c. Secure connection
d. Authoring tool

1.9 The right to copy can be granted by
a. Court
b. Government
c. Company
d. Owner

1.10 What is the default scripting language in ASP?
a. Java Script
b. Perl
c. EcmaScript
d. VBScript

2. Select TRUE or FALSE in following statements

2.1 ARPANET was the world's first operational packet switched network.
2.2 lynx is a graphical web browser.
2.3 EDI can be transmitted by FTP protocol only.
2.4 Firewall is used to block sites on a LAN.
2.5 Video conferencing can only allow one user to interact with other on the internet.
2.6 HTML is a web authoring tool.

2.7 Each station in the ring topology acts as a repeater.

2.8 'disconnect' is a command used to close FTP session.

2.9 Every computer on the internet has a domain name.

2.10 Graphics created by flash can be scaled to any size without losing clarity/quality.

3. Match words/phrases in the two columns

	X		Y
3.1	An application that is donwloaded from a webpage and executed by a browser software	A	Lynx
3.2	Also known as raster graphics	B	Cache
3.3	Combining a search term with operators AND, OR, NOT etc.	C	Copyright
3.4	Software that will load and display a web page	D	MHEG
3.5	Browser stores copies of recently visited files	E	Download
3.6	The legal protection against copying	F	Applet
3.7	Transfer of file from another system to your system through a network connection	G	Boolean Search
3.8	A graphical format widely used in www pages	H	Telnet
3.9	A text only web browser	I	Baudrate
3.10	A security protocol generally used for secured transactions on the internet	J	JPEG
		K	SSL
		L	Browser
		M	Bitmap

4. Fill in the blanks out of the following:

A Hyperlink	B Baudrate	C FTP
D Applet	E HTML	F Bus
G Byte	H Chat	I DNS
J Star	K Bandwidth	L Cookie
M Archive		

4.1 ________ is a storage repository for software, data or other materials to be saved and preserved.

4.2 ________ is the frequency width of a transmission channel in Hertz, kilohertz, Megahertz. etc.

4.3 8 bits of data is called ________ .

4.4 A form of real-time electronic communication is called ________.

4.5 A ________ is a file downloaded on your system by a web page which includes information about your usage.

4.6 ________ servers are used to resolve the routing of e-mail and internet connections.

4.7 ________ is a internet protocol that permits you to transfer files between your system and another system.

4.8 ________ is a network topology in which all computer and devices are connected directly to a central hub.

4.9 ________ is a coding system used to create www pages.

4.10 ________ in a web page brings you to another location or resource when activated.

PART – TWO

(Answer any four questions)

5. (a) What is a peer to peer network and how is it used?

(b) What is internet crime? Write about any two internet crimes.

(c) What is packet switching technology? How pactket switching technology is used to Internet?

(d) Differentiate between a firewall server and a proxy server?

6. (a) Explain Domain Name System?

(b) What are routers? What are the benefits of routers?

(c) What is the difference between SLIP and PPP?

7. (a) Explain how CGI works?

(b) Write a HTML program using web from to display a table with 4 rows and 5 columns. Give appropriate heading to the form.

8. (a) What is Usenet? How do you identify the newsgroup by its name?

(b) Write about Video Conferencing on the Internet? Explain the three different technologies used for live video conference.

(c) How does the List Server work?

9. Write short notes on any three of the following:

(a) Wireless Networking

(b) Web Publishing

(c) MIME

(d) Public-Key Cryptography

(e) JavaScript

QUESTION PAPER OF JANUARY 2012
NIELIT (DOEACC) EXAMINATION

Internet Technology and Web Design

Total Time : 3 Hours

Total Marks: 100
(Part One - 40 Part Two - 60)

PART – ONE

(Answer all questions; each question carries one mark)

1. Multiple Choice

1.1 The rules with regards to conduct for Internet users is known as

A) Mosaic B) Netiquette
C) Protocol D) Internet Protocol

1.2 TCP/IP is

A) Abbreviation for Transmission Control Protocol and Internet Protocol
B) A suite of networking protocols
C) A standard protocol that lets disparate types of computers communicate over the Net
D) All the above

1.3 The protocol that allows a computer to use the Internet Protocol with standard voice-grade telephone line and a high-speed modem is

A) SLIP B) SMTP
C) SGML D) RTF

1.4 A Spider is

A) A Computer virus B) A Browser
C) A program that catalogs Web sites D) A hacker community

1.5 FTP does not use

A) Two transfer mode
B) Control connection to remote computer before file can be transferred
C) User Datagram Protocol
D) Authorization of a user through login and password verification

1.6 A terminal emulation protocol that allows users to log-on to a host computer from remote computers is

A) Telnet B) TCP/IP
C) FTP D) Point-to-Point protocol (PPP)

1.7 Which of the following is used to enable the use of active documents?

A) HTML B) CGI
C) JAVA D) All of the above

1.8 A networking standard developed by Xerox, Intel and DEC; capable of connecting as many as 1,024 workstations and transmitting data at a maximum speed of 10 Mbps

A) Ethernet B) FDDI
C) File Transfer protocol D) Gopher

1.9 The HTML tags that create a table header are

A) <head></head> B) <ttop></ttop>
C) <th></th> D) <td></td>

1.10 Which of the following is the correct HTML for inserting background image?

A) <background img="background.gif">
B) <img src="background.gif" background />
C) <a href="background.gif">
D) <body background="background.gif">

2. Select TRUE or FALSE in the following statements:

2.1 Client server computing is the fundamental relationship of computers on the Net (or any network) in which one computer acts as a client by remotely connecting to another computer that acts as a server.

2.2 Domain name will change if a system's IP address changes.

2.3 Firewall protects an organization's computer systems from external access.

2.4 XML is a cross platform, software and hardware independent tool for transmitting information over the Net.

2.5 Just as HTML, XML also uses predefined tags.

2.6 IP only allows fixed packet sizes.

2.7 Cipher text is the meaningful form of encrypted message that can be read in transit by anyone.

2.8 Meta search engines are search engine tools that pass queries to a maximum of 6 search engines.

2.9 TELNET is a network protocol used on Internet to provide a bidirectional interactive text oriented communications via a virtual terminal connection.

2.10 JavaScript can read and write HTML elements.

3. Match words/phrases in the two columns

	X		Y
3.1	An Internet standard that extends the format of e-mail to support text in character sets	A	EDI System
3.2	A hardware device connected to a host on a LAN that acts as a gateway between different types of networks	B	User Interface
3.3	A set of formatting codes for creating documents.	C	MIME
3.4	A self service model where customers configure and customize the products and services they wish to pay	D	Router
3.5	An example of metasearch engine	E	B2C E-commerce
3.6	The screen in which you type a query and which displays the search results	F	<HTML> and </HTML>
3.7	Set of computer interchange standards for business documents such as invoices, bills and purchase orders	G	SGML
3.8	Any Web document must began and end with	H	Dogpile
3.9	It is automatically appended to an outgoing mail message or network news post	I	Public Key Infrastructure
3.10	A technique in which two different keys are used for performing encryption and decryption	J	Bing
		K	B2B E-commerce
		L	Signature
		M	IPv6

4. Fill in the blanks out of the following:

A	POP	B	Hyperlinks	C	CERN
D	Hacker	E	Client-server computing	F	Flame
G	Geocities	H	Address book	I	WAIS
J	Filter	K	Authentication	L	Webmaster
M	XBM				

4.1 A(n) ________ is a place where you can store the information about the people with whom you correspond.

4.2 ________ is a Swiss organization that developed WWW.

4.3 ________ is one of the popular free Web presence providers, which helps you to create your own Website free of cost.

4.4 ________ is a powerful system for searching and retrieving information from databases scattered across the Net.

4.5 System administrator for a World Wide Web server is called as ________.

4.6 ________ is a protocol that is used to retrieve e-mail from a mail server.

4.7 The fundamental relationship of computers on the Net in which one computer acts as a client by remotely connecting to another computer that acts as a host is called as ________.

4.8 ________ is a security feature that allows access to information on an individual basis.

4.9 An inflammatory remark or a message usually associated with e-mail or an article posted to a newsgroup is referred to as ________.

4.10 ________ is a computer user who illegally visits networked computers to look around or cause harm.

PART – TWO

(Answer any four questions)

5. (a) What are Internet Protocols? Write the names of five commonly used protocols.
(b) Explain with diagram the differences between Star, Ring and Bus topologies.
(c) What is Virtual Hosting? What are the types of Virtual Hosting?

6. (a) What are secure Websites and SSL certificates?
(b) How does a Web search engine works? What is a Meta Search Engine? Give examples.
(c) What is a URL? Explain the structure of a URL?

7. (a) What is Client Server architecture? Give three examples of Client Server applications.
(b) Explain the basic types of Firewalls.
(c) What do you understand by the term encryption? What are encryption schemes? Explain the difference between Private Key Cryptography and Public Key Cryptography.

8. (a) Write an HTML code for creating the following output.

SHORT TERM COURSES
1. Operating System * UNIX * SOLARIS * Windows 2. Office * Word * Excel * Access * PowerPoint
20% Discount for first five admissions! Contact us on 12345678

Note the followings:

i) Title page should be Computer Courses
ii) Background colour should be yellow
iii) Font face in the page should be Arial
iv) Text colour of the main heading should be Red
v) Pages linked with:
  a) UNIX as unix.html
  b) SOLARIS as solaris.html
  c) Windows as windows.html
  d) Word as word.html
  e) Excel as excel.html
  f) Access as access.html
  g) PowerPoint as power.html
vi) Link colour should be Black, Active Link colour should be Maroon and Visited link colour should be Magenta.

b) i) Give difference between Container and Empty element.
ii) Explain with syntax - <HR> tag?
iii) How do you include an image in an HTML document?

9. Write short notes on any three of the following:
(a) IP Address
(b) Domain Name System
(c) E-mail addresses
(d) Electronic Commerce

QUESTION PAPER OF JULY 2012
NIELIT (DOEACC) EXAMINATION

Internet Technology and Web Design

Total Time : 3 Hours — *Total Marks: 100*
(Part One - 40 Part Two - 60)

PART – ONE

(Answer all questions; each question carries one mark)

1. Multiple Choice

1.1 E-mail message can be protected by
A) Encryption B) Caching
C) Mirroring D) Shadowing

1.2 IP address of a packet is normally analysed by
A) CPU B) Router
C) Modem D) Hub

1.3 MIME stands for:
A) Multipoint Internet Mail Extensions
B) Multimedia Interface Mail Extensions
C) Multipoint Mail Extensions
D) Multipurpose Internet Mail Extensions

1.4 Which connector is used mostly with STP?
A) BNC B) RJ-11
C) RJ-45 D) RJ-69

1.5 Which of the following cable media is not affected by electromagnetic interference (EMI)?
A) Fibre optic B) Co-axial Cable
C) Shielded Twisted Pair Cable (STP) D) Unshielded Twisted Pair Cable (UTP)

1.6 WebCrawler has a web robot called
A) Crawler Robot B) Crawl bot
C) Web bot D) Web robot

1.7 A modem is not needed when accessing the internet through
A) Wi-Fi B) LAN
C) Cable D) None of the above

1.8 WAN stands for
A) Wire Accessible Network
B) Widely Accessible Network
C) Wide Area Network
D) Wire and Network

1.9 Which tag is a container?
A) <body> B)
C) <hr> D) <td>

1.10 Which of the following is used to send or receive files between two computers?
A) SLIP B) URL
C) Internet Explorer D) FTP

2. Select TRUE or FALSE in following statements:

2.1 Fibre optic cable has lower attenuation than copper wires.

2.2 10 Base 2 is a Ethernet standard on thick Ethernet coaxial cable.

2.3 FDDI is another ring based network that is implemented without hub.

2.4 Fibre optic channels have the 'core' as a very thin strand of highly refined cylindrical glass.

2.5 IPX stands for internet work protocol exchange.

2.6 Actual Internet Addresses are numerical and called Domain Name Systems.

2.7 Internet is not owned by any company or country.

2.8 JavaScript has no facilities for communicating between web browser & http server.

2.9 Two machines can have the same IP address if they are connected in same segment of LAN.

2.10 Gigabyte is equal to 1000 kilobytes.

3. Match words/phrases in the two columns

X		Y	
3.1	MIME	A	Optical fibre
3.2	100 Base FX	B	Client Side
3.3	Virus	C	Relational
3.4	CGI	D	E-mail
3.5	Database	E	Replicating Code Segment
3.6	Copyright are protected by	F	VBScript
3.7	Top Level Domain	G	Patent Law
3.8	Dial-In User Service	H	com
3.9	Derivate off VB Language	I	RADIUS
3.10	Network Protocol	J	ASCII
		K	Ethernet
		L	Point Light
		M	Ring

4. Fill in the blanks out of the following:

A POP3	B Trojan House	C Packet Switched
D Circuit Switched	E SPAM	F DNS
G Shareware	H <NoFrame>	I Oracle
J PPM	K Virus	L JAVA
M CGI		

4.1 Speed of Printer is measured in ________.

4.2 ________ is a relational database.

4.3 ________ Tag is used to tackle the problem caused by the browser that does not support frame.

4.4 ________ is a software you can obtain from anywhere but must purchase after a set condition.

4.5 ________ matches Domain name to IP addresses.

4.6 Unsolicited commercial e-mail is called ________.

4.7 ISDN is an example of ________ network.

4.8 X.25 is an example of ________ network.

4.9 ________ is a security attack in which someone inside a company is tricked into running a computer program that sends information from person's computer to outsider?

4.10 ________ is used for fetching email from a remote mailbox.

PART – TWO

(Answer any four questions)

5. a) Write HTML code for creating the following output.

<table>
<tr><td colspan="5">SHORT TERM COURSES</td></tr>
<tr><td colspan="3">apple</td><td colspan="2">Banana</td></tr>
<tr><td>cat</td><td colspan="2">delhi</td><td colspan="2">Elephant</td></tr>
<tr><td>fox</td><td>grapes</td><td>hat</td><td>ice</td><td>jug</td></tr>
<tr><td colspan="2">kites</td><td colspan="3">luck</td></tr>
</table>

b) Write a short note on Internet Security.

c) Differentiate between Telnet & FTP.

6. a) What are POP and IMAP in context of e-mail? Give merits and demerits of POP.

b) Differentiate between TCP and UDP in detail.

7. a) Compare Bus, Star and Ring Topologies.

b) Write a short note on e-commerce.

c) What are the components of Front Page? Describe each one of them in detail.

8. a) What is Firewall? Explain in detail.

b) Explain how Search Engine works?

c) Compare dynamic & Static website.

9. Write short notes on any three of the following:

a) URL

b) E-mail addresses

c) WWW

d) JavaScript

QUESTION PAPER OF JANUARY 2013
NIELIT (DOEACC) EXAMINATION

Internet Technology and Web Design

Total Time : 3 Hours

Total Marks: 100
(Part One - 40 Part Two - 60)

PART – ONE

(Answer all questions; each question carries one mark)

1. Multiple Choice

1.1 TCP is a commonly used protocol at
A) Application layer B) Network layer
C) Transport layer D) Physical layer

1.2 The domain name in a URL refers to the
A) Protocol B) File name
C) Server D) Directory

1.3 Cell base architecture is known as
A) LAN B) ATM
C) FDDI D) Client-Server

1.4 Telnet is
A) Terminal network B) Telephone network
C) Telecommunication network D) Terrestrial network

1.5 A software that prevents external access to a system is termed as
A) Gateway B) Firewall
C) Intrusion Prevention system D) Anti-Virus

1.6 A valid e-mail address is
A) Vml.@india.com B) @vrm@india.com
C) Vrm.india.com D) vrm@india.com

1.7 A web publishing tool developed by Microsoft is
A) Navigator B) Hot Metal
C) Page Mill D) Front Page

1.8 Which of the following cable types is generally associated with the linear bus topology
A) Unshielded twisted pair B) Fiber Optic
C) Thin coaxial cable D) Telephone cable

1.9 Error detection at a data link level is achieved by
A) Parity B) Cyclic redundancy code
C) Hamming code D) Equalization

1.10 On Internet, which version of the Internet Protocol is the most widely used
A) Ipv1 B) IPv6
C) IPv2 D) IPv4

2. Select TRUE or FALSE in following statements:

2.1 Web traffic on Internet is transferred using FTP.

2.2 ASP is the product of Microsoft.

2.3 Download means to copy a file from your computer to another.

2.4 When the cursor pointer changes to a hand you are over a hyperlink.

2.5 SMTP protocol is used by a mail client program to fetch mail from mail server.

2.6 JavaScript is the default scripting language in ASP.

2.7 'HTTPS' traffic is encrypted traffic.

2.8 WAN is based on Ethernet.

2.9 GIF format is suitable to save a full color photograph.

2.10 A web browser is also referred to as a web client.

3. Match words/phrases in the two columns

X		Y	
3.1	Backbone	A	Wireless network
3.2	Wi-Fi	B	Internet on serial interface
3.3	Ping	C	Mail
3.4	Throughput	D	Remote access
3.5	SLIP	E	connects two local-area networks
3.6	RDP	F	File transfer
3.7	POP3	G	Hypertext
3.8	NNTP	H	Telecommunications network
3.9	ISDN	I	Usenet
3.10	Bridge	J	connects large networks
		K	Communication speed
		L	Check network errors
		M	Routing protocol

4. Fill in the blanks out of the following:

A Client program	B Java	C Gateway
D POP3	E UDP	F CGI
G Web Server	H FDDI	I JavaScript
J VRML	K Search Engine	L Header
M Router		

4.1 ________ is a device containing software that help in determining the best path out of the available paths.

4.2 An application receiving data is called ________.

4.3 A local area network technology that uses fiber optics to interconnect station in a ring topology is ________.

4.4 ________ help to locate PDF files on Internet.

4.5 A simple protocol used for fetching e-mail from a remote mailbox is ________.

4.6 ________ was originally developed by Netscape for client side validation.

4.7 ________ is used to deliver web pages and other content to multiple users on Internet.

4.8 Virtual worlds are created using a computer language called ________.

4.9 ________ is an address used as an entry point into another network.

4.10 ________ is a standard way in which the web interacts with outside resources, such as a database.

PART – TWO

(Answer any four questions)

5. a) Describe OSI reference model with layered approach.
   b) Write an html program segments to print unordered, ordered lists.
   c) Define E-commerce. What is the impact of E-commerce?

6. a) What is the network topology? Discuss the STAR topology.
   b) How e-mail is delivered using Internet?
   c) How to prevent Cyber crime?

7. a) Write HTML commands to achieve the following:
   i) Put a Level two heading 'I am at top'.
   ii) Put 'I am BOLD' in bold face
   iii) Render 'I am BIG' in a larger font.
   iv) Render 'I am SMALL' in a smaller font.
   v) Provide a link to http://www.microsoft.com
   b) What are the advantages of twisted-pair wire?

8. a) Explain Web Publishing. Write about any publishing tool.
   b) Explain what is a firewall and what it is used for? How are firewalls implemented?
   c) What is IRC? Give any six commands used in IRC.

9. Write short notes on any three of the following:
   a) Search Engines.
   b) FTP with an example to upload a large number of mp3 files.
   c) JavaScript
   d) What is a cookie? How are they used on Internet?

QUESTION PAPER OF JULY 2013
NIELIT (DOEACC) EXAMINATION

Internet Technology and Web Design

Total Time : 3 Hours

Total Marks: 100
(Part One - 40 Part Two - 60)

PART – ONE

(Answer all questions; each question carries one mark)

1. Multiple Choice

1.1 On the Internet which version of Internet Protocol is most widely used

A) IPv1 B) IPv3
C) IPv4 D) IPv6

1.2 A web publishing tool developed by Microsoft is

A) Netscape Navigator B) Front Page
C) Hot Metal D) Page Mill

1.3 What is a Cookie?

A) Computer Code used to show animation and play sound.
B) Information sent to the computer that is used later to give information back to a visited web site.
C) An advertisement that will at sometime be displayed on your screen.
D) Computer code that automatically records all purchases and payments, you make from your computer.

1.4 SMTP is associated with

A) TCP/IP B) Electronic Mail
C) Internet Explorer D) WWW

1.5 Secure Socket Layer (SSL), a protocol developed by

A) IETF B) APPLE
C) Netscape D) HP

1.6 Which of the following is best suited for networking in a building?

A) WAN B) MAN
C) LAN D) SAN

1.7 The pieces of information that are sent over Internet is

A) Cookies B) Tags
C) Packets D) Components

1.8 Which of the following is NOT a valid image format?

A) tiff B) gif
C) jpeg D) mpeg

1.9 Which type of physical cable has fastest transmission speed?

A) Twisted-wire Pairs B) Co-axial Cable
C) Fiber Optic Cable D) Micro-Wave

1.10 An applet is a

A) picture displayed on a web page.
B) program that can be embedded in another application.
C) tag is HTML program.
D) security Protocol.

2. Select TRUE or FALSE in following statements:

2.1 TCP/IP divides the message into packets that are sent over the lines and directed by routers to their destination.

2.2 A Permanent assigned IP address, one that is given to a computer or router connected to the Internet is called dynamic IP address.

2.3 IPv6, the latest IP routing protocol has IP address size of 128 bits.

2.4 Using cookies file, a web server can keep track of the web pages you visit.

2.5 A Meta Search engine maintains its own database information.

2.6 In a dithered image, a lot of information is lost from the original image and it can not be reconstructed from the file containing dithered image.

2.7 In an E-mail message, users in Cc fields can not see other recipients whereas users in Bcc fields can see all the recipients of the message.

2.8 In a <FRAMESET> tag COLS and ROWS can not be used in conjunction with one another.

2.9 The image and hyperlink both can not be included in a table in HTML.

2.10 JPG can save full color information about an image comparing to GIF, since JPG store 24 bits per pixel whereas GIF is limited to 8 bits per pixel.

3. Match words/phrases in the two columns

X		Y
3.1	A Computer Program that translates between domain names and IP addresses	A Cryptography
3.2	A measure of the rate at which data is transferred over telecommunication lines.	B Cache
3.3	Local Memory where copies of frequently used or recently requested web pages are saved.	C Resolver
3.4	A set of legal rights extended to an individual or company that has produced a creative work.	D Patent Law
3.5	The science of encoding and decoding information.	E Baud rate
3.6	A mechanism that can be used to sign an electronic Document officially.	F Copyright
3.7	A web document that contains any combination of audio, graphics, movie or video as well as links and navigation tools.	G Bookmarks
3.8	A system that is used by mailer and web browser to identify file contents by use of file extension.	H Router
3.9	A special purpose computer that directs packets of data along a network.	I Netiquette
3.10	While using e-mail to express opinions or ideas, especially when the message will be read by people who do not know you well.	J Lynx
		K Hypermedia
		L Digital signature
		M MIME

4. Fill in the blanks out of the following:

A ISDN	B Gatherer	C DHCP
D Javascript	E Network	F MODEM
G WWW	H Transport	I Router
J IMAP	K WWW	L History
M SLIP		

4.1 ________ protocol used for transferring packets over a telephone lines.

4.2 ________ is a scripting language that is embedded in HTML and is useful for adding dynamic features to web pages.

4.3 ________ uses regular telephone lines and replaces Modem with special adaptors up to five times faster than a traditional Modem.

4.4 ________ makes it easy and possible for nearly anyone to publish and browse hypertext documents on the Internet.

4.5 The component that traverses the web, collecting information about pages is called ________.

4.6 A protocol that has been designed to transport messages between workstation and mail server is called ________.

4.7 ________ is a protocol by which a machine can obtain an IP number (and other network configuration) from a server on the local network.

4.8 IP protocol is an implementation of the OSI ________ layer.

4.9 ________ feature of browser used to re-visit web sites visited during a given session.

4.10 Device used for translating digital signals into analog signals and vice-versa is called a(n) ________.

PART – TWO

(Answer any four questions)

5. a) Explain structure of e-mail. What are various e-mail protocols used for sending and receiving e-mails? Explain in short.

   b) What are Cookies? How the Cookies are created and how do you remove Cookies from Internet Explorer?

   c) What is MIME? How does it help in sending binary data via e-mail message?

6. a) What is Web Page? How Webpage retrieval works with a given URL, Explain? If an HTML document contains a number of identical copies of same image, does the browser bring over multiple copies of image, or is it "Smart" enough to reuse the first copy it brings over?

   b) Briefly describe the function of Router.

7. a) Compare and Contrast Mozilla Firefox and Microsoft Internet browser. Summarize your findings in a page.

   b) Does <SELECT> .. </SELECT> tag lies inside <OPTION> .. <OPTION> tag or vice-versa? What does <OPTION>à</OPTION> tag do? Give an example with attributes.

   c) What are Web publishing tools? What is the meaning of document management in context of Web publishing?

8. a) What is JavaScript? Write a JavaScript program to input any positive number in a Text Box and display whether it is a prime number or not?

   b) Write the syntax for including the audio file "song.midi" on a web page. What is the file extension of a VRML file? Write down the HTML tag to include that file.

9. Write short notes on any three of the following:

   a) Static IP Address and Dynamic IP Address

   b) Firewall and Proxy Server

   c) Network Sniffer

   d) Internet and Intranet

QUESTION PAPER OF JANUARY 2014
NIELIT (DOEACC) EXAMINATION

Internet Technology and Web Design

Total Time : 3 Hours *Total Marks: 100*
(Part One - 40 Part Two - 60)

PART – ONE

(Answer all questions; each question carries one mark)

1. Multiple Choice

1.1 __________ are networks that connect people within a company to each other and to the company network.

A) Extranets B) Internets
C) Bitstreams D) Intranets

1.2 The Internet model or TCP/IP reference model specifically applies to Internet worked systems, and has four layers. The movement of data packets across a network would be managed by which layer?

A) The link layer B) The (inter) network layer
C) The transport layer D) The application layer

1.3 Which is not a good Web security strategy?

A) Restrict access to the Web server; keep a minimum number of ports open
B) Limit the users who can load software, edit or add files.
C) Add demo programs, so users can test system without accessing production data.
D) Remove unnecessary compilers and interpreters.

1.4 A passive threat to computer security is

A) Malicious Intent B) Sabotage
C) Accident Errors D) Espionage Agents

1.5 ___________ are used to identify a user who returns to a Website.

A) Cookies B) Plug-ins
C) Scripts D) ASPs

1.6 E-mail message can be protected by

A) Mirroring B) Caching
C) Encryption D) Resending

1.7 Multipurpose Internet Mail Extension (MIME) was developed

A) to support e-mail messages containing text, audio and video
B) to support FTP clients
C) to support telnet between two machines
D) to support text-based e-mail messages only

1.8 The tag used in HTML to link it with other URL's is:

A) <H> B) <A>
C) <U> D) <L>

1.9 HTTP stands for

A) Hyper Text Transfer Protocol B) Hyper Tetra Transfer Protocol
C) Heavy Text Transfer Protocol D) Huge Text Transfer Protocol

1.10 A reliable stream service in TCP is described as two-way transmission, free of transmission __________, with no lost or duplicate __________, and the bytes are delivered in the same ________ in which they were transmitted.

A) errors; bytes; manner
B) failure; packets; sequence
C) errors; activity; manner
D) errors; bytes; sequence

2. Select TRUE or FALSE in following statements:

2.1 The core of Fiber Optic Cable is made of highly refined cylindrical glass.

2.2 Wi-Fi can be used for connecting two machines without any cable.

2.3 A socket address comprises the IP address of the host and a port number.

2.4 TCP is reliable and segments include a checksum field in the header. UDP is unreliable and therefore has no checksum in its header.

2.5 ARP is used to find the appropriate IP address, given a MAC address.

2.6 The Domain Name System (DNS) is primarily used to determine the symbolic name of a host, given its IP address.

2.7 A Gigabyte contains 1000 Megabytes.

2.8 JavaScript embeds a script within an HTML page. When the HTML interpreter reaches the script it invokes an interpreter which executes it.

2.9 IPv6 address mappings require a AAAA DNS record.

2.10 The network address is usually encoded as a prefix of the IP address.

3. Match words/phrases in the two columns

	X		Y
3.1	IP Packet is encapsulated within a new IP packet	A	TCP
3.2	Transfer of electronic mail.	B	UDP
3.3	The network protocol that breaks messages into packets, reassembles the packets at the destination, and takes care of errors.	C	List
3.4	Speed of printer is measured in	D	SMTP
3.5	A script used to display a non-text based object at a specified location within a page.	E	IP
3.6	Protocol used to fetch e-mail from a remote mailbox	F	Tunnel mode
3.7	A protocol provides routing and error reporting functions in addition to forwarding, fragmentation/re-assembly and address resolution	G	FTP
3.8	Used to send/receive files between two computers	H	MIME
3.9	An alternative to TCP that achieves higher transmission speeds.	I	Non-persistent
3.10	Format of e-mail attachments	J	Image
		K	PPM
		L	TELNET
		M	POP3

4. Fill in the blanks out of the following:

A	Oracle	B	FTP	C	TELNET
D	Browser	E	Digital Signature	F	Data transfer
G	Active	H	Web	I	IPv4
J	HTTP	K	PING	L	Dynamic
M	Hash functions				

4.1 MACs are keyed ________ that create a compressed digest from the message added with the key.

4.2 An ________ document is a copy of a program retrieved by the client and run at the client site.

4.3 ________ is the main protocol used to access data on the World Wide Web.

4.4 ________ consists of a controller, client programs, and interpreters.

4.5 ________ allows negotiation to set transfer conditions between the client and server before and during the use of the service.

4.6 ________ is for authenticating a document in Electronix Universe.

4.7 A TCP connection normally consists of three phases: connection establishment, ________, and connection termination.

4.8 The address resolution protocol (ARP) is a ________ mapping method that finds a physical address, given a logical address.

4.9 ________ is an application program that uses the services of ICMP to test the reachability of a host.

4.10 ________ is a Relational Database.

PART – TWO

(Answer any four questions)

5. a) Distinguish between the Internet backbone and an Internet Service provider (ISP). Name at least two national ISP.

b) What is a domain name? How does the current domain name system try to resolve a hostname?

c) What is a firewall, what does it accomplish, and how does it accomplish it?

d) What is an IP address, and how is it composed? Discuss the relationship between a hostname and an IP address? How many hosts are possible in Class C networks, in Class B networks, and in Class A networks?

6. a) What is called POP3? How does is differ from POP and Discuss its applications.

b) Differentiate between HTTP and SMTP.

c) What do you understand by Web Server? Discuss its functionality in detail.

7. Develop HTML code for the following:

i) How do I add midi music to my web page?

i) How do I make a picture as a background on my web pages?

iii) How do I make it so that someone can mail me by just clicking on text?

iv) How do I add floating text to my page?

v) How to add multiple colour text to a webpage?

vi) How to make a hyperlink on a picture?

vii) How can I make my link not have this ugly border?

viii How to align pictures on a Webpage?
)

ix) How to make a link to another Webpage?

x) How to create links to sections on the same page in HTML?

xi) Opening new web page window when clicking on a link.

xii) Creating a new window in HTML for a single image.

xiii) How do I create multicolor links in HTML?

xiv) How to create a fixed background image on a Webpage?

xv) Creating a web page with a single background image not a tiled background.

8. a) Generate a JavaScript to generate 5000 random numbers.

b) Differentiate between:

i) Bus and Star Topologies

ii) Telnet and FTP

iii) Hub and Switch

9. Write short note on any three of the following:

a) 'Gateway of Last Resort' in router

b) Firewall

c) e-Commerce

d) Domain Name System

e) Malwares and its types

QUESTION PAPER OF JULY 2014
NIELIT (DOEACC) EXAMINATION

Internet Technology and Web Design

Total Time : 3 Hours *Total Marks: 100*
(Part One - 40 Part Two - 60)

PART – ONE

(Answer all questions; each question carries one mark)

1. Multiple Choice

1.1 What is Internet?
A) A single network
B) A vast collection of different networks
C) Interconnection of Local Area Networks
D) None of the above

1.2 IPV6 address have a size of
A) 32 bits B) 128 bits
C) 64 bits D) 256 bits

1.3 This protocol is used to transfer mail among mail servers
A) HTTP B) SMTP
C) FTP D) TELNET

1.4 Online Publishing means
A) Creating and uploading web pages on web server
B) Selling online books on web server
C) Printing online books on web server
D) Creating online books on web server

1.5 How can you open a link in its own unique new window?
A) TARGET="_NEW_WINDOW"
B) TARGET="NEW"
C) TARGET="_BLANK"
D) TARGET="_NEW"

1.6 Which protocol encrypts data between web server and browser?
A) SIP B) HTTPS
C) HTML D) SMTP

1.7 Which TCP port is used by a web server, in general?
A) 21 B) 80
C) 25 D) 23

1.8 Which is not a valid extension for HTML files?
A) .htm B) .phtml
C) .xml D) .shtml

1.9 Google service is an example of
A) a DNS server B) a database server
C) a portal D) a search engine

1.10 What is a web crawler?
A) A computer virus
B) A browser
C) A program that index web sites
D) A hacker community who hacks web sites

2. Select TRUE or FALSE in following statements:

2.1 SSH is a protocol that allows computers to communicate with each other over encrypted connections.

2.2 A closed padlock icon in browser indicates that the connection is secure.

2.3 HTML tags tell a Web browser how to render a Web page.

2.4 A Trojan horse program wil replicate itself via files that move from one computer to another.

2.5 JPEG is used to compress images.

2.6 Java is unique among programming languages because it is platform-dependent and only runs on Windows.

2.7 Copyrights are automatically associated with all written documents that contain original material.

2.8 IPV4 has 64-bit addresses.

2.9 The number of addressed in a class C block is 256.

2.10 Telnet is a client-server application program.

3. Match words/phrases in the two columns

	X		Y
3.1	Serving dynamic documents on web	A.	PKI
3.2	Method to send information to web server	B.	CGI
3.3	Direct connection between two nodes	C.	PPP
3.4	Network technology for high-speed transmission	D.	DNS
3.5	VBScript gets executed in	E.	BROWSER
3.6	Domain names translation	F.	CHAT
3.7	Live communication	G.	FLASH
3.8	Transfer files to server	H.	FTP
3.9	Animation software	I.	POST
3.10	An encryption system that uses two keys	J.	ATM
		K.	SERVER
		L.	TCIP
		M.	URL

4. Fill in the blanks out of the following:

A. EDI	B. HTML	C. TCP
D. IRC	E. HTM	F. XML
G. <B>	H. FACEBOOK	I. YAHOO
J. MIME	K. FRONTPAGE	L. HTTP
M. UDP		

4.1 __________ is a connection-oriented protocol

4.2 __________ is a markup language.

4.3 __________ is a multi-user, multi-channel chatting network.

4.4 A web browser can display any ASCII text file has a file name with the file extension __________

4.5 __________ is a social network site.

4.6 __________ is a protocol that allows non-ASCII data to be sent through email.

4.7 __________ is a search engine.

4.8 __________ is a web publishing tool.

4.9 __________ tag makes text bold in HTML.

4.10 __________ is a data format standard used in e-commerce.

PART – TWO

(Answer any four questions)

5. a) What is the Internet? How it differs from the World Wide Web?
   b) Explain Packet switching technology.
   c) What is a network firewall? How it protects fron unauthorized access.

6. a) Explain IPV4 addressing scheme.
   b) What does Internet Crime mean? Write any three types of Internet crime.
   c) Write about web based e-mail. Explain any one web based e-mail service.

7. a) Explain e-mail protocols - SMTP, POP3 and IMAP4.
   b) What is a VB Script? Write a program to print "Hello World" using VB Script.
   c) Explain asymmetric cryptosystems.

8. a) Write a html program to print your country name in green color and set its title to "MY Country"
   b) Write a html program to create links to two search engines.
   c) Write a html program to display an image that has a border of size 2, a width of 200, and a height of 200.
   d) Write a HTML program to print a paragraph with 3 sentences. Each sentence should be a different font.
   e) Write a program to print an ordered list.

9. Write short notes on any three of the following:
   a) Network topologies: bus, ring, star
   b) Meta Search Engine
   c) Web Page Design Consideration and Principles
   d) Information Privacy and Copyright Issues

QUESTION PAPER OF JANUARY 2015
NIELIT (DOEACC) EXAMINATION

Internet Technology and Web Design

Total Time : 3 Hours

Total Marks: 100
(Part One - 40 Part Two - 60)

PART – ONE

(Answer all questions; each question carries one mark)

1. Multiple Choice

1.1 The memory allocation scheme subject to "external" fragmentation is

A) Segmentation
B) Swapping
C) Pure demand paging
D) Multiple fixed contiguous partitions

1.2 SSTF stands for

A) Shortest-Seek-time scheduling
B) Small - small-time-first
C) Simple-seek-time-first
D) Small-simple-time-first scheduling

1.3 The total time to prepare a disk drive mechanism for a block od data to be read from its

A) latency
B) latency plus transmission time
C) latency plus seek time
D) latency plus seek time plus transmission time

1.4 Resolution of externally defined symbols is performed by

A) Linker B) Loader
C) Compiler D) Editor

1.5 The total time to prepare a disk drive mechanism for a block of data to be read from is:

A) latency
B) latency plus transmission time
C) latency plus seek time
D) latency plus seek time plus transmission time

1.6 FTP Tool is to

A) Used to transfer data/files among computers on the Internet
B) Archive data/files
C) Copy files from external sources
D) Delete file from Internet

1.7 Multi programming system is

A) A computer system that permits multiple users to run programs at same time
B) A computer system that permits run similar programs at multiple time
C) A computer system that permits multiple Programs to run at same time
D) None of the above

1.8 The circuit used to store one bit of data is known as

A) Register B) Encoder
C) Decoder D) Flip Flop

1.9 ________ Command is used to manipulate TCP/IP routing table

A) Route B) ipconfig
C) ifconfig D) traceroute

1.10 Which of the following is related to ipconfig in Microsoft Windows?

A) Display all current TCP/IP network configuration values
B) Modify DHCP settings
C) Modify DNS settings
D) All of the above

2. Select TRUE or FALSE in following statements:

2.1 Re-locatable programs can be loaded almost anywhere in memory.

2.2 Action implementing instruction are actually carried out by Instruction program.

2.3 The main reason to encrypt a file is to secure it for transmission.

2.4 Compile and Go loader is executed when a system is first turned on.

2.5 The average time required to reach a storage location in memory and obtain its contents is called access time.

2.6 A program in execution is called Procedure.

2.7 Simple Mail Transfer Protocol is used for encrypting files.

2.8 DVD is a Memory Device.

2.9 Printer can be shared in LAN by many users.

2.10 PKZIP utiltiy is used to encrypt or decrypt files.

3. Match words/phrases in the two columns

	X		Y
3.1	Assembly language	A	MS Office file extension
3.2	Process	B	Uses alphabetic codes in place of binary numbers used in machine language
3.3	Cache	C	A program in exeuction is called
3.4	An assembler is	D	Machine dependent
3.5	.DOC	E	Local Memory where copies of frequently used or recently requested web pages are saved
3.6	An assembly languge is a	F	Network protocol
3.7	Virtual Memory is	G	Data compression software
3.8	Throughput of a system is	H	Used in all major commerical operating system
3.9	Router	I	Volatile storage
3.10	FTP	J	File Transfer protocol
		K	Low level programming language
		L	A special puprose computer that directs packets of data along a network
		M	Number of programs processed by it per unit time

4. Fill in the blanks out of the following:

A Cache memory	B Mail Server	C SLIP
D PC (Program counter)	E TCP/IP	F RAM
G Win ZIP	MAC	I Bootstrap loader
J DMA	K Hub	L Modem
M WINDOWS		

4.1 Compressing multiple files into one using __________ is an easy process.

4.2 __________ address is usually stored in ROM on the network adapter card and is unique.

4.3 Direct Memory Access is abbreviated as __________.

4.4 __________ protocol used for transmission of IP datagrams across a serial line.

4.5 __________ are present in the network to interconnect the AN with WANs

4.6 Write Through technique is used in ______ for updating the data.

4.7 Cache memory acts between CPU and __________.

4.8 __________ loader is executed when a system is first turned on or restarted.

4.9 Device used to translating digital signals into analog signals and vice-versa is called a(n) __________.

4.10 The logical addresses in the __________ protocol suite are called IP addresses.

PART – TWO

(Answer any four questions)

5. a) What is traffic shaping?

   b) Explain how firewalls protect network.

   c) Explain the use of SSL to secure the network.

6. a) Define interrupt. Why priority of interrupt is required? How is it restored?

   b) Explain the diference between Internet, Intranet and Extranet?

   c) What is the difference between LAN, MAN and WAN?

7. a) What do you understand by WWW? What is the use of hypertext links in Internet access? Name some popular Internet Browsers.

   b) What is Publick Key Cryptography? Explain its advantages and disadvantages.

   c) What is on electronic payment system? What are its types and advantages?

8. a) How do you make an image clickable in HTML? Give an example.

   b) How non-textual information contained in a web page.

   c) What is CGI? Explain.

   d) Write an HTML program segment that contains hypertext links from one document to another?

   e) Write a CGI program that prints date and time at which it was run.

9. Explain the following terms:

   a) Digital Signature

   b) Anti-virus Software

   c) Win-Zip Software

QUESTION PAPER OF JULY 2015
NIELIT (DOEACC) EXAMINATION

Internet Technology and Web Design

Total Time : 3 Hours

Total Marks: 100
(Part One - 40 Part Two - 60)

PART – ONE

(Answer all questions; each question carries one mark)

1. Multiple Choice

1.1 What is World Wide Web?
A) A Computer game
B) A Software program
C) Another name for the Internet
D) The part of the Internet that enables information sharing

1.2 Which of they following protocol is used by remote login?
A) Telnet B) FTP
C) SMTP D) NTP

1.3 What is a spider?
A) A computer virus
B) A program that catalogs Web sites
C) A hacker who breaks into computer systems
D) An application for viewing web pages

1.4 Which of the following is a search engine?
A) Twitter B) Facebook
C) Myspace D) Google

1.5 What is a good way to protect sensitive information sent via e-mail?
A) Write it in another language
B) Keep the message in attachment
C) Encrypt the message
D) Send as a blind copy

1.6 What is the HTML element to bold a text?
A) <b> B) <bold>
C) <wide> D) <big>

1.7 Which of the following is NOT considered to be malware?
A) viruses B) spyware
C) worm D) adware

1.8 https is a
A) Scripting language B) Browser
C) Secure connection D) Authoring tool

1.9 Copyright law protects
A) Tangible property
B) Intangible property
C) The name of a particular good or service
D) Ideas contained in varied forms of expression

1.10 What is a Web Crawler?
A) A program that index web sites
B) A computer virus
C) A Browser
D) A hacker community

2. Select TRUE or FALSE in following statements:

2.1 UDP stands for User Datagram Protocol.
2.2 Apache is most popular web browser.
2.3 A CAPTCHA is a program to vary a computer.
2.4 You can legally download and use freeware for as long as you want without having to pay for it.
2.5 DVD is a Digital Versatile Disc.
2.6 JavaScript execute on the web server.
2.7 NNTP is a Network News Transfer Protocol.
2.8 Ripping is the process of copying data from CD to Hard disk.
2.9 IMAP is a geographic information system.

2.10 A password is a string of characters used for authenticating a user on a computer system.

3. Match words/phrases in the two columns

X		Y	
3.1	Search files on ftp server	A	Bandwidth
3.2	Maximum data transfer rate	B	CSMA/CD
3.3	Reduce size of a file	C	Hacker
3.4	Authenticate the contents of electronic documents	D	Amazon
3.5	Ethernet technology	E	XML
3.6	Business over the Internet	F	OL
3.7	Gain unauthorized access	G	Transport Layer
3.8	Program Code freely available	H	Authoring tool
3.9	Publish content on the Web server	I	Open source
3.10	Extensible Markup Language	J	Archie
		K	Digital Signature
		L	PKZIP
		M	SMTP

4. Fill in the blanks out of the following:

A	Dreamweaver	B	Bing	C	Encryption
D	PPP	E	Skype	F	HTML
G	DPI	H	Botnet	I	LIST
J	IRC	K	IP	L	
M	APRANET				

4.1 ________ refers to multiple computers that have been infected with malicious software.

4.2 The Internet was launched in 1969 and was originally called ________.

4.3 ________ is the process of converting data to an unrecognizable form.

4.4 ________ is a file that links to other information.

4.5 WEB server requires ________ address to connect to Internet.

4.6 ________ Internet standard for dial-up modem connections.

4.7 ________ is a search engine developed by Microsoft.

4.8 ________ is an Internet phone services.

4.9 ________ is protocol to chat on Internet.

4.10 HTML tag for creating a line break is ________.

PART – TWO

(Answer any four questions)

5. a) Explain DNS addressing
   b) What is ISDN? What are the advantages of ISDN?
   c) What is the Internet?

6. a) How does Web Servers and Web browser work together?
   b) What is Outlook Express? How to use it?
   c) What is a Firewall? Explain the hardware firewall?

7. a) What is PKI?
   b) Write a HTML program to display the following table
   Transactions

Month	Transaction Details	Amount
Jan-2015	Rent	8000
Feb-2015	Credit card payment	2000
Mar-2015	Computer purchase	45300

   c) Write a HTML program to display the following list
   List Example:
   i) HTML Examples ii) HTML Tutorial
   iii) HTML Codes iv) and much more!

8. a) What is a Metasearch Engine? What are the advantages of Metasearch Engine?
   b) What is E-commerce? How is it incorporating technology in sale of goods?
   c) How to upload and download files using FTP server.

9. Explain any three of the following:
   a) Write about Internet Crime
   b) Write about JavaScript
   c) Write about MIME
   d) Write about IRC
   e) Write about IPV4 addressing

Specimen Answersheet for Writing Answers to Objective Questions

PAPER CODE ______ DATE ______

1. Multiple choice

(shade the box corresponding to your answer)

	a	b	c	d
1.1.				
1.2.				
1.3.				
1.4.				
1.5.				
1.6.				
1.7.				
1.8.				
1.9.				
1.10.				

2. Selecting TRUE or FALSE statements

(shade the box corresponding to your answer)

	True	False
2.1.		
2.2.		
2.3.		
2.4.		
2.5.		
2.6.		
2.7.		
2.8.		
2.9.		
2.10.		

3. Matching words/phrases in two columns

(write the alphabet corresponding to your answer in the box)

3.1.
3.2.
3.3.
3.4.
3.5.
3.6.
3.7.
3.8.
3.9.
3.10.

4. Fill in the blanks

(write the alphabet corresponding to your answer)

4.1.
4.2.
4.3.
4.4.
4.5.
4.6.
4.7.
4.8.
4.9.
4.10.